金融学译丛

Modern Investment Management:
An Equilibrium Approach

现代投资管理

一种均衡方法

鲍勃·李特曼和高盛资产管理公司定量资源小组　著
(Bob Litterman and the Quantitative Resources Group
Goldman Sachs Asset Management)

刘志东　宋　斌　李桂君　乔志敏　译
李桂君　刘志东　校

中国人民大学出版社

出版说明

      作为世界经济的重要组成部分，金融在经济发展中扮演着越来越重要的角色。为了加速中国金融市场与国际金融市场的顺利接轨，帮助中国金融界相关人士更好、更快地了解西方金融学的最新动态，寻求建立并完善中国金融体系的新思路，促进具有中国特色的现代金融体系的建立，中国人民大学出版社精心策划了这套"金融学译丛"，该套译丛旨在把西方，尤其是美国等金融体系相对完善的国家最权威、最具代表性的金融学著作，被实践证明最有效的金融理论和实用操作方法介绍给中国的广大读者。

      该套丛书主要包括以下三个方面：

      （1）理论方法。重在介绍金融学的基础知识和基本理论，帮助读者更好地认识和了解金融业，奠定从事深层次学习、研究等的基础。

      （2）实务案例。突出金融理论在实践中的应用，重在通过实务案例以及案例讲解等，帮助广大读者将金融学理论的学习与金融学方法的应用结合起来，更加全面地掌握现代金融知识，学会在实际决策中应用具体理论，培养宏观政策分析和进行实务操作的能力。

      （3）学术前沿。重在反映金融学科的最新发展方向，便于广大金融领域的研究人员在系统掌握金融学基础理论的同时，了解金融学科的学术前沿问题和发展现状，帮助中国金融学界更好地认清世界金融的发展趋势和发展前景。

      我们衷心地希望这套译丛的推出能够如我们所愿，为中国的金融体系建设和改革贡献出一份力量。

中国人民大学出版社

译者前言

历时两年，我们终于完成了本书 40 余万字的译文。自接受这个工作起，便倍感压力。因为本书涉及的内容很广，包括风险的度量、资本资产定价模型、布莱克-李特曼方法、不确定负债的战略资产分配、证券风险因子模型、战略资产配置和对冲基金等诸多方面。现在，也可以稍微舒一口气了。

本书是鲍勃·李特曼与高盛资产管理集团（GSAM）所属的定量资源小组工作人员共同完成的著作。这个小组的主要职责是使用量化模型管理现金，建立金融与风险模型。作为公共机构基金的受托人和顾问，进行研究并提供市场展望。

基于多年的实践工作和研究的成果，作者们在书中介绍了高盛资产管理公司进行投资管理的方法——均衡方法。他们试图说明在市场处于均衡状态时，投资者应该如何尽力去最大化他们的投资收益；在市场偏离均衡状态，并向均衡状态回复的过程中，如何去识别和寻求偏离均衡的优势，构造一个能够带来持续、高质量回报的投资组合。高盛公司在投资管理领域的工作及其所取得的成绩无疑为本书提供了重要的支持。本书中的一些投资管理理论和方法已经在国外得到应用和检验。

相对而言，我国资本市场起步较晚，现在还存在诸多不完备之处，如市场结构层次贫乏，交易单位品种单一，金融法规有待完善等等。但应看到随着金融与投资体制的深化，金融机构的市场化程度必然会越来越高，市场机制将发挥越来越重要的作用。特别是我国现在作为世贸组织的一员，要履行金融业开放的承诺，外汇市场的放开，衍生市场的启动是大势所趋。金融机构会更加主动地融入激烈的全球竞争中去，持有的金融资产品种会越来越多。在经济全球化与金融一体化的大背景下，我国金融机构也将会面临更大的风险。

对我国银行业而言，虽然在实行分业经营的背景下，银行面临的风险主要还是信用风险，然而，纵观国际上金融风险监管的历程，市场经济国家在经历了信用风险以后，随着金融市场的发展、信息的及时传播、交易手段和方法的丰富，市场风险会日渐凸显。目前我国银行由于经营理念和经营行为日趋市场化，所持有国债、外汇等可交易性资产的比例在增加。由于我国银行业存在着大量的不良资产，严重威胁着我国金融体系的安全，因此如何处置不良资产是各银行面临的严峻现实问题。处置不良资产的一个举措就是将不良资产证券化，以证券的形式加强这些不良资产的流动性，分散信用风险。这样就使得原本已失去流动性的资产重新流动起来。一旦这些不良资产重新获得了流动性，就会受到市场因素的影响，具有市场风险。与此同时，放松管制、资本市场的全球化、金融业务创新使得我国银行业的经营从传统的国内信贷业务向国际金融市场业务扩展。全能型银行是发展的潮流，银行更加依赖新型的金融工具直接到金融市场融资和投资，银行防范市场风险的任务会越来越重。所以，及时了解、学习和掌握先进的投资管理理论与方法，加强市场风险管理，将会为我国银行业今后的发展打下良好的基础。

随着我国资本市场的发展，非银行金融机构将会更多地参与到其中。对于证券、保险、基金等非银行金融机构来说，其持有股票、债券、货币、衍生金融产品等各种各样的资产，由于资产价格的变动，这些机构需不断了解它们的资产所面临的风险，并根据资产价格的变化对资产进行有效的配制。目前我国各种非银行金融机构对市场风险的控制主要还表现在对交易清算流动性的监管，难以实现金融资产的有效配置和对市场风险的控制。如果通过有效的投资管理，不仅实现分散化投资降低风险的目的，使资源得到有效配置，更能引导我国资本市场的健康发展。反观西方国家的资本市场之所以很发达，一个很重要的原因是有先进投资管理理论作为指导。

对金融监管部门而言，投资管理理论同样具有借鉴意义。金融监管主要包括对金融机构的合规性监管和风险监管。由于金融业的风险经营本质及金融市场的波动性增加和金融交易的全球化、复杂化，近年来风险监管成为监管的核心和重点。监管部门可以结合金融创新发展趋势和最新的投资管理理论，设计有效的风险测度和信息披露工具等，对金融市场风险进行监控，稳定金融市场。

综上所述，在金融市场环境将变得更加复杂和难以预测、市场状况瞬息万变的背景下，投资管理理论与方法在我国也将会日益受到重视。现代投资管理这本书恰好是满足这方面需要的典型著作。作为译者，我们衷心希望自己所做的工作，在这个过程中有所贡献。

全书共32章，分成六部分。第一部分简单、实际性地介绍了过去五十年间学术机构发展的关于投资的理论，并提供了一些重要原始阅读资料的参考文献。第二部分着眼于较大投资机构进行投资组合时面临的一些问题。这些投资机构的资金主要是来自于养老金、中央银行、保险公司、基金和捐赠基金管理的资金。第三部分关注各个方面的风险，例如确定风险预算，估计协方差矩阵，管理资金风险，确保正确的估价，理解业绩归因。第四部分关注传统的资产类别，股票和债券。审视投资管理者选择方面，以及管理全球投资组合方面的问题。第五部分考虑非传统投资方式，例如货币和其他覆盖策略，套期保值基金和私人股票。第六部分关注私人投资者需要注意的一些特别问题，例如税收方面的考虑、房地产规划等等。

在全书32章的翻译过程中，刘志东翻译了第8章、9章、10章、11章、12章、26章、27章、28章、29章、30章；宋斌翻译了第1章、2章、3章、4章、5章、6章、7章、22章、23章、24章、31章、32章；李桂君翻译了第13章、14章、15章、16章、17章、18章、19章、序言、作者简介等部分；乔志敏翻译了第20章、21章、25章；最后李桂君对全书进行了校对。

本书的出版得到了许多人的帮助，正是这些无私的帮助使得我们能够将这本力作奉献给读者。我们要感谢王光、寇丽娟、韩婧、马欣、鲍玲、孟勉、蔡向馨等同学为本书的翻译工作提供的帮助。特别要感谢人大出版社为本书的出版所作的大量工作。

由于本书中涉及的知识范围非常广泛，加之译者的水平所限，因此译文中难免有错漏之处，为此译者深感惶恐，敬请读者批评指正。

译者

更多对《现代投资管理》的评价

"这本书很可能成为定量投资管理的圣经。"

——菲利普·乔恩（Philippe Jorion）

管理研究生院金融学教授

加利福尼亚大学埃尔文学院

"一本易读的书，尤其针对认真的投资者。它是将读者从理论和概念引领到实践应用的全面的向导。我们公司从事投资管理的研究和评估已经30多年了，我仍然渴望公司可以将这本书中的观点应用到工作中去。公司的新员工将在进入公司的第一天起开始读这本书。"

——保罗·R·格林伍德（Paul R. Greenwood）

弗兰克·拉塞尔公司美国股票主管

"建立在诺贝尔奖获得者威廉·夏普和他们后期的同事费希尔·布莱克的基础上，鲍勃·李特曼和他在高盛资产投资的同事应用了大家熟悉的和吸引人的资本市场均衡概念并把它们应用于资产管理。之后他们又把研究扩展到其他相关领域。实际上，所有投资管理者、计划发起人、经纪人和其他金融专家都将在这本百科全书似的著作中发现许多有价值的东西。"

——拉里·西格尔（Larry Siegel）

福特基金会投资政策研究部主管

"均衡理论是现代投资实践各方面实际问题的基础。在这本书中，高盛资产管理小组不仅提供了一种非常通俗易懂的学术理论，而且为今天机构投资者面对的大多数重要问题提供了实践向导。也许给人印象最深的是这本书包含内容的范围之广。从资产定位到风险预算，再到管理选择，最后到评估贡献，这本书触及了专业投资管理的各个关键方面。它将是建立全面应用性投资金融课程的理想教材。"

——乔治·C·阿伦（Gregory C. Allen）
卡伦协会管理专业顾问执行副主席

"一本一流的好书，它使读者更好地理解相互关联市场的运作；用清晰的方法揭示了反直觉的产出。强烈推荐阅读。"

——简·弗金斯（Jean Frijns）
ABP 投资首席投资官

"现代投资管理勾画出了全面的、连贯的、最新的关键战略和应用问题的指南，这些都是机构投资者需要面对的。这本书注定会成为机构投资者和他们的顾问需要的一本书。"

——比尔·迈斯肯（Bill Muysken）
默瑟投资顾问研究部全球总部长

"我发现这本书对投资管理理论和实践的各个方面都十分有价值，它将成为有经验投资者的极好参考书以及初学者的理想教材。这本书在重要的技术细节和更具实践性的资产组合管理的"现实世界"方面提供了清晰全面的指导。鲍勃·李特曼和他在高盛资产管理的同事写的这本书将成为另一本为投资管理行业知识做出长期高质量贡献的书。"

——蒂姆·巴伦（Tim Barron）
CRA 罗杰斯凯西管理部主管，研究部主管

"基于分析预期收益率的资产组合理论的早期应用，要求主观地约束资产组合的权重来避免大幅贬值。布莱克·李特曼开创性的均衡理论不再聚焦于改变资产组合来达到临界收益率，而关注改进投资者的风险收益头寸。基于布莱克·李特曼模型的极好的资产组合理论来得太晚了，每一位资产组合管理者和资产分配者都应该读一读这本书。"

——鲍勃·利曾伯格（Bob Litzenberger）
华盛顿埃莫利特斯教授
高盛已退休的同事

作
者
简
介

　　安德鲁·奥尔福德（Andrew Alford），副主席，领导全球定量股票研究（GQE）团队进行基础定量投资战略研究。他也是 GQE 投资政策委员会的成员。在加入高盛资产管理公司（GSAM）以前，他是宾夕法尼亚大学沃顿商学院以及麻省理工学院斯隆管理学院的教授。奥尔福德也曾是华盛顿证券和交易委员会经济分析办公室的学术成员。他的文章曾发表在《公司理财杂志》、（Journal of Corporate）《会计研究杂志》（Journal of Accounting Research）、《会计与经济杂志》（Journal of Accounting & Economics）和《会计学回顾》（Accounting Review）上。奥尔福德在加利福尼亚大学的埃尔文学院（Irvine）获得信息与计算机科学学士学位（1984），在芝加哥大学商业研究生院获得工商管理硕士（MBA）和博士学位（1986 年和 1990 年）。

　　里普希·班多里恩（Ripsy Bandourian），分析员，自全球投资战略小组 2001 年 11 月成立以来一直是其成员。她于 2001 年 7 月同机构顾问研究和战略小组一同以分析员的身份加入高盛。她协助团队进行为我们全球范围的客户提供建议的战略研究，并且参与到今天投资业务的研究中。她是经济和分子生物学位的优秀毕业生，并获得了 Phi Kappa Phi 称号，在伯明翰青年大学获得战略硕士学位。

　　乔纳森·拜内尔（Jonathan Beinner），管理主管，他是资产组合经理以及首席投资官，负责监视固定收益的资产组合，其中包括政府资产、抵押返还资产、资产返还资产、公司资产、非美元资产和流动资产。在被提名 CIO 前，拜内尔是美国固定收益团队的领导之一。他在弗兰克林储蓄协会（Franklin Savings Association）交易和套汇小组工作了一段时间，于 1990 年加入高盛资产管理公司。他在 1988 年获得了宾夕法尼亚大学双学位。

　　大卫·本–厄（David Ben-Ur），副主席，是全球经理人战略小组的高级投资战略专家。他是负责所有美国股票产品的确定、评估、选择和监测的外部经理。本–厄于 2000 年 1 月加入高盛公司。之前，他是波士顿 Fidelity 投资公司的高级资金分析员和资产组合战略助理，在那里他工作了5年。本-厄是1992年塔夫茨大学的优秀毕业生，在那里他成为 Phi Beta Kappa 荣誉学会成员。1995年，他在哈佛大学约翰·肯尼迪政府学院获得公共政策硕士学位，研究的关注点是国际交易与金融。

马克·M·卡哈特（Mark M. Carhart），管理主管，1997年9月以定量战略团队成员的身份加入 GSAM，并于1998年成为部门主管之一。在加入高盛以前，他是南加利福尼亚大学马绍尔商学院的助理教授和沃顿金融学院中心的高级员工，在那里他从事公共基金业绩中幸存者特点和预测能力的研究。他的文章发表在《金融杂志》和《金融研究回顾》上，并且为各类学术和应用金融杂志做文章评审工作。卡哈特于1988年在耶鲁大学获得学士学位，于1991年获许为注册金融分析师，并于1995年在芝加哥大学商学院获得博士学位。

肯特·A·克拉克（Kent A. Clark），管理主管，对冲基金战略集团全球资产组合管理首席投资官。在这之前，克拉克花了8年时间为投资管理分部定量股票管理团队管理32亿美元和全球股票资产组合。在这个位置上，他改进并管理长/短期股票和市场中性项目。克拉克从芝加哥大学加入高盛，在那里他获得了博士候选资格以及 MBA 学位。他在卡尔加里大学拿到了商学学士学位。克拉克的研究发表在《金融和定量分析杂志》和《上扬指数》上。他是定量分析纽约协会的前任主席和芝加哥定量联盟的成员。

乔治·德·桑蒂斯（Giorgio De Santis），管理主管，在1998年6月加入高盛资产管理定量战略小组。在加入高盛以前，他是 USC 马绍尔商学院金融学助理教授。他的文章发表在《金融杂志》（Journal of Financial）、《金融和经济杂志》（Financial and Quantitative）、《国际货币和金融杂志》（Enbanced Indexing），以及其他金融和经济学术和应用杂志上。他也为若干本投资管理书籍编写了几章内容。他的研究涉及国际金融的各个领域，从发达和公开市场风险动态模型到现有的货币风险最优资产组合战略。德·桑蒂斯于1984年在罗马社会科学国际大学（Libera Vniversita' Internazionale degli Studi Sociali in Rome）获得学士学位，于1989年在芝加哥大学获得经济学硕士学位，并于1993年在芝加哥大学获得经济学博士学位。

贾森·格特里布（Jason Gottlieb），副主席，全球经理人战略（GMS）小组的高级投资战略专家。他负责监视 GMS 中风险管理职能部门，其中包括风险和业绩分析以及在交叉 GMS 产品之间的报告。他也是负责所有固定收益产品确定、评估和监测的外部经理。他在1996年1月加入高盛并在公司风险部门工作了4年。格特里布在福特哈曼大学获得金融学 MBA 学位，并在锡耶纳学院（Finance College）获得经济学学士学位。

巴里·葛里芬斯（Barry Griffiths），副主席，私人股票集团定量研究主要成员，于1996年开始同本小组一起工作。在加入高盛以前，他是 Business Matters 有限公司的首席科学家，这个公司是一个从事商业计划软件开发的软件公司。葛里芬斯还是西纳提克斯公司（Synetics Corporation）技术发展部的前主管，这个公司是一家航空研究公司。他最近的研究包括私人证券的资产分配和风险基金公司的 post-IPO 业绩。他编写了很多关于模型应用、评估和最优随机系统方面的文章。他在密歇根州立大学获得了系统科学的学士学位和硕士学位，并在 Case Western Reserve 大学获得系统工程博士学位。他也是注册金融分析师。

罗纳尔多·霍华德（Ronald Howard），副主席，从 1999 年起在高盛工作，目前是固定收益分部国外交易战略部门的副主席。在 2002 年 8 月前，他是高盛资产管理分部全球投资战略小组的战略研究员。他在芝加哥大学获得学士学位，并在普林斯顿大学获得数学硕士学位和博士学位。

罗伯特·琼斯（Robert Jones），管理主管，带着 20 年的投资经验加入全球定量股票（GQE）小组。琼斯改进了原始模型和 GQE 在 20 世纪 80 年代后期的投资步骤，并从那时起负责监测它们的持续发展和进化。GQE 小组现在管理着超过 28 亿的股票资产组合，包括各种股票形式（成长型、价值型、核心型、小盘型和国际型）和客户类型（养老基金、公共基金、基金会、捐赠基金和个人基金）。琼斯领导 GQE 投资政策委员会，同时也是 GSAM 投资政策小组的成员。在 1989 年加入 GSAM 以前，他是投资研究部的高级定量分析员，并且是《股票选择》（Stock Selection）月刊的作者。于 1987 年加入高盛前，琼斯为一家主要从事投资银行业务的公司和一家选择顾问公司提供定量研究。他的关于定量研究的文章发表在主流书刊和金融杂志上，包括《金融分析杂志》（Financial Analysts Journal）和《资产组合管理杂志》（Journal of Portfolio Management）。琼斯作为注册金融分析师，于 1978 年在布朗大学获得学士学位，并于 1980 年在密歇根大学获得 MBA 学位，在那里他为捐赠大学投资顾问委员会工作。

J. 道格拉斯·克雷默（J. Douglas Kramer），副主席，全球管理战略小组的领导。克雷默负责所有资产类别项目中经理人的确定、评估、选择和监测。1999 年，他以一个主要从事财富管理市场的新公司的高级领导的身份加入高盛，在那个公司里，他负责产品开发和管理的工作。在加入高盛以前，克雷默是休斯敦哥伦比亚能源服务公司的主管，在那里，他管理能源和天气派生资产组合。在进入哥伦比亚能源服务公司以前，他作为纽约费谢尔·弗朗西斯树木和瓦特公司的资产组合经理工作了 7 年，管理全球固定收益资产，特别是抵押返还债券和公司股票。克雷默在宾夕法尼亚大学沃顿学院获得学士学位，在哥伦比亚大学获得 MBA 学位，并成为 Beta Gamma Sigma 荣誉协会会员。

约尔·拉克斯（Yoel Lax），助理，2001 年 7 月加入高盛投资战略小组。在加入高盛以前，他在宾西法尼亚大学沃顿学院获得金融学博士学位。在那里，他从事生命周期资产组合选择和资产定价研究。拉克斯也在沃顿学院获得经济学学士学位，以第一名的成绩成为优秀毕业生。

特伦斯·利姆（Terence Lim），副主席，全球定量股票（GQE）小组的高级研究分析员。利姆负责改进和强化小组的定量模型。他也在 GQE 投资政策委员会任职。利姆于 1999 年 6 月加入高盛。之前，他是达特茅斯大学塔克商学院金融学访问助理教授和新加坡凯恩曼资本管理的投资经理。利姆的研究发表在《金融杂志》（Journal of Finance）上，并于 1998 年获得了 Q 组奖学金。他在宾西法尼亚大学获得工程和经济学学士学位，并且以第一名的成绩成为优秀毕业生，在麻省理工学院（MIT）获得金融经济学博士学位。

鲍勃·李特曼（Bob Litterman），管理主管，高盛投资管理分部定量资源主管。他与弗切尔·布莱克共同创立了布莱克-李特曼全球资产分配模型，这个模型是在分部资产分配过程中的一个关键工具。在高盛工作的 15 年中，李特曼领导着公司风险部，并和弗切尔·布莱克一起指导固定收益分部研究部的研究和模型发展小组。李特曼完成或参与完成了很多有关风险管理、资产分配和现代资产组合理论应用方面的论文。他是《风险》（Risk）杂志"风险名人堂"（Risk Hall of Fame）的成员。于 1986 年加入高盛之前，他是明尼阿波利斯联邦储备银行研究部的助理副主席，并且是麻省理工学院经济部的助理教授。李特曼于 1973 年在斯坦福大学获得学士学位，并于 1980 年在明尼苏达大学获得经济学博士学位。

简-皮埃尔·米塔茨（Jean-Pierre Mittaz），是全球固定收益和货币首席操作官。他负责整合投资基础设施，控制环境的持续改善，以及协调纽约、伦敦和东京等地的金融业务。在从事这个工作以前，他是 GSAM 风险和业绩分析小组的首席操作官之一，他负责风险监测、业绩分析和证券价值监管。米塔茨在 GSAM 价值和风险委员会工作。于 1997 年加入投资管理分部以前，他是高盛公司在苏黎世、伦敦和纽约金融部门的成员。米塔茨在瑞士苏黎世大学获得博士学位，在那里，他教授各种关于银行、金融和会计的课程。他在瑞士苏黎世大学获得商业管理硕士学位，并且是注册金融分析师。

唐·马尔维希尔（Don Mulvihill），管理主管，高级资产组合经理，负责改进和执行有效税金投资战略。他与我们的投资教授共同把收益和财产税方面的考虑融入投资决策中。目的是提高长期的财富积累、净税金，从而使未来的继承人和慈善组织受益。1980 年，马尔维希尔加入高盛芝加哥办公处。在那里，他与银行信托部门一同工作，帮助他们管理超额流动资产。1985 年，他搬到纽约并在之后的 6 年为机构客户管理货币市场和固定收益资产组合。1991 年，马尔维希尔搬到伦敦，帮助开始我们的国际投资管理活动，并于 1992 年作为高盛资产管理主席搬到日本东京。他也是投资管理日本附属委员会美国委员办公室主席，并参与到制定金融服务协议的工作中，此协议是美国政府和日本政府于 1995 年 1 月签署的。高盛是日本乃至其他国家，为日本政府养老金系统管理日本证券的第一备选公司。马尔维希尔于 1978 年在圣玛利亚大学获得学士学位，并于 1982 年在芝加哥大学获得 MBA 学位。

雅各布·罗森加藤（Jacob Rosengarten），管理主管，高盛资产管理风险和业绩分析小组的领导，他从 1998 年开始担任这一职务。直到 1998 年，他一直是商品公司（其于 1997 年被高盛收购）风险分析和定量分析主管。他的工作范围是领导专家小组负责测量与个人职位、管理者、交易各种包括期货、金融衍生物、股票和暴露市场资产组合经理相联系的风险。早期在商品公司时，他也是管理员、助理管理员和会计主管。在商品公司任职以前，他是亚瑟青年公司（于 1979 年成立）的审计，他的职责是负责审计各种不同种类的客户。罗森加藤在 Brandies 大学获得经济学学士学位，并在芝加哥大学获得会计学 MBA。他也是注册会计师。

塔卢恩·泰亚基（Tarun Tyagi），是全球投资战略小组投资战略分析师。

他现在的职责包括为美国机构客户（公司、基础、捐赠和公共基金）提供诸如资产分配和风险管理政策决策方面战略投资事件的建议。泰亚基于 1999 年 7 月以机构客户研究和战略小组助理的身份加入高盛资产管理。泰亚基于 1999 年在哥伦比亚大学获得金融工程硕士学位，并于 1998 年在伊利诺伊大学成为 MBA。1997 年，他在城市银行夏季实习。他被印度金融有限抵押公司（India Finance Guaranty Limited）聘为交易助理并被塔塔顾问服务公司（Tata Consultancy Services）聘为系统分析助理。1995 年，他在德里印度工业大学获得机械工程学士学位。

克里斯·维拉（Chris Vella），副主席，全球管理战略小组国际股票高级投资战略分析师。他是负责所有国际股票产品定价、评估和监测的外部经理。他于 1999 年 2 月加入公司，之后的 6 年在 SEI 投资工作，最近，维拉负责评估和选择国际及暴露市场股票的外部管理。他于 1993 年在列城大学获得金融和应用数学学士学位，并且是 Phi Beta Kappa 荣誉学会成员。

阿德里安·维斯瓦尔（Adrien Vesval），分析员，于 2002 年 1 月加入高盛资产管理定量战略小组。维斯瓦尔于 2001 年在纽约大学获得数理金融学硕士学位，并于 2002 年在埃克尔工学院（巴黎）获得经济和应用数学学士学位。

库尔特·温克尔曼（Kurt Winkelmann），管理主席，自 1993 年起在高盛工作，是高盛资产管理全球投资战略小组的领导之一。工作主要集中于客户感兴趣的战略事项（包括战略资产分配）。在加入 GSAM 以前，温克尔曼在伦敦作为固定收益研究小组的成员工作了 5 年，在该处，他的工作主要是全球固定收益资产组合战略。他完成或参与完成了资产组合管理方面的多篇论文。在加入高盛以前，他在投资技术行业（Barra 和 Vestek）工作，并在第一银行系统任经济师。他于 1978 年在麦考利斯特大学（明尼苏达州，圣保罗）获得学士学位，并于 1987 年在明尼苏达大学获得经济学博士学位。

皮特·赞加里（Peter Zangari），副主席，高盛资产管理定量资源小组副主席和 PACE 小组的领导。PACE（资产组合分析和构建环境）小组负责设计、改进和发表申请书及定量资产组合管理团队的信息，用这些为他们的资产组合构建过程提供支持，并用来测量和确定风险来源及他们的资产组合的收益。赞加里于 1998 年 8 月加入高盛资产管理公司。在加入高盛以前，他在 J.P 摩根公司工作，在那里，他是风险度量小组的最初成员之一。之后，他成为银行的公司市场风险部门的高级定量研究员。他的工作主要是改进各种测量市场风险的方法论。赞加里在金融风险研究领域做了广泛的工作。他写了很多关于测量市场风险的文章并于最近成为《风险杂志》（Journal of Risk）的联合编辑。他受过应用经济学和计算统计领域的学术训练，并于 1994 年在拉特格斯大学（Rutgers University）获得经济学博士学位。

对这本书的出版持怀疑态度的潜在读者很可能会问这样的问题："如果高盛写这本书的那些人，真的知道关于投资所有有价值的事情，为什么他们要将这些内容放到一本书中，令其所有竞争对手都能得到它呢？"

这是一个很好的问题，因为它自然地导致这样的思考过程：写这本书真正的目的是什么？为了使我们写这本书的动机更清晰一些，这个问题也许可以用这样的方式转述："为什么在均衡世界中，一个成功的投资经理人写一本关于投资管理的书。"之所以用"在均衡世界中"这个词，我们的意思是在一个投资的世界里，它是非常有效率的，而且在这个世界中，投资者对风险和机会的理解和很好地承担是负有相应责任的。假定有通过小心和勤勉地遵循某种投资规则而获得财富的方法。进一步假定这些规则被撰写出来并出版，以展示给每个想得到它的人。那么，在均衡世界中，这些成功的来源是否会消失呢？无论如何，看起来很难让人真正理解优秀的投资经理人会写一本关于其行业的书。实际上，由于不断增加的竞争，许多投资成功的源泉甚至会完全消失，特别是受能力限制的那些。我们在这本书中所努力尝试关注的是其他类型的现象，那些其能力与其均衡需求相一致的现象。在均衡世界中，这些类型的现象将存在下去。

考虑一个带有限能力的例子。假定这样一种情况，通过关注公开的可得信息，人们能轻易地识别某种股票（例如那些小额股本），在一定程度上能有规律地获得与其风险特征不一致的更佳的业绩。如果这样的战略被出版和广泛地认识之后，那么这类股票的价格将被抬高到执行这类战略的成本抵消任何剩余超额收益的那个点上。换言之，我们希望这样的现象消失。

现在考虑在均衡领域内的现象。假定一种投资组合架构规则被公开出版，例如一种规则建议增加全球多样化，其使投资者能够获得相对于同样水平的投资组合风险更高水平的收益。遵循这种建议的投资者行为将增加他们的期望财富，但是他们的操作不能在每个方面控制战略的效果。甚至其他投资者也能操作这种改变（在均衡世界中所有的投资者都能这样），尽管如此，保持一个规则对每个投资者还是有重要意义的。在本书中，我们阐述了关于后一类的现象，而不是前者。从均衡论的观点看，这正是读者希望我们做的。

尽管这是本关于均衡方法的书，但我们仍然认为，世界显然不是非常有效的，无论它能意味着什么。也许那是对用最彻底的、有效的和规律所武装的投资过程的一点额外的褒奖，尽管竞争一定会很快地消除掉多数这样的机会。在均衡世界中，市场是相对有效的，并且在一定程度上，有限的机会能够被保留下来，从而产生超额收益，那么为什么寻求利益的投资者会将这样的私人观点公之于众呢？诚实的答案当然是否定的。诚实地讲：我们已经尽全力不包括任何私人的观点了，在本书中也没有隐藏如何进入市场的观点，没有额外的关于我们量化收益通用模型的因素描述。很明显，一些我们依赖其去积极管理资产的不规律现象是不均衡的现象，请太多竞争者到我们的池塘里钓鱼的过程将会使我们在未来创造超额收益的能力消失。

尽管我们确实相信，我们这里所写的东西是有价值的。我们所尽力描述的是当市场处于均衡状态时，投资者应该如何尽力去最大化他们的投资收益。我们也表明这样的问题：投资者可以如何尽力去识别和寻求偏离均衡的优势，正如我们所做的一样。

均衡理论是充分的，本书的作者都是市场专家，而且我们所写的也准备作为市场实践的指南，尽管开始我们用了一些章节发展简单的、一阶段的全球均衡模型。本书主要关注的内容依然是如何在当今世界中成为一个认真的投资者。一个优秀投资者的基本素质是理解风险管理、资产配置、投资组合构架的原则和资本资产定价。后面这些所指的是能够根据不同证券风险特征识别调整的收益升水，因此理解识别机会的基本原理。

本书的有些章节关注的是传统的证券和固定收益资产类别，同时关注可选择资产，如对冲基金和私人证券。我们相信，积极管理是有益的，我们探讨如何建立积极经理人的投资组合。虽然我们理解，并不是每个人都能获得超额收益，在均衡世界中，投资组合经理人在积极管理的博弈中持久地获得成功是极其困难的。我们主要关注机构投资者所面对的问题，但是同时也有几章讨论的是关于税收投资者所面对的特定问题。我们希望，通过整合过去50年学术理论的发展，填补其与21世纪投资管理实践的鸿沟。

最后，我们提供了关于我们是谁的描述，并对一些人表达了我们的感谢。我们是定量资源小组的成员，高盛资产管理公司（GSAM）的一部分。我们小组的职能包括：使用量化模型管理现金，建立金融与风险模型，作为公共机构基金的受托人和顾问，我们进行研究并提供市场展望。

这里有许多人需要感谢，首先最诚挚地感谢费希尔·布莱克（Fischer Black）——我们聪明的领导者，我们珍贵的同事，GSAM量化研究的首任领导。费希尔是均衡模型提供实践价值观点的坚决拥护者，他激励我们研究这种方法。我们也要感谢我们的客户，他们提出的挑战和问题支持了我们所有的活动，有时我们称其为"工作"。接下来是我们的同事们，那些在我们公司、在我们这个行业内、在学术领域内的同行们，他们无私地让我们分享他们的想法、建议和反馈，本书的很多内容都得益于这些来源。更要感谢高盛集团，它一直支持这个项目，而且它的团队文化和将顾客利益放到第一位的作风为我们所信奉。感谢比尔·法伦（Bill Falloon），威利出版社的编辑，他支持我们写这样的一本书，然后耐心地等待了几年的时间，最后使我们将想法落实到了纸面上。

最后非常感谢所有有耐心等待我们完成这本书的人，高盛集团诚挚地希望每个人都能够在工作和家庭之间达到更好的平衡，但是，我们的家庭在多数时间是这个平衡中的失败者，我们对家人有太多的愧疚。

罗伯特·利特曼（Robert Litterman）

纽约州，纽约市

2003 年 6 月

目 录

第一部分　理　论

第1章 导论：为什么是一种均衡方法 ···················· 3
鲍勃·李特曼（Bob Litterman）

第2章 现代投资组合理论的洞察力 ···················· 6
鲍勃·李特曼（Bob Litterman）
小结 ·· 19

第3章 风险度量 ··· 21
鲍勃·李特曼（Bob Litterman）
小结 ·· 31

第4章 资本资产定价模型 ···························· 32
鲍勃·李特曼（Bob Litterman）
小结 ·· 37

第5章 股票风险溢价 ······························· 39
马克·M·卡哈特和库尔特·温克尔曼
（Mark M. Carhart and Kurt Winkelmann）

历史回顾 ································· 40
股票风险溢价的均衡估计 ·················· 43
股票溢价和投资政策 ····················· 47

第6章 全球均衡预期收益 ················· 49
鲍勃·李特曼（Bob Litterman）
预备知识 ······························ 58
均衡条件 ······························ 61

第7章 超越均衡——布莱克-李特曼方法 ······ 66
鲍勃·李特曼（Bob Litterman）

第二部分 机构基金

第8章 市场组合 ······················ 79
里普西·班多里安和库尔特·温克尔曼
（Ripsy Bandourian and Kurt Winkelmann）
全球股票 ······························ 79

第9章 战略资产分配中的问题 ············· 91
库尔特·温克尔曼（Kurt Winkelmann）
战略资产分配的决策要点 ·················· 91
常用标准框架的问题 ····················· 92
均衡方法的优点 ························· 95

第10章 有不确定负债的战略资产分配 ········ 97
罗纳德·霍华德和约尔·拉克斯
（Ronald Howard and Yoel Lax）
负债模型的建立 ························· 98
有负债的投资决策评价 ··················· 99
静态分析 ······························ 99
静态模型的说明 ························· 101
动态分析 ····························· 111
结论 ································· 116
小结 ································· 116
附录：负债模型参数选择 ················· 117
给定用发行长期债券的方法来收回短期债券比率的最小盈余风险 ··· 119
防止盈余下降的必需最小股票分配 ··········· 119

给定初始筹集基金比率期望的未来筹集基金比率 ·················· 120

第 11 章　国际化分散与货币套期保值 ·················· 121
库尔特·温克尔曼（Kurt Winkelmann）

国际分散化和本土偏见 ·················· 122

货币套期保值对单个资产种类的影响 ·················· 125

结论 ·················· 135

第 12 章　不相关回报来源价值 ·················· 136
鲍勃·李特曼（Bob Litterman）

第三部分　风险预算编制

第 13 章　建立最优积极风险预算 ·················· 153
库尔特·温克尔曼（Kurt Winkelmann）

导言 ·················· 153

最优化和风险预算 ·················· 155

风险预算与积极风险 ·················· 155

数据分析 ·················· 158

隐含收益 ·················· 161

积极风险与布莱克–李特曼模型 ·················· 165

看法、隐含信心水平与投资政策 ·················· 166

结论 ·················· 171

第 14 章　根据积极风险系列编制风险预算 ·················· 172
安德鲁·阿尔福特（Andrew Alford）
罗伯特·琼斯（Robert Jones）
库尔特·温克尔曼（Kurt Winkelmeann）

比较结构化与传统式经理人 ·················· 173

结构化与传统型的投资方法 ·················· 177

寻找正确的经理人组合 ·················· 179

结论 ·················· 186

小结 ·················· 187

第 15 章　风险管理和总基金水平的风险预算 ·················· 188
贾森·戈特利布（Jason Gottlieb）

绿表单 ·················· 193

风险预算 ·················· 198

小结 ··· 199

第16章 协方差矩阵估计 ······································ 200

吉奥乔尼·圣蒂斯 (Giorgio De Santis)

鲍勃·李特曼 (Bob Litterman)

艾德林·维塞沃 (Adrien Vesval)

库尔特·温克尔曼 (Kurt Winkelmann)

引言 ··· 200

金融数据的一些有趣特性 ··· 203

协方差矩阵估计：理论 ·· 207

协方差矩阵估计：实践 ·· 212

协方差矩阵估计：一般化 ··· 214

用不同长度的历史估计协方差矩阵 ····························· 217

可选择的协方差矩阵估计方法 ···································· 219

小结 ··· 221

第17章 风险监控和绩效度量 ································ 222

雅各·罗森加顿 (Jacob Rosengarten)

彼得·桑桂 (Peter Zangri)

综述 ··· 222

财务会计制度控制的三个支柱：计划编制、预算编制和方差监控 ··· 224

建立三足风险管理工具：风险计划、风险预算和风险监控过程 ··· 225

风险监控——基本原理和实践 ···································· 229

业绩度量——工具和理论 ··· 238

小结 ··· 246

附件 A 有助于定义经理人管理哲学理念/过程的代表性问题 ··· 248

附录 B 账户绩效的计算 ··· 249

第18章 独立估价的需要 ······································ 253

简-皮埃尔·莫特兹 (Jean-Pierre Mittaz)

估计监督的哲学理念：一些概念基础 ·························· 254

独立估价监督组的责任 ·· 258

估价委员会 ··· 261

公平估价和错误定价潜在的结果——共同基金 ················ 261

第19章 收益归属 ··· 264

彼得·桑桂 (Peter Zangri)

收益归属重要性的原因 ·· 265

计算收益率 ·· 266

单一地区收益归属 ·································· 267

国际资产组合收益的贡献 ······················ 283

重要的实质问题 ···································· 289

小结 ·· 291

第 20 章　证券风险因子模型 ·················· 295

彼得・桑桂（Peter Zangri）

绪论 ·· 295

简单证券因子模型：一个例子 ················ 296

因子收益率和暴露：基础 ······················ 298

证券因子风险模型的一种分类方法 ············ 301

线性横截面的因子模型 ·························· 307

测量和确定风险来源 ···························· 329

风险估计过程 ······································ 345

小结 ·· 348

第四部分　传统投资

第 21 章　经理人选择的资产管理方法 ········ 351

戴维・本（David Ben-Ur）

克里斯・维拉（Chris Vella）

引言：投资哲学的重要性 ······················ 351

用资产管理办法进行经理人选择 ·············· 352

基本分析 ·· 353

三角化 ·· 354

定量分析 ·· 355

投资决策 ·· 356

结论 ·· 357

第 22 章　投资计划的实施：现实和最好的实践 ······ 358

道格拉斯・克雷默（J. Douglas Kramer）

计划规模：实施对风险的影响 ················ 359

计划的规模：实施独立账户对应混合工具 ···· 360

计划规模：成本 ···································· 362

资产配置漂移和完成管理 ······················ 363

第 23 章　股票组合管理 ·· 366

　　安德鲁·奥尔福德（Andrew Alford）

　　罗伯特·琼斯（Robert Jones）

　　特伦斯·利姆（Terence Lim）

回顾 ·· 366

EPM 的传统方法和定量方法 ·· 367

股票收益、风险和交易成本的预测 ·· 369

构建组合 ·· 375

交易 ·· 379

评价结果和更新过程 ··· 380

小结 ·· 381

第 24 章　固定收益证券的风险和收益 ·· 383

　　乔纳森·贝内（Jonathan Beinner）

导论 ·· 383

固定收益证券风险的来源 ·· 384

利率风险 ·· 384

第五部分　可转换资产类别

第 25 章　全球战术资产配置 ·· 401

　　马克·卡哈特（Mark M. Carhart）

前言 ·· 401

GTAA 的历史回顾 ··· 402

GTAA 方法的结构 ··· 403

实证依据 ·· 406

应用中的问题 ·· 410

GTAA 方法的展望 ··· 419

小结 ·· 422

第 26 章　战略资产配置和对冲基金 ·· 423

　　库尔特·温克尔曼（Kurt Winkelmann）

　　肯特·克拉克（Kent A Clark）

　　雅各·罗森加顿（Jacob Rosengarten）

　　塔鲁恩·泰亚基（Tarun Tyagi）

前言 ·· 423

对冲基金对于投资者的潜在特性 ·· 424

对冲基金数据 ·· 426

对冲基金配置评价的框架 ·· 427

制定对冲基金配置 ·· 429

对冲基金配置的执行 ·· 430

评价隐含的最低资本期望收益率 ·· 433

小结 ··· 436

第 27 章　对冲基金资产组合管理 ·· 438
肯特·A·克拉克（Kent A. Clark）

什么是对冲基金？ ·· 439

定义整体投资 ··· 441

关于对冲基金的流行的观点 ··· 442

资产组合构建 ··· 446

监测 ··· 449

发展中的组合管理 ·· 449

对冲基金的基金 ··· 450

第 28 章　私有股投资 ·· 451
巴里·格里菲斯（Barry Griffiths）

为什么要投资私有股？ ··· 451

私有股投资的类型 ·· 452

私有股投资的机制 ·· 454

私有股投资的价值和收益的统计量 ······································ 454

私有股的历史收益 ·· 455

私有股收益的根源 ·· 457

最优配置的案例 ··· 459

次优配置的效果 ··· 462

第六部分　私有财产

第 29 章　实际税后投资 ·· 467
唐·马尔维希尔（Don Mulvihill）

计划框架 ··· 469

税收 ··· 470

通货膨胀 ··· 472

开销 ··· 473

税后收益的计算 ··· 474

结论 ··· 476

第 30 章	**1926—2001 年，美国股票、债券和** **国库券的实际税后回报**	477
	唐·马尔维希尔（Don Mulvihill）	
调整通货膨胀和税收后的历史收益率		477
通货膨胀和"安全"资产		481
税收和通货膨胀的风险调整		484
风险和时间		485
应用		489
结论		492
第 31 章	**资产配置和定位**	494
	唐·马尔维希尔（Don Mulvihill）	
情形 1：目标是使孩子的财富最大化		495
情形 2：目的是使长期的慈善捐助最大化		495
401（K）计划		496
授予人预立信托资产		496
慈善剩余信托（CRT）		497
基金		498
结论		506
第 32 章	**股票资产组合结构**	507
	唐·马尔维希尔（Don Mulvihill）	
结论		515
总体结论		517
注释		519
参考文献		521
词汇表		531

第一部分

理　　论

第 1 章

导论：为什么是一种均衡方法

鲍勃·李特曼（Bob Litterman）

投资方法有很多种。我们在高盛资产公司（Goldman Sachs）所用的投资方法是一种均衡方法。在所有的动态系统中，均衡是各种力量完美平衡、理想化的一个点。在经济学中，均衡是指供给和需求相等的状态。但是，甚至是对最粗心的观察者而言，这一点也是显而易见的，即均衡从未真正存在于现实的金融市场中。投资者、投机者、交易者连续地买入、卖出，价格不断地进行调整。那么，我们发现的用于投资的均衡方法的吸引人之处是什么呢？

均衡方法有以下几方面的吸引力。首先，在经济系统中，是自然的力量在起作用，从而消除明显的相对于均衡的偏离。当价格过低时，至少经过一段时间，需求将增加。当价格过高时，供给者将被获利机会吸引，进入市场。有许多有趣和不太有趣的原因，可以解释为什么这样的调整需要时间。如摩擦、不确定的信息、系统噪音、流动性的缺乏、对信用或者是法律地位的关注，或者是对合同可实施性的疑问都可能阻碍调整，而且有时这种偏离是相当巨大的。但比较特别的是，金融市场中存在的摩擦要小于其他市场，而且金融市场吸引拥有资源的精明的投资者在此寻求获利的机会。因此，在金融市场中对均衡偏离的调整要相对快捷些。

我们无需假设市场总是处于均衡状态以发现均衡方法是一种有用的方法，反而认为世界是一个复杂、高度随机的系统。在这样的系统中存在对新数据的持续阻碍和对现况评价的冲击，这些并不会经常使系统偏离均衡。然而，虽然我们预期，这些冲击在金融市场中不断地产生对均衡的偏离，但是我们认识到，摩擦会阻止偏离的迅速消失。我们还假定这些偏离表示各种机会，企图利用这些机会的明智的投资者采取的行动将会产生一种力量，不断地推动系统回归均衡。因此，我们认为金融市场有重力的中心存在，这一重力的中心被定义为供求之间的均衡。理解均衡的性质将帮助我们理解金融市场，例如金融市场会出现在冲击之下离开均衡状态又被推回均衡状态的情况。

我们采用均衡方法的第二个原因是：我们相信这种方法提供了可以参考的适合的框架体系，从中我们可以确认并利用这种偏离。虽然没有一种金融理论能够抓住哪怕是现实金融市场的细节和复杂性的很小的一部分，但均衡理论的确提供了关于投资基本原理的一些指导。金融理论说得最多的话就是市场以带有些许理性的方式运行。如果我们以假设市场是简单的非理性开始，那么我们就没法继续说下去了。也许我们可以发现非理性的一些模式，但是为什么它们就应该持续下去？然而，如果我们愿意，例如做一个市场中不存在套利机会的假设，也就是假设投资者没有办法获得无风险利润，那么我们可以从大量的文献中寻找到指导，这些文献都是描述什么应该和什么不应该发生的。如果我们再进一步，增加市场经过一段时间会向理性均衡迈进的假设，那么我们可以利用另一个精巧而美丽的金融理论。这一理论在过去的50年里形成并发展着，这一理论不仅预测市场将如何表现，而且告诉投资者如何构造他们的投资组合，当获得市场均衡预期收益时如何使风险最小化。对更积极的投资者来说，这一理论给出关于如何最大限度利用对均衡的偏离的建议。

当然，不是这一理论的所有预测都是真实的，其实不是一个理论，而是在一个主题下有很多变形，每个变化的预测都有细微差别。有的人将重点放在理论的许多局限性上，或者将重点放在由假设的微小差异导致的不同变形的诸多细节上，而我们更愿意将注意力集中于该理论的最简单的全球版本以及将之应用于构造投资组合实际操作中的核心内容。

最后，让我们考虑一下犯错误的后果。我们知道，任何金融理论都无法将真实金融市场中所有的复杂性全部包括进去，因此也就无法解释驱动价格的许多因素是什么。因此在某种意义上，我们知道均衡方法是错误的。它是一种过度的简单化处理。唯一使我们感兴趣的是它错在哪里，它的含义是什么？

然而，假设我们往前走，并设想这一过度简单的理论可以带来投资的回报。用于投资的均衡方法最大的益处在于它在本质上是保守的。正如我们将会看到的，在缺乏任何关于市场的看法或者是约束的条件下，它建议投资者应该简单地持有与市场资本化权重比例一致的投资组合。这样会失去一些机会，而且如果市场整体下滑的话会遭受损失，但是一般基本上可以保证一个平均收益。

持有市场组合可以使交易成本最小化。一个投资者，可能因为犯错误或者是运气不好而表现得很糟糕，并且很多时候需要支付毫无必要的费用。均衡方法避免了这些损失。而且，无论一个人表现得多么出色，不幸的是，总是有其他许多人可以干得更好。均衡方法可以使遗憾最小化，如果一个投资者以假设市场处于接近均衡状态的方法开始，那么他或者她有获得公平收益的现实预期，并且不会犯代价巨大的错误或者造成无法接受的损失。

假设一个投资者忽略均衡理论的教训。在很多种情况下市场会处于非均衡状态，如果一个投资者对某种情况做出一个特别的假设，并得出这个方法是错误的，那么他或者她将很容易陷入困境，相对于预期而言，后果将是灾难性的。均衡方法也许不那么令人兴奋，但是经过较长一段时间，市场组合将导致积极的后果。

现在的投资者比以前的投资者有更多的机会明智地投资，他们在理论和投资管理实践两方面都取得了巨大的成就。我们对市场均衡规律和投资组合理论的理解在过去的 50 年里有了极大的发展。现在我们对驱动市场趋向均衡的条件、对冲击市场并产生机会的无法预期的因素有了更好的了解。此外，特别是在过去的 10 年间，投资产品的范围、服务提供商的数量、获得信息和进行投资的便利性都大大地增加了。与此同时，投资的费用在近些年里也大幅度地减少了。今天，投资者比以前更容易构造一个能够带来持续、高质量回报的投资组合。这本书就是告诉投资者如何做到这一点。

我们将全书的内容分成六部分。第一部分简单、实际地介绍在过去的 50 年间由学术机构发展的关于投资的理论。虽然最初起源于学术研究，但是该理论对现实世界的投资者还是很有实际指导意义的。我们努力提供了一些例子，用于帮助激发这一理论并说明投资组合的内涵所在。我们希望使这一理论尽可能地清晰、实用并有直觉力。我们还尽力使数学内容减到最少，但是在某种程度上，有些读者希望有这方面的内容。我们还提供了一些重要的原始阅读资料的参考文献。

第二部分着眼于最大的机构投资组合面临的一些问题。这些主要是由养老金、中央银行、保险公司、基金和捐赠基金管理的资金。第三部分关注于各个方面的风险，例如确定一个风险预算，估计协方差矩阵，管理资金风险，确保正确的估价，理解业绩归因。第四部分关注于传统的资产类别，如股票和债券。我们审视管理者选择方面的问题，还有管理全球投资组合方面的问题。第五部分考虑非传统投资方式，例如货币和其他覆盖策略，套期保值基金和私人股票。最后一部分关注于私人投资者的一些特别的问题，例如税收方面的考虑、房地产规划等等。令人费解的是，私人投资者的投资问题比大多数机构投资公司的问题更为复杂，而这仅仅因为私人投资者必须得交税。例如即使在最简单的均衡状态里，对一个需要纳税的投资者来说，买入、持有一个市场资本化组合也不再是一个最佳选择。这一简单的买入并持有战略仍然可以通过销售个人股票来证明，虽然一般它在税收方面是十分有效的，当他们遭遇相对于购买价格而言的短期损失时，那么这样的损失一般就可以用于减税了。

在整本书中，均衡理论有时是显而易见的，有时是隐藏在其中的，但是它将融入我们所有的关于什么是适当的投资决策的讨论中。

第 2 章

现代投资组合理论的洞察力

鲍勃·李特曼（Bob Litterman）

一个投资者为了成功，必须理解和乐于承担风险。创造财富是进行投资的目标，而且长期而言，风险是带来投资回报的动力。

然而，毕竟投资者对承担风险的忍受是有限的。风险可以量化为潜在损失的可能性和大小，并且损失会使人痛苦。当风险发生时，它意味着消费必须延迟或者被取消。即使收益主要是由投资者无法控制的随机因素决定的，但当损失发生时，投资者也会自然而然地觉得做出了一个错误的决定，对承担这一风险感到后悔。如果损失对一个投资者的净财富产生太大的影响，那么损失可能会迫使投资者降低风险偏好，这将对投资者在未来产生巨大投资收益的能力产生重大的限制。这样，每个投资者就只能在一定程度上忍受损失。即使风险是带来收益的动力，但由于存在承担风险产生坏后果的机会，因此每个投资者只愿意承担有限的风险。

但是风险不是可以避免的。正如我们将要讨论的，财富的创造取决于风险的承担，取决于在许多资产中对风险的分配（为了使潜在的痛苦最小化），取决于耐心，取决于着眼于长期真实收益（在考虑了通货膨胀和税收因素之后）而愿意承受短期损失。因此，投资成功取决于是否准备并且愿意承担风险。

因为投资者承担风险的能力是有限的，所以应该把它看做是一种需要明智使用的稀缺资源。风险就像其他有限的资源需要进行预算。为了产生尽可能多的收益，成功的投资需要对所承担的风险定位。许多世纪以来，投资者一直从直觉上理解风险和收益之间的关系，只有在近50年中，学术界才开始用数学手段量化这些概念，并且还得出了在给定的风险条件下，尽力使收益最大化的令人惊奇的含义。这些研究的主要内容，如今被称为现代投资组合理论，为投资者提供了一些非常有用的观点。我们将在这一章中对此重点阐述。

现代投资组合理论中令人感兴趣的见识起源于收益和风险之间数学关系的相互作用。因此这里对在组合中增加风险或是增加收益的不同的规则回顾就显得重要了。这些内容并不是特别复杂，但它们是现代投资组合理论的核心。收益这边的投资公式的数学表达是简明易懂的。在某一时刻，不同投资的货币收益是可叠加的。如果一项投资产生 3 万美元的收益，而另一项投资产生 4 万美元的收益，那么总收益就是 7 万美元。某一时刻的投资收益的可叠加性可用图 2.1 来说明。

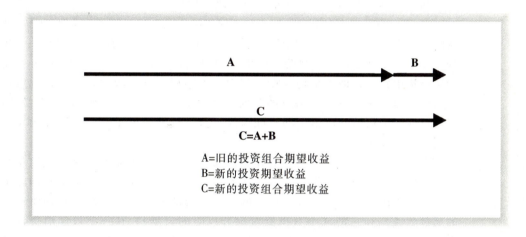

A=旧的投资组合期望收益
B=新的投资期望收益
C=新的投资组合期望收益

图 2.1　期望收益线性汇总

百分比收益率在一段时间是按复利计算的。投资 A 一年产生 20％的收益，接下来的一年也是 20％的收益。在第二年结束时，按原来的投资计算，两年期的收益率就是 44％。①

然而投资等式的风险这一边并不是这么简单明了。即使在某一时刻，投资组合的风险也不是可叠加的。如果一项投资每年的波动性②是 3 万美元，另一项投资每年的波动性是 4 万美元，那么整个投资组合的每年波动性介于 1 万美元和 7 万美元之间。不同投资的风险究竟是如何加总起来的，取决于它们产生的收益是趋向于一起运动，还是各自独立运动，或者是相互抵消。如果在前面的例子里这两项投资的收益是大致相互独立的，那么整体波动性③就大致是 5 万美元；如果它们是一起运动，那么整体波动性还更高；如果它们相互补偿，将更低。收益一起运动的程度用统计指标——相关系数来衡量，相关系数的数值从完全同步运动正相关的＋1 到相互独立的 0，再到完全相反运动负相关的－1。风险不可叠加，但是其加总方式由收益运动方向决定的事

---

①　设两期的收益是 z，第一期收益是 x，第二期收益是 y，有 $(1+z)=(1+x)(1+y)$。

②　波动性只是用来衡量风险的众多统计指标中的一个，这里的"波动性"是指标准差，它是收益分布的典型结果。

③　在这一计算中，我们依赖于独立资产方差（标准差平方）的可加总性。

实导致了投资组合理论的主要核心——也就是分散化。将投资分散到不太相关的资产中,将减少总的投资组合的风险。

分散化带来的风险减少的益处对投资者来说是免费的午餐。考虑到每个投资者的有限的风险偏好,分散化本身的益处创造了产生更高预期收益的机会。另外的分散化益处产生于时间的进展。由于在不同时间间隔里收益的相对高度独立,风险一般以接近时间平方根的数字增加,这一数字要远小于可加总的收益率的数值。[①] 收益率随着时间的增加与风险随着时间的增加存在差别,导致了投资组合理论的第二个核心——投资方面的耐心是有回报的,随着时间的推移,总体风险将在整个时间段中均匀化。

考虑一个简单的例子。每天承担 1% 的风险在全年只会承担大约 16%[②] 的风险。如果一天一个 1% 的风险预期产生一天 2 个基点[③]的收益,那么在一年的 252 个工作日中,这一风险将产生 5% 的收益。如果与之相对照,同样数量的风险集中在一天而不是均摊在一年中,以同样的预期收益,每个百分点产生两个收益,它将只产生 32% 的预期收益,要少 1/5 左右。因此时间分散化,也就是在一个长时间段里平均分配风险,对投资者来说是又一个潜在的免费午餐。

在做购买决定时,我们都十分熟知要在质量和支出方面权衡。高质量的商品一般都比较昂贵,作为一个消费者,我们要计算在一项购买中我们能承受多大的支出。同样地,最佳投资取决于投资的质量(一项投资预期将产生的超额收益)和它的成本(投资对组合风险的贡献)。在一项最佳消费计划中,一个消费者应该使花在每项支出上的每个美元产生相同的效用。否则的话,美元将重新分配以增加效用。类似地,在一项最佳投资组合中,投资者应该使每一投资活动的单位风险带来的期望收益相同。否则通过对风险的重新配置,投资组合将达到一个更高的期望收益。将在消费中分配美元和投资组合中的风险预算做一类比是有说服力的,但是一个人必须牢记,在投资中,风险是稀缺资源,而不是美元。

不幸的是,许多投资者并没有意识到现代组合理论的核心内容对他们的决定有直接的作用。投资组合理论时常被认为是学术界的研究主题,而不是用于现实世界的。例如,考虑一个常见的情况:当我们企业的客户——他们都拥有这些企业的相当数量的股票,决定销售或者使他们已经建立起来的企业上市时,他们会收到数量可观的钱。在他们试图决定应该如何投资的过程中,他们几乎总是在货币市场账户中存入他们新获得的货币收入。在一些例

---

① 事实上,正如前边提到的,由于混合化,收益的敏感性要比可加总的大。这体现在两个时间段中,边际相等但互不相关的风险不随时间线性增加。不相关收益的方差可加总的特性意味着总波动率(总方差的平方根)要按照相同的勾股定理(Pythagorean)求和,其方程由直角三角形的三条边决定。因此,在两个时期相等风险的情况下,总风险不是 2 单位,而是 2 的平方根单位。更一般地,如果是 t 的平方根单位的风险(t 时期后),我们在 $t+1$ 时刻增加 1 单位的不相关风险,那么用同样的勾股定理,$t+1$ 时刻的风险应该是 $t+1$ 平方根单位。因此,不相关收益的总波动率是随时间增加并以时间的平方根为单位不断变化的,这在一阶近似的很多情况下是合理的。

② 注意到,16 只比 252 的平方根大一点,252 是一年的工作天数。

③ 一基点是百分比中的 1%。

子中，这样的存款在很长一段时间中一直保持现金投资的状态。人们经常不理解，同时也对承担他们不熟悉的风险感到不舒服。在这种情况下，投资组合理论是有用的，典型的建议是：投资者应该构造一个平衡的投资组合，包括一些上市的证券，特别是股票。

当我们被要求对这样的个人投资者提出建议时，我们的首要任务就是决定这个人对风险的承受力的大小。在我们之前描述的典型情况中，这时常是非常有趣的事情。最引人注目的是，在许多例子中，我们所讨论的个人投资者已经决定或者是仔细考虑了从风险到收益的全部——从风险/收益的一端到另一端。个人投资者已经从持有一个不流动的、集中的头寸的状况——一般客观认为是极端危险的境地①，到持有货币市场基金这种几乎没有任何风险的状况。② 组合理论建议，对几乎所有的投资者来说，无论是哪种状况，持续的时间太长都不是一个好决定。而且使得这种情况特别有趣的是，如果这种情况发生在某个具体的投资者身上，无论他是非常进取的风险承担者，还是一个极其小心谨慎的投资者（cautious investors），当他对自己所处的状况感到舒服的时候，那么处于其他位置会使他感到不满意。然而我们经常可以看到，同样的个人投资者对每个位置都感到满意，甚至从一个极端直接变化到另一个极端。

对损失彻底不同的可能性使得在现代投资组合理论的内容中，这两种情况处于风险领域的两个极端。然而让众多个人投资者认识到一个较为平衡的投资组合的好处无疑是有一定难度的。为什么？原因之一是人们很难区分好结果和好决定，而好结果经常伴随着风险投资决策的事实又是如此真实地存在着，风险经常没有被认识到。一般来说，一个曾经在一项投资中取得成功的投资者会认为好的决定产生了好结果，总是认为这一结果是投资者的好决策必然产生的，而不认为它是投资决策的一个结果。实际上无论多好，至少在短期内，通常主要是由运气带来的。

下面考虑一个处于刚才所描述的情形里的一个投资者。这样的个人投资者肯定不具有代表性。他或者她刚刚加入了人群中的精英群体，这些人在商界中所经历的是如此接近于博彩活动。这个人是幸运的拥有集中风险头寸的少数人中的一个，他们的公司生存下来了，而且出现盈利性增长，在一个合适的时机还可以上市。回过头来看，这些创造财富的人们所采取的行动——辛勤的工作、商业敏锐性，特别是他们持有集中头寸，看上去似乎是无懈可击的。我们甚至可以假设其他投资者应该模仿他们的行动，进入一个或更多的这种非现金的集中头寸。

然而，这儿有一个更大的画面。许多小企业的业主，他们经营的企业无法给他们带来可观的财富。就像在彩票（lottery）活动中，只有极个别的大赢家的事实意味着好的结果并不总是由好的投资选择带来的。必须承认，由

---

① 当然，从客观现实出发，对风险的了解存在很大差别。近年来有两个学者（Tobias Moskowitz and Annette Vising-Jorgensen）对这一主题进行了研究，一篇名为"企业投资的收益：私募股票溢价之谜"（The Return to Entrepreneurial Investment: The Private Equity Premium Puzzle）即将发表在《美国经济评论》（American Economic Review）上。

② 我们将回顾重要的一点，也就是说来自于货币市场基金的名义税前收益的短期稳定性实际上可能带来长期、可观、真实的税后风险。

于做一个小型企业的业主虽然在一个企业里进行了高度集中化的投资，但是它可以给业主带来许多精神方面的益处，因此这还不算是一个典型的非常冒险的投资。当一个小企业的投资在某个人的投资组合里占据相当大的比例时，这里存在可以避免的集中化风险。来自于现代投资组合理论最简单且最实用的见识就是投资者应该避免集中化风险。① 集中化风险状况忽略了因多元化而产生的显著的潜在风险减少的好处。然而，在某种程度上这也是事实——当一项投资格外吸引人时，应该考虑给予更多的风险预算，但是太多的风险暴露也是有害的。投资组合理论将提供这样一个体系，在其中，我们可以将整个风险预算量化，并得出某项投资应该与之匹配的风险的大小。

现在考虑将所有财富投到货币市场基金的那些投资者。货币市场基金本身并没有任何错误，对许多投资者来说，货币市场基金在整个投资组合中是十分重要的、极具流动性且风险较低的一部分。问题在于，由于一些投资者对风险较大的投资可能造成的潜在损失感到不适，因此他们将太多的资金投到这样的基金里，而且在太长的时间里一直持有这种交易头寸。在一个较短的时期里，货币市场基金几乎总是能够产生稳定的、正的收益。这样的基金存在的问题是，经过一段较长时期，真实收益（也就是说，在考虑了通货膨胀和税收的影响之后所产生的财富的购买力）可能是冒险的，而且历史表现非常糟糕。

现代投资组合理论有且仅有一个中心议题：在构建投资组合时，投资者需要将每项投资的预期收益和它对整个组合风险的影响联系起来仔细审查。我们将回过头来重新仔细分析为什么是这样的情况，因为投资组合理论的实践性信息在于，确定一个投资的大小时，最佳的理解是将它视为一项平衡预期收益与相应的对组合风险贡献的工作。② 这是组合理论的根本性见解。这一看法最早是由哈里·马科维茨（Harry Markowitz，1952）提出的，并在他随后的论著（1959，1987）中加以发展。这一看法给人的最初印象似乎是带有直觉性的，而不是特别引人注目。然而，正如我们将会看到的，在构建组合中使之正确实施一般来说并不容易，也不具有直觉性。

第一个复杂性也许是显而易见的。无论是预期收益还是组合风险的贡献，将其量化都是困难的。③ 这样，在两项交叉投资中平衡就格外困难。接下来关于预期收益的理性假设也是存在疑问的。许多投资者关注历史收益，用它来指导投资，但是在这本书里，我们强调用均衡方法量化预期收益。在第 5 章和第 6 章里，我们将回到这一主题。这里我们着重衡量对组合风险的贡献，这一贡献虽然复杂，但却更易于量化。对一个投资者来说，每一项投资增加到组合中的风险取决于组合中所有的投资，虽然在大多数情况下以一种不太明显的方式进行。

---

① 不幸的是，在 2000 年和 2001 年中，技术、通讯和互联网公司的许多雇员、企业家和投资者们再次直接感受到由于投资组合缺乏多元化而带来的风险。

② 在一项最佳投资组合里，下一个美元的预期收益和对组合风险边际贡献之间的比率应该和组合中的所有资产的比率相同。

③ 每一个主题将是后面各章的主要内容。均衡预期收益在第 5 章和第 6 章中讨论，第 7 章探讨对均衡的偏离。估计协方差是第 16 章的主题。

一项投资对组合风险的贡献的主要决定因素不是这项投资的风险本身，而是这项投资价值与组合中其他投资价值上下变动的程度。这些收益一起变动的程度用统计指标"协方差"（covariance）来衡量，它本身是它们的波动之间相关性的函数。协方差是简单地将每项收益的波动乘以相关系数。这样，相互独立的收益之间的协方差是零，而高度相关的收益之间的协方差取决于两项收益的方差。投资者几乎没有对相关性的较好的直觉，更缺乏衡量或监督他们的投资组合协方差的实际手段。使事情更难懂的是，相关性无法直接观察到，它们本身就是从统计资料中推断出来的，而这些统计资料较难估计，并且谁都知道它们不稳定。① 实际上直到最近，甚至专业投资顾问都没有具体的工具或者一定的理解，要在他们的投资推荐中考虑协方差。仅仅是在过去的几年里，数据和风险管理技术的广泛使用才使得组合理论的经验得到更广泛的应用。

　　最佳组合构建的关键在于理解组合风险的源泉，并且有效地配置风险。让我们先暂时忽略前面段落里提到的困难，并且假设我们可以观察到投资收益的相关性和波动性。我们可以通过识别各种情形获得收益的不断增加，在这些情况下，调整风险分配将改善整个组合的预期收益。一个典型的情形是，在一个组合里，一项资产与其他投资相对独立，即使这项投资本身是较高风险的，它对组合的总体风险的影响也较小。我们将这样的投资称之为多样化因子，我们用它们在一个总体的风险预算内增加组合的收益。理解、衡量、监督每一项投资对组合风险的贡献已经成为在每项资产或投资活动中投资多少的决策中的关键部分。对组合贡献了较少风险的资产在风险预算分配中不太昂贵，如果其他方面都是一样的，那么我们就应该在这些资产上多投资。

　　我们可以在一个简单图形的几何关系中看到这种决定组合波动的数学知识背后的直觉。一种资产以这样的方式影响组合风险，即增加线段的一边改变了终点与起点之间的距离，我们用图 2.2 加以说明。

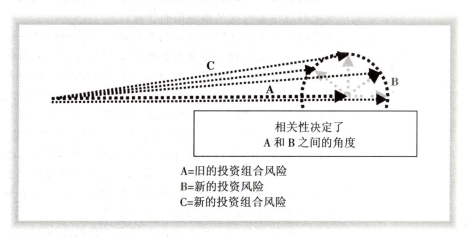

A＝旧的投资组合风险
B＝新的投资风险
C＝新的投资组合风险

图 2.2　相关性风险汇总

---

① 无法观察到的相关性本身是否不稳定是一个难以捉摸的问题。在短期内用于衡量相关性的统计资料，由于存在估计误差，很显然是不稳定的。

原来线段的长度代表原来组合的风险。我们在这个线段上增加一个边,这个边的长度代表新资产的波动率。在这个几何说明图中,很显然,新边和原始线段之间角度的大小在决定和原点之间距离的变化中起着决定性作用。在组合风险的例子里,原来组合和新资产之间的相关系数就是新边和原来线段之间的角度。相关系数在 -1 和 +1 之间,图中的角度在 0 度和 180 度之间。不相关的情况对应于 90 度。正相关对应于 90 度~180 度。负相关对应于 0 度~90 度。

让我们用一个简单的例子来说明如何用组合风险度量方法去确定投资的规模和增加预期收益。个人投资者和机构投资者面临的关键问题是如何投资国内股票和国际股票。一种观点是:近年来由于全球市场的相关性越来越强,加入国际市场的多样化价值降低了。让我们看看现代组合理论如何解决这个问题。在这个例子里,我们首先这样处理国内和国际股票,仅仅把它们看做是投资中的两类资产。

在没有其他约束的条件下(交易成本等),最优风险预算配置要求在从国内市场到国际市场的各个股票的配置中达到这样一点,即两种资产的预期超额收益[①]与组合风险的边际贡献之比是相同的。我们之所以关注边际条件,是因为它能够指导我们如何改善组合。虽然一个完善的组合最优化在这里是直接明了的,但我们仍然要小心谨慎地避免以这种方式考虑问题,因为它将导致模糊的直觉,并且不符合大多数投资者的行为。投资组合决策几乎总是在边际的基础上做出的。无论何时做出这种决策,组合最优化的边际条件都可以为投资者提供有用的指导。

我们设计这个例子的目的是:就边际条件如何提供这种指导以及为什么这一条件能够在一个给定风险水平下使预期收益最大化给出一个直觉性的方法。请注意,我们假设组合的整体风险是有限的,如果这一假设不存在,我们总是能简单地通过增加风险来增加预期收益。

先不管组合的初始分配情况如何,当我们将一小部分资产从国内股票转移到国际股票上,并且调整现金量来保持组合的风险不变,看看将会发生什么。为了使其顺利地交易,我们按照其对组合风险的边际贡献成比例的改变投入到国内股票和国际股票上的资产数量。例如,当国内股票对组合风险的边际贡献是国际股票的两倍时,为了保持组合的总风险不变,在每卖出价值一美元的国内股票的同时我们要增加现金量来买入价值 2 美元的国际股票。此时,如果国内股票与国际股票的预期超额收益之比小于它们对组合风险的边际贡献比 2:1,组合的预期收益将会随着额外投入在国际股票上的资产数量的增长而增长。在这种情况下,我们应该继续把更多资产投入到国际股票上,使得预期收益增加而风险却不会有相应增加。

让我们采用一些符号并进一步考察这个例子。我们把 Δ 记做在一项资产上的最后一个单位的投资所产生的对组合风险的边际贡献。Δ 的价值在给定资产配置的条件下可以通过计算组合风险得到,然后衡量当我们改变原来的

[①]　在整本书中,当我们用"预期超额收益"时,我们的意思是超过无风险利率。

配置时所发生的变化。也就是说，假设我们有一个风险度量函数 (d, f)，我们用它来计算一定数量 d 国内股票和一定数量 f 国外股票构成的组合的风险。

我们用符号 (d, f) 来强调可以采用不同的度量风险的方法。许多备选的函数形式被采纳并以收益分布函数形式来度量投资者效用。正如以前提到的，虽然投资者一般来说对损失非常敏感，但他们似乎很少能察觉到能够导致较小损失的风险。我们将在下面一章里研究这样的事情。具体地说，我们这里将采用统计指标——波动率来度量风险。例如，假设有一些相关数据允许我们度量国内股票和国外股票的波动率和相关系数。将这些数量分别记做 σ_d，σ_f，和 ρ，那么一个简单的风险函数的例子将是下面给出的组合的波动率：

$$\text{Risk}(d, f) = (d^2 \cdot \sigma_d^2 + f^2 \cdot \sigma_f^2 + 2 \cdot d \cdot f \cdot \sigma_d \cdot \sigma_f \cdot \rho)^{1/2} \qquad (2.1)$$

让我们用符号 Δ_d 代表国内股票对组合风险的边际贡献。这个数量被定义为在国内股票数量基础上的风险函数的导数，也就是说有着同样数量的国外股票，而在国内股票部分存在一个较小数量差异 δ 的组合风险之间的差额，再除以 δ。于是，我们可以将它整理成下面的公式：

$$\Delta_d(\delta) = \frac{\text{Risk}(d+\delta, f) - \text{Risk}(d, f)}{\delta} \qquad (2.2)$$

并且定义 Δ_d 为当 δ 趋近于零时 $\Delta_d(\delta)$ 的极限。

同样地，外国股票的风险的边际贡献由 Δ_f 给出，并且定义 Δ_f 为当 δ 趋近于零时 $\Delta_f(\delta)$ 的极限，这里：

$$\Delta_f(\delta) = \frac{\text{Risk}(d, f+\delta) - \text{Risk}(d, f)}{\delta} \qquad (2.3)$$

这些风险的边际贡献是最优组合配置的关键所在。正如我们将要看到的，一个组合最优的条件是预期超额收益与风险边际贡献的比率对组合内所有的资产来说都是相同的。

让我们回到这个问题，即我们是否可以通过卖出国内股票，买入外国股票来改善组合。风险的边际贡献比率是 Δ_d / Δ_f。假设国内股票和外国股票的预期超额收益分别是给定的 e_d 和 e_f。现在假设 e_d / e_f 小于 Δ_d / Δ_f。如果我们卖出一小部分国内股票，为了保持风险恒定，我们要买入多少外国股票？卖出国内股票的风险变化率是每卖出单位变化 $-\Delta_d$。为了使风险保持原来的水平，我们需要购买 (Δ_d / Δ_f) 单位的外国股票。国内股票每卖出一个单位对预期超额收益的影响是 $-e_d$，买入 $(\Delta_d / \Delta_f)e_f$ 单位的外国股票将使风险保持不变。在这里，如果预期收益增加，那么我们将继续增加外国股票部分的配置。如果预期收益降低，那么我们将卖出外国股票而买入国内股票，组合风险保持稳定，组合预期收益也不增加的唯一情况是满足下面的条件：

$$-e_d + \left(\frac{\Delta_d}{\Delta_f}\right)e_f = 0 \qquad (2.4)$$

整理各项，我们得到：

$$\frac{e_d}{\Delta_d} = \frac{e_f}{\Delta_f} \qquad (2.5)$$

这样，在这个简单的两资产例子里，我们得出了一个一般条件的简单形式，即为了使投资组合最优，所有资产的预期收益与组合边际贡献之比应该是相同的。如果不满足这个条件，那么我们可以在不影响组合风险的情况下增加预期收益。

更为一般的是，我们可以考虑在一个多资产组合中任何一组资产的购买与销售。必须进行上面的分析，这里，我们有风险函数，风险（w），给风险分配一个 w 维向量，它是给予所有资产的一个权重。设 Risk_m（w，δ）函数给组合中的风险赋予权数 w，给资产 m 赋予权数，一个很小的增量 δ。将资产 m 的组合风险的边际贡献记为 Δ_m，当 δ 趋近于零时的极限是：

$$\Delta_m(\delta) = \frac{\mathrm{Risk}_m(w,\delta) - \mathrm{Risk}(w)}{\delta} \qquad (2.6)$$

那么，正如以前提到的，在一个最佳组合里，对每一对资产 m 和 n，必定有下面的条件成立：

$$\frac{e_m}{\Delta_m} = \frac{e_n}{\Delta_n} \qquad (2.7)$$

如果不成立，我们可以通过买入比率较高资产，卖出比率较低资产来改善组合，直到比率都相等为止。记住，如果一个资产的预期收益是零，那么这个资产最佳组合头寸一定是 Δ 为零中的一个。熟悉微积分的读者会发现这个条件——风险函数的导数为零——意味着在资产的权数变化过程中，此时风险函数取最小值。

让我们思考一下这个方法是如何引导我们实现外国股票的最佳配置的。具体而言，让我们假设表 2.1 中的数字是国内股票、外国股票和现金的波动率和超额预期收益。假设国内股票和外国股票之间的相关性是 6.5。

表 2.1　　　　　　　　　　波动性价值与期望超额收益

	波动性	期望超额收益	总收益
国内股票	15%	5.5%	10.5%
国际股票	16	5.0	10.0
现金	0	0.0	5.0

我们用下面的风险函数来描述组合的波动率：

$$\mathrm{Risk}(d,f) = (d^2 \cdot \sigma_d^2 + f^2 \cdot \sigma_f^2 + 2 \cdot d \cdot f \cdot \sigma_d \cdot \sigma_f \cdot \rho)^{1/2} \qquad (2.8)$$

为了使分析简化，我们假设投资者想在组合波动率为 10% 的条件下使预期收益最大化。考虑一个投资者以全部是国内股票的配置开始。为了达到 10% 的波动率，投资者必须持有国内股票和现金搭配的组合。具体地说，由于国内股票的给定波动率是 15%，因此分配给国内股票的比例是三分之二，而分配给现金的比例是三分之一。

当投资者开始卖出国内股票，买入外国股票后将会发生什么？风险的边际贡献仅仅是谈到的这两个论据的风险函数的导数，并且可以容易地用下面的公式说明：

$$\Delta_d = \frac{d \cdot \sigma_d^2 + f \cdot \sigma_d \cdot \sigma_f \cdot \rho}{\text{Risk}(d, f)} \qquad (2.9)$$

$$\Delta_f = \frac{f \cdot \sigma_f^2 + d \cdot \sigma_d \cdot \sigma_f \cdot \rho}{\text{Risk}(d, f)} \qquad (2.10)$$

在特殊情况下，当 $f = 0$ 时，这些公式简化为：

$$\Delta_d = \frac{d \cdot \sigma_d^2}{(d^2 \cdot \sigma_d^2)^{1/2}} = \sigma_d = 0.150$$

$$\Delta_f = \frac{d \cdot \sigma_d \cdot \sigma_f \cdot \rho}{(d^2 \cdot \sigma_d^2)^{1/2}} = \sigma_f \cdot \rho = 0.104$$

假设组合的价值是 v，它是一个大数，一个投资者卖出一个单位的国内股票，也就是说，令 $\delta = -1$，回顾方程（2.6），

$$\Delta_d(\delta) = \frac{\text{Risk}(d + \delta, f) - \text{Risk}(d, f)}{\delta} \qquad (2.11)$$

组合的风险大约减少了：

$$\text{Risk}(d + \delta, f) - \text{Risk}(d, f) = 0.15 \cdot \delta = -0.15 \qquad (2.12)$$

为了保持风险不变，投资者必须购买

$$\frac{\Delta_d}{\Delta_f} = \frac{0.15}{0.104} = 1.442 \qquad (2.13)$$

的外国股票。一个单位的国内股票的销售减少了组合的超额预期收益的 0.055。

1.442 单位的外国股票的购买增加的超额预期收益是：

$$1.442 \times 0.05 = 0.072\,15 \qquad (2.14)$$

这样，在边际条件下，在保持风险不变的情况下，通过以一定的比率卖出国内股票，买入外国股票，带来的每卖出一个单位的国内股票增加的超额预期收益是：

$$0.072\,15 - 0.055 = 0.017\,15 \qquad (2.15)$$

这个边际分析提供的信号是清晰且富有直觉性的。只要带来的组合的超额预期收益是正的，而风险却没有发生改变，那么，投资者就应该继续卖出国内股票。当然，不幸的是，这种增加预期收益的行为不可能无限制地进行下去。只要投资者不断卖出国内股票，买入外国股票，则国内股票的风险的边际贡献就会开始下降，而外国股票的风险的边际贡献就会开始上升。这是造成边际分析仅仅是个估计、对组合权重的微小变化是真实有效的原因。在我们考察当一个投资者从国内股票转移到外国股票的过程中发生了什么之前，我们也许可以考虑什么是外国股票的超额预期收益。在这里，我们认为投资者不在意交易成本。很显然，从前面的分析中，无差异点由下面的 e_f 给出，也就是：

$$(1.442 \cdot e_f - 0.055) = 0 \qquad (2.16)$$

换句话说，临界比率或者是预期收益的无差异点，即预期收益超过 $e_f = 3.8\%$ 这一水平时，可以给出从国内股票转到外国股票的正当理由。

现在看一下不同的情况，如果外国股票的超额预期收益小于这个数值，那么我们将没有任何动力去购买外国股票。

如果我们仅仅考察风险，而不关注预期收益，我们可能认为由于多样化的益处，我们总是想持有一些外国股票，至少在边际水平上。实际上，当资产之间存在正相关的关系时，就像在这个例子中，甚至最初的边际分配也产生了边际风险，从而需要一个超额预期收益临界比率来保证购买国外股票是正确的行为。

现在假设投资者已经卖出 10% 的国内股票。为了保持风险不变，投资者可以购买 13.18% 的外国股票。在上面的公式中给出 $d = 0.5667$，$f = 0.1318$，我们可以证实组合的波动率是 10%，$\Delta_d = 0.148$，$\Delta_f = 0.122$。

在这一点上，每卖出一个单位对组合超额预期收益的影响是：

$$\left(\frac{\Delta_d}{\Delta_f}\right)e_f - e_d = (1.212 \times 0.05 - 0.055) = 0.01667 \qquad (2.17)$$

既然这个值是正的，投资者就应该继续卖出国内股票，虽然在目前的水平下，每卖出一个单位对组合超额预期收益的增加已经从 0.17 轻微地降到了 0.1667。

我们再从什么是外国股票的超额预期收益的角度来考察在什么时候投资者将认为进一步的购买是无所谓的。设无差异点的值是 e_f，有：

$$(1.212 \cdot e_f - 0.055) = 0 \qquad (2.18)$$

也就是 $e_f = 4.5$。

正确的继续购买外国股票的临界比率已经从 3.8 上升到了 4.5，因为相对于国内股票，外国股票对组合风险的边际贡献已经增加了。

假设投资者决定只在组合总价值中保持 10% 的国内股票。为了保持风险不变，投资者必须购买 56% 的外国股票。在前面的公式中带入新的数值，$d = 0.10$，$f = 0.56$，我们可以证实组合的波动率保持 10%，$\Delta_d = 0.110$，$\Delta_f = 0.159$。

在这一点上，每卖出一个单位对组合超额预期收益的影响是：

$$\left(\frac{\Delta_d}{\Delta_f}\right)e_f - e_d \qquad (2.19)$$

简化后为：

$$(0.691 \times 0.05 - 0.055) = -0.012 \qquad (2.20)$$

现在投资者已经卖出太多的国内股票了，卖出一个单位引起的组合超额预期收益的值已经下降得很快以至于现在是负的了。对组合预期收益的负值的影响表示在边际条件下，投资者有太多的风险来自于外国股票，而超额预期收益也无法支持这一分配的正确性。

假设正确地继续购买外国股票的临界比率是 e_f，有：

$$(0.691 \cdot e_f - 0.055) = 0 \tag{2.21}$$

也就是 $e_f = 8.0\%$。

由于相对于国内股票，外国股票对组合风险的边际贡献不断上升，因此很显然，临界比率也在不断上升。

通过这个例子我们可以得出，对国内股票和外国股票来说，有一系列超额预期收益。实际上，很少有投资者对所有的资产类别有如此良好的规划。然而请注意，在给定任何一项资产的超额预期收益的条件下，例如这个例子里的国内股票，我们可以推断出临界比率或者说是购买或销售每一项其他资产的无差异点。按照传统的组合最优策略，则首先需要确切地知道所有资产的超额预期收益率，我们可以拿出一个现存的组合，假设一项资产的超额收益（或者更一般的情况是使用任何一个资产组合，例如全球股票指数中给出的数据），反推出其他组合的内在的判断。当内在的临界比率显得比合理的数值偏低时，意味着应该购买这项资产。反之，当内在的临界比率显得比合理的数值偏高时，意味着应该卖出这项资产。内在的判断为在一个现实的组合中决定投资比例提供了依据。

然而，复杂性的另一方面并没有在这里反映出来：在决定最优头寸时相关性的作用。在以前的分析里，相关性通过对组合风险和组合风险的边际贡献的间接影响反映出来，而没有突出出来。

为了突出相关性的作用，我们通过引入一个新资产——商品来扩展前面的例子。这里，我们假设商品的波动率是 25%，与国内股票和外国股票的相关性都是 -0.25。再次考察最初的组合，三分之二是国内股票，三分之一是现金。如果我们考虑在这个组合里增加商品资产，商品的组合边际贡献是 Δ_c，为 -0.066。因为国内股票风险是组合中唯一的风险，而在商品上的边际投资与国内股票存在负相关的关系，所以将降低风险。

商品对组合风险的负的边际贡献导致了一个新现象。商品是组合的多样化因子。在以前的分析里，我们卖出国内股票，买入足够的外国股票，从而保持风险不变，现在不起作用了。如果我们在卖出国内股票的同时，试图通过调整商品的权数来保证组合的风险不变，那么我们不得不卖出商品。如果取而代之的是购买商品，那么我们将在交易的双边都实现了降低风险的目的。

保持国内股票超额预期收益率是 5.5%，考察购买商品的临界比率。这里给出的商品的超额预期收益率是 e_c，有：

$$\left(\frac{\Delta_d}{\Delta_c}\right)e_c - 0.055 = 0 \tag{2.22}$$

也就是，

$$\left(\frac{0.150}{-0.066}\right)e_c - 0.055 = 0 \tag{2.23}$$

$$-2.27 \cdot e_c - 0.055 = 0 \tag{2.24}$$

$$e_c = -2.42\% \tag{2.25}$$

这里，我们看到一个有趣的结果。当这个组合中没有商品的现实的头寸时，商品的内在的超额预期收益率是一个负值。

现在假设我们持有商品 5% 的买方头寸。大多数投资者相信，买方头寸意味着正的超额预期收益，头寸越多，收益越大。正如我们这里将要看到的那样，这种情况不是必然的，内在的判断很可能与头寸发出的信号并不一致。商品的头寸是 5%，而国内股票的头寸不变，组合的波动率降到 9.76%。商品对组合风险的边际贡献 Δ_c 变成 -0.032，国内股票对组合风险的边际贡献 Δ_d 变成 0.149。国内股票对组合风险的边际贡献下降了，而商品对组合风险的边际贡献仍然是负值——但已经开始接近零。考虑对商品的新的临界比率，e_c 的数值，有：

$$\left(\frac{0.149}{-0.032}\right)e_c - 0.055 = 0 \tag{2.26}$$

$$-4.65 \cdot e_c - 0.055 = 0 \tag{2.27}$$

$$e_c = -1.18\% \tag{2.28}$$

这里我们看到了一个真正反直觉的结果。尽管我们在组合权重里持有波动性商品资产的具有重要意义的 5% 的多头头寸，但商品内在的判断是负的超额预期收益率。

也许一个人可以从这点得出结论——这一反直觉的信号揭露了当两项资产的相关性是负数时，这样的情况总能发生。然而事实并非如此。让我们看看当我们进一步把商品在组合中的头寸从 5% 增加到 15% 时会发生些什么，组合的波动率保持 9.76%。当商品在组合中的头寸是 10% 时，组合的波动率下降到最低的 9.68%。当商品在组合中的头寸增加到 15% 时，随着商品的增加，组合的波动率在上升。商品对组合风险的边际贡献 Δ_c 变成 0.032，国内股票对组合风险的边际贡献 Δ_d 变成 0.139。当商品的组合风险的边际贡献从负值变为正值时，国内股票对组合风险的边际贡献继续下降。

新的临界比率由超额预期收益率 e_c 给出，其数值有：

$$\left(\frac{0.139}{0.032}\right)e_c - 0.055 = 0 \tag{2.29}$$

$$4.35 \cdot e_c - 0.055 = 0 \tag{2.30}$$

$$e_c = 1.26\% \tag{2.31}$$

显然，当商品资产的权重是 15% 时，商品的临界比率已经是正值了。当商品的权重从 5% 增加到 15% 时，商品对组合的影响已经从多样化因子变成了风险的来源。实际上，存在一个商品的权重使得组合的波动率最小。在保持所有其他资产不变的前提下，商品的风险最小化的数值，是个特殊且有趣的头寸。它具有这样的性质，也就是说，在该点，风险的边际贡献和内在的商品的超额预期收益是零。我们可以通过设定 $\Delta_c = 0$，或者等价地通过 $(c \cdot \sigma_c^2 + d \cdot \sigma_d \cdot \sigma_c \cdot \rho_{dc}) = 0$ 求出 c，这里 ρ_{dc} 是商品和国内股票的相关系数。如果固定持有三分之二的国内股票，那么商品的风险最小化头寸是 10%。

这样，一个有助于理解内在看法的重要的直觉就是：保持所有其他资产的权数不变，对每一项资产都有一个风险最小化头寸。大于风险最小化头寸的权数反映出积极的内在判断，小于风险最小化头寸的权数反映出看空的观点。从内在判断的角度出发，头寸大于或者是小于零没有任何特殊之处，风险最小化点的头寸是中立点。在单一资产组合中，风险最小化的头寸当然是零。然而更为一般的情况是，风险最小化头寸是各个头寸、波动率和组合中所有资产相关性系数的函数。而且，在多资产组合中，每项资产的风险最小化头寸可以是正的，也可以是负的。

我们可以用资产之间的相关性和风险最小化头寸来确认改善组合中分配的机会。在多资产组合（multiple-asset portfolios）中，只有那些与其他资产没有相关性的资产的风险最小化头寸才是零。这样的无关资产可能是很有价值的，一项资产或一项投资活动，当它与组合无关且也有正的超额预期收益率时，它应该被加入组合中。除了商品，这样的无关活动可能包括相对于传统的积极资产管理者的标准而言的积极风险、某种类型的套期保值基金、积极的货币展期和全球战略资产配置委托。

更一般地，当资产和投资活动与现在的组合存在相关关系，从而使它们存在非零的风险最小化头寸时，任何在零和风险最小化头寸之间的头寸可能对投资者来说都意味着机会。这样的头寸同样是反直觉的，就像前面例子中的商品的 5％ 的头寸一样。典型的投资者持有正的头寸，因为他们持有积极的看法，反之亦然。无论何时，如果存在这样的情形，即实际的头寸小于风险最小化头寸，那么就意味着应该增加头寸。在这样的情形里存在着机会，因为头寸的增加不但带来了预期收益的增加，还导致了风险的降低。

就资产配置而言，这里描述的反直觉的头寸并不是太普遍。在资产类型上，大多数的头寸是多头头寸（几乎很少的投资者在资产类型上的头寸是空头头寸），大多数资产的收益与组合的收益之间存在正相关关系（商品是一个例外）。然而更一般地，我们将会看到，当证券组合是根据相对于某一标准的风险度量而构建出来的时候，这样的反直觉的头寸就会经常出现。

在这一章里，我们已经阐述了现代组合理论的简要的观点——投资者希望在给定风险的条件下使收益最大化，并且形成了一些非常有趣的、但却不明显的关于确定头寸大小方面的见识。我们已经尽力以一种直觉的方式发展这些想法，它们可以在边际条件下用来帮助组合的确定。我们避免了组合构建中常用的方法，即那种建议我们不切实际地信任形成所有资产的预期收益的假设及组合最优化的使用方法。

小　　结

在使预期收益最大化的方式下，风险是需要分配的稀缺资源。

体现最优组合本质的单一条件是：在边际条件下，预期收益的变化与组合风险的贡献的比率对每一项资产或者是投资活动必须是相等的。

组合风险的边际贡献可以相对比较简单地度量。对某种类型的资产汇总超额预期收益率的假设，它们可以决定对所有其他资产类型的一系列内在的判断。

内在的判断提供了可以指导组合决策的一系列临界比率。当临界比率看上去似乎没有根据的高或者低时，它们是有用的信号，意味着头寸应该增加或减少。

一项资产的使组合风险最小的头寸是一个重要的决定，而不是传统意义上的零。大于风险最小化头寸的头寸代表多头观点，小于风险最小化头寸的头寸代表空头观点。

那些处于零和风险最小之间的反直觉的头寸对大多数投资者来说意味着增加价值的机会。面临这种情形的投资者很可能增加头寸，直到它至少大于风险最小头寸的绝对值，甚至更大。

第3章

风险度量

鲍勃·李特曼（Bob Litterman）

投资者应该如何考虑投资风险，而且他们应该如何在增加组合预期收益的过程中监督和管理它？

许多投资者不正确地认为风险管理的目的是为了使风险最小。实际上，许多投资者由于过度关注于风险管理，从而限制了他们的组合管理者，抑制了他们产生正收益的能力。

在一个投资组合里，风险是带来收益所必需的。风险管理函数的目的并不在于使风险最小，而是为了使其与预期收益匹配，监督风险的水平与源泉。实际上，一个拥有强有力风险控制的投资者应该在寻求高风险并保持这一风险水平方面感到惬意，因为这样将在一定时期内实现高收益而不是低收益。

对风险管理的关注能为投资组合的收益做出积极的贡献。为了实现这一目的，投资者需要制定一个令他们感到满意的投资计划，而且他们要遵从这个计划。这个计划有两个组成部分：资产配置和风险预算。投资计划的这两个组成部分在定义风险时是关键因素。它们还将决定组合的长期收益率。

然而，风险会带来损失，在通向长期收益的道路上将会有痛苦的碰撞，资本的损失将导致投资者对计划的质疑。风险管理在产生长期收益的过程中发挥的关键作用是在这样的情形下令投资者感到欣慰的，即组合仍然与长期投资计划保持一致，这样，投资者就不会失去信心，也不会对市场的短期波动反应过度。

考虑组合中风险的一个有用的方法是把它看做是一项稀缺资源。就像一个家庭必须根据它的收入来进行支出预算一样，一个投资者必须相对于他自己对损失的有限承受能力来做出风险预算。当然，有些投资者能够比别的投资者接受更大的损失，因此不存在一个适合所有投资者的单一的风险水平。

如果我们比较不同国家、不同时期的组合投资者，那么，我们将发现他们承受风险的平均水平有很大的差别。甚至在同一国家的同一时期，拥有相同财富的不同投资者之间也存在明显的差别。在投资者的一生中，许多投资者存在这样一种典型特征，当他们的储蓄水平提高时，他们承担风险的能力也随之增加；当他们退休，开始支取他们的储蓄时，他们承担风险的能力也随之下降。但是，即使在考虑了不同环境、年龄、国家、税收和其他可度量的统计指标之后，仍然有一个很重要的对风险的承受力的因素仅仅简单地由个人偏好决定。

现在重新考虑风险是一项稀缺资源，而且不同的投资者有不同的风险偏好，每个投资者需要在考虑自身偏好和具体情况的基础上，在组合的目标风险水平条件下，制定适合于自己的投资计划。对大多数投资组合来讲，决定性的风险将是在传统资产市场，特别是股票和债券市场中的相对稳定的风险。我们一般将在这些资产市场中的长期稳定的风险分配定义为战略上的资产配置。

当投资计划被分成两个阶段时，组合的构建和管理可以得到相当的简化。这两个阶段是：首先形成战略上的资产配置——它们将导致基准的产生，然后是相对于基准，实施和监督组合配置。战略上的资产配置一般设计成在给定目标风险水平下，能够使长期预期收益最大化的一个稳定的资产混合体。战略上的资产配置是高水平的资产配置，这种配置将扩大资产的类别——它们将决定组合的总体风险水平，成为长期业绩的决定性因素。例如，一个非常简单的资产配置可能是60％的权益证券（例如普通股票）和40％的债券。一个较小风险的配置可能是50％的股票和50％的债券。较高的股票配置将使组合产生更高的短期波动，但从长期看可以带来更高的预期收益。

今天，大多数资产配置区分国内资产和国外资产，而且可能包括房地产、私人股票（非上市股票）、商品等其他替代性资产。在大型的机构资产组合中，战略上的资产配置可能包括15种或者更多的资产类别，然而管理太多资产的复杂性很快就可以从任何潜在的好处中得到平衡。在第9章和第31章中，我们将分别就机构投资者和个人投资者的战略上的资产配置的形成过程进行详细探讨。战略上的资产配置的形成过程是均衡方法的主要议题，我们将在第4、5、6章中介绍均衡方法的形成，并增加许多有意义的见解。

一旦战略上的资产配置已经形成，则第二步就是制定一个实施计划。这一计划将受投资者性格、组合的规模和其他制约因素的影响而发生变化。然而，所有这样的计划都应该关注于两个具体事宜：第一个是与实施相伴产生的管理成本，第二个是相对于战略基准，如何预算和监管风险与收益的大小。

投资者需要识别的一件非常重要的事情是：资产类别基准点的风险和收益特征一般可以通过积极指数资产组合、衍生（derivatives）产品，或者是交易所交易基金（exchange-traded funds，ETFs）以较低的成本获得。投资者不应该为这样的风险暴露基准支付较高的管理费用。这些指数类型的产品提供了有效的、因而也是富有吸引力的方法去实施资产配置决策。经过一段时间，由于这些产品可以以低成本获得，因此将会给积极管理指数资产组合带来相当可观的财富的增加。

然而，更多的钱仍然是由积极的经理来投资的，这些经理构造投资组合并不是为了重复，而是试图超越指数。这是一个重要的区别，可以将积极经理和消极经理之间的区别比作是房屋粉刷匠和艺术家之间的区别。他们都是用油漆工作，但他们做的是两种完全不同的工作，而且他们获得的报酬差别也很大。积极经理并不能因扩大资产类型，创造被动风险而获得报酬。为基准收益支付一定的积极费用就像付费给一个用一种颜色来粉刷房间墙壁的收费高昂的艺术家一样——任务同样可以完成，但却是在浪费金钱。

积极经理可以通过承担相对于基准的风险，被称为积极风险，来获取一定的报酬。积极经理偏离基准的目的在于试图超越基准。这些偏离是积极经理用来创造超越基准的机会的手段，但是这些偏离也可能会使积极经理们的业绩低于一般水准。索取积极管理报酬的正当理由是积极风险所产生的较好的业绩预期，而不是包括在基准业绩里的对市场风险的承担。很显然，只有伴随风险而来的是预期的正的净收益（在扣除各项费用和税收之后）时，才应该承担积极风险。就像艺术家们一样，积极经理们有很多种不同的风格。一些是非常保守的，他们愿意承担非常小的积极风险，获得很低的报酬。另外一些则愿意承担大量的积极风险，同时索取高昂的报酬。谈到积极管理的风格时，常见的术语有：提高、结构与集中。

我们之所以强调总体风险与积极风险之间的区别，是因为这是组合设计和整体安排中的关键因素。资产配置在风险和收益两者之间平衡，而风险和收益包括在基准里：风险预算围绕着积极管理和消极管理的决策，不同风格的积极管理的选择，当积极经理们组成一个团队时，所产生的积极风险的平衡和配置进行。在大多数投资者的组合里，主要的风险和收益源泉来自于资产配置决策和广泛的市场指数风险。在一个组合中，积极风险——代表着所有对基准的偏离的累积，一般在对组合总体风险和收益的贡献中只占很小一部分。当小心谨慎地管理积极风险时，相对于基准，它会是正收益的重要来源，否则，它将是代价昂贵的风险源泉，并且会造成较差的业绩。

太常见的组合构建是关于个人经理、共同基金或是其他投资产品决策的倒置（bottom-up）的副产品。每一个这样的决策不应该单独地做出，组合构建应该以组织管理严密的资产配置（top-down asset allocation）开始，也就是说，以不同的、广泛的资产类型的配置决定开始。只有决定了资产配置以后，才可以做出实施决策。关于哪项产品可以加入组合，从谁开始，将成为这个过程的组成部分的决策，我们称之为风险预算。

对每一种资产类型而言，我们需要做出的作为风险预算实施计划组成部分的工作有：

- 用什么样的基准。
- 对积极经理而言，组合中有多大比例分配给指数产品。
- 积极经理的投资风格是什么。
- 雇用多少经理或者是投资于多少基金。
- 给每个经理分配多少比例的资产。
- 是否进行战术资产配置调整，如果进行的话，怎样进行。

● 对境外资产，是否对外汇风险进行套期保值。

在第 11 章到第 15 章中，我们将对组合实施计划的形成展开详细阐述。

一旦资产配置和风险预算确定下来，组合构建中接下来最后的步骤就是更新实施计划，监督遵循计划实施的过程。这一过程包括组合中不同成分的再次平衡，外部经理以及基金的资产配置的审查，组合中现金流（cash flow）流入和流出的投资的调整。这一过程还包括一个定期的风险预算的审查，以保证它在原来的轨道上；偶尔的战略上的资产配置准则的更新；最后是监督并决定是否解雇现在的经理，是否雇佣新的经理。

风险管理是监管投资组合遵循投资计划过程中的重要方面。正如前面提到的，风险管理的核心作用不是使风险最小化，而是相对于资产配置基准和风险预算而言，组合一直保持在它既定的轨道上运行。如果经理或者是投资计划的某一方面产生了预料之外的风险或者是不同寻常的业绩，风险管理的作用在于确认、理解，如果必要的话还要纠正这种状况。风险管理既可以确认一个组合相对于预算承担了太少的风险，也可以确认一个组合相对于预算承担了太多的风险。一个组合拥有一个不被使用的风险分配，这不仅是浪费一种稀缺资源、浪费可利用风险获取收益的机会，而且可能要为它们并没有获取的收益支付一定的费用。

风险有很多种。我们一直关注的是市场风险，这一术语是用来描述证券价值变化所引起的收益和损失的。例如，由于股票市场整体价值下降所引起的组合价值的变化就是市场风险的一种形式。其他需要管理的风险主要有以下一些：

● 信用风险——由于对方违约引起损失的风险。

● 法律风险——由于合同争议、法律诉讼事件或者非法活动引起损失的风险。

● 经营风险——由于清算或交割证券或合同引起损失的风险。

● 流动性风险——由于无法及时处置证券或合同而引起损失的风险。

不同类型的风险需要用不同的方法来监管。市场风险之所以有点特别，是因为在监管市场风险时，定量模型起着重要作用。信用风险同样需要定量模型，但是定性判断起着更大的作用。虽然定量方法在流动性风险和经营风险评价中越来越普遍，但是定性方法在评价其他类型的组合风险时仍然起着关键作用。

风险管理在投资管理中的作用经常被误解，部分是因为金融机构的风险管理的规则在近年来增长十分迅速，特别是那些将重点放在衍生金融产品上的银行和证券公司。在银行和证券公司里，风险管理集中于内部管理与控制和定期报告制度。虽然组合风险管理与银行的风险管理有很多共同特征——毕竟大多数大型金融机构有承担风险的投资组合，但两者之间还是有很多重要区别的。

也许最重要的区别在于风险管理在这两个世界里是如何实施的，也就是说金融机构的风险是一个绝对意义上的度量，而在资产管理中组合的风险总是相对于基准的度量。另一个区别是，金融机构的风险是累积的，以企业业主的身份承担。在资产管理的世界里，风险经常是由基金的外部客户或投资者来承担的。一个投资公司总是有几百个不同的投资组合需要监管，每一个组合都有不同的投资者。

在金融机构里，交易者在管理头寸时倾向于短期持有。衍生金融工具被广泛地用于管理风险。复合证券和合同被创造出来并被适当运用以给其他业务提供便利。为了能在这个过程中获取收益，交易者一般试图对这样的头寸进行套期保值。头寸一般是应客户的要求而持有的。因为他们是对外部需求进行回应，所以金融机构的交易者一般是从事提供流动性的业务。与这样的交易者形成对比的是，组合管理者倾向于依赖简单的、直接的投资。通过投资决策，他们往往创造并有意识地产生风险。他们经常要求流动性，创造风险而不是对风险进行套期保值（hedging）。资产经理一般持有较长时间的头寸。

最后，在金融机构里，决策倾向于各种等级和层次。主要的控制手段是通过设置限制和监管各种相对于那些限制的度量风险的手段，这是共享的责任。在超过一个限制前，预计交易者应该得到许可。在投资管理公司，决策是由组合管理者做出的，这些组合管理者为他们的业绩负主要责任。他们很少有限制。组合倾向于对承担风险的数量有指导方针或者是目标，但是组合经理可以请求获准对他或她负责的组合进行一些改变将会是不寻常的情形。

这些银行和证券公司的风险管理与组合投资世界里的风险管理之间的所有差别已经导致了这两个产业中风险管理的不同方法和工具，甚至是不同的语言。

例如，在险价值是金融机构里风险度量的标准手段。一系列头寸的在险价值（value at risk，VaR）用来度量某一特定频率预计发生的损失大小，例如以一年一次的特定频率发生的最大日常性损失。管理的重点倾向于短期内的潜在损失，也就是说短期内当某件事情发生时会产生多大的损失。在险价值试图回答在金融机构管理中关于风险的大多数常见的问题："我会损失多少钱？"当然，在险价值并不真正回答这个问题，这个问题根本也是无法回答的。在险价值是一个能够回答的略有区别的一个问题的答案。它不是关注最差的情形，而是关注在恰当定义的稀有事件下将会发生什么。计算在险价值的关键是在这些稀有的短期事件下将会发生的事情。这一关注与那些包括期权的组合格外相关，因为这些和其他衍生产品会由于有效市场水平的变化而带来风险的迅速增加。

相比较而言，投资者并不关注稀有的短期事件。投资者倾向于持有相当长的时间，他们使用不同的风险度量方法，这些方法反映的是长期关注。投资管理世界中两个最常见的风险度量方法就是年波动率和年循迹误差。年波动率就是一个年度内组合收益的波动率。循迹误差度量波动率，用百分比或基准点——百分之一的百分之几来度量，也就是在一年里积极风险相对于基准的变化。

这些不同的度量风险的方法，如金融机构使用的在险价值和组合经理使用的年循迹误差和年波动率，反映出这两个机构的不同需求和侧重点。然而，这些观念的交流将是十分有益的。因为近年来金融机构的风险管理发展十分迅速，许多有证券公司背景的从业人员已经开始接受金融机构风险管理中的观念、语言甚至使用的软件，并把它们用在投资管理中。尽管这种借鉴偶尔会引起混淆和抵触，但是它给投资管理机构风险管理工具的迅速改善带来了积极影响。

这里有所有的金融机构风险管理所遵循的共同原则：在金融规划里，一个人需要确认，并准备处理未来所有可能出现的结果。这一原则适用于组合，意味着投资者需要对有效市场水平和单个证券价值变化有一个现实的理解，并了解这些变化将给组合的价值带来什么样的影响。这样，风险管理的核心就在于对潜在的未来出现结果的分布的理解。给定这样的分布，并把它与其他组合的分布进行比较，投资者就可以对资产配置和风险预算给出明智的决策。

在实践中，风险管理还有很多复杂之处。一般地说，没有一个特征或方法能够概括所有潜在结果的分布。分布的许多特征都可以影响到决策。对大多数投资者来说，重点在于降低坏结果出现的可能性。组合的决策一般总是受无力承受某一程度的损失而驱动。当现代组合理论主要关注结果分布的均值和波动率时，这两个统计指标对许多特别关注下部事件的投资者来说已经不够了。

另一件在评估风险时的事项是：为决策选择一个合适的时间跨度既不是显而易见的，也不是琐碎的。一方面，随着新信息的出现，总可以对决策进行修正，这表明相对比较短的时期就足够了。另一方面，着眼于较短时期会给投资决策带来非常重要的，但一般是负面的结果。因此，为了避免坏结果的出现，无疑需要要么减少风险，要么购买具有下部（风险）保护的证券，但二者都将对长期预期收益产生负面影响。短期内，在预防损失发生时，对预期收益的影响并不是一个值得考虑的重要因素。这样，那些关注于短期收益的投资者相比较而言更厌恶风险。实际上，如果投资者在投资必须变现之前只有很短的时间，那么这样做就是合适的。

然而，长期而言，谨慎承担风险带来的不断增加的预期收益无疑是有正面影响的，而且在决定承担风险的数量及以结果分布为中心方面必须加以考虑。正如在以前章节里提到的，投资者将因此受益，因为收益的积累速度快于风险增加的速度。在长时间内，其他的考虑也将变得比较重要。例如，我们将在第 29 章里阐述的，在一段较长的时间里，通货膨胀将对名义投资的实际购买力带来相当大的不确定性。较长时间跨度带来的资本利得的税收递延收益是我们需要考虑的另一件事情。因此，时间跨度会对投资者如何评价不同组合决策所带来的风险和收益产生重要影响。

也许对一个投资者来说，最简单也是最重要的风险管理试验是压力测试。压力测试是一个非常简单的试验。在确认了某个领域的风险后，投资者可以考虑：如果在这一领域发生大的冲击，那么将会发生什么。我们可以度量组合价值的变化。例如，压力测试可以回答这样的问题："假设股票有效市场下跌 10%，那么将对我的组合产生什么影响？"这一度量的基础是关于股票有效市场下跌将如何影响组合里每一个证券价值的一系列假设。我们从用一个特殊基准界定股票有效市场开始。在美国，我们可以用标准普尔 500 指数。如果组合里的一项投资是一个标准普尔 500 指数基金，那么对这项投资的影响就是简单的 10% 的下跌。如果组合里的一项投资相对于标准普尔 500 基准，仅有很小一部分的积极风险，那么投资者可以预期这种影响将接近于 10% 的下跌。度量股票组合风险的一个常用的统计指标是 β 系数，用来度量相对于有效市场价值变化的股票或组合价值的预期变化。如果组合的 β 系数是 1，那么组合的下跌和有效市场的下跌是一致的；如果组合的β系数是 0.9，那么有效市场下跌 10%时，组合仅仅下跌 9%。

关于如何度量一个证券的β系数并没有设定的规则。一个常见的方法是观察历史数据，并在此基础上用统计方法估计出一个参数，用来度量当有效市场发生变化时，该证券在历史上平均发生变化的程度。这样的方法容易受所有常用的统计度量手段的影响，例如使用多少数据，是观察每日数据、每周数据，还是每月数据，或是收益的其他频率的数据。这种情况发生在许多风险管理中，然而，重要的是不能只见树木不见森林。准确性常常不是那么重要的事情，只要获得一个相当准确的度量风险的方法常常就足以回答这些重要的问题了。

更一般地，我们想度量组合的一系列常见的风险。除了股票有效市场的变化，我们可能想度量对利率变化、汇率变化、能源价格、信用差价（credit spread）、外国有效市场变化等等的敏感性，投资者关注的特别度量方法将取决于组合的特点。投资组合中的大多数风险是线性的。线性特征是指：当有效市场发生向上或向下的变化时，收益或者是损失也将发生相同数量的变化。当风险为线性时，它足够度量对任何一个给定规模事件的反应。所有其他规模事件的影响都可以推测出来。更一般地，当风险为非线性时，我们需要度量对不同规模事件的反应。非线性（nonlinear）风险最常见的是由期权和其他衍生工具引起的。

压力测试可以相对简单地完成并提供相对直截了当的一系列信号——什么样的冲击能够带来组合的损失。然而，认识到压力测试的局限性是重要的。因为，压力测试对不同规模冲击的可能性或者是不同的有效市场将一起变化还是相互抵消的可能性没有指导意义，它在度量组合的整体风险方面存在困难。为了单独了解压力测试，投资者不得不对所有的不同风险因素之间的相关性和它们的波动率有很好的直觉。

另一个简单的风险管理工具是场景分析。除了一般情况下是对一些不同的风险因素同时进行压力测试外，一个场景就像压力测试一样。实际上，压力测试可以看做是场景分析的简单而特殊的情况。使场景分析有用且从概念上不同于压力测试的是，场景分析一般被构造成描述一个可能构成组合的一个特别重要的风险事件。例如，一个常见的场景分析是全球经济萧条及其对全世界股票、房地产、信贷、债券、货币有效市场的预期的影响。这样的场景分析很可能包括对经济周期（cyclically）更为敏感的产业的不同影响——相对于较为稳定的部门而言，它也可能包括诸如不断增加的违约的可能性，以及货币政策的变化、工资和租金的变化之类的次要影响。

场景分析的力度在于，它是投资者为某个特殊结果出现做准备的极好工具。然而作为风险管理工具，场景分析的两个缺陷是很难知道应分析什么场景及对此如何反应。组合经理们时常想尽力给出不同场景的概率，但是仅仅根据几个场景就估计出所有可能的结果是十分困难的，更为困难的是对这样的场景给出合乎情理的概率。

风险的标准统计度量工具是波动率，它度量一个典型结果对预期价值的偏离。当量化组合的波动率时，一般用每年的百分比表示。例如，一个包括股票和债券的平衡组合可能有9％的年波动率。如果这样的组合有10％的预期收益率和9％的年波动率，那么就意味着组合的收益率在大约2/3的时间里在1％～19％之间。

有很多种度量波动率的方法。许多这样的方法依赖于根据过去的行为推断未来。当组合近期不发生变化时，最简单的方法也许就是直接度量组合收益的历史波动率（historical volatility）。当组合本身发生变化时，或者当组合的不同组成部分之间的相关性或波动率发生变化时，那么就必须采纳一个更为分散的处理方法。在这种情况下，常用的方法是用压力测试度量组合对它的不同风险因素的敏感性，然后估计不同风险因素的协方差结构——也就是波动率和相关性。

根据压力风险是否是线性的，可以选择不同的方法计算组合的波动率。然而，从直觉的角度，基本的观念是协方差结构给出了风险因素的概率分布（probability distributions），而压力测试为在考虑每个风险因素效果的基础上提供了评估组合价值的基础。这样，如果一个分布里包含着组合的价值，那么，我们就可以用那个分布来度量组合的波动率。

波动率作为风险度量方法的力度在于，它用一个数字概括出许多可能的结果。波动率作为风险度量方法的缺陷有很多，最主要的一个缺陷在于，它试图用单一的数字来得出风险，而风险一般是一个多维概念。只有在一些特殊情况下，例如当我们知道收益是正态分布（normal distribution）时，仅仅是波动率就可以提供足够的信息来度量大多数感兴趣的事情的可能性。波动率作为风险度量方法的另一个缺陷是：它不区别上部风险与下部风险——所有对预期收益的偏离都将产生风险。这一缺陷因组合而有所减轻，因为组合的分布趋向于大致的对称。最后，波动率度量方法没有对风险的来源提供任何真知灼见。

尽管有这些缺点，尽管因为所有这些原因使得波动率作为风险度量方法在银行和证券业变得不那么可信，但是波动率仍然是投资组合里最常用的风险度量方法。然而，这不一定是一个缺陷。在典型的投资组合里，波动率的大多数局限性不那么突出。例如，在一个相当长的时期内，独立收益的累加可能使组合的分布更趋近于正态分布。投资者很少用对有效市场变化产生显著的非线性反应的期权或者其他衍生工具。而且在大多数情况下，准确估计收益分布形状是十分困难的。在许多情况下，一维度量方法就足够了，主要的兴趣在于组合的变化是否影响及在多大程度上影响组合收益分布的基本形状。从这个目的出发，波动率是一个较好的方法。这样，虽然了解这一方法的局限性是重要的，但是波动率可能仍将是组合风险管理中的重要度量方法。

经济学家们在如何度量投资者的效用以及它作为财富的函数又是如何变化的问题上争论了几个世纪。他们仅仅在很少的部分达成共识，除了一致认为这一函数是凹性的，也就是说，效用随着财富的增加而增加，但是增加的比率随着财富的增加而越来越小。当效用具有凹形状时，它显示出的是风险厌恶。在相同的预期收益下，一个投资者宁愿选择一个已知的财富水平，而不是各个结果的一个分布。

在简单效用函数的基础上，现代组合理论已经形成了一系列精致的见解，反过来，效用函数也建立在这种概念的基础上，即效用随着较高的预期收益而增加，随着波动率的增加而降低。我们可以将效用函数记做：

$$U(r_p) = E(r_p) - 0.5 \cdot \lambda \cdot \sigma^2(r_p) \qquad (3.1)$$

这里 $E(\ \ )$ 是不确定收益 r_p 分布的期望收益，$\sigma^2(\ \ )$ 是方差。参数 λ 是投资者的风险厌恶程度。这个效用函数一般只作为一个大致的估计。效用函数将准确地代表投资者行为的两个条件是：局部地，一个更为一般的光滑效用函数可以由一个二次函数来估计；或者是全部地，对于一个具有相对稳定的风险厌恶的投资者，收益是正态分布的情况。我们的观点是：组合构建的关键交换（trade-offs）可能因效用函数而得到启发，风险厌恶是可能变化的关键参数，现代组合理论的主要见解可能因考虑到了已被发现的更为准确的可替代效用函数而变得更为可信。

这一方程是均值—方差方法获得最优资产组合的基础。经过一段时间后，这一经典的效用函数已经成为均衡理论的基础，我们将在第 4 章里回顾均衡理论及大量的现在我们称之为现代组合理论的文献。这一均值—方差分析框架一般用图 3.1 形象地表示，该图显示了有效组合的边界。在该图中，横轴表示组合波动率，纵轴表示组合的预期收益。组合边界是一条直线或者说是一条曲线，代表在某一给定波动率水平下，有最大预期收益的所有组合的集合。对这样的组合，我们定义为"有效"。不变效用的曲线，被称之为"无差异曲线"，表示投资者在风险和收益之间愿意处于的位置。从一条效用曲线移动到另一条曲线引起的效用增加将产生更高的预期收益、更低的风险，或者两者兼而有之。

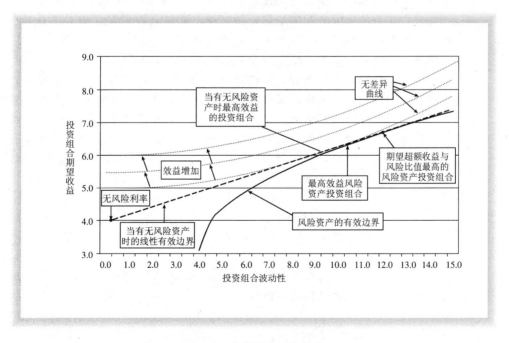

图 3.1　有效投资组合边界

当组合只包含风险资产或有其他约束时，最优资产组合边界可能正像图 3.1 所示的那样，是一条凹曲线。然而，如果投资者能够以无风险利率自由地借入与贷出，那么最优资产组合边界则是一条与无风险利率有关的直线，这一风险组合在无风险利率之上，每单位波动率所带来的超额预期收益率是最高的，这一比率以诺贝尔奖得主威廉·F·夏普（William F. Sharpe）的名字而命名为夏普比率。在其他情况下，使效用最大化的组合将是一个有效组合，因此在有效组合边界上。关于阐述现代组合理论的较深的教科书，有兴趣的读者可以参阅埃尔顿等（Elton et al.，2002）。

要使组合成为最优资产组合，很显然的一个条件是：每一项资产的权重变化都无法增加效用。这意味着，除非有应该遵守的约束条件，否则最优资产组合任何一项资产的微小变化都必须在每单位组合波动率的基础上，以效用的无差异曲线与有效边界相切处斜率给出的比率，增加或者是减少预期收益。这样，如果效用来自于我们在第 2 章里主要阐述的内容，并以公式（3.1）来定义它，要使组合成为最优，所有资产的超额预期收益与它对组合风险的贡献之比必须是相同的，效用函数所要求的边际报酬最大化正保证了这一点。如果对任何一项资产，这个条件不被满足，很显然，我们可以通过调整资产的权重增加组合的效用，推翻这一组合是最优的假设。

无论采取什么样的度量组合风险的方法，尽量理解风险的来源都是十分重要的。简单地知道组合的波动率，就其本身而言，对了解究竟是什么产生了风险没有任何帮助。如果预计风险将产生收益，那么风险将是生产性的。如果风险太大或者是无意的，那么风险是不具有生产性的。因此，仅知道一个组合的风险水平是不够的，投资者需要知道风险是从哪儿来的。

理解组合的风险来源的最好方法是简单度量组合里每个组成部分各自的微小变化对组合整体风险的影响。这种边际度量构成了对组合风险的分解。它确认了组合里的热点，组合风险里最敏感的组成部分。

组合风险的分解与组合风险的边际报酬——我们在第 2 章里阐述的，相似但有所不同。在形成最优资产组合的过程中，我们努力使每项资产的预期收益贡献与组合风险贡献的比率相等。在这种情形下，我们度量由新增加的一个单位的新资产所引起的组合风险的变化。例如，我们可以考虑增加一个单位现在的组合里没有的新资产。这样的增加一般说来要么增加组合的风险，要么降低组合的风险。然而，在度量组合的分解时，我们关注的不是每一单位的变化，而是当组合权重发生某一百分比的变化时，组合的风险发生了什么变化。在风险分解的过程中度量边际风险的差别之处是直觉性的。首先，我们将非常谨慎地向组合里增加一个新资产。如果这项资产在边际水平上产生十分明显的风险，那么，我们需要因为承担边际风险而获得预期的收益溢价。与之相对的是，当在现在的组合里度量风险在哪里时，我们想知道现在的头寸有多重要；如果我们不拥有一项资产，它就不可能成为现在组合的风险来源。

对较好的风险度量方法而言，组合的总体风险等于所有组合构成部分边际百分比变化的总和。这样，组合的每一个构成部分的风险的边际百分比变化仅仅是风险的边际百分比变化除以总风险。这种分解对具有这样性质的组合风险的测量是有效的，即当所有的头寸因某一固定因素而增加时，组合风险也因这个因素而增加。例如，对我们提到的总共三个组合风险的度量方法——在险价值、波动率和循迹误差，这一结论都是正确的。[①]

组合分解对确认组合里显著的热点是十分有用的工具。当这些热点代表着有意识的风险、当相对规模有意义、当风险不是特别集中时，那么投资者会感到舒服。然而，热点揭示的常常是无意识的风险，而风险的集中程度需要规模上的减少。我们将在第13章举例说明风险分解的使用。

本章讲述了关于风险管理的内容，以强调风险管理不是使风险最小化开始。在投资管理的世界里，风险管理不应该是一种约束，而应是一种质量控制。一个理性的关于风险管理的看法是把它看做是投资收益的一个重要来源。

小　结

对于每项资产组合，应该有两个资产配置基准：一个决定整体风险水平、长期收益和风险预算；另一个是决定如何实施资产配置的具体计划。

风险管理的基本作用是度量对计划的遵循程度。风险管理函数应该确认那些偏离轨道的任何区域。

许多来自于证券和银行业的风险管理工具已经被引进到投资管理的领域，但是在方法上有些区别，这些区别反映了投资者与交易者在目标和持有期限方面的不同之处。

风险的分解是一种非常有效的风险管理工具，因为它强调了热点，即组合中风险最重要的来源。

---

① 关于风险分解的更为完整的结论，可以参阅李特曼（Litterman）的论文，"热点和套期保值"（Hot Spot and Hedges），1966年10月发表于高盛（Goldman Sachs）的风险管理丛书。

第4章

资本资产定价模型

鲍勃·李特曼（Bob Litterman）

资本资产定价模型（Capital Asset Pricing Model，CAPM）是由杰克·特里诺、威廉·F·夏普、约翰·林特纳和简·莫辛（Jack Treynor, William F. Sharpe, John Lintner and Jan Mossin）在 20 世纪 60 年代早期提出并逐步完善的，它是现代投资组合理论发展的重要里程碑。与所有的科学模型一样，它是一个简单的数学模型，它试图获取我们周围世界的某些方面的特征。但我们并不仅仅把它当做一个模型，而是把 CAPM 看做是考虑投资的一个分析框架。[①]

在有效市场（efficient market）中，所有的投资者都有相同的信息，所有的投资者都在他们的组合里使预期收益最大化，使组合波动率最小的假设下，CAPM 思考在这样最简单的世界里将会发生的事情。在这个意义上，CAPM 是一个均衡模型。它把有效市场资本化，并考虑使持有已发行并售出的资产权重的所有的投资者满意的预期收益率水平是多少。结果对不同资产的长期收益提供了一种有益的直觉。CAPM 并不告诉我们在某一时间股票有效市场正确的水平，但是它为我们考虑一些投资事宜提供了一个基础，例如考虑在股票有效市场投资应该获得什么样的收益，不同股票是如何因为它们的风险特征函数不同而有不同收益的，在一个组合里有多少股票。

在本章中，我们以一种非常简单的安排来发展 CAPM 后面的直觉。从现在开始，我们将不再关注对均衡的偏离。在这一章里，我们的兴趣并不在于对现实世界建模或者是处理真实的组合，而是想形成一些见解——关于应该

---

① 关于 CAPM 的近期更深入的回顾，可以参阅威廉·夏普 1990 年的诺贝尔演讲："Capital Asset Prices with and Without Negative Holding," *Nobel Lectures*, *Economic Sciences* 1981—1990，312–332.

如何调整预期收益，特别是在这个充满了想使收益最大，使风险最小化的投资者的世界里。在接下来的两章里，我们将关注于如何测定与均衡有效市场组合相联系的溢价，我们将拓展这一模型的全球版本，并尽力使它适合现实世界，从而使我们可以将它用于实践中。在第 7 章里，我们将研究如何在一个更现实的意义上应用均衡模型，在这个层次上，我们将仔细研究有效市场是如何偏离均衡的。

我们将从一个单一时期的世界开始。假设只有我们称之为股票和债券的两种风险资产的固定供给。假设已发行并售出的供给（也就是有效市场资本化权重）分别是 e 和 b，还有一项无风险资产（risk-free assets），我们这里指的是现金。现金没有风险是指：在期末时，一个单位的现金投资将带来一个确定的收益 $1+r$。股票和债券的风险是指单位投资带来的收益是不确定的，分别是 $1+r_e$ 和 $1+r_b$。

我们这里认为风险是外生的。也就是说我们假设 r_e 和 r_b 是已知的或可估计的随机变量，波动率是 σ_e 和 σ_b，相关系数是 ρ。相比之下，我们并不把收益均值看成是已知的，而是希望在均衡状态里求出它们。虽然我们并不关注价格，我们却假设投资者对单个的股票和债券竞价，直到价格达到使有效市场出清的收益水平，也就是说每项资产的要求等于现在的供给。我们把这些未知的有效市场出清的预期收益分别记做 μ_e 和 μ_b。

在期初，每个投资者都必须选择组合里的权重，代表他或她持有的股票、债券、现金的比例。对某个代表性投资者，我们用投资者期初的财富的百分比来表示组合的权重。对某个代表性投资者，假设股票和债券的权重分别是 w_e 和 w_b，则现金的权重是 $1-w_e-w_b$。

投资者选择资产的权重是为了使效用函数最大化，预期收益使效用函数增加，而组合风险使效用函数减小。特别地，设组合的预期收益是 μ_p，波动率是 σ_p。假设效用函数是第 3 章里描述的二次方程形式，并由下式给出：

$$U = \mu_p - 0.5 \cdot \lambda \cdot \sigma_p^2 \qquad (4.1)$$

参数 λ 给出投资者的风险厌恶程度，在这一程度上，投资者将在预期收益减少和降低方差之间进行权衡。效用函数的二次方程形式表示，当风险增加时，额外风险产生的厌恶也随之增加（以愿意放弃预期收益的形式反映）。

组合的预期收益由每项资产的权重乘以各自的预期收益给出。

$$\mu_p = r \cdot (1 - w_e - w_b) + w_e \cdot \mu_e + w_b \cdot \mu_b \qquad (4.2)$$

组合的方差也是由风险资产的权重、波动率和这些资产之间的相关系数决定的。设 $\sigma_{e,b}$ 是股票和债券之间的协方差（covariance），有 $\sigma_{e,b} = \sigma_e \cdot \sigma_b \cdot \rho$，

$$\sigma_p^2 = w_e^2 \cdot \sigma_e^2 + w_b^2 \cdot \sigma_b^2 + 2 \cdot w_e \cdot w_b \cdot \sigma_{e,b} \qquad (4.3)$$

这样，对于给定的 w_e 和 w_b，投资者的效用如下：

$$U(w_e, w_b) = r \cdot (1 - w_e - w_b) + w_e \cdot \mu_e + w_b \cdot \mu_b$$
$$- 0.5 \cdot \lambda \cdot (w_e^2 \cdot \sigma_e^2 + w_b^2 \cdot \sigma_b^2 + 2 \cdot w_e \cdot w_b \cdot \sigma_{e,b}) \qquad (4.4)$$

对代表性投资者，如果收益分布的参数是已知的（也就是说，如果 r，μ_e，μ_b，σ_e，σ_b 和 ρ 是给出的），那么，选择使效用最大化的资产权重就是一个相对简单的数学最优化问题了。正如我们在第 2 章中讨论的那样，最优化权重一定要使股票和债券对组合预期收益的边际报酬与组合风险的边际报酬比率相同。

股票和债券对组合预期收益的边际报酬分别是（μ_e-r）和（μ_b-r）。在给定权重 w_e 和 w_b 的条件下，股票权重的增加对组合风险的边际报酬是：

$$\frac{w_e \cdot \sigma_e^2 + w_b \cdot \sigma_{e,b}}{\sigma_p} \qquad (4.5)$$

同样地，债券权重的增加对组合风险的边际报酬是：

$$\frac{w_b \cdot \sigma_b^2 + w_e \cdot \sigma_{e,b}}{\sigma_p} \qquad (4.6)$$

这样，组合权重最优化的一个条件是：

$$\frac{\mu_e-r}{w_e \cdot \sigma_e^2 + w_b \cdot \sigma_{e,b}} = \frac{\mu_b-r}{w_b \cdot \sigma_b^2 + w_e \cdot \sigma_{e,b}} \qquad (4.7)$$

风险厌恶参数 λ，决定着在可获得的预期收益条件下愿意承担的风险。考虑到效用函数的形式，很明显，要使组合最优，必须满足组合权重的任何变化必然产生预期收益的某种变化这个条件，即必须等于 $0.5 \cdot \lambda$ 乘以组合方差的边际变化。具体说来，对股票权重的边际变化，w_e 必须满足下面的条件：

$$\mu_e-r=0.5 \cdot \lambda \cdot (2 \cdot w_e \cdot \sigma_e^2 + 2 \cdot w_b \cdot \sigma_{e,b}) \qquad (4.8)$$

括号里的数值是在给定股票权重的微小变化下，组合方差的边际变化。类似的条件也适用于债券。因此，我们得到了另一个条件：

$$\lambda = \frac{\mu_e-r}{w_e \cdot \sigma_e^2 + w_b \cdot \sigma_{e,b}} = \frac{\mu_b-r}{w_b \cdot \sigma_b^2 + w_e \cdot \sigma_{e,b}} \qquad (4.9)$$

我们可以通过解这两个方程求出最优权重 w_e 和 w_b。这一结果，经过简单的代数可以得出：

$$w_e = \frac{\sigma_b^2 \cdot (\mu_e-r) - \sigma_{e,b} \cdot (\mu_b-r)}{\lambda \cdot (\sigma_e^2 \sigma_b^2 - \sigma_{e,b}^2)} \qquad (4.10)$$

和

$$w_b = \frac{\sigma_e^2 \cdot (\mu_b-r) - \sigma_{e,b} \cdot (\mu_e-r)}{\lambda \cdot (\sigma_e^2 \sigma_b^2 - \sigma_{e,b}^2)} \qquad (4.11)$$

请注意，在这些公式里，预期收益以扣除无风险利率的形式出现。对预期收益来说，无风险利率是一个普遍的参考点，一般地，我们觉得关注于无风险利率之上的超额预期收益更为便利。从这点出发，我们将使用符号 $E(r)$ 和 μ 代表超额预期收益，扣除无风险利率将是不言而喻的。

上面的两种风险资产的方程已经比较复杂了。当我们用矩阵符号来表示时，解决方案的性质将更为明显。更一般地，我们可以写出 n 种风险资产的最优化问题如下：

$$\max_{(over\ w)} U = E[\mu_p(w)] - 0.5 \cdot \lambda \cdot \sigma_p^2(w) \tag{4.12}$$

这里，w 是一个每项资产在组合里所占比例的 n 维向量。

设 μ 是资产的超额预期收益的 n 维向量，Σ 是风险资产方差和协方差（covariance）的 $n \times n$ 矩阵。我们有：

$$E[\mu_p(w)] = \mu' w \tag{4.13}$$

和

$$\sigma_p^2(w) = w' \Sigma w \tag{4.14}$$

这样，最优化问题就是选择 w，于是我们使下式最大化：

$$U = \mu' w - 0.5 \cdot \lambda \cdot w' \Sigma w \tag{4.15}$$

对 w 求导，并使它等于零，可以得出组合最优化的条件：

$$w = \left(\frac{1}{\lambda}\right) \cdot \Sigma^{-1} \mu \tag{4.16}$$

到目前为止的分析遵从马科维茨在他的著作里提出的最初的均值—方差最优化。然而，使 CAPM 感兴趣的是，它在给定超额预期收益的条件下超越了个体投资者的最优化问题。并不像我们在两资产例子里那样给出 μ_e 和 μ_b，CAPM 寻求什么样的均值收益将使资产的需求等于供给。在我们前面所述的投资者持有股票、债券、现金的背景下，CAPM 寻求的是多大的 μ_e 和 μ_b 将使最优化的投资者购买股票和债券的总需求等于有效市场的资本化权重 e 和 b。

在这个简单的世界里，我们可以很容易地对什么是答案形成一种直觉。首先，既然所有的投资者都有同一的信息，那么他们必然都有相同的超额预期收益。在使资产配置最优化的过程中，投资者之间唯一的区别是风险厌恶参数。

有人也许会认为，有更高风险厌恶的投资者在保持全部投资的状态时，会持有更多的债券，较少的股票。实际上，我们从上面的公式中可以看到，较高的风险厌恶将导致投资者持有更高比例的现金，较少的股票和较少的债券。然而，所有的投资者持有债券、股票的比率将是一样的。

这一结果背后的直觉直接来自于超额预期收益与组合风险（portfolio risk）贡献应该成比例这一要求。如果一个更为厌恶风险的投资者比其他投资者持有较多的债券，较少的股票，那么在这个投资者的组合里，对债券风险的边际报酬（marginal contribution）将比其他投资者高。但是在均衡状态里，假设投资者的超额预期收益是相同的。这样，就像在第 2 章的例子里所讲述的，持有较多债券、较少股票的投资者，就可以通过卖出债券，增加股票和现金的比例，在相同的风险水平下形成一个有更高收益的组合。

如果所有的投资者都拥有相同的债券股票比率，那么均衡的债券股票比

率一定是 $\dfrac{b}{e}$，公开售出有效市场的资本化比率。更一般地，我们从最优资产组合权重方程的矩阵形式中可以看到，当组合有两种以上资产时，有不同风险厌恶程度的投资者的最优资产组合权重仍旧是成比例的。一般地，每个投资者必须持有部分有效市场化比例的组合，部分现金。

我们还注意到，每项资产对组合风险的边际报酬与组合里资产收益的协方差（covariance）是成比例的。例如，股票收益与组合收益之间的协方差为：

$$\text{Covariance}(r_e, r_p)$$
$$= \sigma_{e,p} = w_e \cdot \sigma_e^2 + w_b \cdot \sigma_{e,b}$$
$$= \sigma_p \cdot (\text{Equity marginal contribution to risk}) \tag{4.17}$$

对最优资产组合，每项资产的超额预期收益与风险的边际报酬也是成比例的。这样，在最优资产组合里，一项资产的预期收益与这项资产和组合的协方差是成比例的。也就是说，对每一项资产 i 和一个固定的比例 k，超额预期收益是 μ_i，由下面的等式给出：

$$\mu_i = k \cdot \sigma_{i,p} \tag{4.18}$$

既然在均衡条件下，最优资产组合与有效市场权重组合是成比例的，那么，我们可以得出，在均衡条件下，每项资产的超额预期收益一定是与该资产收益与有效市场组合收益的协方差成比例的。也就是说，我们可以在公式（4.18）中用有效市场组合代替最优资产组合，得到：

$$\mu_i = k \cdot \sigma_{i,m} \tag{4.19}$$

特别地，在均衡条件下，与有效市场组合不相关的资产的超额预期收益率是零。这是一个重要的结论，我们将在第 12 章阐述它的含义。

现在转到向量符号，设 Φ 是所有资产收益的向量，$m'\Phi$ 是有效市场组合的收益，那么资产收益与有效市场组合收益的协方差向量是 $\text{Cov}(\Phi, m'\Phi) = \Sigma m$。最后，我们可以将所有资产的均衡超额预期收益向量写为：

$$\mu = k \cdot \Sigma m \tag{4.20}$$

现在，假设有 n 个投资者，第 i 个投资者的财富比例是 W_i。一般地，整个组合的持有情况（total portfolio holdings）如下：

$$
\begin{aligned}
\text{Total portfolio holdings} &= \Sigma_{i=1,n}(W_i) \cdot w_i \\
&= \Sigma_{i=1,n}\left(\frac{W_i}{\lambda_i}\right) \cdot \Sigma^{-1}\mu \\
&= \Sigma_{i=1,n}\left(\frac{W_i}{\lambda_i}\right) \cdot \Sigma^{-1}k \cdot \Sigma m \\
&= \Sigma_{i=1,n}\left(\frac{W_i}{\lambda_i}\right) \cdot k \cdot m \tag{4.21}
\end{aligned}
$$

然而我们知道，在均衡条件下，整个组合的持有必须等于有效市场（efficient market）资本化权重 m，这样，我们可以解出 k。

$$k = \frac{1}{\Sigma_{i=1,n}\left(\dfrac{W_i}{\lambda_i}\right)} \qquad (4.22)$$

将它代入均衡超额预期收益的公式里，我们得出，对每项资产有：

$$\mu_i = \frac{\sigma_{i,m}}{\Sigma_{i=1,n}\left(\dfrac{W_i}{\lambda_i}\right)} \qquad (4.23)$$

括号里的数值是第 i 个投资者的财富除以该投资者的风险厌恶参数。风险厌恶参数的倒数是风险承受能力。这样，投资者的财富权重平均风险容忍能力越大，均衡的超额预期收益，也就是风险溢价将越小。不幸的是，直接度量或推出风险厌恶程度是十分困难的。也就是说，估计每项资产或者是有效市场的风险溢价（risk premium）是十分困难的。然而，请注意，即使我们对风险厌恶程度一无所知，我们也可以推出，任何两个风险溢价之比是它们与有效市场组合的协方差之比。

$$\frac{\mu_i}{\mu_j} = \frac{\sigma_{i,m}}{\sigma_{j,m}} \qquad (4.24)$$

具体地，设 μ_m 是有效市场组合的风险溢价，我们有：

$$\frac{\mu_i}{\mu_m} = \frac{\sigma_{i,m}}{\sigma_m^2} \qquad (4.25)$$

而且有：

$$\mu_i = \left(\frac{\sigma_{i,m}}{\sigma_m^2}\right) \cdot \mu_m \qquad (4.26)$$

或者用传统的符号"β"记为 $\beta_i = \sigma_{i,m}/\sigma_m^2$，我们有：

$$\mu_i = \beta_i \cdot \mu_m \qquad (4.27)$$

这样，每项资产的风险溢价由该资产对有效市场组合的 β 系数乘以有效市场风险溢价给出。β 系数，作为协方差与方差的比率，是比较容易估计的。在一项资产的收益对有效市场收益的回归预测中，β 是有效市场收益的系数，这就是资本资产定价模型的基本见解：在均衡条件下，一项资产的风险溢价是这项资产收益对有效市场收益预测中的系数乘以有效市场风险溢价。

在接下来的一章里，我们将回顾有关证据——有效市场风险溢价应该是多大的证据。接着，我们将在第 6 章中把这一简单的国内 CAPM 模型扩展到全世界范围内，这里，货币风险将大大增加事情的复杂性。

小　结

我们把 CAPM 看做是分析投资的一个框架结构。CAPM 询问什么将会发生，换句话说就是，在最简单的世界里——在有效市场是有效的，投资者有同一的信息，投资者在他们的组合里使预期收益最大化，使组合的波动率最小化的情况下，什么是均衡的特征。

最优资产组合问题就是选择使下面的效用函数最大化的 w。

$$U=\mu'w=0.5 \cdot \lambda \cdot w'\Sigma w \qquad (4.28)$$

对 w 求导，并使它等于零，可以得出组合最优化的条件：

$$w=\left(\frac{1}{\lambda}\right) \cdot \Sigma^{-1}\mu \qquad (4.29)$$

一般地，每个投资者必须持有部分有效市场化比例的组合，部分现金。

在最优资产组合里，一项资产的预期收益与这项资产与有效市场的协方差是成比例的。这样，在均衡条件下，每项资产的超额预期收益必定与这项资产的收益与有效市场组合收益的协方差是成比例的。

这样，投资者的财富权重平均风险容忍能力越大，均衡超额预期收益，也就是风险溢价将越小。

任何两个风险溢价之比是它们与有效市场组合协方差之比。

最后，资本资产定价模型的基本结论是：在均衡条件下，一项资产的风险溢价就是简单地用 β 系数乘以有效市场风险溢价。

第5章

股票风险溢价

马克·M·卡哈特 （Mark M. Carhart）

库尔特·温克尔曼 （Kurt Winkelmann）

正如上一章所述，如果市场是有效的，如果投资者有同一的信息，如果投资者在他们的组合里使预期收益最大化，使组合的波动率最小化，那么市场组合的超额预期收益是：

$$\mu_m = \frac{\sigma_m^2}{E\left(\dfrac{W}{\lambda}\right)} \tag{5.1}$$

也就是说，无风险资产的市场组合的预期收益是市场组合的协方差除以所有市场参与者的财富与风险厌恶比率的平均值。不幸的是，对我们大多数人而言，这一公式没有提供一点儿见解。然而我们都同意这样的观念，即均衡预期收益将对投资者承担的市场风险给予补偿。难点在于，市场收益溢价究竟有多大？

很显然，当投资者用自己的财富承受一定的波动率时，他们不会在扣除掉价格后所得是零或是负数。另一方面，他们也不太可能每年获得超过无风险资产10％的收益，因为市场波动率是同样重要的，它意味着持有市场资产在1年内产生负收益的可能性较小，甚至在5年末也小于这个数。

在这一章里，我们将尽力给出超过无风险资产的市场风险溢价的合理范围。更具体地，我们对股票风险溢价（ERP）的评估可以运用CAPM很容易地推出市场风险溢价。

我们考虑用两种方法度量ERP。第一种是纯粹的实证：我们研究在很长一段时间内股票市场的平均收益。除了考察长期平均收益，我们还对这些平均收益进行分解，因此，我们可以对股票收益的驱动因素提出一些见解。

我们的第二种方法是更具有理论性的。在这一方法里，我们考察均衡状态下投资者需求与资产供给之间的理论关系。具体而言，我们对投资者偏好在形成股票溢价方面的作用比较感兴趣。

我们所说的股票风险溢价是指什么呢？我们将 ERP 定义为：在均衡条件下，资本化权重的全部股票市场超过无风险资产的预期收益。既然 CAPM 是一个单期模型，因此，它要求市场的算术平均值减去该期的收益。为了把它用到现实中来，我们必须定义单期是什么意思。因为我们是在用均衡的概念分析，需要一个相当长的时期，例如 5～30 年。我们可以认为这是一个投资期限（investment horizon），投资者可以根据承担的市场风险来做出战略决策。

当（名义上）无风险证券期限是 1 天到 30 年时，需要用投资期限来度量无风险收益。在本章中，我们把美国的 10 年期政府债券（government bonds）近似看做是美国的无风险资产。为了使过去与现在的研究保持一致，我们在估计均值收益时使用几何平均法。[①]

历史回顾

罗杰·依博森和雷克斯·辛奎菲尔德（Roger Ibbotson and Rex Sinquefield，1976）使用芝加哥大学证券价格研究中心的数据，首次对股票的收益进行了主要分析。在那个时期，他们估计，从 1926 年起，美国的 ERP 是 5.1%。他们是根据股票的名义年收益率 8.5%，减去 2.4% 的通货膨胀率和真实的无风险收益率 1%（来自长期政府债券）推断出来的。

当罗杰·依博森和陈鹏（Roger Ibbotson and Peng Chen）将数据更新到 2000 年时，真实的无风险收益率有所提高，达到 2.05%，但是 ERP 仍然非常接近 5.24%。在这个溢价里，每年的 1.25% 可以用从 1976 年起的市盈率（P/E）的增加来解释，如图 5—1 所示。如果我们假定 P/E 的增加是一个时期，而不是现实趋势或者是可能发生反转的泡沫，那么调整后的 ERP 估计值大约是 4%。

尤金·法玛和肯尼斯·弗伦奇（Eugene Fama and Kenneth French，2002）使用始于 1872 年的更长数据，得出了类似的结论。在他们的样本里，他们估计的 ERP 是 5.57%。法玛和弗伦奇（Fama and French）指出，从 1951 年起，在现实趋势中，P/E 的提高更像是一个时期，从而得出结论，即从 1872 年到 1951 年估计出来的 ERP 对未来预期更具有代表性。他们使用较早时间段估计出来的 ERP 是 4.40%。

这些结果是许多可能社会制度下的有效平均数值。从一个更为动态的角

[①] 在 CAPM 模型中，市场风险溢价是在投资期限内的算术平均值，但我们可以直接用下面的公式大致在两者之间进行换算：$R_{geo}P_{arith} - 1/2\text{var}(R)$。

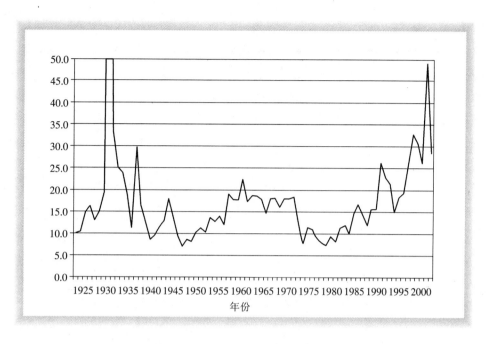

图 5.1　美国股票循迹 P/E 比率（1926 年 1 月—2002 年 6 月）

度，贾根内森、麦格雷坦和谢尔比纳（Jagannathan，McGrattan and Scherbina，2000）考察了美国长期股票溢价，并指出它已经有所下降。他们使用一个戈登（Gordon）模型模拟不同历史时期，得出依博森、法玛和弗伦奇（Ibbotson，Fama and French）及其他人长期研究的经历包括了不同的社会制度。他们在分析的基础上指出，在 1926 年—1970 年间，美国的股票溢价平均约为 700 个基点，在此之后接近 70 个基点。

　　然而，仅仅考察美国数据可能会偏离我们的结论，因为我们有兴趣而且可以获得美国的这么长时间的数据序列是有条件的——在此过程中，美国已经从两个世纪以前的小型、新兴市场成长为到目前为止世界上最大的市场。这种幸存者偏见（survivor bias）只能通过努力地创造出在整个期限内存在于每个市场中的相同数据得以纠正。

　　幸运的是，菲利普·乔里和威尔·戈茨曼（Philippe Jorion and Will Goetzmann，2002）已经为我们完成了这一工作。从 1926 年起，他们收集了 39 个不同股票市场的股票价格，构造了真实价格收益（没有股利）的近似值，其间包括了市场崩溃、大多数战争和国有化过程。图 5.2 显示了以市场存在时间为函数的真实资本收益估计值。

　　值得注意的是，用这种度量方法可以得出美国是世界上表现最好的市场这个结论。美国的真实价格年收益率是 4.32%，而所有市场的平均值仅有 0.75%。这种差别好像并不能用美国以外的国家有较高的股利收益来解释，因为在此期间，美国的股利收益每年超过 4%，与乔里和戈茨曼（Jorion and Goetzmann）获得的其他样本国家的股利收益基本相同。令人乐观的是，所有

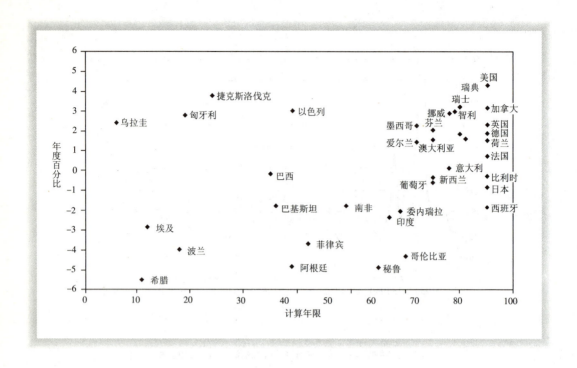

图 5.2　1996 年全球市场的综合房地产资本年收益

国家的以 GDP 为权重的估计产生的真实价格收益大约是 4％，仅比美国低 0.3％。[①]

当然，我们可以比仅仅考察整个股票市场的历史平均业绩做得更好。为了投资的策略目标，我们还应该对潜在的股票市场一般性的驱动因素感兴趣，并特别关注股票溢价。基本上，股票的市场价值应该反映未来收益增长的预期。在长时间里，这种预期应该进而与长期的经济增长相联系。因此，我们可以从另一个路径理解历史业绩表现。

例如，依博森和陈（Ibbotson and Chen）指出，已实现的股票的长期真实收益（不是 ERP）等于长期股利加上长期真实收益增长率，再加上预期未来 P/E 的增加。假设市场是公平定价的，这样预期的市盈率的增加或者是减少将是零。既然累积的经济增长包括了收益的增长，而且假设公司部门是整个经济的一个固定的组成部分，所以它将遵从长期真实收益的增长等于长期真实经济增长的原则。[②]

那么，股利是如何与经济增长相关的呢？一些研究这一问题的学者不正确地假设股利是股票的预期真实收益的独立投入。例如，阿诺特和伯恩斯坦

[①] 乔里和戈茨曼（Jorion and Goetzmann）的报告显示，在 1921 年，美国的 GDP 占全世界的 46％，而现在美国的 GDP 仅仅占到 30％左右。

[②] 有人可以替代性地假设公司部门是经济中不断增长的部分，但这不可能永远是真实的，而且我们这里谈论的是均衡条件。

（Arnott and Bernstein，2002）用不同寻常的目前低股利作为长期股利收入的大致近似，并同时将长期真实收益与经济增长联系起来。

然而，他们的这种假设暗含着股利支付并不影响收益的增长，这是荒谬的，因为不断增加的留存收益应取得更高的未来收益的增长。考虑两个有不同股利支付比率的完全相同的公司。根据它们各自的股利收入，为什么这两个公司的预期收益应该不同？正确的（直觉的）回答是：它们不应该不同。

实际上，这是决定长期股利收益的一个均衡条件。长期看，股利收益应该等于收入的增长率。为什么？如果股利收益高于真实收益增长率，那么从公司部门转移的股利将超过它的经济增长率，公司就不能保持在经济中的固定比例。反之亦然。因此，均衡股利收益应该等于长期收益增长率。

所有那些决定股票价格的预期真实收益是长期的真实经济增长。从 1947 年，复合真实年度 GDP 增长率平均是 3.4%。[1] 我们暂且打住这一话题，仔细考虑幸存状态，期望未来经济增长率在 2.5%～3% 之间似乎是合理的。这意味着真实股票收益是 5%～6%。取这一范围的中点，并沿用依博森和陈的无风险收益 2% 的估计，ERP 的估计值是 3.5%。

上面列出的分解为理解目前关于 ERP 水平的讨论提供了有用的工具。既然大多数研究者对分解的基本结构达成一致，那么，争论就集中在每一个组成部分的水平（例如真实经济增长率）和基本经济原理上。例如，阿诺特和伯恩斯坦（Arnott and Bernstein，2002）强有力地认为我们处于泡沫状态，目前的 P/E 水平将发生较大幅度的下降。为了回答这一问题，我们可以理性地探求股票价值与真实经济之间的均衡关系。这样，除了研究历史记录，我们还应该对股票溢价有一个理论层面的理解。

股票风险溢价的均衡估计

从需求角度来度量股票风险溢价需要一个投资者偏好模型。两个早期研究 ERP 的学者梅拉和普雷斯科特（Mehra and Prescott，1985）给出了一个非常惊人的 ERP 估计，仅仅是 0.4%。这一数字相对于现实中的股票收益是如此之低，他们将自己的发现称为"股票溢价之谜"（equity premium puzzle）。他们的研究结果引起了一代新的学术研究——试图使他们的结果合理，我们将在本章阐述这些研究中的一部分。

梅拉和普雷斯科特的研究工作是应用一个标准的动态宏观经济模型，并使它可用于资产定价（asset pricing）（例如，可参阅 Lucas，1978）。就核心内容而言，这一模型给出了一般意义的假设，也就是说，投资者真正关心的并不是投资本身，而是这样的投资所支持的消费流（consumption stream）。也就是说，一个投资者的福利（或者是效用）依赖于现在和未来消费的路径。

---

[1] 根据美国联邦储备委员会，1947—2001，Flow of Funds Accounts of the United States Washington，DC：Federal Reserve Board。

投资者愿意推迟目前的消费而进行投资，只有当他们相信投资的收益将带来充足的未来消费，从而使他们感觉更好时才会进行。因此，目前和未来的消费需求和投资需求是互相依赖的。有助于投资者选择现在和未来消费最佳路径的努力也为资产需求提供了一个路径，反之亦然。

这种推理的一个内涵是分析家们首先应该明确写出代表资产需求的函数。当然，这一需求函数将反映投资者效用函数的所有特征。均衡资产价格将通过把资产需求路径和资产供给路径联系起来而得出。当然，资产收益仅仅是一段时间内资产价格的变化，而股票溢价则是相对于无风险资产的风险资产的收益。这样一来，梅拉和普雷斯科特（Mehra and Prescott）的模型向我们提供了一个将投资者的消费偏好与股票溢价联系起来的一个精致的方法。

为了代表投资者行为，梅拉和普雷斯科特（Mehra and Prescott）用了一个非常标准的效用函数，他们假定单个投资者（也可以是消费者）作为整个经济的替代，也假定进行标准的经济活动，并使以下效用函数最大化：

$$E_0\left(\sum \beta_t \frac{ct^{(1-\alpha)}-1}{1-\alpha}\right) \tag{5.2}$$

在公式（5.2）中表达了几个重要的观念。第一个令人感兴趣的参数是 β。这个参数代表投资者愿意用目前消费替代未来消费的比例，在某一个水平上，我们可以将 β 解释为投资者以该比率折现未来消费。

第二个令人感兴趣的参数是 α，这个参数决定着投资者的风险厌恶水平，具有较高风险厌恶程度的投资者会要求更高的未来消费以维持福利状态（由效用函数来度量）的稳定。第三个令人感兴趣的是变量 c_t，或者是在 t 时刻的消费。它告诉我们，消费者目前的效用取决于整个消费流量。

最后，符号 $E(\ )$ 代表数学期望。它告诉我们，投资者是在一个不确定的环境下进行决策。既然 α 和 β 是固定的，那么投资者面临的不确定性就是关于消费路径的选择。这样，公式（5.2）告诉我们，投资者想使目前和未来消费的预期折现值最大化，这里，折现率是时间相互间的替代，消费的效用取决于风险厌恶水平。

为了理解一些参数的影响，让我们完成一个简单的例子。为了简单起见，我们假设消费路径是已知的。我们把时期 0 的消费记做 100，并假设它将以每年 3% 的比率稳定增长，也就是说，$c_0=100$，$c_1=103$，$c_2=106.09$，等等。现在，为了计算总效用，我们所要完成的一切就是定下 α 和 β 的值。我们将以 1.25 作为起始值。

我们假设每天都有 $\beta_t=\beta^t$。换句话说，时间偏好比率在两个相邻的时期是恒定的。对于 β，我们假设每年的真实利率是 1%。在这一假设下，β 等于 0.99。为了便于阐释，我们在计算总效用时将忽略 60 以后的所有日期。

在这些假设的基础上，我们可以计算出 0 时期的总效用，然后评价假设变化对总效用的影响。我们的基础总效用是 135.413。现在我们可以评价目前假设变化对总效用的影响了。

首先，假设我们增加消费的增长率，例如从 3% 增加到 4%。在这一假设下，总效用从 135.413 增至 138.149。类似地，如果我们把消费增长率从 3%

下降到 2%，总效用将从 135.413 下降至 132.394。很显然，我们的效用函数（utility function）是与投资者倾向于高消费还是低消费密切相关的。

现在，让我们研究一下时间偏好率变化的影响，让折现率从 1% 增加到 1.1%。在这个假设下，与未来消费相比，投资者对当前消费的评价更高：总效用下降到 131.697。为了保持基础效用不变，消费年增长率（annual growth rate）必须从 3% 提高到 4.44%，这样，高折现率（低折现因子）意味着消费增长率必须提高，才能使效用保持不变。

我们能改变的最后一个参数是风险厌恶参数。假设我们将风险厌恶参数从 1.25 增加到 1.30。在这种情况下，为了使效用保持不变，消费增长率必须从每年 3% 增加到约 13%。

梅拉和普雷斯科特是如何运用公式（5.2）的呢？他们开始从这一方程中推出资产和消费的需求函数。为了使系统完整，梅拉和普雷斯科特需要对生产和均衡做出假设。他们假设每一时期生产一种容易腐烂的商品，并且生产以一个随机的比率增长。虽然生产增长率是随机的，但是它的分布是已知的，是一个长期平均增长率和一个已知的变量。在这个简单经济里，假设长期平均增长率由外部决定，而像劳动生产率（预期劳动生产率能影响长期平均增长率）之类的因素，在这个模型中并没有考虑。为了使系统完整，他们进一步假设，在均衡条件下，每天的消费都等于这个单一产品的生产。这样，关于未来消费的不确定性——也就是公式（5.2）中的数量——就是关于未来产出的有效的不确定性。现在关心的是，资产定价和资产收益是什么？

更仔细地考察公式（5.2），我们发现，概括而言，任何时期唯一未知的数量是消费 c_t，梅拉和普雷斯科特在他们的分析中十分明确地指出这一点。实际上，他们试图找到下列问题的答案：当这项资产的支付看上去与消费路径大体一致时，一个投资者乐意为一项资产支付什么？在一段时间内，这个资产的收益是什么？什么将引起这一资产溢价的增加？

梅拉和普雷斯科特对这些问题的回答，起源于一个非常基本的原则：如果生产（在这个模型里是消费）是已知的、确定的，那么，这一资产的价格每天都将是一样的，股票溢价将是零。之所以得出这一结论，是因为：如果消费和产出的方式每天都是已知的、确定的，那么投资者的效用也是固定的，因此，收益溢价的存在只是作为投资者接受未来消费波动性的一个代价。公式（5.2）为我们确定溢价的大小提供了思路。

既然效用函数依赖于消费方式的均值和方差、风险厌恶水平和时间相互之间的替代率，那么资产定价公式依赖于相同的参数就是合情合理的。这样，梅拉和普雷斯科特提出下面的观点："如果知道目前和未来消费的均值和方差、在不同时期交易消费的意愿和风险厌恶水平，那么我们应该能够确定溢价的大小"。而效用函数的参数和经济（例如，平均增长率和消费方差）是如何影响溢价的呢？

直觉上，关于未来消费的更多不确定性（如消费方差）应该增加股票溢价。这其中的理由在于更多未来消费的不确定性导致了目前效用的更多不确定性。类似地，由于较高的风险厌恶水平对效用有一个显著的影响，因此，它们应该伴随着股票溢价而增加，其他的也是如此。最后，如果一个投资者不太愿意用未来消费替代目前消费，那么股票溢价也应该增加。

为了测试他们的模型，梅拉和普雷斯科特（Mehra and Prescott）直接估计消费方差，并发现其相当的低。他们依赖其他研究者的工作来确定（或者用真实商业周期理论家的说法计算）α的值。更具体地，梅拉和普雷斯科特提出，α大于10％无法得到研究文献的支持。取而代之的是，他们将α的值定在1％～2％之间，他们根据折现率1％～2％之间来定β。

他们的分析结果是相当诱人的。他们的发现是：在关于消费的均值和方差的投资者（或消费者）在不同时期之间交易消费的意愿的理性假设下，股票溢价应该是40个基点。这一数值相对于历史平均值是相当小的（在梅拉和普雷斯科特研究期间，历史平均值大约在600个基点左右）。因此梅拉和普雷斯科特用"股票溢价之谜"来描述股票溢价历史平均值和理论数值之间的差异。

虽然梅拉和普雷斯科特用于分析股票溢价的模型是精致的，但它毕竟是一种简化概要。具体而言，这个模型假设一个特殊的效用函数，而且投资者可以在市场中无摩擦地交易。正如它已证明的，在没有摩擦的条件下，建立一种函数是困难的，这一函数使用经济学中标准的效用术语，而且能否用投资者偏好调和已观察到的股票收益回应这一两难处境，爱泼斯坦和津（Epstein and zin，1991）提出了一个非标准效用函数——可以解释无摩擦条件下的"股票溢价之谜"。这个谜的更一般的解决办法是引入摩擦——一种梅拉和普雷斯科特在他们最初的论文中建议使用的一种方法。

将摩擦引入模型有三种不同的方法。第一种方法是引入交易成本。引入交易成本意味着如果没有获得额外补偿，那么，投资者（或消费者）在理论的最优水平上将不会投资。这种类型研究的一个例子可参阅艾亚加里和格特勒（Aiyagari and Gertler，1991）。

第二种引入摩擦的方法是改变投资者（或消费者）面临的最优化问题的性质。特别地，许多研究者都指出了在模拟投资者（或消费者）的行为中"习惯持续性"的存在，从而将公式（5.2）加以改变，因为投资者的福利不仅取决于当前消费和未来消费的方式，还取决于过去消费的方式。过去的消费方式设置了一个消费的"习惯性水平"，投资者是不想下降到这一水平之下的。因为投资行为必然意味着风险的承担，所以投资者必须在股票上获得一个额外的收益，以补偿消费将下降到习惯水平之下的可能性。在较高的习惯水平下，消费方面潜在下降的影响要比低的习惯水平的影响更显著。康斯坦丁尼德斯和费尔森（Constantinides and Ferson，1991）在这一领域进行了进一步的研究，提供了一个范例。

第三种引入摩擦的方法是通过制度环境。制度约束和交易成本影响力的发挥在同一层次上，即它们都是阻止投资者实现他们理论上的最优配置。制度障碍的例子包括税收、外国立法、增加投资供给者负债（liabilities）的法律。麦格雷坦和普雷斯科特（Mcgrattan and Prescott，2001）给出了一个这方面研究的例子，后面我们将要详细探讨它。

这些研究为股票溢价的理论数值与在美国股票市场观察到的业绩之间的

差距提供了一个自然的解释。特别地，这些研究还指出，美国股票市场的事后行为可被看做是高股票溢价和低股票溢价制度之间转换的结果。不同制度的差异，是由交易成本的下降、税收和监管环境（因为它与股票持有相关）共同产生的，我们假设在两种制度转换之前和之后，市场是公平定价的。既然第二种制度包含一个比另一个低的股票溢价，价值一定是较高的（但是预期收益较低）。因此在两种制度之间的转换期，股票价格一定上升，从而在新制度下产生事后的股票收益超过事前的股票收益。

例如，麦格雷坦和普雷斯科特提供了一个并不依赖于市场不平衡的 P/E 增加的解释：税收。大多数早期的研究，包括普雷斯科特的关于"股权溢价之谜"的先前提到的论文，都忽略了税收，但在现实社会中，投资者只能消费税后财富。麦格雷坦和普雷斯科特指出，在过去的 50 年间，有效的股利税率已经减少了一半多，从 1950 年的大约 44％下降到今天的 18％。通过他们的计算，有效税率的变化，很好地解释了所观察到的 P/E 的变化。较低的有效股利税率的两个主要解释是最高边际公司和个人所得税的降低，以及由持有很大比例股票的不付税实体的养老金计划和个人退休账户（individual retirement accounts，IRAs）

不幸的是，来自均衡理论的 ERP 的精确估计已经严重倾向于其他参数的估计——像单个投资者的风险厌恶——它使得这些结果引起更多争论。然而，可观察到的市场数据的确为股票收益预期揭示了重要的信息。特别地，我们期望获得的股票预期收益就是我们观察到的同一家公司的公司债券所带来的收益。公司债券（corporate bonds）收益——与之相伴的违约造成的这些债券的预期损失——理性地解释了公司债券预期收益溢价的精确估计。由于股票和公司资产一样都要求有次位求偿权，因此在均衡条件下，股东有权要求高于公司债券的溢价。

使用来自 2002 年 6 月的数据，我们估计股票市场资本化权重的美国公司债券收益高于国债大约有 2.25％①。根据使用美国公司债券估计出来的大约 0.75％的历史违约损失，我们可以得出美国公司债券的预期风险溢价是 1.5％。这为目前的 ERP 提供了一个最小的较低下限。考虑到股票的波动率是公司债券的 2～3 倍，我们谨慎地建议投资者目前要求的 ERP 在 3％以上或者更高。你可以称之为一个随意的经验估计。

股票溢价和投资政策

为什么投资者如此关注股票溢价水平？主要原因是非常直接的：实际上，一个投资者所做出的每个重要决策都是受股票溢价假设驱动的。例如，在股票和债券之间的分配，各种备选投资之间的分配，承担积极风险的水平和结构都取决于股票溢价假设。考虑到这一假设的重要性，将如此之多的时间花

---

① 选择包括高收益债券在内的一个公司债券的广泛组合，使用超过美国债券曲线的调整差额。

在分析历史记录上也就不那么令人吃惊了。

不幸的是，无论我们花多少时间分析历史记录，都不能够在任何确定水平上估计股票溢价。例如用 1872—2001 年约 130 年间的数据和股票市场 20% 的年波动率，法玛和弗伦奇平均收益估计中的标准差是 1.75%。因此，3.5% 的估计值仅仅是从零起的两倍标准差。这允许我们在 5% 的置信水平下拒绝 ERP 为零的选择假设（null hypothesis）。

让我们回到这个问题，并测试在同等水平下，股票溢价是如何不同于 3% 的。为了这一测试，我们将再需要 6 270 年的数据！因此从实际角度出发，明显的不确定性水平限制着任何对长期股票溢价的估计。

股票溢价显然在制定投资政策方面起着重要作用。本章的目的在于对此提供一些指导——投资者可以用来设定自己的股票溢价假设。正如讨论中所表明的，一个股票溢价假设无论是在美国还是在全球范围内，都将取决于对股票市场过去业绩的谨慎理解。

这一过程将由关于股票收益统计分析本身局限性的改善而有所缓和。而且，对历史经验的分析应该放在一个现存理论框架下进行。最后，理论应该足够丰富，以提供一些指导——重要外部环境变化对资产市场内的影响。

全球均衡预期收益

鲍勃·李特曼（Bob Litterman）

国内资本资产定价模型对全球均衡模型是一个非常好的开端。实际上，全世界所有的人在一定程度上共享着一个普遍的效用函数，这就使得国内资本资产定价模型自然而然地扩展到全球范围。我们可以考虑一个人在全球经济中投资全球资产，消费全球的商品和劳务。就像在国内市场里一样，风险溢价应该和每项资产收益与全球市场组合的协方差（covariance）成比例。在 1977 年关于这一问题的讨论中①，理查德·罗尔和布鲁诺·索尼克（Richard Roll and Bruno Solnik）这样总结：如果市场完美或接近完美，如果在世界上所有的国家里同样消费的商品被生产出来，同时以同样的比例被消费掉，如果预期是同质的，运输无成本并在瞬间完成，那么国际资本资产定价理论就只需将标准的国内模型做小的扩展即可。

将简单的国内模型推广到国际范围并没有根本性的错误，但是立即就有一个问题出现了。自从国内 CAPM 实施以来，国际上已经产生了许多可选择的更为复杂的模型，导致模型复杂化的原因就是存在汇率风险。汇率问题起源于看起来微不足道的问题：我们用什么单位来度量事物？我们可以认为计量单位并不改变真实数量，这在某点上是正确的。我们可以假设计量标准是美元、或黄金或一揽子消费——这并不重要，只要每个人有共同的消费函数。在这个简化的世界里，可以把国内 CAPM 看做国际 CAPM，所得的结果也都是正确的。罗尔和索尼克（Roll and Solnik）这样总结：在这样的条件下（他们之前引用的理想条件），法郎在一个地域内使用，英镑、日元等在其他地区使用，这仅仅构成一个带有金钱"面纱"的多国版本。其实每个地方的实际

---

① This reference appears in the paper, "A Pure Foreign Exchange Asset Pricing Model," in the *Journal of International Economics*, volume 7, pages 161-179.

利率都是相等的，实际风险价格也相等，这样所有国家的资本资产定价模型就都是一样的。在这样的理想状态下，实际不存在汇率风险。

然而，问题在于，在真实世界里，汇率风险是存在的，而国内 CAPM 并没有考虑汇率风险。实际上，全世界的人们并不会有一个共同的消费篮子，人们会用不同的标准来度量他们各自的效用。不同度量单位之间相对价值的变化会引发波动，进而引发风险，在这方面已经存在大量的理论研究，包括费希尔·布莱克（Fischer Black）对国内 CAPM 的全球一般化——包含汇率风险问题的研究。布莱克在 1989 年发表的论文《全球套期保值》[1] 就是这种一般化研究中的一个。不幸的是，相对于国内 CAPM，全球一般化导致了严重的复杂性。

虽然数字是复杂的，但我们将继续向前推进。我们觉得这些模型必将推出一些重要的结论，特别是诸如什么是外汇套期保值的最佳水平之类的事情（这是布莱克最初关注的焦点）。但我们更希望得到的是一个全球套期保值模型，从而为管理全球资产组合开辟新起点。

相对于早期的"国际 CAPM"，布莱克做了大量的简化假设，我们最终关注他的全球均衡模型。令布莱克感到惊奇和兴奋的是，在特定的假设条件下，全球 CAPM 均衡包含一个简单的结果——所有国家的投资者对他们面临的汇率风险进行套期保值的比例是相同的。[2] 基于这个结果，布莱克将他扩展的国际 CAPM 称之为"全球套期保值"。在布莱克模型的均衡里，投资者的风险厌恶程度决定应该进行套期保值的汇率风险的比例。布莱克估计在均衡状态下，应该进行套期保值的比例大约是 77%。

在布莱克得出他的结论之后的十年间，他的国际均衡资产定价模型已经得到广泛应用，其中的一个应用就是他对汇率套期保值的见解。实际上，全球并没有达到均衡状态，大多数投资者也不持有市场资本化权重组合，"全球"套期保值的比例一般也不会作为组合的规则。然而，通过简化国际 CAPM 模型，并将它看做是预期收益的参考，布莱克提供了一个有用的框架，从中产生了许多其他的应用，其中包括布莱克-李特曼（Black-Litterman）的全球资产配置模型。

布莱克的国际 CAPM 当然不是第一个对国内 CAPM 进行全球化的模型（例如，还有索尼克（Solinik，1974）；阿德勒和杜马（Adler and Dumas，1983）；格劳尔，利曾伯格和斯特勒（Grauer, litzenberger and Stehle, 1976）；罗尔和索尼克（Roll and Solnik，1977）[3]）。但是布莱克是第一个提

---

[1] Black' paper, "Universal Hedging: Optimizing Currency Risk and Reward in International Equity Portfolios," appeared in the *Financial Analysts Journal*, July/August 1989, pages 16—22.

[2] 在布莱克的论文中，参见 "How I Discovered Vniversal Hedging" *Risk Management*，Winter 1990.

[3] Roll and Solnik (1997) is referenced earlier. The additional references are as follows: Solnik, Bruno H., 1974, "An Equilibrium Model of the International Capital Market," *Journal of Economic Theory* 8, 500—524; Adler, M. and B. Dumas, 1983, "International Portfolio Choice and Corporation Finance: A Synthesis," *Journal of Finance* 38, 925—984; and Grauer, F., R. Litzenberger, and R. Stehle, 1976, "Sharing Rules and Equilibrium in an International Capital Market under Uncertainty," *Journal of Financial Economics* 3, 233—256.

出全球套期保值性质的，即所有的投资者拥有相同的风险厌恶程度，每个国家的财富等于这个国家的市场资本总额。布莱克均衡是更为一般的均衡模型的简单特例①。

在引入数学之前，最好应该先讲清国际 CAPM 阐述了什么，没有阐述什么。在大多数模型里，包括布莱克模型，"汇率"指的是不同群体投资者的消费之间的实际兑换比率。这样，这一理论就不包括通货膨胀风险，在现实世界中，我们一般考虑一系列潜在因素引起的名义汇率的变化。由于现实世界的复杂性，在全球套期保值均衡中，没有阐述不同国家所拥有财富的分布状况，以及不同国家投资者风险容忍度的异质性。这一理论将这些特征考虑在内，并和前面所指出的布莱克均衡的一个简化假设一样，每个国家的投资者拥有的财富等于他们国家国内资产的市场资本总额。布莱克模型里的另一个简化假设——这一假设条件较容易放松——就是所有国家的投资者有相同的风险厌恶程度。标准的国际 CAPM 均衡模型也假设有通常的有效市场条件，没有交易壁垒，没有资本管制，没有信息障碍或者是使投资者倾向于选择国内资产的其他成本。最后就像国内 CAPM 一样，这些模型假设一个单一的、无限的期限。这些单期模型并不考虑由一个动态经济所引起的现实风险。当然，其他理论已经通过放松各种假设条件来扩展这些结论。

就像在第 4 章里所述，我们首先考虑最简单的模型。在一个只有两种货币和两种资产的世界里，投资者解决均值方差组合最优化问题，然后我们给出一个一般化模型。

考虑一个仅有两个国家的世界，有两项风险资产。我们以美国和日本为例，之后求解他们的各个参数。我们将两国之间的汇率——也就是一美元所兑换的日元的数量，记做 X。不失一般性，假设在投资的最初时期，X 的值是 1。换句话说，在最初开始时，用一单位的日元消费换取一单位的美元消费。在期末，决定美国和日本消费单位之间比率的 X 是一个不确定的值。因此，要求投资者的预期收益和风险就必须考虑这一额外的不确定性。在短期内，美国投资者持有日本股票的收益将由两部分组成，日本国内投资者获取的股票收益加上美国投资者持有日元面值资产所获得的收益。一个美国投资者，分别持有权重为 d_U 的美国股票和权重为 d_J 的日本股票，而且他可以选择对冲（或增加）日本股票的汇率风险——比如数量为 d_X 的日元风险。这些权重 d_U、d_J 和 d_X 都用美元投资者财富的比例来表示。

在美国的一个投资者持有如下权重证券的以美元为面值计价，超过无风险利率的超额预期收益是：

$$\mu_P^\$ = \mu_U^\$ \cdot d_U + \mu_J^\$ \cdot d_J + \mu_X^\$ \cdot d_X \qquad (6.1)$$

这里，$\mu_U^\$$ ＝一个美元投资者持有美国股票所得的超额预期收益；

---

① 一些人认为布莱克的模型不是一个非常令人满意的特例，因为我们没有理由相信所有的投资者有相同的风险厌恶程度。这一关注是合理的，因为风险厌恶程度很难估计，因此有人也可反过来指出，在缺乏证据的基础上，布莱克的特例是一个合理的开始。

$\mu_J^\$$ = 一个美元投资者持有日本股票进行套期保值所得的超额预期收益[1]；

$\mu_X^\$$ = 一个美元投资者持有日元所获得的超额预期收益。

正如我们将要看到的，它说明即使对汇率风险进行套期保值，对一个以美元计算的投资者在日本股票上所获得的超额收益，一般不同于一个以日元计算的投资者，因为不同国家的投资者，以不同的计量单位（货币）来度量他们的预期收益。

美国的以美元计算的投资者的组合风险用波动率 $\sigma_P^\$$ 来表示，它由下面的从美元计算的风险资产的方差和协方差来决定：

$$(\sigma_P^\$)^2 = \sum_{a=\{U,J,X\}} \sum_{b=\{U,J,X\}} (d_a d_b \sigma_{ab}^\$) \tag{6.2}$$

这里，$\sigma_{ab}^\$$ 是从一个美元投资者的角度看资产 a 的收益和资产 b 的收益的协方差（covariance）（如果 $a=b$，则是方差）。

类似地，日本的一个投资者持有的日本股票和美国股票的权重分别为 y_J 和 y_U，以日元计价，并对美国股票的汇率风险进行套期保值——净美元风险的数值用 y_X 来表示，那么以日元计价的预期收益如下：

$$\mu_P^Y = \mu_J^Y \cdot y_J + \mu_U^Y \cdot y_U + \mu_X^Y \cdot y_X \tag{6.3}$$

这里，μ_J^Y = 以日元计算的投资者持有日本股票的超额预期收益；

μ_U^Y = 以日元计算的投资者对美国股票进行套期保值所得的超额预期收益；

μ_X^Y = 以日元计算的投资者持有美元而获得的超额预期收益。

这里，日元面值的组合风险用波动率 σ_P^Y 来表示，由以日元计算的风险资产的方差和协方差来决定：

$$(\sigma_P^Y)^2 = \sum_{a=\{U,J,X\}} \sum_{b=\{U,J,X\}} (y_a y_b \sigma_{ab}^Y) \tag{6.4}$$

这里，σ_{ab}^Y 是以日元投资者角度出发的资产 a 与资产 b 的收益之间的协方差（如果 a＝b 则为方差）。注意，对以美元计算的投资者来说，以数额 X 代表的外汇资产是日元风险，对日元计算的投资者，以数额 X 代表的外汇资产是美元风险。

这个模型的均衡是使市场出清的一系列预期超额收益，市场需要出清的是股票和短期借入。注意，在国内 CAPM 体系下，我们不特别明确需要通过短期借款来实现均衡。如果财富等于市场资本总额，那么对现金的净需求一定是零。在国际体系下，现金或短期借款的来源不止一个，比如"商业票据"。股票的供给，与市场资本总额保持固定关系。每种货币借入（例如商业票据）的净供给假设为零。由投资者效用最大化产生需求，我们假设它和国

---

① 外汇风险的超额收益为：$r_x = (F_t^{t+1} - X_{t+1})/X_t$，这里 F_t^{t+1} 是时刻 t 的单期远期外汇汇率，也就是说，在时刻 t，你能将日元换成 $(t+1)$ 时刻的美元远期比率。美国和日本的短期存款利率记做 $R_\$$ 和 R_Y，利率平价要求 $F_t^{t+1}(1+R_Y) \cdot X_t/(1+R_\$)$。从 t 到 $t+1$ 时刻，日本股票的货币套期保值超额收益 $r_J = [(P_{t+1}/X_{t+7})/(P_t/X_t) - 1] - R_\$ - (1-R_\$) \cdot r_x$，这里 P_t 是时刻 t 日本股票的日元价格。

内 CAPM 中的形式相同。投资者使效用函数最大化：国家 C 的投资者的效用（或者是美元或者是日元）由下式给出：

$$U = \mu_P - 0.5 \cdot \lambda \cdot (\sigma_P)^2 \qquad (6.5)$$

这里，λ 是风险厌恶参数。

在这个全球的例子里，我们把美国投资者和日本投资者区别开来，分别解决他们各自的最优化问题。我们汇总每类投资者对美国股票和日本股票的需求，然后在每个国家汇总短期需求。最后，寻找一个预期超额收益的均衡价值，在均衡时，每种股票的总需求等于总供给，因而短期净需求是零。这就要求美国投资者乐于借给日本投资者想要借入的美元，反之也是如此。

在我们解决均衡预期超额收益之前，我们必须确认以美元计算的超额预期收益 $\mu_U^{\$}$、$\mu_J^{\$}$、$\mu_X^{\$}$ 和以日元计算的超额预期收益 μ_J^{Y}、μ_U^{Y}、μ_X^{Y} 之间的关系。不幸的是，现在我们必须面对由汇率风险带来的一些复杂性。

在现实世界里，对汇率风险的考虑增加了许多复杂性，其中的许多问题都可以忽略，但其中的一些我们必须着手处理。当不同的证券组合可以对冲汇率风险时，我们可以忽略相关的复杂性。对冲汇率风险可以考虑使用远期合约（forward contracts）、互换（swap）、期货或者仅仅是简单的短期借入或贷出。我们还可以忽略在一个有限的时间段里赚取的利润发生贬值（depreciation）的风险，一个比较小的影响有时称之为"交叉产品"。如果时间间隔足够短，利润与该风险的相关性很小，那么，利润贬值的风险就可以忽略。最后，我们还忽略通货膨胀的影响。

我们可以简单地把外汇套期保值作为任何头寸——当外币贬值时将从中受益，但又不会产生任何其他风险。一个很显而易见的投资就是远期合约。另一个是利用以外币计价的短期贷款，以国内短期利率进行投资，考虑货币对冲来决定贷款的数量。如果以美元计算的投资者借入日元，在期初将日元兑换成美元，并把美元投资在美国短期存款上，那么日元的贬值将使投资者用较少的美元偿还贷款，从而从贬值中受益。贷款的利润将抵消以日元计价的投资的货币贬值造成的损失。

这样的货币头寸的预期收益引起了更多的混乱。许多投资者认为，货币是一个零和游戏，于是假设货币风险带来的预期收益是零。但即使是在均衡状态下，这也不是真实的，汇率可以产生正的或负的预期收益。在简单的两国世界里考虑货币的预期收益，并关注 $\mu_X^{\$}$ 和 μ_X^{Y} 之间的关系。前者是指持有日元的美元投资者的预期收益，后者是指持有美元的日元投资者的预期收益。很显然，在一个理智、有效的均衡状态下，这两个不同的预期应该相互一致。如果一个汇率预期上升，那么另一个将预期下跌，这可以用下式表达：

$$\mu_X^{Y} = -\mu_X^{\$} \qquad (6.6)$$

有意思的是，关系并不是那么简单。考虑如果美元兑日元汇率从 1 上升到 1.1，那么从美元的角度看日元升值 10%，从日元的角度看美元贬值 9.09%（0.1/1.1＝9.09%）。反过来，如果美元兑日元汇率从 1 下降到 0.9，那么从美元的角度看日元贬值 10%，从日元的角度看美元升值 11.1%。

更一般地，一种货币相对于另一种货币升值的百分比，总是大于第二种货币相对于第一种货币的贬值百分比。如果从第二种货币的角度，一种货币升值 X，那么从第一种货币的角度，第二种货币贬值 X/1+X。从这两种角度看升值好于贬值的现象被称为西格尔（Siegel）之谜。[①] 西格尔之谜后果之一是 $\mu_X^\$$ 和 μ_X^Y 不是简单的相等，就像在公式（6.6）中那样，只是符号相反。实际上，$\mu_X^\$$ 和 μ_X^Y 很有可能在同一时刻都是正的。

货币预期收益的奇怪表现使得许多人感到不舒服，它就像一个魔术把戏。两个国家的投资者如何理性地预期他们持有的外汇要升值？为了理解这一现象，我们考虑一个简单的世界：在期初时，美元和日元的汇率是 1；在期末时刻，扔一个硬币，如果是头像，那么美元与日元的汇率是 2，如果是背面，那么美元与日元的汇率是 0.5。从美元的角度看，一个持有日元的人以相同的概率得到两个结果：100％的收益或者是－50％的收益。期望收益实际上是 25％。但是考虑这一情况的对称情况，从日元角度看，一个持有美元的人也有一个正的 25％的期望收益。

从各自角度出发，拥有相同信息和预期的人怎么能从持有另一方的货币中都获得正的期望收益呢？最简单的答案是：如果所有的财富都是以同一单位来度量的话，他们不可能都理性地预期获得更好的结果。但是，只要他们从自己不同的货币角度度量他们的财富，他们都能因持有一些其他货币而获得收益——至少用他们自己的货币单位度量是如此。

正确的 $\mu_X^\$$ 和 μ_X^Y 的关系如下：

$$\mu_X^\$ = -\mu_X^Y + \sigma_X^2 \qquad\qquad (6.7)$$

这里，σ_X 是汇率的波动率。[②]

为什么我们如此关注汇率的这些特性？由于我们假设的时间间隔很短，从而在这一期间，日元和美元的真实收益接近相等，且符号相反。而在一个有多种货币的世界里，预期超额收益方差的存在使资产的均衡收益受到约束。

再次考虑我们以前讨论的组合最优化问题。除了波动率 σ_U、σ_J 和相关系数 ρ_{UJ}，以及汇率波动率 σ_X，我们需要考虑两个额外的相关系数 $\rho_{UX}^\$$ 和 $\rho_{UJ}^\$$，从美元的角度看，它们分别表示美国股票和汇率之间的相关系数，以及日本股票和汇率之间的相关系数。将从日元的角度看每项资产与汇率之间的相关系数简单地记做从美元角度看的相关系数的负 1 倍。

$$\rho_{XJ}^Y = -\rho_{XJ}^\$ \qquad\qquad (6.8)$$

西格尔之谜把从不同国家角度看的货币的超额预期收益与汇率的方差联

①　西格尔（Siegel）之谜被广泛应用。请参考论文：Siegel，J.J.，1972，"Risk，Interest Rates and the Foreign Exchange," *Quarterly Journal of Economics* 89，173-175.

②　方差概念起源于函数 1/X 的正曲率（函数描述日元对美元汇率和美元对日元汇率之间的关系）。潜在收益分布的方差越大，曲率越大，持有外汇的预期收益就越大。在数学上，伊藤（Ito）引理证明了当时间趋向于零时，上述关系是正确的。具体推导可查阅罗伯特·C·默顿（Robert C. Merton）的文章 *Continuous-time Finance*（Blackwell，1990）。

系在一起。类似地，可以把投资资产的超额预期收益和不同货币之间的协方差联系在一起。只有在多于两种货币的情况下才考虑协方差。我们考虑一个日元投资者持有欧元的超额预期收益，它等于日元投资者持有美元所得的超额预期收益与美元投资者持有欧元所得的超额预期收益的总和，小于美元投资者持有日元和欧元的收益的协方差。当然，在两国模型中只有两种货币，故我们不考虑这个协方差。

另外，分别从美元和日元的角度看，在美国股票的超额预期收益之间，也就是 $\mu_U^\$$ 和 μ_U^Y 之间也存在着关系。在这种情况里，不是汇率方差与两个预期结果有关，而是汇率和股票收益之间的协方差在起作用。类似的关系存在于 $\mu_J^\$$ 和 μ_J^Y 之间。注意在以上两种情况里，我们考虑的是货币对冲的股票收益，因此，造成预期收益差异的协方差不是直接进入某收益的货币的影响，而是从不同货币角度所采取的期望函数。[①]

为了考察超额预期收益的协方差，我们从日本投资者的角度考虑美国股票的套期保值收益。假定日元投资者持有美国股票的收益和持有美元的收益之间存在正相关关系，当这个相关系数 ρ_{XU}^Y 为正时，从日元角度看，美国股票的收益将与美元一起变动。由西格尔之谜可知，从日元的角度看，持有美元的预期收益有一个正的 σ_X^2。就美国股票收益反映美元收益来说，这种影响增加了日元投资者相对美元投资者而言的美国股票收益。如果从日元角度构造一个美国股票的美元收益的映射，可以将股票收益分解成两部分：一个是美元收益的倍数，一个是无关的成分，这个美元收益的映射有一个系数，就是上面提到的协方差（日元投资者持有美国股票的收益和持有美元的收益之间的协方差）和日元投资者的美元收益方差之间的比率。西格尔之谜对美元预期收益的贡献正是这个方差，因此，从日元角度套期保值的美国股票的超额预期收益就是这一系数乘以方差，也就是上面提到的协方差。协方差的影响意味着下面两个关系的存在：

$$\mu_U^Y = \mu_U^\$ + \sigma_{XU}^Y = \mu_U^\$ - \sigma_{XU}^\$ \qquad (6.9)$$

$$\mu_J^Y = \mu_J^\$ + \sigma_{XJ}^Y = \mu_J^\$ - \sigma_{XJ}^\$ \qquad (6.10)$$

我们已经看到，日元投资者和美元投资者的超额预期收益之间存在着一系列等式关系（当然反之也存在）。我们可以研究以美元计算的超额预期收益和以日元计算的超额预期收益，以及其他的也可以决定。

现在让我们考虑一个简单的例子，解决一个只有两个国家的全球套期保值的均衡问题。

美国市场份额＝80

日本市场份额＝20

美国财富＝80

日本财富＝20

美国风险厌恶＝日本风险厌恶＝2

---

① 在超额预期收益关系中，这些协方差可以通过伊藤引理的多元形式推导出来。

美国股票波动率＝15％

日本股票波动率＝17％

美国和日本股票的相关系数＝0.5

美元／日元波动率＝10％

美国股票和日元的相关性＝0.06

日本股票和日元的相关性＝0.1

给出这些变量，可得美国投资者的协方差矩阵如表6.1所示。

表 6.1　　　　　　　　　　　　　美国投资者的协方差矩阵

	美国股票	日本股票	日元
美国股票	0.022 5	0.012 8	0.000 9
日本股票	0.012 8	0.028 9	0.001 7
日元	0.000 9	0.001 7	0.010 0

　　日本投资者的协方差矩阵只有很小的区别（见表6.2）。股票收益和外币之间的协方差有相反的符号。如果美国股票收益与持有日元的收益正相关，那么很显然，对以日元计算的投资者来说，美国股票收益与持有美元的收益之间呈负相关关系。

表 6.2　　　　　　　　　　　　　日本投资者的协方差矩阵

	美国股票	日本股票	美元
美国股票	0.022 5	0.012 8	−0.000 9
日本股票	0.012 8	0.028 9	−0.001 7
美元	−0.000 9	0.001 7	−0.010 0

　　正如在第4章中所阐述的一样，为了找到最优组合权重，需要求这些协方差矩阵的逆矩阵，这些矩阵如表6.3和表6.4所示。

　　组合百分比配置可以直接从第4章的最优效用中得到。

　　美国投资者的组合配置：

美国股票：$d_U = 0.5 \cdot (59.27 \cdot \mu_U^\$ - 26.09 \cdot \mu_J^\$ - 0.90 \cdot \mu_X^\$)$

日本股票：$d_J = 0.5 \cdot (-26.09 \cdot \mu_U^\$ + 46.44 \cdot \mu_J^\$ + 5.55 \cdot \mu_X^\$)$

日元风险：$d_X = 0.5 \cdot (-0.90 \cdot \mu_U^\$ - 5.55 \cdot \mu_J^\$ - 101.02 \cdot \mu_X^\$)$

　　日本投资者的组合配置：

美国股票：$y_U = 0.5 \cdot (59.27 \cdot \mu_U^¥ - 26.09 \cdot \mu_J^¥ + 0.90 \cdot \mu_X^¥)$

日本股票：$y_J = 0.5 \cdot (-26.09 \cdot \mu_U^¥ + 46.44 \cdot \mu_J^¥ + 5.55 \cdot \mu_X^¥)$

美元风险：$y_X = 0.5 \cdot (0.90 \cdot \mu_U^¥ + 5.55 \cdot \mu_J^¥ + 101.02 \cdot \mu_J^¥)$

表 6.3　　　　　　　　　　　　美国投资者协方差矩阵的逆矩阵

	美国股票	日本股票	日元
美国股票	59.27	−26.09	−0.90
日本股票	−26.09	46.44	−5.55
日元	−0.90	−5.55	101.02

表 6.4

	美国股票	日本股票	美元
美国股票	59.27	−26.09	0.90
日本股票	−26.09	46.44	5.55
美元	0.90	5.55	101.02

表 6.4 日本投资者的协方差矩阵的逆矩阵

美国股票的总需求由加总这两项得出：

$$美国股票需求＝美国财富×d_U＋日本财富×y_U \tag{6.11}$$
$$日本股票需求＝美国财富×d_J＋日本财富×y_J \tag{6.12}$$

美国投资者为了对股票风险进行套期保值而借入日元。特别地，总的日元风险是持有日本股票和借入日元之间的差别。为了简化符号，把美元投资者借出的日元用 d_Y 表示（日元借出是美元借入的−1倍）。那么，$d_X = d_J + d_Y$，则美元投资者借出的日元为 $d_Y = d_X - d_J$。类似地，日元投资者借出的美元为 $y_\$ = y_X - y_U$。

美元投资者借出的美元是美国投资者购买美国股票、日本股票，参与日元借出后剩余的，这样美元投资者借出的美元为 $d_\$ = 1 - d_U - d_J - d_Y$。类似地，日元投资者借出的日元为 $y_Y = 1 - y_U - y_J - Y_\$$。

这些等式使我们可以得到下面的需求函数：

$$借出美元的需求＝美国财富×d_\$＋日本财富×y_\$ \tag{6.13}$$
$$借出日元的需求＝美国财富×d_Y＋日本财富×y_Y \tag{6.14}$$

均衡是指需求等于供给；则均衡条件如下所示：

$$美国财富×d_U＋日本财富×y_U＝美国股票的市场份额＝80 \tag{6.15}$$
$$美国财富×d_J＋日本财富×y_J＝日本股票的市场份额＝20 \tag{6.16}$$
$$借出美元的需求＝美国财富×d_\$＋日本财富×y_\$$$
$$＝借出美元的净供给＝0 \tag{6.17}$$
$$借出日元的需求＝美国财富×d_Y＋日本财富×y_Y$$
$$＝借出日元的净供给＝0 \tag{6.18}$$

在这一简单经济模型里，我们可以解出满足这些均衡条件的以美元计算的超额预期收益的值。求得均衡超额预期收益是：

$\mu_U^\$ = 4.128\%$

$\mu_J^\$ = 3.230\%$

$\mu_X^\$ = 0.412\%$

以日元计算的均衡超额预期收益是：

$\mu_U^Y = 4.038\%$

$\mu_J^Y = 3.060\%$

$\mu_X^Y = 0.588\%$

一个美国投资者的最优组合配置的权重为：

$d_u = 80\%$

$d_J = 20\%$

$$d_X = 10\%$$

这意味着持有的外国股票中 50% 已经进行过套期保值。注意,这些数值意味着借出美元和借出日元的需求如下:

$$d_\$ = 10\%$$

$$d_Y = -10\%$$

最后,一个日本投资者的最优组合配置的权重如下所示:

$$y_U = 80\%$$

$$y_J = 20\%$$

$$y_X = 40\%$$

这再次意味着持有的外国股票中 50% 已经进行过套期保值。同时意味着借入日元和美元的需求为:

$$y_\$ = -40\%$$

$$y_Y = 40\%$$

读者可以证明均衡条件是成立的。例如,如果在美国投资者 80% 的财富中有 64% 用于美国股票,日本投资者 20% 的财富中有 16% 用于购买美国股票,则总需求等于总供给,等于 80% 的市场资本总额。

如何找到超额预期收益的均衡价值呢?一种方法是建立一种简单的算法,使需求与供给相等。例如,在一个电子表格里,可以定义某单元格为超额预期收益的函数,有不同的需求值。然后把其他单元格设置成超额需求,即供给与需求之间的差,从而找到目标函数,使超额需求的平方和最小。在这个简单的例子中可以用上述方法,但它并没有明显表示出均衡的条件。为此,在下一节中,我们将用矩阵来构造一个更为一般的方法。

从这个简单的两国例子中可以清楚地看到,国际 CAPM 模型变得很复杂。当我们考虑多于两个国家的情况时,从各种不同角度出发,考虑所有预期收益的符号和复杂性、相关性和波动性,以及它们之间的关系时,就更麻烦了。为了使符号易于处理,在这一部分,我们用矩阵代数使其简化,并构造一个一般性的方法。

预备知识

设有 n 个国家,每个国家有一项风险资产(股票)。[①] 设 r_1 是第 1 个国家的风险资产收益的一个 $(2n-1)$ 维向量,其中第 1 个国家被定为基础货币国家。[②] r_1 的第 1 个元素是本国股票的收益(很显然这里没有汇率风险),第 2 个元素是第 2 个国家含有汇率风险的股票收益(可以看做是在一个短期时间内,第 2 个国家股票的国内收益)。依此类推,得到第 n 个元素是第 n 个国家

---

① 读者可以将风险资产看做是一个股票指数。或者更一般地,把它看做是一个由股票、债券和其他资产加权组成的一篮子市场资本组合。虽然符号上有一点儿复杂,但在每个国家中很容易包括多项资产。

② 基础货币国家并没有什么特殊之处,只是在定义符号时作为一个基础。

含有汇率风险的股票收益。第 $n+1$ 个元素是持有第 2 个国家股票的套期保值收益，第 $n+2$ 个元素是持有第 3 个国家股票的套期保值收益，最后一个元素也是如此，是持有第 n 个国家股票的套期保值收益。

设 Σ_1 是 r_1 的 $(2n-1)\times(2n-1)$ 阶协方差矩阵。

类似地，我们定义 r_i 是第 i 个国家风险资产的收益。前 n 个元素是第 1 个国家到第 n 个国家股票的套期保值收益。第 $n+1$ 个元素是持有第 1 个国家股票的套期保值收益，第 $n+2$ 个元素是持有第 2 个国家股票的套期保值收益。以此类推，第 $(n+i-1)$ 个元素是持有第 $(i-1)$ 个国家股票的套期保值收益。第 $n+i$ 个元素是持有第 $(i+1)$ 个国家股票的套期保值收益，以此类推，最后一个元素是持有第 n 个国家股票的套期保值收益。

例如，在一个包括美国、日本、欧洲和英国的四个国家的世界里，四个收益向量分别是 r_1，r_2，r_3，r_4，包括下列资产：

$r_1=$ 美国股票、日本股票、欧洲股票、英国股票、日元、欧元、英镑
$r_2=$ 美国股票、日本股票、欧洲股票、英国股票、美元、欧元、英镑
$r_3=$ 美国股票、日本股票、欧洲股票、英国股票、美元、日元、英镑
$r_4=$ 美国股票、日本股票、欧洲股票、英国股票、美元、日元、欧元

设 Σ_i 是 r_i 的 $(2n-1)\times(2n-1)$ 阶协方差矩阵。

很方便地定义一个矩阵 I_i，将 r_1 转换成 r_i。I_i 的所有元素都是 0、1 或 -1。因此有一个特别简单的结构。当然，I_1 只是简单地恒等，它将 r_1 转换成 r_1。如果我们把 I_2 到 I_n 分成四个子矩阵，$n\times n$ 左上角部分，$n\times(n-1)$ 右上角部分，$(n-1)\times n$ 左下角部分和 $(n-1)\times(n-1)$ 右下角部分，只有最后一个是有意义的。左上半部分总是恒等；从每个国家的角度看，股票的套期保值收益是相同的。右上部分和左下部分总是恒等于 0。

$(n-1)\times(n-1)$ 阶右下部分子矩阵在第 $(i-1)$ 列的值是 -1。第一行除了在第 $i-1$ 列是 -1 外，其他都是 0。如果 $i>2$ 那么从第 2 行第 1 列起是一个 $(i-2)\times(i-2)$ 阶单位矩阵。如果 $i<n$，那么它是一个从第 i 行、第 i 列开始的 $(n-i)\times(n-i)$ 阶单位矩阵，所有其他的元素都是零。

下面是六个国家的情形下的 I_4 的一个演示：

$$
\begin{bmatrix}
1 & 0 & 0 & 0 & 0 & 0 & 0 & 0 & 0 & 0 & 0 \\
0 & 1 & 0 & 0 & 0 & 0 & 0 & 0 & 0 & 0 & 0 \\
0 & 0 & 1 & 0 & 0 & 0 & 0 & 0 & 0 & 0 & 0 \\
0 & 0 & 0 & 1 & 0 & 0 & 0 & 0 & 0 & 0 & 0 \\
0 & 0 & 0 & 0 & 1 & 0 & 0 & 0 & 0 & 0 & 0 \\
0 & 0 & 0 & 0 & 0 & 1 & 0 & 0 & 0 & 0 & 0 \\
0 & 0 & 0 & 0 & 0 & 0 & 0 & 0 & -1 & 0 & 0 \\
0 & 0 & 0 & 0 & 0 & 0 & 1 & 0 & -1 & 0 & 0 \\
0 & 0 & 0 & 0 & 0 & 0 & 0 & 1 & 0 & -1 & 0 & 0 \\
0 & 0 & 0 & 0 & 0 & 0 & 0 & 0 & -1 & 1 & 0 \\
0 & 0 & 0 & 0 & 0 & 0 & 0 & 0 & -1 & 0 & 1 \\
\end{bmatrix}
$$

也要注意到，既然 $r_i = I_i r_1$，则 $\Sigma_i = E(r_i r') = E(I_i r_1 r'_1 I'_i) = I_i \Sigma_1 I'_i$。

另外，我们也可以方便地定义一个 $(2n) \times (2n-1)$ 阶矩阵 H_i，用于转换 $(2n-1)$ 维风险资产的组合配置——也就是将第 i 个国家的股票和货币 w_i 转换成 n 个国家中每个国家股票的需求和供给的 $2n$ 维向量，记做 d_i（对股票的借出可以看做是持有汇票）。设 1_m^n 是一个 n 维向量，第 m 个元素是 1，其他元素是 0，（1_{n+i}^{2n} 是一个 $2n$ 维向量，第 $n+i$ 个元素是 1，反映的是第 i 个国家的借出需求），当 H_i 定义如下时，我们有：

$$d_i = 1_{n+i}^{2n} + H_i w_i \tag{6.19}$$

再次定义 H_i 时，考虑 4 个子矩阵。$n \times n$ 左上矩阵是单位矩阵。$n \times (n-1)$ 右上矩阵是 0 矩阵。$n \times n$ 左下矩阵是单位矩阵的 -1 倍。只有右下矩阵随着 i 而改变。在 $n \times (n-1)$ 右下子矩阵中，第 i 行为 -1。$i>1$ 时，从第 1 行第 1 列起是一个 $(i-1) \times (i-1)$ 阶单位矩阵；当 $i<n$ 时，从第 $(i+1)$ 行第 i 列起是一个 $(n-i) \times (n-1)$ 阶单位矩阵，所有其他元素都是 0。

这里是 6 国情形下的 H_4：

$$
\begin{array}{ccccccccccc}
1 & 0 & 0 & 0 & 0 & 0 & 0 & 0 & 0 & 0 & 0 \\
0 & 1 & 0 & 0 & 0 & 0 & 0 & 0 & 0 & 0 & 0 \\
0 & 0 & 1 & 0 & 0 & 0 & 0 & 0 & 0 & 0 & 0 \\
0 & 0 & 0 & 1 & 0 & 0 & 0 & 0 & 0 & 0 & 0 \\
0 & 0 & 0 & 0 & 1 & 0 & 0 & 0 & 0 & 0 & 0 \\
0 & 0 & 0 & 0 & 0 & 1 & 0 & 0 & 0 & 0 & 0 \\
-1 & 0 & 0 & 0 & 0 & 0 & 1 & 0 & 0 & 0 & 0 \\
0 & -1 & 0 & 0 & 0 & 0 & 0 & 1 & 0 & 0 & 0 \\
0 & 0 & -1 & 0 & 0 & 0 & 0 & 0 & 1 & 0 & 0 \\
0 & 0 & 0 & -1 & 0 & 0 & -1 & -1 & -1 & -1 & -1 \\
0 & 0 & 0 & 0 & -1 & 0 & 0 & 0 & 0 & 1 & 0 \\
0 & 0 & 0 & 0 & 0 & -1 & 0 & 0 & 0 & 0 & 1 \\
\end{array}
$$

读者可以证明，根据这些规则所定义的 H_i，可以满足股票的需求和汇票（相当于供给股票）的需求，即为规避汇率风险，对外国股票和汇票的需求是 1 减去本国股票与外国汇票的分配比。

通过变换 $H_i(I_i^{-1})'$，将 $2n \times (2n-1)$ 阶矩阵正规化，对所有 i 来说是一个常数矩阵。我们将这个矩阵记做 J，我们将在后面的公式（6.22）中使用它。6 个国家的 J 的形式如下：

$$
\begin{array}{ccccccccccc}
1 & 0 & 0 & 0 & 0 & 0 & 0 & 0 & 0 & 0 & 0 \\
0 & 1 & 0 & 0 & 0 & 0 & 0 & 0 & 0 & 0 & 0 \\
0 & 0 & 1 & 0 & 0 & 0 & 0 & 0 & 0 & 0 & 0 \\
0 & 0 & 0 & 1 & 0 & 0 & 0 & 0 & 0 & 0 & 0 \\
0 & 0 & 0 & 0 & 1 & 0 & 0 & 0 & 0 & 0 & 0 \\
0 & 0 & 0 & 0 & 0 & 1 & 0 & 0 & 0 & 0 & 0 \\
-1 & 0 & 0 & 0 & 0 & 0 & -1 & -1 & -1 & -1 & -1 \\
0 & -1 & 0 & 0 & 0 & 0 & 1 & 0 & 0 & 0 & 0 \\
0 & 0 & -1 & 0 & 0 & 0 & 0 & 1 & 0 & 0 & 0 \\
0 & 0 & 0 & -1 & 0 & 0 & 0 & 0 & 1 & 0 & 0 \\
0 & 0 & 0 & 0 & -1 & 0 & 0 & 0 & 0 & 1 & 0 \\
0 & 0 & 0 & 0 & 0 & -1 & 0 & 0 & 0 & 0 & 1 \\
\end{array}
$$

构造一般模型的下一步骤是：将超额预期收益之间的关系用矩阵符号表示出来。第 i 个国家的超额预期收益由两个部分构成：线性部分和非线性部分。线性部分是第 i 个国家本国的超额预期收益向量。非线性部分是将第 i 个国家的协方差矩阵增加一列。正如我们在两国例子里所讨论的，由于西格尔（Siegel）之谜，所以，与汇率有关的反函数的非线性产生了协方差。一般将第 1 个国家作为本国，那么协方差就是第 i 个国家的协方差矩阵的第 $n+1$ 列元素。我们可以通过右乘以前定义的协方差矩阵 1_{n+1}^{2n-1} 消除该列。

这样，第 i 个国家的超额预期收益的公式为：

$$\mu_i = I_i \mu_1 + (I_i \Sigma_1 I_i') 1_{n+1}^{2n-1} \tag{6.20}$$

我们早先定义的 I_i 矩阵将本国的超额预期收益向量转化为第 i 个国家的预期收益向量的线性部分。$(I_i \Sigma_1 I_i')$ 是第 i 个国家的协方差矩阵，可看做是本国协方差矩阵的函数。最后，1_{n+1}^{2n-1} 向量消除本国货币与第 i 个国家资产的协方差矩阵的一列。这个协方差矩阵为了把资产收益转换为本国货币时所用相关系数的分子。

接下来，我们构造每个国家最优组合配置的最优组合权重。这个组合权重向量 w_i 是 CAPM 最优组合，这样，得到组合权重向量公式为：

$$
\begin{aligned}
w_i &= \left(\frac{1}{\lambda_i}\right) \cdot \Sigma_i^{-1} \mu_i \\
&= \left(\frac{1}{\lambda_i}\right) \cdot (I_i^{-1})' \Sigma_1^{-1} I_i^{-1} \left[I_i \mu_1 + (I_i \Sigma_1 I_i') 1_{n+1}^{2n-1} \right] \\
&= \left(\frac{1}{\lambda_i}\right) \cdot \left[(I_i^{-1})' \Sigma_1^{-1} \mu_1 + 1_{n+1}^{2n-1} \right]
\end{aligned} \tag{6.21}
$$

用以前的公式，现在可以得出第 i 个国家的股票需求和借出的 n 维向量：

$$
\begin{aligned}
d_i &= 1_{n+i}^{2n} + H_i w_i \\
&= 1_{n+i}^{2n} + \left(\frac{1}{\lambda_i}\right) \cdot H_i (I_i^{-1})' \Sigma_1^{-1} \mu_1 + \left(\frac{1}{\lambda_i}\right) \cdot H_i 1_{n+1}^{2n-1} \\
&= 1_{n+i}^{2n} + \left(\frac{\lambda_1}{\lambda_i}\right) \cdot \left[H_i (I_i^{-1})' \right] \left[\left(\frac{1}{\lambda_1}\right) \Sigma_1^{-1} \mu_1 \right] + \left(\frac{1}{\lambda_i}\right) \cdot H_i 1_{n+1}^{2n-1} \\
&= 1_{n+i}^{2n} + \left(\frac{\lambda_1}{\lambda_i}\right) \cdot J w_1 + \frac{1}{\lambda_i} \cdot H_i 1_{n+1}^{2n-1}
\end{aligned} \tag{6.22}
$$

最后，解决本国的一系列超额预期收益的均衡问题，使股票的总需求等于所有给出的外部供给，从而使净借出为零。

均衡条件

$$\Sigma_{i=1, \cdots, n} W_i d_i = s \tag{6.23}$$

这里，w_i 是第 i 个国家的财富比例，供给向量 S 是一个 $2n$ 维向量，它的前 n 个元素是每个国家的市场资本权重，而后 n 个元素都是 0。

替代 d_i，我们有：

$$\left[\Sigma_{i=1,\cdots,n}W_i1_{n+i}^{2n}\right]+\left[\Sigma_{i=1,\cdots,n}\left(\frac{\lambda_1}{\lambda_i}\right)\cdot W_i\right]Jw_1$$

$$+\left[\Sigma_{i=1,\cdots,n}W_i\cdot\left(\frac{1}{\lambda_i}\right)\cdot H_i1_{n+1}^{2n-1}\right]=s \qquad (6.24)$$

替代 w_i，我们有：

$$\left[\Sigma_{i=1,\cdots,n}W_i1_{n+i}^{2n}\right]+\left[\Sigma_{i=1,\cdots,n}\left(\frac{1}{\lambda_i}\right)\cdot W_i\right]J\Sigma_1^{-1}\mu_1$$

$$+\left[\Sigma_{i=1,\cdots,n}W_i\cdot\left(\frac{1}{\lambda_i}\right)\cdot H_i1_{n+1}^{2n-1}\right]=s \qquad (6.25)$$

注意，加总权重 $[\Sigma_{i=1,\cdots,n}W_i(1/\lambda)\cdot H_i1_{n+1}^{2n-1}]$，得到 $2n$ 维向量是一个常量，记做向量 j。用符号 τ 表示一定权重财富下的风险承受能力，$[\Sigma_{i=1\cdots,n}(1/\lambda_i\cdot w_i)]$。

设 W 是 $2n$ 维向量，前 n 个元素是 0，后 n 个元素是国家财富，于是有：

$$W+\tau\cdot J\Sigma_1^{-1}\mu_1+j=s \qquad (6.26)$$

我们现在解出超额预期收益向量的均衡价值 μ_1。

$$\tau\cdot J\Sigma_1^{-1}\mu_1=(s-W-j) \qquad (6.27)$$

左乘 J'，然后左乘 $(2n-1)\times(2n-1)$ 阶矩阵的逆矩阵，得到：

$$\tau\cdot\Sigma_1^{-1}\mu_1=(J'J)^{-1}J'(s-W-j) \qquad (6.28)$$

$$\mu_1=\left(\frac{1}{\tau}\right)\cdot\Sigma_1(J'J)^{-1}J'(s-W-j) \qquad (6.29)$$

于是得到本国均衡的超额预期收益，均衡组合权重是：

$$w_1=\left(\frac{1}{\lambda_1}\right)\cdot\Sigma_1^{-1}\mu_1$$

$$=\left(\frac{1}{\tau\lambda_1}\right)\cdot(J'J)^{-1}J'(s-W-j) \qquad (6.30)$$

i 不等于 1 时，由公式（6.21）得：

$$w_i=\left(\frac{1}{\lambda_i}\right)\cdot\left[(I_i^{-1})'\Sigma_1^{-1}\mu_1+1_{n+1}^{2n-1}\right]$$

$$=\left(\frac{1}{\lambda_i}\right)\cdot\left[\left(\frac{1}{\tau}\right)(I_i^{-1})'(J'J)^{-1}J'(s-W-j)+1_{n+1}^{2n-1}\right] \qquad (6.31)$$

$$=\left(\frac{\lambda_1}{\lambda_i}\right)(I_i^{-1})'w_1+\left(\frac{1}{\lambda_i}\right)1_{n+1}^{2n-1}$$

由公式（6.22），得到均衡组合需求如下：

$$d_1=1_{n+1}^{2n}+\left(\frac{1}{\lambda_1}\right)H_1\Sigma_1^{-1}\mu_1$$

$$=1_{n+1}^{2n}+\left(\frac{1}{\tau\lambda_1}\right)H_1\Sigma_1^{-1}\Sigma_1(J'J)^{-1}J'(s-W-j) \qquad (6.32)$$

$$=1_{n+1}^{2n}+\left(\frac{1}{\tau\lambda_1}\right)H_1(J'J)^{-1}J'(s-W-j)$$

i 不等于 1 时，有：

$$d_i = 1_{n+i}^{2n} + \left(\frac{\lambda_1}{\lambda_i}\right) \cdot J\left(\frac{1}{\lambda_1}\right) \cdot \Sigma_1^{-1}\mu_1 + \left(\frac{1}{\lambda_i}\right) \cdot H_i 1_{n+1}^{2n-1}$$

$$= 1_{n+1}^{2n} + \left(\frac{1}{\tau\lambda_i}\right) \cdot J\Sigma_1^{-1}\Sigma_i(J'J)^{-1}J(s-W-j) + \left(\frac{1}{\lambda_i}\right) \cdot H_i 1_{n+1}^{2n-1} \qquad (6.33)$$

$$= 1_{n+1}^{2n} + \left(\frac{1}{\tau\lambda_i}\right) \cdot J(J'J)^{-1}J'(s-W-j) + \left(\frac{1}{\lambda_i}\right) \cdot H_i 1_{n+1}^{2n-1}$$

根据这些公式，可以求出均衡的超额预期收益、最佳组合权重、股票和汇票的组合需求，它们都是收益协方差、市场资本总额、财富和投资者风险厌恶程度的函数。费希尔·布莱克（Fischer Black）的全球套期保值均衡是一个特例，它认为每个国家的市场资本总额等于其财富总额，所有国家的风险厌恶程度是一样的。为了表示这一点，我们用符号 λ 表示一般的风险厌恶，仔细考察需求等式：

$$d_i = 1_{n+1}^{2n} + \left(\frac{1}{\tau\lambda}\right) \cdot J(J'J)^{-1}J'(s-W-j) + \left(\frac{1}{\lambda}\right) \cdot H_i 1_{n+1}^{2n-1} \qquad (6.34)$$

为了考察第 i 个国家对汇率风险的规避情况，仔细研究需求向量 d_i。第 j 个国家持有外国股票的套期保值比率是在第 j 个国家持有汇票和持有股票的比率的相反数。这样，我们就可以考察第 $n+j$ 个元素与 j 元素之间比率的相反数了。这意味着对所有的国家来说，对于每个国家里的外汇持有者，在 j 不等于 i 时，这个比率都是相同的。

正如我们在上面看到的，第 i 个国家的需求 d_i 是三个向量的总和。我们先考虑第一部分和第三部分，因为它们比较简单。第一个向量就是第 i 个国家的本国汇票的 100% 的权重，因此它不影响全球的套期保值问题。第三个向量对本国也就是第 1 个国家来说，所有的元素都是 0，对其他国家来说，除了两个元素外，其他元素也都是 0。这两个元素是：对本国汇票的需求，即第 $n+1$ 个元素是 $1/\lambda$，对第 i 个国家的汇票需求，即第 $n+i$ 个元素也是 $1/\lambda$。

第二个向量有三个组成部分：一个是规模因子 $(1/\tau\lambda)$；一个是矩阵 $J(J'J)^{-1}J'$，它是一个单位矩阵减去一个常数矩阵；还有一个是向量 $(s-W-j)$。回顾向量 s，前 n 个元素是市场资本化权重，其他元素都是 0。向量 W 的前 n 个元素是 0，后面是每个国家的财富比例。当财富比例等于市场资本化比例时，向量 $s-W$ 的第 i 个元素和第 $n+i$ 个元素数值相等，符号相反。左乘 $J(J'J)^{-1}J'$ 可以保留这些数值。这样，只考虑 $s-W$ 的贡献，将实现 100% 的套期保值。首先考虑向量 j，从它的定义可以证明前 n 个元素是 0。第 $n+j$ 个元素对应于其他汇票而不是本国汇票，它的值是第 i 个国家的财富比例乘以 $(-1/\lambda)$ 的积。本国汇票的值是这些值的和的相反数，这样，所有元素的总和就是 0，于是左乘 $J(J'J)^{-1}J'$ 就可以保留这些数值。

现在将这些结果放在一起，从本国角度考虑套期保值需求。这些套期保值需求只出现在第二个向量里，它的值是一个常数比，即 $1-(1/\lambda)$。

最后，考虑任一国家 i 而不是本国的套期保值需求。第三个向量只影响本国汇票和国内汇票的需求。既然国内汇票不影响外国资产的套期保值，所

以在考虑第 i 个国家的套期保值时，只需考虑本国汇票的需求。在本国内，所有其他的套期保值比率都是 $1-(1/\lambda)$。在第三个向量里，本国套期保值需求的贡献是 $(1/\lambda)$。向量 j 的套期保值需求贡献是 $-(1/\lambda)$ 乘以除本国之外其他国家的套期保值权重的总和。这样，本国套期保值的总需求是 $1/\lambda$ 乘以 $(1-$本国之外的财富$)$，即 $(1/\lambda)$ 乘以本国的财富。费希尔·布莱克的套期保值结果证实了套期保值比例是一个常数，$1-(1/\lambda)$。显然，风险厌恶系数 λ 越大，汇率风险套期保值的比例越大。

实际上，这些均衡公式为我们提供了估计各种全球资产风险溢价的方法。现在，我们考察在全球套期保值均衡的例子里多种资产的风险溢价。我们选择最大的、发达的全球股票和政府债券市场，以及美国固定收益证券市场。我们还包括新兴的股票、新兴的固定收益证券和美国高收益证券，目的是为了说明这些更具风险性的资产是如何适应这一均衡框架的。在第 8 章中，我们将讨论由定义市场组合引起的许多问题。但在这儿，我们只是简要地抓住均衡的本质，而忽略一些细节。在一个电子数据表（spreadsheet）中，很容易解出均衡的矩阵。

表 6.5 显示了组合资产类型、全球市场资本化权重、年波动率、全球组合相关性以及均衡风险溢价。这些资产的市场资本总额在 2002 年底是 26.7 万亿。波动率和相关性是用从 1980 年 1 月到 2002 年 6 月的相对于伦敦银行同业拆借利率（London InterBank Offer Rate，LIBOR）的日超额收益估计出来的。[①] 我们用第 5 章中的美国股票风险溢价 4% 计算全球均衡下的风险厌恶系数 λ 是 3.22，这意味着 69% 的货币套期保值程度。汇率风险也在表中显示出来了，组合的年波动率是 8.3%，全球组合的年风险溢价是 2.22%。这样预期的全球组合的夏普比率是 2.68。

表 6.5   **全局均衡表**

资产	市场资本权重	波动性	市场相关性	风险溢价
股票				
澳大利亚	0.98%	16.00%	0.64	2.73%
加拿大	1.22	17.80	0.77	3.66
法国	2.23	20.43	0.74	4.03
德国	1.64	22.04	0.70	4.16
意大利	0.87	24.91	0.56	3.70
日本	5.06	19.52	0.56	2.91
新西兰	1.39	18.48	0.77	3.80
西班牙	0.69	23.46	0.66	4.17
瑞士	1.87	18.36	0.74	3.62
英国	6.16	15.99	0.79	3.37

[①] 除了新兴市场和高收益资产，它们的数据比较晚。在第 16 章中，我们阐述了如何处理缺失的数据，以及为什么我们赋予较近的观察值以较高的权重。在这个例子里，数据的半衰期是 6.5 年。而且我们将新兴市场的股票和债务都以美元计价，也就是说，我们不对它们的汇率风险进行套期保值。

续前表

资产	市场资本权重	波动性	市场相关性	风险溢价
美国	30.10	15.82	0.94	4.00
新兴市场	2.13	25.27	0.70	4.71
政府债券				
加拿大	0.69%	5.27%	0.24	0.33%
欧洲	8.22	3.53	0.19	0.18
日本	6.21	4.14	0.05	0.05
英国	1.15	6.06	0.22	0.36
美国总体	27.46	4.49	0.28	0.33
美国高收益	1.32	7.81	0.57	1.19
新兴债务市场	0.73	15.52	0.61	2.52
货币风险				
澳大利亚	0.30%	10.00%	0.28	0.75%
加拿大	0.56	4.66	0.29	0.37
欧洲	4.66	10.80	−0.08	−0.22
日本	3.50	12.13	0.12	0.40
瑞士	0.58	11.54	−0.14	−0.43
英国	2.27	9.24	−0.04	−0.11

显然，风险溢价是市场组合相关性和波动率的函数。例如，日本股票市场与美国股票市场相比，有一个相当高的波动率，但它的风险溢价却十分低，这反映出它与全球市场组合的较低的相关性。新兴市场股票资产的风险溢价最高，它有一个高波动率，并且和市场组合有相当大的相关性。

最后，我们重申之前提到的一点，我们并不把风险溢价看做是预测或预期，而是一个参考点或是基准比率。换句话说，即使它不是当前市场价格预期的精确反映，我们所研究的均衡框架也是有意义的。我们期望有与均衡风险溢价不符的情况出现，这样我们就能将其作为机会，找到新的突破点。

第7章

超越均衡
——布莱克–李特曼方法

鲍勃·李特曼（Bob Litterman）

布 莱克–李特曼全球资产配置模型为将市场均衡与投资机会的战术看法联系起来提供了一个框架。为了理解这一模型的好处，应该认识到，它根本不是受一个均衡会提供有用的短期收益预测的想法驱动的，而是作为一个解决与组合最优化相关的实际问题的方法而形成的。众所周知，在第4章里，标准的均值—方差组合最优化方法表现得并不好。最优组合权重（optimal portfolio weights）对超额预期收益的微小变化十分敏感。这样，布莱克–李特曼模型的历史发展始于一个金融工程问题"我们怎样使标准组合是优化因子表现得更好？"——而不是像本书中形成的那样，是全球资产 CAPM 均衡的自然扩展。

1989年，在高盛公司的固定收入研究函数中遇到的问题是一个表现特别差的最优化实践。我们向投资者宣传全球债券组合，这一组合是典型的有货币风险的组合。许多货币和发达固定收益市场中债券收益的变化之间有很高的相关性。收益预测的变化远远低于任何预测者保证的精确度（例如，就像仅仅基于差不多六个月时间的一些基本点来预测未来），这将导致最优组合配置的显著变化。而且，如果没有最大和最小持有量的显著约束，那么，得到完全合理的组合事实上是不可能的。

在面临这些组合最优化问题的同时，费希尔·布莱克刚刚完成了他的关于全球 CAPM 均衡的"全球套期保值"（Universal Hedging）的论文。他建议将 CAPM 均衡与均值—方差最优化过程结合起来，也许会使它表现得更好一些。回顾以前，这些建议也许是显而易见的。通过一些向中间点的收缩，可以改善许多统计估计值的特性，这一中间点的作用有些类似重心。[1] 这点越合理，估计值的性质也就越好。在布莱克-李特曼（Black-Litterman）模型里，全球 CAPM 均衡提供了这样一个重心。在费希尔·布莱克提出建议的时候，尽管均值—方差最优化和 CAPM 均衡已经被很好地研究、理解了 20 多年，但是组合最优化需要结合这个均衡是完全不明显的。

实际上，我们最初试图使用全球均衡时，失败得很惨重。不是着重于将超额预期收益作为未知数估计，我们仅仅是试着用均衡价值来得到个别投资者的超额预期收益的加权平均值。我们发现，就如在例子里所体现的那样，以一种很自然的方式简单地从均衡风险溢价的偏离很快将导致组合的权重变得没有意义。对这一问题性质的进一步沉思引导我们思考均衡风险溢价的不确定性，以及投资者试图通过将他们的看法包括进来的各种信息的性质。我们也认识到，考虑不同资产预期收益之间的可能相关性也是必不可少的。我们将这些因素考虑进去而形成的估计消除了最优化实践中的一些不好的表现，为管理全球组合提供了一个强有力的框架。

然而，我们所发现的并不仅仅是一个较好的最优过程，而是投资者问题的再次规范化。在布莱克-李特曼的模型中，并不要求投资者为每个资产确定一个预期超额收益向量，而是投资者着重于一个或多个看法，每个看法都是对他或她所选择组合的收益的预期。我们将每一个这样的组合——一个投资者将一个预期收益具体化的组合，称之为"观念组合"。在布莱克-李特曼模型中，我们要求投资者不仅确定每个观念组合的收益预期，而且还要给出一个信心度——它是围绕预期的一个标准偏离。这一问题的再次规范化可以在更一般的意义上应用，其中其他的一些好处已经大大地便利了资产管理中收益的定量预测模型（forecasting models）。

在一个无约束的最优化（unconstrained optimization）状况里，布莱克-李特曼模型提供了一个非常简单明了的结果。最优化组合是一个市场资本化均衡组合和观念组合（view portfolio）的权重的结合。[2] 向观念组合倾斜的规模是包含在投资者特殊观念中的对预期收益自信度和数量的函数。实际上，解决办法是如此的直截了当，有人可能会质疑这一模型是否真正地增加了价值。回答是，大多数组合最优化并不是这么简单。当考虑基准率、约束条件和交易成本或其他复杂情况时，最优组合不是如此简单明了且容易解释的。在这些状况下，模型提供了需要驱动最优化过程的超额预期收益。

现在，让我们阐释在运用标准组合最优化工具创造最优化组合中存在的一些困难。一个华尔街的预言家最近通过发表一些主要资产类型的长期预期收益，向我们提供了一系列较好的输入量以用于我们的例子中。这些预测和

---

① 例如，有关贝叶斯—斯坦（Bayes-Stein）估计的文献包括 C. Stein，"Inadmissability of the Usual Estimator for the Mean of a Mutivariate Normal Distribution，"第三届伯克利概率与统计研讨会提交，（伯克利，加州，加利福尼亚大学出版社，1955）和乔里，菲利普（Jorion，Philippe）"Bayes-Stein Estimation for Portfolio Analysis，"*Journal of Financial and Quantitative Analysis*，September 1986.

② 这些结果的数学推导包括在 "The Intuition behind Black-Litterman Model Portfolios，" by Guangliang He and Robert Litterman，Goldman Sachs Investment Management Research paper，December 1999.

我们估计的波动率如表 7.1 所示。我们怀疑我们的同行使用他认为是信息充分的判断得出这一见解的，但是他没有通过组合最优化工具运行预期收益。

表 7.1　　　　　　　　　**2002 年初关于长期收益的一个样本**

资产种类	收益	波动性
日本政府债券	4.7%	4.2%
欧洲政府债券	5.1	3.6
美国政府债券	5.2	4.6
美国股票	5.4	15.5
全球固定收入	6.0	3.6
欧洲股票	6.1	16.6
美国高级公司债券	6.3	5.4
EAFE	8.0	15.3
对冲基金组合	8.0	5.2
美国大盘	8.9	7.3
私人股票	9.0	28.9
新兴债券	9.0	17.6
REITs	9.0	13.0
日本股票	9.5	19.6
新兴市场股票	11.8	23.4

　　我们接下来想做的并不是指责我们的同行（我们尊重他使用匿名的方式），而是首先说明一个组合最优化工具是怎样在一系列预测中寻找不连续性，并在那些不连续性的基础上形成组合的。其次是说明以一种似乎可以得出合理解的方式确定组合最优化过程存在着怎样的困难。我们将这些不同资产类型的历史收益构成一个协方差矩阵（对私人股票，如果必须的话，用我们的最佳代理）。然后我们构造两个最优组合，一个除了规定权重的总和是100% 外，完全没有约束。另外一个增加了不允许卖空的约束。这两个最优组合在表 7.2 中显示。在完全没有约束的组合里，我们看到的是组合最优化工具确实发现了一些相当有趣的机会——全球固定收益指数带来了巨大的杠杆风险卖空补偿，而大多数的组成部分处于卖空偏置权重。有约束的组合不能利用这些卖空机会，因此它只是选择持有较大比例的套期保值基金和高收益的债券以及一小部分不动产。请注意，有约束的组合每单位波动率的收益要低得多。两个组合看上去都是非常不合理的，尽管从数学的角度看，它们都使提出的问题最优化了。给定输入的预测值，为了从组合最优化工具中得出看似合理的答案，大量的相对紧的最小和最大持有量必须具体化（这的确是一个常用的方法）。在这种情况下，组合最优化工具很显然没有增加许多价值。

表 7.2　　　　　　　　　**最优组合权重**

资产种类	无限制投资组合	无短期投资的资产组合
日本政府债券	−202.7%	0.0%
欧洲政府债券	−321.1	0.0
美国政府债券	−484.4	0.0
美国股票	−11.3	0.0

续前表

资产种类	无限制投资组合	无短期投资的资产组合
全球固定收入	1 493.2	0.0
欧洲股票	−258.0	0.0
美国高级公司债券	−385.8	0.0
EAFE	314.3	0.0
对冲基金组合	58.1	55.3
美国大盘	−9.9	36.3
私人股票	0.5	0.0
新兴债券	−28.8	0.0
REITs	4.3	7.7
日本股票	−71.7	0.7
新兴市场股票	3.1	0.0
投资组合波动率	4.9%	5.1%
投资组合期望收益	18.2	8.4

在布莱克-李特曼的方法中,我们没有从所有类别资产的一系列预期收益着手,取而代之的是,我们以均衡预期收益开始,它将导致最优组合具有市场资本化权重。尽管可能看上去是合理的,但市场资本化组合随着时间推移并不发生多大变化,为了利用观测到的机会,一个明显的问题是怎样使用组合最优化工具从这个组合偏移。

为了说明最优组合对预期收益的微小变化有多敏感,我们设计一个简单的、只有股票的例子。股票市场不像固定收益证券那样和货币高度相关;如果我们使用更完善的资产系列,则只会使问题复杂化。只有股票的均衡超额预期收益以及市场资本化如表7.3中所示。这些均衡超额预期收益与在表6—5中所示的更为完整的全球市场组合中的稍有差别。然而,既然股票主导了市场组合风险,差别也就不会那么大了。

表7.3　　　　　　　　　　　　　**全球股票市场组合**

国家/地区	市场资本量	均衡期望收益	均衡超额收益
美国	53.98%	8.50%	4.00%
英国	10.60	7.47	2.97
日本	9.85	7.07	2.57
法国	4.44	8.39	3.89
瑞士	3.49	7.32	2.82
德国	3.27	9.11	4.61
荷兰	2.58	8.19	3.69
加拿大	2.28	7.71	3.21
意大利	1.78	8.01	3.51
澳大利亚	1.73	5.99	1.49
西班牙	1.37	8.26	3.76
瑞典	0.87	9.59	5.09
中国香港	0.83	7.29	2.79
芬兰	0.67	11.48	6.98

续前表

国家/地区	市场资本量	均衡期望收益	均衡超额收益
比利时	0.48	6.71	2.21
新加坡	0.40	7.05	2.55
丹麦	0.36	6.69	2.19
爱尔兰	0.30	7.02	2.52
挪威	0.24	6.82	2.32
葡萄牙	0.19	6.40	1.90
希腊	0.14	6.82	2.32
奥地利	0.07	5.20	0.70
新西兰	0.06	5.35	0.85

考虑一个假想的情形——一个投资者认为，在未来的三个月里，德国的经济增长将比预期的要略差一些，德国股票的表现将不如均衡预期中的那样。我们假设这个投资者将他的看法量化成：在未来三个月里，在德国股票市场上，收益低于均衡预期收益 20 个基点，投资者持有的所有其他股票的预期收益都不发生变化，处于均衡值上。给定这一预期收益的微小变化，在表 7.4 中，我们显示两个新的最优组合和这两个组合偏离市场资本权重的程度。第一个组合除了权重之和是 100% 外，没有其他约束；第二个组合包括不允许卖空的约束。

表 7.4　　　　　　　　　　对德国股票看跌观点下的最优组合

国家/地区	无约束	市场头寸改变	无短期	市场头寸改变
美国	57.6%	3.6%	54.2%	0.2%
英国	11.7	1.1	10.6	0.1
日本	8.4	−1.4	9.8	−0.1
法国	18.9	14.4	5.3	0.9
瑞士	9.2	5.7	3.8	0.3
德国	−53.7	−57.0	0.0	−3.3
荷兰	11.5	8.9	3.1	0.5
加拿大	2.9	0.6	2.3	0.0
意大利	14.6	12.9	2.5	0.7
澳大利亚	−2.7	−4.4	1.5	−0.2
西班牙	3.8	2.4	1.5	0.1
瑞典	8.1	7.3	1.3	0.4
中国香港	3.0	2.2	1.0	0.1
芬兰	0.1	−0.6	0.6	0.0
比利时	1.9	1.4	0.6	0.1
新加坡	1.0	0.6	0.4	0.0
丹麦	1.1	0.7	0.4	0.0
爱尔兰	2.2	1.9	0.4	0.1
挪威	−3.7	−3.9	0.0	−0.2
葡萄牙	2.8	2.6	0.4	0.2
希腊	0.7	0.5	0.2	0.0
奥地利	1.2	1.1	0.1	0.1
新西兰	−0.4	−0.4	0.0	0.0
波动率	15.2		16.2	
预期收益	8.1		8.1	

当组合在没有约束的条件下最优化时，组合最优化工具很快确认了德国和其他股票市场之间预期收益的微小的不一致，并将这种不一致处理为一种机会。它建议在德国的54％的空头头寸，并通过大多数其他股票市场的权重头寸进行补偿。也请注意日本、芬兰、澳大利亚、挪威和新西兰的空头头寸。当不允许卖空的约束存在时，机会就大大减少了。德国股票的头寸是零，其他对市场资本化权重的偏离也成比例地降低了。

这一无约束最优组合的预期收益是8.1％，而年波动率是15.2％。将这分别与均衡组合的收益8.1％和16.2％的波动率相比较，德国股票预期收益的轻微下降已为降低风险提供了一个机会，而持有的预期收益基本上没变。从这个意义上看，组合最优化工具起到了它的作用。

如果我们将新的无约束最优组合（unconstrained optimal portfolio）中的权重与那些全球市场资本化权重组合比较，则可以发现，国家权重的变化十分大，而在一些情形下，这又是无法解释的。这种表现类型是一种典型的无约束均值—方差最优化（unconstrained mean-variance optimization）。因为这个原因，所以组合最优化通常在对资产权重的许多严格的约束下进行。

布莱克-李特曼阐述了在没有约束的条件下组合最优化的过度敏感性。布莱克-李特曼方法假设有两个不同的关于未来超额收益的信息来源、投资者看法和市场均衡。两种信息来源都是不确定的，以概率分布的形式表现出来。用于驱动使组合最优化的超额预期收益是将两者结合起来的估计。

在布莱克-李特曼模型里，一种看法是关于在可信度下的任何组合收益的一种描述。数学表达如下：

$$p\mu = q + \varepsilon \tag{7.1}$$

这里，p＝观念组合里的 n 维权重向量，代表 n 个资产中每个资产的权重；

μ＝所属资产的超额预期收益的 n 维向量；

q＝组合的超额预期收益；

ε＝正态分布随机变量

这里，可信度是 $1/\omega$，ω 是 ε 的方差。

例如，为了表述对德国股票的看跌观点，设 p 有一个反映组合中德国股票的1％的多头头寸，换句话说，除了德国股票是0.01，其他值是0，我们假设 q 反映低于上面所述的均衡年度业绩的80个基准点。我们假设4％的可信度，反映一个标准的偏离——50个基准点。布莱克-李特曼最优组合正如在表7.5中所示，是在观念组合方向上的对市场资本化权重的一系列偏离。也就是市场组合的成比例的增加及由德国股票卖空头寸的补偿。给定组合预期收益和这个观点下的可信度，这一模型给出了观念组合的合适权重。这一模型平衡了观念组合及市场组合预期收益贡献和它们对整个组合风险的贡献。结果是清晰且明了的。

表 7.5　　　　　　　　　　　　　　　　对德国股票看跌观点下的最优组合

国家/地区	无约束	市场头寸改变	市场头寸改变
美国	58.7%	4.7%	8.8%
英国	11.5	0.9	8.8
日本	10.7	0.9	8.8
法国	4.8	0.4	8.8
瑞士	3.8	0.3	8.8
德国	−5.2	−8.5	−259.6
荷兰	2.8	0.2	8.8
加拿大	2.5	0.2	8.8
意大利	1.9	0.2	8.8
澳大利亚	1.9	0.2	8.8
西班牙	1.5	0.1	8.8
瑞典	0.9	0.1	8.8
中国香港	0.9	0.1	8.8
芬兰	0.7	0.1	8.8
比利时	0.5	0.0	8.8
新加坡	0.4	0.0	8.8
丹麦	0.4	0.0	8.8
爱尔兰	0.3	0.0	8.8
挪威	0.3	0.0	8.8
葡萄牙	0.2	0.0	8.8
希腊	0.2	0.0	8.8
奥地利	0.1	0.0	8.8
新西兰	0.1	0.0	8.8
波动率	15.9		
期望收益	7.7		

　　这一方法和表现较差的标准最优化工具方法的区别在哪儿呢？在两种情况下，无约束最优组合 w^* 由相同的矩阵方程给出：

$$w^* = \kappa \Sigma^{-1} \mu^* \tag{7.2}$$

这里，

　　k ＝风险厌恶参数；

　　Σ ＝超额收益协方差矩阵；

　　μ^* ＝超额预期收益向量；

　　布莱克–李特曼方法和前面方法的区别在于：它并不是直接确定超额预期收益，而是定义观念组合，确定观念组合中的预期收益和可信度。应用下面的布莱克–李特曼公式：[1]

---

　　[1]　这个公式的推导在论文"全球组合最优化"中，作者是费雪–布莱克和罗伯特–李特曼（Fischer Black 和 Robert Litterman），《金融分析家》（*Financial Analysts Journal*）期刊，September-October 1992，P. 28–43。在接下来的论文里，"A Demy Stification of the Black-Litterman Model：Managing Quantitative and Traditional Portfolio Construction," Published in the *Journal of Asset Management* 2000，vol. 1，no. 2，Pages 138～150，斯蒂芬·萨切尔和艾伦·斯科克罗夫特（Stephen Satchell and Alan Scowcroft）扩展了这一分析。

$$\mu^* = [(\tau\Sigma)^{-1} + P'\Omega^{-1}P]^{-1}[(\tau\Sigma)^{-1}\Pi + P'\Omega^{-1}Q] \tag{7.3}$$

从 k 个观念的信息出发，这一公式产生了一个预期超额收益向量 μ^*，

$$P\mu = Q + \varepsilon \tag{7.4}$$

优先反映均衡：

$$\mu = \Pi + \varepsilon^\varepsilon \tag{7.5}$$

在这些公式里，P 是 $k \times n$ 阶矩阵，根据在 n 种资产中的权重，确定 k 个观念组合。Q 是 k 个观念组合中的超额预期收益。Ω 是反映观念中不确定性的随机变量的协方差矩阵。π 是均衡风险溢价的 n 维向量。为了确定零均值分布 ε^ε 的协方差矩阵，τ 是用来按比例调整的收益的协方差矩阵。

让我们考察布莱克-李特曼的超额预期收益。这些超额预期收益和它们对均衡的偏离都在表 7.6 中列出。在与传统方法的对比中，布莱克-李特曼模型以一种与表达的观念一致的方式调整收益最初的值。因为这里表达的观点是看跌德国股票，因此德国股票的预期收益下降，总的偏离均衡的调整是 68 个基准点，小于观念中表述的 80 个基准点。这一结果反映了这样一种假设，即在投资者的看法中有一定的不确定性。均衡也有一定权重，并起着重心的作用，推动布莱克-李特曼预期收益偏离观点本身，回归均衡值。

表7.6　　　　布莱克-李特曼（Black-Litterman）超额预期收益

国家/地区	超额收益	对均衡的偏离程度
美国	3.64%	-0.36%
英国	2.61	-0.36
日本	2.34	-0.23
法国	3.38	-0.51
瑞士	2.46	-0.37
德国	3.93	-0.68
荷兰	3.20	-0.49
加拿大	2.88	-0.32
意大利	3.02	-0.49
澳大利亚	1.34	-0.15
西班牙	3.27	-0.50
瑞典	4.46	-0.63
中国香港	2.47	-0.33
芬兰	6.17	-0.81
比利时	1.91	-0.30
新加坡	2.26	-0.30
丹麦	1.93	-0.26
爱尔兰	2.20	-0.32
挪威	2.04	-0.28
葡萄牙	1.63	-0.27
希腊	2.03	-0.29
奥地利	0.60	-0.10
新西兰	0.75	-0.10

假设我们增加另一种看法，这次我们将它具体化为，日本股票 100％ 的多头头寸和英国股票 100％ 的空头头寸的组合有一个正的 100 个基点的超额预期收益。我们也给出这种看法的可信度为 4，并假设它的误差和前面的看法无关。

这两种看法下的无约束布莱克-李特曼的最优组合如表 7.7 所示。我们可以发现，最优组合对均衡权重的偏离与这两个观念组合的总和成比例。这一结果反映了布莱克-李特曼模型的一个非常重要的性质。一般而言，从布莱克-李特曼模型得出的无约束最优组合是市场均衡组合加上投资者观念组合的权重比例。

表 7.7 　　　　　　　　　**两种观点的最优投资组合**

国家/地区	超额收益	对均衡的偏离程度	投资组合权重	市均头寸的偏离率
美国	3.71％	−0.29％	53.98％	0.00％
英国	2.59	−0.38	3.96	−6.64
日本	2.72	0.14	16.49	6.64
法国	3.44	−0.46	4.44	0.00
瑞士	2.48	−0.34	3.49	0.00
德国	4.04	−0.57	−2.27	−5.54
荷兰	3.25	−0.45	2.58	0.00
加拿大	2.94	−0.26	2.28	0.00
意大利	3.09	−0.42	1.78	0.00
澳大利亚	1.41	−0.09	1.73	0.00
西班牙	3.33	−0.43	1.37	0.00
瑞典	4.56	−0.53	0.87	0.00
中国香港	2.58	−0.22	0.83	0.00
芬兰	6.27	−0.71	0.67	0.00
比利时	1.93	−0.28	0.48	0.00
新加坡	2.40	−0.15	0.40	0.00
丹麦	1.98	−0.22	0.36	0.00
爱尔兰	2.25	−0.26	0.30	0.00
挪威	2.08	−0.24	0.24	0.00
葡萄牙	1.70	−0.21	0.19	0.00
希腊	2.10	−0.23	0.14	0.00
奥地利	0.60	−0.10	0.07	0.00
新西兰	0.79	−0.06	0.06	0.00

我们将考察布莱克-李特曼的参数变化是如何影响最优组合偏离的。在这个简单的无约束最优环境里[1]，我们将最优组合对市场资本化组合的偏离用权重来表示，记做 w_1 和 w_2——在两种观念组合里。例如在表 7.7 中，$w_1 = 5.54$，$w_2 = 6.64$。在表 7.8 中，我们列出这些权重，在可信度（$1/\omega_1$ 和 $1/\omega_2$）下，如何随着观念组合预期超额收益（q_1 和 q_2）和收益观点之间的相

---

① 见 He and Litterman (1999)。

关系数的变化而变化。请注意，当一个观念组合的给定权重是零时，它的预期收益并不是零，而是它的收益等于将均衡和所有其他观念相结合的收益。这样，只有当某个观点比没有这一观点的布莱克－李特曼模型更为看涨时，增加这个观点才会产生向这个观念组合的正的偏移。

表 7.8 参数变化对观点权重的影响

方案	期望收益		可信度		相关性	观点权重	
	观点 1	观点 2	观点 1	观点 2		观点 1	观点 2
均衡	0.80%	0.40%	0	0	0	0.00%	0.00%
基础情况	0.80	0.40	4	4	0	5.54	6.64
观点 1 更弱	0.40	0.40	4	4	0	2.28	7.13
观点 1 更强	1.60	0.40	4	4	0	12.07	5.65
更信任观点 1	0.80	0.40	16	4	0	7.40	6.36
更不信任观点 1	0.80	0.40	1	4	0	2.77	7.06
完全不信任观点 1	0.80	0.40	0	4	0	0.00	7.47
观点 1 的 0 期望收益	0.00	0.40	4	4	0	−0.99	7.62
观点 1 12 基点的期望收益	0.12	0.40	4	4	0	0.00	7.48
观点 2 更弱	0.80	0.25	4	4	0	5.73	5.21
观点 2 更强	0.80	1.00	4	4	0	4.80	12.34
更信任观点 2	0.80	0.40	4	16	0	5.19	9.38
更不信任观点 2	0.80	0.40	4	1	0	6.01	3.06
完全不信任观点 2	0.80	0.40	4	0	0	6.40	0.00
观点 2 的 0 期望收益	0.80	0.00	4	4	0	6.04	2.83
观点 2 −20 基点的期望收益	0.80	−0.20	4	4	0	6.28	0.93
观点 2 −30 基点的期望收益	0.80	−0.30	4	4	0	6.41	−0.02
观点 2 −40 基点的期望收益	0.80	−0.40	4	4	0	6.53	−0.97
正相关观点	0.80	0.40	4	4	0.5	6.67	7.74
负相关观点	0.80	0.40	4	4	−0.5	4.68	5.87
正线性观点	0.80	0.40	4	4	1	8.26	9.38
负线性观点	0.80	0.40	4	4	−1	3.94	5.37

在一个无约束最优化环境中，布莱克－李特曼模型在某些方面是解决相对直接问题的一个复杂工具。一旦一个人意识到观念组合为表达观点提供了更为灵活的方式，最优组合仅仅是一系列权重向观念组合的偏移，那么，直接确定组合中偏移的权重可能要比确定预期收益、可信度和观念之间的相关性更容易。然而，至少有两个原因使得布莱克－李特曼模型是必需的。

首先，如果一个人简单地确定观念组合中的权重，那么，这个人就失去了布莱克－李特曼带来的不同参数对最优权重的影响的见解。当然这种损失必须要被平衡，只有知道如何在第一位置设置这些参数的难度。自从布莱克－李特曼最初完成论文起，我时常接到这样的问题："你如何决定欧米茄矩阵？"这里没有简单或通用的回答。我们知道这些参数代表什么——观念组合的超额预期收益、观念的不确定性程度、观念之间的相关性，但是确定这些信息的正确方式是相互依赖的。当观念是定量模型（quantitative modeling）的产物时，例如，预期收益可能是历史业绩的函数，可信度和支持这一观点的数据的数量成比例，观点之间的相关性可以假设等于观念组合收益之间的历史相关性。

其他直接确定观念组合权重的方法一般是引入超额预期收益和布莱克-李特曼的 Ω 矩阵的特定假设。至少在布莱克-李特曼体系里，组合经理知道这些参数代表什么，于是能解释这些规范是否有意义。

其次，布莱克-李特曼框架的确是必需的另外一个更重要的原因是：在现实世界，一个人几乎不可能在一个没有约束的环境下进行最优化。当有一个基准、风险或贝塔目标、或其他约束，或者考虑交易成本时，布莱克-李特曼 (Black-Litterman) 模型的真正优势就显示出来了。在这些更为复杂的情况下，最优权重不是显而易见或有直觉性的。最优组合也不是观念组合的一个简单偏移。然而，组合经理可以确信的是，利用布莱克-李特曼超额预期收益，运用组合最优化工具时，风险和收益达到同样的均衡——这些导致了在无约束条件下与经理意图相匹配的看法——在有约束或在其他考虑条件下，仍然具有操作性。

虽然已经得出这点，但还是值得解释，正如在他和李特曼 (He and Litterman, 1999) 中所表明的那样，在一些特殊情况下，给定约束条件下的组合保留一些直觉的性质。在我们的论文中，我们依次考虑风险约束 (risk constraints)、杠杆约束和市场风险约束。在某一特殊风险水平下的最优化，最优组合仅仅是无约束下最优问题解的线性调整版本。然而因为调整，观念组合的偏离不再是从市场组合的偏移，而是一个调整过的市场组合。否则的话，无约束组合的见解就仍保持着。

在一个全部投资、没有杠杆的约束、组合权重等于 1 的约束条件下，另一个组合进入了我们的视野。存在一个"全球最小方差组合"使所有组合的风险最小，这些组合全部投资在风险资产上。当组合是全部投资的最优化组合时，最优化组合是无约束最优组合和全球最小方差组合 (global minimum-variance portfolio) 的加权平均值。

最后，组合的共同约束是它们的市场风险是 1。这意味着，市场组合的系数或 β 是 1。在这一情况下，布莱克-李特曼 (Black-Litterman) 最优组合是无约束最优组合、全球最小方差组合和均衡组合的线性结合。

第二部分

机构基金

第8章

市场组合

里普西·班多里安（Ripsy Bandourian）
库尔特·温克尔曼（Kurt Winkelmann）

在 对整个资本资产定价模型（Capital Asset Pricing Model，CAPM）的介绍中，我们经常提到市场组合——它包括所有风险资产。早期对 CAPM 的研究，多是用以标准普尔 500 指数（S&P 500）为代表的美国股市为市场组合而展开的。然而，实际的市场组合是不受地域和资产种类限制的。在后来的研究中，美国政府债券和公司债券经常被加到市场组合中。这扩大了市场组合所涵盖的证券的范围，但并不意味着我们就得到了完备的市场组合。随后，其他一些市场产生和发展了，尤其是非美国债券市场和股票市场。所以，投资者也不得不扩大他们对市场组合的定义，市场组合逐渐包括了全球的债券和股票。此外，由于可投资的市场逐渐全球化，许多投资者开始思考如何把国外货币纳入到分析中。实际上，任何全球投资者都不得不认为货币是一种附加的风险来源，因为它包含着潜在的或正或负的期望收益（expected returns）。第 6 章，第 11 章就上述问题已做详细讨论。本章将讨论两个基本的问题：什么是市场组合？哪些因素和构建市场组合有关？

全球股票

机构投资者在评价他们的组合中所包含的全球股票比例时使用了各种不同的基准。有摩根斯坦利资本国际化（Morgan Stanley Capital International，MSCI）、所有国家世界指数（All Country World Index，ACWI）和其地区成分指数；索罗门美邦（Salomom Smith Barney，SSB）全球股票指数（Global

Equity Index，GEI）和其地区成分指数；伦敦金融时报股票交易所（Financial Times Stock Exchange，FTSE）全球指数。值得注意的是，FTSE 主要被欧洲投资者使用。这些不同的全球指数组和它们在世界上的广泛使用表明，尽管指数有许多应用，但并不是说在每种情况下都要用所有的指数从寻求最能代表市场组合中全球股票比例的方法出发，在表 8.1 中，我们总结了一些在我们看来很重要的特征。

表 8.1　　　　　　　　　　　可接受的与不可接受的指数特征

可接受	不可接受
基础规则	少数观点
宽	窄
浮动权重	市场头寸权重
数据持续可获得	数据很少
国家间具有可比性	每个国家指数有不同的计算方法
被投资者广泛使用	不被投资者使用

因为我们的目的是寻找一种有效、可行的方法来表示出可投资的全球股票组合，所以试图寻找这样一种指数，它能提供不同国家的连续数据，有长期、丰富的历史价格，而且被全球投资者广泛使用。另外，我们认为，那些在不同国家都遵循同一套规则，按照系统方法构造的指数是最好的。如果证券准入指数的规则因国家指数（country indexes）而异，那么数据将失去连续性和可比性。还有一点是必需的，那就是证券权重应该被调整为能反映真实和自由浮动（free float）的市场资本量，这对全球投资者都是可以获得的。最后，我们选择的指数能广泛而不是狭义地代表每个股票市场。

我们可以把上述特征用在评价我们已确定的、代表市场组合中全球股票比例的三个可选方案上。这三个方案或者是用摩根斯坦利资本国际化指数、所有国家世界指数或索罗门美邦全球股票指数（SSBGEI）；或者是构造一个地区性指数的组合（例如，美国的拉塞尔（Russell）3000，日本的日经（Nikkei）225 和英国的 FTSE 300。值得注意的是，因为 FTSE 全球指数主要被欧洲投资者所使用，而我们要做全球投资，所以我们把注意力放到 MSCI、ACWI 和 SSBGEI 上。

索罗门美邦全球股票指数

SSBGEI 的创建者说，他们的目标是"提供权威的全球股票指标"。[1] 为了做到这一点，指数按照从上到下的顺序编排，这种编排方法基于一套简单的规则，最终产生了完备和没有障碍的结构。允许公司被纳入该指数体系的主要规则申明，任何市场价值高于 1 亿美元的公司都将被纳入该指数体系。

[1] 见 Nadbielny，Thomas S，Michael Sullivan，and Marc De Luise，"Introducing the Salomon Brothers World Equity Index，" Salemon Brothers，June 1994，and Sullivan，Michael，Marc De Luise，Kevin Sung，and Patrick A. Kerr，"Global Stock Market Review：May 2002，" Salomon Smith Barney Equity Research：Global Equity Index，June 13，2002.

这种方法保证了代表的客观性，消除了由于证券选择带来的没预计到的障碍和混乱。而且，能被国外投资者获得的该公司的总市场价值比例，决定了公司在指数中的权重。

SSBGEI囊括了50个发达的和新兴的市场。如果某国/地区符合指数纳入标准的公司的流动资产等于或者大于10亿美元，那么该国/地区将被纳入指数体系。当公司的流动资产低于7.5亿美元时，将被SSBGEI除名。这样做的目的是降低周转率或降低公司从指数体系除名的频率。如果想进入发达国家指数，该国最近几年的人均GDP（按购买力平价调整后）必须超过10 000美元，而且对国外投资没有过度限制。尽管很少有国家从全球股票指数中除名，但它们可能会在发达世界和新兴成分指数之间变动。例如，在2001年的调整中，捷克共和国和韩国就进入了发达世界指数。当前指数成分见表8.2。

表8.2 当前全球股票指数构成

国家/地区	指数权重	国家/地区	指数权重
澳大利亚	1.61%	日本	8.75%
奥地利	0.07	荷兰	2.25
比利时	0.52	新西兰	0.05
加拿大	2.28	挪威	0.18
捷克共和国	0.01	葡萄牙	0.15
丹麦	0.29	新加坡	0.34
芬兰	0.64	韩国	0.82
法国	3.75	西班牙	1.20
德国	2.74	瑞典	0.77
希腊	0.17	瑞士	3.05
中国香港	0.83	英国	10.33
冰岛	0.01	美国	54.06
爱尔兰	0.31	新兴市场	3.28
意大利	1.54		

摩根斯坦利资本国际化股票指数

摩根斯坦利资本国际化所有国家世界指数由24个发达经济和27个新兴市场组成。其中所有国家世界指数的发达经济指的是MSCI世界指数，新兴市场指数（emerging markets index，EMF）指的是MSCI EMF。指数中每个市场的权重是以各个国家的相对市场价值为基础的。摩根斯坦利资本国际化在不断扩大其覆盖的地域。例如，2001年5月31日，MSCI埃及和MSCI摩洛哥就被加到了MSCI EMF体系中。同样，各个国家指数也可能被重新归入发达或新兴市场。2001年5月31日，MSCI希腊指数被重新归入发达国家指数就是一个例子。

据摩根斯坦利资本国际化说，他们的股票指数系列的目标就是提供"服务于投资过程的全球证券基准指数，它可以作为一种相对的或精确的行动参照或有效的工具"。[①]

基于这一目标，MSCI指数从提供一种"广泛而公平的市场代表"的目标出发而构造，这一目标被MSCI定义为全球投资者都能获得的、对行业内和行业间商业活动的真实反映。与基于简单规则的SSBGEI不同的是，MSCI的构造是一个四步骤的反复的过程。第一步，摩根斯坦利资本国际识别指定国家股票的范围，包括所有的具有证券特征的上市证券。它不包括信托投资、互助基金和证券衍生产品（占世界总证券市场价值的99%）。第二步，调整市场资本量，按对不指定支付地点的投资者方便的自由流动。第三步，按照全球行业分类标准将证券归为某一行业。最后，分析决定各行业证券是否可以纳入指数体系。影响公司纳入指数的因素有：公司的大小、流动性和市场集中度。尽管摩根斯坦利资本国际以各国和各部门的85%行业代表为目标，但在确定世界指数中部门的权重时，既考虑了行业代表，又考虑了国家的相对市场资本量。目前，摩根斯坦利资本国际世界部门权重在4%～22%之间变动（见图8.1）。

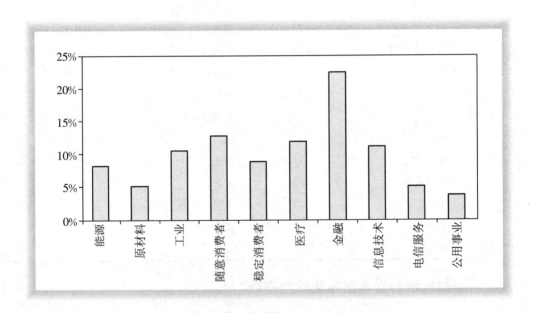

图 8.1　MSCI 世界指数中的部门权重

指数成分（2002年8月28日）列于表8.3中，其中所有发达国家相对指数权重已包含在摩根斯坦利资本国际世界中了。

---

① See Morgan Stanley Capital International，"MSCI Enhanced Methodology：Index Construction Objectives, Guiding Principles and Methodology for the MSCEI Provisional Equity Index Series，" May 2001.

表 8.3		相对 MSCI ACWI 权重	
国家/地区	指数权重	国家/地区	指数权重
奥地利	0.05%	西班牙	1.22%
比利时	0.43	瑞典	0.76
丹麦	0.32	瑞士	3.31
芬兰	0.70	英国	10.87
法国	3.93	中国香港	0.64
德国	2.90	日本	8.94
希腊	0.15	新加坡	0.33
爱尔兰	0.33	澳大利亚	1.73
意大利	1.49	新西兰	0.06
荷兰	2.45	加拿大	2.16
挪威	0.20	美国	53.15
葡萄牙	0.14	新兴市场	3.76

研究摩根斯坦利资本国际世界指数的区域成分和其随时间的改变很有意义。如果给定区域明显优于其他区域，则它在指数中的比例将增加。注意，如图 8.2 所示，在 20 世纪 80 年代末，澳大利亚和远东占据了指数的近 50% 的比例，而现在的权重仅仅只有 13%。

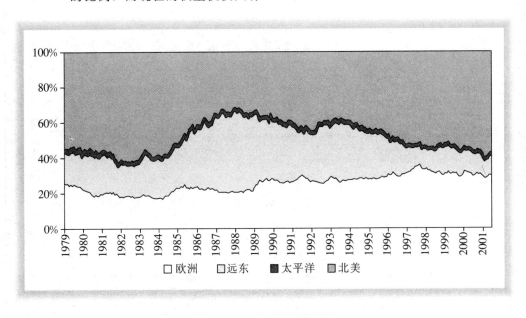

图 8.2　MSCI 指数地区构成

一揽子地区指数

除了用一系列全球股票指数，例如 SSBGEI 或 MSCI ACWI，我们还可以考虑用一揽子以市场资本量为权重的本地指数作为市场组合，表 8.4 显示了一系列包含在 SSBGEI 和 MSCI 中的世界（发达）国家和它们相应的本地指数。

表 8—4　MSCI 世界和 SSBGEI 中的国家（或地区）和其他地方指数

	MSCI 市场价值	MSCI 股票数量	SSBGEI 市场价值	SSBGEI 股票数量	指数	地区指数 市场价值	地区指数 股票数量
奥地利	7.3	12	12.3	30	奥地利综合股价指数	22.24	40
比利时	64.2	17	93.3	46	BEL 20	100.22	20
丹麦	47.7	25	53.2	49	KFX 哥本哈根股票指数	67.78	20
芬兰	106.1	20	116.2	51	HEX 综合指数		
法国	593.4	55	676.7	215	CAC40	651.21	40
德国	438.2	51	493.6	158	DAX	547.03	100
希腊	22.9	22	31.3	68	希腊 ASE 合成指数	55.24	60
爱尔兰	49.8	14	55.6	34	爱尔兰总体指数	58.86	63
意大利	224.6	43	278.7	134	米兰 MIB30 指数	349.67	30
荷兰	369.8	24	406.1	94	阿姆斯特丹交易指数	341.53	24
挪威	29.3	25	32.1	50	OBX 股票指数	51.43	25
葡萄牙	21.1	10	27.3	20	PSI 20	35.80	20
西班牙	183.9	29	216.0	82	IBEX 35	259.77	35
瑞典	114.3	37	139.4	90	斯德哥尔摩期权市场	118.18	30
瑞士	499.9	36	549.6	133	瑞士市场指数	414.74	27
英国	1 641.6	134	1 863.8	547	FTSE 100	1 457.68	101
中国香港	97.1	28	150.1	150	恒开指数	365.39	33
日本	1 350.3	321	1 579.6	1 194	日经 225 指数	1 588.71	225
新加坡	50.3	35	61.2	63	SES All Share	117.07	310
澳大利亚	261.0	70	290.0	118	ASX 普通股指数	364.97	490
新西兰	8.5	13	8.9	21	NZSE 普通股通指数		
加拿大	326.1	80	412.2	296	S&P/TSE 60	298.64	60
美国	8 028.0	413	9 756.2	2 966	S&P 500	7 270.00	500
总体	14 536.7	1 514	17 303.81	6 609		14 536.18	2 253

此外，对照本地指数，我们分析了 MSCI 指数，发现它们非常相似。实际上，如表 8.5 所示，把摩根斯坦利资本国际国家指数回归到本地参照物上，可以发现，几乎所有本地指数的变异都可以用摩根斯坦利资本国际指数来解释。另外，表 8.6 列示的年回报的年度化循迹误差和平均差分都明显不为 0。

表 8.5   与 MSCI 指数相对应的地方指数的变异

国家	地区指数	β*	扰动项*	方差
美国	S&P 500	1.00	0.00	1.00
英国	FTSE 100	0.99	0.00	0.99
德国	DAX Xetra	0.98	0.00	0.97
日本	Nikkei 225	0.97	0.00	0.87
法国	CAC 40	1.06	0.00	0.98

* β具有 1% 的显著水平，然而前提是假设扰动项为 0。

表 8.6   年度的循迹误差和年收益的平均差分

国家	地区指数	循迹误差（bps）	平均差异
美国	S&P 500	105	−3.1%
英国	FTSE 100	196	−2.7
德国	DAX Xetra	361	−1.0
日本	Nikkei 225	731	−3.1
法国	CAC 40	305	−1.1

产生偏差的一种可能的解释是计算本地市场指数方法的多样性，绝大多数的本地指数是以资本量为权重的，但并非都按照自由浮动为参照进行调整。此外，证券进入指数的选择方法在不同国家各不相同。例如，屡见不鲜的是，指数代表了各种当地股票交易市场频繁交易的股票。

到此，我们已讨论了市场组合中的三个用来代表全球证券的方案，我们可以回到表 8.1，其中列举了我们最看中的特点。考虑如下的一些特点：通行于国家之间的连续的指数计算方法、历史有效性和能够代表整个市场。大多数常用的本地指数不满足这些指标。以美国的标准普尔 500 指数为例，它是以资本量作为权重的指数。它所包含的 500 只股票是基于流动性、市场大小和分行业代表美国股市的标准选取的。然而，决定股票是否进入标准普尔 500 指数的不是一套精心设计的规则，而是某个委员会，这也是很多争论的焦点。同时，指数的计算方法也没有允许自由流动调整，因此导致了某些公司在指数体系中有上升障碍。由于许多本地指数都有同样的原因，所以我们建议不选用一揽子本地指数，而选用全球指数系列作为全球指数。

因此，我们只能在 MSCI ACWI 和 SSBGEI 指数之中选择了。尽管这些指数都满足大多数列于表 8.1 中的、我们非常感兴趣的特点，但是出于下面的原因，我们更愿意用 MSCI 指数。首先，MSCI 包含自 1970 年起各国的数据，而 SSBGEI 指数只能追溯到 1989 年。就大多数时间序列分析的结果来说，我们希望时期越长越好，因为这样能更详细地考察过去的事件，以及给未来的预测以更高置信水平。其次，MSCI ACWI 或 World 是全球投资者运用最为广泛的指数系列。实际上，93％的活跃国际证券账户是依照 MSCI 指数进行管理的；而且，95％的全球股票账户是依照 MSCI 管理的。[①] 最后，尽管 SSB 指数的自上而下的计算方法看上去很具有吸引力，但实际上，GEI 很难被用做基准，原因是它包含很大比例的小股和不流通股，它们不能被反映到全球投资者的组合当中。综上所述，我们建议使用 MSCI AWCI 指数系列来代表市场组合中的全球股票部分。

全球债券 （Global bonds）

股票市场的发行者至少都有一个共同的特点，就是他们都是公共公司，但债券市场的发行者具有多样性。它们或许是政府、中介机构或公司。表8.7 列举了纳入全球固定收益证券指数的几种主要债券。他们所发行的证券也有同样的性质：以发行者（公司或政府）的信用和抵押品（大量的汽车贷款、信用负债等）来获得回报。实际上，雷曼全球综合指数包含大量的债券，他们的成分指数按发行者的类型分解，见表 8.7。

表 8.7 所有固定收益证券

股票类型	发行方
政府债券（基金）	联邦政府
政府代理债券	政府发起组织并代理
市政府债券	地方政府（州，乡村、城市等）
公司债券	公司
有抵押支持股票	代理商，公司
资本支持股票	代理商，公司
大盘股	公司
跨国债券	世界银行，国际货币基金等组织
外债	政府在国际市场发行

雷曼全球综合指数 （Lehman Global Aggregate index）

雷曼全球综合指数相对而言是一种新指数，由于以下原因逐渐在全球债券投资者之间流行。首先，绝大多数的全球债券指数仅仅基于政府债券，这越来越不能满足投资者的需求。例如，日本政府债券占据指数大约 18％的比例，如果不增加信用以及许多政府（包括美国和欧洲）都缩减债务，而日本继续用负债来维持其财政赤字的话，那么日本在全球财政指数中的份额可能上升到 50％。[②]

雷曼指数有一系列的编制规则。这种从上而下的指数编制方法没有准入障碍，能很好地代表各自的市场指数。雷曼指数中各个国家的权重见表 8.8。

---

① 资料来源：Intersec.

② See Berkley, Steve, and nick Gendron, "A Guide to the Lehman Global Family of Fixed Income Indices," Lehman Brothers Fixed Income Research, February 2002.

表 8.8　　　　　　　　　　雷曼全球综合指数的国家（或地区）权数

国家/地区	指数权重	国家/地区	指数权重
奥地利	0.83％	西班牙	1.96％
比利时	1.21	瑞典	0.66
丹麦	0.50	瑞士	0.13
芬兰	0.37	英国	3.46
法国	5.26	香港地区	0.08
德国	9.17	日本	18.35
希腊	0.64	新加坡	0.18
爱尔兰	0.15	澳大利亚	0.41
意大利	4.66	新西兰	0.07
卢森堡	0.15	加拿大	1.77
荷兰	1.92	美国	44.26
挪威	0.15	跨国	1.75
葡萄牙	0.37	新兴市场	1.52

　　其次，债券与普通股票（common stock）不同，是由政府、公司和中介机构来发行的。他们可以成为证券也可以不成为，来源各异。例如，雷曼全球综合指数由将近 46％ 的政府债券、大约 17％ 的公司债券（corporate credit）和大约 22％ 的财产抵押证券构成。还包括机构债券（agency bonds）、地方政府债券和地方机构债券，以及外债（sovereign bonds）（见图 8.3）。它的平均持续期是 4.83，平均交割期是 7.26（2002 年 5 月 31 日）。

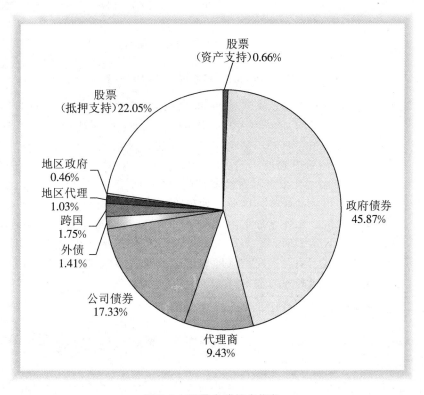

图 8.3　雷曼全球综合指数

构建市场组合

如前文所示，为了追求全球化，市场组合至少应该包括全球债券和全球股票。如图8.4所示，市场组合中的股票/债券分割近年来有明显的变化。在过去十年中，组合中股票所占的比例最小为1992年10月的47%，最高为2000年3月的63%。

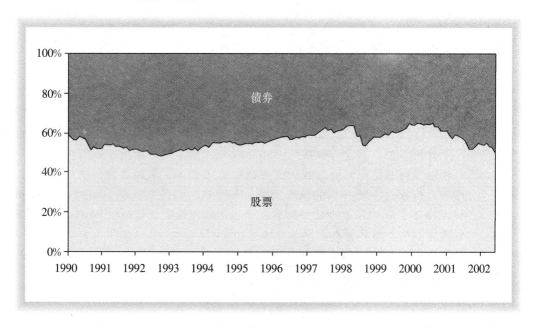

图8.4　股票/债券的市场分割

是不是联合这两类资产就可以构建市场组合了呢？目前，平均每个投资者所持有的房地产约占其资产的30%。怎样才能构建能代表总资产的组合呢？市场组合是看不见也不易估计的，这正是理查德·罗尔（Richard Roll）1977年的重要假设。[1] 在罗尔的评论中，后来被称为"罗尔的批评"，他认为CAPM模型几乎是不可被实证的。实际上，期望回报和β值的线性关系直接来源于市场的效率。因此，如果市场组合被错误地指定，则CAPM将导致错误的β值。此外，任何对CAPM的实证都全部依赖于"市场"组合的效率。进一步，这表明只有当所有的单个资产都包括在市场组合中时，这一理论才能被证实。由此，我们立即想到那些难以被实证的资产，包括私有股票、商品、房地产和人力资本（human capital）。

市场组合中的其他资产

公开交易的房地产可以很容易以威尔希尔（Wilshire）REIT指数的形式

---

[1]　See Roll，Richard，1977，"A Critique of the Asset Pricing Theory's Tests：Part I：On Past and Potential Testability of the Theory," *Journal of Financial Economics* 4，129—176.

加入到市场组合中。这种指数是由一些具有如下特征的公司构成，这些公司的主要商业活动包括拥有或经营商业性房地产（commercial real estate），这些活动产生的收益占全部收入的 75%。按总收益、流动性和市场资本量标准有 93 只股票选入指数体系。这些股票按部门分类，这里的部门有代理商、饭店、工业股票、地方或地区零售、办公、存储和公司。指数的总市场资本量有 1 448 亿美元（2002 年 6 月 28 日）。

然而，作为房地产代表的威尔希尔 REIT 指数加到市场组合中，有两个问题要引起注意：第一，威尔希尔 REIT 指数仅在美国代表公开交易的房地产。单独把指数加到市场组合中，可能会造成市场组合中区域代表指数的混乱，因为这样会造成市场组合中美国的相对比例高于其实际比例。由此可能会夸大美国资产与市场组合的联系，进而得到偏高的 CAPM 预期回报。尽管在日本（Topixx）和欧洲（欧洲公共不动产协会（European Public Real Estate Association，EPRA））有代表公开交易的房地产指数，但它们没有正规地提供市场资本量，也不是各个市场的代表。例如，EPRA 德国仅包括 8 只股票。

第二，在任何经济中，公开交易的商用不动产仅仅是总不动产的一小部分。美国尤其如此。实际上，投资者拥有的住房常常是每个投资者一生中持有的最大的不动产投资。所以，自然有人建议把上述资产纳入市场组合。但很麻烦的是，投资者一旦拥有了住房的所有权，就通常意味着该住房成了不可交易的资产。原因是高交易成本和不完全信息，消费者不愿意频繁交易其主要住所。

罗尔在 1977 年的论文中指出，真正的市场组合是不可观察的，主要原因是人力资本的不可测量性，而它通常被认为是总资产中最重要的组成部分。实际上，乔根森和弗劳梅尼（Jorgenson and Fraumeni）[1] 指出，美国财富和资源几乎占 93% 的是以人力资本的形式存在。加里·贝克尔（Gary Becker，1997）称，在美国和其他发达国家，人力资本是一种最为重要的财富。既然人力资本平均在每个投资者的组合中占如此重要的地位，因而在讨论市场组合时，是不能将其忽略的。但是，必须注意到很重要的一点是，构成市场组合的资产是可以被分割和自由出售的，人力资本不具有上述特征。此外，人力资本没有一般测度成为其纳入市场组合的重要障碍。尽管有许多方法（例如劳动收入的增长率依赖于未来期望回报）已经提出，但在执行上存在很大的难度。虽然难以测度劳动力资本已十分清楚，但许多经济学家认为，其总资产价值的变动和公开证券市场的总回报一定高度相关。因此，虽然我们知道人力资本十分重要而且难以测度，但我们不希望由于其不在市场组合中而明显改变组合的风险特征。

私有股票，在第 28 章将有详细讨论，通常指没有列示在公开交易所的公

---

① See Jorgenson, D. W., and B. Fraumeni, 1989, "The Accumulation of Human and NonHuman Capital, 1948—1984," in *The Measurement of Saving, Investment, and Wealth*, edited by R. E. Lipsey and H. S. Tice, NBER Studies in Income and Weath, 52, 227-282.

司投资。尽管它有许多复杂性（不流动性、不可预期和负债增长），但机构投资对私有证券的需求在不断增加。实际上，2001年的前1 000家固定收益计划持有3.8%的私有证券（2000年达到3.4%）[1]。2001年投资标准报道说，当年有1 700亿美元投向私有证券。

如果私有股代表了证券或打算投向不动产的资产，那么有人可能会建议私有股应该包括在市场组合中。然而其不可流动性又会使人想到私有股的不可交易性。此外，由于私有股投资的有限合伙性质，所以没有指数来记录它的历史变化和总市场价值。仅仅由于数据局限性，所以我们把私有股排除在市场组合之外。

作为一种可供选择的资产，对冲基金近年来深受机构投资者的青睐。尽管对冲基金充满乐趣和大量的组合分散技巧，但毫无疑问，它是不能被纳入市场组合的。对冲基金利用机构套利机会的交易头寸的策略从市场无效性上获利。和互助基金一样，对冲基金并不能创造新资产。因此，如果对冲基金纳入指数，我们将重复计算和夸大了市场组合的价值。

必须纳入市场组合的其他两种资产是农产品和自然资源。有人可能会自信地称农产品和自然资源占财富的很大比例。但是，正如对冲基金一样，如果我们把农产品和原料纳入市场组合，那么将会出现重复计算的问题。例如，高盛商品指数（Goldman Sachs Commodities Index，GSCI）主要由原油构成。然而，这些原油中的一部分已在一些石油公司如 BP Amoco，Chevron 等的总市场价值中计算了。另外，许多政府所有的油田不是公开证券市场的一部分。我们敢肯定，作为一种非常重要资源的石油在通常意义上的市场组合中是没有达标的，这一观点将会产生激烈的争论。

尽管本节讨论的一些资产从纯理论上说必须纳入市场组合，但是在实证或运用 CAPM 模型时没有必要把它们都纳入。斯坦博（Stambaugh，1982）实证了这一假设，发现 CAPM 的结果对市场组合的选择不是很明显。因此，一个近似的包括所有公开交易资产的市场组合能同时满足对 CAPM 模型的实证和运用的要求。

---

① Source：*Pensions & Investments*，"The *P & I* 1 000：Our Annual Look at the Largest Pension Funds," January 21，2002.

第9章

战略资产分配中的问题

库尔特·温克尔曼（Kurt Winkelmann）

大多数职业投资者都会同意，他们所做的最重要的决策是资产分配决策。通常投资者要在如下两种资产分配之间做决策：战略资产配置（strategic asset allocation）和战术资产配置（tactical asset allocation）。关注时间标准是区分二者的一种实用方法。一般来说，投资者把战略资产投资看做能反映他们长期（10 年或更长）投资目标的投资组合，而战术投资则反映他们短期（或许短到下个月）投资目标。

本章的中心议题是战略资产配置。首先，我们将回顾战略资产分配的关键决策点；其次，我们将回顾标准资产分配方法的缺点；再次，我们将看看均衡方法如何解决这些问题；最后，我们将联合讨论均衡方法和关键决策点，并将此作为随后三章的引导。

战略资产分配的决策要点

通常，从业人员对资产分配敬畏交加。如其结果显示的那样，这种敬畏交加的过程，是由于对获得最优资产组合来说十分必要的辛苦计算而造成的。尽管过程十分艰辛，但识别一些必要的决策点是支持我们行动的有用工具。在我们看来，成功的战略资产分配有 5 个明显的决策要点：①债券/证券的分配；②公开交易证券和固定收益证券（fixed-income securities）的分散化程度；③货币套期保值水平；④积极风险的水平和结构；⑤选择资产的安排，如对冲基金（hedge funds），私有股或房地产等。以上每个决策点对最终组合的风险和收益特征都有重大影响。

一般说来，固定收益证券和股票的分割是总组合风险大小最重要的驱动因素。风险厌恶的投资者自然建立包含较多固定收益证券的组合，而风险偏好者则持有较少的固定收益证券。在资产/负债环境的分析中，这是个很重要的决策（第 10 章将详细讨论负债对资产分配的影响）。

通过将资产组合中的股票和固定收益证券在国际上分散，可以使风险得到进一步降低。每一个这样的决策都可以影响总组合的波动率，相应地增加夏普比率（Sharpe ratio），夏普比率简单地说是组合的波动率除以其超额回报。

虽然国际化分散有助于降低组合的波动率，但与此同时会将组合暴露于货币波动中。因此投资者必须制定长期的货币套期保值策略，这一策略应当明确地平衡组合中的货币风险水平和其他资产的暴露风险。要注意的是，这一策略是战略货币套期保值策略，它不必反映任何短期的货币波动。短期货币波动通常以积极风险管理方法来表述。

积极风险管理（active risk management）是第 4 种决策。在我们看来，积极风险同时代表风险和相应的潜在回报。核心问题是平衡积极风险和其他的资产暴露，以及合理安排积极风险组合，使得积极风险处在最可能得到回报的地方。

投资者要考虑的最后一个战略性问题是各种资产的分配，有对冲基金、私有股、房地产和自然资源。暴露于这些资产是提高组合业绩的重要源泉。但由于大多数数据质量不高，给精细的组合分析带来了很大的困难。

以上每个决策要点都应当仔细考虑。此外，除了对每个决策元素做详细的分析外，投资者还应该花大量的精力分析它们之间的关系。在我们看来，考虑这些决策点的最好的分析框架是均衡分析方法。它是唯一能使投资者用理论一致的方法来思考所有权衡关系的方法。相对而言，它更方便于实施，能识别各种关键的权衡因素，适合于各类顾客，并且放松了标准资产分配方法的限制条件。

常用标准框架的问题

过去至少 20 年以来，资产分配分析在机构资产管理中起了重要作用。随着计算成本的降低，机构投资者能更加便捷地把理论运用于资产分配的实践。图 9.1 给出了基于标准工具寻找战略资产分配的典范。

图 9.1 中概括的方法从评估所有现行资产价值开始。按顺时针方向，下一步投资者评估所有资产超额回报的波动率和相关性，接下来定义各种资产在投资期的期望回报。定义完各种资产的风险和回报特征后，投资者接着建立有效边界（efficient frontie），根据自己的风险偏好，在有效边界上选择适合的点。分析组合的结构是否完善，如果不是，投资者应施加约束进行再优化。上述约束和再优化过程循环到投资者找到满意的组合为止。

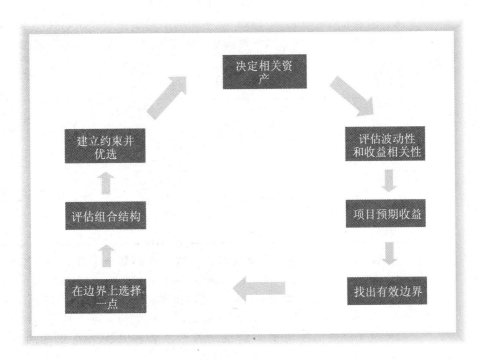

图 9.1 资产分配范例

为什么投资者觉得有必要结合约束再优化呢？主要的原因是最优化组合的权重显得过于极端。另外，投资者认为，最优的资产分配不应该受优化实施者的个人喜好而在各种资产之间剧烈转换。

造成最优组合权重显得过于极端的主要原因是：最优资产分配对期望回报的微小改变相当敏感（在发展布莱克-李特曼（Black-Litterman）全球资产分配模型中，这一观点至关重要）。与此相关的第二个问题是：平均历史回报对历史时期的选择也相当敏感。因此，我们面临一个复杂的问题：投资者通过计算历史平均得到对未来的预期，而这些平均对历史时期的选择十分敏感。这些历史平均值随后运用到优化问题之中，所以导致输出结果（优化组合的权重）对期望回报的假设十分敏感。这也就难怪投资者对标准的计算方法不是完全满意了。

一个简单的例子能从某种程度上帮助我们理清这些问题。表 9.1 列举了两个不同时期的三个重要证券地区的平均历史回报，所选中的证券区域是美国、日本和欧洲，时期是 20 世纪 80 年代的 10 年和 20 世纪 90 年代的 10 年。表中列举了回报的历史标准差，用月超额收益的数据计算了两个统计量（历史平均回报和历史波动率）。从表中可以清楚地看出，历史平均回报对时期的选择相当敏感。例如，在 20 世纪 80 年代，日本市场是 3 个市场中最好的，而在 90 年代，美国成了最好的市场。注意，虽然历史平均回报对时段的选择很敏感，但历史波动率却不呈现这样的规律。这是很重要的一点，我们将在后文中讨论。

现在假设投资者想用表 9.1 中的平均回报数据来构建最优组合。换句话说，假设投资者先用 20 世纪 80 年代的平均回报（和风险特征）建立最优组合，然后用 90 年代的数据再建立一个最优组合，这两个最优组合会有什么差异呢？

表 9.1 平均收益和波动性

| | 1980—1990 年 | | | |
	MSCI 世界	MSCI 欧洲	MSCI 美国	MSCI 日本
平均收益	19.2%	18.1%	16.9%	24.3%
波动性	14.4	17.7	15.9	21.7
	1991—2001 年			
	MSCI 世界	MSCI 欧洲	MSCI 美国	MSCI 日本
平均收益	6.5%	8.7%	12.5%	−5.6%
波动性	14.6	15.3	14.5	25.2

图 9.2 显示了这两个最优组合，这二者都基于非常宽松的约束：组合权重之和必须为 100%。我们可以看出，估计回报所选用的时期，对组合权重有显著影响。基于 20 世纪 80 年代数据的最优组合在日本证券市场上占优，而从 20 世纪 90 年代的数据可以发现，日本市场不再占优。不论怎样，组合权重过于极端，任何精明的投资者都不会将其作为真正的战略资产配置（strategic asset allocation）来实施。

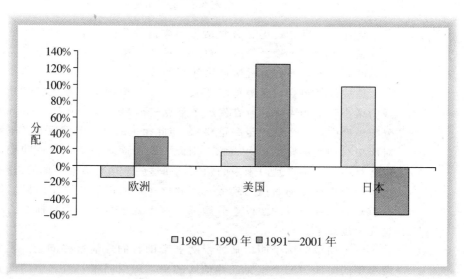

图 9.2 最优组合权重

与标准的战略资产分配方法相关的技术问题来源于两个实际问题。第一，由于潜在的极端组合头寸（positions），投资者经常感到难以捕捉组合背后的直觉。第二，因为投资者不愿利用极端组合头寸，所以，很难总结出一套组合方法的建议，使它适用于各种顾客：每个投资者都有自己的约束。因此，标准的战略资产分配方法有两个缺点：它给出的是极端组合，以及不能给出一致的建议。均衡方法可以解决上述所有的问题。

均衡方法的优点

战略资产分配的均衡方法相对标准方法而言，能给投资者提供三个具体的优势。第一，它的观点在理论上更公平和正确；第二，均衡方法更多地依赖于便于观察和可估计的信息；最后，均衡方法更便于投资者辨认和理解关键的权衡因素。

前文已做讨论，资产定价理论清楚地表明：当资本市场均衡时，投资者应按市场组合（market portfolio）的比例持有其财富。剩余财富应当以现金或债务的形式持有。如果投资者不愿承担比市场组合更大的风险，则应当持有现金；如果愿意承担比市场组合更大的风险，就应当发行债务（即利用杠杆（leverage））。这些结论不受投资者所处地域和所属行业的限制。因此，市场组合给组合分析提供了一个十分有意义的切入点，即可以将不同类型（地域或顾客类别）的投资者理解为对市场组合不同程度的偏离。

将均衡方法付诸实施相对较为直接。第一步，投资者必须识别合适的市场组合，即投资者必须决定所有资产的市场价值。也就是说，要把资产的价值以占总资产百分比的形式表示出来。这些内容在第 8 章中已做讨论，对大多数公开交易的证券市场，这一步相对容易。因为多数公开交易的世界证券市场是每日计价的。相似地，多数政府债券（government bonds）市场的日价值也是可以得到的。对于其他类别的资产，价值评估就没有这么频繁了。尽管存在那种警告，但对投资者而言，基于这些规则来评估市场组合的价值是可行的。

投资者成功运用均衡方法的第二个必要因素是一些关于各种资产风险特征的把握。资产回报的波动率和相关性（correlation）是非常重要的，因为投资者必须决定他们的组合是否比市场组合有更大或者更小的风险。这些特征必须以可靠的数据为基础进行估计，尽管它们不能被直接观测。幸运的是（在第 16 章讨论），波动率和相关系数的估计不必遭遇和期望回报的估计相类似的麻烦。从历史数据中能得到波动率和相关系数的鲁棒性估计。如表 9.1 所示，尽管历史波动率在每个十年都不同，但它没有平均回报的估计那么敏感。

当然，投资者除了知道组合的回报外，还想知道组合的风险。幸运的是，均衡方法在这个问题上对投资者也有帮助。第 6 章讨论了组合权重、风险特征和期望回报之间的联系。首先看第三个问题，投资者必须估计总的风险厌恶（risk aversion）水平。然后，在总的风险厌恶水平和市场风险溢价之间有个映射。因此，评估证券的风险溢价（在第 5 章讨论）给出了投资者关于风险厌恶的描述，由此产生了其余所有资产的期望回报。

均衡方法的真正价值在于它给组合分析提供了一种内在一致的分析框架。广义上，均衡方法有助于我们理解不同的投资者行为。狭义上，我们可以通过构造偏离均衡的组合来完成战略资产分配。如果投资者认为有足够补偿的话，那么他们会自然而然地偏离均衡组合。

投资者该怎样分析偏离均衡呢？第 7 章总结了一种可以遵循的方法——明确一套理念，运用布莱克-李特曼（Black-Litterman）模型。如果没有定义好具体理念，则可以考虑备选方案——在理念和最优组合之间有个映射，并从寻找最优组合开始行动。这也就是说，寻找代表偏离均衡的组合。利用同样的风险特征和风险溢价原理，重新计算、寻找与组合一致的期望资产回报。下一步计算新的期望回报与均衡回报的偏差。最后，评价（以数据分析（data analysis）和金融经济学理论为基础）偏差是否合理。如果合理的话，则推荐的组合应当被利用。如果不合理，就应当再找新的组合。

在随后的一些章节里，我们将描述在战略资产分配中，均衡方法是如何运用于每一个关键决策的。债券/证券分割水平和它们与负债的联系将在第 10 章讨论。国际分散的影响和货币套期保值在第 11 章讨论。将均衡方法运用于没有联系的资产将在第 12 章讨论。

有不确定负债的战略资产分配

罗纳德·霍华德 (Ronald Howard)

约尔·拉克斯 (Yoel Lax)

大多数战略资产配置 (stragtegic asset allocation) 分析是在没有负债的条件下进行的,并且仅仅考虑了动态资产价值。35 年的理论和实务研究已或多或少地形成了统一理论,包括长期资产投资和个人投资者投资行为的优化所导致的资本市场均衡。许多投资者认为,这样分析问题在某种程度上是合理的。例如,一个退休的房主没有信贷抵押和要抚养的孩子,可假定为没有负债,他或她的资产分配可用经典方法来分析。而另一类投资者,在其有负债的情形下进行资产分配是很麻烦的。抚恤基金 (pension funds) 存在的唯一目的是为了在现在或将来得到养老金 (annuities)。忽略这些负债流,将得到次优的资产分配。

在本章中,我们将研究有负债的战略资产分配过程。负债的出现,把一种有趣的复杂性引入了资产分配的问题当中。投资者可能会为了分配与负债高度相关的资产而放弃更高的期望回报,这强于投资到 "最划算的资产 (the biggest bang for the buck)"。以这种方式投资,投资者可以确保当负债价值增加时,投资者的资产价值也是增加的,由此保护了盈余。

本章主要讨论了三个长期活动的驱动因素:债券/股票分割、分散化 (diversification) 水平和债券组合的持有期 (holding periods)。我们的数字结果显示,基于资金充足 (overfunded) 计划和资金不足 (underfunded) 计划的最优资产分配各有千秋。为了提高基金状况,资金不足计划必须承受大量的股票风险,而资金充足计划在较低的股票分配状态下可能会更好一些。同样,资金充足计划可以从全球股票分散中受益,而资金不足计划则不能。最后,在有负债的债券组合持有期上,资金不足计划比资金充足计划获益更大。

我们首先概述建立负债模型的方法。随后,我们分析资产分配决策,从单期计划开始。这个框架是对我们经常研究的、没有负债的、以夏普比率 (Sharpe ratio) 为评价标准框架的扩展。最后,我们在一个允许研究支出影响的多期模拟框架下，研究资产分配问题。

负债模型的建立

为了方便研究，可以简单地把典型的抚恤基金（Pension funds）负债流看做一系列在今天不可预知的未来支出；尽管保险公司精心测算了未来的支出，但他们却不能肯定这些支出，因为真实的支出取决于一系列直到项目结束日之前都是不可知的影响因素。

死亡率是一种不确定的因素。虽然现实生活中广为使用的保险统计死亡率表可以用来预测投保人的平均寿命，而且众多受益者的基金所用的死亡率与真实的平均死亡率也非常接近，但是随机因素仍然存在。此外，如果平均寿命因生活条件或医疗水平的提高而延长，则现行的保险统计死亡率表可能会低估应得利益的现值。

另一个不确定因素与未来收入的增长（growth）水平有关。拿职业收入或最终收入的收益计划为例，未来应得利益，将分别取决于职业平均收入和雇佣期最后几年的平均收入。当实际工资增长不同于保险精算所假定的增长率时，就要调整已设计好的应得利益。此外，可能存在没有反映到保险精算假设中的一次性的工资增长，例如，许多联合收益计划都有因共同讨价还价而造成的应得利益的期间增加。

最后，雇员的人口可能存在不确定性。如果产业或公司遭到结构调整，诸如增加的竞争或并购，公司可能对早退休提供激励，或者解除一部分劳动力。任何这样的情况发生都会对佣金计划的负债部分产生重要的影响。

如果可以确切地知道回报是多少，则负债流将与可以用当前利率期限结构定价的债券（或债券组合）相似，但在未来回报不确定的情况下，如果也采用上述方法定价，则要注意的是，用这种方法计算的负债价值是有"噪声（noise）"的。

上述分析给了负债模型一个直观的解释，我们假定负债的价值由两部分组成：债券，它反映未来收益的最佳测算；噪音，它反映了未来回报中的不确定性。债券和其相关的其他资产的回报可以用当前利率为因子折现收益的方法计算。相应地，也可以用公开交易（publicly traded）债券指数。这里的指数是经过调整并与负债流持有期相匹配的。用数学形式表示即为：

$$R_{L,t} - R_{f,t} = \beta(R_{B,t} - R_{f,t}) + \varepsilon_t \qquad (10.1)$$

其中，$R_{L,t}$——t 时刻负债指数（index）的总回报；

$R_{f,t}$——无风险回报率；

$R_{B,t}$——债券指数总回报；

ε_t——噪音。

参数 β 调整债券指数和负债，使其与持有期相匹配。假定噪音波动率为 σ_ε，且与债券指数不相关，但它可能与其他回报相关。

如果当前现金流估计反映了所有可获得信息（因此代表了未来收益补偿

的最好测算），那么，由于预计支出的变化引起的预期应得收益的变化将为0。因为噪音反映了未来支出的不确定性，所以，只要当前计划支出与其期望值相等，就可以假定噪音有 0 均值。

附录中有一个如何从抚恤基金平衡表中限制（pin down）参数 β 和 σ_ε 的数值例子。

有负债的投资决策评价

当无负债时，投资结构的选择是通过比较各方案的夏普比率进行的。夏普比率度量一项投资的每单位波动率所带来的超过无风险利率的回报为：

$$SR_i = \frac{\mu_i - R_f}{\sigma_i} \qquad (10.2)$$

这里 μ_i 和 σ_i 分别代表投资结构 i 的均值和波动率。换句话说，投资的风险和回报是相对于现金来评价的。单资产框架下组合的夏普比率最大化已有完备的理论。如第 4 章所述，在单期模型中，如果投资者的效用函数（utility function）是二次的（不考虑收益的分布），或者收益是多元正态分布（multivariate normal distribution）的（不考虑投资者的效用函数），那么，期望整个时期财富最大化的投资者将选择夏普比率最高的组合。

在资产—负债框架的讨论中，用夏普比率来测度风险有两个不足：第一，夏普比率仅仅考虑了资产的风险和回报，而忽略了所有的负债流。如后文所示，有些投资结构更适合于对冲负债价值的变化。在评价投资项目时，这种对冲能力是应当考虑在内的，而夏普比率将它们忽略了。

夏普比率的第二个缺点是：它实际上仅仅是一个理论上完备的单期模型。当投资者从中间消费或最终财富中获得效用，即使效用函数是二次的时候，夏普比率模型的结论也将不再成立。

抚恤基金仅关心未来某一时点资产（或盈余）分布的假设似乎不合理，原因至少有两条。第一，如果抚恤基金通常能保持经营，那么我们则不知道应怎样选择未来日期；第二，抚恤基金将关心中期用发行长期债券的方法来收回短期债券（funding）的特点，如同保证每期能偿还其债务一样。

本章剩余部分关注动态（dynamic）计划和静态（static）（单期）计划。在静态分析中，我们以适应有负债流条件夏普比率的形式，扩展了风险/回报权衡的观念。在动态分析中，我们研究了支出对抚恤基金计划的总资金特征的影响。

静态分析

在无负债时，投资者关心他们资产回报的分布特征；在有负债时，投资者同时关心资产和负债的回报，以及它们之间的相关关系。为了创建一个在有负债情况下对资产组合的测度，我们先定义一些量。首先分别用 A_t 和 L_t 表示 t 时刻资产和负债的价值。盈余由下式给出：

$$S_t = A_t - L_t \qquad (10.3)$$

用发行长期债券的方法来收回短期债券 (funding) 比率可表示为:

$$F_t = \frac{A_t}{L_t} \qquad (10.4)$$

可以把退休金计划 (retirement planning) 看做一个公司,盈余的等价测度是上市公司股票的市场价值:如果用其所有资产偿还所有负债,那么留给股东的部分即为股票价值。要引起注意的是,在上述比较中,上市公司所有者对负债承担责任,因此股票的市场价值不能为负,而退休金计划可以为负。当然,赤字不可能永远出现,因为如果这样的话,某些退休金计划将无力及时偿还。这些情况可以由赞助者的帮助或资产回报超过负债回报的部分予以缓和。

在本节中,我们假定抚恤金计划关心盈余的回报而不单单是资产。这一假定非常适合把抚恤基金比作上市公司,而这一上市公司的经理受托于股东,使股东价值最大化。说到盈余的百分比回报,稍微有些棘手。因为盈余可以为零,所以,任何盈余的变动都可以导致极大的回报。因此,关注盈余的变动,而不是百分比回报的变动,是考虑抚恤基金问题的关键。

当抚恤基金关注盈余变动时,哪些量将是与它密切相关的呢?首先,是基金的盈余期望变化(盈余期望增长,赤字期望下降),无论是正还是负。盈余变化的不确定性也在考虑的范围之内。最后,风险和回报的权衡也是我们感兴趣的,也就是说,为了达到某种期望的变化,有多少盈余变化的风险需要承担。

从最后的测度中,我们概括出资产—负债框架下的夏普比率的概念。定义 RACS 为风险调整盈余变化。

$$RACS_t = \frac{E_t\left[S_{t+1} - S_t(1+R_f)\right]}{\sigma_t\left[S_{t+1} - S_t(1+R_f)\right]} = \frac{E_t\left[S_{t+1} - S_t(1+R_f)\right]}{\sigma_t(S_{t+1})} \qquad (10.5)$$

当 t 时刻 S_t 是已知量时,公式中的第二个等式成立。这里,我们假定整个时期无风险利率 (risk-free rate) 为常数,$R_{f,t} = R_f$。我们称 RACS 为夏普比率在资产—负债框架下的自然扩展。为了说明这一点,令 $R_{A,t}$ 是 t 时刻资产组合的回报,则最后一个等式可写成:

$$RACS_t = \frac{E_t\left[A_t(1+R_{L,t+1}) - L_t(1+R_{L,t+1}) - (A_t - L_t)(1+R_f)\right]}{\sigma_t\left[A_t(1+R_{A,t+1}) - L_t(1+R_{L,t+1})\right]} \qquad (10.6)$$

注意,当无负债时 ($L_t = 0$),RACS 为:

$$RACS_t = \frac{E_t\left[A_t(R_{A,t+1} - R_f)\right]}{\sigma_t\left[A_t(1+R_{A,t+1})\right]} = \frac{E_t\left[R_{A,t+1}\right] - R_f}{\sigma_t\left[R_{A,t+1}\right]} \qquad (10.7)$$

最后的表达式为资产组合的夏普比率。新的测度 RACS 具有良好的性质,它简化了无负债时的夏普比率。正因为如此,所以我们称它为资产—负债框架下的夏普比率的自然扩展。夏普比率评价与现金相关的投资,而 RACS 评价与负债相关的投资。

怎样解释 RACS?分子是盈余回报——超过无风险利率的期望回报。分母测算上述量的风险。假设一个有正的盈余和完全确定负债流的基金(即没有负债噪音），那么，基金的一种可能的投资策略（investment policy）是购买正好能与未来负债相匹配的债券组合，将盈余的剩余部分投资于无风险资产。这一策略完全无风险，它能没有波动性地带来（$1+R_f$）的盈余回报。如果采用任何别的投资策略，则 RACS 测算相对无风险策略，基金获得多少风险补偿。

下一步考虑有赤字的基金，但这一基金的负债是确切知道的。如果假设能以无风险利率借款，那么，基金可以以利率 R_f 借入和其赤字数量相等的资金，然后拿这些资金购买正好与基金未来负债匹配的债券组合。这一策略没给赤字带来波动性，而且限定赤字以 R_f 的比例均衡地增加。这个基金的 RACS 指标也可以测度，相对于将赤字以 R_f 的增长率锁定的无风险策略而言，采用别的策略可以获得多少风险补偿。

一般来说，由于前文提到的噪音因素的存在，所以导致基金不能准确知道其未来的负债。这样的基金没有无风险策略，因为没有能将盈余回报锁定在某一固定比率的资产分配存在。这类基金的最小风险策略是将一部分资金用于购买能代表未来负债最好测度的债券组合，将剩余资金投资于无风险资产（risk-free assets）。这一策略是所有可能策略中盈余波动最小的，而且这一波动率等于噪音波动率[①]。因此，自然可以相对于最小波动策略来以风险/回报权衡的方式评价别的投资策略（investment policy）。这正是 RACS 所要做的工作。

讨论到此，通过实例来说明基金需要怎样思考资产分配是非常有帮助的。例子能把刚才建立的理论运用到实际之中。现在要介绍一些风险和回报的假设，以引出下面的例子。

静态模型的说明

为了计算方便，我们采用均衡收益的假设，这一假设来自布莱克-莱特曼模型（Black-Litterman models）。值得注意的是，接下来的计算方法适用于任何希望的收益假设。实际上，知道计算结果对具体假设有多么敏感是很有用的。

就现在的分析来说，我们选择的负债模型是基于雷曼长期政府和信用指数（Lehman Long Government and Credit Index）和噪音的。在 2002 年 6 月 30 日，这一指数的持有期（duration）为 10.5。假定有负债持有期为 12 的抚恤基金。由这些可知，$\beta=12/10.5=1.14$。在前文已做说明，我们主观认为噪音的回报率为 0，波动率为 2%。这些数字可以很方便地用置信区间来解释：如果噪音是正态分布，那么，2% 的噪音波动表示，在每个给定的时期能以 95% 的置信度（degree of confidence）保证负债指数的（超额）回报在雷曼长期政府和信用指数的（超额）回报内的置信区间为 ±4%。对持有期为 12 的负债指数，±4% 的回报区间变为 ±4%/12=±33bps 负债指数回报区间。

表 10.1 中归纳了随后章节分析中所遵守的风险/回报假设。所有的数字都是年度水平的。

---

① 只要没有与噪声负相关的资产，这就是真实的。如果这样的资产存在，那么基金可以获得比噪声流动性更低的附加流动性。

表 10.1

风险和收益假设

资产种类	超额收益	波动性	夏普比率	相关性					
				美国股票	全球股票	雷曼长期政府和信用指数	雷曼综合指数	全球固定收入	债务指数
美国股票	4.02%	15.63%	0.26	1					
全球股票	3.89	14.54	0.27	0.96	1				
雷曼长期政府和信用指数	0.57	8.07	0.07	0.17	0.12	1			
雷曼综合指数	0.30	4.52	0.07	0.16	0.10	0.95	1		
全球固定收入	0.21	7.12	0.03	0.06	-0.02	0.85	0.83	1	
债务指数	0.65	9.42	0.07	0.17	0.12	0.98	0.93	0.83	1

现代投资管理——一种均衡方法

现在，我们仅看美国股票（以标普 500 指数为代表）、雷曼长期政府和信用指数以及负债指数。首先，因为假定负债指数的持有期比雷曼指数的要长，所以其额外回报也更高。这意味着，即使基金是盈余的，但从长期来看，一个完全债券分配的策略也是失误策略。因为资产组合平均而言比负债指数要发展得更慢一些。[①] 从这一角度来说，股票显得更有吸引力。

第二个是关于序列相关性（serial correlation）的。值得注意的是，负债指数与雷曼长期政府和信用指数的相关性比它与股票的相关性要高。因此，在对冲负债价值变化时，债券比股票显得更出色。我们现在更精确地检验这种源自高比例股票分配的权衡。

例子：盈余风险（surplus risk）、期望的变化和 RACS

我们从盈余风险开始，图 10.1 描述的盈余风险是资产价值的分数：

$$\frac{\sigma_t[S_{t+1}]}{A_t} \tag{10.8}$$

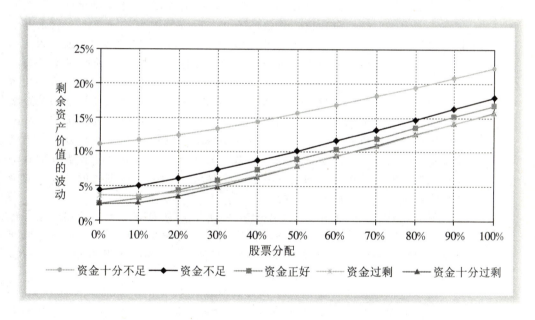

图 10.1　盈余风险

水平方向反映不同的股票分配，在 0～100％范围内变化，余下的资产投到雷曼长期政府和信用指数中。图中每条线代表不同的用发行长期债券的方法来收回短期债券的比率（funding ratio）。[②] 为了解释上图，再次把本例和无负债情况进行对比。在此例中，盈余等于资产，那么在图上标注的将是资

[①]　只要没有支出，资产的平均回报就会低于负债的平均回报，这导致短期债券比率的下降。在前面的支出中，一个过度发债的计划能够接受比负债收益低的资产，并仍保持或增加盈余和（或）短期债券比率。在后面的章节里，当我们把支出考虑在内的时候，我们将对此给予说明。

[②]　短期债券比率分别是 0.5、0.8、1、1.5 和 2。

产回报的波动率。因为股票比债券的波动性更大，所以，图中直线向上倾斜毫不为奇。但是，由于债券和股票不是完全相关的，所以，在全为债券的组合里加入一点股票，实际上可以降低总波动率。当用发行长期债券的方法来收回短期债券比率很大时，负债对盈余风险几乎没有影响。从图 10.1 中可以看到这一分散化的效果，标有"很充足"的直线是先下降后上升。从附录中我们可以看出，当部分资产等于（10.9）所示时，假定基金收益率的盈余风险被减小了。

$$\frac{\left(1-\beta\frac{L_t}{A_t}\right)(\sigma_B^2-\rho\sigma_B\sigma_E)}{\sigma_E^2+\sigma_B^2-2\rho\sigma_B\sigma_E} \tag{10.9}$$

当把部分资产投向股票，把剩余部分投向债券时，盈余风险是降低的，在上式中，σ_E 是股票的波动率，σ_B 是债券的波动率，ρ 是二者的相关系数。注意，上述表达式是在与噪音波动率独立的前提下得出的。理由很直观，因为现期无论债券还是股票很难做到与噪音无关。此外，在初始用发行长期债券的方法来收回短期债券比率时，上述表达式是递增的。[1] 赤字基金适合投资于债券，因为能更好地对冲负债价值的变化，以降低盈余波动率。但盈余基金投向债券的比例应控制在使持有期（duration）与负债相匹配的范围之内。这样可以最大可能地对冲掉负债价值的变化。除此以外，由于前面讨论过的股票/债券的分散化效应，这类基金投资于股票比投资于债券更好（就最小化盈余波动率而言）。为了理解这一效应，考虑确实可以投资于负债指数的基金案例。通过投资与负债价值相当的负债指数（这样可以完全将负债从资产分配问题中排除）和将剩余的盈余投向波动率降低了的股票和债券组合，一个资金充足计划可以降低盈余波动率。那么，为什么上面图中对零股票分配有最小风险？答案很简单，上图仅仅考虑了股票从 0～100％ 范围内的分配，而最小风险实际发生于负的股票分配。

最后，看"资金很充足"（overfunded）线，从直观上可以看出，这一计划的盈余风险非常大。此外，与其他线相比，这条线要平坦些（即它随股票分配变化更小一些）。当与负债相比，资产价值很小时，从风险的角度来说，投资于这类资产的影响是非常小的。

讨论完各种股票分配的盈余风险，接下来以我们所给的各种计划为例，分析盈余的期望变化。如图 10.2 所示，与初始资产的价值相关的期望盈余变化是股票分配的函数。

从图中可看到两个有趣的事实。首先，在给定用发行长期债券的方法来收回短期债券比率的前提下，盈余期望变化和股票分配呈线性增长关系。显而易见，这是股票的期望回报大于债券的情况所致。另一个有趣的结果是，存在一个为防止基金盈余萎缩的必要的最小临界股票分配，即：

$$\frac{\mu_B\left(\beta\frac{L_t}{A_t}-1\right)+\frac{L_t}{A_t}R_f(1-\beta)}{\mu_E-\mu_B} \tag{10.10}$$

---

[1] 只要 $\rho_b > \rho_e$，这就是正确的，如果这个不等式反过来，则表示短期债券比率的下降。

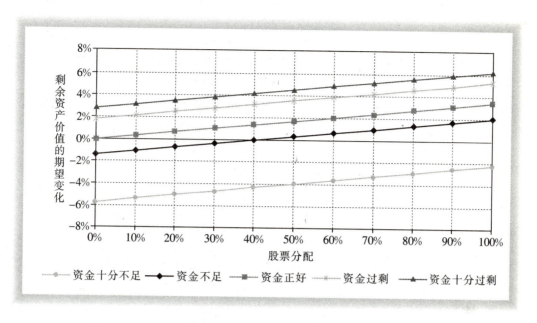

图中纵轴标注：剩余资产价值的期望变化

横轴标注：股票分配

图例：资金十分不足　资金不足　资金正好　资金过剩　资金十分过剩

图 10.2　盈余"收益"

这里，μ_B 和 μ_E 分别是债券和股票的总期望回报。现在的假设是：对"资金不足（underfunded）计划"用发行长期债券的方法来收回短期债券比率为 0.8 而言，最小股票分配是 40% 多一点；再低一点的股票分配平均而言将会产生赤字。相反，对于"资金充足计划"，即使股票分配为零也能带来盈余。所有的这些结论都是在对支出高度抽象的前提条件下得到的，这一点必须牢记。对"资金不足计划"考虑支出会进一步增加对为防止盈余萎缩的必要的股票分配的要求。在后面的动态分析中，我们将讨论这一点。

到目前为止，我们发现，高的股票分配（通常）导致高的资金风险和高的期望盈余变化。可以在同一图中画出风险和回报这两个量来解释它们之间的权衡关系。如图 10.3 所示，结果与有效边界（efficient frontier）非常相似，为了便于解释，图中的资产现值已做标准化（standardizing）处理。考虑这样三个基金，它们的负债都为 100 美元，而资产分别是 80 美元、100 美元和 120 美元。

沿图中的每条线，实心标记从左到右代表股票分配从 0～100% 范围的变化。请看"资金不足"线，它的用发行长期债券的方法来收回短期债券的比率为 0.8，我们再次看到，这一计划的阻碍赤字增加的必要的最小股票分配超过 40%。但同时在这一股票分配水平上，风险比负债（the risk versus the liabilities）约为 7 美元。换句话说，一个标准衍生工具能使赤字从 7 美元上升到 27 美元。此时，新的"用发行长期债券的方法来收回短期债券比率"将是 0.73。同样，两个标准衍生工具将使"用发行长期债券的方法来收回短期债券比率"变为 0.66。这些数据显示，为了取得好的基金业绩，"资金不足计划"要承受相当大的风险。

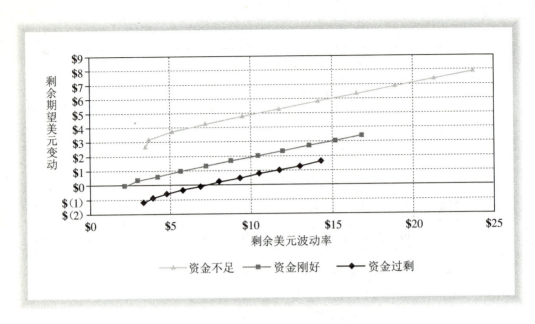

图 10.3　盈余风险和收益交换

　　前面所介绍的风险调整后盈余变化（RACS）的概念，可以用来更清楚地解释基金承受每单位风险所获得的期望的超额回报是多少。图 10.4 描绘了我们所说的这种 RACS。

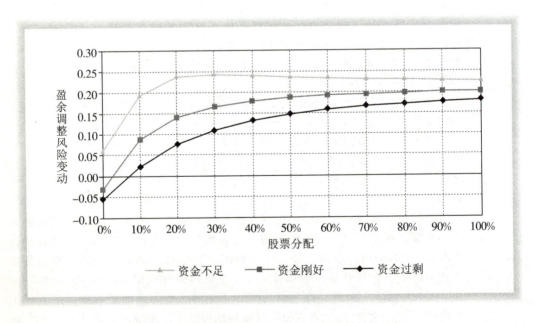

图 10.4　盈余调整风险变动（RACS）：不同的资金水平

　　从图 10.4 中，我们可以清楚地看到，对资金不足和正好充足的计划，RACS 都随股票分配而严格单调地增加，只不过，资金不足计划线的斜率更

　现代投资管理——一种均衡方法

大一些，这意味着基于风险调整，承担额外股票风险，这一计划要求的回报就更大。资金充足计划则不然，RACS 在达到其最大股票分配（约 30%）前增加非常快。为了便于理解这一结果，暂时假定没有噪音。在这种情况下，什么策略能使 RACS 最大呢？有足够资金的计划可以投 β_L 于债券指数来完全对冲所有未来负债的变化。这样基本上可以将负债从资产分配问题中排除，剩下的资产可以投向能最大化夏普比率的组合。[①] 图 10.5 显示了这一例子。图中描述了资金充足计划（用发行长期债券的方法来收回短期债券的比率为 1.5）在不同噪音水平下的 RACS。

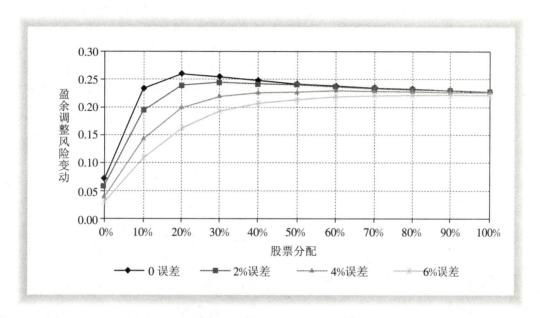

图 10.5 过剩资金的盈余调整风险变动（RACS）：不同的误差水平

那么，引入噪音将会是什么样子呢？此时，对冲负债比变化的债券将带来负面的影响。而股票由于其较高的夏普比率，显得更具有吸引力。因此，我们预计最优股票分配（即：能最大化 RACS 的分配）将增加。这一点可以从图 10.5 中看出：当噪音从 0 开始增加到 2%、4% 和 6% 时，最优股票分配相应地从 20% 开始增加到 30%、50% 和 100%。上述分析可以得出如下基本观点：相对于固定收益证券，对于越是缺乏资金和未来负债越不确定的计划，股票越具有吸引力。

虽然本章的分析是严格静态的，但是各种图和与图相关的讨论也是适应动态资产分配的。当用发行长期债券的方法来收回短期债券的比率下降时（或许由于资产回报太低），追求 RACS 最大化的基金应多投资于股票。同样地，如果负债噪音增加（或许由于政策的变化），则基金也应当增加其股票分配。

---

① 根据上下文所列举的数字，最大化夏普比率是由美国股票和雷曼长期政府和信用指数构建的组合的债券/股票分割是 83/17。

接下来分析股票/债券组合的全球化分散投资的影响和投资于不同持有期的债券组合的影响。

例子：全球分散化

怎样才能使基金业绩更好，是仅投资于国内资产还是全球分散投资？为了回答这个问题，先看看全球股票分散投资，再看固定收益证券分散化（Diversification）投资。

我们对回报所做的假定已清楚地表明，全球股票比国内股票有更高的夏普比率，但和负债指数的相关度比后者要低。因此，与前面我们决策在国内股票和债券之间分配一样，有个权衡的问题摆在决策者面前。

图 10.6 显示了投资于国际股票而不是国内股票的 RACS 百分比变化。从图中可以看到这样一种模式：资金充足的计划能从全球投资中获利，而其余两种计划则在国内股票投资上表现得更好。当不考虑噪音时，上述模式实际上变得相当直观。

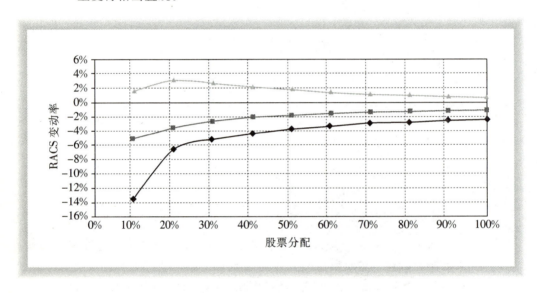

图 10.6　全球股票多样化的效果

在低的股票分配水平下，资金充足计划能用债券在持有期上与其负债相匹配。当无噪音时，计划基本上将负债从资产分配问题中排除。而剩余资金面临两种选择：投资于国内股票还是国际股票。因为国际股票的夏普比率要比国内股票的高，所以，最优选择是国际股票。现在讨论高的股票分配，这时，负债不能排除在资产分配问题之外，因此，在决定 RACS 时，股票和债券指数的相关性不容忽视。因为国际股票相对于国内股票与负债的相关性很低，所以，在高的股票分配水平下，国际分散投资带来的收益减少了毫不为奇。

最后，噪音也能降低资金计划通过债券分配以消除负债的能力。因此，股票和负债之间的相关性再次成为影响因素。可以证实，当从国内股票转向国际股票时，对资金充足的计划而言，高的噪音水平实际上使 RACS 降低。

经过上面的讨论，就可以很容易理解，为什么资金正好充足和资金不足的计划要坚持立足国内股票。由于资金缺乏的原因，所以不能从资产分配问题中将负债消除（无噪音）或将近消除（其他情况）。对这些基金来说，国内股票和负债之间的相关性是至关重要的。所以，这类基金不能从分散化中获利。[①]

接下来简单讨论一下国际固定收益证券（fixed-income securities）的分散化（diversification）问题，股票分散化的讨论在这里给了我们不少启示。在上文中，债券因为能对冲负债的变化，比较具有吸引力，所以我们依照国内债券指数来建立负债模型（对大多数抚恤基金计划而言，这样处理是合理的）。国际债券总的说来不是具有吸引力的资产，因为它们与负债的相关性更低。图 10.7 中所有基金的 RACS 都呈下降趋势就是上述观点的实证。

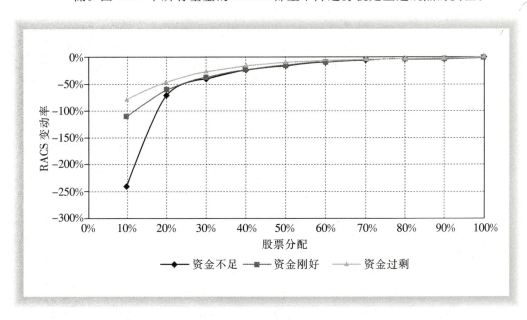

图 10.7　全球固定收入多样化的效果

例子：选择合适的债券组合持有期

选择合适的债券组合持有期是静态分析的最后一个话题。当然，资产组合的持有期与负债指数匹配得越精确越好！因为这样能为负债价值变化提供一个更好的免疫机制。不足为奇，所有资金都将投向有不同持有期的债券指数。这里的债券指数指的是雷曼综合指数，其持有期在 2002 年 6 月 30 日约为 4.3。

图 10.8 显示了与图 10.3 相类似的有效边界。在上面的那幅图里，用发行长期债券的方法来收回短期债券的比率是 0.8，而且，我们可以看出，当它选择投资于雷曼综合指数而不是我们的模型赖以建立的雷曼长期政府和信用指数时，为了获得与前一例子相同的回报，基金必须承担更大的盈余风险。

[①]　仅考虑没有和完全分散化的情况。可以发现，当有高的股票分配时，资金稍微不足的计划能从低水平的股票分散中获利。换句话说，这些计划可因部分国外股票投资而造成 RACS 的小额增加。

在下面那幅图中，用发行长期债券的方法来收回短期债券的比率（funding rati-
o）是1.5，结论仍然成立，但持有期更短的指数，损失更小。

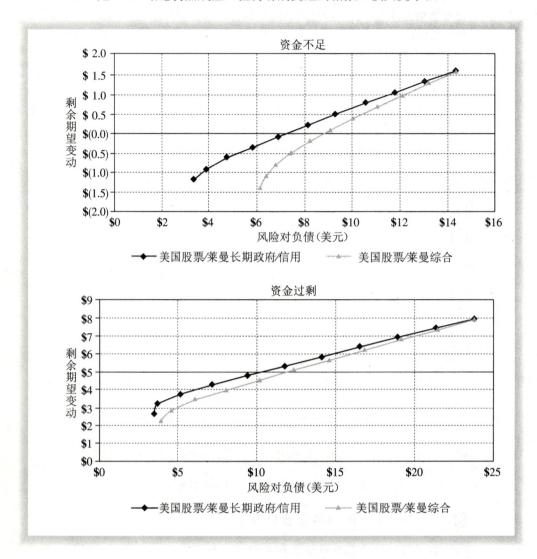

图10.8　短期债券投资组合的效果

如果选择特定的债券/股票分割（如图中亮点线所示），并且考虑这样一
个问题，当我们改变固定收益证券标准，用持有期更短的雷曼综合指数代替
雷曼长期政府和信用指数时，会产生什么样的结果呢？那么，这些结论就很
容易理解了。

首先，因为雷曼综合指数的期望回报比持有期更长的指数的期望回报要
小。所以，盈余的期望变化将会降低。从图中垂直方向上的下降变化中可以
看出来。其次，与雷曼长期政府和信用指数相比，雷曼综合指数对负债价值
变化的对冲能力要更弱一些，所以，盈余风险（surplus risk）将会增加。这

一点可以从图 10.8 中水平方向向右变化的趋势中看出。这两类因素的共同结果构成了上述曲线。资金充足计划在垂直方向上的变化比资金不足计划的要大，因为有更多资金改变了标准，而且资金充足计划的单位资金得到更低的期望回报。相反，在水平方向上变化越大，资金越充实。当基金严重资金不足时，固定收益证券的对冲能力对盈余波动的影响比对负债的绝对波动的影响要小得多。当基金资金充足时，负债几乎可以被忽略，影响最大的是资产的绝对波动率。在图 10.8 中，上方图代表的基金比下方的图代表的要更接近"完全充足（fully funded）"，所以它的波动率增加比后者要大。

上面的讨论说明，基金适合于投向与其负债持有期相同的债券指数。有个额外的必须考虑的问题是长短期债券的流动性差别。有长的负债持有期的大型抚恤基金计划经常发现难以投资于长期债券，因为这些债券相对较低的流动性阻碍了主动交易。显然，基金越大，这个问题越重要，当投资于长期债券时，还必须权衡回报和对冲收益。

动态分析

到此为止，我们已从静态角度讨论了抚恤基金的资产分配决策。我们假定基金没有支出，要考虑的仅仅是其盈余在单期——人为选择为一年——会有什么变化。上述讨论非常适合于讨论一些重要问题，如国际化分散投资和纳入基准的债券指数持有期，但它不能解决那些从长期来讲影响抚恤基金的重要问题。

在本节中，我们将用动态模型来研究支出的长期影响。为了便于研究，我们假定抚恤基金在每期末支付固定比率 p 的负债价值。[①] 用数学公式表示资产和负债价值改进为：

$$A_{t+1} = A_t(1+R_{A,t+1}) - pL_t(1+R_{L,t+1})$$
$$L_{t+1} = L_t(1+R_{L,t+1})(1-p) \tag{10.11}$$

这里，负债回报的假设与前文相同：由长期债券头寸和互不相关的噪音构成。此外，我们假定，在整个期间，回报是相互独立的，且服从对数正态分布。均值、标准差和相关系数与文章开始所做的假设相同。

从上面的动态资产负债模型中，很容易发现盈余不受支付结构 p 的影响。道理很直观，因为支出以相等的程度降低了负债和资产。在多期当中，作为测度，盈余没有在单期中那么有用。理由是资产和负债的绝对价值能更大幅度地波动。1 000 万美元盈余是有着 5 000 万美元负债计划的很好的缓冲，但如果负债价值增加到 10 000 万美元时，将不能带来同样的效果。由于这一原因，在本节中，我们将关注用于测度利率的"用发行长期债券的方法来收回短期债券的比率"（funding ratio）。你很快就会发现，"用发行长期债券的方

---

① 如果我们假定期初支出，则有些表达式将没有形式相近的解。我们做了大量的模拟计算，发现无论期初还是期末支出，对结果的影响不是都那么明显。所以，我们坚持选择了更方便的形式。

法来收回短期债券的比率"依赖于支出结构。

利用所建立的模型，我们试图回答以下问题：

● 对资金不足计划而言，为了（1）获得初始用发行长期债券的方法来收回短期债券的比率；（2）在给定时期达到一个超过给定水平的完全充足的资金水平，什么样的超额负债回报下的资产回报是必需的。

● 给定初始用发行长期债券的方法来收回短期债券的比率、支出政策和债券/股票分割，资金不足计划的概率怎么随规模（horizon）变化？

要求的回报（required returns）

给定初始支出结构 p，什么样的回报率将使得用发行长期债券的方法来收回短期债券的比率保持在平均水平不变？令：$F_t = A_t / L_t$，我们得到：

$$E_t[F_{t+1}] = F_t E_t\left[\frac{1+R_{A,t+1}}{1+R_{L,t+a}}\right]\frac{1}{1-p} - \frac{1}{1-p} \qquad (10.12)$$

并定义：$R_{x,t} = (1+R_{A,t})/(1+R_{L,t}) - 1$ 为超额负债回报下的资产回报，我们发现：

$$E_t[R_{x,t+1}] = \frac{E_t[F_{t+1}](1-p)+p}{F_t} \qquad (10.13)$$

为了使用发行长期债券的方法来收回短期债券的比率保持平均水平不变，必须有 $E_t[F_{t+1}] = F_t$。利用最后一个等式，很容易计算，当给定支出计划时，作为初始用发行长期债券的方法来收回短期债券比率的函数的要求的回报是多少。这一结果可由图 10.9 来解释。

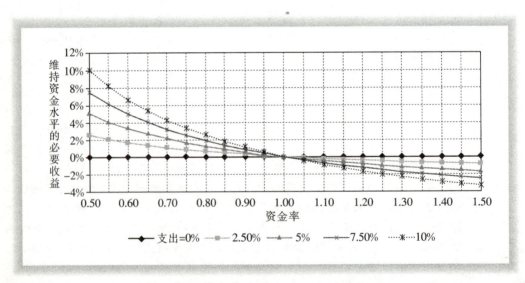

图 10.9　维持资金水平的必要收益

为了使用发行长期债券的方法来收回短期债券的比率保持平均水平不变，对有 80% 的用发行长期债券的方法来收回短期债券和支付 7.5% 负债价值的计划，在给定一年中，必须达到 2% 的超额负债回报下的资产回报。低于这一回报率将导致用发行长期债券的方法来收回短期债券的比率下降。如果支出越大，用发行长期债券的方法来收回短期债券的比率越低，则要求的回报越高。

上述结论强调了资金不足计划需要大的股票分配（或者比负债指数有更长持有期的债券指数分配）。但对于资金充足计划，结论正好相反，它能在有负回报率的情况下依然保持其原有基金状态。实际上，对资金充足计划而言，支出率越高，它越能承受更多负的回报率。这是正确的，因为在资金充足的情况下，给定的支付使资产降低的程度比负债要低。

虽然保持当前的资金状态对资金充足计划来说是可行的（plausible）目标，而资金不足计划除非有计划赞助支持，否则就要尽力改善它的用发行长期债券的方法来收回短期债券的比率。下一步我们将考虑资金不足计划在达到资金完全充足状态下时要求的回报。在附录中，我们说明了给定用发行长期债券的方法来收回短期债券的比率的初始值为 F_0 时，任意时刻 t 的期望用发行长期债券的方法来收回短期债券的比率为：

$$E_0[F_t] = \left[\frac{1+E[R_x]}{1-p}\right]^t F_0 + p \frac{1 - \left[\frac{1+E[R_x]}{1-p}\right]^t}{E[R_x]+p} \tag{10.14}$$

注意，期望用发行长期债券的方法来收回短期债券的比率仅依赖于平均回报，而不是其波动率。

为了计算给定时间为达到资金完全充足状态下的要求的回报，我们令上式左边等于 1，固定时刻 t，来计算满足等式的 $E(R_x)$。[①] 图 10.10 显示了 $t=10$ 时刻的结果。

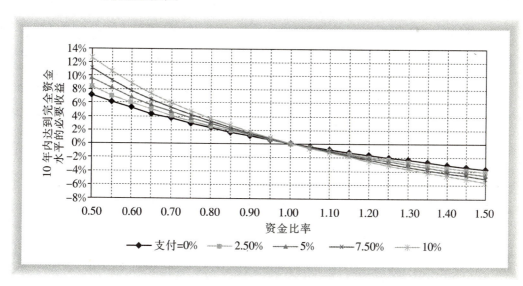

图 10.10　10 年内达到完全资金水平的必要收益

对资金不足的计划，达到 10 年后的资金完全充足状态要求的回报明显比

---

① 因为没有解析解，所以用数值模拟法求解。

保持当前资金状态要求的回报要大。支付政策越低，则上述两种回报率的差距越大。看下面的数字分析：资金充足率为 80％且支付率为负债价值的 7.5％的计划，为了在 10 年内达到 1 的资金充足率，其超额负债回报下的资产回报的平均值必须为 3.2％。很显然，这样的回报目标仅仅对大型的股票分配才是可能的。不幸的是，正如谚语所说"天下没有免费的午餐"，高的股票分配同样也意味着风险的增加。这将是我们接下来要讨论的问题。

筹集资金概率

我们用蒙特卡罗模拟，来获得在任何给定时刻下资金不足的概率，图 10.11 显示了结果。

四条曲线分别代表了在 0～100％范围内变化的不同的股票分配。对资金不足的计划（图 10.11 中的上面两图），中等股票分配能很大程度地降低资

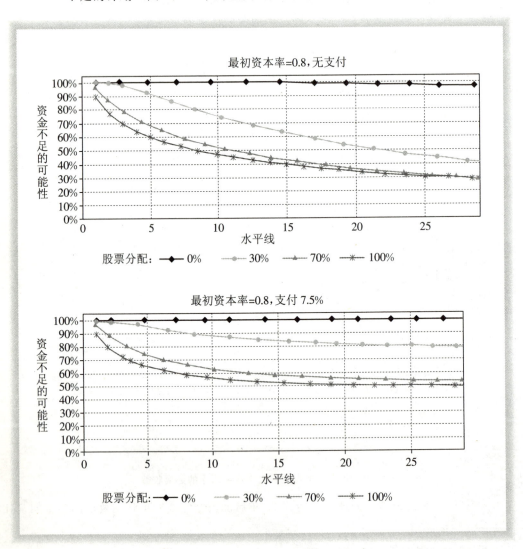

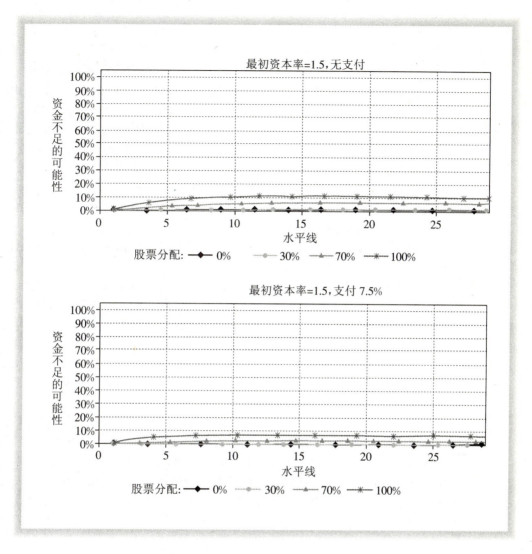

图 10.11　资金不足可能性，不同资金水平和支付比率的模拟

金不足的概率，而大的股票分配仅仅产生中等程度的改进。同时，当用发行
长期债券的方法来收回短期债券的比率更可能比 1 大而不是比 1 小时的必要
的等待时间很有趣。这可以从寻找这样的一些点来推导，这些点是所有的上
述曲线与从纵轴 50％点处所引出的水平线的交点。拿一个 100％的股票分配
来说，80％用发行长期债券的方法来收回短期债券比率的同时无支出的资金
计划，必须等待大约 9 年的时间；如果每年支出率为 7.5％，则必须等待
21 年！

　　资金充足计划实际上因为增加了股票分配，从而增加了盈余损失的概率。
这一结论与我们关于资金充足计划的结果是完全一致的，即大型股票分配的
风险可能实际上已经超过了盈利。

结　论

　　下一步我们开始着手分析在有负债情况下的资产决策过程。在前文中，我们已定义了三个十分重要的决策点：股票/债券分割、债券组合的持有期和国际分散化投资。最初，我们不考虑支出，并关注单期问题。在单期问题中，我们将广为熟悉的夏普比率的概念一般化到能处理有负债的情况。新的测度工具——风险调整盈余变化（RACS），使我们能方便地研究抚恤基金在表述三个重要决策点方面所面临的一些权衡关系。主要的结论如下：

　　● 资金不足计划比资金充足计划更能从高的股票分配中获利，因为在股票分配达到某一程度后，RACS经常会下降。

　　● 对所有计划而言，保持其债券组合的持有期与负债的持有期相匹配是很重要的。资金不足计划由此获益最大。

　　● 全球股票分散化投资对资金充足计划而言是很具有吸引力的，因为资金充足计划能从夏普比率较高的全球股票中获得更多利益。而资金不足计划进行国内投资会更好一些，因为这样能使它从国内资产与负债的高度相关性中获利。

　　● 固定收益证券的分散化投资对所有我们研究过的计划都不具有吸引力，转向全球固定收益证券所带来的资产夏普比率的增加效应，更多地被负债和非国内资产较低的相关性所抵消了。

　　随后，我们分析了在动态框架下没有支出时的资产分配决策。我们计算了在给定时间，资金不足计划为了达到资金完全充足状况所要求的回报，并发现在这一过程中大型的股票分配起了很大的作用。同时，我们也研究了与这类分配相联系的风险。正如在单期模型中提到的，主要结论是资金不足计划为提高其资金状况必须承担更大的股票风险。

小　结

　　在单期模型中的均方差优化理念可以拓展到以盈余而不是单个资产为中心的有负债的模型中。

　　当盈余成了被关心的变量时，夏普比率的概念可以拓展为风险调整后的盈余变化（RACS）。

　　用RACS测度优化，我们发现，对于资金不足计划，负债价值超过资产价值，因而能从高的股票分配中获利，而股票组合的分散化投资对资金充足计划是最有利的。

　　在包含支出的动态模型中，可以再次发现，资金不足计划为了提高其资金状况，必须选择大型的股票分配。

附录：负债模型参数选择

在前面的讨论中，我们将负债价值作为两个部分之和来建立模型。这两部分是债券和噪音，其中债券反映未来收益的最佳测算，噪音反映未来支出的不确定性。债券和与其相关的其他资产的回报可由如下方法计算，即用当前利率将预期收益折现。相应地，公开交易的债券指数可作为替代，这里的指数是经过调整并和负债流的持有期相匹配的。

用数学公式表示为：

$$R_{L,t} - R_{f,t} = \beta(R_{B,t} - R_{f,t}) + \varepsilon_t \tag{10A.1}$$

其中，$R_{L,t} = t$ 时刻负债指数的总回报；

$R_{f,t} =$ 无风险回报率；

$R_{B,t} =$ 债券指数的总回报；

$\varepsilon_t =$ 噪音。

参数 β 反映了相对某一具体债券指数的负债的持有期，它也反映了由于利息率改变造成的负债价值的不确定性。噪音（假定回报均值为 η 和波动率 σ）反映了未来支出的不确定性，并假定与负债指数无关，尽管它可能与其他回报相关。

为说明参数选择的方法，我们考虑将一个公司的恤抚基金计划按预期给付义务（PBO）方式模型化，作为例子。对抚恤基金计划而言，PBO 反映属于现在雇员的利益现值。这样，PBO 是抚恤基金债务的测度，这些抚恤基金债务基于一系列的假设，包括抵押率、未来工资增长率、提前退休、一次性支付和实际的折现率。PBO 的改变都清楚地在公司的"10-K"文件中公示了。

一个简化的例子，在 T 年，抚恤基金计划有单一回报。t 时刻的预期报酬（projected benefit payment）现值 V 可以由下式给出：

$$V = Ce^{-r(T-t)} \tag{10A.2}$$

其中，$C = t$ 时刻的项目收益成本；

$r = t$ 时刻的折现率。

在很短的时间内，可以用预期收益的改变、折现率的改变和时间段表示给付义务（benefit obligation）价值的变化：

$$\begin{aligned} dV &= \frac{\partial V}{\partial C}dC + \frac{\partial V}{\partial r}dr + \frac{\partial V}{\partial t}dt \\ &= V\frac{dC}{C} - (T-t)Vdr + rVdt \end{aligned} \tag{10A.3}$$

移项整理得：

$$\frac{dV}{V} = \frac{dC}{C} - (T-t)dr + rdt \tag{10A.4}$$

从另一个角度来说，负债价值增加的百分比变化由三部分构成：第一部分：dC/C 是 p. b. p（projected benefit payment）的百分比变化，因此代表现金流收益的不确定性；第二部分：$-(T-t)\ dr$ 反映了折现率所造成的价值不确定性。$-(T-t)$ 表示 t 时刻现金流的持有期。而最后一部分，rdt 表示由于时间所造成的价值改变。

考虑抚恤基金计划的内容，第一部分可用 PBO 的变化来解释，第二部分可用由于折现率的变化而造成的精算收益/损失来解释，最后一部分可用抚恤基金计划的利息成本解释。

更一般地，考虑 p. b. p 率稳定的抚恤基金计划，则 t 时刻的负债价值可由下式计算：

$$V = \int_t^{\infty} C_T e^{-r_T(T-t)} dT \qquad (10A.5)$$

同样地，我们可以用预期现金流的变化、折现率时期结构的变化和时间段来评估预期收益价值的变化：

$$dV = -C_t dt + \int_t^{\infty} [dC_T^* - (T-t)C_T + r_T C_T] e^{-r_T(T-t)} dT \qquad (10A.6)$$

同样，等式（10A.6）中的每一部分都可以自然地进行经济解释。第一部分，$-C_t dt$ 代表在递增的区间 dt 内的回报。对积分部分而言，第一部分代表由于 p. b. p 调整引起的给付义务的改变。第二部分，代表由于利率改变而造成的给付义务的改变。最后一部分代表利息成本。

尽管上面的模型因为只反映价值变化的增加而显得有些简化了，但它是联系我们建立包含噪音的模型的纽带。特别地，噪音可以由下式给出：

$$d\varepsilon_t = \frac{\int_t^{\infty} dC_T e^{-r_T(T-t)} dT}{\int_t^{\infty} C_T e^{-r_T(T-t)} dT} \qquad (10A.7)$$

当前现金流计划反映了所有可获得的信息，如果我们使由于预期支出变化引起的给付义务的预期变化为 0，则可以得到下式：

$$E_t[d\varepsilon_t] = 0 \qquad (10A.8)$$

同时，如果我们假定 ε_t 过程是独立增量过程，且服从独立正态分布，那么可得到下式：

$$E_t[d\varepsilon_t^2] = \sigma_\varepsilon^2 dt \qquad (10A.9)$$

这里 σ_ε 是噪音过程的瞬时波动率。

给定用发行长期债券的方法来收回短期债券比率
的最小盈余风险

分别记 t 时刻股票和固定收益证券的回报为 $R_{E,t}$ 和 $R_{B,t}$，投资于股票的盈余部分可用 α 表示，则盈余可以写成：

$$\begin{aligned} S_{t+1} = & A_t[\alpha(1+R_{E,t+1})+(1-\alpha)(1+R_{B,t+1})] \\ & -L_t[1+R_f+\beta(R_{B,t+1}-R_f)+\varepsilon_{t+1}] \end{aligned} \tag{10A.10}$$

这里我们用到了负债回报模型。除以资产价值 A_t，即得：

$$\begin{aligned} \frac{S_{t+1}}{A_t} = & \alpha(1+R_{E,t+1})+R_{B,t+1}\left(1-\alpha-\frac{L_t}{A_t}\beta\right)-\frac{L_t}{A_t}\varepsilon_{t+1}+1 \\ & -\alpha-\frac{L_t}{A_t}[1+(1-\beta)R_f] \end{aligned} \tag{10A.11}$$

我们的目标是极小化上式的方差，即：

$$\begin{aligned} \min_\alpha Var_t\left(\frac{S_{t+1}}{A_t}\right) = & \alpha^2\sigma_E^2+\left(1-\alpha-\beta\frac{L_t}{A_t}\right)^2\sigma_B^2+\left(\frac{L_t}{A_t}\right)\sigma_\varepsilon^2 \\ & +2\alpha\left(1-\alpha-\beta\frac{L_t}{A_t}\right)\rho\sigma_E\sigma_B \end{aligned} \tag{10A.12}$$

一阶条件为：

$$\alpha\sigma_E^2+\left(\alpha-1+\beta\frac{L_t}{A_t}\right)\sigma_B^2+\left(1-2\alpha-\beta\frac{L_t}{A_t}\right)\rho\sigma_E\sigma_B=0 \tag{10A.13}$$

移项整理得：

$$\alpha=\frac{\left(1-\beta\frac{L_t}{A_t}\right)(\sigma_B^2-\rho\sigma_E\sigma_B)}{\sigma_E^2+\sigma_B^2-2\rho\sigma_E\sigma_B}\cdot QED \tag{10A.14}$$

防止盈余下降的必需最小股票分配

期望未来盈余可以写成：

$$\begin{aligned} & E_t(S_{t+1}) \\ & =E_t\{A_t[\alpha\beta_{E,t+1}+(1-\alpha)R_{B,t+1}]-L_t[R_f+\beta(R_{B,t+1}-R_f)+\varepsilon_{t+1}]\} \end{aligned} \tag{10A.15}$$

令左边等于零，求解 α 可得：

$$\alpha=\frac{\mu_B\left(\beta\frac{L_t}{A_t}-1\right)+\frac{L_t}{A_t}[R_f(1-\beta)+\eta]}{\mu_E-\mu_B}\cdot QED \tag{10A.16}$$

给定初始筹集基金比率期望的未来筹集基金比率

根据筹集基金比率的定义和(10.11)中所显示的资产和负债的演化,我们可以写出时刻 1 的筹集基金比率:

$$F_1 = \frac{1}{1-p} F_0 (1+R_{x,1}) - \frac{p}{1-p}$$
$$= a F_0 (1+R_{x,1}) + b \tag{10A.17}$$

这里,定义 $a = 1/(1-p)$ 和 $b = -p/(1-p)$。同样,时刻 2 的筹集基金比率即为:

$$F_2 = a F_1 (1+R_{x,2}) + b$$
$$= a[a F_0 (1+R_{x,1}) + b](1+R_{x,2}) + b \tag{10A.18}$$
$$= a^2 F_0 (1+R_{x,1})(1+R_{x,2}) + ab(1+R_{x,2}) + b$$

更一般地,任何时刻 $t(t>0)$ 的筹集基金比率可由下式给出:

$$F_t = a^t F_0 \prod_{\substack{1 \leqslant s \leqslant t \\ s \in N}} (1+R_{x,s}) + b \sum_{i=0}^{t-1} a^i \prod_{\substack{1 \leqslant j \leqslant i \\ j \in N}} (1+R_{x,t-(j-1)}) \tag{10A.19}$$

这里,Π 表示连乘算子,空集定义为 1,N 代表实数集。

两边同时取期望得:

$$E_0(F_t) = a^t F_0 E_0 \Big[\prod_{\substack{1 \leqslant s \leqslant t \\ s \in N}} (1+R_{x,s}) \Big]$$
$$+ b \sum_{i=0}^{t-1} a^i E_0 \Big[\prod_{\substack{1 \leqslant j \leqslant i \\ j \in N}} (1+R_{x,t-(j-1)}) \Big]$$
$$= a^t F_0 (1+\mu_x)^t + b \sum_{i=0}^{t-1} a^i (1+\mu_x)^i \tag{10A.20}$$

利用回报是独立同分布的假设,得到以下结论:

$$E_0 \Big[\prod_{\substack{1 \leqslant s \leqslant t \\ s \in N}} (1+R_{x,s}) \Big] = \prod_{\substack{1 \leqslant s \leqslant t \\ s \in N}} E_0 [1+R_{x,s}] = (1+\mu_x)^t \tag{10A.21}$$

利用几何系列性质得:

$$E_0 [F_t] = \Big(\frac{1+\mu_x}{1-p} \Big)^t F_0 + p \frac{1 - \Big(\frac{1+\mu_x}{1-p} \Big)^t}{\mu_x + p} \cdot QED \tag{10A.22}$$

第11章

国际化分散与货币套期保值

库尔特·温克尔曼 〔Kurt Winkelmann〕

许多投资者经常采取转移一些资产到国际股票市场和固定收益证券市场的方式来多样化他们的组合。虽然这一策略能提高组合的风险调整后的业绩，但同时也为投资者带来了汇率波动的麻烦。因此，投资不但要选择战略（或长期）外国资产分配，还要决定如何选择政策来管理货币敞口。战略资产分配均衡法为投资者在以下两个方面提供了深刻的见解。这两个方面是：国际化分散程度和与其相关的货币套期保值。正如我们已见到的，均衡时，所有投资者都会按其资本权重持有全球资产的例子。实际上，投资者在某一时期增加他们的国际资产的情况，仍然是因为平均而言大多数国际投资者的国内证券过多。

因此，找出偏离市场组合（market portfolio）的合理原因及其潜在成本显得极为重要。在本节中，我们将首先讨论国际分散化的问题。从不同的角度，我们将讨论向投资组合中引入本土偏见的问题（本土偏见是指投资者倾向于在国内市场上持有不合适比例的投资）。

讨论完本土偏见，我们将注意力转向战略货币套期保值的问题。从分析货币套期保值对各资产类别的影响开始，然后考虑均衡的货币套期保值比率应该是多少。讨论完均衡货币套期保值比率，接着我们将分析本土偏见对货币套期保值比率的影响。

我们得到的结论非常直观，首先，我们发现适度的本土偏见就带来的风险来说不是特别大；其次，我们发现投资者在做货币套期保值的决策时，应该区分资产的类别：基本上来说，对国外债券头寸应该100％地对冲，而对国外股票的对冲比率取决于组合中的本土偏见程度。

国际分散化和本土偏见

极少有投资者真正按全球资本权重持有资产，大多数的组合有大量不合适的国内投资。涉及本土偏见资产的国内集中这一趋势影响货币套期保值政策，因为更少的原生资产投资于国外。对本土偏见而言，有没有潜在的经济原理？有没有能帮助投资者决定合适的本土偏见程度的规则？以及本土偏见是如何影响货币套期保值政策的？

首先，我们看看本土偏见是怎样影响战略或长期资产分配的夏普比率（Sharpe ratios）的。[①] 用均衡回报（第 6 章讨论过的），我们可以计算出全球资本权重组合的风险调整（risk-adjusted）后业绩，然后与固定收益证券或股票仅以国内资产进行投资的组合进行比较。

表 11.1 显示了固定收益证券的本土偏见是如何影响夏普比率的。其中比较了以全球资本作为权重的可交换证券组合（论述见第 8 章）与由全球股票和仅有国内固定收益证券构筑的组合的期望超额回报、波动率和夏普比率。资本权重分割是常数——32％的固定收益证券和 68％的全球股票（按资本价值权重持有）——而且假定所有资产都被货币对冲了。国内组合由基于欧元、英镑、美元和日元的投资者构成。为了便于研究，所有组合都以货币对冲为基础持有。

表 11.1   固定收入地区偏见

	全球加权资产	美国	欧盟	英联邦	日本
均衡超额收益	3.98％	4.03％	3.93％	4.02％	3.81％
波动性	9.33％	9.48％	9.29％	9.65％	9.05％
夏普比率	0.426	0.425	0.424	0.417	0.421

这些数字表明，组合中对固定收益证券的全球分散对夏普比率没有明显的影响（至少在运用均衡回报时是这样的）。例如，当仅仅持有欧洲大陆固定收益证券（fixed-income securities）时，基于欧元的投资者的夏普比率从 0.426 下降到 0.424。同样，另外三种货币的夏普比率也只有适度的改变。

尽管表 11.1 似乎表明从分散投资于国际债券中不能获利，但有很重要的两点必须注意：第一，组合的股票分配极大地影响国际固定收益证券敞口。图 11.1 描绘了组合的夏普比率（有和没有国际债券）和股票分配的对比。当股票分配超过 50％时，国际固定收益证券分散化投资对夏普比率的影响甚微。但是，当股票分配不足 50％时，增加国际债券能明显改善风险调整后业绩。原因很简单：股票的夏普比率比债券的要明显地高出不少，因此，当股票分配较高时，股票组合产生的效应吞并了分散债券组合的影响。

[①] 夏普比率指组合的超额回报除以组合的波动率。

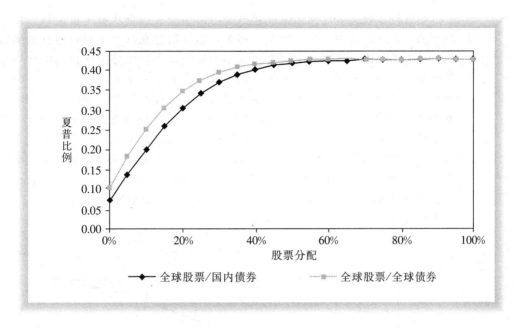

图 11.1　固定收益多样性的影响

　　第二，国外固定收益证券的战略分配能给投资者带来另一种提高业绩的能力。例如，假定某个投资者有 65％ 的股票分配。根据图 11.1 和表 11.1，对投资者来说，全部持有国内债券和按全球资本价值权重持有债券是没有差别的。但是，由于持有国内债券，投资者放弃了对国际固定收益证券采取积极管理而增加组合价值的机会。许多投资者试图通过建立相对于国内固定收益基准来说的投机委任（opportunistic mandate），来增加国际固定收益的积极成分。但除非这些委任同时也给经理一种买空国外债券的能力，否则就不会有良好的积极管理的绩效。积极管理（active management）的角色和结构将会在第 13 章详细讨论。

　　接下来讨论本土偏见如何影响股票分配。表 11.2 比较了这两种组合的夏普比率，它们分别是以国际资本价值为权重的组合和全部是国内股票的组合。和表 11.1 一样，所有组合都假定为货币对冲了的。可以发现，国际分散化有可观的收益。例如，基于日元的投资者的夏普比率（Sharpe ratios）可从仅持有国内股票时的 0.256 上升至以全球资本价值权重持有时的 0.426。当股票包括国际资产时，甚至美元投资者的风险调整后业绩也提高了几乎 10％。

表 11.2　　　　　　　　　　　　　　　股票地区偏见的影响

	全球加权资产	美国	欧盟	英联邦	日本
均衡超额收益	3.98％	3.98％	4.40％	3.82％	3.39％
波动性	9.33％	10.21％	12.15％	11.25％	13.25％
夏普比率	0.426	0.390	0.362	0.339	0.256

尽管许多投资者已开始国际化投资，但很少有按全球资本价值权重持有股票的，大多数仍然是本土偏见。那么，当分散化在哪个点时收益开始缩减呢？首先考虑国际股票分配对夏普比率的影响。当股票分配比例向国际资本价值权重组合方向增加第一个 10% 时，夏普比率是增加的；第二个 10% 时仍然增加，但是没有第一个 10% 时那么显著。而且可以发现，每一个 10% 的增加都要比它前一个的增加产生的影响要小。图 11.2 用百分比的形式显示了对基于欧元、英镑、美元和日元的投资者的影响情况。从图中可以看出，平均而言，向全球资本价值权重组合方向增加 20% 的股票分配，会使夏普比率提高 25%。例如，基于欧元的投资者向完全分散组合增加 20% 的分配，就会使夏普比率从 0.362 增加至 0.377。夏普比率 0.015 的增加代表大约 23% 的总的潜在提高（即从 0.362 提高到 0.426）。

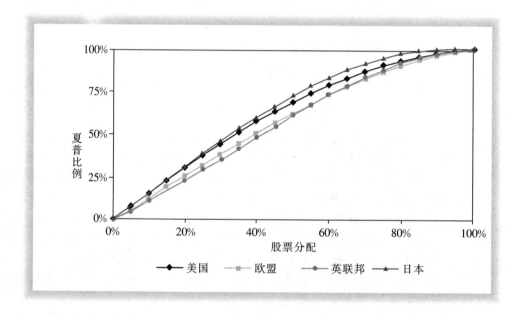

图 11.2　股票风险多样化的附加影响

　　增加分散化所带来的收益同样令人惊奇：不管基础货币是什么，当潜在股票分散化程度达到 60% 的时候，收益开始萎缩；而且当潜在收益达到 75% 时，对夏普比率的影响也相应地开始衰落，而不管基础货币是什么。例如，当那些基于英镑的投资者以完全分散组合为目标增加 60% 的分配时，会看到夏普比率从 0.339 增加到 0.404。

　　国际分散化投资的方法是十分有意义的，因为它接近于真实投资者的行为。当分散所产生的收益很大时，将激励投资者再分配资产；但当收益较小时，投资者将在继续分散所产生的增量收益和另选择投资机会之间权衡。至少这可以部分地解释目前许多对可选择资产如私有股的兴趣的增加这种现象。

　　假设投资者决定按 60% 的比例向完全分散化的目标分配。表 11.3 表明，总股票中分配于国际股票的部分取决于全球资本权重组合中国内股票所占的比例：国内市场的资本权重越小，则投资于国际股票的比例就越大。例如，基于美元的投资者如果遵循我们的规则，持有的国内股票将占总股票的68%（相应地持有32%的国际股票）。相反，在同样前提下，基于英镑的投资者将持有占总股票45%的国内股票（相应地持有55%的国际股票）。

表 11.3   地区偏见—调整投资组合权重

	美元	欧元	英镑	日元
国内股票	46.0%	34.3%	30.8%	32.3%
国外股票	22.0	33.7	37.2	35.6
国内固定收入	32.0	32.0	32.0	32.0
国内股票/总体股票	67.7	50.5	45.3	47.6

货币套期保值对单个资产种类的影响

前面我们说到，当国际市场权重占到市场资本组合的60%时，全球分散化投资的收益将明显下降。接下来，我们将注意力转向如何制定货币套期保值政策。我们分三步来讨论这一问题：第一，分析货币套期保值（currency hedging）对各类资产的影响；第二，讨论当所有投资者都持有市场组合（market porfolio）时，货币套期保值究竟产生怎样的影响；最后，讨论投资者持有本土偏见调整后组合时，会出现什么情况。

图11.3显示了从四种不同货币的角度看，各种对冲比率对组合波动率的影响。图中描绘了在每种货币的情况下，国外债券或国外股票投资的波动率和货币套期保值程度之间的相互关系。从图中可以得到两个与基础货币无关的结论：第一，无论货币套期保值程度如何，国外债券组合比国外股票组合的波动性要低；第二，货币套期保值对于国外债券组合波动率的影响要比其对国外股票组合的影响更加明显。实际上，无论基于什么货币，当组合从完全对冲转变到完全不对冲时，国外债券组合的波动率至少要翻一番。例如，当组合从完全对冲转变为完全不对冲时，欧元投资者的国外债券波动率从约4%上升到将近10%。

运用组合风险分解或热点分析方法也可得到同样的结论（见第3章）。这一方法不关注组合的波动率，而考察货币头寸在不同对冲程度下的风险边际贡献（以百分比的形式）。结果见图11.4，这里用的是与图11.3相同的组合波动率程度、相同的货币和同样的国外股票和国外债券分离的分析方法。

图11.4反映了无论基于什么货币，开放的货币头寸给国外债券组合带来（以边际的方式）的风险比给国外股票组合带来的风险更大。实际上，在完全没有对冲的国外债券组合中，不论基于什么货币，货币都占超过80%的风险，但在完全没有对冲的股票组合中，货币占不足40%的组合波动率（边际形式）。

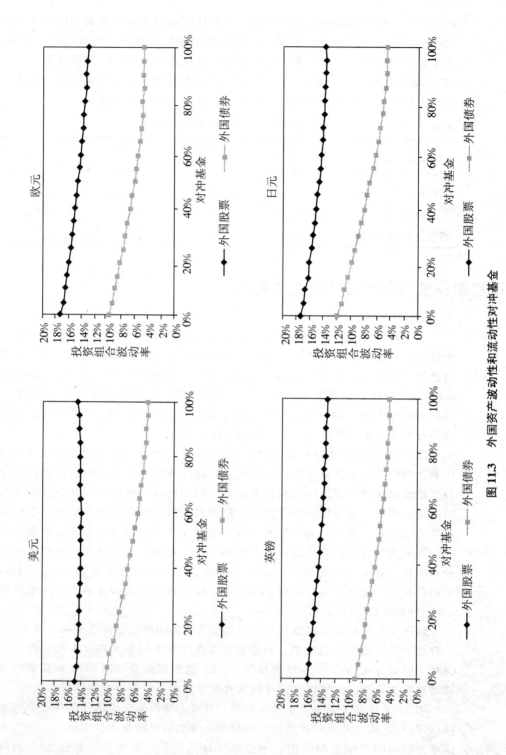

图 11.3 外国资产波动性和流动性对冲基金

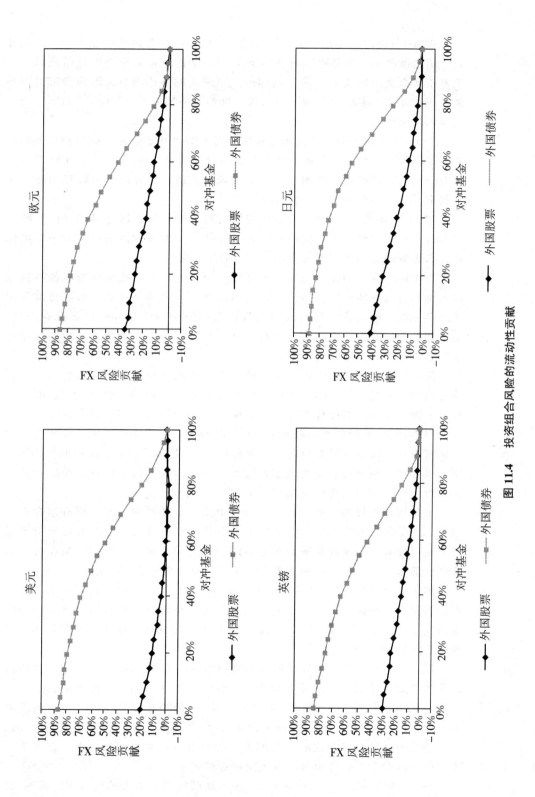

图 11.4 投资组合风险的流动性贡献

投资者如何利用图11.4中的信息呢？假定投资者想要不超过20％的国外资产组合波动率，则他必须对冲掉至少75％的国外债券组合的货币敞口（不论基于什么货币）或不足50％的国外股票组合的货币敞口。因为货币对国外固定收益证券有显著的影响，所以我们推荐对冲掉所有（100％）的国外债券组合的货币敞口。

图11.4同时也揭示了货币套期保值对于那些基于欧元、英镑和日元的投资者的国外股票组合风险的影响要明显高于基于美元的投资者。实际上，货币对美元投资者的国外股票组合产生的风险甚微，这可以用来解释为什么美元投资者设立不对冲的全球股票标准。

图11.3和图11.4测量货币套期保值对于仅仅持有国外股票和国外债券组合的影响。当然，大多数的投资者同时持有国外和国内资产。货币套期保值怎么影响既有国外资产又有国内资产的组合呢？

为了回答这一问题，首先考虑这样一个组合，它是按全球资本价值权重持有全球股票和债券的。如第8章所示，绝大多数的全球资本市场价值集中于以美元统治的资产。尽管大多数投资者不按全球资本价值权重持有资产，但这样的分配能为我们的组合分析提供一种有用的中立参考点。我们的目标是算出中立参考点的对冲比率。

假如每个地区的投资者都按全球资本价值权重持有资产，那么我们很容易弄清货币套期保值（currency hedging）程度如何影响组合波动率。而且很快就能测度在不同对冲程度下，货币对总组合风险所产生的边际贡献。

图11.5中的四条曲线显示了货币对冲程度是如何影响组合波动率的（假定所有投资者以全球资本价值权重持有资产）。坐标图描绘了在各种对冲程度下的组合波动率及对组合波动率的分解，显示出固定收益证券、股票和外汇头寸对组合波动率的边际贡献。

坐标图是很好的模型。首先，当货币敞口全部被对冲时，所有组合有将近9％的波动，这时，风险主要产生于股票头寸；其次，当没有任何货币敞口需要对冲时，固定收益证券头寸对组合风险贡献最小；最后，当没有货币套期保值时，日元投资者的货币头寸是组合波动率的最大源泉。

图11.5可以给投资者这样一个启示——针对不同地区，应当灵活地制定不同的货币套期保值政策。例如，假定投资者都希望货币对组合波动率边际贡献最小。由图11.5可知，美元投资者将对冲掉其货币敞口的40％，而欧元投资者将对冲掉80％。

那么，本土偏见将如何影响货币套期保值决策呢？图11.6显示，货币对组合风险的贡献取决于：货币对冲的程度、参考货币和本土偏见的程度（假定持有32％的固定收益证券和68％的股票）。每一坐标图反映一种不同的参考货币，当一条线反映市场资本价值权重时，另一条相应地表示适中的、60％分散的、具有代表性的本土偏见。一般来说，本土偏见越大，在各个货币套期保值程度下，货币对组合风险的贡献越小。

显然，货币风险（currency risk）因为基础货币和本土偏见的程度而不同。一般来说，50％的货币套期保值政策足以使货币成为相对较小的组合风险来源。

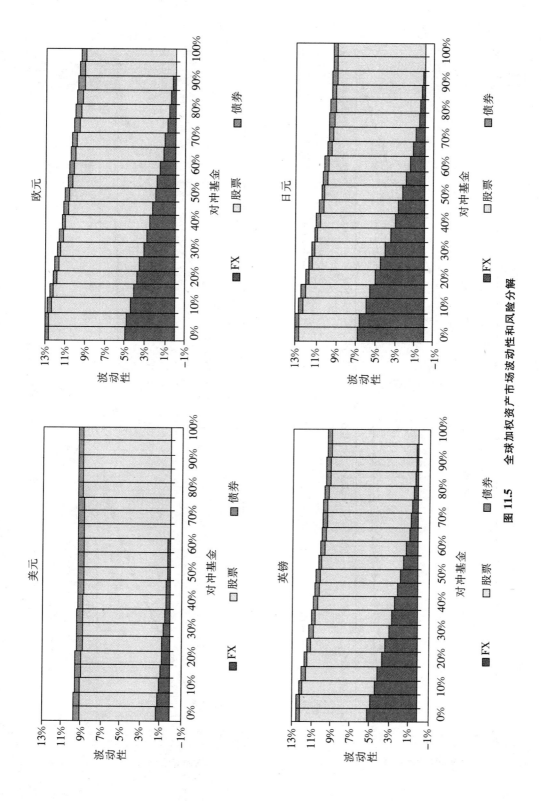

图 11.5　全球加权资产市场波动性和风险分解

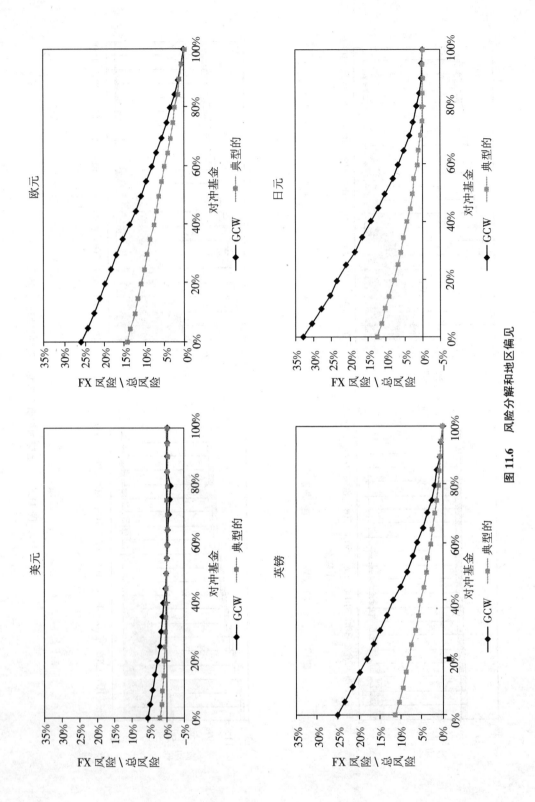

图 11.6 风险分解和地区偏见

到目前为止，我们一直在关注与战略货币头寸相关的风险问题。换个角度来说，我们详细讨论了国内、国际资产分配和货币套期保值程度等问题。随后，计算了组合的波动率及开放外汇头寸对组合波动率的贡献。很少讨论有关开放货币头寸回报的问题。因为我们在组合的环境下讨论货币，所以在研究套期保值如何影响货币回报时自然关注货币的超额回报——投资者可能获得的高出利率级差（或货币远期合约）的回报。

我们认为，隐含的回报分析是解决货币回报问题的一种有用的方法。这一方法不是先假定决定最优组合权重的资产或货币的回报，而是从组合的权重集开始，决定什么样的回报程度可以优化组合。① 我们偏好于隐含回报而不是历史平均回报，主要有以下两个原因：其一，假定你想优化回报，隐含回报分析表明，资产或货币的回报必须是：只有你愿意承担因持有资产或货币的头寸而带来的额外风险时的回报。所以，资产和货币的隐含回报可以直接根据风险分析的边际贡献计算出来。

其二，历史平均对期望回报缺乏预测功能，部分原因是估计值在很大程度上依赖于所选择的历史时期。例如，如果你用 1980—1990 年而不是 1990—2000 年作为历史平均的基础，那么日/美汇率的期望回报就有很明显的不同。

隐含回报分析能评估在不同对冲程度下的货币回报。换句话说，从组合权重集和某一货币套期保值程度假设往回计算，我们可以得到相应的隐含货币回报。

假定所有投资者都持有全球资本价值权重的组合。应用于货币的资产"权重"为无对冲货币头寸。例如，其持有组合中有 20％的美国股票和对冲 50％的货币敞口的日元投资者将可能有 10％的开放美元头寸。

图 11.7 分别从欧元、英镑、美元和日元的角度描绘了隐含货币回报和货币套期保值程度之间的关系。从图中可以看出，货币套期保值程度越高，隐含回报就越低。例如，如果欧元投资者让全部货币头寸完全开放，则美元的隐含回报（超额）是 3.3％。如果所有货币头寸对冲 50％，则美元的隐含回报约为 2.1％。

货币隐含回报和货币套期保值之间的关系实际上不是很令人惊讶。在图 11.6 的风险分解分析中，我们得到这样一个结论：高程度的货币套期保值意味着低程度的货币组合风险。因此，为了使其成为较高程度的货币对冲投资者的最优解，必须同时相信货币会有较低的期望超额回报。

图 11.7 的坐标图同时解释了在较高的货币对冲程度下，一些货币的隐含超额回报实际上为负。例如，100％对冲了公开货币头寸的美元投资者意味着他们的日元回报为负。尽管结论有些反直观，但可用超额货币回报和超额资产回报的负相关关系来解释。这个令人惊讶的结论是有根据的，是通过对货币和资产回报相关关系的历史数据的详细分析得到的。此外，如果我们假定超额货币回报和超额资产回报无关，那么隐含货币回报是怎么被影响的呢？

---

① 令 x 为 $N \times 1$ 的组合权重向量，是资产回报（超额）的 $N \times N$ 协方差矩阵，λ 是风险厌恶参数。$N \times 1$ 回报向量，R 代表由 $R = \lambda \Omega x$ 确定的隐含组和权重 x。当 x 是全球资本价值权重组合时，R 是均衡回报向量。注意 λ 可以被校准。这样，组合的超额回报与长期历史期望一致。

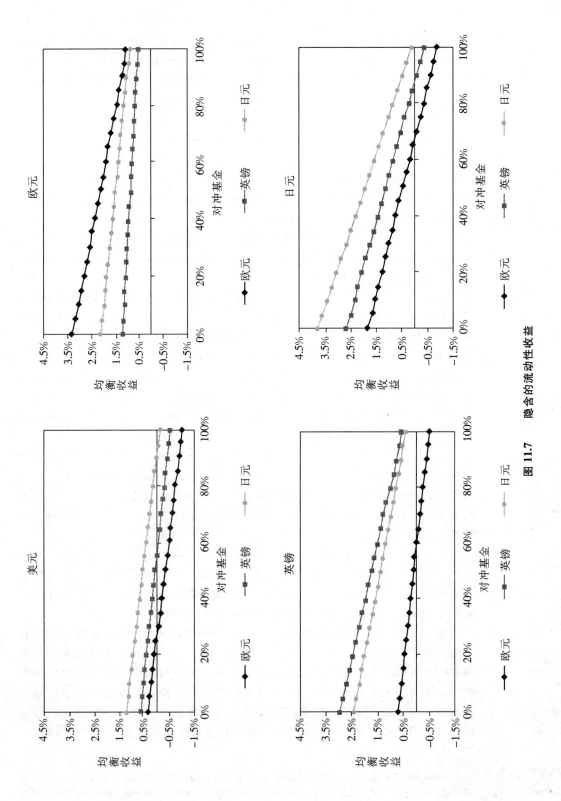

图 11.7　隐含的流动性收益

图 11.8 分析了货币和资产回报之间的长期相关性。图中画出了一揽子七国集团（G—7）货币回报到七国集团资产组合回报的回归的 β 时间序列（G—7 国家包括：加拿大、法国、德国、意大利、日本、英国和美国）。回归以过去 20 年 90 天滚动窗估计。坐标图显示了时间序列的两个有趣的特征：第一，β 系数正负相间（偶尔）；第二，当 β 系数随时间变化时，集中趋势似乎为 0。

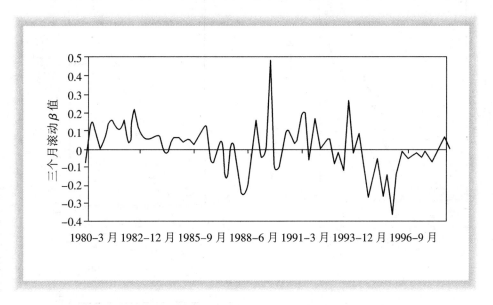

图 11.8 货币对于对冲资产的 β（G-7 投资组合，美元的观点）

为了深入分析这一问题，我们将样本分成几段离散的片断，并计算每段的 β 系数和各段之间的相关系数。表 11.4 说明了在长时期（例如 10 年或 20 年），β 系数和相关系数程度接近于 0，但在更短的时间区间，以上两个因素明显偏离 0。

表 11.4　　　　　　　　　　　　时间影响的 β 值

时期	β	相关性	T 检验
过去 10 年	−0.02	−0.05	−2.52
过去 20 年	−0.01	−0.03	−0.87
1978 年 1 月 1 日至 1985 年 12 月 31 日	0.05	0.16	7.00
1986 年 1 月 1 日至 1988 年 12 月 31 日	−0.06	−0.16	−4.43
1989 年 1 月 1 日至 1993 年 12 月 31 日	0.05	0.10	3.65
1994 年 1 月 1 日至 1997 年 12 月 31 日	−0.09	−0.24	−8.03

数据表 11.4 对组合战略有两点重要含义。第一，鉴于长期相关系数非常低，出于战略资产配置（strategic asset allocation）的目的，货币和资产的超额平均回报之间的相关系数为 0；第二，从更长时期来看，相关系数改变符号可被看做积极货币管理的理论依据。

货币和资产的超额回报之间的长期相关系数为 0 的假设是怎样影响隐含货币回报的呢？图 11.9 说明了隐含货币回报和货币套期保值比率这二者之间

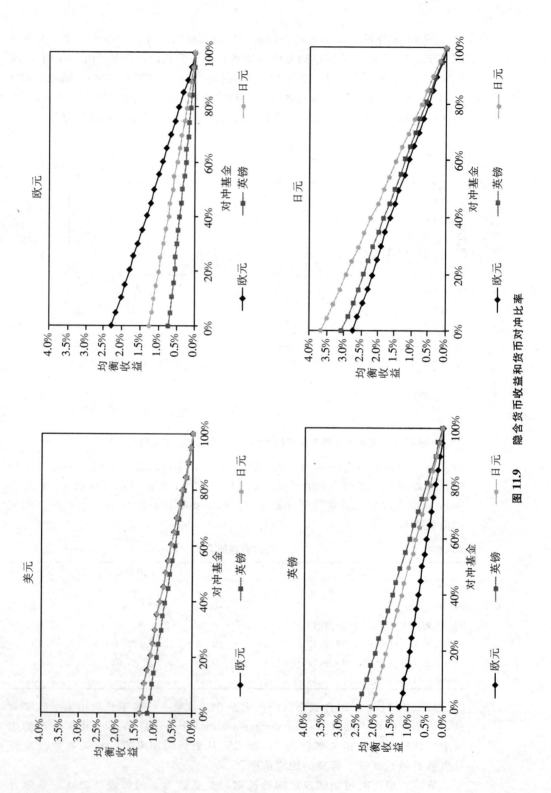

图 11.9 隐含货币收益和货币对冲比率

的关系。与图 11.7 所显示的结果类似，随着货币套期保值百分比的增加，货币隐含回报下降。当货币对风险的边际贡献降低时，与开放货币头寸相关的隐含回报也下降了（在最优的假设下）。但与图 11.7 相反的是，所有的隐含货币回报都是非负的。当我们假定货币回报和资产回报之间的相关系数为 0 时，100％货币对冲组合的隐含货币回报也为 0，开放货币头寸导致正的隐含货币回报。

结　论

最佳战略（长期）货币对冲套期保值政策是什么？我们通过寻求与选择的货币对冲程度相关的风险预算来解决这一问题。此外，为了使我们的建议具有普遍性，我们将分析运用于基于欧元、英镑、美元和日元的组合。

我们的结论是什么呢？第一，货币套期保值对股票和固定收益证券的影响各不相同。因为货币在没有对冲国外固定收益组合的风险上承担了不均衡的比例，所以我们推荐 100％的货币对冲。

第二，恰当的货币套期保值程度随本土偏见程度的变化而变化。如果想让货币成为最小的组合风险来源，那么对全球资本价值权重组合持有者而言，80％的货币对冲比率是恰当的；当本土偏见增加时，恰当的货币套期保值程度将下降（假设你想要货币敞口成为组合中的最小风险来源）。

第三，不论基于何种货币，将纯粹国内组合变为 60％全球资本价值权重组合时，投资者能获得 75％的潜在夏普比率的提高（基于均衡回报）。这意味着，恰当的货币套期保值比率约为 40％（假设想让开放货币头寸成为最小的组合风险来源）。

最后，当全球资本价值权重组合有 80％被对冲时，隐含货币超额回报约为 50 个基点。

第 12 章

不相关回报来源价值

鲍勃·李特曼 （Bob Litterman）

不相关资产什么时候能增加组合的价值？在 CAPM 均衡中，回报率与市场组合 （market portfolio） 不相关资产的期望超额回报为 0。这一在第 4 章中得出的结论，应该使那些和我们一样想利用不相关资产来增加组合价值的人，放弃这种想法。CAPM 理论说明，在均衡时，不相关资产对组合的构建没有特别的价值。不相关资产能分散组合，但是，如果通过从组合中有正的期望回报的资产转向没有正的期望回报的资产来降低风险的话，则这种分散化 （diversification） 没有改善组合的风险特征，因为在 CAPM 均衡框架下，不相关资产不能增加价值。

风险降低本身是没有止境的。投资者可以通过选择多持有或少持有现金的方式，很容易地降低或增加组合的风险。不相关资产的价值不在于它们降低风险的能力，而在于它们增加期望回报，同时降低或者至少不增加风险的潜在可能。能提供正的期望回报的不相关资产对组合有重要价值，当然，这与期望回报的大小有关，但不相关资产的这一能力主要依赖于一些偏离均衡的组合而存在。

积极风险 （active risk），由以某一标准为参照进行积极风险管理而产生，也同样令人伤透脑筋。积极风险和市场几乎总有 0 期望相关系数，均衡时没有期望超额回报，所以对组合价值没有什么贡献，只有在偏离均衡的情况下才能反映积极风险对构建组合的价值。

本章试图强调两个结论：第一，积极风险和其他不相关回报在组合的构建中，是如何体现其重要性和珍贵价值的；第二，均衡方法是如何引导我们去发现与不相关风险相联系的正回报的，这些回报在理论上被认为并不存在。

均衡方法没有说明组合中的不相关资产的作用的事实，并不是说均衡方法是错误的或没有价值的模型。这一方法提供的是识别机会的框架。换句话说，通过均衡框架能识别具有各式特征的资产，这些特征包括与市场不相关、与均衡不一致的期望回报。所以，这一框架显得很具魅力。均衡框架为期望超额回报提供了参考，即超过这一参考水平的回报是具有吸引力的。特别地，正如下文所示，回报率不相关且有正的期望超额回报的资产能明显增加组合的价值，而组合中的其他资产，通过均衡风险溢价来获得回报。

投资管理业为讨论不相关资产和其他积极风险，创建了不太恰当的专业术语。这种不恰当指的是从统计角度来定义的与市场不相关的特征，这些特征在投资产品的描述中总是没有说清楚。而且，许多回报与市场有明显正相关关系的产品，却被认为要么是与市场不相关的，要么是市场中性的。

因为不相关资产不属于标准资产类别集，所以它们通常归入所谓的"其他"资产类别，但其他资产也包括许多与市场组合高度相关的资产。"其他"通常指这些资产不包括在标准资产当中，但并不意味着与市场组合低度相关。与市场明显呈现正相关的其他资产的例子有：私有股、不动产和一些对冲基金（hedge funds）。另一方面，也有不少其他资产确实与市场组合不相关。例如，商品、可控的期货账户和一些真正的市场中性的对冲基金。识别不相关回报的最佳方法是收集其回报数据并计算它们与市场回报的相关系数。

除了其他资产，还有许多潜在的、有正的期望回报的不相关回报。例如，参照基准（benchmarks）的积极风险，通常与标的（underlying）资产不相关。最后，以各种复制策略出现的积极回报，例如，积极货币管理和全球战术资产分配，通常与市场不相关。

相关的和不相关的其他资产之间有十分明显的区别。不相关资产给组合增加很小的风险，至少从边际的角度来说，这一观点是成立的。在投资者盘算投资于其他资产的情况下，有个潜在的假设是资产有正的期望超额回报率。增加正的期望超额回报而不增加风险总能改善组合的风险/回报特征。从这个意义上说，不相关投资有相对低的最低资本预期收益率（hurdle rate）——期望回报仅为正。

当资产与市场正相关时，可以假定有正的期望超额回报。对正相关的资产而言，正的回报是一个均衡的现象，它是资产应该得到的风险溢价。对与市场相关的资产来说，有个问题是，它通常要增加组合的风险，即使是以边际的形式。在这种情况下，投资者面临的问题是评价风险溢价是否足以抵消组合风险的增加。

另外，对于不相关资产而言，应该不存在正期望超额回报的可能。因为，如果一种不相关资产存在正期望超额回报，就代表它偏离了均衡。即使确实存在正期望超额回报，也只代表一种获得超额回报的机会。

投资者应该遵循下面的方法来评价组合的风险来源：所有风险来源应被划分为两个部分——市场风险（market risk）和不相关风险。这一划分很直观——以市场回报预计每个投资的回报，并估计 β 系数——估计市场回报倍数。投资的市场风险由估计的 β 值乘以市场回报给出；投资的不相关风险由剩余部分——即投资回报的波动率减去市场回报和投资项目的 β 值的积的形式给出。与这一剩余部分相关的回报，即所谓的 α 值，是积极投资管理者的圣杯（对积极投资管理者的奖赏）。

采取这一划分方法有多方面的原因。第一，市场方面的风险应得到由市场决定的风险溢价。如前面分析所示，这一风险溢价在市场上实际是免费得到的——即不用额外支付投资管理费用。市场风险溢价的成本不是费用，而是它对稀缺资源的利用，以及投资者对市场风险暴露的有限制的需求。不相关风险则与此正好相反，它不创造额外的市场风险暴露（risk exposure），因此在大多数组合中，它对组合风险贡献很小。另外，不相关风险一般需要积极的管理费用。均衡理论所强调的挑战是投资经理是否能真正创造正的 α 值，也就是期望回报大于经理所收取的不相关风险管理费用。对投资者而言，唯一使其能理性判断经理所收取的费用是否合理，以及回报是否足够大的方法是分别识别投资项目的市场风险部分和不相关风险部分。

本章的讨论从什么时候不相关资产增加组合价值开始。这一问题的价值在于，它直接强调这样一个事实，就是组合价值增加不是实际存在的风险特征的函数，而是风险和期望回报率之间关系的函数。在均衡时，不相关资产没有特别的价值；实际上，此时它没有获得期望超额回报。但是，正如我们将要陈述的那样，考虑不相关资产的更一般意义，这一问题将被提升。使不相关资产有意义——期望超额回报大于均衡价值——的情况，也适用于有正相关关系的资产。因此，这一讨论很自然地将我们的思路引向考虑何时、以边际的方式、增加投资能增加组合的价值。最后，可以发现，风险回报的权衡不仅可以运用于边际的方式，也可以更广泛地运用于如何优化组合里各种头寸的问题。

或许某天，所有投资者都洞悉了市场风险与不相关风险的区别，他们将努力把自己的投资项目按上述两部分来划分，他们的行动促使价格调整，以至于没有超额回报，即没有 α 存在于各种不相关风险的来源里。如果真是这样的话，那么投资活动将没有任何意义，并且能增加组合价值的通道也将消失。在我们看来，这样的世界还没有到来，我们依然在努力寻找 α 值。

我们发现通过夏普比率——即期望回报与波动率的比率——来量化不相关风险，进而研究上述问题是非常有意义的。在均衡时，夏普比率当然为 0。在更一般的情况下，这一比率越大，不相关风险对构建组合的价值也就越大。我们的观点是：尽管今天市场通常认为是有效的，但仍然可用不相关风险来创造有 0.25 的夏普比率或更高的投资产品的机会，通常夏普比率越高越好。下文将会论述，在这一单位风险期望回报比率水平下，组合中产品的价值比通常意义下要大得多，而且最优的不相关风险数量比一般情况下也大得多。

既然正如前文强调的，那样一个正的期望回报（稍高于费用的很小的回报）不是一个均衡现象，那么或许我们应该解释一下，为什么我们认为它存在。首先，我们认为，投资者并非都理解市场风险和不相关风险之间的区别。很重要的一点是，多数投资者对在均衡时不能合理解释的不相关风险持风险厌恶（risk aversion）态度。正是由于缺乏理解，所以为投资者充分利用它们提供了机会。价值型股票就是说明这一现象的简单例子。价值型股票，即有较低的账面价格和市盈率（price/earnings（P/E）ratio）的股票，倾向于有低于平均水平的 β 值，这在均衡时意味着低于平均期望回报。查历史资料可知，这样的股票实际上有高于平均水平的回报。其次，我们认为，并非所有信息都是公开和为投资者充分利用的——与资产价值相关信息的处理过程非常昂贵，它需要资源、资本分配和增加风险。那些最先开始买和卖并且造成价格走向公平价值的投资者，应该因他们的努力而得到补偿。再次，市场上有非盈利参与者，如政府和中央银行，他们为追求利润最大化的投资者提供了机会。最后，大量的结构的无效性阻碍了投资者推动风险溢价达到它们的均衡价值。这些无效性，例如有高于应得的风险溢价的，以及对国外投资者有限制的市场，再次为那些愿意和有能力充分利用上述市场的投资者带来了机会。

如果这些无效性和偏离理性存在，那么，CAPM 模型怎么帮助我们识别价值呢？如前面章节所示，尽管 CAPM 中的 PM 代表"定价模型"，但实际上，从测度的代价高低方面考虑，CAPM 模型不能为某一个具体的证券定价。CAPM 模型能为我们提供的只是分析的框架，在这一框架下，我们能识别某一证券的均衡期望超额回报，它是这一证券的风险特征的函数。特别地，均衡期望超额回报等于该证券的 β 值乘以市场组合回报。

均衡期望超额回报可以被解释为某一证券的风险在整个经济范围的公平价值，它不是某一特殊组合的函数或者单个投资者的情况。即使市场不能使所有的投资产生均衡风险溢价，但它仍然十分有用。因为它提供了一个中性的起点，从这个起点出发，投资者可以进行组合的构建。

如果均衡提供了价值的"外部"测度，是一种独立于投资者特殊情况的一般情况，那么，投资者的组合本身提供了价值的"内部"测度——即组合的一种具体情况。如第 2 章所示，为解决这一"内部"价值测度，投资者所需要的就是各种资产的期望超额回报。有个建议是用市场组合的期望超额回报来将上述资产回报进行标准化。不论怎样，如果为期望超额回报给定一个参考，我们就可以解决内含观点（implied views）的问题——即一套组合中其余所有资产的期望超额回报，这样现行组合相对于这些期望超额回报是最优的。第 2 章已论及，内含观点提供了一套隐含的最低资本期望收益率，与它进行比较，投资者可以测量自己组合里的头寸是否合适。

分析组合的第一步是比较内含观点和均衡期望超额回报。当内含观点偏离均衡值时，表明投资者捕捉到了投资机会，即资产期望回报大于或小于与其风险特征一致的均衡风险溢价。投资者可能希望拿根置于内含观点的期望超额回报的偏离与均衡值进行比较，来作为识别任何不一致性或根置于组合的机会的方法。

正如与市场组合无关的资产有零均衡风险溢价一样，那些回报与特别组合回报不相关的资产，有零值期望超额回报的内含观点。在这一情况下，投资者可能经常会问：这些暴露的大小真的合理吗？当投资者对某一资产持有正的权重时，这一情况经常发生，因为投资者对这一资产有正的期望回报。

如果在这一情况下，内含观点是零或者负值，这经常与这样一种情况相联系，就是如果投资者增加组合的大小来更精确地反映正的期望，他将会处于更好的境地。

组合分析的第二步是弄清楚每一资产对总组合的风险贡献，并且弄清楚各种资产的最小风险头寸。给定投资理念，风险贡献（risk contributions）对正确设定头寸大小非常有用。多数投资者觉得很难在给定置信水平下估计某一资产的期望超额回报，他们能以很大的置信度（degree of confidence）水平给出组合风险的百分比。但仅考虑风险贡献有一个缺点，就是当投资者想增加或降低风险贡献时，总是不知道该如何调整头寸。从这个角度说，弄清风险减小头寸的位置是很重要的。

风险减小头寸是指某个不改变别的资产头寸，而能使组合风险最小化的头寸。风险减小头寸同时也是这样的头寸，它有零值期望超额回报的内含观点。如果当前头寸比风险减小头寸要大，那么当前头寸代表正的期望超额回报，增加头寸将增加风险和期望回报。同样地，如果当前头寸小于风险减小头寸，那么当前头寸代表负的期望超额回报，卖空头寸将增加风险和期望回报。

没有理由给风险减小头寸赋予零的权重。投资者可以轻易为某一资产赋予正的权重，或相对于某一基准的超重（overweight）头寸，并仍然有小于风险减小头寸的权重。在这一情况下，增加资产则风险降低。此外，我们称这样的头寸为有反直观的内含观点——反直观是因为这样的头寸有正的权重，但有负的内含观点。投资者在不利用风险工具时容易错误地构建这样的组合，而其本意是创建有正的期望的组合。当这一情况发生时，投资者可通过增加暴露来改善组合的风险和回报。实际上，在这样的情况下，优化的组合权重正好是低于风险减小头寸。

同时从风险和回报的角度进行组合分析，能使投资者回答和询问两个基本的问题。首先，"每个资产的合理期望超额回报的最佳估计是什么？它与组合的内含观点相一致吗？"；其次，"每一资产期望的风险贡献是什么？它与当前组合权重相一致吗？"。对投资者而言，回答后一个问题比较容易。下文将会论述到最优的组合权重对期望超额回报的微小改变有很高的敏感度，而风险贡献一般来说对组合权重的微小改变不敏感。[①]

下面举三个例子来说明这些问题。在第一个例子中，我们设计一个简单问题来强调不相关风险的价值。假定仅仅需要做两个投资决策（investment decisions）：将要纳入组合的市场风险的多少和不相关风险的大小。进一步研究最优的不相关风险数量作为不相关风险的夏普比率的函数是如何变化的？当无风险夏普比率增长超过零时，最优的不相关风险数量很快增加到常规组

---

① 这一缺乏敏感性不是总成立的。当两资产高度相关且有相反的风险暴露时，一种资产的风险贡献随其头寸的微小改变而显著变化。考虑一个用可交付的债券与相应的期货合约套期保值交易的例子。如果期货持有的数量能使交易的风险最小，则期货对风险的贡献是零。在这种情况下，期货的头寸稍有增加都将会使其在混合头寸的风险中占主导地位。

合中很少见到的水平。在第二个例子中，我们研究最优资产分配对各种资产期望回报的微小改变的敏感性。我们建议，投资者或许可以直接从风险分配的角度考虑资产分配，而不是先明确期望回报，然后再进行优化。最后，在第三个例子中，我们对比了适合于股票市场中经典的战略资产分配的期望回报，以及适合于对该战略资产分配的战术偏离的期望回报。对典型的暴露，适合战术偏离的内含观点是一种小于由战略资产分配决定的内含观点的命令。在结论部分，我们对常规组合中资产分配必须建立的结论给出了一些评价。

第一个例子很简单，但它能说明问题。考虑在给定风险水平下努力极大化期望回报的投资者的情况，同时假定两类风险——市场风险和不相关风险，而且没有供给上的限制（即允许借款）。我们不考虑两类风险的来源，仅仅假设市场风险有均衡风险溢价，并研究最优分配，它是给定夏普比率不相关风险的函数。

可以这样建立组合风险，$\sigma_p = SQRT\,(M^2 + U^2)$，这里 M 和 U 分别代表市场风险和不相关风险的波动率。投资者希望极大化期望回报，期望回报为 $\mu_p = M \cdot S_m + U \cdot S_u$，这里的 S_m、S_u 分别代表市场风险和不相关风险的夏普比率。我们假定 $S_m = 0.268$，市场夏普比率在第 6 章已论述过，它能从 2.22% 的均衡风险溢价和 8.3% 的年波动率中产生。

假设投资者的风险偏好为 8.3%，即市场组合的波动率，如果 S_u 即不相关风险的夏普比率，取等于 0 的均衡值，那么，很明显，市场风险和不相关风险的最优分配分别为 8.3 和 0。当 S_u 大于 0 时，最优化原理要求减小市场风险和不相关风险的分配，这样总风险没有改变并且组合的期望回报是极大的。图 12.1 说明了这些量作为给定夏普比率的不相关风险的函数，是如何变化的。

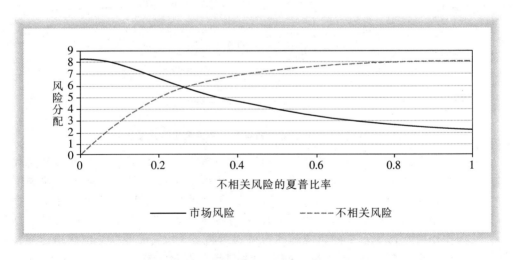

图 12.1 市场和不相关风险的最优分配

图 12.1 说明了随着夏普比率的增加，不相关风险的最优分配是如何显著变化的。不相关风险的仅为 0.05 的夏普比率对应于超过 150 基点的分配，以

抚恤基金分配为典型，仅为 0.15 的夏普比率对应于超过 400 基点的不相关风险。为什么对相对低的期望回报有如此大的最优的不相关风险分配？原因是不相关风险对组合风险贡献极小。以边际的方式，与最低资本预期收益率相对应的不相关风险分配非常低。

图中有一点没有强调的是，基金的总期望回报随着不相关风险夏普比率的提高而增加。虽然当不相关风险没有期望回报时，基金仅仅能产生 2.22% 的均衡期望超额回报，但当夏普比率为 0.15 时，最优分配风险的期望超额回报增加 15%，达到 2.55。如果夏普比率为 0.3，则超额回报达到 3.34，增加了 50%。如果夏普比率为 0.5，则使基金的期望超额回报倍增，达到 4.71%。

从另一个角度来看，与不相关风险相关的 α 值是回报的来源，它使得基金实现收益，这一目标用标准的风险分配是不能实现的。先不问对有 8.3% 的波动率的组合来说，它们能获得的最大回报是多少，我们可以问，为获得某一个具体目标，多大的市场风险和不相关风险是最优的。例如，图 12.2 显示了为获得 8% 的总回报——4% 的超额回报和假定的 4% 的无风险利率，所必要的最优风险分配和总组合风险。

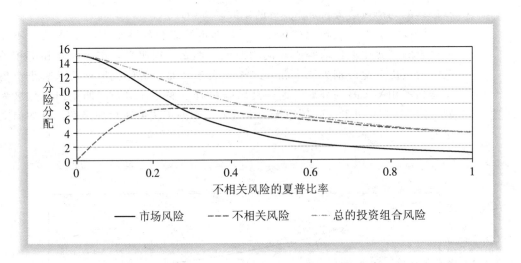

图 12.2   达到 8%收益目标的市场和不相关风险收益最优分配

在图 12.2 中，期望回报的目标是常数，且不相关风险的更高夏普比率的好处在于：它有以合理总组合波动率水平实现其目标的能力。超额回报目标设定为 4%，与市场风险溢价相应需要几乎为 15% 的年波动率。在本例中，为了便于分析，我们假定市场组合能被杠杆作用影响；当没有杠杆作用时，这一水平的风险和回报可通过将近 100% 的股票分配获得。当夏普比率增加到 0.05 时，最优的不相关风险分配将达到 2.7%。在 0.15 的夏普比率水平下，最优的不相关风险分配达到 6.4%，最优市场风险为 11.4%（意味着近 75% 的股票权重），而总的必要组合风险下降到 13%。在 0.2 的夏普比率水平下，最优的不相关风险分配是 7.2%，最优市场风险是 9.6%

（意味着近 63％的股票资产权重），而总的必要组合风险下降到 12％。我们再次看到，即使假定中等的夏普比率，最优水平的不相关风险仍然比常规基金要大。

在第二个例子中，我们考虑一个美元投资者希望构建全球股票资产配置（asset allocation），并比较基于具体期望回报的最优组合和基于具体风险减少分配的敏感性。为简单起见，仅考虑美国、欧洲、日本和新兴市场，并假定没有货币套期保值（currency hedging）。假定投资者从 40％分配于美国、40％分配于欧洲、20％分配于日本，不分配于新兴市场的组合开始。如表 12.1 所示，这些资产的均衡风险溢价分别为 4.00％、3.97％、3.02％和 4.97％。加权平均风险溢价（利用组合权重）是 3.79％。

表 12.1 风险溢价和权重（％）

资产种类	市场权重	投资组合权重	均衡风险溢价	隐含观点
美国股票	55.9	40	4.00	3.74
欧洲股票	30.7	40	3.97	4.00
日本股票	9.4	20	3.02	3.48
新兴市场股票	4.0	0	4.97	4.83

这些权重与市场资本价值权重的差别体现在如下几个方面：欧洲和日本超重，而美国和新兴市场不足。利用被信奉为标准的组合的加权平均风险溢价等于均衡值——3.79％的方法来计算内含观点（implied views）。结果分别如下：美国 3.74％，欧洲 4.00％，日本 3.48％，新兴市场 4.83％。对照均衡风险溢价，组合在美国市场上显现熊市有 26 个基点（benchmarks），欧洲市场呈现牛市有 3 个基点，日本市场呈现牛市有 46 个基点和新兴市场熊市有 14 个基点。

在进一步思考这些观点是否准确地反映了投资者之前，我们必须意识到，这些与均衡的偏差很小，可分析一下风险贡献（risk contributions）。给定分配：39.5％的风险来自于美国证券，42.2％的风险来自欧洲证券和 18.3％的风险来自于日本头寸。假定资产配置研究推荐增加分散化，特别地，增加对新兴市场的分配。有个建议是建立如下的风险贡献权重，美国市场 40％、欧洲 30％、日本 20％和新兴市场 10％。

回忆第 2 章的风险边际贡献公式：Σ 表示协方差矩阵的第 I 行，W 表示组合权重向量，其中第 I 个元素表示为 W_i，σ_p^2 是组合的方差，它等于 $W\Sigma W'$：

$$\text{资产 } i \text{ 的风险贡献} = W_i \cdot (\Sigma)_i \frac{W'}{\sigma_p^2}$$

我们试图求解 W，但注意到方程是二次的，则方程的解有可能存在，也可能不存在。在图 12.3 中，我们画出了新兴市场的风险贡献，它是新兴市场权重的函数。在这里，我们适当地减小了资产相互的权重。更为一般地，求解权重涉及求解非线性方程。解析解是可以获得的，例如，通过在电子数据表格中建立优化条件。

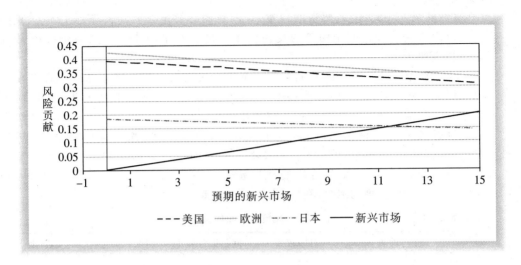

图 12.3 风险边际贡献

利用这一方法，我们发现，要得到上述的风险分解，则需要如表 12.2 所示的权重。现在，这些权重需要做如下的调整，增加 1.4％的美元分配，降低 10.3％的欧元分配，增加 1.4％的日元分配和增加 7.4％的新兴市场分配。这些改变合理吗？一种快速的方法是检查一下内含观点是否合理。内含观点在表 12.3 中给出。

表 12.2 　　　　　　　　　　**预期风险分解的必要权重风险贡献（％）**

地区	权重	风险贡献
美国	41.4	40.0
欧洲	29.7	30.0
日本	21.4	20.0
新兴市场	7.4	10.0

表 12.3 　　　　　　　　　　　**隐含观点（％）**

地区	期望超额收益		
	均衡	原始	修正
美国	4.00	3.74	3.72
欧洲	3.97	4.00	3.89
日本	3.02	3.48	3.59
新兴市场	4.97	4.83	5.18

任何优化者都可以发现，优化组合权重对期望回报的微小改变很敏感。这里，我们考虑上述关系的另外一面，代表内含观点的期望超额回报，它对优化组合权重的变化不是十分敏感。如果新兴市场的期望回报有较小的变化，例如正好为 35 个基准点（同时其余资产的期望回报相应地有微小的变化），则可导致组合权重从 0 增加到 7.4％。同时，如果降低仅 11 个基点，则可导

致欧元股票权重从 40.0％下降到 29.7％。

因为这一敏感性，我们更愿意关注固定风险贡献而考察不同组合所隐含的超额回报的改变，而不愿意关注常规的方法。

转换一下我们的视角，考虑最后一个例子。此时，我们关注相对于战略基准的战术偏离。战略基准由前一个例子中的组合所给出，美国、欧洲、日本和新兴市场的风险贡献分别是 40％、30％、20％和 10％。进一步假设投资者对日本市场的预期为牛市，这样，我们的目标即为战术上的多头日本股票，而卖空美国和欧洲股票。具体而言，假定目标是创建能产生 100 基点循迹误差（tracking errors）的头寸，并卖空欧洲和美国的头寸，使得组合对货币是中性的（美国和欧洲的空头之和等于日本的多头），且两个卖空地区对组合贡献等风险。

利用 Excel 的电子制表软件程序来解决这一优化问题比较直接。利用 Excel 的求解函数，我们得到满足上述条件的权重是：多头 5.53％的日元、空头 2.6％的美元和 2.9％的欧元。组合的风险贡献有 74.2％来自日本，各有 12.9％来自美国和欧洲。

这个例子的目的是比较增加市场风险所必需的期望回报数量和增加不相关风险所必需的期望回报数量。注意，这一战术偏离组合的风险基本上是市场中性的。如果我们想得到组合的内含观点，有个自然的标准是头寸有特殊的夏普比率，夏普比率是指单位波动率的期望超额回报。在这种情况下，波动率就被设定为 100 基点。假定头寸的夏普比率为 0.2。在上述假设前提下，组合的期望回报必须为 20 基本点，而且我们可以解出期望超额回报：日本为 2.68％、美国－0.99％和欧洲－0.9％。

在例子中，我们故意选择看上去似乎相对保守的风险期望回报率。多数积极风险管理经理选择夏普比率为 0.5。对冲基金经理一般选择更高的比率，经常大于 1。当然，这仅仅是一个头寸的情况。我们可以想象，经典的对冲基金经理持有至少有 6 个独立头寸的组合，而且任何时候这些头寸有相同的风险回报特征。显然，这种组合的夏普比率要大于任何单个头寸的夏普比率。实际上，对 6 个独立的头寸来说，如果每个有 100 基点的波动率和 0.2 的夏普比率，则将产生 245 个基点的联合波动率，为 6 的平方根；并且总组合的期望超额回报为 120 基点。因此，上述 6 个头寸的情况，将产生有 0.49 的夏普比率的组合。我们可以看到，0.2 的夏普比率并不保守。实际上，它能对应于超过 100 基点的风险。

为了说明这一点，我们比较战术资产分配偏离的内含观点和战略资产分配组合的内含观点。显然，它们是不一致的。以美国为例，战略资产分配组合意味着 3.72％的期望超额回报，而战术组合意味着－0.99％的回报。如何来解释这一差别呢？假定我们同时持有战略偏离和战略资产分配组合，并计算联合组合的内含观点。或许有人期望这一内含观点可能会是两个组合的内含观点相加。但是实际上，结果并不是这样的，表 12.4 比较了上述的内含观点。

表 12.4	隐含观点的比较		

地区	股资组合权重（%）		
	战略	战术	综合
美国	41.4	−2.6	38.8
欧洲	29.7	−2.9	26.9
日本	21.4	5.5	27.0
新兴市场	7.4	0.0	7.4

地区	隐含观点期望超额收益			
	战略	战术	综合	差异
美国	372	−99	364	−8.5
欧洲	389	−90	381	−7.7
日本	359	368	382	23.1
新兴市场	518	−9	517	−0.7

　　原始战略组合和联合组合的内含观点的差分和战术组合的内含观点在符号和相对数量上有相同之处，但绝对数量仅有 1/10 左右。当然，这些差分对于标准化的内含观点是敏感的。但我们已选择这样的规则，它使得组合的期望回报和用均衡期望回报的组合回报相匹配。换句话说，我们已设定风险厌恶，使得战术组合的内含观点水平与战略组合的内含观点水平尽可能接近。如果我们已经匹配了各种水平，那么减少大约 11.6 因子的战术超额回报（tactical views）是使战术超额回报与来自战略资产分配的期望超额回报相一致的唯一方法。这样我们就能将它们精确地匹配了。

　　战术组合中这些难以令人置信的微小的内含观点能告诉我们什么呢？这些内含观点是期望超额回报的改变。从原始的战略组合调整到我们详细讨论过的战术偏离组合被认为是一种优化。这一优化的条件是各种资产有相同的单位组合风险。在这样的情况下，我们可以将战术偏离组合看做是一种资产，而因子 11.6 告诉我们，如果这些头寸的夏普比率真正为 0.2，则应该显著增加偏离。反之，给定头寸大小，夏普比率不可能为 0.2，仅为 0.008。我们可以把这一结论看做这样的一个提示，就是对组合有相对少的不相关风险贡献的战术头寸，有很小的隐含的夏普比率——实际上这一比率是令人难以置信的小。

　　这些结论中隐藏着对投资者来说非常重要的信息。用简单的言语来描述就是：第一，我们检验了一个很简单的全球股票头寸组合，并把它叫做战略资产分配组合。我们把它看做是几乎所有投资者都要面临的基本风险——全球股票市场风险（global equity markets risk）——的粗略代表。接着我们考虑了一个战术偏离组合，这一组合被看做有正的期望回报和回报率与市场组合不相关的资产的例子。实际上，它是一个特例，战术组合的历史回报恰巧与市场组合的历史回报略呈负相关关系。然后，我们选择少量的这些实质上不相关的资产加入到战略组合中。我们用循迹误差（100 基点），来近似许多机构投资者都盯住的战术资产分配风险。接着，我们对上述战术组合的期望回报作了在我们看来趋于保守的假设，而内含观点告诉我们，或是我们的回报假设太大，或是我们的头寸风险太小。

透过现象看本质，我们从有 385 基点、每年的期望超额回报和 14.8% 的波动率的战略全球股票组合开始，这对全球股票组合来说是切合实际的取值。许多投资者近年来明显降低了他们对回报的估计，而且开始认同我们所采用的期望超额回报是相对乐观的（如果真是这样的话，他们的悲观正是对我们观点的强烈支持）。假定有未知夏普比率的不相关资产，我们研究增加到战略组合的这一不相关风险的最优数量，它是给定夏普比率的不相关资产的函数。从与图 12.1 相对应的表 12.5 中可以得出令人吃惊的结论。对每个给定的夏普比率，我们求解了在总组合波动率固定的前提下，来自战术资产分配组合的不相关风险和市场风险的最优比例。我们列出了风险分解、组合的夏普比率、额外增加的超额回报基点和组合超额回报增加的百分比。

表 12.5　　　　　　　　　　战术（非相关）风险的最优风险分配

战术偏离的夏普比率	战术循迹误差的最优基准点	战术偏离的投资组合分解（%）	市场风险分解（%）	最优投资组合的夏普比率	超额权益的附加价值基点	增长百分比（%）
0.008	100	0	100	0.26	0	0
0.1	585	14	86	0.28	28	7
0.2	949	39	61	0.33	102	27
0.3	1 156	59	41	0.40	206	53
0.4	1 272	72	28	0.48	326	85
0.5	1 338	81	19	0.57	456	118
0.6	1 379	86	14	0.66	591	154

从表 12.5 可以看出，如果不相关资产的夏普比率为 0.5，作为优化比例，我们应当将 80% 的风险放到该资产上，而仅持有 20% 的市场风险头寸。甚至当积极风险的夏普比率为 0.2 时，我们仍然应将超过 1/3 的风险放在该资产而不是市场上。如果保持组合的总波动率固定不变，夏普比率为 0.2 的不相关资产能使得总组合的回报增加 27%。在同等风险水平下，夏普比率为 0.5 的不相关积极风险资产使得总组合的回报增加 118%。

为了强调不相关资产的特殊性，我们在稍做修改的前提下重做前面的练习。不再考虑多头日本和空头美国和欧洲的组合的情况，我们研究在仅仅多头日本的战术资产分配组合的情况下，会产生什么结果。我们发现，第一，日本头寸增加 5.11% 能创造 100 基点的风险。因为没有相对回报，所以没有太大的必要考虑这一组合的内含观点。真正要考虑的问题是标准化，通过前一个例子，我们可以假定此时的夏普比率为 0.2。这一假定需要日本证券市场有 3.97 的期望超额回报。这一假定回报低于日本的战略基准内部观点，但它同样也不足以作为超额头寸来考虑。在讨论完对夏普比率的假设以后，我们接下来关注联合组合内含观点。

接下来，我们考虑联合组合的内含观点，联合组合是指在日本股票市场上相对于战略基准多头 5.11%。实际上，我们或许不得不出售一些别的资产来为头寸融资。但出于这一练习的目的，假定我们可以在不改变其他头寸的情况下利用衍生产品市场或现金来构筑头寸。和前文一样，我们所采用的准则是，将联合组合的内含观点的偏离与战术基准的相匹配。这一练习的结果是日本股票有 3.95% 的期望超额回报，比战略基准的内含观点要大 36 个基点。这一期望超额回报意味着日本股票的夏普比率正好超额 0.2。

注意本练习的结果与前一练习结果的区别之处。考察由多头日本和空头美国和欧洲构成的大致不相关组合，发现隐含夏普比率是 0.008。用同样的例子，做如下的改变，仅多头日本，不再有不相关资产，可以发现隐含夏普比率超过 0.2。底线是增加与市场组合相关的资产的最小期望资本收益率远比增加不相关资产的高。

和前文一样，我们研究为构筑最优组合，对某个资产而言，应有多大的超额。此时，我们不研究不相关资产的夏普比率的假定，而考虑相关资产的夏普比率的假定。日本股票与战略基准组合有 0.71 的相关系数。我们再次求解偏离组合和战略基准的最优比例。此时，我们假设风险为选择风险，因为它与基准组合有明显的正相关关系。我们从与前文有相同的基准组合假设开始，期望超额回报为 385 基点和 14.8% 的波动率。联合选择风险和市场风险时，我们假定总组合波动率保持不变。与前文相同，我们列举了风险分解、组合的夏普比率、增加的超额回报的额外点和组合超额回报增加的百分比（见表 12.6）。但此时我们增加一个新栏来显示增加的 100 基点的选择风险暴露。之所以这样做，是因为在较小的夏普比率假定下，最优策略实际上减小了日本市场的头寸。

表 12.6 时间（相关）风险的最优风险分配

时间风险的夏普比率	100 基点时间风险的倍数	时间循迹误差的最优基点	时间偏差的投资组合分解（%）	市场风险分解	最优投资组合的夏普比率	超额收益的附加价值基点	增长百分比（%）
0	−14.7	1 472	0	100%	0.18	−112	−29
0.1	−5.9	589	−19	119	0.21	−75	−19
0.2	0.9	89	4	96	0.27	18	5
0.3	4.9	489	28	72	0.35	136	35
0.4	7.3	726	45	55	0.44	267	69
0.5	8.8	877	56	44	0.53	404	105
0.6	9.8	980	63	37	0.63	544	141

从结果中我们首先可以发现奇怪的组合效率：夏普比率低于 0.2。这一情况意味着出售相关的资产以对冲组合的机会出现。在第一个例子中，有零的期望超额回报，最优组合是一种零回报的资产。夏普比率为 0.2 代表了不相关资产的期望回报仅仅稍比组合的内部观点高的情况。此时，资产对价值的贡献非常小，组合的效率仅仅提高了 5%。而夏普比率为 0.2 时，不相关资产能使效率提高 27%。

从本章我们可以看出，能产生正回报的不相关资产对提高组合的回报和单位风险回报有十分重要的意义。相关资产有较高的临界，而且为增加组合的价值，需要很高的期望回报。

这些结论阐明了资产配置优化问题中的敏感因素。期望回报的微小改变能创造利用有正的超额回报不相关风险的机会。优化者见到这样的机会时会通过分配重要头寸和风险来充分利用它们。

综合考虑而言，这些现象给出了决定资产分配的两步骤的方法。第一步，我们不直接通过给出期望回报并进行优化的方法，而是简单地以市场资本价值构建战略分配；在第二步中，风险预算被用来分配各种来源的不相关风险，这些风险有：积极风险、不相关资产和战略资产配置的战术偏离。为了优化不相关风险的总期望回报，风险预算要反映这些不同情况的假定夏普比率；最后，对战略资产分配的战术偏离程度是几乎的相对价值，而且与市场不相关，它们表示增加价值的最好机会，应根据不相关风险综合预算的最优分配来设定。图 12.1 和表 12.5 为我们提供了指南。当战术超额回报与市场的相关度较高时，则代表了选择而不是暴露的相对价值，此时机会少，表 12.6 所示的结果更具有指导意义。

讨论的前提假设是对组合中的市场风险和积极风险的调整能力没有限制。但在实务中，证券市场风险和积极风险通常同时出现在投资产品中，增加积极风险的能力常常受制于资本量、交易费用、风险管理意识和其他操作细节。后面章节专为帮助投资者解决实际操作问题而设计。

第三部分

风险预算编制

第13章

建立最优积极风险预算

库尔特·温克尔曼（Kurt Winkelmann）

导　言

前面几章已经讨论了战略资产配置的发展，并展示了如何用均衡方法推动其发展。战略资产配置可以视为投资政策制定的第一步。虽然，在有些人看来，机构投资者通常以雇佣投资经理的方式开始他们的战略资产配置。

但是招纳外部投资经理的过程，迫使投资者们关注在其资产组合中形成关于积极风险的正式投资政策。需要制定政策的不完全列表包括：

- 资产组合中积极风险（active risk）的整体水平；
- 赋予积极风险经理人与消极风险经理人的权重；
- 积极风险在不同资产类别中的配置；
- 在每种资产类别中，为特定的投资经理分配的积极风险包括：
  根据次级指标如增长率或价值量；
  根据风险水平如结构性或集中性；
- 资产组合回复平衡（portfolio rebalancing）的频率；
- 以积极覆盖（overlay）战略为目的的积极风险配置。

以上的每一项都是投资决策的一个事例，它们应得到与战略资产配置同等的重视与关注。

设定第12章讨论过的积极风险整体水平，特别是那一章指出，在资产组合框架中，积极风险管理应该受到特殊的关注，主要因为它是与市场风险无关的。正是由于积极风险与市场风险无关的性质，以至于投资者在本质上对它有更多了解的需要。第12章也表明，尽管投资者在本质上有更多的了解积极风险的要求，但是他们也往往缺乏在资产组合中提高积极风险水平的能力。

本章关注的是积极风险的有效配置，当然，前提是投资者选定了一个积极风险水平。我们所关心的是，在决定一种积极风险配置与他们的投资目标是否保持一致时，投资者将面临什么问题。

制定积极风险配置政策对于经理人监控也有重要的作用。一种积极风险的配置必须依靠单个经理人对积极风险水平的假定。因此，整体资产组合的现实特征和单个的经理人都应该被认真地监控（见第5章关于经理人监控的更广泛讨论）。通过事后行为效果与事前假定的比较，投资者能够识别和改正问题，同时获得对每项投资决策和政策冲击更好的理解。

在无约束的环境中，投资者可用于制定积极风险承受政策的工具是明确、直接的，但是从现实的看法来看，则很容易想到这样的情况，投资者从基于每种资产类别的风险溢价和单个经理人的管理水平等一系列假定开始，然后分别度量所有资产类别和单个经理人的积极风险水平，最后进行优化，从而找到对单个经理人以及所有资产类别的积极风险配置。

但是这种方法有三方面的不足。第一，这种优化配置并不具有可信度，因为它们完全是基于期望积极收益的假定而产生的，并且正如第12章所显示的，它们很可能对这些假定的微小变动非常敏感。第二，通过运用先前提到的方法，投资者易于忽视均衡思想，而且将因此不对积极收益来源进行详细分析。第三，在实践中，有很多的实际约束和成本，它们很难被包含在优化过程中。交易费用的存在意味着在实际工作中，绝大多数的投资者只会对他们的资产组合做出微小的调整，而不会大动干戈地进行再次整体优化配置。

与在这个复杂的问题上运用传统的资产组合优化方法不同，我们建议采用另一种替代方法。从既定的风险配置开始，寻找实现配置最优化所需的边际条件——每种配置产生的超额预期收益应该与它们所带来的资产组合风险成比例。

由于所产生的资产组合风险是可度量的，因此资产组合给出了每种积极风险和市场风险配置的一系列超额期望收益（expected returns）。正如在第12章中，我们通过设定市场风险溢价（在第5章讨论过）等于一个均衡价值量，从而确定了期望收益率的水平。由于经理人的技术水平和优先资产类别风险溢价的内含观点与投资者的实际认识存在差异，所以对改进积极风险配置的时机的判断也有所不同。

有各种不同的方式可以用来表达关于技术水平的看法，但是我们更倾向于采用第7章中所阐述的布莱克-李特曼（Black-Litterman）模型。资产组合中的内含观点可以比作布莱克-李特曼模型所产生的预期超额收益，它们分别源于一系列有关积极经理人技术能力的特定看法。该模型的一个重要部分就是明确要求投资者在思考有关期望收益问题时，将均衡条件和相关关系纳入考虑范围。

布莱克-李特曼模型在陈述中表现了对立的认识，包括相对和绝对期望超额收益以及相对信心程度。这样的对立看法对投资者是重要的，可以使他们更关注收入，那也许更利于直觉判断，而不仅仅是估计积极收益的特定值。用这种方式理解积极风险预算，使得投资者们能够确认那些他们对积极经理人使其增值的能力充满（或缺乏）信心的资产类别（相对于目前的配置）。而这些信息对于制定投资政策是十分重要的，因为它们可以被用来改进资产组合中风险与收益的表现。

最优化和风险预算

第 12 章讨论了期望收益与最佳资产组合权重分配的关系。那一章还描述了资产组合达到最优时的一个重要条件。特别说明了当风险边际贡献的超额预期收益对所有资产都相同时，资产组合的权重才是最佳的。

在继续讨论前，我们先做下述的区分：**风险预算**（risk budget），简单地讲，就是资产组合风险的一种特定配置。**最优风险预算**简单地讲也是一种风险配置，只是它要求资产组合达到最优的首要条件得到满足。**风险预算过程**也就是寻求最佳风险预算的过程。这些术语同时应用在战略资产配置和积极风险预算寻找风险最优配置的两个过程中。本章的重点在于后面这部分内容。当然，理解积极风险预算编制过程需要更进一步地理解风险来源和积极经理人的收益。这个问题将在下一部分详细论述。

风险预算与积极风险

为了要求积极经理人编制风险预算，我们首先要去理解他们的风险和收益来源。正如第 4 章所讨论的，资本资产定价模型表明，任何证券的收益均能通过它在市场资产组合中的表现体现出来，通过 β 系数度量。

我们可以很容易地将同样的认识应用于对单个资产组合经理人的理解，即每位经理人的业绩都将依靠其市场表现（exposure to the market），或表现为 β 系数。此外，一个经理人的业绩将依赖于其他的投资决策，那些决策是独立于市场之外的。这些决策也将有所贡献，应该有一个正的预期价值。

经理人的业绩可以用代数方程的形式描述，表示如下：

$$R_i - r_f = \alpha_i + \beta_i(R_l - r_f) + \varepsilon_i \tag{13.1}$$

在方程（13.1）中，第 i 个经理人的收益减去无风险利率（risk-free rate）（或超额收益）写成 $(R_i - r_f)$。如之前描述过的，经理人的超额收益依赖于两个组成部分。第一个组成部分是市场活动的效果，市场活动可以采用指数来度量，其收益用 R_l 来表示。市场活动对某个经理人收益的影响是通过表现超额收益的指数 $(R_i - r_f)$ 和衡量经理人市场表现的指数 β_i 的乘积来度量的。

第二个组成部分是经理人的超额收益，这对经理人来说是种特质，意味着去捕捉投资战略的效果，该战略正是基于经理人追求价值增值的投资战略。经理人投资战略的长期期望价值用字母 α_i 表示，而其中的随机因素用字母 ε_i 表示，或称为**残差收益**（residual return）。经理人战略中的随机性是与市场收益无关的，任何的相关性都将被纳入经理人的 β 系数中。

将方程（13.1）的两边平方，取其期望值和平方根，我们得到了一个简单但可用以描述任意一个经理人风险的表达式，见方程（13.2）。在该方程中，特定经理人超额收益的波动性依赖于指数的收益波动性、经理人的指数表现（exposure to the index）和经理人的残余收益波动性。其中的任何一个因素增加，经理人的风险也随之增加。

$$\sigma_i = \sqrt{(\beta_i^2 \sigma_I^2 + \sigma_{\varepsilon_i}^2)} \tag{13.2}$$

现在，让我们从方程（13.1）的两边同时减去市场基准的超额收益，于是可得到与市场基准相关的经理人超额收益，也可称为经理人**积极收益**（active return）。运用方程（13.1），我们可以看到经理人收益取决于值 α、ETM（exposure to the market）（或 β 值）和残值。这种关系表现在方程（13.3）中：

$$R_i - R_I = \alpha_i + (\beta_i - 1)(R_I - r_f) + \varepsilon_i \tag{13.3}$$

将方程（13.1）的两边平方，取其期望值和平方根，我们可以得到与基准相关的经理人风险的描述。这个量是经理人的**循迹误差**（tracking error），其表达式见方程（13.4）：

$$TE_i = \sqrt{[(1-\beta_i)^2 \sigma_I^2 + \sigma_{\varepsilon_i}^2]} \tag{13.4}$$

正如方程（13.4）所证明的，经理人的循迹误差，或**积极风险**，会随着 β 值偏离 1.0 而增加，随指数波动性增加而增加（如果 β_i 不等于 1.0），随残差风险增加而增加。方程（13.4）也证明，有两个风险特征是经理人能够控制的，而有一种是不能控制的。具体而言，经理人能控制他们的市场表现（β_i）和他们所承受的残余风险（ε_i）数量。然而，他们不能控制市场波动性（σ_I）的水平。这样一来，经理人要降低市场波动性对其资产组合的风险冲击，就应该尽力使其 β 系数接近于 1.0。

显然，我们能通过简单地将每个经理人的表现（exposure）与他们的收益描述相乘来描述资产组合的收益水平。即如果 X_{ij} 代表在资产类别 j 中配置给第 i 个经理人的资产组合权重，同时，R_{ij} 表示在资产类别 j 中配置给第 i 个经理人的收益，则总的资产组合收益 R_p 可简单表示为：

$$R_p = \Sigma_i \Sigma_j X_{ij} R_{ij} \tag{13.5}$$

减掉无风险利率，并将每个经理人代入公式（13.1），我们得到：

$$R_p - r_f = \Sigma_i \Sigma_j X_{ij} [\alpha_{ij} + \beta_{ij}(R_i^j - r_f) + \varepsilon_{ij}] \tag{13.6}$$

现在，考虑在资产类别 j 内经理人的资产组合收益，表示为 R_j。在资产类别 j 内的整体资产组合权重，表示为 X_j，自然地，$X_j = \Sigma_j X_{ij}$。在资产类别 j 内给出的经理人资产组合收益为：

$$
\begin{aligned}
R_j &= \Sigma_i X_{ij} R_{ij} \\
&= \Sigma_i X_{ij} [\alpha_{ij} + \beta_{ij}(R_i^j - r_f) + \varepsilon_{ij}] \\
&= \Sigma_i X_{ij} \alpha_{ij} + \Sigma_i X_{ij} \beta_{ij}(R_i^j - r_f) + \Sigma_i X_{ij} \varepsilon_{ij} \\
&= X_j \alpha_j + X_j \beta_j(R_i^j - r_f) + X_j \varepsilon_j
\end{aligned}
\tag{13.7}
$$

在方程（13.7）中，α_i、β_i 和 ε_i 代表资产类别 j 中所有经理人的平均 alpha（α），beta（β）和 error（ε），同时 R_i^j 表示第 j 类资产类别的收益指数。

现在来看一看战略基准。在这种情况下，让 X_j^l 代表第 j 类资产类别的长期配置，它的收益表示为 R_j^l。采用这些符号，与现金相关的战略基准的超额收益可给出如下：

$$R_B - r_f = \Sigma_j X_j^l R_j^l - r_f \tag{13.8}$$

从方程（13.6）中减掉方程（13.8），我们得到与战略基准相关的资产组合收益的简单描述。这个差值见方程（13.9）所示：

$$
\begin{aligned}
&R_p - R_B \\
&= \Sigma_i \Sigma_j X_{ij} [\alpha_{ij} + \beta_{ij}(R_i^j - r_f) + \varepsilon_{ij}] - \Sigma_j X_j^l(R_j^l - r_f) \\
&= \Sigma_i \Sigma_j X_{ij} \alpha_{ij} + \Sigma_i \Sigma_j X_{ij} \varepsilon_{ij} + \Sigma_i \Sigma_j X_{ij} \beta_{ij}(R_i^j - r_f) - \Sigma_j X_j^l(R_j^l - r_f) \\
&= \Sigma_i \Sigma_j X_{ij} \alpha_{ij} + \Sigma_i \Sigma_j X_{ij} \varepsilon_{ij} + \Sigma_j [X_j \beta_j(R_i^j - r_f) - X_j^l(R_j^l - r_f)] \\
&= \Sigma_i \Sigma_j X_{ij} \alpha_{ij} + \Sigma_i \Sigma_j X_{ij} \varepsilon_{ij} + \Sigma_j [(x_j \beta_j - X_j^l)(R_j^l - r_f)] \\
&= \Sigma_i \Sigma_j X_{ij} \alpha_{ij} + \Sigma_i \Sigma_j X_{ij} \varepsilon_{ij} + \Sigma_j [X_j(\beta_j - 1) - (X_j - X_j^l)(R_j^l - r_f)] \\
&= \Sigma_i \Sigma_j X_{ij} \alpha_{ij} + \Sigma_i \Sigma_j X_{ij} \varepsilon_{ij} + \Sigma_j X_j(\beta_j - 1)(R_j^l - r_f) \\
&\quad + \Sigma_i(X_j - X_j^l)(R_j^l - r_f)
\end{aligned}
\tag{13.9}
$$

从方程（13.9）中，我们可以看到，与战略基准相关的资产组合的超额收益有四个部分：第一个部分是每个经理人的期望 α 值的加权平均（$\Sigma_i \Sigma_j X_{ij} \alpha_{ij}$）；第二个部分是每个管理者收益产生过程中的随机因素（$\Sigma_i \Sigma_j X_{ij} \varepsilon_{ij}$）；第三个部分是反映每种资产类别中每个经理人资产组合的定向偏差（用 β 系数度量）（$\Sigma_j X_j[(\beta_j - 1)(R_j^l - r_f)]$）；最后一个组成部分（$\Sigma_j(X_j - X_j^l)(R_j^l - r_f)$）反映资产组合与其战略基准（benchmarks）在资产配置中的不匹配。

将方程（13.7）代入方程（13.9），意味着我们能够根据资产类别层面上的平均 α、β 和 ε，来区分资产组合收益与基准收益之间的不同。这种区分极其重要，因为它直接影响我们所要提出问题的类型。说得更具体些，我们希望解答在资产类别层面上的 α 值的来源问题，以及对每个资产经理人发掘那些来源的相对能力感兴趣。由于所要解答的问题各不相同，因此就有区分预算编制过程的必要。首先是在各种资产类别中进行积极风险预算编制，然后是在一种资产类别中进行经理人的积极风险预算编制。

很显然，我们可以使用方程（13.8）来得到**事前**全部资金的积极风险[1]，**事前**积极风险将主要反映五个方面的决定：（1）在全部资产组合中积极风险的总体水平；（2）所有资产类别之间残余风险的配置，即将整体残余风险 $\Sigma_i\Sigma_j X_{ij}\varepsilon_{ij}$ 在资产类别 j 中的配置（例如，要将多少积极风险分配给美国大市值公司经理人的资产组合和小市值经理人（small cap manager）的资产组合）；（3）残余风险在各种资产类别经理人中的配置，即在一种资产类别中将 $\Sigma_i\Sigma_j X_{ij}\varepsilon_{ij}$ 配置给 I 经理人；（4）每种资产类别的方向性偏移，即平均 β 值偏离 1 的程度，为 $\Sigma_j x_j[(\beta_j-1)(R_j^l-r_f)]$；（5）资产配置中的不匹配程度，即资产组合权重与基准配置的差异程度，为 $\Sigma_j(X_j-X_j^l)(R_j^l-r_f)$。这里的每一项都显然是一种风险预算决策。而从我们的观点看，我们将关注与残余风险配置相关的决策，包括在各种资产类别之间和各种资产类别经理人之间。

我们采用什么样的过程来决定每个经理人或每种资产类别应该配置多少残余风险呢？积极风险预算为我们回答这个问题提供了一个参考的框架。从理想角度看，积极风险预算编制的过程将有助于我们使资产类别及经理人的历史业绩特征与资本市场均衡论的看法保持一致。可是要做到这一点，我们需要了解在主要的资产类别中，积极经理人的历史风险和收益特征。下面部分着重描述这个主题。

数据分析

有一些关于积极经理人历史业绩的有用的统计数据，其中重要的统计数据包括：

- 每种资产类别的 α 中值；
- 每种资产的循迹误差中值；
- 每种资产类别中各经理人超额收益的相关性中值；
- 全部资产类别超额收益的相关性中值。

因为投资者持有的是每种资产类别中经理人的资产组合，而不是其中的单独经理人，所以我们更希望获得资产组合层面的这些统计资料，而不仅仅是单个经理人层面的统计资料。

表 13.1 总体概括了这项分析的结果。表中显示总体（未调整费用） α 的中值、循迹误差中值，以及随机选择的经理人资产组合信息比率的中值。表中所示的循迹误差表是以市场为导向来进行调整的；换句话说，它就是残余的波动性。相关月度合并收益[2]的原始业绩数据来自于尼尔森数据库（Nelsons Database），我们研究的时间跨度是从 1992 年 10 月至 2002 年 9 月。

---

① 可从方程（13.7）中减去期望值来计算，将其差值平方，取期望值，然后计算其平方根。

② 经理人的合并收益表示代表性机构的独立账户（separate account）业绩。

表 13.1

表 13.1 历史活动表现

	总数	循迹误差			信息比率		
		1 Mgr	2 Mgr	4 Mgr	1 Mgr	2 Mgr	4 Mgr
增强指数	75	150	145	120	0.59	0.61	0.66
增长型美国大盘股	230	720	583	510	0.36	0.45	0.54
价值型美国大盘股	50	580	460	410	0.12	0.17	0.21
增长型美国小盘股	720	1 090	880	775	0.69	0.88	1.08
价值型美国小盘股	275	880	710	640	0.33	0.41	0.49
国际股票—EAFE	335	600	460	415	0.57	0.73	0.93
新兴市场股票	340	715	610	545	0.39	0.53	0.64
核心＋固定收益	25	90	75	65	0.35	0.39	0.42
高市值股票	255	270	225	200	0.92	1.08	1.24

表中的数据表现出了一种有趣的历史业绩方式。例如，中间部分的经理人的历史信息率在高收益（high yield）项目上明显地高于核心＋固定收益（core＋fixd income）[1]。另一个例子是，EAFE 的历史信息率比任何一个传统的积极美国大市值的类型（增长和价值）都要大。最后，信息率随着经理人数量的增长而增长，说明从历史角度看，增加经理人的数量提供了多样化的效益[2]。

表 13.2 在更详细的程度上研究了相关性的方式。该表显示了在一种资产类别之内以及所有资产类别之间两位经理人资产组合的平均相关程度。当然该表的数据也以市场为导向进行了调整。表中主对角线上的数字表示一种资产类别的平均相关性，而副对角线上的数字是全部资产组合类别超额收益的相关性，由于我们已经调整了 β 系数的冲击，所以这些相关性是残余收益的相关性。

表 13.2 积极收益的历史相关性：两个经理人的投资组合

	US LC-G	US LC-V	US SC-G	US SC-V	IE-EAFE	EME	Core+	HY
美国大市值公司增长	0.33	−0.09	0.07	−0.04	0.06	0.00	0.11	0.03
美国大市值公司价值	−0.09	0.28	0.01	0.07	0.05	0.08	0.07	0.05
美国小市值公司增长	0.07	0.01	0.30	0.10	−0.01	0.08	0.00	0.08
美国小市值公司价值	−0.04	0.07	0.10	0.40	−0.02	0.08	0.06	0.03
国际股票——EAFE	0.06	0.05	−0.01	−0.02	0.38	0.15	0.15	0.05
新兴市场股票	0.00	0.08	0.08	0.08	0.15	0.41	0.06	0.06
核心＋固定收益债券	0.11	0.07	0.00	0.06	0.15	0.06	0.40	0.12
高收益债券(垃圾债券)	0.03	0.05	0.08	0.03	0.05	0.06	0.12	0.28

表 13.2 中数据有趣的地方在于，总的来说，全部资产类别超额收益的相

---

[1] 核心＋固定收益（core＋fixd income）经理人操作的是相对较低程度的循迹误差的资产组合，依据一种投资评级债券指数进行管理，如 Lehman 或 Salomon Smith Barnaey Broad 投资评级债券指数（Investment Grade Index）。

[2] 任何资产类别中的经理人人数都受到费用突变和交易成本的实际限制。

关性表现为接近于零，但是在某一资产类别中，该相关性却是非零的。例如，两个美国大市值公司增长经理人超额收益的平均相关性是 0.33，而两个美国大市值公司价值经理人资产组合与两个核心＋固定收益经理人资产组合的相关性大约是 0.07。

前几章（第 7 章、第 9 章、第 12 章）已经讨论了，在利用最优化工具确定资产组合权重过程中涉及的诸多困难时，最优化工具对我们考虑积极风险配置的问题也是适用的，并且能够帮助我们从照搬表 13.1 中过去的 α 值和循迹误差数据进行最优化配置的方式中摆脱出来。我们还需特别留意表 13.1 中所概括数据分析的局限性，以及正 α 值的存在与资本市场理论间不一致的问题。

首先，看数据分析的局限性，可以从三个方面观察。首先，尼尔森数据库中的数据没有脱离生存偏差（survivorship bias）。尽管可以努力地（已经这样做了）修正生存偏差，但是生存偏差始终存在，因为这个数据库本身就是一个自报告数据库，只有经理人选择上报的资料才会出现在数据库中。这样一来，我们将忽视经理人的不良收益，他们只是不报告这些数据。

第二，历史中值业绩表与历史平均资产收益（数据）面对同样的问题（如第 9 章讨论的）。即历史平均（和中值）数据在预测未来业绩的表现上是极其糟糕的工具，因为它们本身是与特定时间相关的。当我们查看众多经理人的短期业绩（报告）时，此问题是相当复杂的。实际上，我们并没有足够的数据来确定某位经理人的历史数据是否真的不为零。

第三，即使业绩中值表从统计角度来讲是有意义的，但关于收益能否持续存在于表中却是无法显示的。更不幸的是，关于这一点，众多学术研究的成果也显得令人不安。事实上，经验研究似乎就说明积极收益存在性的证据资料是极其有限的（可参阅 Brown and Harlow，2001；Carhart，1997）。

现在我们看一看与资本市场理论保持一致性的问题。资本资产定价模型十分清晰地预测到，在均衡状态下的期望 α 值，不管是总量还是对任何具体经理人来说都会是 0。因此，建立有关积极风险政策过程中很重要的部分是所观察得到的 α 值与均衡理论相符。当投资者在一项最优化工具中使用历史 α 值（如表 13.3）时，他们会有意避免这样的事情。然而，从风险预算的角度处理投资政策迫使我们去面对这些问题。

我们相信，诸如表 13.1 与表 13.2 中的数据分析是积极风险预算制定过程中的重要环节。表 13.2 中有关积极收益间相关性的数据是很重要的，因为它们估计总体"残差"波动以及风险预算。表 13.1 中显示的数据提供了关于积极收益看法的已有依据。而投资者所必须面对的问题是究竟需要给予这些与均衡理论相关的数据或任何其他看法来源多大的重视程度。下两节将会阐述投资者如何从风险预算角度实现积极风险的配置。

隐含收益

与从一系列期望收益和最优化开始讨论不同，我们更愿意采用的方式是从现存资产组合开始，然后提问什么样的变化才能带来效益的提升。为做到这一点，我们利用了第 3 章中讨论过的资产组合最优化配置的条件。我们知道，对一组给定的资产组合权重来说，都会有一组期望收益的假定，——对应它的最优化配置状态。我们暂且称这一系列期望收益为**隐含收益**（implied returns）①。显然，如果隐含收益是建立在资产组合权重配置最优化假定上的，那么相对应的风险预算配置也应该是最优的。因此在隐含收益与风险预算之间存在很明确的关系。

应用方程（13.6）可以很容易地将隐含收益分析运用于积极资产组合。而我们正在寻找的是由经理人资产组合所带来的各类资产类别的隐含收益与每种资产类别中积极风险的隐含收益。利用第 12 章中的分析研究，我们简单地扩展了协方差矩阵的结构以将积极风险包括进来，并且运用方程（13.6）来定义积极敞口（active exposures），为了完成图表，我们需要将长期期望收益具体化（比如说，测定风险厌恶程度参数到某种指标（anchor）资产类别上）。

显然，我们将资产类别的长期收益设定得越高，所有其他资产类别的隐含收益率也就越高，当然也包括隐含 α 值。我们习惯的方法是根据美国长期证券溢价的假设来调整隐含收益。之所以这么做是因为它提供了明确的与均衡理论的联系。

举例来说，假设我们将美国股票溢价（U. S. equity premium）标定为 350 个基准点（basis points），那么任一其他资产类别（包括积极风险）的隐含收益都将由这 350 个基点的假定以及它本身与全体资产组合收益的协方差而得出。

让我们通过一个简单例子来看这种情况。表 13.3 所示是一个假设的资产组合配置以及每种资产类别的波动性。我们共选取了 6 种资产类别：U. S. 大市值股票（U. S. Large Cap Equity）；U. S. 小市值股票（U. S. Small Cap Equity）；国际股票（International Equity）；新兴市场股票（Emerging Market Equity）；核心固定收益债券（Core-Fixed Equity）和高收益债券（High Yield）。表中的第二栏是它们在资产组合中的持有比例，第三栏是各资产类别的波动性。积极风险配置比例被放在了第四栏，而最后一栏中表示的是通过残余风险测定的每种资产类别的积极风险水平。这里残余风险的数值与表 13.1 中两位经理人资产组合的残余风险数值是一样的，因此采用了关于市场中性的假设（平均 β 值等于 1.0）。我们还在表格中为另一类被称为覆盖（overlay）②的积

---

① 隐含收益由 $R = \lambda \Sigma X$ 表示。
② 通过设计，积极覆盖战略收益是与市场风险不相关的。战略的附加收益是对资本委托事项非常小的要求。

极战略特意增加了一行，因此我们就拥有了 13 项潜在风险来源或风险敞口 (risk exposures)。

表 13.3　　　　　　　　　　投资组合分配和风险特征

	投资组合权重(%)	资产种类波动性(%)	活动分配(%)	残余风险
美国大盘股	39.6%	17.2%	39.6	250
美国小盘股	4.4	20.7	4.4	560
国际股票	19.8	16.1	19.8	460
新兴市场股票	2.2	25.1	2.2	610
核心＋固定收益债券	30.0	4.5	30.0	70
高收益债券	4.0	8.1	4.0	230
覆盖			10.0	250

表 13.4 表示的是资产组合的总体风险特征。正如表中所体现的那样，总体资产组合循迹误差大约为 140 个基点。从总体来看，积极风险贡献了总体资产组合波动 11.1％中的大约 1.6％的比例。

表 13.4　　　　　　　　投资组合风险特性风险贡献（%）

	风险水平	风险贡献
资产种类风险	11.0	98.4
积极风险	1.4	1.6
总风险	11.1	100.0

我们可以在更为详细的层次上关注积极风险分配。表 13.5 中所显示的是总共 140 个基点大小的积极风险在 7 种资产战略（或叫积极风险预算）中的配置情况。正如我们所见到的，在此资本组合中存在两大主要积极风险来源，大约有 50％的积极风险被划归于积极经理人与美国大市值股票的经理人，略低于 40％的积极风险分配给了外国股票经理人。这种资产组合配置是什么以及风险预算到底预示着怎样的收益呢？

表 13.5　　　　　　　　　　积极风险预算

	积极风险贡献
美国大盘股	50.7%
美国小盘股	2.9
国际股票	39.9
新兴市场股票	0.9
核心＋固定收益债券	2.2
高收益债券	0.4
覆盖	3.0

表 13.6 中所示是分别在关于美国股票溢价的三种假定之下此资产组合相对应的隐含收益率，正如我们所看到的，各资产类别的隐含收益与每种资产类别中和积极风险相关的隐含 α 值，会随着美国股票溢价的升高而增长。我们有必要记住，由于我们已经假定市场中性，所以每项 α 值都代表了由承担残余风险所带来的隐含收益率。为了便于讨论，我们将目光锁定在与 350 个

基点的美国股票溢价假定情况相应的隐含收益率上。

表 13.6   **隐含收益（基点）**

资产种类	美国股票溢价假设		
	250	350	450
美国大盘股	250	350	450
美国小盘股	260	365	465
国际股票	215	300	385
新兴市场股票	270	380	485
核心＋固定收益债券	8	12	15
高收益债券	72	100	130
积极分配			
美国大盘股票	4	6	7
美国小盘股	4	6	7
国际股票	7	10	13
新兴市场股票	3	5	6
核心＋固定收益债券	1	1	1
高收益债券	1	2	2
覆盖	2	3	3

　　对数据表的自然解释是"门槛比率（hurdle rates）"。也就是说，我们可以将这些 α 值或信息比率（information ratios）视为在每种资产类别中每类积极管理所应达到的最低可接受业绩水平。显然，随着我们提高美国股票溢价的假定值，积极管理的隐含收益门槛比率也将有所提高。

　　比较此资产组合中隐含 α 值与表 13.1 中的历史 α 值，会颇有意思。我们之所以想做这种比较，是因为我们想用历史 α 值作为对每种资产类别的期望 α 值的观察基准。由于在表 13.1 中，历史 α 值都是总量，所以我们就必须首先对所含交易费用进行调查。同时"生存偏差"（survivorship bias）也值得我们对其做些更正。

　　"生存偏差"十分重要，因为它会抬高历史平均水平。比如说，假设每年都有一小部分业绩最差的经理人被排除，留给我们的收益时间序列将仅仅包括那些业绩比较好的经理人。在计算样本平均业绩数据时，本应该将所有经理人包括进来。然而由于我们已经忽略了最差业绩经理人们的情况，那么我们所得出的样本平均值就必然超出我们本该算得的真实平均水平。

　　"生存偏差"对不同资产类别的影响又各有不同。出于叙述的目的，我们将对应生存偏差做出一个简单调整。具体来说，我们假定"生存偏差"的影响会使得样本平均值扩大 5.25%。因而，我们按照一个固定比例决定净费用，或按照 95% 的比例计算。

　　表 13.7 给出了一个在特定费用水平及生存偏差冲击的假设之下，此类型调整的例子。

表 13.7			调整历史 α		
	历史 α	历史 IR	费用（酬金）	调整 α	调整 IR
美国大盘股	120	0.47	40	76	0.30
美国小盘股	465	0.83	60	385	0.71
国际股票	335	0.73	50	271	0.58
新兴市场股票	340	0.53	60	266	0.44
核心＋固定收益债券	25	0.39	17	5	0.06
高收益债券	255	1.08	50	195	0.86
覆盖	200	0.80	50	143	0.57

对历史 α 值做出了针对费用与生存偏差的调整后，我们就能够将其与由各种资产组合权重配置所隐含的 α 值做比较了，这些数据在表 13.8 中表现。通过表 13.8 可以看出，隐含的 α 值普遍低于历史 α 值，即使是在调整之后也是如此。

表 13.8		隐含对调整的历史 α 和信息比率		
	隐含 α	隐含 IR	调整 α	调整 IR
美国大盘股	6	0.02	76	0.30
美国小盘股	6	0.02	385	0.71
国际股票	10	0.01	271	0.58
新兴市场股票	5	0.02	266	0.44
核心＋固定收益债券	1	0.02	5	0.06
高收益债券	2	0.01	195	0.86
覆盖	3	0.01	143	0.57

消除以上巨大差距的一项措施就是不断增加股票溢价的假定值，直至差异值变得非常小。这种方法的缺陷在于，为了让隐含 α 值尽量接近其历史值，我们必须为股票溢价假定一个难以置信的水平。比如，在我们的例子中，为了使隐含 α 值与历史 α 值相吻合，就要假定股票溢价超过 50%，而这显然远远超出了其合理方案的范围。鉴于我们的目标是要在均衡理论内容内分析积极风险问题，因此以上方法看起来并不是合适的选择。

一些分析人士断言，其实真正的问题并不在于股票溢价水平，而在于投资者偏好结构（可参阅 Grinold and Kahn，1999）。他们提出，投资者偏好其实是可以被分割的，以至于赋予市场风险的风险溢价（例如，以战略性资产配置的形式）要比给积极风险的低。

同样，很容易便能发现这种方法的瑕疵。假定投资者能够增加另一种资产类别的敞口，保持与积极风险部分同样的波动性和期望收益假定，并且与市场风险无关。假定市场风险的夏普比率为 0.2，而积极风险构成部分的 IR 比率为 0.5。显然，如果新资产类别的夏普比率在积极构成部分与 IR 比率的大小相等，并且期望收益比率被认为持续存在，则对此项全新资产类别的配置是有意义的，投资者效用将增加。

我们不是通过改变投资者偏好的方式去试图说明隐含 α 值与历史 α 值的差异，也不是将问题颠倒，思考所观察到的投资者行为实际上在告诉我们些什么。我们所要面对的关键问题是与这样的假定相关，即期望积极收益被预计会持续存在。众所周知，在均衡状态下，积极收益与资产类别收益之间有着根本的区别：资产类别通常会有收益，而积极风险（以纯粹市场不相关风险的形式）却不是这样。这是在资产组合结构中以及投资政策制定过程中必须考虑的问题。在以下两节中，我们将利用布莱克-李特曼模型的成果，勾勒出一个包含关于积极风险的均衡资产假定的框架。此框架将有助于我们理解表 13.8 中数据的差异。

积极风险与布莱克-李特曼（Black-Litterman）模型

第 7 章介绍了布莱克-李特曼模型。此模型提供了一个将均衡收益与投资者对于资产类别收益具体看法结合起来的精致框架。尤其是布莱克-李特曼模型告诉我们，对一组给定的资产类别，期望收益向量依赖四种因素：第一个是均衡收益向量；第二个是投资者的具体看法向量；第三个是投资者对均衡论的重视程度；第四个是投资者对于每种看法的信心水平①。

方程（13.10）表示的是在资产组合为市场中立型以及不存在资产配置偏差的假定下，布莱克-李特曼模型给出的积极风险的期望收益率。在上述假定条件下，我们可以在布莱克-李特曼模型框架内将期望积极收益与期望资产类别收益分开考虑，因为二者并无关联。

$$ER_A = [(\tau\Sigma_A)^{-1} + P'\Omega_A^{-1}P]^{-1}[(\tau\Sigma_A)^{-1}\Pi_A + P'\Omega_A^{-1}Q_A] \tag{13.10}$$

在方程（13.10）中，Σ_A 代表积极收益的协方差矩阵，Ω_A 代表积极收益信心水平的对角阵，Π_A 代表均衡积极收益向量，而 Q_A 则代表着关于积极收益看法的向量。

方程（13.10）能够进一步简化。假定我们对每种积极收益来源都有独立的看法。在这里，P 是单位矩阵，所以 Σ_A 与 Ω_A 的维度是相等的。我们还知道在均衡状态下，积极收益是 0。因此，Π_A 中的每个元素都会是 0，于是我们得到：

$$ER_A = [(\tau\Sigma_A)^{-1} + \Omega_A^{-1}]^{-1}(\Omega_A^{-1}Q_A) \tag{13.11}$$

方程（13.11）将期望积极收益与关于积极收益的看法相联系，均衡收益

---

① 假定我们有 N 组资产类别，让 ER 作为期望收益的 $N \times 1$ 阶向量，让 Π 作为均衡收益的 $N \times 1$ 阶向量，让 Q 代表具体看法的 $M \times 1$ 阶向量。我们将得到由资产收益的 $N \times N$ 阶协方差矩阵表示的和 Σ。具体看法将由 P 表示的 $N \times M$ 阶矩阵有关，每一排相应于一种看法。信心水平将被对角矩阵 Ω 所反映，而 τ 将代表看法的权重。在这个模型中，投资者指定 Q、P、Ω 和 τ。布莱克-李特曼模型表述的 ER 与 Π 和 Q 的关系如下：

$$ER = [(\tau\Sigma)^{-1} + P'\Omega^{-1}P]^{-1}[(\tau\Sigma)^{-1}\Pi + P'\Omega^{-1}Q]$$

（假定它为 0）对均衡理论的重视程度以及信心，表示在任意一个看法上。但要注意，方程（13.11）可以反过来理解，即假如我们被赋予一组看法及一组期望收益（expected returns），那么我们就能得到给予任何一个具体看法的信心。这样做，我们得到：

$$[(\tau\Sigma_A)^{-1}+\Omega_A^{-1}]ER_A=[\Omega_A^{-1}Q_A] \tag{13.12}$$

它可以简化为：

$$(\tau\Sigma_A)^{-1}ER_A=\Omega_A^{-1}(Q_A-ER_A) \tag{13.13}$$

将方程（13.13）左边第 i 个元素标示为 $er\_\sigma_i^A$。由于 Ω_A 是对角矩阵，因此我们知道：

$$er\_\sigma_i^A=\frac{q_i-er_i^A}{o_{ii}} \tag{13.14}$$

其中，q_i 是 Q_A 的第 i 个元素，er_i^A 是第 i 个元素，而 Q_{ii} 是 Ω_A 的第 ii 个元素。由此，我们得到一种简洁的方式以"变更"由任一组期望收益率与具体一组看法所暗示的信心程度的表达方式。下一节将给出一个例子，专门描述看法是如何应用于一个资产组合中，以及如何将其与积极风险预算结合的。

看法、隐含信心水平与投资政策

我们该如何将前一节所提出的看法运用到资产组合设计当中呢？关键是要从资产组合产生的一系列期望收益上掉过头来，找出由一组看法所预示的一系列信心。说得具体些，也就是我们可以从对一系列资产组合权重配置以及相应的风险预算（risk budgeting）上回头，去寻找隐含收益，这些隐含收益率然后会被当做期望收益率来对待。对于一组给定的看法，我们则能够重新回过头去寻找隐含收益的水平。因此，以一组既定看法为基础，我们得到了信心水平与风险预算之间清晰的联系。

是什么在一方面将我们的分析复杂化，而另一方面又为我们打开了将其他见解应用于投资过程中的机会？其实是由于隐含信心将依赖于初始的一系列看法。接下来的例子阐述了这一点。

假设我们拥有两组关于 α 值的看法。第一组是非常简单的看法，即各个积极策略的信息比 IR 在整个积极战略中是恒定不变的。第二组看法则是出自表 13.8 所示的调整后的 α 值（以及 IR）。我们可以选用像表 13.8 那样的表，因为其中的数据易于收集和经过详细研究，并被机构投资者广泛共享。

通过将方程（13.14）分别应用于两组看法，我们可以找到每项积极风险来源的隐含信心水平，并将它们与积极风险预算相结合。这些信心水平列示在表 13.9 中，并以美国大市值股票的信心水平作为标准。参考表 13.9 中标准化信心水平与积极风险预算的对比。

表 13.9 标准积极信心水平与积极风险预算

	美国大盘股的信心水平		积极风险预算
	历史 IR	净 IR	
美国大盘股	1.00	1.00	50.7
美国小盘股	0.10	0.23	2.9
国际股票	0.40	0.88	39.9
新兴市场股票	0.10	0.13	0.9
核心＋国家收益债券	1.25	0.20	2.2
高收益债券	0.03	0.09	0.4
覆盖	0.12	0.24	3.0

来自于看法组变动的影响在表 13.9 中显得异常惊人。当我们假定净信息比率 IR 恒定时，在风险预算及与其相对应的信心水平之间有一种非常紧密的数量规律。而当我们用到历史信息比率 IR 时，这种规律则会解体。

举个简单的例子，让我们来看看"核心＋固定收益"证券。我们配置给 CFI 的积极风险预算仅为总体的 2.2%。当我们假定信息比率 IR 在所有积极策略间都相同时，这种预算意味着我们对于有关美国大市值股票看法的信心比对 CFI 看法的信心高出 25%。

相反，如果我们用的是调整后的历史信息比率 IR，则两种积极风险来源间的关系便会倒转。实际上，这时对 FCI 的配置正暗示了比大盘股高出 25% 的信心。倘若我们认为历史平均值不是未来收益的有效预测工具，我们可能更倾向于将一项恒定的信息比率 IR 假定为初始看法，然后根据政策问题调整这种看法。

我们的分析该怎样应用于投资政策（investment policy）选择之中呢？在我们如何看待看法与信心的问题方面，那些政策选择又暗示了些什么呢？这里有三项明显的不同，投资者未必做出投资政策。每一项不同又都是一项风险预算的抉择。第一项选择是资产类别风险与积极风险之间的"分界线"。这可以说是一个针对在积极风险与资产类别间有效地配置总体资产组合风险的决策。一旦一种积极风险水平被选定，第二项选择便是在各种资产类别间对积极风险进行有效的配置。最后一项选择是在同一资产类别中有效地将风险分配给不同的经理人。

首先让我们看一看改变资产类别风险与积极风险之间的"分界线"其意义何在。在我们的例子中有一种简便的途径，先假定资产配置完全沿用表 13.3 中的配置模式，然后按比例地增加每种资产类别的积极风险水平。这样做将提高总体循迹误差 TE、总体资产组合风险，以及积极风险对于整体风险预算的贡献。表 13.10 显示了例子中此类分析的结果。

表 13.10 增加积极风险的影响

缩放因子	总循迹误差	总的股资组合波动率	积极风险贡献(%)	隐含 α	隐含 IR
0.5	70	11.0	0.4	1	0.01
1	140	11.1	1.6	4	0.03
2	280	11.3	6.2	15	0.05
5	700	13.0	29.1	95	0.14
10	1 400	17.8	62.2	380	0.27

表中还包含积极风险水平所对应的隐含收益率。正如表中数据所表明的，按比例提高积极风险水平能相应地增加隐含收益率。事实上，在大约 1 400 个基点（bps）的循迹误差 TE 水平下，积极资产组合的隐含信息比率 IR 就超过了基础性资产类别的夏普比率。[①]

当然，投资者不能简单线性成比例地增加每种资产类别的积极风险。在美国大市值股票一类的积极策略中，如非净短期约束 NNS 一样的限制因素，支持了更高的风险水平。相比较而言，积极交迭（overlap）这一类策略却不会面对同样的限制。意思就是说，在更高风险水平上，我们应该对有更多约束战略的信息比率 IR 事先做出恶化的预计。因此，在更高风险水平上，我们应该在净信息比率 NIR 之间差别的基础上分析信心水平。[②]

除了积极风险整体水平外，投资者也对积极风险的有效配置感兴趣（即最优积极风险预算）。让我们通过下面的例子来看看，其对于风险预算以及相关的隐含信心水平的影响。

倘若我们将交迭（overlap）策略的积极风险配置扩大至原来的 3 倍，并将资产组合的 10% 从积极美国大市值股票转入美国小市值股票中。表 13.11 所示是进行这种转化后的结果，正如我们所看到的，与美国大市值股票相关的积极美国小市值股票和交迭战略的信心都提高了。同时积极风险的配置也从美国大市值股票中转移出来，进入到了其余两种策略之中（通过风险配置栏中的数据变化体现出来）。实际上，这种再次得到平衡的积极风险预算显得更为多样化了。这个例子阐明了一个基本看法：积极风险配置与信心水平看法之间有着很强的一致性。

表 13.11　　　　　　　　在重新平衡后的隐含信心水平

	美国大盘股信心水平		积极风险预算
	历史 IR	持续 IR	
美国大盘股	1.00	1.00	21.7
美国小盘股	0.47	1.05	24.0
国际股票	0.55	1.19	30.6
新兴市场股票	0.14	0.17	0.7
核心＋固定收益债券	46.59	0.27	1.7
高收益债券	0.04	0.12	0.3
重置	0.48	0.98	21.0

为何投资者会选择赋予某项相对其他资产类别积极风险更高的信心？假如大多数投资者都能取得同样的数据，而且处在相同的历史信息比率 IR 基本级别，那么我们的看法是：投资者们通过关注那些决定他们相对信心水平的因素，来获得对投资过程更深入的了解。这里列举了能为资产类别中积极风

[①]　假定我们持大体上固定的相对信心水平，那么通过提高基础资产类别的积极风险水平来改善夏普比率，就意味着投资者也在增加理论水平或对看法的重视程度。一种解释是，投资者相信市场要经过长时间的修正才能够达到均衡状态。

[②]　在更高风险水平上的高成本也能导致信息比率（IR）恶化。

险设定相对信心水平提供指导因素的部分列表。

● 是否历史 α 值的来源是全体市场参与者共担的一次性事件。倘若历史 α 值代表了不太可能重演的一次性事件，那么相对于其他积极风险来源，其信心水平将降低，因此分配给这些策略的积极风险预算将会更少。这种状况的一个例子便是与 EAFE 相对应的国际性经理人历史业绩表现，其中大多数经理人都是低于日本的经理人。

● 历史 α 值的来源是否为基准异常化的函数。不合理的基准结构（即按该基准进行指数化套利是难以实现的）赋予了积极经理人增值的内在能力。由于投资者在某种程度上认定基准一旦确立就不大可能更改，因此将赋予积极策略更高的相对信心水平，同时为它们配置更多的积极风险预算。有关这类来源的两个例子是 EAFE 基准以及罗素（Russell）2000 基准。

● 历史 α 值来源是否代表了一种结构化失效？当一位（或几位）市场参与者具备了一种非平均偏差最优化的客观函数时，结构化失效便可能会发生。在这些情况下，均方差最优化工具拥有产生"α 无风险收益"的能力。因而相对更充分的信心和更多的风险预算可能被投入到这些策略当中，结构失效的一个典型例子便是货币市场，中央银行的宏观经济目标不能在一个平均偏差框架内得到无疑的表述。

到目前为止，我们一直在关注积极风险与资产类别风险之间资产组合风险的配置，以及在积极策略的资产组合中配置积极风险（如一项积极美国大市值股票经理人资产组合与一项积极美国小市值股票经理人资产组合）。同样的分析研究可以很容易地扩展至具体经理人的层面。那样的话，我们将要计算出每位具体经理人所得到的积极风险、隐含 α 值以及对基准经理人（numeraire manager）的信心程度。

例如，假定我们有三位国际证券经理人的资产组合。进一步假定经理人两两之间超额收益的相关程度为 0.38（表 13.2 中），经理人资产组合的循迹误差 TE 目标是 460 个基点（表 13.3 中），表 13.12 显示了每位经理人的误差目标、他们的资源配置以及赋予了经理人资产组合的风险预算。

在表 13.5 中，在经理人资产组合的目标循迹误差 TE 为 460 基点的前提假定下，国际证券分配到了总体积极风险预算的 40%，在这项决策中潜含着的看法是：一般来说，国际证券经理人比其他资产类别更有可能延续为资产增值的历史表现。

表 13.12 告诉我们，第三位经理人的国际证券得到了大约 50% 的积极风险配置。现在我们想知道的是，在具体经理人保持 α 值能力方面我们的信心，这种风险配置（risk allocations）意味着什么？

表 13.12   **国际经理人权重**

	分配（%）	循迹误差	风险预算（%）
经理人 1	20.0	500	14.4
经理人 2	35.0	575	35.3
经理人 3	45.0	675	50.3
总和	100.0	450	100.0

表 13.13 中表示的是针对每位经理人的信心水平，以第二位经理人为标准。他们是基于两组看法计算出来的。第一组看法是：对每位经理人来说，IR 都是中值。第二组看法是：经理人都有各自不同的 IR 值。具体来说，我们已经假定了第一位经理人的期望 IR 是 0.25，而第二位和第三位分别为 0.57 和 0.75。

表 13.13 相对信心水平

	对经理人 2 的信心水平	
	持续 IR	差异 IR
经理人 1	0.5	1.6
经理人 2	1.0	1.0
经理人 3	1.5	1.1

正如我们所预期的，在不同看法之下，风险预算在我们对经理人保持 α 值的能力信心方面揭示了截然不同的信息。当我们为每位经理人设定了相同的 IR 时，则风险预算会清晰地告诉我们，我们对第一位经理人达到 IR 中值水平能力的信心程度是对第二位的 50%。

从实践角度来看，如果我们真的不能将经理人区分开来，那么对第一位经理人的较低信心与对第三位经理人的较高信心正说明了我们应该将第三位经理人的一部分风险重新分配给第一位经理人。

现在让我们看看这个案例。当我们认为不同经理人有不同的 IR 时，在这个例子中，各个经理人得到的信心水平是一样的。更特别的是，在这个案例中，我们对于每位经理人达到各自预期 α 值的能力均充满了信心。

将信心水平的影响与看法的影响区分开来，是理解风险预算的关键步骤，正如前面的例子，我们在资产类别（asset class）层面上配置积极风险，如大市值公司股票与核心固定收益。这里我们可以在单个经理人层面上开始识别影响看法的因素，以及影响经理人信心水平的各种因素。

比如，假定我们遵循一开始的看法，在一种资产类别中的每位经理人都将取得 IR 中值，但对个别经理人，我们可以改变看法，有个例子是关于非净短期约束（no net short constraints，NNS）限制影响的：往往低循迹误差 TE 的经理人不太受这些限制的影响，这说明他们的期望收益 IR 应该更高一些。

究竟什么能够影响我们对某个经理人与另一个经理人的信心选择呢？我们考虑的第一个因素是跟踪记录的时间长度。在其他条件相同的情况下，我们可能更为信任误差记录较长的经理人。于是我们会认为应该给那些有着更长的误差记录的经理人配置更多的风险。

第二个影响因素是团队的稳定性。领导着不稳定团队的投资经理人会让我们降低对他的信心程度，因而最终将更多的风险交付给其他有更稳定团队的经理人。

第三，我们会逐一考察每位经理人的"风险历史轨迹"。比如，设想有两位 IR 与历史 TE 都相同的经理人。但如果其中一位的 TE 似乎（无明显原因）常常在时高时低的范围间摇摆，而另一位却不是这样。因为误差在高低范围间更替的原因不清楚，所以我们可能就不太会信任第一位经理人了。

结　论

　　进行积极风险配置是任何投资政策设计过程中的重要部分。在各种策略间分配积极风险为进行当中的具体积极策略及具体投资经理人的评估确立了理论框架。在本章中，我们表述了如何运用积极风险预算。

　　在关于积极风险的收益率方面，资产定价理论有明确的预期：在均衡状态下，积极风险率是零。尽管如此，由于积极风险是与市场风险无关的，而且因为短时期内的市场不会处于均衡状态，所以投资者对积极风险有本质的需要。这样一来，有效建立一项积极资产组合结构才是问题真正的所在。

　　本章描述了怎样利用风险预算解决以上问题。我们之所以重点关注风险预算，是因为我们相信估计风险特征要比期望收益率更容易。通过探究资产组合最优化的特征，我们表明了风险预算可以被理解为对收益的期望。

　　利用布莱克-李特曼（Black-Litterman）模型与积极收益率在均衡状态下为零的假定，我们为任何积极风险预算勾勒出了一系列有关积极收益的看法以及对这些看法的信心。我们还进一步描述了投资者如何能够开始将这种理论构架运用到他们的资产组合当中。具体地说就是我们指出了投资者不仅需要关注事件是否与他们的看法相关，还要关注在那些看法中他们的信心。

根据积极风险系列
编制风险预算

安德鲁·阿尔福特（Andrew Alford）

罗伯特·琼斯（Robert Jones）

库尔特·温克尔曼（Kurt Winkelmeann）

上一章介绍了一种积极风险预算思想，并叙述了投资者如何在资产类别层面上建立这样的风险预算。该章还简要讨论了如何将风险预算运用于确立具体投资经理人名册。在执行过程的某些环节中，绝大多数投资者最终需面对以下的问题：在他们的证券组合中，积极与消极经理人的最佳组合是怎么样的。有一些投资者实行完全消极的资产组合，而另一些投资者则是利用消极方案来弱化其积极操作中的风险，采取"哑铃（dumbbell）"式操作——也就是在风险系列的一端雇用一批传统的积极经理人，而在另一端加入指数化基金，以达到一项处于适中范围的积极风险目标。

我们认为采取"哑铃"策略的投资者丧失了让他们的消极敞口（部分资源）赚取利益的宝贵机会。这种机会的丧失，类似于投资者在策略性资产配置中持有现金，从而错失机会。在我们看来，投资者完全可以通过以结构化证券经理人替代消极投资部分的方式来改善其积极资产组合中的预期风险，从而调整业绩表现。

现在看来，按照积极风险的水平来划分积极经理人是普遍现象，因为**结构化**（structured）经理人通常比**传统**（traditional）经理人接纳更少的积极风险。[①] 我们觉得大多数投资者都应该在整体积极风险系列之中进行风险配置——即大多数证券投资应该包含一个综合消极的、结构式的以及传统式证

---

① 在本章中，结构化经理人指低循迹误差经理人，他们常被称为加强型——指数（index）或基准（benchmark）——敏感型经理人。传统型经理人通常指有高循迹误差，对基准也不够敏感的集中型积极经理人。

券管理的组合体。我们称这种方法为"系列化战略"（spectrum strategy）。

　　为什么是运用系列化战略的投资者，而不是那些采用"哑铃"战略的投资者的收益会更好呢？我们认为主要有四个原因：第一，总体来看，结构化经理人的历史风险调整业绩表现超过了传统经理人。第二，我们相信这样的业绩表现差异源于各自内在方法上的区别。第三，在积极经理人能够为资产增值的范围内，持有大量消极敞口的投资者明显在拖他们所持有的资产组合业绩的后腿。最后，由于系列化战略将积极风险预算多样化，所以我们认为通过在资产组合中加入结构化证券产品，投资者可获得更高的单位积极风险回报。

　　以上主题都将在下文中得到深入探讨。我们将首先审查结构化与传统积极证券经理人的历史跟踪记录，然后分析导致以上业绩表现差异的方法差异，接下来我们将表述投资者如何结合积极风险预算技术，将以上成果运用于他们的大市值美国股票组合中，并得出一些更为普遍的结论。

比较结构化与传统式经理人

　　许多投资者通过将消极管理与传统的积极管理相结合，以完成对大市值美国股票的长期资产配置。我们相信，投资者还应该在这种结合中加入结构式证券，因此让我们重温传统与结构化经理人的历史风险及业绩特征表现。关注这些历史性结果将会促进我们深入讨论使这两种管理方式产生不同结果的方法性差异。

　　在我们的分析中，我们将用历史循迹误差来区分经理人，将循迹误差低的经理人归为结构化一类，而循迹误差高的归为传统式一类。市场惯例是将结构化证券经理人置于一个 100～250 基点的目标循迹误差空间范围内。由于已知一部分的（或历史的）循迹误差很可能超出目标范围，因而我们将结构化经理人确定为已知误差水平在 100～300 基点之间的经理人。

　　市场管理同样说明，传统（或集中的）经理人通常有着超过 600 基点的目标循迹误差，同时在一定程度上，他们是对基准敏感和有循迹误差目标的。当然其中一些已知循迹误差水平也很可能达到目标，因此，我们将传统经理人定义为已知循迹误差水平超过 500 基点，但低于 1 500 基点的经理人（设置上限的目的是排除一部分有可能大量持有其他资产类别——比如小市值股票、国际股票、债券——的经理人）。我们判断出将已知循迹误差在 300～500 基点间的经理人归类是极其困难的，因此在后续的讨论中将该范围内的经理人略去。尽管如此，省略他们对我们的分析结果影响不大。

　　表 14.1 总结了我们的结果。我们利用 Plan Sponsor Network（PSN）数据库，[①] 建立了一组对应于 1 052 位大市值美国股票经理人的季度收益时间序

---

　　① 计划支持网络是一个关于机构性经理人收益的数据库，这些收益率均未剔除费用，且包含有自我选择和生存偏差因素。也就是说，只有选择上报业绩的经理人才能被包括在内（假定都是那些有较好回报的经理人），失败或合并的经理人被略去了。因此，我们结果的中值事实上更接近于第 55 个百分位数的结果。然而，尽管存在这些偏差（能影响两种管理方式），我们仍认为结构化和传统型经理人之间的比较是有效的。

列。此收益率是毛收益率，时间跨度从 1989—2001 年（含 1989 和 2001 年）。我们囊括了所有拥有至少 24 个季度业绩历史的经理人。正如前面讨论到的，我们尽量不把目光投向循迹误差过低或过高的经理人，从而得以进一步减少数据库中的经理人人数。

表 14.1 历史表现（1989—2001 年）

	平均值	中值	四分之一点	四分之三点
结构经理人（64 个经理人）				
积极收益（bps）	43	52	92	—4
循迹误差（bps）	209	221	266	147
信息比率	0.26	0.28	0.44	—0.02
两两相关性	0.08	0.08	0.27	—0.1
传统经理人（561 个经理人）				
积极收益（bps）	53	53	201	—120
循迹误差（bps）	821	769	971	619
信息比率	0.05	0.07	0.27	—0.16
两两相关性	0.13	0.14	0.36	—0.1

当然，我们的方法很可能使得一些经理人被错误地归类。比如说，一位经理人可能会有意地在低循迹误差领域与高循迹误差领域间进行转换——这其实是积极决策制定过程中的一部分。假如每一领域中的循迹误差水平截然不同，并且这位经理人没有在高循迹误差领域中投入足量精力，那么我们就可能将此经理人错误地归为"结构化"（structured）一类。不幸的是，我们并没有足够的数据资料轻松识别出这种范围转换的行为。尽管有以上提醒，可我们仍认为数据库丰富得足以用来正确地为经理人分类，以及总结出对后续讨论格外有用的历史性差异。

表 14.1 列出了每组经理人的业绩总结和风险特征，其中包括四项业绩与风险特征数据的历史平均值、中值、TQ（第一四分位数）、BQ（第四四分位数）、积极风险收益率、循迹误差、IR 以及两两相关程度。我们单独计算出了每项风险和业绩特征的四分位点。比如，有积极收益中值水平的结构化经理人就可能与具有循迹误差中值水平的经理人并非同一个人。

表 14.1 中列示的业绩及风险数值很能说明问题，它解释了为什么对于机构投资者来说，在不同类型经理人之间做出选择是一项巨大的挑战。先让我们看看业绩记录，然后思考他们风险中存在的差异。

从历史上看，结构化经理人的历史平均积极收益十分相似。平均来说，传统经理人有着 53 个基点大小的积极收益，而结构化经理人稍少一些，为 43 基点。积极收益中值就更为接近了，结构化的经理人为 52 基点，传统经理人为 53 基点——尽管结构化经理人所承担的风险要小得多。假若传统经理人一般要承受更高的成本费用。平均来看，那将更难去讨论，传统管理已经贡献了更高的风险调整超额净收益。

但更有趣的还要看业绩的离中趋势。TQ（Top-Quartile）结构化经理人的积极收益的偏差点为 92 基点，而 BQ（Bottom-Quartile）经理人却为—4

基点偏差点，与两类经理人所承担风险的差异一致。TQ 传统经理人的积极收益高达 201 基点，而 BQ 经理人也比其基准线低 120 基点。因此，平均历史业绩记录似乎说明，结构化与传统经理人一般都能取得大致相同程度的超基准业绩表现。然而，投资者对传统经理人的选择却显得更为关键一些，因为他们的业绩结果分布范围更为广泛。

历史收益率本身即形成了两种管理方式不完整的对比，要使这种对比完善、完整，我们仍应该关注风险。因此，在表 14.1 中，同时包括了对结构化和传统式经理人历史循迹误差分布的概括。

假若我们有意以已知循迹误差值为标准来对经理人分类，那么我们将不会奇怪结构经理人的循迹误差低于传统经理人的循迹误差。例如，结构化与传统式经理人的循迹误差中值分别为 221 基点与 769 基点偏差点。在两端，TQ 结构化经理人的历史循迹误差为 266 基点，而在 BQ 处是 147 基点。相比较而言，TQ 传统经理人有高达 971 基点的历史循迹误差，而在 BQ 处，传统经理人也有 619 基点。所以按照我们的定义法，投资者很可能看到，传统经理人的已知积极风险水平要比结构化经理人更高。

评价风险与回报对应程度的一种合适方法是用信息比率 IR，它被解释为每单位积极风险的收益（或积极收益除以循迹误差）。表 14.1 中也显示出了信息比率 IR 的值。这几个数值也许是表中最有意思的内容，因为它们体现了两种积极管理方式间的巨大差异。可以看出，在所有技术水平上，结构化经理人的历史 IR 都要高于传统经理人的 IR 值。如中值业绩的结构化经理人 IR 为 0.28，而中值传统经理人的 IR 仅为 0.07。

表 14.1 还表明，传统式经理人信息比率 IR 的离中性更为突出。TQ 领域传统经理人 IR 大约是中值领域中的四倍。对结构化经理人而言，上半区 TQ 信息比率 IR 只比中值高 57%。将它们放在一起比较，这些数值说明，结构化经理人每单位积极风险对应的积极收益率更高一些，[①] 而且进一步表明，在建立传统经理人资产组合方面，对经理人的挑选会显得尤为重要。

表 14.1 还包括了各积极收益间的相关程度。在多数领域中，这些数据在积极管理方式中表现得并无不同。结构化经理人两两关联度的中值为 0.08，而传统经理人是 0.14。这些数据令人满意，因为它们说明，在每种管理方式中，经理人并非面临同一类风险。换句话说，经理人在他们的积极决策中似乎也在表达不同观点或运用不同的资产组合建立的技术（或两者同时采用）。

表 14.1 中的数据同时为**单个**经理人的业绩表现提供了依据。基于这个依据，投资者也许希望知道将传统经理人纳入组合中到底有没有意义。支持这样做的理由很明确，大多数机构投资者持有的是经理人的**投资组合**。因此，真正的选择并不是存在于结构化经理人和传统经理人之间，而在各个备选的经理人资产组合之间。假如我们以这种观点看待过去的业绩表现，又会是怎

---

① 这些结果与布朗和哈洛（Brown and Harlow, 2002）对共同基金的研究成果相一致，后者展示出了投资方式一致度、积极风险水平与业绩持续性两者间的明显联系。一般来说，高度的一致性对应着低积极风险以及更为持久的超基准业绩表现。

样的情况呢？

　　为了在资产组合层面上评价结构性战略与传统战略间的差别，我们构造了一个时间跨度从 1992—2001 年的结构化与传统积极经理人的组合体。在过去的研究分析中，我们一直是利用已知的循迹误差来区别不同的经理人类型，但这次我们是利用过去三年的情况来对今后三年持有期内的经理人进行分类（例如一项值得投资的策略）。我们将继续用所得业绩表现与标普 500 指数进行比较。

　　在每个三年期的时间段内，我们将所有数据分为两类：结构化证券经理人（1％～3％的循迹误差）与传统积极经理人（5％～15％的循迹误差）。在每组之中，我们紧接着构建 100 个任意挑选出的 2～4 位（等权重）经理人的联合资产组合，然后在随后的每一个三年期内计算出平均的"买入与持有"的收益率。

　　在表 14.2 中，我们给出了样本中各分段点的积极收益、循迹误差以及 IR。比如，根据给出的统计数据，TQ 代表了全体样本中最佳经理人资产组合中的第 25 位。因此，我们可以想象，这些分段点其实是代表了投资者在建立经理人资产组合方面的技术能力。

表 14.2　　　　　　　　　　标普 500 经理人的结果（1992—2001 年）

	两个经理人			四个经理人		
	积极收益	循迹误差	信息比率	积极收益	循迹误差	信息比率
结构经理人						
四分之三	−54	178	−.26	−29	141	−0.21
中值	61	234	0.21	49	176	0.24
四分之一	155	297	0.66	123	217	0.63
传统经理人						
四分之三	−247	430	−0.51	−180	366	−0.46
中值	−23	572	−0.09	−14	461	−0.12
四分之一	240	784	0.37	170	589	0.28

　　表 14.2 中的结果与表 14.1 中的完全一致：与传统经理人的资产组合相比，结构化经理人的资产组合拥有更高的超额收益中值（且风险更小），并在全部数据层面上都有着更高的 IR。例如比较四位经理人的情况，结构化经理人的资产组合的 IR 中值为 0.24，而传统经理人的资产组合仅为 −0.12。很自然，结构化经理人的资产组合也有着更低的平均循迹误差以及更少的循迹误差与超额收益的离散程度。据此，在建立一个传统经理人的资产组合时，经理人选择的技术就显得格外重要了。

　　然而，这只是一项投资战略中关键的第一步，仅通过比较核心标准普尔的结构化与传统式经理人来解决最优化经理人构成的问题只是天真的想法。许多机构投资者（institutional investors）从特定的方面选拔传统经理人。比如，增长和价值。假如我们已建立了增长型和价值型经理人的资产组合，那么结果又会怎样呢？表 14.3 列出了时间跨度从 1992—2001 年的增长型与价值型经理人的资产组合取得的业绩结果，其中积极收益、循迹误差和 IR 均是与标准普尔 500 做比较。

表 14.3　　　　　增长型/价值型传统经理人的结果（1992—2001 年）

	两个经理人			四个经理人		
	积极收益	循迹误差	信息比率	积极收益	循迹误差	信息比率
传统增长型经理人						
四分之三	39	635	−0.05	82	639	0.02
中值	246	800	0.02	253	775	0.24
四分之一	481	1 010	0.50	438	932	0.44
传统价值型经理人						
四分之三	−200	512	−0.36	−163	486	−0.29
中值	−32	605	−0.05	−50	567	−0.05
四分之一	121	714	0.25	64	647	0.18

注：AR——积极收益；TE——循迹误差；IR——信息比率。

　　显然，将"管理方式"考虑进来便会彰显差异：传统的增长型经理人的 IR 中值要比上表中结构化经理人的资产组合稍高一些，而对于传统价值性经理人来说，关系则恰好相反。尽管如此，我们相信这种结果取决于具体的时间段。总体来看，增长型经理人只是在 20 世纪 90 年代后期业绩不错。于是我们仍旧陷入一个谜团，为何结构化经理人与其传统型同行比起来做得如此之好（在调整后风险基础上）。要回答这个问题，我们必须深入地挖掘结构化与传统型经理人的基本投资方法。

结构化与传统型的投资方法

　　结构化经理人与传统型经理人之间的主要区别在于他们对待风险和基准的方式。结构化经理人对基准底线高度敏感，并倾向于达到相对低水平的循迹误差目标。此外，结构化经理人通常依靠较多数量的小积极偏差来试图达到其低目标（比如部分超额盈利（overweight），部分超额亏损（underweight））。

　　相比起来，传统积极经理人一般都会**事先**（ex ante）建立较高的目标超额收益率。虽然大部分传统型经理人并不会明确地定位于循迹误差目标，但是他们对超额收益的追求却经常在事后导致高的积极风险。这是因为传统经理人一般会将其积极决策的制定限制在少数几个相对大的领域。积极决策领域重要性的不同是我们理解传统经理人与结构化经理人之间风险和业绩差异的关键。

　　一个主要结论是：传统经理人很少能够在他们的"牛市"和"熊市"的观点之间达到平衡，为什么呢？因为大多数机构投资者都会面临短期限制（no-short）。也就是说，经理人一般会高估一只股票，如他们所喜欢的，但只能低估一只股票在它的基准之上。由于传统经理人经常只想顾及相对较大的积极偏差，那么这类限制必然存在。反之，他们理论上可以无限制地优化他们最看好的股票的业绩（比如，那些基准价格权重足以承受预计亏损额的股票）。结果是由于"高估"和"低估"总和必须为0，短期限制就恰好限制了经理人表达"牛市"观点的能力。因此，短期限制以及相应平衡能力的缺乏将压低传统经理人的潜在 IR 值。

相反，结构化经理人却能够更大限度地利用它们"牛市"和"熊市"的观点。他们相对较低的循迹误差目标，以及顾及大量的小规模积极偏差的倾向共同决定了他们能更充分地运用各种观点。因而，短期限制的影响较小，因为他们想要的损失不常超过基准价格。

结构化经理人与传统型经理人的第二个区别在于对风险管理的重视程度。伴随着严格的循迹误差目标，结构式经理人花费大量的时间和精力去管理风险和排除意想不到的不确定事件——就像一个家庭在拮据时将会十分节俭一样。相比较而言，传统经理人却较少受限于循迹误差的总量，且花费同样少的时间在风险管理之上。结果，意料之外且无所以偿的风险便会悄然融进他们的资产组合中。

举例来说，众多传统型经理人大体上保持对资产组合中各证券的等权重，这样能在小盘股上面产生大量高估，在大盘股上产生少量高估（甚至低估）。因此，产生的小盘股波动便为整个资产组合增加了纯粹风险。也就是说，在小面额收益高估是由于经理人对风险的忽视产生的，而不是源于一种认为小盘股必然超过大盘股的强烈信念。不断加重分母的负担而又不同时增加分子的值（α 值），这种行为降低了传统经理人的 IR。

概括来说，对于结构化经理人，经验性 IR 方面的优势反映出方法上的两大优势：（1）他们不太受短期限制的影响（由于较小的意料之下的积极偏差）；（2）他们更为重视风险管理（以及 IR 分母负担的相应减小）。如果这些传统在将来能长存的话，那么我们就有理由相信其 IR 优势也会同样保持。

假若有了结构化经理人的历史 IR 值的优势，通过我们的讨论，投资者就应该能够得出结论，他们应该配置极小部分（假如有必要的话）的积极风险预算给传统积极战略。当然，事情也并非绝对如此。我们至少两点合适的理由要将传统经理人包括进我们的组合。

第一，尽管有以上提到的诸多理由，但结构化经理人的 IR 优势也不一定能够持续存在。历史 IR 值并不是很好的未来业绩的预测工具，尤其对我们这里的小样本事件来说，更是如此。我们的样本里采用的是季度数据且只有数量相对较少的结构化经理人。因此我们仅仅应该将该统计结果看成是建议性而不是决定性的。[①] 谨慎的分散化行为则支持同时在积极风险系列的两端使用经理人。

第二，至少某些传统型经理人过去还是能为资产增值的，而且他们的业绩表现与结构化经理人相对无关，这说明投资者通过至少分配一部分积极风险预算给传统战略也是可以改善他们的期望 IR 的。所以，最终真正的问题是给每一积极战略的配置规模是多少，包括两两比较以及消极配置。

---

① 4 位结构化经理人与 4 位传统型经理人的两个资产组合 IR 中值之间差异的 T-统计量是 1.72，相对于 11% 的总体水平。

寻找正确的经理人组合

投资者该如何在积极战略和消极战略之间配置资产呢？他们是应该采用"哑铃"方式，还是选择接纳贯穿整个积极风险系列中的风险呢？但无论投资者最终采用了哪种方法，他们都应该细致评价伴随着每一关键决策的"平衡交易（trade-off）"。正如上一章所讨论的，我们认为，评价"平衡交易"的最佳方法是对**积极风险预算**的分析。①

关于积极风险预算的编制，这里有三个重要概念需要澄清：（1）积极风险预算；（2）最优积极风险预算；（3）积极风险预算编制过程。积极风险预算指的是对各组成部分的积极风险分配。比如，假定有一位投资者手中有六位具备不同积极风险水平的国内证券经理人。借助于经理人相互间的相关程度的估计值，我们便能直接计算出经理人资产组合相对于联合基准底线的循迹误差，然后将全部循迹误差分配于六位经理人中的每一位。这种风险分析形式就是积极风险预算。

因为积极风险预算确定了积极风险的来源，所以它同时提供了关于投资者的积极证券组合结构的重要信息。事实上，在积极风险预算与投资者对积极收益的观点之间有着直接的联系：假定不存在限制因素，则对所有积极投资来说，当积极风险的配置使其对积极业绩的边缘贡献（marginal contributions）等于对积极风险的边际贡献时，总体资产组合 IR 就达到了最大值。限制因素却可以改变这种理想化的联系，但任何令 IR 最大化的积极风险配置（针对既定的积极风险水平）都被称为最优积极风险预算。② 而寻求这项最优积极风险预算的过程就叫作风险预算编制过程。

一个简单的例子或许有助于解释这几点。假定投资者拥有两项积极业绩来源：一项两位结构化经理人资产组合以及一项四位传统型经理人的资产组合。为简化讨论，我们假定积极收益——基准线之上的收益——在所有经理人之间毫无关系，我们后面先放松该假定（如表 14.1 所示，传统型经理人与结构化经理人不大可能获得完全无关的超额收益），为体现历史分析的结果，我们将假定每位结构化经理人的循迹误差为 215 基点，而每位传统型经理人的循迹误差为 800 基点。最后，我们假定每位经理人在自己所属组别中得到相同的权重分配——也就是每位结构化经理人的投资占结构化资产组合的 50%，每位传统型经理人的投资占传统型资产组合的 25%。在这个简单例子里，风险预算编制意味着决定将分配给每个经理人小组多少积极风险预算。

---

① 积极风险预算分析业绩的偏离战略性基准的影响。

② 当然，仅当假定积极风险与基础性（foundation）战略资产配置（strategetic asset allocation）无关时，它才有效。如果积极收益与基础性资产是负相关的，则总体资产组合的 IR 水平可以通过一个次优化积极资产组合来改善。在实践当中，积极风险与战略性资产配置的关联度是极低的。

要做出这个决定，我们必须首先计算出每项经理人资产组合的积极风险水平。在我们粗略的假设下，结构化经理人的资产组合的循迹误差水平在150基点左右，而传统型经理人的循迹误差为400基点[1]（以上计算均假定每项经理人资产组合有一个符合基准指数的大小为1.0的β值）。

回忆前面提到的不存在限制条件，我们的最优积极风险配置方式。因而下一步，即是估计各个经理人组别的积极收益。对所有的投资者（或经理人），我们应当按积极风险边际贡献等于积极收益边际贡献的方式分配积极风险。

为了简化，我们假定结构化经理人的期望IR为0.45，而传统型经理人为0.30。以上假定基本与表14.1上四分之一或第一四分位的数据相符合，并且暗示了投资者在经理人选择方面是有技巧的。

运用这几项假设[2]，两位结构化经理人小组的期望IR和积极收益分别为0.64和97基点，而4位传统型经理人小组的两项分别是0.60和240基点。经理人资产组合的IR比任何单个经理人的IR都要高，因为我们假定各超额收益是不相关的[3]。表14.4概括了我们的假定。

表 14.4　　　　　　　　　　　说明性风险和收益假设

	经理人数量	信息比率	积极收益	循迹误差
结构股票	2	0.64	97	152
传统股票	4	0.60	240	400

我们应该如何建立一个能同时包含结构化和传统型证券产物的资产组合呢？一个简单的方法便是不断变更两类证券操作中的投资比例，并同时评价其对总体IR和循迹误差的影响，如表14.5所示。

表 14.5　　　　　　　　　　　信息比率和循迹误差

传统分配（%）	结构性分配（%）	积极收益	循迹误差	信息比率
0	100	97	152	0.64
10	90	111	143	0.78
20	80	125	146	0.86
30	70	140	160	0.87
40	60	154	184	0.84
50	50	168	214	0.79
60	40	183	248	0.74
70	30	197	284	0.69
80	20	211	321	0.66
90	10	226	360	0.63
100	0	240	400	0.60

---

① 以上两位结构化经理人资产组合的150基点的循迹误差是由以下方式计算出来的：$(1/2 \times 215)^2 + 2 \times 1/2 \times 1/2 \times 0 \times 215 \times 215 + (1/2 \times 215)^2$。式中的0代表关联程度的假定。相类似方法同样适用于4位传统型经理人的资产组合。

② 这些IR不同于表14.2中的第一四分位IR，因为在这里我们建立了第一四分位数管理的经理，鉴于此，在表14.2中，我们正在分析的是第一四分位数管理的经理。这样一来，相当于我们假定在经理人选择上有更多的技术。

③ 结构化和传统的投资组合之间的超额收益的中值是0.07。

在表 14.5 中出现了一个有趣的图景：当投资者结合了结构化和传统的经理人时，信息比率 IR 达到了它的最大值。在我们的假定下，最优的证券组合是配置 70% 的风险预算给结构化经理人，30% 风险预算给传统战略。① 当然，最优比例将随着基础 IR 的假定而变化。然而，中点依然是同样的：只要每种战略的期望 IR 是积极的和不相关的，投资者成功获得一个更高的 IR 就是通过战略的整合，而不是依赖于任何一个独立的战略。

迄今为止，我们一直关注着结构化的和积极证券产品之间的区别，没有讨论消极管理。原因是在积极风险预算编制中，消极管理（passive management）是零风险（risk-free）和零收益（return-free）战略。当我们一直关注积极风险在两种收益产生（即风险承担）战略中的配置时，消极管理如何融入组合中呢？

消极管理的无风险本质意味着投资者可以利用它降低他们债券组合的总体积极风险。正如前一章所讨论的，第一步是决定总体积极风险的适当水平（由循迹误差术语表示的循迹误差），然后组合积极战略的最优证券组合与消极管理达到这个目标。

例如，假定某个投资者决定一个国内证券项目的循迹误差目标应该是 200 偏差点（基点 bps）。进一步假定投资者估计传统经理人有一个 400 基点（如前所示）的 TR 和 0.60 的 IR，如果投资者配置全部证券组合的 50% 给消极经理人、50% 给传统经理人，那么整合的 TR 将达到 200 基点的目标值。在我们的假定下，全部国内债券组合的期望 IR 将是 0.60。从本质上看，这是"哑铃"（dumbbell）战略。

然而，采用"系列战略"（spectrum strategy）的投资者可以做得更好。在表 14.5 中，一个 70/30 的结构化和传统型经理人混合获得了更高的 IR（0.87）。然而，这个混合的 TR 是 160 基点，少于 200 基点的目标值。假定投资者不能利用好最优 IR 证券组合，接下来的最好解决方案是采用表 14.5 中的混合方式，可以有一个最接近目标的 TR。这种证券组合大约 55% 投资在结构化战略上，剩余的 45% 投资于传统经理人。0.81 的新 IR 大约比最优 IR 低 7%。在期望超额收益方面不足的量大约是 12 基点，② 它等于非杠杆约束的效率成本。

然而，相对于"哑铃"战略，这个新的混合在效率上表现了 35% 的提高（即 0.81 对 0.60）和 421 基点的期望超额收益提高。重要的是，这个效率的取得来源于从消极管理向结构化管理的转变。事实上，在这个例子中，由于循迹误差在 160 基点以上，投资者将没有消极敞口（passive exposure），并将用结构化的和传统项目替代他们的全部债券资产配置。

接下来，让我们看一下低于 160 基点的积极风险目标。假定总体美国债券组合的目标循迹误差是 100 基点。由表 14.5 可知，组合中的 70% 投资于结

---

① 表 14.5 假定积极风险的配置是独立于战略资产配置而考虑的。相当不同的是，表 14.5 假定投资者首先为美国证券投资组合的总体积极风险建立目标，然后最优化经理人结构。

② 或者是 200bps 的倍数 (0.87～0.81)。

构化证券，30%投资于传统经理人有更高的 IR。这个证券组合有一个 160 基点的循迹误差。如果我们构造一个证券组合有 38% 投资于消极方面，62% 投资于最优证券组合，总体证券组合将达到 100 基点的循迹误差。因此，消极方式有效地弥补了最优组合证券的积极风险（active risk），而没有降低总体证券组合的信息比率 IR。现在总体证券组合的 IR 是 0.87，期望超额收益是 87 基点，其中 38% 是消极投资，43% 投资于结构化经理人，19% 投资于传统战略。因此，这个证券组合在整个系列中清楚地承担了风险。

这个最优证券组合相对"哑铃"战略如何呢？在"哑铃"战略中，为获得 100 基点的循迹误差，投资者需要配置 25% 给传统证券组合，75% 给消极证券组合。该证券组合的比例是 0.6。不仅如此，我们很容易看到，结构化债券配置几乎完全来自于消极立场：在结构化债券项目中放置了更多的消极资产，整体美国债券组合的 IR 从 0.6 增加到 0.87，几乎占 45% 的比例。

表 14.6 总结了这两个例子，并提供了其他循迹误差目标的战略区别（split）和信息比率（IR）。这个表将这些数据与"哑铃"（barbell）战略随着风险按照积极风险领域（spectrum）承担风险的方式进行比较，信息比率 IR 会增加。但是最具冲击性的是，对大多数结构证券基金而言，位置已经超出了消极资产配置。

表 14.6 战略混合和总体股票循迹误差

美国股票 目标风险 (%)	领域				哑铃		
	被动分配 (%)	结构性分配 (%)	传统分配 (%)	信息 比率	被动分配 (%)	传统分配 (%)	信息 比率
0	100	0	0	0.00	100	0	0.00
50	68	22	10	0.87	88	12	0.60
100	38	43	19	0.87	75	25	0.60
150	6	66	28	0.87	63	37	0.60
200	0	55	45	0.81	50	50	0.60
250	0	40	60	0.74	38	62	0.60
300	0	26	74	0.68	25	75	0.60
350	0	13	87	0.84	12	88	0.60
400	0	0	100	0.60	0	100	0.60

迄今，我们的分析已经假定超额收益率是与积极管理类型中的所有经理人不相关的，并与所有的积极管理类型无关。这种假定基本上与观察到的相关中值一致，如在表 14.6 中所显示的，如果我们假定相关性更高，那么 IR 会发生什么变化呢？

例如，假定互相关关系（pairwise correlation）在表 14.6 中，接近第一四分位数水平。即在结构化经理人中，平均超额收益相关性是 0.25，在传统型经理人中平均相关性是 0.35。我们将继续假定每个期望经理人在每个战略中能产生第四四分位上半部的风险调整业绩。

在有两个经理人的结构化债券项目中，循迹误差增加了大约 12%，从 152 基点增加到了 170 基点。在循迹误差上的增加降低了结构化证券组合的

IR，从 0.64 降到了 0.57。对传统型的债券项目，更高的相关性增加了 44％的整体循迹误差，从 400 基点（四个经理人）达到 575 基点，对于结构化的项目，IR 降低，从 0.6 降到了 0.42。因此，在传统型管理中，相关性的巨大增加会产生更明显的恶化，表现在他们的整体循迹误差和 IR 上。

假定一个投资者决定通过加倍经理人的数量来提高传统型项目的效率。传统型项目的循迹误差将从 575 基点降到 525 基点。相应地，IR 将从 0.42 增加到 0.46。因此，在传统型经理人中，超额收益率的更高相关性也许能产生一个激励——在一个证券组合中支持传统经理人。[①] 然而，更高的相关性并不意味着投资者将配置给传统经理人更多的资产。事实上，正相反，当传统型经理人中的相关性增加时，投资者将配置更多的资产（即更多的积极风险预算）给结构化的债券项目。

我们可以看到对积极风险预算的影响如下，假定一个投资者对总体积极项目有一个 200 基点的循迹误差，当超额收益率的相关性是 0 时，我们决定按 55/45 的结构化和传统型经理人的比例混合实现循迹误差目标。这种混合有一个 0.81 的期望循迹误差，如表 14.7 所示。

表 14.7 股票分配与相关水平

结构性经理人相关性	传统经理人相关性	结构经理人数量	传统经理人数量	结构性分配（％）	传统分配（％）	信息比率
0.00	0.00	2	4	55	45	0.81
0.25	0.35	2	4	70	30	0.67
0.25	0.35	2	8	70	30	0.71

现在让我们考虑，当我们在超额收益率中假定更高的相关性时，表 14.7 显示了结果。如果所有其他都是相等的，那么更高的相关性意味着更高的循迹误差和更低的 IR 到两个积极项目。因为传统型项目相关性增加越多，然而，它的循迹误差也增加得越多（而且它的 IR 降低得更多）。自然地，配置更多的资产给结构化的项目是为了中和在传统型项目中更高的积极风险的冲击。事实上，它现在采用了 70/30 的混合比例来达到 200 基点的风险目标。结合项目的 IR 现在是 0.67，相对于零相关事件，数值降低了 28 基点的期望收益率。这个例子有力地说明了寻找超额收益率独立和不相关来源经理人的重要性。

当然，美国债券项目的期望 IR 也将随着投资者对经理人业绩表现的观点而变化。因为我们已经使用了上四分位 IR 为结构化和传统型经理人，我们的例子也表明了在经理人选择上假定技术。假定在我们挑选经理人能力上缺乏信心，而替代的决定是在我们的分析中使用 IR 中值。那么消极的、结构化和传统型经理人的混合会发生什么情况呢？

显然，总体美国债券组合的 IR 将在全部循迹误差水平上降低。表 14.8

---

① 当然，增加更多经理人的多样化收益必须按照潜在费用更高者的真实成本平衡分配。如果增加更多的经理人，为使投资人费用不会超支，很可能会给每位经理人更低的配置。当投资者增加更多经理人时，选择和监控成本也很可能上升。

表明了这一点，通过显示结构化和传统型积极经理人替换区分的积极收益、循迹误差和 IR。正如在表 14.5 中所示，我们已经假定了两个结构化经理人和四个积极经理人的证券组合。

表 14.8   中值信息比率战略分割信息比率

传统分配（%）	结构性分配（%）	积极收益	循迹误差	信息比率
0	100	65	152	0.42
10	90	66	143	0.46
20	80	68	146	0.46
30	70	69	160	0.43
40	60	71	184	0.38
50	50	72	214	0.34
60	40	74	248	0.30
70	30	75	284	0.27
80	20	77	321	0.24
90	10	78	360	0.22
100	0	80	400	0.20

为了与表 14.1 中的价值中值保持一致，我们已经假定每个结构化经理人有 0.30 的期望信息比率 IR，每个传统型经理人有 0.10 的期望信息比率 IR。如果我们进一步假定两个经理人之间的 α 是不相关的，那么两个结构化经理人有一个 0.42 的期望 IR 的资产组合，同时四个传统型经理人有一个 0.20 的期望 IR 的资产组合。

注意在表 14.8 中，当资产组合的 80%～90%配置给结构化证券，10%～20%配置给传统型战略时，可以得到最大化的信息比率 IR。这个证券组合有一个大约 0.46 的期望 IR，以及 143 基点与 146 基点之间的循迹误差 TE。与表 14.5 比较，最优化组合的循迹误差更低，同时配置给结构化债券战略的更高。假定对两种战略的 IR 相对降低，这个结果将并不令人奇怪。

现在，让我们假定总体美国债券项目的循迹误差目标是 200 基点。由于这个目标对最优化资产组合（optimal portfolio）的作用比 IR 的更大，因此我们知道，风险考虑将决定在结构化和传统战略之间的最优划分，即结构化的配置将同我们采用四分位经理人 IR 完全相同。如表 14.8 所表现的，我们将仍然配置 55%给结构化债券，45%给传统型战略。然而，当我们假定在经理人选择上有更好的技术时，期望 IR 现在相对于 0.81 是更低了，为 0.36。

有一个更有趣的案例，假定循迹误差目标是 100 基点。由于这个目标低于最优化混合的证券组合的循迹误差，所以我们需要通过消极经理人分散积极风险。在我们关于经理人信息比率 IR 的两个假定条件下，在 100 基点循迹误差 TE 目标水平上，表 14.9 在消极、结构化和传统型经理人之间比较了该混合体。

表 14.9   中值和四分之一点信息比率战略分割

经理人信息 比率假设	被动分配 （%）	结构性分配 （%）	传统分配 （%）	循迹 误差	积极 风险	信息 比率
四分之一	38	44	18	100	87	0.87
中值	32	54	14	100	46	0.46

表 14.9 中的结果是相当有趣的。当投资者使用 IR 中值时（即在经理人选择中无特设技术），结构化证券的配置增加。此外，当结构化债券的配置是从消极和传统型战略中转移出来时，对消极项目的影响更明显。

基于对表 14.5 和表 14.6 的分析，我们假定结构化和传统型的经理人之间是有差异的，投资者在经理人的选择上是熟练的。在表 14.8 和表 14.9 中，我们假定投资者在他们选择经理人的能力上是中性的，但是结构化和传统型经理人之间的差异是他们期望持续的。在这两个案例中，对资产组合战略而言，这意味着投资者将从"哑铃"战略上转移，而在积极风险系列中承担积极风险。他们将通过降低消极立场，增加结构化的积极证券项目实现目的。有一个最终的可能性值得考虑，假定投资者相信结构化和传统型经理人之间不存在长期业绩差异，那么他们在经理人选择上是无技巧的。

一个反映结构化和传统型经理人之间不存在业绩差异的简单方式是，假定所有经理人的信息比率 IR 的中值是 0.20，即大约是表 14.1 中信息比率 IR 中值的一半（当然，我们可以采用价值权重（value-weighted）平均，但是资产组合结构化含义将是同样的）。在这种假定下，两个结构化经理人和四个传统型经理人的资产组合将各自有 0.28 和 0.40 的 IR。具有最优信息比率 IR 的资产组合会把 60% 配置给结构化项目，40% 配置给传统型项目，从而整体循迹误差 TE 是 184 基点，而整体 IR 是 0.49。

假定总循迹误差目标是 200 基点，正如我们前面的例子所示，对每种战略的配置是基于风险的，而不是基于对信息比率 IR 的考虑。结果是 55% 的资产组合被配置给结构化战略的资产组合和 45% 被配置给传统战略资产组合。

现在，让我们看一下，当有一个较低的循迹误差目标时会发生什么。继续应用前面的例子，假定循迹误差的目标是 100 基点。在这种情况下，适当的战略是对最优信息比率 IR 资产组合和消极战略进行配置。现在最优混合是 46% 配置给消极战略，32% 配置给结构化资产组合，而 22% 配置给传统型战略。这种配置产生了一个 0.49 的期望信息比率 IR。所以，甚至当投资者相信，他们不能在结构化与传统型经理人之间做出区分，以及在他们的经理人选择能力上是中性的时候，遵循系列战略（spectrum strategy）仍然是最优选择。

迄今为止，我们已经实现了对假定经理人的配置，在每个战略中，他们的期望业绩（由 IR 度量的）类似于第一四分位数的经理人，而他们的循迹误差类似于经理人中值。此外，我们也研究了改变经理人相关性假定（表 14.7）和假定 IR（表 14.8 和表 14.9）的投资含义。为了完成分析，我们现在利用表 14.2 和表 14.3 中复合资产配置（asset allocation）分析的结果发展最优积极风险预算。表 14.10 实现了这些配置。

表 14.10　　　　　各种循迹误差目标的最优战略混合（1992—2001）

循迹误差水平（%）	被动（%）	结构性（%）	传统大盘股（%）	传统增大型（%）	传统价值型（%）	积极收益	信息比率
0.0	100.0	0.0	0.0	0.0	0.0	0	N/A
0.5	72.0	21.0	0.0	5.2	1.8	60	1.20
1.0	43.9	42.1	0.0	10.5	3.5	120	1.20
1.5	15.9	63.1	0.0	15.7	5.3	180	1.20
1.8	0.0	75.0	0.0	18.7	6.3	214	1.20
2.0	0.0	58.2	0.7	26.4	14.7	234	1.17
2.5	0.0	31.6	10.4	33.7	24.3	269	1.08
3.0	0.0	9.6	17.4	41.4	31.6	300	1.00
3.2	0.0	0.0	23.1	41.9	35.0	312	0.98
3.5	0.0	0.0	34.1	40.6	25.3	328	0.93
4.0	0.0	0.0	45.2	39.1	15.7	344	0.86
4.5	0.0	0.0	56.2	37.8	6.0	360	0.80

　　在表 14.10 中，我们继续假定在经理人选择中的某些技术，但是标准稍低。即我们假定投资者能形成一个第一四分位数经理人资产组合，而不是一个只含有第一四分位数经理人的资产组合。在分析中，我们也将包括增长型和价值型经理人。通过假定两种类型的基准有同样的期望收益，投资者在每种类型的群体中能到第一四分位数经理人资产组合，我们将抽象出不同类型的效果。正如前面的分析所显示的，我们再一次看到，结构化债券经理人包括一个健康的配置总是有益的。

　　为了便于比较，让我们关注 200 基点的循迹误差 TE 目标。表 14.10 显示了投资者可以通过配置 58% 给结构化经理人、42% 给传统型经理人，来实现他的循迹误差 TE。这些配置相对于表 14.6 中的数据是相当好的。

　　与我们的分析是否形成了最优资产组合无关，使用来自于单个经理人的历史结果和来自于复合资产组合的结果，结论都是一样的：只要期望收益率是积极的，每个结构化的美国债券组合都将包括结构化债券，这种配置主要来自于消极证券组合。投资者只有当他们的循迹误差目标是相当低的时候，才会配置大量的资产给消极产品。在我们的例子中，只有当整体美国债券组合的循迹误差目标低于 100 基点时，消极管理的大量配置才是合适的①。

结　　论

　　大多数机构投资者面对的基本事实是如何在积极与消极战略之间配置资产。许多投资者接受了一种"哑铃"方法，该方法使他们通过传统、高循迹误差积极经理人与消极指标基金的混合实现他们的积极风险目标。然而，纳

---

① 注意，给定相对于证券整体风险的少量积极风险，100 基点的循迹误差对整体风险计划有很小的影响。

入消极管理意味着投资者正在放弃在他们的资产组合中占有重要比例的超额收益。

大多数投资者从在结构化证券项目中安排资产而获得收益，即多数投资者能够通过降低他们的消极配置和用结构化证券替代消极配置，来获得更多的潜在超额收益。通过在积极风险系列中配置风险，投资者能明显地增强他们美国债券组合的期望积极业绩。

现实的最优风险配置将依赖于投资者关于积极经理人超过他们基准的能力的假定。① 使用历史个体会计数据，我们也表明结构化经理人的 IR 中值和第一四分位数 IR 也超过了传统型经理人。结果是不奇怪的，给定他们较低的循迹误差目标和从非短期约束中获得相对的自由，我们**期望**结构化经理人的真实 IR 更高（这个结果与研究共同基金业绩表现差异的最新文献是一致的）。

因而，投资者将不会由于历史 IR 的相对差异被警告。如果这些差异持续存在，那么这个事实意味着，投资者将继续在他们的积极经理人中需要传统型经理人——尽管可能是相当小的配置比例。我们的分析也表明，经理人选择在传统型经理人中是极端重要的。因此，当形成传统型经理人资产组合时，投资者将均衡多样化收益和高成本，并监控成本，从而带来经理人的增加。

然而，我们的主要结论是投资者将在整体积极风险系列中配置风险。此外，当从"哑铃"方法转移到系列化战略时，对结构化经理人的配置更可能是出于被动一面而非传统的积极一面。总之，对经理人信息率和相关性的不同假定会对结论产生重要影响。给定一个基于历史经验的合理期望，在积极证券项目中加入一个健康的结构化管理，这对多数投资者是有益的。

小　结

我们相信，在经理人组合中加入低循迹误差的结构化经理人，有助于投资者得到更好的结果。由于是在整个积极风险系列上分配风险，我们将这种方法称为"系列化战略"。

对历史数据的分析已经表明，结构化经理人能比传统经理人得到更高的风险调整回报（risk-adjusted return）。我们认为，结构化经理人的业绩之所以相对优秀，主要在于他们对风险管理的重视以及他们较少受到短期限制的制约。

令人吃惊的一个重要发现是：在给定期望信息率优势的情况下，对结构化经理人的配置主要来自于投资计划的被动分配，而非传统经理人。

---

① 已经开发出来的软件能够帮助客户决定基于他们自己在不同经理人和管理类型中的风险、相关性和期望收益假定的最优风险配置（optimal risk allocations）。

风险管理和总基金
水平的风险预算

贾森·戈特利布（Jason Gottlieb）

投资发起人经常面对估计他们投资计划效益的挑战。通常的方法是关注他们的投资经理人的超额收益。然而，仅仅关注投资经理人的业绩是存在问题的。首先，期望是非常模糊的统计含义，而且区分收益是运气或是投资经理人操作技术带来的结果也可能需要好几年的时间。第二，广泛认同的是，对投资者重要的不是简单的收益，而是风险调整收益（risk-adjusted returns），例如由 IR 所度量的。

认识投资计划积极风险管理（active risk management）的，积极风险管理帮助我们明确产生尽可能多的风险单位收益的重要性。好的计划管理实践需要的不仅是机构化的诊断风险工具，还包括有效的和认真的监控。本章将在其他事情之上突出表明：风险的重要性和风险调整度量，为了监控目的的 TE 目标设置，监控计划风险的过程，以及如何使用绿色表（green sheet，GS）和风险预算作为有效风险监控的工具。在决定一个投资项目是否足够补偿相关的风险方面，这些工具是至关重要的。

第 13 章解释了建立一个风险预算（risk budget）的过程，第 21 章处理了经理人选择的主题。本章的关注点是关于建立一个框架去监控计划是否在其轨迹上。风险监控框架的构建也意味着：在其他的事情中，组织一系列关于收益和波动性行为的假定。监控的工作部分是验证这些假定与公开的可得数据一致。如果不是这样的情况，偏差将不得不被研究。这个反馈过程对度量投资项目的效果是至关重要的。

第 3 章关于风险度量突出了重要的选择需要被用做风险预算工具的部分。从这点上看，承认不存在投资发起人运用的通用（one-size-fits-all）风险预算是重要的。此外，在决定承担适当水平的积极风险之前，投资发起人需要回答几个问题。更适当地，投资发起人需要全面理解他们对风险的倾向是什么，并知道在什么积极风险水平上，总体计划波动性高的不能被接受。对于一个计划的积极风险倾向必须考虑几个因素，包括它承受超过战略基准损失的能力。正如一个家庭需要强制预算，约束花费水平不超过收入一样，投资发起人也需要编制一个现实的积极风险预算，与它忍受积极经理人持续的业绩不佳的能力相适应。

一旦在每种资产类别和计划水平上的积极风险水平已经被接受，经理人已经被选择出来去实施他们的战略，那么它等于风险监督团队去确保风险项目的有效实施。有效性始于对个体经理人和资产类别层面积极风险特征的理解，以及设置与期望相适应的目标。风险项目在全部资金中的实施是简单却有效的决定投资项目效果的方式。本章将提供如何操作风险项目的工具和技术。

显然，一个积极投资经理人的目标是超过基准的业绩表现。然而，我们认为应该从更加多维的视角来度量投资经理人的技巧。投资经理人也应该被一个风险目标水平管理界定，特别是，管理他们资产组合流动性循迹误差的范围。[1] 我们坚信大多数的投资经理人寻找产生相对于基准的一致的、风险调整的业绩。这里所建议的是投资经理人必须首先形成理解和管理他们循迹误差 TE 需要的技巧。

例如，我们不能想当然地假定计划的发起者应该继续地保留经理人的服务，只是因为该国内债券股票经理人能够达到罗素 3 000 指数。假定经理人的业绩表现是源于不可接受的高循迹误差 TE，因此降低了经理人的真实信息比率 IR。显然，不知道在经理人层面存在多少风险过度阻碍了投资发起人做出明智投资决策的能力。这些经理人特殊（manager-specific）事件也能在总体计划层面上夸大承担风险的数量和性质。[2]

然而，一个有效的风险监控项目应该是易于实施的，并使投资发起人不仅仅能估计在经理人和计划层面的积极风险水平，还能够估计在投资项目中产生的积极风险的来源和性质。

幸运的是，对于投资发起人关于他们的投资计划如何能被实施有可替代的选择。首先和最重要的是，投资发起人能通过低成本消极指数选择实施一个战略资产配置，试图复制资产类别的收益和风险特征。在这样做的过程中，投资发起人将做出决定，积极经理人不具有通过抵偿他们的费用和交易成本（显性的和隐性的）加上与管理和监控积极项目相关的成本，实现相关资产类别基准的技术。投资发起人能选择在积极和消极战略中配置资本，因此在应用他们观点的地方，他们相信超过基准部分的价值能够增加。计划中积极经理人的增加产生了与风险相关的管理和监控的增加。

然而，在配置积极风险之前，投资发起人需要在每种资产类别中更好地

---

① 更多的信息，请见 "The Green Zone... Assessing the Quality of Returns"（2000 年 3 月），高盛公司的罗伯特·李特曼等。

② 我们代表性地思考风险性质作为积极变量百分比没有通过系统因素解释，如市场、类型、产业或是部门因素作为选择。

理解收益、风险和积极经理人的多样化特征。这些特征是定义在市场的什么领域值得进行资产积极管理的本质。我们将使用机构经理人数据的鲁棒总体（robust universe）。

关注总体数据在决定相对基准之上的超额收益、相关循迹误差、资产类别中出现的多样和相关收益的潜在性上提供了关键的视角。表 15.1 突出了不同资产类别的特征。从分析中，我们能得出一些简单的结论。首先，从历史上看，国际化发展和小市值成长经理人已经能够获得较好的风险调整收益（risk-adjusted returns），如他们的高 IR 所证明的。其次，从历史上看，国内大市值债券股票已经克服困难在它们的基准之上增加了价值，并一直存在大约 600 基点到 700 基点的循迹误差 TE。最后，相关分析清楚地表明，国际化发展和最新新兴市场积极经理人倾向显示出类似的特征。因此，如内在资产类别（intra-asset class）相关性所展示的，它很难在资产类别中多样化。因此，就如存在较高相关性的资产内部所显示的，在资产类别内部实现多样化是困难的。

表 15.1 不同资产类别的等统计总体数据

等统计总体的统计数据	按年计算的 10 年中值		
	ER	TE	IR
增长型美国大盘般	113	715	0.16
价值型美国大盘股	124	628	0.20
增长型美国小盘股	805	1 280	0.63
价值型美国小盘股	282	918	0.31
国际股票	346	661	0.52
新兴市场股票	425	832	0.48
核心股	57	126	0.43

ER——超额收益。

TE——循迹误差。

IR——信息比率。

相关性矩阵	LGG	LCV	SCG	SCV	EAFE	EMER	CORE+
LCG	0.07						
LCV	0.01	0.24					
SCG	0.00	0.05	0.27				
SCV	0.01	0.01	0.00	0.25			
EAFE	0.00	0.05	0.06	0.10	0.30		
EMER	0.05	0.00	0.07	0.11	0.04	0.32	
CORE+	0.02	0.06		0.03	0.03	0.08	0.22

很明显，投资经理人理解和管理他们投资组合中风险的能力对客户是有直接利益影响的。正如所证明的那样，经理人的能力对量化投资组合风险是强力的技术指示，并将肯定与他们持续地胜过市场业绩表现的能力相关。成功投资组合的结构基础是依据经理人理解和量化资产组合中风险来源的能力、适当排列预期敞口的能力和避免未预期敞口的能力。

风险经理人可以采用一种简单的方法，来衡量他们的投资经理人，适当排列他们获得成功和失败的能力的风险。我们称这种方法为"绿色区（green zone）"，其思路是为循迹误差 TE 定义三个层面的产出。第一个产出范围代表它是足够接近经理人目标实现的 TE，被认为是成功的事件。第二个产出范围是，黄色区（yellow zone），代表产出是不成功的，但是距离目标足够接近，有时是被期望发生的。当黄色区被认为是不成功的时候，我们甚至仍然期望大多数技巧熟练的投资经理人有时在黄色区操作，只是因为实现目标 TE 是不完全受控的。黄色区产出将被看做是风险经理人的警告信号。然而，该事件也许有合理的解释。最后，我们定义差的循迹误差产出作为红色区（red zone）。对于一个理解他们投资组合中风险来源的投资经理人，该区域内的事件将很少发生，如果可能，根本不发生。红色区事件将不仅仅被当做警告，而且很可能意味着投资组合构造过程是缺乏控制的。

　　这个绿色区的讨论将我们带回前面提到的国内股票经理人能实现罗素3 000指数的例子。显然，我们乐于我们的经理人中的某一个能产生超过基准水平的业绩。但是，为了产生我们期望的积极业绩，该经理人也许正应用着更高水平的风险。这些不成功的循迹误差（TE）产出不仅是对风险经理人的警告，还可能意味着投资组合构造过程缺乏控制。在整个计划中，确保包含对该经理人的一个全面评价是明智的。经理人分析也应不仅考虑经理人承担风险的数量，而且应同时考虑在资产类别和计划层面的经理人影响。我们讨论这些是因为：如果我们的经理人在投资组合中承担巨大未预期的敞口，那无疑意味着，我们的国内股票资产类别对总体计划风险将有一个比预计更高的循迹误差 TE 和贡献。

　　花时间描述设置经理人循迹误差目标水平是有价值的。这个过程伴随着经理人业绩历史或是具有跟踪记录的作用，是我们经理人投资组合与之比较的基准。在共同基金的案例中，经理人有每天的跟踪记录是不罕见的；然而，一些机构经理人只是以月度为基础产生综合业绩。在任何一种情况下，数据流都不会产生主要的障碍，只要经理人的月度业绩数据有足够长的跟踪记录。目标是计算跨期的滚动循迹误差（即日业绩数据在 20～60 天之间周期地滚动，月度业绩数据在 24～36 个月之间周期地滚动），经理人的 TE 可以如下计算：[1]

$$\sigma_r = \sqrt{\dfrac{n \cdot \sum\limits_{t=1}^{n}(r_{t,P}-r_{t,B})^2 - \left[\sum\limits_{t=1}^{n}(r_{t,P}-r_{t,B})\right]^2}{n^2}} \qquad (15.1)$$

其中，n = 观察数量；

　　　$r_{t,P}$ = t 时刻投资组合的收益率；

　　　$r_{t,B}$ = t 时刻的基准收益率。

　　一旦滚动分析（如图 15.1 所示）被完成，我们则可以从简单统计量应用

---

　　① 循迹误差（TE）有其他的度量方法，如残余循迹误差，它针对于嵌入经理人收益序列中的移动方向或是贝塔（β）偏差。

的数据中得到结论。通过滚动循迹误差中值的分析计算，我们能看到，国际经理人平均获得了超过各自被雇佣前基准 700 基点的循迹误差。我们将有理由期望未来的循迹误差观测将降低到大约在中间值附近。通过构造滚动分析，我们可以绘制出经理人的历史"风险足迹（risk footprint）"。这个描绘般的分析将成为讨论经理人循迹误差期望的基础。

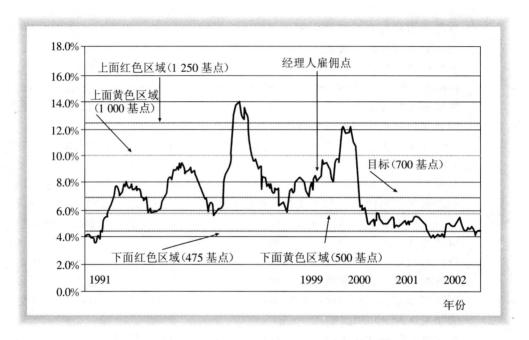

图 15.1　国际经理人 60 天滚动循迹误差（年度）

当试图设立一个可接受的结果时，出现了一个最困难的问题是使区域多大。很明显，目标区域越大，越容易使经理达到目标。而且，对于一个比较大的黄色或绿色带，偏离其明显代表一个强的信号。因此，为了保持平衡，很有必要重新设定目标区域的尺寸。当控制资产类活跃以及计划层面的风险时，目标设定过程需要被认清。很明显，如果我们给经理们一个很大的跟踪误差约束，这将会对我们管理目标资产或计划的风险的能力水平有影响。这些问题将在后面的讨论中给予强调。

当为绿色、黄色和红色区设定目标边界时，我们建议采用下述的框架。在前文中，我们定义黄色区为"不成功"的产出。然而，在这部分内容中，说其不成功有点儿武断，所以我们建议按正常市场期望定义它，无论是上行还是下行，每年它出现的次数只是一到两次。改用另一种方式，我们希望设定的目标绿色区更宽，以至于产生在该区域的真实 TE 每年不超过两次。我们也定义红色区为一系列"坏的"和"稀有的"产出。此外，按照有点儿武断的方式，我们能通过恰当地设定黄色区的上下边界而建立红色区。在红色区的问题上，我们定义为"稀有的"事件远离黄色区，在其上部或下部，五年内不超过一次到两次。

当介绍一种相对简单的色彩标记分类法来管理循迹误差时，我们承认这种简单的方法也许会有误导，认识到这一点很重要。当一个人试图在实践中应用这种方法时，不同市场中随机环境因素的影响、投资组合构造的复杂性和统计估计等等，会迅速导致错综复杂的局面。虽然如此，当黄色和红色警告的事件发生时，这些信号在解释事件的理由和含义上是与风险经理人密切相关的。

在目标设定过程中，无论是使用日数据还是月度数据都是可以的，在经理人为了某个任务被雇佣后，我们将强力推荐使用日数据计算循迹误差。以经理人提供或是业绩贡献系统的形式出现的日业绩数据将帮助投资者在它们影响业绩之前识别循迹误差。可以理解的是，滚动 20 天和 60 天的循迹误差估计有时是噪声（noise），然而它们提供了一个合理精确的解释，说明这个时候投资组合进行得怎么样。因此，我们相信较短的估计期也能发挥指导作用，表明经理人投资组合中的潜在事件。迅速发现使风险经理人也能够同样迅速地做出反应。例如，如果我们的国际债券经理人的 TE 目标是 550～1 000 基点，而我们计算的这个投资组合近来 60 天的 TE 多数是 400 基点，那么，显然这是对风险经理人的一个暗示，需要进一步的分析以便更好地理解那些导致不希望发生的低循迹误差的相关敞口。低循迹误差同高循迹误差一样需要关注，因为它使实现收益目标变得更困难。

如果为了风险分析，我们被月度数据的频率所限制，我们将不可避免地出现不能对现实循迹误差变化迅速做出反应的不足，如同我们在日估计中所能做到的那样。潜在地，在我们合理估计投资组合的真实循迹误差之前，两年的时间就已经流逝了。不言而喻，两年时间可以发生很多事情。我们讨论的原因是月度数据是全部我们有权得到的数据。如果我们在两年以后进行一个滚动分析，并发现真实 TE 在超过我们的期望 550 基点和 1 000 基点方面表现很好，那也是太迟以至不能对信号做出反应了。在投资过程中的潜在不可识别缺陷将被太晚找到，并缺乏好的办法以至于难于从计划价值中分离出来。

设置循迹误差系列的框架是艺术与科学的结合。在估价透明度（valuation transparency）较低，而且市场流动性制约了经理人反应能力的市场领域中，需要更多地强调判断能力。新兴股票（emerging equity）和高收益（high-yield）负债市场是两个常被考虑的例子。高收益市场是典型的非流动市场，它有时使交易成本高到足以制止交易。如果市场状况是这样的，那么经理人将不能有效地交易他们的投资组合，因而我们希望有更大的和不可控的基准偏差。在这种情况下，当市场波动性改变时，我们希望采用更广泛的系列去适应投资组合交易顺畅的需要。

绿表单

当管理投资经理人的一个大型投资组合时，风险经理人一个可以使用的工具我们称其为"绿表单"。绿表单是一种诊断工具，用于帮助风险经理人更好地在总体计划层面上理解积极业绩和风险动因。这样做时，绿表单使经理人可以将注意力集中在那些与期望业绩和风险表现出不一致的经理人和资产类别上。

看绿表单在表15.2中显示的例子，我们注意到，ABC养老金的循迹误差在过去的60天是128基点，远远超过了它的目标值65～110基点。正如所料想的，这将计划的循迹误差放在了上部黄色区。在一个独立的基础上，可以知道，ABC计划已经超过风险预期，但这并不意味着风险经理人知道什么是潜在的风险动因。然而，绿表单可以迅速地让风险经理人知道，大多数的大市值和小市值经理人正在经历的超过预期的循迹误差。例如，小市值成长经理人G有一个两倍于预期的60天循迹误差。

事实上，在资产类别层面上，大市值和小市值都显现出与它们目标的巨大偏差。通过使用第二种工具的进一步研究，风险预算（如表15.3所示）表明，我们的大市值经理人与另一个经理人显现了比预期更高的相关性。在下部分内容中，我们将讨论更多关于风险预算的实际应用。

在同一个投资组合经理人开始谈话之前，花费时间理解市场和动态系统是风险经理人的责任。许多时候，风险管理团队可以将目标偏差归因于没有与经理人讨论。一些因素，如投资组合和基准中的市场波动性改变或变动的相关关系和股票的波动性，经常可以帮助解释经理人的目标偏差。在其他的一些时候，投资组合中的清楚信号是存在的，如有重要意义的积极高估或低估都将导致相当大的偏差。如果经过内部的分析和研究之后，仍认为系统或市场因素都不足以解释投资组合目标的偏差，那么我们认为，应该立即开始与投资组合经理人的沟通。

经理人沟通将集中在两个特殊的方面：（1）得到更好的理解，什么决定因素和敞口导致了目标偏差；（2）获得看待投资组合循迹误差短期和长期预期的清楚认识。

导致目标偏差的决定帮助我们更好地估价是否投资组合经理人的敞口是想要的敞口，那比不想要的敞口更令人愉快。这将我们带回到以前得出的一个观点，关于经理人在投资组合中量化风险的能力和产生超过基准的收益的能力之间的相关关系。那些不能全面理解他们投资组合中风险的经理人，随着时间流逝将发现，在支出成本之后更难于为其客户增加价值。

设定短期预期也是重要的，因为它能实现更有效的实时投资组合监督。风险经理人能监控特定的决定和里程碑，这将最终使投资经理人的风险与期望保持一致。例如，假定通过沟通可以确定，投资组合经理人相信几个技术层面的短期催化剂将显然加强在投资组合中的股票的价格。进一步，假定投资组合经理人声明，希望随着价格上升降低这些股票的敞口，或者随之出现的，如果该层面的信息不是积极（positive）的，同样将降低敞口。对于风险经理人，这是有利的信息。现在基于为投资组合经理人沟通收集特定的信息，风险经理人能更有效地监控投资组合的变化和风险水平。

表 15.2

ABC 养老金计划绩表单

投资组合	标准	标准收益			年度循迹误差						月到日		
		MTD	YTD	SI	Last 20D (bps)	Last 60D (bps)	Last 12M (bps)	Last 20D/ Target	Last 60D/ Target	Last 12M/ Target	P(%)	B(%)	ER(bps)
美国股票—总体 LC	R1000				95	130[1]	101	1.06	1.44[1]	1.12	4.22	4.11	11
被动	R1000				0	0	12				4.11	4.11	(0)
美国股票—积极 LC	R1000				221	185	178				4.27	4.11	16
代理人 A	R1000V	(0.58)	(1.69)	(0.11)	227[2]	233[2]	241[2]	0.65[2]	0.66[2]	0.69[2]	4.32	4.73	(41)
代理人 B	R1000G	1.08	0.26	1.02	1 235	1 302[1]	1 162	1.30	1.37[1]	1.22	6.71	3.46	325
代理人 C	R1000G	0.41	(0.85)	0.23	580[1]	956	919	0.77[1]	1.27	1.23	4.60	3.46	114
代理人 D	R1000G	1.01	(0.59)	(1.38)	1 745[2]	1 654[2]	1 501[1]	1.94[2]	1.84[2]	1.67[1]	6.33	3.46	288
代理人 E	R1000	(1.40)	(0.62)	(0.21)	162	175	—	0.81	0.88	—	3.45	4.11	(66)
代理人 F	S&P 500	0.58	0.60	(0.09)	85	90	—	0.85	0.90	—	4.00	3.76	24
美国股票—总体 SC	R2000				692[1]	851[2]	556	1.49[1]	1.83[2]	1.20	11.13	8.03	310
美国股票—SCG	R2 000G				987	1 013	911				10.78	8.69	209
代理人 G	R2000G	0.52	(0.69)	0.26	1 350	1 890[2]	1 100	1.50	2.10[2]	1.22	10.34	8.69	165
代理人 K	R2000G	0.76	—	(0.87)	936	1 500[1]	925	0.94	1.50[1]	0.93	11.22	8.69	252
美国股票—SCV	R2000V				544	580	503				11.32	7.48	384
经理人 L	R2000V	1.57	(0.26)	0.64	319[2]	405[2]	425[1]	0.53[2]	0.68[2]	0.71[1]	10.33	7.48	285
经理人 M	R2000V	2.23	1.37	0.75	1 423[1]	1 350	—	1.42[1]	1.35	—	14.04	7.48	656
国际股票—总体 Dev	EAFE 50% Hgd				271	265	248	0.96	0.94	0.88	4.76	4.94	(19)
被动	EAFE				—	28	69				5.35	5.41	(6)
国际股票—积极 Dev	EAFE				302	304	332				5.46	5.41	6
经理人 N	EAFE	(0.46)	(0.66)	(0.40)	560	575	675	1.02	1.05	1.23	4.96	5.41	(45)
经理人 O	EAFE	0.28	0.65	(0.51)	385[2]	390[2]	386[2]	0.55[2]	0.56[2]	0.55[2]	6.01	5.41	60
经理人 P	EAFE	(0.09)	0.19	1.01	456	650	587	0.91	1.30	1.17	5.52	5.41	11
非美国股票—新兴市场	EMF				385[1]	409	564	0.76[1]	0.81	1.11	6.39	6.01	39
经理人 Q	EMF	0.14	0.38	0.20	402	415	424	0.80	0.83	0.85	6.37	6.01	36
经理人 R	EMF	0.02	0.16	(1.63)	725	800	896	0.81	0.89	1.00	6.46	6.01	45
全球固定收入	Leh Agg				78	71	85	1.13	1.03	1.23	(1.73)	(1.66)	(7)
经理人 S	Leh Agg	(0.96)	(0.60)	(0.58)	110	95[1]	120	0.88	0.76[1]	0.96	(1.92)	(1.66)	(26)
经理人 T	Leh Agg	(1.62)	(0.79)	(0.72)	152[1]	135	140	1.52[1]	1.35	1.40	(2.05)	(1.66)	(39)
被动	Leh Agg				—	3	12				(1.56)	(1.66)	10
总基金	Strategic	0.37	(0.17)	(0.16)	100	128[1]	105	1.25	1.60[1]	1.31	2.99	2.78	21

续前表

投资组合	2002年3月28日 P(%)	B(%)	ER (bps)	2002年3月28日 P(%)	B(%)	ER (bps)	年度总目标 ER (bps)	TE (bps)	IR	下面区域 Red TE² (bps)	Yellow TE¹ (bps)	下面区域 Yellow TE¹ (bps)	Red TE² (bps)
美国股票—总体 LC	0.38	0.74	(36)	(3.82)	(4.48)	66	45	90	0.50	63	72	126	162
被动	0.78	0.74	4	(4.41)	(4.48)	7							
美国股票—积极 LC	0.08	0.74	(65)	(0.57)	(3.51)	294							
代理人 A	1.62	4.09	(248)	4.79	3.16	163	200	350	0.57	245	280	500	650
代理人 B	(0.21)	(2.59)	238	0.79	(13.42)	1 421	450	950	0.47	665	760	1 250	1 500
代理人 C	(4.90)	(2.59)	(232)	(8.22)	(13.42)	519	350	750	0.47	525	600	1 050	1 600
代理人 D	(4.27)	(2.59)	(168)	26.98	(18.60)	(838)	400	900	0.44	630	720	1 250	1 600
代理人 E	0.52	0.74	(22)	(4.26)	(5.11)	85	160	200	0.80	140	160	300	400
代理人 F	0.83	0.27	56	(3.00)	(3.64)	64	100	100	1.00	70	80	150	200
美国股票—总体 SC	5.39	3.98	141	14.29	8.58	571	232	465	0.50	326	372	652	838
美国股票—SCG	(4.46)	(1.96)	(250)	0.89	(4.38)	527							
代理人 G	(4.04)	(1.96)	(208)	2.14	(4.38)	652	415	900	0.40	630	720	1 350	1 600
代理人 K				(1.02)	1.66	(267)	500	1 000	0.50	700	800	1 400	1 700
美国股票—SCV	11.47	9.58	189	23.42	21.25	217							
经理人 L	9.40	9.58	(18)	27.48	21.25	623	240	600	0.40	420	480	850	1 050
经理人 M	17.36	9.58	778	21.94	13.39	856	350	1 000	0.35	700	800	1 400	1 650
国际股票—总体 Dev	1.87	1.23	64	(5.69)	(8.53)	284	141	283	0.50	198	226	396	509
被动	0.49	0.51	(1)	(10.28)	(10.65)	37							
国际股票—积极 Dev	1.37	0.51	86	(4.85)	(8.98)	413							
经理人 N	(0.51)	0.51	(102)	(7.92)	(8.98)	106	325	550	0.59	385	440	750	950
经理人 O	2.78	0.51	227	(9.04)	(8.98)	(6)	350	700	0.50	475	550	1 000	1 250
经理人 P	2.08	0.51	157	1.60	(8.98)	1 057	250	500	0.50	350	400	700	950
非美国股票—新兴市场	13.00	11.81	119	(6.56)	(3.11)	(346)	254	508	0.50	356	407	711	915
经理人 Q	13.27	11.81	147	(3.72)	(6.72)	301	200	500	0.40	350	400	700	800
经理人 R	12.33	11.81	52	(1.19)	8.49	(967)	500	900	0.56	630	720	1 300	1 600
全球固定收入	0.22	0.10	13	7.78	7.89	(11)	35	69	0.50	48	55	97	124
经理人 S	(0.02)	0.10	(12)	8.16	7.89	27	100	125	0.80	88	100	165	200
经理人 T	(0.10)	0.10	(20)	8.46	8.39	8	80	100	0.80	70	80	150	200
被动	0.36	0.10	26	10.19	9.18	101							
总基金	1.82	1.53	29	3.03	1.74	130	145	80	1.81	55	65	110	140

注:1.黄色区域;2.红色区域。

表 15.3

ABC养老金计划风险预算

资产种类	循迹误差						流动性	积极风险分配				
	流动性循迹误差	目标区域	目标区域	循迹误差	目标区域	目标区域		资产分配	β	属于经理人百分比	流动性风险	目标风险
美国大盘股	130[1]	63	72	90	126	162	0.99	2.3%	−0.5%	16.1%	18.0%	15.0%
美国小盘股	851[2]	326	372	465	652	838	0.99	−0.3	−0.2	24.2	23.7[1]	20.7
国际股票	265[3]	198	226	283	396	509	0.98	−0.2	−0.1	41.3	40.9[3]	41.7
新兴市场股票	409[3]	356	407	508	711	915	1.06	4.1	1.4	4.4	9.9[3]	12.7
全球固定收入	71[3]	48	55	69	97	124	1.00	0.4	0.0	7.1	7.5[3]	12.7
计划	128[1]	55	65	80	110	140	1.00	6.3	0.7	70.4	100.0	100.0

资产种类	资产分配			前10位风险贡献因素		
	流动性分配	目标分配	Δ流动性—目标	经理人	流动性	预算
美国大盘股	34.1%	32.5%	1.6%	经理人 M	15.5%	22.5%
美国小盘股	7.4	8.3	−0.9	经理人 G	16.2	2.2
国际股票	20.4	21.6	−1.2	经理人 L	9.6	12.8
新兴市场股票	4.6	4.8	−0.1	经理人 N	8.0	5.1
全球固定收入	33.4	32.8	0.6	经理人 R	7.0	3.2
计划	100.0	100		经理人 Q	6.5	−0.1
				经理人 K	5.1	3.7
				经理人 P	4.8	0.0
				经理人 H	2.9	4.9
				经理人 C	2.9	4.9
					78.5	59.2

* 流动性风险—目标风险：如果在±3%～±7%：黄色；如果超过±7%：红色。

1. 黄色区域。
2. 红色区域。
3. 绿色区域。

风险预算 (risk budget)

　　理解在投资项目中承担的风险性质和来源是关键点。最终，明智的排列投资组合敞口将导致一个更一致的 α 产生过程。风险预算（如表 15.3 所示）是风险分解的诊断工具，它的目标是识别在总体投资组合中承担的风险来源与数量。在投资发起人描述投资项目的组合和实施变化以前，他们能使用风险预算获得对状况的诊断。

　　假定当风险目标被设置时，依据习惯性的范例，大量的积极计划风险将是来源于证券选择而不是其他给定基准的偏差。深入投资研究进行的证券选择被认为是典型的内容，那里积极的经理人能增加价值。如果我们考虑将风险管理作为稀缺的或是预算约束环境中的资源配置，那么风险预算通过给发起者关于现实风险的信号将有希望简化程序。如果这些信号不适合于期望，则这个工具猜测跟踪未对准于三个领域：资产配置、贝塔（β）或市场杠杆作用和个体证券选择。不仅如此，风险预算编制工具在经理人、资产类别和基金层面上提供了相关的信息。

　　在资产类别或经理人层面上，投资发起人将按照全部资金的百分比设定一个目标配置。在一定程度上，经理人给资产配置的资金是过多/不足的，产生的风险是对这种资产类别的资金敞口过大/敞口不足。例如，这能作为资产类别间市场漂移的结果出现。这个例子总结在表 15.3 中，美国债券资产类别是高于目标权重的，它占了全部计划风险的 2.3%。美国债券已经超过了他们的国际对手，在美国债券中产生了 1.6% 的超额负担。为了修正这种状况，投资发起人经常采用完成（completion）战略，完成战略经理人将利用期货，长期和短期的，将资产类别的超额/不足权重带回到战略目标上来。完成战略将在第 25 章中进一步讨论。完成战略消除经常移动资金进入和退出积极战略的需要，因此为总体投资组合减轻不适当的交易成本。

　　一个另外的风险来源可能来自于经理人投资组合对它潜在基准波动的敏感性。这个敏感性的统计度量是众所周知的贝塔系数 β。当 β 高于 1.0 时，投资组合展现了一个市场杠杆的形式：它被期望在上升市场中涨得更高，在下降市场中下降得更低。在表 15.3 中，国际债券资产类别有一个 0.98 的贝塔系数。这意味着想要的资产配置有一点儿歪曲。低贝塔系数能转化敞口不足的资金为国际债券。在这个特定的例子中，一个在国际名册上的经理人会系统地倾向基准价值方面，在被低估的股票上投资。这导致比基准低的贝塔系数。然而注意，由于贝塔系数低而引起的敞口不足与由于过度配置而引起的敞口过大，能彼此间反向转换。

　　最后，股票选择风险代表在根据贝塔系数效果进行调整之后，投资组合的相关活动相对于基准（benchmarks）、部门（sector）和类型敞口引致的循迹误差。高比例的证券选择风险对于全部风险显然是一个高质量风险承担的标志。基本假定是：经理人能够在证券选择中增加价值，但是时机变动的市场或市场的真实部分或是类型选择是一个更难于参与的游戏。因此，高贝塔风险、部门（sector）或是类型敞口经常为计划的业绩预示不好的兆头。

在计划的寿命期内，基于风险预算的假定将总是被检验和分析。理解单个风险经理人的风险特征和收益的区别，以及这些内容与外部同样的人如何比较也是这个过程中的一个关键部分。计划只有承担积极风险的有限能力。假定积极风险被看做是稀有资源，那么监控预算的重要性就不会被低估。

在整个讨论过程中，我们强调投资发起人需要更多地关注风险调整（risk-adjusted）的度量，因为我们认为，风险调整度量提供了一个比只基于业绩分析更好的鲁棒性（robust）框架。同样，一个很好定义的、经过仔细考虑得出的风险监控项目，断定风险调整方法是一个简单但是高效决定投资项目效果的方法。例如像绿表单和风险预算等工具是许多可用的范例，这两个的结合提供了监控总体计划风险的有力框架。

小　结

计划风险应该被认为是最大化期望收益的一种方法，一种有限地被使用的商品或是在投资项目经理人系列中被理性地消耗的商品。

由于它的基本工具有助于我们理解是否一个项目能足够补偿它的积极风险，所以在风险预算编制框架中，风险调整收益的重要性变得更突出。

这些工具包括为项目中的每个经理人或是/和资产类别设定 TE 区域。这种方法，如众所周知的绿色区（green zone），代表了一种相对于监控相关风险行为、市场状况和在投资组合构建过程中控制水平的一种选择。

一种相关的方法，已知作为绿色表单（green sheet），总结了在 20 天、60 天和 12 个月基础上的经理人、资产类别和计划水平的 TE 和业绩产出。这些工具将发掘风险承担的需要进一步分析或是研究的区域，同时潜在地触发了与投资组合经理人的沟通。他们也将提供关于波动性的见解反馈和对初始目标设置过程的公正证据。

在第三种方法中，风险预算分解了在项目中引致的积极风险，并跟踪它的三个主要来源：资产配置、贝塔系数和经理人特别风险。这个工具通过比较目标与现实风险简化了风险配置的过程。风险的归属是重要的，在给定的范例中，相对于市场时机选择和资产类别选择，多数的积极风险来自于安全选择。像其他的工具一样，间接的反馈出现于风险预算中，一旦投资项目被实施，则与预算相联系的假定就总是被检验。

本章中出现的风险监控工具列表，突出关注了风险调整方法的时间和资源的重要性，正如文末认为的，它们将提供决定投资项目效果更鲁棒性的框架。

第16章

协方差矩阵估计

吉奥乔尼·圣蒂斯 (Giorgio De Santis)

鲍勃·李特曼 (Bob Litterman)

艾德林·维塞沃 (Adrien Vesval)

库尔特·温克尔曼 (Kurt Winkelmann)

引 言

金 融中的许多应用需要利用波动和相关分析的方法。一个众所周知的例子是马科维茨 (Markowitz, 1952) 最早发展的投资组合最优化问题。在该问题中, 投资者通过最大化服从于一个风险约束的投资组合的期望收益, 从一个给定的统计总体中形成资产投资组合。在这个例子中, 风险由全部资产的方差和协方差的加权总和来度量。更一般地, 风险度量被用于解决许多的问题, 如最优化边界、衍生债券定价、给定投资组合的风险分解, 等等。

在处理多重资产时, 风险度量主要被安排在一个方差—协方差矩阵 (variance-covariance matrix) 中, 它是一个数字的方形排列, 包括沿着主对角线的方差和所有成对资产之间对角线之外 (副对角线 (off-diagonal)) 的协方差。不幸的是, 尽管输入数据对金融中的许多问题是必需的, 但是资产收益的真实协方差矩阵是无法观察到的, 因此, 必须使用统计工具对其进行估计。

已经建立了估计的需要, 人们仍然可以怀疑用一整章来讨论这个问题的必要性。毕竟, 方差和协方差经常可以用相当基本的方法进行估计。例如, 假定我们的目标是估计给定系列资产月收益的方差—协方差矩阵, 并假定我们已经获得了 10 年的月度数据 (120 个月的观察样本)。我们能用众所周知的样本公式估计方差和协方差。

$$\text{var}[r_i(m)] = \frac{\sum_{t=1}^{120}[r_{i,t}(m) - \bar{r}_i(m)]^2}{120}$$

和

$$\text{cov}[r_i(m), r_j(m)] = \frac{\sum_{t=1}^{120}[r_{i,t}(m) - \bar{r}_i(m)][r_{j,t}(m) - \bar{r}_j(m)]}{120}$$

其中，$r_{i,t}(m)$ 表示资产 I 在 $t-1$ 月和 t 月之间的收益，$\bar{r}_i(m)$ 表示它的样本平均值。

每个月的月末评估值很容易计算和更新。不幸的是，它也有一定的限制。例如，它给样本中所有的观察样本赋予相同的权重。如果产生月度收益的分布在 10 年以上的时期内不改变，它才有意义。然而，如果最近一部分的样本市场波动（volatility）明显地增加（减少），那么单一的评估值将用很长（经常是太长）的时间来捕捉这个变化，因为每一个进入样本的新观察值的样本权重小。此外，评估值只使用月度数据，因此，不能适应市场状况的变化，它的数据要反映更高的流动性，如日数据。这里要问的本质问题是：在实践中，这些限制是否是有关系的。更特殊的是，我们可能由于特定协方差矩阵评估值的选择而改变我们的投资决策吗？为了回答这个问题，我们提出了协方差矩阵评估值发挥重要作用的两个情景，并讨论了我们的结论对两个候选评估值使用的敏感性。

在第一个例子中，我们考虑两个详细的描述，1 亿资金的投资组合投资于 18 个成熟的股票市场：一个市场资本总额是加权投资组合，权重度量截至 2002 年 5 月，另一个是等权重投资组合。对于每一个投资组合，我们通过在 100 个月内期望的资本总量一次性地识别胜负来估计每个个体的风险贡献（risk contributions）和在险价值（VaR）。我们选用的两个协方差矩阵评估值都是基于标准技术的投资专家。[①] 第一个评估值（风险模型 A）使用 10 年日数据和对更近期的数据赋予更大的权重，从 1 开始赋权，以月为基础，每个月按照大约 25％ 的比例递减。第二个评估值（风险模型 B）使用 9 年的月度数据，并对所有的观察点赋予相同的权重。

表 16.1 的左半部分表示两个评估值在价值加权投资组合的风险分解中产生了不同的价值。不奇怪的是，投资组合中的最大投资地点（美国、英国和日本）在更大的程度上决定了这种差异。当使用投资者 A 替代 B 时，估计的在险价值（VaR）也按超过 7％的比例增加。

表 16.1 的右半部分包含等权重投资组合的类似统计数据。风险分解的效果甚至更是显著。例如，当使用评估值 A 时，中国香港和新加坡是底部的风险贡献者之一，但是当使用评估值 B 时，它们却成为顶部四个贡献者中的两个。在这个案例中，当从评估值 B 转换到 A 时，估计的风险价值按超过 21％的比例降低。

---

① 在这里，我们不讨论哪一个估计者是更合适的。我们将对这个问题的分析作为本章的主要部分讨论。

国家或地区	市场资产权重（2002年5月）			均等权重		
	权重	模型A的风险	模型B的风险	权重	模型A的风险	模型B的风险
澳大利亚	1.75	0.28	1.18	5.56	1.45	3.68
奥地利	0.07	0.01	0.05	5.56	1.65	4.76
比利时	0.49	0.28	0.35	5.56	4.74	3.97
加拿大	2.31	1.87	2.46	5.56	4.86	5.13
丹麦	0.36	0.16	0.32	5.56	4.23	5.15
法国	4.51	4.35	5.09	5.56	8.01	6.23
德国	3.31	3.94	3.95	5.56	8.90	6.57
中国香港	0.85	0.23	1.21	5.56	3.40	8.02
意大利	1.80	1.59	1.86	5.56	7.23	6.17
日本	9.99	5.56	7.89	5.56	3.88	3.82
荷兰	2.62	2.51	2.83	5.56	8.15	5.90
挪威	0.24	0.12	0.25	5.56	4.58	6.10
新加坡	0.41	0.17	0.50	5.56	4.23	6.75
西班牙	1.39	1.40	1.68	5.56	8.35	6.84
瑞典	0.88	1.01	1.19	5.56	9.78	7.49
瑞士	3.54	2.18	3.31	5.56	5.43	5.02
英国	10.74	7.55	8.46	5.56	5.60	4.07
美国	54.73	66.80	57.43	5.56	5.50	4.33
总和/在险价值	100.00%	$9.06 million	$8.44 million	100.00%	$7.37 million	$9.36 million

另一个使用协方差矩阵作为输入的典型问题是资产配置问题。之所以关注这个例子，是因为我们通常认为隐藏在最优投资组合结构之后的主要动因是一系列好的期望收益，风险模型只发挥了次要作用。但从我们的例子中得出的证据说明，这显然是一个误解。

我们考察两个投资组合经理，他们在每个季度的期末再平衡（rebalance）他们的资产，试图最大化他们的期望收益，遵循每季度1%的循迹误差TE约束，相对于同样的现金基准。我们观察两个经理人从1982年的第一个季度到2002年的第一个季度，总共是81个季度。正如前面例子中所示，经理人能从18个成熟股票市场的菜单中形成他们的投资组合。他们在期望收益方面拥有同样的观点，但是使用不同的模型估计协方差矩阵。

为了获得关于一个好的预测模型（forecasting models）很可能克服风险模型所有弱点这一观点的直接证据，我们假定每个季度的期望收益（expected returns）是与该季度的现实收益相等的。这是一个有完美预测的模型，因此，好于任何只能应用及时可得数据的现实预测模型。两个协方差矩阵的估计如下：投资组合经理 A 只使用即将到来季度的日数据，同时，投资组合经理 B 使用来自于 10 年滚动窗口的日数据。显然，经理 A 的风险预测是基于再平衡时期无法得到的信息的。然而，这个风险模型是一个好的基准，因为它可以经常更新和获得，根据结构，发生在每个再平衡之后季度的波动性和相关关系的任何变化。另一方面，经理 B 使用的风险模型更新得非常慢。如果市场风险随时间变化，这个模型也许能在平均的水平上正确地捕捉波动性和相关关系，但是很可能低估/高估较短时期的风险。基于这样的状态，我们应希望两个经理人做得同样好，如果他们的业绩主要源于他们的期望收益预测模型。尽管这样，如果风险模型也是有关的，那么我们期望经理人 A 胜过经理人 B，因为经理人 A 的风险模型更好。

在例子中超过 20 年的时间里，经理人 A 的平均超额收益等于每季度 5.52%，同时经理人 B 每季度平均超过现金基准 4.97%。① 在现实风险方面，两个经理人都经历了一个相对于他们的目标更高的风险。然而，经理人 A 的季度波动性是 1.78%，比经理人 B 实现的 2.59% 低许多。由于投资者喜欢超额收益，不喜欢波动性，经理人 A 在两个方面都胜过经理人 B。事实上，经理人 A 的 IR（单位风险的年度超额收益）比经理人 B 高 60%。考虑到这只是由于两个经理人使用的协方差矩阵评估值的不同而引起的，这个结果是相当惊人的。

我们的两个例子表明，投资决策（investment decision）和业绩也许会受到协方差矩阵评估值选择的重要影响。因而，在本章的剩余部分，我们讨论能够用于产生带有期望统计特性的协方差矩阵的估计技术。由于这个内容有广泛的文献，所以任何试图提供一个过去几十年出现的各种各样方法论的完整摘要注定要失败。我们更愿意采用实际些的方法。首先，我们识别一些金融数据的经验规律，它们可以被任何协方差矩阵评估值获得。然后，我们讨论一些相对简单的技术，能够用于产生带有期望统计特性的协方差矩阵评估值。再次，我们讨论建立风险模型（risk model）时，从业者经常面对的一些数据问题，并为这些问题提供一些解决方案。最后，我们讨论方法的潜在扩展和替换选择。

金融数据的一些有趣特性

正态分布通常被用于描述某个试验不确定性（uncertainty）产出的特征。金融毫不例外地具有这个倾向，因而在很多应用中，金融资产的系列收益被假定为遵循一个多元正态分布（multivariate normal distribution）。有时，也

---

① 这些数字比真实的投资组合经理所观察到的要高很多，这是因为我们的预测模型使用的数据在再恢复平衡的时间内是无法观察到的。

假定这个分布是时间静态的，意味着均值、波动性和相关关系不随时间的变化而变化。这里，我们认为这些假定基本是错误的，因而，在构建协方差矩阵评估值时不坚持这样的假定。

作为第一步，我们分析 MSCI 领域中四个最大的市场——美国、日本、英国和德国的股票指数现实日收益的分布。我们关注从 1997 年 1 月到 2001 年 12 月的日收益，共 1 935 个观察点。正态分布的一个众所周知的特性是，相对于它的均值，95.4％的观察点是在两个标准差之内，68.3％的观察点是在一个标准差之内。给定样本的范围，如果每个市场的收益是标准的分布，那么我们将期望相对于长期平均收益，只有 89 个观察点落在两个标准差范围之外，平均有 1 322 个观察点在一个标准差之内。表 16.2 显示了数据的两个条件都不满足。事实上，对于系列中的所有国家，我们发现落在两个标准差范围之外的观察点数量相当多，超过按照正态分布所预计的数量，围绕长期平均值集中的观察点数量也是这样。尽管这不是常态假设的正式检验，但全部市场证据的一致性表明，日收益相比于常规状态（所谓的峰态分布（leptokurtic distribution））遵循厚尾分布。

表 16.2　　　　　　　　　　　　日股票收益历史分配

样本时间 样本规模	1997 年 1 月至 2001 年 12 月				
	N（0，1）	德国	日本	英国	美国
收益大于第 2 个标准差的数量	89	162	132	127	128
收益小于第 1 个标准差的数量	1 322	1 330	1 375	1 407	1 404

第二步，我们强调静态事件。此外，我们使用美国、日本、英国和德国的日数据。样本开始于 1980 年 1 月，止于 2002 年 5 月，共计 5 850 个观察点。我们用两个不同的评估值完成协方差矩阵。第一个评估值假定整个样本空间的时间分布是连续的，因而使用全部的历史数据并赋予每个观察点同样的权重。第二个观察者基于许多业内人士广泛采用的技术，在第二时间段内获取时间变化。在每个时点，估计波动和相关关系只是使用最近期的数据，包含一个特定长度的移动窗口。在我们的案例中，窗口中包括最近的 100 个观察点。每天，我们通过增加最新的收益观察点并删除现在是第 101 天的旧观察点来更新估计。

我们从分析波动性开始。图 16.1 展示了从四个股票市场由两种方法论获得的估计结果，形象的观察表明，从数据滚动窗口获得的估计值围绕恒定的估计值振荡。例如，在我们的样本中，美国股票市场的年度恒定波动是 16.06％。然而，在同一时期，时间变量（time-varying）估计在 48.49％的最大值和 6.51％的最小值之间震荡。其他三个市场的证据是相似的。

问题是，波动是否是由第二个反映市场波动真实变化的评估值产生的，或是数据噪声的结果。事实上，一个可以讨论的问题是，滚动窗口太短，因而，对单个观察点的增减太敏感。为了处理这个问题，我们基于众所周知的蒙特卡罗模拟（Monte Carlo simulation）技术进行了一个简单的检验。

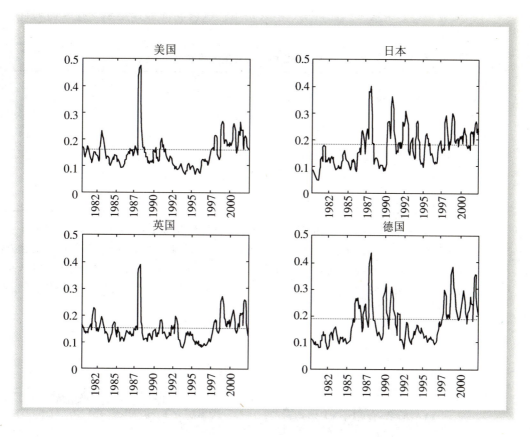

图 16.1　按年计算的波动性：静态和时间变量估计的比较

　　典型的蒙特卡罗模拟是如下操作的：从一个要被检验的零假设开始，在这个例子中，我们假设美国 1980—2002 年的市场年度波动是持续的并等于 16.06%。第二步，假设零假设是真实的，并生成大量的历史记录（时间序列数据）。为了检验，我们生成 1 000 个历史记录，每个包括 5 850 个观察点，假定数据来自于一个具有 16.06% 年度波动的正态分布。为每一个历史记录基于滚动窗口技术建立波动的时间序列，并在这些波动和假定的真实波动之间计算平均绝对离差（average absolute deviation，aad）。由于我们生成了 1 000 个历史记录，因此能计算 1 000 个平均绝对离差，并计算它们的均值和标准差。美国的平均绝对离差等于 0.91%，标准差是 0.07%。最大的平均绝对离差是 1.18%。

　　从观测数据得到的证据如何与模拟的历史记录比较呢？在我们的样本中，美国的平均绝对离差是 4.46%，完全在模拟 add 均值的两个标准差之外，甚至更令人惊奇的是，完全在巨大的模拟平均绝对离差之上。考虑到我们模拟了 1 000 个历史记录，一定可以得出这样的结论：在我们的样本中进行观测，只有不到 0.001 的可能会观测到波动的时间变量，如果数据确实产生于一个具有 16.06% 持续波动的正态分布。

　　表 16.3 中的总结统计证实了这一点，样本中的其他三个国家只是使我们

的发现得到确认。因此，很难不去拒绝持续波动的假设，至少在我们的样本期内。

表 16.3 波动性中时间变量的检验（％）

	观测数据			蒙特卡罗数据		
	静态变量 估计	观测 aad	时间变动 标准差估计	均值	标准差	最大值
美国	16.1	4.46	4.30	0.91	0.07	1.18
日本	18.4	5.63	4.03	1.04	0.08	1.36
英国	15.4	3.53	3.35	0.87	0.07	1.14
德国	18.9	6.29	4.11	1.07	0.08	1.40

接下来，我们分析相关关系随时间变化的历史。由于我们关注四个不同的市场，所以我们共有六个相关关系。在这个例子中，我们用两个评估值计算相关关系的两种方法：一个是整个样本是连续的，而另一个通过 100 天的滚动窗口获得时间变量。图 16.2 显示了六个相关关系在两个评估值之间的差异。

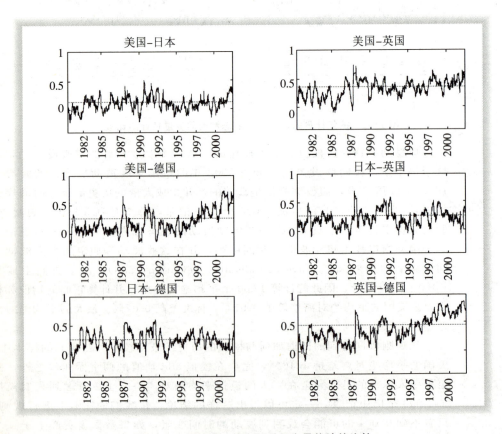

图 16.2 相关性：静态和时间变量估计的比较

沿用波动分析中的同样方法，我们采用蒙特卡罗模拟，从连续相关关系中观测到的平均绝对离差是相关关系中时间变量的合理征兆。实验表明，观测到的平均绝对离差历史记录比假定连续相关关系进行蒙特卡罗模拟的最大平均绝对离差更大。这个实验的总结统计数据如表 16.4 所示。

表 16.4　　　　　　　　　　　时间变量相关性检验

	观测数据			蒙特卡罗数据		
	静态变量估计	观测值	时间变动的标准差估计	均值	标准差	最大值
美国—日本	0.115 0	0.096 5	0.072 9	0.078 8	0.006 2	0.103 3
美国—英国	0.351 4	0.120 1	0.090 7	0.070 3	0.005 6	0.088 3
美国—德国	0.265 4	0.172 8	0.108 0	0.074 4	0.005 7	0.091 9
日本—英国	0.247 8	0.118 4	0.085 9	0.075 3	0.005 9	0.095 6
日本—德国	0.256 9	0.119 6	0.081 3	0.074 7	0.005 6	0.098 6
英国—德国	0.468 4	0.192 7	0.122 1	0.062 7	0.004 8	0.077 1

　　总结，从四个样本中得到的证据表明：

● 日收益看起来产生于与正态分布不同的厚尾分布（极端事件出现的可能性更高）。

● 波动性和相关关系随时间变动而不同。

　　日收益分布的这些特性必须保持在脑海中，当我们从事主要的工作——识别协方差矩阵的理想评估值时，日收益分布的这些特性必须保持在脑海中。下一个挑战是寻找一个评估值，打破统计诡辩与统计不足折中选择的平衡。事实上，一方面，我们想构建一个评估值，尽可能多地收集经验规律。另一方面，我们必须记住，大多数的从业者需要估计大量的协方差矩阵，数以百计甚至数以千计。A 模型需要过多的参数，在应用于大量系列资产时，也许不可能用于估计，因而它的灵活性也许成为它脱离实践的原因。

协方差矩阵估计（covariance matrix estimation）：理论

　　对任何对方差和协方差感兴趣的人，本部分从引用一个重要的结论开始。在相当一般的条件下，二截距评估值（second moment estimators）的精确性提高了在给定时期内很高的频率条件下处理样本数据的能力，而不是通过扩展样本期保持样本频率的连续性。藏在这个结果之后的认识，不像它的数学推导，是相当简单的。如果市场波动性和相关关系随时间变化而变化，那么关注短时期范围和高频率数据增加了使用同样波动性系统观察点的可能性。在历史数据上追溯得太远将破坏不同系统数据的样本，因而产生风险估计偏差。[1]

---

[1]　见默顿（Merton，1980）对这个结论的一个正式讨论。

使用日数据估计月度协方差矩阵

在下面的讨论中，假定对在一个月范围内（one-month horizon）估计一个协方差矩阵预测风险感兴趣，我们提出一个评估值，使用日收益。显然，我们的评估值能通用于任何范围（季度、年等），但是我们将关注一个月来保持记录符号的简单。

令 $r_{i,t}(d)$ 为资产 i 从 $t-1$ 天收盘到 t 天收盘计算的日收益。如果收益是不断混合的，那么任何范围的时间集合，可以通过在更高的频率上简单地加总收益来实现。例如，如果一个月包括 p 个交易日，那么资产 i 的月收益，此处我们表示为 $r_i(m)$，能通过加总这个月的日收益得到：

$$r_i(m) = \sum_{t=1}^{p} r_{i,t}(d) \tag{16.1}$$

由于两个随机变量间和的协方差等于总体中每一对随机变量的协方差的和，所以两类资产 i 和 j 的月收益的协方差可以被计算为[①]：

$$\mathrm{cov}[r_i(m), r_j(m)] = \sum_{t=1}^{p} \sum_{s=1}^{p} \mathrm{cov}[r_{i,t}(d), r_{j,s}(d)] \tag{16.2}$$

在一个更分散的形式中，重写方程（16.2）是有用的，这样可以更好地理解月度协方差计算中包括的所有部分：

$$
\begin{aligned}
&\mathrm{cov}[r_i(m), r_j(m)] \\
&= p \cdot \mathrm{cov}[r_{i,t}(d), r_{j,t}(d)] \\
&\quad + (p-1) \cdot \{\mathrm{cov}[r_{i,t+1}(d), r_{j,t}(d)] + \mathrm{cov}[r_{i,t}(d), r_{j,t+1}(d)]\} \\
&\quad + (p-2) \cdot \{\mathrm{cov}[r_{i,t+2}(d), r_{j,t}(d)] + \mathrm{cov}[r_{i,t}(d), r_{j,t+2}(d)]\} \\
&\quad + \cdots \\
&\quad + \{\mathrm{cov}[r_{i,t+p-1}(d), r_{j,t}(d)] + \mathrm{cov}[r_{i,t}(d), r_{j,t+p-1}(d)]\} \tag{16.2'}
\end{aligned}
$$

方程（16.2'）所表达的含义比它看上去更直观。为了计算两个资产的月度协方差，必须在日收益间估计几个协方差，包括一个月内发生在不同日期收益间的协方差。发生在同一天的收益的协方差有较大的权重，因为每个月我们观测 p 同步日收益。在一个月中，更零散的收益较少被观测到，因而它们的协方差有较少的权重。

为了使用更技术化的术语，方程（16.2'）指明，当处理高频率数据（即日数据）时，必须考虑收益间的系列协方差，为更长的范围（即一个月）来建立协方差评估值。这是个有趣的结果，因为它警告我们，抵御在一个月内的交易日数量，通过简单的日协方差相乘来估计两个资产月度协方差的诱惑。只有当日收益是同一地和独立地分布（identically and independently distributed，iid）时，这样的过程才是正确的，因为在这个例子中，在不同日期观测到的收益间的协方差都等于 0。

---

① 在讨论中，我们关注两类资产间的协方差。然而，研究内容同样是适用于方差。事实上，任何资产的收益方差能作为一个特例得到，其中 $i=j$。

在这一点上的本质问题是：当处理日数据时，应该假定系列相关关系到什么程度？不幸的是，没有一个适用所有状况的简单答案。如果我们有一个非常巨大的数据样本，那么我们能简单地应用方程（16.2'）。例如，如果收益间两天以上滞后的真实协方差是 0，那么这些收益的样本协方差也很可能接近于 0。然而，如果可用的数据样本不够大，那么估计的样本协方差很可能反映噪声（谬误相关关系），而不是两个收益间的真实统计联系。

为了获得在小样本中噪声影响是何等严重的认识，我们做了一个简单的实验。我们根据两变量分布生成 1 000 个观察点，假定两个随机变量间的相关系数为 0。接下来，我们检验只使用观察点的一个子集时，相关关系的样本估计如何变化。我们构建了两个不同的评估值：第一个只使用样本中的 50 个随机观察点；第二个使用 100 个随机观察点。每个评估值计算 100 次。毫不令人意外的是，两个评估值的平均值都非常接近于 0。然而，如表 16.5 所证明的，第一个评估值围绕均值（标准差）的离差，几乎是第二个评估值离差的两倍。当使用 50 个观察点时，估计的相关系数最大值是 0.48，最小值是 -0.36——当尽力估计投资组合风险时，这是一个相当大的变化。当我们使用 100 个观察点时，两端的价值降低了一半。

表 16.5 小样本的相关性估计

	估计所用的观测数	
	50	100
中值	0.006	-0.009
标准差	0.154	0.087
最大值	0.477	0.240
最小值	-0.364	-0.189

在实践中，根据仅仅包括同样滞后阶数的经济视角或/和经验证据，采取评估值的谨慎态度是明智的。例如，国际股票市场的日收益很可能展示一些序列相关的形式，因为不同国家的市场是在不同时间营业的。假定当美国市场营业和日本市场关闭时，新的信息在时间 t 能够获得。同时假定信息被认为对全球所有的证券市场有一个积极的影响。美国市场大概会在时间 t 整合这些新的信息，而同时在日本，价格只能在时间 $t+1$ 调整。这说明想要观测无法沟通（nonnegligible）的收益相关关系是分开的。当然，如果信息不是立即整合进价格中去（例如，市场各部分间缺乏流动性），那么也许不得不在评估值中整合更高等级的序列相关关系。日数据序列相关关系的正式分析在这一阶段是有用的[1]。

通过用他们的样本对应量替换方程（16.2'）中的协方差进行估计[2]：

---

[1] 序列相关（serial correlation）研究的技术描述超出了本章研究的范围。有兴趣的读者可以在任何时间序列教材上找到相关内容。Hamilton（1994）是一个很全面的参考书目。

[2] 在这个公式中，我们假定日收益有一个等于 0 的均值。尽管这不是本案例所必需的，默顿（Merton，1980）指出，在处理高频率数据时，考虑到以平均收益为特征的估计误差的总量，这样的近似通常是无害的。如果必需，这个公式很容易被用于整合收益的估计均值。

$$\hat{\text{cov}}_T[r_i(d), r_j(d)] = \frac{1}{T}\sum_{t=1}^{T} r_{i,t}(d) r_{j,t}(d)$$

$$\hat{\text{cov}}_T[r_i(d), r_{j,+k}(d)] = \frac{1}{T}\sum_{t=1}^{T-k} r_{i,t}(d) r_{j,t+k}(d)$$

(16.3)

在这一点上，以更紧凑的形式引入一些矩阵集合来表述估计方程是很方便的。如果 N 种资产的 T 个日收益是可得到的，那么我们能将它们组织在一个矩阵 $R(d)$ 中。矩阵的每一列包括每种资产的 T 个收益，矩阵包含 N 列。应用矩阵的乘法规则，很容易证明，资产收益的日协相关能由 $S_0(d)' = R(d)'R(d)/T$ 计算。然而，正如我们从前面讨论中已经知道的，为了计算月度协方差矩阵，我们必须估计在不同日期观测到的收益间的协方差。通过引入一个包括 0 在第一个 k 行，$R(d)$ 的第一个 $T-k$ 行在它最后的 $T-k$ 行的新矩阵 $R_{-k}(d)$，可以很容易地在矩阵形式中做到这一点。此外，可以证明矩阵乘积 $S_k(d)=R(d)'R_{-k}(d)/T$ 提供了观测到的独立的 k 天收益的日协方差的样本估计。如果日收益显示了行列数到 q 的序列相关，那么月度协方差矩阵估计方程可以写成：

$$S(m) = p \cdot S_0(d) + \sum_{k=1}^{q} (p-k)[S_k(d) + S_k(d)']$$

(16.3′)

更具有技术倾向的读者将注意到，这个估计方程有产生一个月度协方差矩阵适当的特征，能够保证积极的半确定性。宽松点讲，这是矩阵等价所需要的一个变化，是非负的估计方程。在实践中，这个特性保证了无论何时用于估计投资组合的风险，这个估计方程都将保证一个非负的价值[①]。

观测数据赋权

对前面部分估计方程的常见批评是，它赋予每个观测数据同样的权重，无论观测数据发生在什么时候。显然，如果日收益是同一地和独立地分布的，这将不是一个问题，因为在那种情况下，所有的收益都源于同样的分布。然而，当同一地和独立地分布假定出现问题时，也许对近期观测的数据赋予更大的权重是适当的。在下面的讨论中，我们在迄今为止发展的估计框架内，提出一个整合这个特征的简单方法。

一个直观的赋权计划分配 1 的权重给大多数近期观测数据，而按一个预定的比率 δ 降低前期观测数据的权重。在形式上，如果 w_t 是时刻 t 观测数据的权重，那么权重的顺序可以按照递归的形式从 $w_{t-1}=(1-\delta)w_t$ 计算。直观地，δ 比例越大，衰减的速度越快，或者等价地，分配给近期观测数据的相对权重越大。

典型地，一个特殊的赋权计划通过衰减率在月度基础上和与之联系的半

[①] 德桑蒂斯和塔韦尔（De Santis and Tavel，1999）提供了这个估计方程的更技术性的讨论。他们表明，同样的估计方程可以通过估计日协方差矩阵获得，使用由 Newey 和韦斯特（Newey and West，1987）提出的序列相关修正方法，根据一个月内的交易数量缩放日协方差矩阵。他们也表明，根据涵盖几天的平均收益（所谓的层叠（overlapping）），这个估计方程为通常的序列相关关系调整实践提供了一个正式的理由。

衰期（half-life）识别。半衰期是一个有趣的方法，因为它识别必须追溯多少个月的历史数据来寻找一个带有等于 0.5 权重的观察点。应用这个递归赋权公式，易于证明这相当于大约 10% 的月度衰减率和 6 个半月的半衰期。

由于我们用二截距（second moments）分析，我们的权重将被赋值给平方收益和在不同资产收益间的交叉乘积，所以标准协方差公式被修正为[①]：

$$\hat{\text{cov}}_T\left[r_i(d),r_j(d)\right]=\frac{\sum_{t=1}^{T}w_t^{1/2}r_{i,t}(d)w_t^{1/2}r_{j,t}(d)}{\sum_{t=1}^{T}w_t}$$

(16.4)

更一般地，为了将赋权计划整合进在方程（16.3′）中定义的估计方程的月度协方差，我们可以按步骤进行：首先，给原始收益数据赋权；然后把（16.3′）中的表达式应用于修正数据。最后，定义已赋权的日收益矩阵为：

$$\hat{R}(d)=w^{1/2}*R(d)$$

$$=\begin{bmatrix}(1-\delta)^{\frac{T-1}{2}}r_{1,1}(d) & (1-\delta)^{\frac{T-1}{2}}r_{1,2}(d) & \cdots & (1-\delta)^{\frac{T-1}{2}}r_{1,N}(d)\\ \vdots & \vdots & \ddots & \vdots\\ (1-\delta)^{\frac{1}{2}}r_{T-1,1}(d) & (1-\delta)^{\frac{1}{2}}r_{T-1,2}(d) & \cdots & (1-\delta)^{\frac{1}{2}}r_{T-1,N}(d)\\ r_{T,1}(d) & r_{T,2}(d) & \cdots & r_{T,N}(d)\end{bmatrix}$$

(16.5)

其中，符号 $*$ 表示权重向量 w 中的每一项必须被所有的项在相应的 $R(d)$ 行相乘。一旦日收益已经根据赋权计划调整，则协方差矩阵估计方程的修正公式是：

$$\hat{S}(m)=p\cdot\hat{S}_0(d)+\sum_{k=1}^{q}(p-k)\left[\hat{S}_k(d)+\hat{S}_k(d)'\right]$$

(16.6)

其中，

$$\hat{S}_0(d)=\frac{\hat{R}(d)'\hat{R}(d)}{\sum_{t=1}^{T}w_t}\quad\text{and}\quad\hat{S}_k(d)=\frac{\hat{R}(d)'\hat{R}_{-k}(d)}{\sum_{t=1}^{T}w_t}$$

这个估计方程有三个我们前面识别了的特征，如同适当的协方差矩阵估计方程的特性。

（1）它应用高频数据（日）估计波动性和协方差，超过一个更长的范围（月度）。

（2）它为高频数据中序列相关关系的存在提供修正。

（3）它提供一个赋权计划，赋值更大的权重给近期观察点。

我们已经发展的估计方程是非常普通的。事实上，有兴趣的读者可以证明，假定日收益是同一地和独立地分布的（因此不能根据日数据相关关系调整，而安排等权重给所有的观察点），通过设置 $q=0$ 和所有项的 w 等于 1，

---

① 显然，赋值一个权重 w_t 给交叉乘积（cross product）等于赋值权重的平方根给交叉乘积的每个项。正如后来它将变得清楚一样，应用矩阵时，后者的描述更易于实施。

如同（16.6）中的特殊案例，可以获得简单的估计方程。

协方差矩阵估计：实践

迄今为止，我们已经识别了一些重要的金融数据规律，并提供了在建立风险模型时考虑这些规律的一个理论框架。在这个部分，我们将讨论如何在实践中处理协方差矩阵估计的问题。

假定研究者已经接近一组完成的日收益为足够长的时期[1]，那么至少有两个参数必须被估计来产生一个协方差矩阵：序列相关关系（符号中的 q）的行列数和赋权计划的衰减（decay）参数（符号中的 δ）。

正如前面提到的，有关数据相关结构的全面分析可能是识别适当价值 q 的最好方法。然而，时间序列方法论的讨论完成这个工作超出了本章的范围，有兴趣的读者可以参阅更多有关该问题的专门研究。[2] 这里，我们想关注 q 选择之后的直观感觉。序列相关各项是如何影响估计波动性的呢？为了认识这一点，让我们看看方程（16.2'）中的特殊案例，其中假定 $q=1$，资产 i 的收益的方差估计为：

$$\mathrm{var}[r_i(m)]$$
$$= p \cdot \mathrm{var}[r_{i,t}(d)] + 2(p-1) \cdot \mathrm{cov}[r_{i,t+1}(d), r_{i,t}(d)] \qquad (16.7)$$

如果日收益是同一地和独立地分布的，那么我们将简单地估计日方差，并通过一个月中营业日期的数量测量它（符号中的 p）。然而，假定积极收益倾向于遵循负收益（反之亦然），所以日收益显示了第一行列负相关关系（first order negative correlation）。方程（16.7）说明，我们的月度波动性估计将低于假定同一地和独立地分布收益获得的估计。另一方面，如果积极（负的）日收益倾向于遵循更积极（负的）收益，那么他们显示第一行列积极相关关系（first order positive correlation），然后方程（16.7）表明，月度波动性估计将比在同一地和独立地分布假设下估计得更高。

在图 16.3 中，我们使用一个日数据的五年窗口，计划估计美国股票市场的（年度）月度波动性。我们考虑三个备选估计方程，方程假定序列相关各自 0、10 和 21 的修正。计划表明，三个估计方程支持非常相似的动态系统。然而，对于样本中的过去 15 年，包括序列相关关系的重要修正将降低波动性的估计。有趣的是，随着 q 的价值的增加，估计显示围绕他们的趋势的更多振动。由于这一事实，21 天分开的收益间的协方差是基于一个相对小的观察点数量的（在一个五年窗口中只有大约 60 个观察点），因而，协方差对一些极端观察点是更敏感的。正如前面讨论过的，这些振动经常反映噪声，而不是真实的经济信号，因此序列相关关系的谨慎（parsimonious）修正是更可取的。

---

[1] 在文中，较短历史的一些数据是重要的。由于这个原因，在本章后面，我们将用全部的内容分析该问题。

[2] 例如，见 Hamilton（1994）。

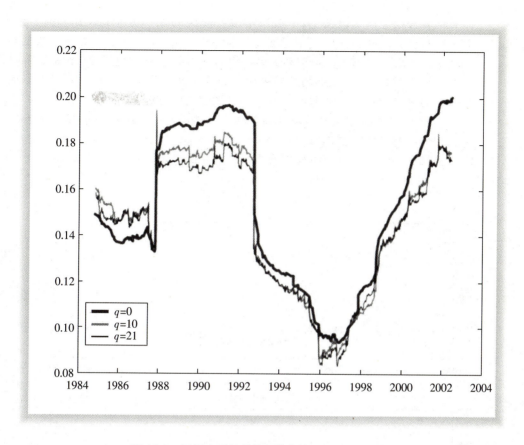

图 16.3　不同序列相关修正的年度美国股票波动性

　　为了这个目的，我们已经发现，在处理国际股票市场的日数据时，相对较低行列数（1 或 2 行）的序列相关关系修正经常就足够了，这与我们的经验一致。在这种方式下，信息很可能在一天中营业时间不同的市场间传递。在下面的讨论中，我们保持 $q=2$ 的假设，并继续估计最优衰减比率（decay rate）。

　　为了能被认为是最优的衰减比率，我们必须定义一个目标函数，它的价值随 δ 的改变而改变，然后选择一个最大化那个函数 δ 的价值。在经济计量学中，这是众所周知的最大化可能估计的标准技术。在我们的例子中，问题可做如下处理。我们样本中的收益按一些分布生成。假定截距分布是多元正态分布，均值为 0 和未知的协方差矩阵，由完全衰减率 δ 描述特征。[①] 可能性函数度量在样本数据中生成的、均值为 0 和协方差矩阵随 δ 变化的多元正态分布概率。我们的目标是找到最大化可能性函数 δ 的价值，或等价地在样本中观测数据的概率。

　　在实现可能性函数最大化的过程中，我们使用从 1980 年 1 月到 2002 年 5

---

　　① 在这章的后面部分，我们将标准假设放宽。0 中值假设也被放宽，并且未知的中值可以通过最大似然估计出来。然而，我们的这种假设是不影响结果的，因为我们使用的是日数据。

月的日数据。样本包括 18 个股票市场：澳大利亚、奥地利、比利时、加拿大、丹麦、法国、德国、中国香港、意大利、日本、荷兰、挪威、新加坡、西班牙、瑞典、瑞士、英国和美国。因而，协方差矩阵包括 18 个方差和 153 个不同的协方差。[①] 我们的结果表明，当假定两个行列数的序列相关关系时，估计的最优衰减率是每个月 0.10，意味着半衰期刚刚超过 6 个月。

图 16.4 显示了美国波动性和美国—日本相关关系的最大可能性估计是如何与他们的常数对应部分（constant counterpart）比较的。不奇怪的是，我们的发现表明，在波动性和相关关系之间存在明显的离差（variation）。

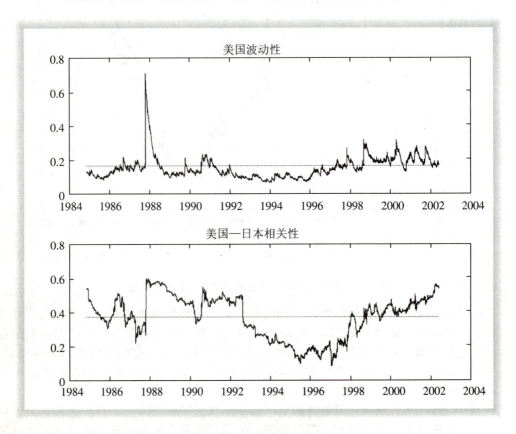

图 16.4 波动性和相关性：静态和最大或然对比

协方差矩阵估计：一般化（generalizations）

迄今为止，讨论的协方差矩阵估计方程有许多优良的性质。然而，许多的相关事件它还不能用。第一，它假定国际股票收益分布是多元正态的。如

---

① 协方差矩阵包括所用主对角线上的方差。那些不在主对角线上的协方差，因为 cov(x, y) = cov(y, x)，所以，在我们的例子中，不同的协方差总数为 (18×17)/2=153。

我们前面讨论过的，这个假定看起来不能得到数据的支持。第二，它赋予所有的资产同样的衰减比率，对波动性和相关关系也一样。当这个假定太严格时，衰减率很容易地想象情况会怎样。例如，当建立包括不同资产类别的协方差矩阵时（即债券和固定收益），也许对每种资产类别考虑不同的赋权计划更合适。此外，甚至当运用单一资产类别时，为波动性和相关关系采用不同的衰减率也许更合适。事实上，经常争论的是，尽管波动性倾向于快速改变，但是相关关系更可能是随时间变化而慢慢变动的。在这一部分，我们将讨论如何一般化协方差矩阵估计方程来整合这些优良的特征。

正态分布的混合

收益分布厚尾特征的证据表明，极端巨大的（正或负）收益比多元正态分布估计的更经常发生。因此，写可能方程时假定正态是有问题的。事实上，最大可能方法是尽力寻找衰减参数（最大化在样本中观测数据的概率）的价值，同时保持数据生成于正态分布的假设。如果样本中包含足够多的极值观察点，则衰减参数的估计将被在正态分布中调整这些极值观察点的需要所影响。

为了获得厚尾，我们假定在每个及时点，收益可以从两个不同的正态分布的其中一个中获得。这两个分布有相同的均值和相关关系结构，但是波动性不同①。多数时候，收益与低波动性（low-volatility）系统相联系，但是每个波动性如此经常地被翻转，使收益源于高波动性（high-volatility）系统。高波动性系统中的方差是低波动性系统中方差的常数倍。

在这个例子中，可能性方程度量由正态分布混合生成数据的概率。除了衰减比率，我们现在需要估计两个系统中波动性之间的比率和两个波动性系统中其中一个的概率。使用我们的样本可以发现，对于正态分布混合来说，在月度基础上，最优衰减比率等于9%，与7.3个月的半衰期相符合。我们也发现，高低系统中波动性间的比率等于3.23，低波动性系统中的概率等于84%。

也许有人会问，假定正态（10%）可能性和假定正态分布的混合（9%）可能性之间的衰减率差异是否确实有意义，或使用更技术性的术语，统计显著性。经济计量学家使用简单的技术回答这个问题。他们在更一般的案例（我们练习中的正态分布混合）和严格的案例（我们练习中的正态分布）中度量可能性方程，然后询问是否可能性方程的价值变化足够大，能证明估计的参数差异从统计观点看是显著的。在这个过程背后的直观看法是相对简单的。服从正态分布的模型显然是服从正态分布混合模型的一个特殊案例。事实上，如果数据生成于一个单独的波动性系统，那么使用正态分布混合时估计的参数将表明，在波动性两个系统中，两个系统是一样的，在低波动性系统中的概率是一个。换句话说，在两个不同描述中，可能性函数将保持一致。然而，如果两个系统模型是数据生成过程的更好描述，那么与之相联系的可能性函

---

① 显然，这些假设可以放宽以适应更丰富的情景，我们留这些扩展给进一步的研究。

数的价值将更高。在我们的例子中，两个可能性函数间的区别，导致了在单独的波动性系统中，按照正态分布生成的数据假设的很强拒绝。

波动性（volatilities）和相关关系以不同速度变动吗？

尽管在学术界和从业者中，对波动性和相关关系随时间变化有广泛的一致观点，但是当看待波动性和相关关系随时间变化的速度时，观点很少一致。更特别地，波动性显示了有趣的规律：第一，在对市场冲击的反应上，它变化相当的迅速；第二，它成群地出现，以至于高（低）波动性时期倾向于跟着更多的高（低）波动时期[1]。关于相关关系的证据，正如证明的那样，是不同的。事实上，尽管相关关系也许在极度市场压力时期会倒转，但是它们看起来随时间变化的变动要比波动性变化慢得多[2]。因而，构造一个能够适应波动性和相关关系的不同动态的协方差矩阵估计方程是有价值的。幸运的是，在我们的框架中，这个工作很容易完成。

我们从一对普通的日收益协方差和相关关系间的关系开始：

$$\mathrm{cov}[r_i(d),r_j(d)] = \mathrm{corr}[r_i(d),r_j(d)] \times \mathrm{std}[r_i(d)] \times \mathrm{std}[r_j(d)]$$

简单地说，两个日收益间的协方差等于这些收益间的相关关系，它们波动性相乘的乘积，如标准差所度量的。由于协方差矩阵不过是协方差和方差（波动性平方（squared volatility））的集合，所以我们可以对整个协方差矩阵进行同样的分解。如果 Σ 是一系列资产 N 的协方差矩阵，那么我们可以写成：

$$\Sigma = D\Omega D' \tag{16.8}$$

其中，D 是收益波动性的对角矩阵（D' 也是），Ω 是以 1 为主对角线的相关关系矩阵，对角线外是所有的收益相关系数。

方程（16.8）中协方差矩阵的分解也许看起来明显，但是，它对我们的工作有一个重要的启示：人们可以在他们的动态中使用不同的假定估计波动性和相关关系，并仍然保持协方差矩阵的正半确定性质。例如，下面的描述考虑了一个相对于相关关系不同的波动性赋权计划（衰减比率）。

$$\hat{\mathrm{var}}_T[r_i(d)] = \frac{\displaystyle\sum_{t=1}^{T} w_t r_{i,t}^2(d)}{\displaystyle\sum_{t=1}^{T} w_t}$$

和

$$\tilde{\mathrm{corr}}_T[r_i(d),r_j(d)] = \frac{\left[\displaystyle\sum_{t=1}^{T} v_t^{1/2} r_{i,t}(d) v_t^{1/2} r_{j,t}(d)\right] \Big/ \displaystyle\sum_{t=1}^{T} v_t}{\tilde{\mathrm{std}}_T[r_i(d)] \times \tilde{\mathrm{std}}_T[r_j(d)]}$$

---

[1] 由于恩格尔（Engle，1982）的工作，这些波动性特征已经被广泛地引用。

[2] 例如，见 De Santis and Gerard（1997）。

其中，权重 w 和 v 表明，当估计波动性和相关关系时用了不同的衰减比率[1]。

我们在 18 个股票市场应用这个方法，发现了有趣的结果。像以前一样，为数据中的序列相关关系假定两个行列数的修正和一个正态分布混合，衰减参数的最大可能性估计等于波动性的 47% 和相关关系的 4%。这表明波动性受到非常近期观察点更多的影响，由于波动性估计方程的半衰期只比一个月长一点。然而，相关估计使用了相当长的历史数据，其半衰期大约为 17 个月。由于单独的观察相对相关关系在波动性估计中有更大的权重，这意味着对市场冲击，波动性倾向于比相关关系反应更快。

接下来，我们比较风险模型不同描述的可能性函数价值。显然，带有两个不同衰减参数的模型约束较少。如果证据支持单一衰减参数的模型，那么我们将期望在价值上，两个可能性函数是非常接近的。另外，带有两个不同衰减参数的模型将生成更大的可能性价值。我们例子中的差异导致了对单一衰减参数模型的强力拒绝。

我们通过指出协方差矩阵估计方程的最近描述总结了这一部分内容的强烈潜力。例如，当利用不同的资产类别工作时，如我们做的，可以为不同资产类别中的波动性调整衰减比率，并为相关关系矩阵调整不同的衰减率。甚至更一般地，为每种资产详细说明一个不同的波动性过程，并分别估计这些过程，然后使用不同的模型为所有的资产估计相关关系矩阵[2]。

用不同长度的历史估计协方差矩阵

迄今为止，我们一直根据可得的数据在一个相当理想的情景中工作。事实上，在所有案例中，我们假定全部样本中资产的所有样本期、日数据都是可用的。尽管在有些应用中这也许是真实的，但是大多数的从业者清楚地知道，这不是通常的情况。甚至对于发达市场中日股票收益这类广泛应用的数据，一些较小的市场可得的历史可能是相当的短。处理新兴市场的数据时，问题甚至变得更为极端。

我们应该如何处理不同长度的历史呢？[3] 一个容易但是明确的次优答案是漠视序列中较长的部分，然后在一个对可得的所有权益资产长度足够的历史日期开始分析（所谓的横截样本估计（truncated-sample estimation））。斯坦博（Stambaugh, 1997）在一篇论文中提出了一个更有吸引力的选择方法。由于他的方法需要几个技术步骤，我们通过在口头上描述该方法开始，然后进行一个正式的描述：

1. 为两组资产估计横截样本（truncated-sample）截距。

---

[1] 我们用符号 ∧ 识别使用权重 w 的估计方程，用符号 ～ 识别使用权重 v 的估计方程。

[2] 对这个方法的一些有趣的应用，见 Engle（2002）。

[3] 这部分需要熟练掌握回归分析和一些相当重要的正式符号的公差。然而，以我们的观点，对面临这种问题的研究者的效益来说，阅读这一部分的成本过高。

2. 在所有较长历史的资产之上估计每种较短历史资产的回归（这一步使用横截样本）。回归系数识别两组数据之间的统计关系。

3. 对较长历史的资产：

a. 估计全部样本的截距。

b. 度量用全部样本计算的截距和使用截距样本计算的截距之间的差别。如果区别是正的，这意味着，用较短样本计算的截距低估了使用全部样本获得的更精确的估计（反之亦然）。

4. 应用回归和步骤 3b 的结果，调整较短历史序列的截距估计。

斯坦博（Stambaugh）提出的方法最初不是用于调整一些我们已经整合入估计方程的特征（序列相关关系修正和赋权计划安排更多权重给近来的观察点）。然而，由于非序列相关关系和常数权重是我们估计方程的特殊情况，应用我们的符号继续进行一个斯坦博方法的正式介绍，那是更一般化的。

由定义两组资产开始，然后将它们分成两个矩阵 $\hat{R}_A(d)$ 和 $\hat{R}_B(d)$。第一个矩阵包括 N_A 资产的 T 个观察点，同时第二个矩阵包括 N_B 资产的 S 个观察点。如果 $S < T$，那么第二个矩阵包括一个较短历史的资产。假定资产已经被权向量左乘了，我们根据前面描述的步骤进行下去。

第一，对所有资产组使用公式（16.6）中的估计方程，为两个组估计横截样本截距。基于该横截样本，使 $\hat{S}_{AA,S}(m)$ 和 $\hat{S}_{BB,S}(m)$ 为两组数据的协方差矩阵。

第二，在全部资产上计算每个资产的回归。对于每个回归，使用截样本（即最后的 S 个观察点）。由于回归的参数能使用方差和协方差估计，用方程（16.6）中提出的协方差矩阵估计方程和选择适当的因素，这容易实现：

$$B_S = \hat{S}_{AA,S}(m)^{-1} \hat{S}_{AB,S}(m) \qquad (16.9)$$

其中，$\hat{S}_{AB,S}(m)$ 是 $\hat{R}_A(d)$ 中收益和 $\hat{R}_B(d)$ 中收益之间的协方差矩阵，用最后的 S 个观察点估计。

此外，根据横截样本计算回归残差的协方差矩阵：

$$V_S = \hat{S}_{BB,S}(m) - B'_S \hat{S}_{AA,S}(m) B_S$$

第三，为较长历史的资产计算协方差矩阵，使用它们的全部历史。此外，可以在第一组资产中应用公式（16.6），让 $\hat{S}_{AA,T}(m)$ 表示使用全部历史的估计方程。

第四，通过利用迄今为止收集的信息构建所有的协方差估计：

$$\hat{S}_{AA}(m) = \hat{S}_{AA,T}(m)$$
$$\hat{S}_{BA}(m) = \hat{S}_{BA,S}(m) - B'_S [\hat{S}_{AA,S}(m) - \hat{S}_{AA}(m)] \qquad (16.10)$$
$$\hat{S}_{BB}(m) = \hat{S}_{BB,S}(m) - B'_S [\hat{S}_{AA,S}(m) - \hat{S}_{AA}(m)] B_S$$

当研究者面对超过两个子集的不同长度历史的资产时，可以递归应用同样的方法论，从最短的历史开始应用到所有资产，并按步骤从头应用，直到全部可用的数据都被计算了。

可选择的协方差矩阵估计方法

我们在前面部分描述的估计方法，有获得多数财务数据（financial data）经验规律的良好特征，应用巨大的资产组时，那是容易实施的。在这个部分，我们简要地回顾了在文献中已经提出的一些可选择的协方差矩阵估计方程，并讨论了它们如何涉及我们的框架。

GARCH 过程

自从恩格尔（Engle，1982）和博勒斯里夫（Bollerslev，1986）所做的工作后，广义自回归条件异方差（generalized autoregressive conditionally heteroscedastic，GARCH）过程已经成为估计金融市场波动性的主流模型。这些赶热闹过程最初设计的目的是获得波动性随时间聚集的趋势：高（低）波动性时期倾向于随之出现更多的高（低）波动性时期。正式地，一类资产的日波动性单变量广义自回归条件异方差 GARCH（1，1）过程可以写为：

$$\text{var}_{T+1}[r(d)] = \omega + \alpha\text{var}_T[r(d)] + \beta r_T^2 \tag{16.11}$$

总之，资产在 $T+1$ 时间的波动性依赖于资产在 T 时间的波动性和资产在 T 时间的平方收益。系数 α 代表波动的持续性；β 反映波动根据市场冲击调整反应行为的趋势。如果 β 是正的，那么 T 时刻的巨大市场收益导致一个在 $T+1$ 时刻的波动性预测中向上的修正。

GARCH 估计方程与我们的方差估计方程有许多类似之处吗？在收益数据上也使用一组衰减权重吗？根据公式（16.4）的重新排列，可以很容易地找到问题的答案，如下[①]：

$$\text{var}_{T+1}[r(d)] = (1-w_T)\text{var}_T[r(d)] + w_T r_T^2 \tag{16.11'}$$

显然，我们的估计方程是 GARCH（1，1）过程的一个严格形式。其中参数 w 被设置为 0，而 α 和 β 被严格地加和为 1（所谓的单整 GARCH 过程）。开始也许人们会认为我们的描述尽管更为谨慎，但太严格。在实践中，当处理多样资产时，谨慎的好处是显而易见的。实际上，如果不是不能估计的话，在多元 GARCH 过程中没有严格限制的参数增值也将使它很难估计。

公式（16.8）的协方差矩阵分解提供了使用相对不严格的 GARCH 过程的极好机会，甚至处理巨大资产组时也同样。事实上，只要相关关系矩阵的描述保持简单（例如，像在本章较早提出的缓慢变动（slow-moving）的相关关系矩阵），每种资产的波动性过程就可以作为单变量过程分别模型化和估计，而不改变协方差矩阵的半确定性性质。

隐含波动性

近些年，随着衍生市场的增长，研究者们已经将兴趣集中在交易选择中

---

① 尽管公式（16.4）定义了两种资产间的协方差，但是通过假定资产 i 和 j 一致，可以获得方差公式。

隐含波动性的度量。在反转工程（reverse engineeing）中，这是必需的一个经验。由于波动性是布莱克-斯科尔斯（Black-Scholes）期权定价模型（和它的离差）的一个关键输入，可以推断，通过使用期权价格和恢复标准期权定价模型中的隐含价格，市场参与者能够认识波动性。这些估计基于现在流行的市场价格，而不是过去的收益历史，因此，它们是波动性的前向（forward-looking）度量。

不幸的是，尽管这种理论极其吸引人，但是这个方法有一些限制。第一，相比较而言，我们也许有兴趣建立风险模型的资本市场，但衍生品流动市场的数量仍然非常有限。第二，多数的衍生品可以被用于推断隐含波动性，但是很少有产品存在，它的价格依赖两种资产间的相关关系。这意味着，对大多数资产而言，我们距离能从观测到的市场价格中估计隐含相关关系仍然很远。

暂时地，我们相信隐含波动性中的证据能够被用于特殊循环中的生产方式。例如，在极端事件面前，人们也许想要度量隐含波动性中一些主要市场指数的变化。这个信息然后可以被用于更新只使用历史数据的波动性估计。事实上，传统的波动性估计方程也许在整合极端事件时太慢。再一次说明，公式（16.8）中的协方差矩阵分解提供了实施这些变化的一个理想舞台。

因子模型（factor model）

迄今为止，线性因素模型是描述风险模型的一个有吸引力的选择。此外提供了资产收益的波动性和相关关系的经济学直观认识，在处理巨大资产组时，它们简化了估计过程。例如，单个债券的风险模型，经常包括数以千计的资产，经常用因素模型说明。

因素模型后的基本假定是：收益是大量系统因素（对于经济中的所有资产，这些因素是很普通的）加上反映每种资产特质的随机部分造成的。正式地，一类资产 i 的收益可以描述如下：

$$r_{i,t}(d) = a_i + \sum_{k=1}^{K} b_{ik} f_{k,t} + \varepsilon_{i,t} \qquad (16.12)$$

根据假定，特殊的术语 $\varepsilon_{i,t}$ 均值为 0，因为它反映了资产 i 收益的不可计的变化。K 个系统因素反映很可能影响所有资产收益的经济力量，系数 $b_{i,k}$ 经常是指因素负荷，捕捉了特定资产共同因素的影响。例如，在股票市场的例子中，共同因素也许代表经济体系经济增长的度量、未来期望通货膨胀（inflation）的指示指标、近期市场业绩的度量，等等。由于特殊因素是资产特有的，我们假定 ε_i 是与系统因素和任何其他资产的特殊因素无关的。

给定一组资产 N，我们可以在向量 $R_t(d)$ 中累积它们 t 时刻的收益，并以矩阵的形式重写因子模型：

$$R_t(d) = a + BF_t + \varepsilon_t \qquad (16.12')$$

其中，a 是有 N 个元素的常数向量，B 是 N 行 K 列矩阵（每行对应一种特定资产的因素负荷），F_t 是包括 t 时刻 K 种因素价值的向量，ε_t 是包括 N 种资产特殊因素的向量，如果我们指明 Σ_R 为 N 种资产的协方差矩阵，那么结合我们关于系统和特殊因素间缺乏相关关系的假定，公式（16.12′）暗示下述的协方差矩阵分解：

$$\Sigma_R = B\Sigma_F B' + \Sigma_\epsilon \tag{16.13}$$

其中，Σ_F 是 K 个因素的 $K \times K$ 阶的协方差矩阵，Σ_ϵ 是一个对角阵，它的元素代表特殊元素的方差。

在实践中，风险模型可以被分阶段估计。首先，B 中的因素负荷从公式（16.12）线性因素模型的时间序列回归中获得。然后，构建因素的协方差矩阵的估计方程和特殊方差的估计方程。最后，使用公式（16.13）估计 N 种资产的全部协方差矩阵。

这种方法的谨慎性质在一个例子中是显然的。假定我们想在罗素 3 000 样本中估计收益的协方差矩阵。给定方差和协方差的系统性质，我们需要估计总共（3 000×3 001）/2＝4 501 500 个不同的参数。然而假定一个 50 个因素的线性因素模型，就足以描述罗素 3 000 样本中的收益了。在这个例子中，一旦我们估计了 B 中的因素负荷，就不得不估计有（50×51）/2＝1 275 个不同参数的协方差矩阵，而在 Σ_ϵ 中的 3 000 波动性，显然是更容易的工作。事实上，我们可以用在本章中描述的技术估计 Σ_F 和 Σ_ϵ，然后为 Σ_R 估计合适的估计方程。

小　结

在金融中，协方差矩阵是许多问题的一个必备工具，如最优投资组合构建、最优边界、投资组合风险的监控和分解以及衍生债券定价。

投资决策可以被一个特殊协方差矩阵估计方程的选择显著地影响。因此，选择协方差矩阵估计方程时，考虑识别金融数据的主要特征是很重要的。

● 波动性和相关关系随时间的变化而变化。此外，波动性和相关关系也许对市场信息有不同的反应速度，也许遵循不同的趋势。

● 给定二截距（second moments）的时间变化性质，使用一个给定时期的高频样本是优先考虑，而不是一个较长时期的低频样本。

● 使用相对高频样本工作时，例如日数据，由于全部资产的不同流动性和全部市场的不同步性，考虑收益自相关的潜在性是很重要的。

● 日收益看起来是由比正态分布更厚尾的分布生成的。正态分布的混合经常提供对数据生成过程更好的描述。

第17章

风险监控和绩效度量

雅各·罗森加顿 (Jacob Rosengarten)

波得·桑桂 (Peter Zangri)

综　述

牛津英语辞典描述风险如下：

　　a) 商业损失的机会或危险；

　　b) 也指在经济性企业中被接受的并被作为公司收益来源考虑的机会。

　　这种定义表明风险以不确定性的形式来表现自己，这种损失的不确定性，是风险专家使用概率定量化的不确定性，代表商业可接受的产生收益的成本。损失的潜在可能（即"风险"）代表了隐藏在期望收益之后的"影子价格（shadow price）"。为了产生收益而接受损失的意愿，表明成本对效益过程是一个"礼物"。由于收益是渴望得到的，所以它应该达到风险导致的补偿水平。

　　典型的政策限制约束了组织为产生收益而假定风险的愿望。为了调整这种约束，许多组织通过资产配置政策和方法来正规地预计风险的作用（例如，均方差最优化技术）。结果是同时产生与政策指向一致的一定水平的期望收益和风险。

　　在金融机构中，风险常常采用在险价值方法定义。VaR 指现金所得/潜在损失的最大化，与一定时期、一定水平的信心相联系。VaR 被替代地表达为一个数值，在一个给定时期内与一个特定的现金的潜在损失值相联系的标准差。如果一种资产的收益（或者一些资产类别的收益）服从正态分布，则全部产出的 67% 源于资产的平均收益加上或减去一个标准差。

资产经理人采用一个与 VaR 相似的概念——循迹误差（tracking error，TE），根据基准来测量他们的风险投资组合。在资产经理人存在的情况下，客户通常会安排一个基准、一个项目的风险和收益目标，相对于安排给资产经理人工作的所有货币的基准。风险预算（risk budget）经常指循迹误差，它被定义为超额收益的标准差（投资组合收益和标准收益的差）。如果超额收益服从正态分布，那么全部产出的 67% 源于资产的基准收益加上或减去一个标准差。

VaR 有时被表述为风险的现金价值，由经理人管理的资产乘以 VaR。如此一来，资产的所有者就能够估计一个给定时期和给定信心水平所导致损失的现金影响了。为了获得目标的现金 VaR 水平，资产所有者在资产类别中配置资产（每种都有它自己的 VaR）。一个只想得到风险和特定资产类别收益的资产所有者，可以对一个指数基金类型的产品进行投资，该产品被设计出来用于精确地重复特定的指数。在一定程度上，所有者想围绕指数的组成验证其判断力，他或她允许投资经理人保持与指数有一定程度不同的观点和状况。从指数中去除风险的能力经常归属于积极经理人。循迹误差常常用于描述这样的内容，投资经理人被允许投资于与指数不同的范围。对于资产经理人，与任何给定资产类别联系的 VaR，都是基于与资产类别相关的风险和与积极管理相关的风险的结合。[①] 资产类别和与这些资产类别相关的积极管理的结合，以及与这种结合相关的 VaR 有同样的前提。

如今这是明显的，风险——无论是表述为 VaR 或是循迹误差——都是稀缺资源，在这个意义上，个人和组织安排有限的意愿去接受损失。对任何给定风险水平的假定，目标是尽可能地安排明智地获得利益的机会。如果风险被浪费或不明智地使用，那么组织获得利益目标的能力成为一种风险。如果采用了超过预算水平的超额风险，则组织为了产生收益正在冒不能接受的巨大损失的风险，那既不是期望的，也不是想要的。如果相对于预算水平采用了太少的风险，收益期望很可能达不到预算。此处的看法是：组织成功实现风险与收益目标的能力可能在任何时候产生风险、风险资产被浪费或与该组织建立的政策大量不一致。

在上述内容基础上，现在我们进入更深层次的研究，讨论风险监控（risk monitoring）与业绩概念度量的方法。本章由下述 5 部分主题组成。

1. 我们强调风险监控是内部控制环境的一个基本组成部分。它有助于确保组织正在从事的业务在经过认可的和适当的范围内；它有助于区分不常出现的事件和那些本应该预测到的事件。

---

① 较正式地，在一个特定资产类别中，投资组合收益（R_p）可以描述如下：

$$R_p = (R_p - R_a) + R_a$$

R_p 指基准或指数收益，与这个词相伴随的经常是积极的或超额收益。由此可见，资产组合（V_p）这个量可以引申为：

$$V_p = 方差(超额收益) + 方差(基准) + 2(超额收益和基准收益的协方差)$$

投资组合标准差当然是方差的平方根。

2. 我们要指出，在风险管理后面有三个基本维度——计划编制、预算编制和监控。我们观察到这三个维度是直接相关联的，通过观察它们在财务会计制度控制领域的通常表现，它们能够被更全面地理解。我们断定在金融计划编制、金融预算编制以及金融方差监控和它们的风险管理对应物——即风险计划编制、风险预算编制和风险监控之间有直接的对应关系。

3. 我们介绍了风险管理单元（risk management unit，RMU）的概念，并描述了它在组织中的作用和位置。我们讨论了它的目标以及为保持投资组合管理活动独立的需要。正如我们将看到的，一个独立的 RMU 对所有类型的投资者而言都是"最好的实践"，包括资产经理人、养老基金和企业组织。

4. 我们描述了在投资组合中应用 RMU 监控敞口的技术，并提供了可能被用于传递这样信息的报告案例。

5. 最后，我们介绍了通常被用于绩效度量（performance measurement）领域的工具。我们观察到，在风险监控和绩效度量间有一个二元性。风险监控告诉我们，风险是可能的；而同时绩效度量告诉我们，绩效（即风险）已经具体化了。我们断定绩效度量是一种模型应用的形式。

如果不能简洁地观察到，我们将是玩忽职守的，因为风险的来源是多方面的，现代组织必须有一个多重综合的方法进行风险管理。在罗伯特·李特曼和罗伯特·格默罗克的书《风险管理实践》中，他们至少识别了 6 种清楚的风险来源，[①] 包括市场、信用、流动性、转让、运营和法律风险。存在于现代组织中的专业标准、量化工具、优先购买行为、内部控制系统和致力于管理的团队表明了这些中的每一点。往往这些风险重叠并且不同的专业规则被要求去共同产生创造性的解决方案。在这篇文章中，我们主要关注的将是市场风险和绩效的管理和度量，这些其他的风险总是现实的和具体的。通常，强调市场因素使这些其他方面的风险更明显和成本更高。由于这个原因，所有这些风险来源是值得分别研究和探索的。

财务会计制度控制（financial accounting controls）的三个支柱：计划编制、预算编制和方差监控（variance monitoring）

在财务会计制度控制的领域，计划编制、预算编制和方差监控是直接相关联的，三个支柱中的每一个是界定组织结构和控制的一个工具。每个支柱是组织存在目的和成功的基础。

正如我们将看到的，风险管理过程也能被描述为三个支柱的工具。有效的风险管理有计划编制、预算编制和方差监控三个维度。显然，在支持风险管理的模型和支持财务会计制度控制的因素之间存在着紧密的相关性。记住，风险是收益的成本——收益的影子价格。因此，在金融计划和预算的每个数

---

① *The Practice of Risk Management*，by Robert Litterman and Robert Gumerlock，Euromoney Publications PLC，1998，page 32.

字背后一定存在一个相关的风险维度。这种二元性表明风险管理可以被描述、组织和实施，使用一种已经普遍应用于金融控制领域的方法——计划、预算和监控。

接下来，让我们关注财务会计制度控制领域，进一步揭示这一点。考虑"财务控制工具"是如何构建的。这个工具的第一个支柱是战略计划或描述收益目标的视角（即债券收益、每股收益等），以及组织的其他目标（即税收多样化目标、地理位置、新产品发展、市场渗透标准等）。这个战略计划是整体关联的一个政策宣言，是定义组织成功或失败的关键点的明确连线。

一旦存在一个计划，财务控制工具的第二个支柱——一个财务预算——被以计划的形式制定出来。这个财务预算讨论了资产应该如何被扩展来实现计划的收益和其他目标。预算代表了一个金融资产配置计划，从管理的观点看，该计划应该置于最好的位置被遵守，并在战略计划的框架内组织实施目标。预算——活动的预期收益和费用的报告——是量化一个战略计划的广泛视角如何被实施的数字蓝图。

战略计划和财务预算都预示稀缺性。在一个无资源限制的世界，显然没有预算和计划的必要，任何错误都易于修正。然而在一个资源稀缺的世界，方差监控过程——工具的第三个支柱——显然有助于确保稀缺资源的明智花费与计划和预算提供的指示一致。由于金融预算中具体方差的存在，监控将使长期战略计划处于风险之中。

在风险管理领域，三个控制因素——计划编制、预算编制和监控——同样适用。尽管本文主要关注风险的监控，但是回顾风险监控并提供一个更全面的内容是有作用的。

建立三足风险管理工具：风险计划、风险预算和风险监控过程

风险计划

下面讨论的是什么部分构成一个风险计划，也许乍看起来，这是一个很高深的理论问题，但是上面的近期回顾，读者将看到全面的财务计划编制标准已经体现了许多被讨论的因素。我们期望这里涉及的许多想法已经存在于综合的战略计划编制文献之中。例如，大多数的战略计划包括优势、劣势、机会和威胁（SWOT）章节，其中关于组织的主要风险已经讨论过了。然而，通过单独介绍的风险计划，我们致力于展开一个更为正式与广泛的关于风险主题的探讨。

我们认为，风险计划应该作为组织战略计划文献的一个独立部分而表现出来。如果是这样，那么它就应该像计划编制文献其他部分所接受的审查与讨论的一样。当形成最终形式时，它的主要问题是应该能够被清楚地表达给分析人员、听众、董事会、精算师、管理团队、资金供应者以及其他有兴趣的支持者。

风险计划应该包括五个指示：

1. 风险计划应该设定相关时期的期望收益和波动性（例如，VaR 和循迹误差）目标和建立重要准则，以使疏忽的主体认识到成功或失败的关键。风险计划可以使用情景分析去探讨可能促使商业计划失败的各种因素（例如，识别供给不足损失情景），以及这些因素确实发生后对事件的战略反应。风险计划有助于确保对事件——它们可能发生也可能不发生的反应，是经过计划的，而不是一时冲动的行为。以前经历过的艰难商业环境，还将再次重现。计划编制过程将探索许多"长期的路径"，并组织（所有者和经理人）做好沿着该路径颠簸（bump）前行的准备。[①] 如果这些颠簸是实质性的和具体的偶然性计划，将被组织的所有者和经理人发展和改进。[②]

2. 风险计划应该定义成功和失败的关键点。例如可接受的资产收益水平（return on equity，ROE）或是风险资本收益（return on risk capital，RORC）。为了计划编制文献的目的，风险资本（risk capital）可以限定使用风险价值模型。由于组织的典型报告和预算结果可以采用不同的时间基准（月、季、年），所以每种时间间隔的单独 VaR 度量方法都应该被研究。VaR（或风险资本）配置的任何行动都应该在这样一种方式下排序，与这些行动相关的敞口和上升，处于组织所有者和经理人认为是恰当的水平上。第二个试图度量与每个行动相关的风险资本的益处是：这个过程帮助管理人员理解在计划中与每种活动相关的不确定水平，不确定数量越大，与 VaR 估计精确具体化下降相联系的成本越高，偶然性量化和补救计划（remedial planning）编制的要求就必然越强烈。

3. 风险计划应该逼真地描述风险资本应该如何被配置成实现组织的目标。例如，计划应该为每一种风险配置限定最小的可接受 RORC。这样做有助于确保每单位的风险收益满足组织的任何行动所追求的最小标准。计划也应该研究每种 RORC 之间的相关性，同样有助于确保、巩固 RORC 产出一个期望的 ROE，以及围绕着这种期望的可变性处于一个可接受的水平。最终，计划也应该有一个多样化或风险分解（risk decomposition）政策。这个政策将表明，组织的风险资本将在任何一个项目上花费多少。[③]

4. 风险计划帮助组织在那些几乎不会令人失望的事件和那些造成严重损害的事件之间界定了一条分界线（bright line）。战略反应将存在为任何特定的威胁事件——甚至这些事件是处于低发生概率的位置。风险计划将识别这些损失的类型，那些损失是如此的严重，以至于保险范围（insurance coverage）（如资产类别）还不能覆盖这种下行风险。例如，每个组织支付火灾保险金来针对火灾造成的无法承受的损失。火灾是这类有巨大潜在破坏性事件中的一种。人们对采用保险的方式来进行保护的需要有普遍的认同。现在，

[①] 在统计术语中，"bump"可以定义为在一个相对短的时期内，三个或更高的标准差事件。

[②] 注意，情景分析可采用定性分析与定量分析研究。事实上，许多极端事件使它们更适于采用定性分析。

[③] 在战略计划编制中，多样化的政策是程式化的。这类政策采用这样的形式，布局多样化、产品多样化、消费者基础多样化，等等。正如组织设定标准，从任何一个来源获得多少收入一样，他们也将检验从任何一个主题（资产类别、投资组合经理、独立债券等）产生多少风险。

考虑一个更为复杂的来源于投资组合政策的例子。从一个投资的立场，也许有如此巨大的损失——甚至它们是不常发生或不重要的——将危及投资计划的长期生存能力。例如，带有具体资产的公司或计划将面对实质性的损失和收益的变动性，在拖延的和真实的股票市场损失事件中。① 在这种情况下，风险计划将研究金融保险的潜在业绩（例如，关于广阔大量交易额市场指数的选择权）。在最低程度上，如果没有购买这样的保险，那么自我承担决定应该经过正式的讨论并被组织的所有者和管理人员同意。

5. 风险计划应该能识别存在于组织内部和外部的至关重要的依存关系。如果这样的依存关系有所破坏，那么计划应该能描述随之而来的反应的性质。至关重要的依存关系实例包括主要雇员之间的信赖关系和融资的重要来源。

风险计划应该研究关键的依存关系如何处于有利的和不利的环境中。② 通常，非常好的或者非常差的事件不会平白无故地发生，它们常常是由于其他具体事件所引发的。例如，考虑一个养老金计划可能面对的挑战。可以想象，在经济下降的时期，将伴随着较低的投资绩效、债务增加，以及组织对基金计划贡献能力的降低。由于这个原因，养老金计划的情景计划编制将研究在好和坏的环境中其他什么因素影响养老金计划的商务模型，并制定恰当的步骤帮助计划成功。

有效的风险计划要求包括组织中多数高级领导的积极参与。这种参与产生一种机制。通过该机制表明风险和收益的问题，清晰地传达给资产供应者（所有者或受益人）、管理人员和董事会。它有助于为风险和金融资本的配置描述这个达观的内容，并帮助组织这样的配置，反映组织的优势和基础。它帮助组织讨论和理解为了产生收益所必须接受的影子价格。

风险计划的存在相当于做出了一个商务活动应该如何被管理的重要报告。它指引所有者和经理人理解风险是驱动收益的燃料。它意味着提出了更高的商业成熟标准。事实上，它的真实存在演示了这样一种理解，风险的下行结果——损失或失望——并不常见。这些结果是直接与机会相关的，所有者和经理人为寻求收益而接受。这表明管理人员要理解利益来源的渴望。风险计划也促进了一个组织的风险意识和风险通用语言的发展。它表明，对错误和损失的不能容忍性是现实的、可预测和可避免的。

风险预算

风险预算——常被称为资产配置——应该量化计划的视角。一旦计划被付诸实施，一个正式的预算编制过程应该确切地表述风险资本将被如何配置。由此，组织的战略视角很可能变成现实。预算有助于组织考虑它的风险计划而采取行动过程。对于风险预算的每种配置而言，应该有一个一致的（和可接受的）期望收益。对于每种期望收益，围绕其周围的变动性应该被研究。当考虑到所有的期望收益、风险和风险预算中的协方差后，期望的收益流和

---

① 在这里，"large"资产指一种能产生收益敞口的资产，它被认为相对于商务计划而言是实质性的。

② 再一次，在承受压力的时期，关键的商务依赖性相关关系的检验，也许可以以定性和定量的方式实现。

它们的可变性，将会与组织的战略目标和风险公差（risk tolerances）相一致。

正如前面提到的，金融预算和风险预算之间有许多相似之处。金融预算计算的净收益是收入与成本的差值。那么，ROE 是作为净收入来估计的，以区别于资本投资。在风险预算的情况下，一个风险"成本（charge）"——由 VaR 或一些其他"风险成本（risk expense）"代理人界定的——可以是与项目的收入和成本的每一细目相关联的。因此，一个 RORC 可以与每一个活动相联系，如同与活动的整体相联系一样。

在考虑金融和风险预算的情况下，ROE 和 RORC 必须超过一定的最低水平，它们才被认为是可接受的。两个统计量都关注组织是否能获得足够多的补偿——在成本/效益条件下——由于支付成本或承担与产生收入相关的风险。正如，金融预算通过行动配置收入和成本数量来决定它们的收益能力，风险预算也是通过各种活动表明其存在。目的是估计活动的风险调整收益能力。正如，金融预算显示活动贡献为 ROE，而风险预算显示活动贡献为全面的风险资本用法。例如标准均方差最优模型（standard mean-variance optimization model）提出安排给每一种资产类别的权重估计值，还有投资组合标准差的全面估计和每种配置的风险边际贡献。[①]

要注意，RORC 和 ROE 能够、也应该在所有的时间间隔内被估计，这是恰当的处理方式。例如，如果投资委员会每月召开会议，则很可能对短期的业绩做出反应，月度的 RORC 是适当的。因此，管理人员必须界定时间坐标，围绕该时间段进行风险预算配置和度量 RORC。[②]

这时提供一个例子也许是有帮助的。假定一个组织有具体的投资组合，组织关心的是这个投资组合收入的波动性（earning volatility）的影响、报告的收入和由此引出的股票价格。为这个投资组合构建风险预算，组织也许应该：

● 从风险和商务计划出发，识别不同时间间隔的 RORC 和 ROE 的可接受水平。

● 使用均方差优化或其他技术，为每种投资类别决定合适的权重。

● 对用不同时间间隔的权重构建的投资组合，模拟绩效（包括相关的债务行为，如果合适）并检验这个绩效对收益和协方差假定变化的敏感性。

● 确保假定独立的资产类别水平如同投资组合作为整体一样，风险水平相对于交易和风险计划，处于适当的水平。

● 确保围绕期望 RORC 的期望变动性处于一个可接受的水平。如果相对于竞争者的 ROE 和 RORC，有太多的变动性，那么收益的状况就会被市场认为是低质量的。根据风险编制预算的过程必须关注自身，不仅仅是战略和全

---

① 每种资产的风险边际贡献被定义为与投资组合中资产基础权重的小变化相联系的风险中的变化。

② 我们知道横跨不同时间维度的风险不能简单地通过时间的平方根测量。对于长时期，路径也许比简单的测量暗示更颠簸。事实上，长期结果也许与相当大量的短期不规则事件完全一致。如果这样，那么管理人员必须确保风险配置在这种方式上是适合的，与短期市场困难联系的损失能够被有效地解决。因此，作为一个与金融预算编制类似的方式，风险预算帮助经理人在每个税收产生区确定投资的范围。

部投资组合水平 RORC 的绝对量化值，还有变动性的这种量化值。

● 研究与所有不同时间间隔中的每种资产配置相联系的下行情况。确保计划的所有者和经理人识别这些下行事件，只是令人失望的，而不是给定计划目标不能承受的（即致命的）。

● 在每一个重要的下行情况中，循环进行计划编制过程，并确保存在的偶然步骤带来合乎逻辑的和可度量的反应。确保所有者、经理人和其他外部支持者（例如，资本供应者）明白和支持这些反应。

显然，风险预算编制包括数学建模的元素。在这一点上，一些读者也许认为量化模型在糟糕的可能性事件上是没有作用的，同样地，是不足以相信能够作为一种控制工具的。我们不同意这样的观点。真实的情况是，预算方差是财务预算编制和风险预算编制中一个活生生的事实。预算中的方差可以从组织特殊的因素（如无效率事件）和完全不可预测的不规律事件（如宏观经济事件、战争、天气等）中获得。即使这样的不可预测事件引起 ROE 方差，而且其中一些也许是巨大的，但是大多数经理人仍然能在金融预算编制的过程中发现价值。本质上，预算中方差的存在不是谴责财务预算实践的理由。

所以，我们也相信，由于不可预见因素导致的风险预算中方差的存在并不意味着风险预算编制过程是不相关的。相反，风险预算的巨大价值从预算编制过程中体现其自身——从讨论、诊断、争论和协调中，无论最终它被接受为什么，那都是其本质中的一部分。执行风险预算编制的经理人理解预算中的方差是一个活生生的事实，并且是不可避免的，但不是逃避一个正式风险预算编制过程的理由。相反，理解这种方差的原因和内容，并确保适当的修正反应，甚至会使预算编制和计划编制过程更有价值。

风险监控

方差监控（variance monitoring）是一个基本的金融控制工具。由于税收和费用，现金是稀缺的，所以需要建立监控团队来识别具体的目标偏差。不常见的目标偏差被作为这个过程的一部分进行例行研究和解释。

如果我们接受这个前提，即风险资本是一个稀缺商品，那么它遵循监控控制将作为确保风险资本与风险预算相一致的方式存在。风险预算的具体偏差是对投资工具满足其 ROE 和 RORC 目标能力的威胁。如果承担超额的风险，那么不可接受的损失水平有可能就是结果。如果风险成本太少，那么不可接受的收益不足就可能是结果。风险监控需要确保风险预算的具体偏差以及时的方式被决定和处理。

风险监控——基本原理和实践

在组织之间及其内部，风险意识正在增加。风险意识来源于几个方面：
● 借款给投资者的银行越来越关注资产的配置方向。

● 投资客户委员会、高级经理、投资者和计划发起者对风险事件是知识更渊博的。特别地，当投资变得更复杂时，有越来越多的关注去确保对资产管理活动有效的看法——是否这样的活动被组织或被一个外部资产经理人代表直接地管理。

● 投资者自己期望有更多关于他们投资选择的第一手知识。也许这已经被部分地满足了，被宝洁、联合利华、吉布森贺卡公司、橘郡（加利福尼亚）、共同基金等其他组织导致的损失。在这些事件之后，组织对压力和特殊环境中的投资组合行为更为关注了。此外，在资产管理的世界中，资产经理人必须能够事先解释，他们的产品将如何能够在有压力的环境中获得成功。这增强了与客户的对话，从两个角度看，公开是有益的：第一，它提升了客户对经理人的信心水平。第二，它降低了在事先基础上可预测事件类型导致的收益诉讼的风险。

对应于这日渐高涨的风险认识水平，许多组织和资产经理人已经形成了独立的风险管理单元（risk management units，RMUs），它监视投资组合的风险敞口，并确保这些敞口是被批准和与风险预算一致的。这个趋势在1996年工作组（working group）发表的具有高度影响力的论文中得到了明确的说明。[①]

工作组建议RMU的调查机构应该包括责任隔离——有效内部控制环境的基本要素。为了有效，RMU应该独立于事实和表现两个方面。这个主张得到行业和专业人士的认可。例如，工作组制定的第三个标准如下：

要点：独立的内部小组……应该实施监督……独立检查的功能应该包括：

● 投资活动监督；

● 限制、监控、期望报告和与期望报告相关的行动计划；

● 压力测试和承受测试；

● ……受托人应该核实经理人对他们雇员和行为进行的独立风险监督。

在他们的书中，风险管理实践，Robert Gumerlock和Robert Litterman认可了下述的标准：

风险管理功能自身必须从商务领域和作为控制和监控功能的手段中独立出来，这是本质要求。风险管理功能的作用是给高级管理人员和委员会提供一个保证，公司正在有效地估价它的风险，并正在遵循它自己的风险管理标准。这意味着，风险管理功能必须有一个独立向高级管理人员报告的途径。

风险监控单元是这个过程一个必需的部分，该过程确保最好地实施与公司要求一致的方法。它有助于保证存在一个能以及时的方式，识别、度

---

① 工作组由机构投资委员会的11个独立成员组成，成立于1996年4月。它的任务是："为机构投资经理人和机构投资人提供一系列的风险标准。"在最终标准草稿中，征集了金融机构中更广泛参与者的意见，包括资产经理人、高校教师、计划发起人、管理人和调节人员。近期，保罗·米那斯（Paul Myners），在他针对英国财政部的大臣的名为《英国的机构投资——回顾的报告》（2001年3月6日）中，有力地表明，理解这些个人控告养老金监控事件，增加专业发展和产品的需要。

量和向高级经理人报告的过程。该功能是内部控制框架的一个部分，以保护资产和确保这类资产按照与每个组织的期望和管理人员的指示一致的方式管理。

独立风险管理单元的目标

RMU 的目标是：

● 为了更好地理解和控制风险，RMU 收集、监控、分析和安排风险数据给经理人、客户和高级经理人。这个工作需要 RMU 在正确的时间，传递正确的信息给正确的对象。

● RMU 帮助组织建立一个规范的过程和框架，通过它们，风险的问题被识别和表达。RMU 是过程中的一部分，该过程保证接受和实施最好的风险实践，以及和整个公司风险意识一致/相似的方法。同样，它也是组织风险文化（organizational risk culture）和内部控制（internal control）环境的关键促进者。

● 显然 RMU 不仅是周期 VaR 信息的发布者，它还主动跟踪问题并形成问题的脉络。RMU 应该积极参与设置和实施风险议程和相关工作。

● RMU 关注风险发生后的趋势，以及时的方式识别不寻常事件并进行管理。一旦风险发生，去识别是有帮助的，在风险成为一个大问题之前识别它更是具有重要意义。

● RMU 是风险相关事件综合讨论的催化剂，包括那些不易于对其自身进行度量的事件。例如，RMU 应该参与对低概率但是高伤害的事件的识别和组织反应。它应该促进整个组织的讨论，并鼓励发展风险数据和议题作为被讨论和内部化的内容。

● RMU 是风险文化的一个要素。它代表经理人聚集的一个节点——其中风险主题在组织和客户中被识别、讨论和传播。这样做有助于促进已经强化的风险意识与普通的风险文化和术语的结合。

● 作为内部控制环境的一部分，RMU 帮助确保交易是与管理导向和客户期望一致的，且是它们所允许的。例如，RMU 将度量投资组合的潜在（即事先）循迹误差和确保风险概况与期望一致。[①]

● 与投资组合经理人和高级管理人员一起，RMU 识别和形成风险度量和性能属性（performance attribution）分析工具。RMU 也估计度量风险的模型的质量。这个工作包括模型的事后检验和模型风险（model risk）的事前研究。

● 为了在评估投资组合经理人和市场环境中应用，RMU 形成了风险数据编目。这些数据及其形成的方法论，必然是定性和可靠的，它对投资组合经理人是有用的和可接受的。这些风险数据应该被合成，并例行地在适当的决

---

① 对于资产管理公司，这种监督跨越了目前依从部门实行功能的不同维度风险。事实上，RMU 形成了对资产管理公司依从部门工作的一个本质补充。通过定义，与依存部门方针匹配的确切方式包括检验已经发生的事件。相反，通过强调数据和研究普通和不普通的情景，RMU 探究未来也许会发生什么的暗示。

策制定者和高级管理成员中循环。

● RMU 提供了高级经理人和单独的投资组合管理人员，在个人投资组合和业绩来源中更好理解风险的工具。它给投资组合经理人和高级管理人员建立了风险报告和业绩贡献系统。在这个过程中，RMU 促进了风险信息的透明化。

● RMU 不应该管理风险，那是个体投资组合经理人的责任，而应该为了被那些在过程中有既定兴趣的人应用度量风险。RMU 不能降低或替换决策的方法和投资组合经理人的责任。它也不能替代量化的活动和目前为投资组合经理人工作的风险支持专家。交易决策和支持这些决策的相关软件和研究将保持投资组合经理人和他的支持者的责任。RMU 度量这些内容，使投资组合经理人的交易与产品目标、经理人期望和客户授权保持一致。如果 RMU 发现任何它认为是不平常的活动或风险情况，那么它将吸引投资组合经理人和高级管理人员的注意力，从而使一个适当的反应能被制定和实施。

实践中的风险管理单元案例

一个有效的内部控制环境需要高级管理人员和组织的其他人员之间及时的、有意义的和确切的信息流。信息流使经理人能够回答问题。提出问题和探究商业运行过程的能力是避免损失和使收益最大化的基础。

风险监控主要关注投资活动是否在按照所期望的进行。这表明至于什么结果和风险概况被正常地和非正常地认识，应该有清楚的导向。那是我们的经验，世界上真正最好的经理人获得成功，因为他们有经过时间检验的信念和稳定足迹的管理哲学体系。例如，最佳增长经理人不在价值项目中投资；最佳 U. S. 固定收益经理人不承担多数在非 U. S. 工具方面的风险；等等。事实上，经理人应首先保持他们经过时间检验的信念、类型和管理哲学理念的真实。进一步，最佳的经理人应用定义明确的限制——由风险项目的边际贡献和常数项共同表达——关于他们如何花费任何给定量的风险预算。这个经验的结果是产生一个收益分布的投资组合，其满足下列国际水准的标准：

● 与客户期望一致。经理人消耗的风险资本接近于客户认可的风险预算的数量。

● 来自于组织的或个体的力量（例如，股票选择、喜欢增长或价值的市场部门、投资组合构架技术等）。

● 从某种意义上讲，它是高质量的，不是运气的结果，而是已经执行的与基本原理和理念相一致的强有力的组织计划和决策。

● 它是明确表达的结果和界定明确的过程，以及风险文化，其主要的元素被组织理解和具体化。

● 它是稳定的、一致的和可控的。它以很高的信心程度，在全部时间内产生能被解释和重复的结果。

RMU 帮助给有兴趣的支持者（高级管理人员、控制节点、投资组合经理人等）创造报告风险信息的系统。这个信息将揭示几个广阔的题目。特别是它将使经理人得出一些结论，关于：

- 经理人是否生成了一个可预测的循迹误差水平，其是否与授权者建立的目标相一致。
- 是否对于承担的每个投资组合，独立地和作为一个整体承担的所有投资组合总和，风险资本被消耗在期望的项目上。
- 是否风险预测模型能如预期的那样发挥作用。

预测的循迹误差与目标一致吗？ 预测的循迹误差是对潜在风险的估计，它能从产生于统计或其他预测工具的投资组合支持的位置中推断出来。一个有效的风险过程，需要投资组合经理人采用一个与客户期望适当的风险水平（既不太高也不太低）。对每个单独投资组合进行预测，应该如同对客户拥有的所有投资组合进行总预测一样，循迹误差预测应该与合理循迹误差预算比较。① 政策标准将决定多大的目标方差将被认为是不寻常的，以至于促使提出问题，以及多大的必要，以至于促使立即采取修正的行动。如此一来，将很容易识别非常偏差的全部原因。

图 17.1 是一个循迹误差预测报告的例子，根据高盛资产管理公司（Goldman Sachs Asset Management，GSAM）在其适当的投资组合分析和结构环境（portfolio analysis and construction environment，PACE）平台上提供

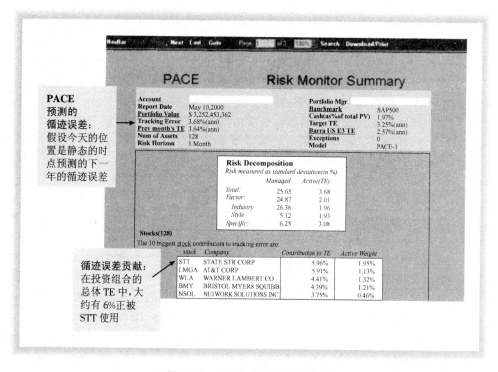

图 17.1　美国股票基金风险报告

---

① 每个投资组合的循迹误差将存在，并被作为组织资产配置过程的部分而决定。

的 U.S. 债券基金样本。PACE 是一个收益和风险分配系统,我们在根据 GSAM 进行债券管理的整个系列中用其预测风险。观察这个报告的上部,该科目的预测循迹误差,由 PACE 模型估计的,是每年 3.68%。第二债券因素风险模型(a second equity factor risk model)——Barra,设计了一个 2.57% 的循迹误差预测。由于每个模型对以前的风险使用不同的假设,所以两个不同的模型产生不同的结果就不奇怪了。在这个案例中,令人感到安慰的是两个风险度量都是与每年 3.25% 的目标风险水平进行比较。

这也将给每一个假定以平行方式管理的目录做出同样的报告,确保整体风险水平的一致性。

风险资本花费在每个投资组合期望的项目上了吗? 在财务方差监控中,只知道整体的费用水平与期望一致是不够的。每一个构成总体的系列内容也必须与期望对应。如果在系列内容中有倾向于互相弥补的具体方差,那么监控方差的人们将不会注意那些也许出现的非常活动。例如,如果一个部门满足其整体成本预算,但是本质上法定费用是超预算的(在别的内容上有有利的弥补),那么评论者也许可以推断,出现的事件可能使未来收益处于风险之中。

风险监控有同样的原理。经理人不仅能清楚表述整体循迹误差的期望,而且能识别这样的循迹误差如何被分解为其组成的部分。这将让风险经理人认为,在整体和组成部分的水平上,引致的风险是否与期望的一致。如果风险分解没有与期望符合,那么经理人也许没有按规定的基本原理进行投资。这种状况类型经常被提为"类型漂移(style drift)"。这种状况的一个例子也许是成长经理人,他正按照正确的总体循迹误差目标进行投资,但是他正安排大多数的风险给价值类项目。在这种情况下,投资者获得了正确的总体风险水平,但是错误的类型分解。

经理人应该能够说明风险分解的例子,RMU 将监控的例子也许包括:
• 在股票、行业、部门和国家水平,可接受的积极权重(投资组合持有的少于基准持有的)的范围。
• 在股票、行业、部门和国家水平,可接受的风险边际贡献的范围。
• 再一次涉及图 17.1。对于这个特殊的投资组合,我们看到道富公司代表一个占全部投资组合 1.95% 的积极权重,它的循迹误差边际贡献是 5.96%。风险监控函数将推断这个积极权重和风险分解——也许可以替换地描述为投资组合的多样化足迹——是否与期望保持一致进行。这里正在被度量的是经理人进行投资资本与规定的政策一致的范围。这个报告将在经理人水平和统一的投资组合水平运行,确保没有不当的(即对于预算巨大的不可接受)风险集中出现。

图 17.2 表明在产业水平最大的积极敞口和边际贡献。风险监控将能表明是否观测到的风险集中水平与经理人管理哲学体系一致。再一次,这个报告将在经理人水平和在统一的投资组合水平运行,确保没有不当的(即对于预算巨大的不可接受)风险集中出现,那也许会置战略或总体计划于风险中。

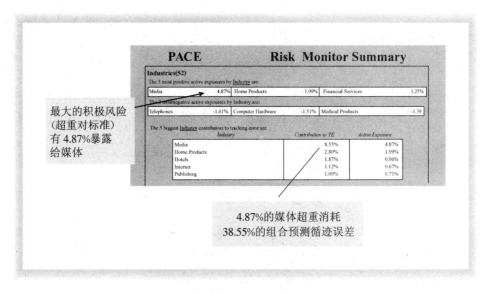

图 17.2 产业—风险水平和边际贡献

风险预测模型在按预测的表现吗？ 正如前面指出的，风险预测模型使用统计模型产生前瞻性的循迹误差估计。因而，风险监控负责知道是否模型产生有意义的风险估计。

例如，GSAM 的 PACE 将投资组合的真实收益与其风险预测的实质差别按时间顺序列表。以一个测验作为例子，见图 17.3。注意，如果模型按期望的表现，那么投资组合的真实收益大约每个月将超过循迹误差预测一天。过去的四个月截止于 4 月 30 日，因此人们期望应该有四个超过期望预测的真实收益出现。事实上，只有三个。风险监控能推断出模型正在适当地围绕周期运动。如果达不到这个结果，模型的一些假定可能需要修订。

从图 17.3 可以注意到，在真实结果超过预测的事件中，这个技术没有指出模型可以低估风险多少，它只是研究了这个结果发生的频率。风险监控专家将研究循迹误差在更不同寻常的环境中会如何表现。①

在重要的阶段，有许多方式去检验投资组合如何行动。一种技术是根据历史资料模拟（history simulations）。使用这种方法，我们要基于现在的形势，应用历史价格变化，来看将发生什么样的收益影响，这样的形势在一定阶段内是固定的。这种方法的不足是：观察到的历史只产生一组实现了的产出。一个"鲁棒性"的方法，将使我们通过一组确切发生的产出，检验无数被或然率隐含的产出。为检验这些隐含的方式，蒙特卡罗模拟是常用的方法。

---

① 三个标准差的情况比一个标准差损失乘以 3 所隐含的价值更严重，那是事实。这个结果的出现有两个原因：（1）许多产品有非线性的回报结构（即 embedded options）；（2）出现在三个标准差情况中的全部重点，比那些出现在一个标准差情况中的更难量化。作为一个例子，在更不同寻常的环境中相对应的部分（counterpart），信用风险（credit risk）增加。

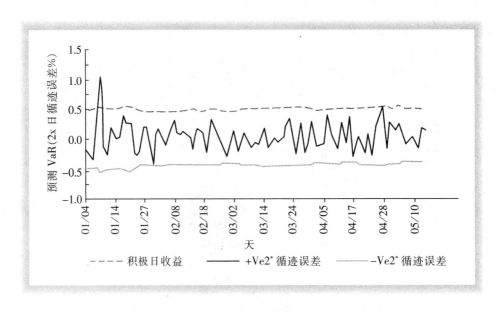

图 17.3　模型确认

图 17.4 绘制出了一个样本债券投资组合的蒙特卡罗模拟结果，该组合准备用于研究循迹误差预测，如何依赖估计风险预测的环境波动。[①] 注意，截止于 2002 年 4 月 26 日，为这个投资组合，PACE 风险模型设计了一个每年5.08% 的循迹误差。这个投资组合的循迹误差目标是 5%。所以，初看起来，

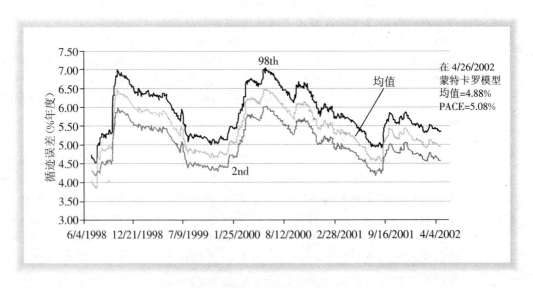

表 17.4　蒙特卡罗模型侦测循迹误差轨迹的案例

[①]　深入地讨论蒙特卡罗模拟背后的计算方法论超出了本章的范畴。相对地，我们提供了一个蒙特卡罗分析的结果，是为了给读者一种关于它能提供认识类型的感觉。

好像投资组合有一个全面的风险轮廓，它紧密地朝向风险目标。通常的感觉告诉我们，投资组合中持有的特殊资产组合，可能在不同的环境中展示出相当不同的循迹误差特征。

PACE 预测源于这样一个假定，基础数据有一个大约半年的半衰期。估计协方差矩阵①时，它是风险预测的核心内容，六个月的旧数据被赋予当前数据的一半权重，而一年的旧数据被赋予当前数据的四分之一权重，等等。所以，在预测风险时，近期数据被赋予了比旧数据更多的重要性。这个关键的假定意味着，协方差矩阵自身随事件波动，不但是因为不同的数据被用于估计它的组成部分，而且因为时间流逝导致矩阵中的任何一个特殊要素有逐渐缩小的权重。

为了检验循迹误差预测如何随时间波动，图 14.7 模拟了循迹误差在 2002 年 4 月 26 日形势下的频率分布，包括从 1998 年 6 月到 2002 年 4 月 26 日这段时期。这些形势，当引入蒙特卡罗工具时，将生成平均的循迹误差，其峰值 6.5% 出现于 1998 年末和 2000 年中。在这些时间里，第 98 个百分点风险预测达到 7% 的水平。

风险监控专家将考虑，是否循迹误差的这些范围可能在压力降低的时期发生，相对于 5% 的长期目标处于可接受的水平。如果这些循迹误差的水平被认为是大得不能接受，那么在较低的风险框架内（比如说 4%）运行投资组合可能是一个适当的反应，这样，我们有理由相信，在关键的时期，循迹误差不太可能达到大的难以接受的水平。②

量化非流动性（illiquidity）关系

由于投资组合的流动性在不同的市场环境中能戏剧性地改变，因此度量投资组合流动性的工具是压力分析（stress analysis）的一个至关重要的元素。例如，投资者必须注意是否部分的抵偿能产生一个非流动资产超过一些指导线。③ 由于抵偿风险能与不同的市场联系起来，因此一些非流动情景（如 144A 有价证券，位置集中等）能与未预测到的资本抵偿一致。④ 只要假定巨大的压力，与许多这样情景联系的风险经常是明显的。我们在 GSAM 中估计非流动性潜在含义使用的工具是"清算期（liquidate duration）"统计量。

为了计算这个统计量，通过估计日平均数，假定在给定的证券中，需要清算投资组合公司不想超过日数量的明确百分比。这里的想法是：我们希望花费多少时间，以有序的方式——即没有具体的市场影响——去清算一个投资组合的股票。例如，假定我们希望在给定的证券资产中，日数量不超过

---

① 回想由公式计算的标准差（或循迹误差）：循迹误差 = $[W^T \sum W]^{1/2}$，其中 W 是权重，应用于特殊因素（如风险因素或持有股票的市场价值等）的 $N \times 1$ 矩阵，$\sum$ 代表 $N \times N$ 与这些因素收益联系的协方差矩阵。

② 回想循迹误差是与统计信心（statistical confidence）的一定程度联系的收益变动性的简略的表达方式。如果这个变动性大得不能接受，它也许会调整组织的全面战略计划和风险目标。

③ 作为例子，U.S. 共同基金持有不超过其资产 15% 的非流动证券。

④ 这个表示的一个例子是，在养老金计划中，责任的迅速增加是由于较早的衰退期退休人员的增加。

15%。对于需要清算的任何给定证券的日数量，我们称其为证券的清算期。更具体地，证券 i 的清算期可以定义为：

$$LD_i = Q_i / (0.15 \cdot V_i)$$

其中，LD_i＝证券 i 的清算期统计量，假定我们不希望在该证券中，日数量超过 15%。

Q_i＝证券 i 持有的股票数；

V_i＝证券 i 的日数量。

投资组合作为一个整体的清算期估计，能通过每种证券按照其在投资组合中的权重为清算期赋权获得。

当数量数据易于获得时，持有证券的清算期容易计算，在固定收益证券的例子中，其中的信息数量得不到，需要清算一个位置的日数据估计——和全部投资组合——以有序的方式（即没有不利的收益影响），将可能从投资组合经理人的争论中得到。

信用风险监控

为了这个讨论，我们假定每种工具的信用风险被投资组合经理人研究和理解。我们进一步假定，通过因素模型或其他技术，RMU 专家能估计 VaR 或投资组合中持有的证券的信用敞口的循迹误差结果。

此外，量化特定证券和全部投资组合信用敞口，RMU 理解处理经纪人、管理人、执行合伙人和类似对象的信用结果是重要的。事实上，信用风险经常是市场风险创造的另一面。关于市场风险的讨论，在他们的内心中，经常源于信用事件。在特定的资产类别中（如新兴市场），信用风险和市场风险本质上是不可分的。进一步，由于信用风险是一种业绩贡献，因此它也将是风险过程中的一个元素。作为一个例子，许多全球指数（如 IFC）现在包括新兴市场国家。在一定程度上，这些国家的金融系统（如埃及和俄罗斯）是发展中的和不成熟的，当进行交易时，机构面临着信用风险。这些交易的期望收益，不仅是特定发行者的函数，还是信用/结算风险的函数。由于这个原因，RMU 将确保所有当事人习惯于执行和结算交易满足信用政策标准。

业绩度量——工具和理论

到现在，我们大量地关注了潜在风险的度量——风险估计和可能的收益。硬币的另一面是现实产出的度量。在理论上，如果事前预测是有意义的，那么它们将被经历的真实产出所验证。在这个意义上，业绩度量可以被看做是风险模型验证的一种形式。

总之，业绩度量工具的目标是：

- 决定经理人是否产生与基准一致的超额风险调整业绩。
- 决定经理人是否产生比同伴们更好的风险调整业绩。

- 在成本/效益条件下决定获得的收益是否足够补偿风险。
- 为识别那些有高质量超额风险调整收益过程的经理人提供基础。我们相信，一贯的更好风险调整业绩结果表明，经理人的过程和作为结果的业绩能在未来被复制，从而产生高质量的收益。

支持使用多种业绩度量工具的原因

为计算风险调整业绩量，必须知道两件事：

1. 随相关时期变动的收益。[①]
2. 获得这种收益引致的风险。

风险最终是一种人性化的概念，包括许多人性化的因素（如感情、不确定的心里反应、对不佳表现的恐惧等）。由于没有两个人是同样的，所以也没有两个风险估计是一样的。为了更综合地度量风险和收益，我们已经看到，为了获得对投资组合中出现的风险的更完整的理解，一套完整的工具（如历史估计、流动性关注（liquidity awareness）、蒙特卡罗方法等）是有用的。如果工具产生了具体而不同的预测，那么风险专家的责任是与高级经理人和投资组合经理人共同工作，在环境中进行调整，以决定更适当的预测。

如何提高业绩度量工具的意义

在验证一个关于收益质量的前期期望时，绩效工具是格外具有"鲁棒性"的。如果我们能识别一个有秩序和有效率的过程，我们会期望这个过程将产生更好的风险调整收益。该工具提供度量该过程有效内容的一些方式。这个工具将进一步使我们相信，这个过程确实是在按照它被设计的方式运行。例如，风险分解分析将表明，小市值经理人事实上是将他们的多数风险置于小市值项目上。类似地，关注特殊行业内容的经理人将能够表明，他们的多数风险预算支出在那个行业的证券中，等等。

对于一个被提出的过程，人们必须能定义"正常行为"（normal behavior）。如果常态不能被识别，那么这个过程很可能是由于有太不确定的形态而不能量化。简单地讲，一个过程不能在没有很好定义的期望值和决策规则的情况下存在。

正常行为表明行为应该是可以预测的。如果一个过程是有效的，那么持续的正常行为（即以与已经建立的过程保持一致的方式进行交易）将使我们有理由认为，在过去观察到的高质量收益很可能在未来复制其自身。

在本章的后一部分，我们将介绍一些通用的绩效工具。然而，在讨论这些之前，值得注意的是，当有非正常行为的迹象时，绩效工具并不是一个及时管理干涉的替代，虽然绩效工具是必需的。到那个时候，非正常行为以不良绩效统计数据的形式表明其自身，损失也许已经是不可避免的了。由于这

---

① 在案例中，一个投资组合持有非流动性资产，收益在一定程度上是由人的判断产生的。可以想象，两个人对同样的状况可能形成相当大差异的估计——这个现象能够发生的原因是：在非流动市场中，价值和价格之间能够存在重大的背离。相反，对于流动性证券，较低的出价/索价分布是价格作为价值好的近似值的标识。

个原因，所以我们认为绩效工具必须被补充为：

● 源于每个投资组合经理人管理哲学（management philosophy）理念的一个清晰表达。这个管理哲学理念表达将表明经理人期望如何从市场中获得收益。它也将识别出知道什么时候经理人的方法是成功的和什么时候它是不成功的方式。

● 一个常规的监控过程的形式和方法是设计识别管理哲学理念和过程的离差。这是一种早期警告系统。

本章结尾的附录 A 提供了可能从每个经理人处获得各种信息的例子，这些信息帮助 RMU 更完整地定义和理解每个经理人的投资管理哲学理念。这个列表并不意味着已经是全部了，或者它适用于每个组织和经理人。我们在这里提出它，只是作为使用于识别和监测"常态"众多技术中的一个例子。

为了使量化投资组合度量工具能够有效，我们必须有足够的数据点数量来形成一个带有一定水平统计可信程度的结论。为了实现本章剩余部分的目的，我们将假定避免这个主题。然而在实践中，绩效数据的缺乏经常妨碍绩效度量工具的效力。在这样的案例中，组织甚至将更多地依赖于对经理人管理哲学理念的度量。[①]

在这一部分，我们将注意力转移到识别一些通常用于绩效度量的工具和技术上（为了读者参考，附录 B 是绩效计算方法的一个更数学化的处理）。

工具♯1——绿色区

每个投资组合经理人将被评估，不但是在产生一个相对于目标带有潜在（即预测的）风险特征能力的基础上，而且也是基于能够获得的真实的近似于目标的风险水平。一个能完成任务、能在过程中获得超额收益的经理人，已经展示了其预测、应对和从变化的市场环境中获得收益的能力。

在 GSAM 中，我们已经初创了一个概念，称为绿色区，[②] 用来识别绩效实例和获得外在于正态期望的循迹误差。绿色区的概念具体为下述的要素：

（1）对于前面的周、月和滚动 12 个月，我们计算投资组合的标准化收益（normalized return），其被定义为该时期的超额收益减去这一时期的预算超额收益，全部由时间标识的目标循迹误差来划分。[③] 这个统计量可以被看做是一种零假设检验，在统计意义上获得的超额收益水平是不同于目标的/预算的超额收益。

[①] 尽管组织缺乏足够的数据在他们历史业绩的基础上度量经理人的效力，但它还是有足够的信息决定是否：

● 一个经理人的管理哲学理念和实践符合通常意义上的准则，并可能会从市场中得到风险调整收益。

● 每个经理人的投资组合是否与宣称的管理哲学理念保持一致。例如 RMU 等能够决定目前的投资组合有与经理人管理哲学理念一致的全部风险水平和风险分解特征。

对经理人管理哲学理念与真实交易行为、货币管理行为、损失控制、形式估计等内容的一致性度量的管理过程，也是一个绩效度量的形式，虽然不是我们计划在这一章安排的内容。如果经理人不能有效地明确他的投资组合管理技术，并且如果与所宣称的技术相连的内容不能被度量，则很难认为存在的过程在未来能够被成功地再现。

[②] 指一个文章的标题："The Green Zone... Assessing the Quality of Returns"，作者 Robert Litterman, Jacques Longerstaey, Jacob Rosengarten, and Kurt Winkelmann，高盛公司（2000 年 3 月）。

[③] 例如，在估计月度标准收益中，分母包括由 12 的平方根划分的年度循迹误差目标。

（2）对于前面的 20 天和 60 天的阶段，我们计算相对于目标循迹误差的按年计算的循迹误差比率。在这个检验中，我们检验超额收益中的变动程度是否在统计上与所希望的相符①。要注意的是，没有一个绝对正确的时期去度量循迹误差。为了本章的目的，我们选择了一个较短时期的标准，更有利的讨论也倾向于比较长时期的标准。这里指出的通常波动中的亮点也许是适用于识别不规则的环境，在这个环境中基于风险维度能够承受意义重大的改变。

这一部分作为一个例子，考虑图 17.5，表明预测循迹误差的时间序列与 20 天和 60 天循迹误差并行。不奇怪的是，20 天的度量比 60 天的度量有更强的波动性，因此它对市场行为变化的反应更为迅速。对于风险监控专家的挑战是：确定信号是否是不规则的，或是否它所承担的信息内容将得到实现。在 GSAM 中，我们使用这个信号作为 RMU 与投资组合经理人开始对话，并理解隐藏在这两个信号背后的原因以及它们所产生后果的一个基础。

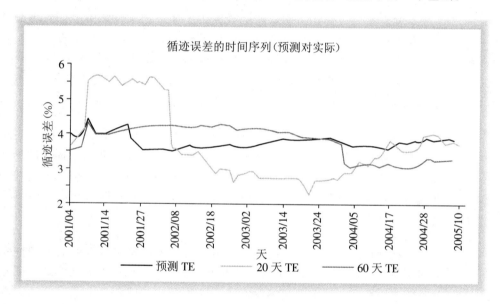

图 17.5　20 天和 60 天滚动循迹误差的案例（年度）

（3）对于上面（1）和（2）中的每一个计算，关于什么类型的期望离差是足够巨大的，我们形成了政策决策。从统计的立场来看，也就是说它不会脱离合理的期望区间，我们称为绿色区。如果一个事件是不常见的，但是仍然是被期望规则地发生，我们称其为黄色区事件。最后，红色区事件被定义为确实是不常见的和要求立即采取行动的。定义什么时候一个区结束和第二个区开始是一个政策考虑，那是一个如何确定的函数，我们更喜欢所有真实的不常见事件被及时地发现。例如，如果一个不常见事件的成本非常高，那么人们将期望窄的绿色区和相当宽的黄色区和红色区。在这个案例中，人们

---

① 这个检验对于 ANOVA 技术来说是不规则的（即"F"检验），该技术观察变化率来决定它们是否在统计上是符合的。在这个例子中，我们检验的是标准差比例。

将期望找到更多错误积极性，那是政策保守主义的副产品。

（4）绿色区分析的结果在图 17.6 中以文件的形式得到了总结。下面是对这个文件的简单描述，摘自于标题为"绿色区……评估收益质量"（The Green Zone. . . Assessing the Quality of Returns）的文章。

在图 17.6 中我们展示了一个每周业绩报告的一部分的例子（使用假定的产品）。这个报告，内部被当做"绿表单"，有些列的循迹误差内容为便于识别标为彩色。例如，我们已经为一系列美国债券投资组合假定定义绿色区，包括所有真实的 20 天循迹误差比率目标在 0.7~1.4 之间，并定义红色区为低于 0.6 或高于 2.0 的比率。对于 60 天的跟踪误差，我们定义绿色区为在 0.8~1.3 之间的区域。红色区定义为低于 0.7 或高于 1.8 的比率。

……预先定义的绿色、黄色和红色区为资产管理区分投资组合经理人提供了清楚的期望值。当投资组合移动进黄色区或红色区时，那将是经常发生的，这也许是该讨论事情进行得怎么样的时候。我们从来不期望投资组合管理或风险监控，将简化为一个公式，但是这些量化工具的类型已经被证明是有用的，在设定期望值和在提供有用的反馈方面，能鼓励更好的投资管理过程的质量控制。

工具♯2——收益贡献

度量收益质量通常使用的工具是绩效贡献。这个技术是由于收益来源于独立的证券和/或普通的因素。回想分析投资组合的风险概况，我们讨论度量范围的技术（即风险分解），那意味着投资组合中的风险与期望值和经理人管理哲学理念是一致的。所以当检验投资组合的真实收益时，我们考虑这些收益是源于这些内容的，经理人计划承受风险和这些收益与事前风险分析所预示的风险是一致的。

一种贡献的形式，通常所称的变量分析，表明投资组合中的每种证券对全部业绩的贡献。图 17.7 是这种股票投资组合分析的一个摘要。这个同样的分析能应用在产业、部门和国家水平，本质上通过结合单个证券业绩进入正确的分组。RMU 专家能使用这个分析去确定，投资组合是否倾向于在这些证券、产业、部门和国家获得收益，其中风险模型表明风险预算支出正在发生。

在一定程度上，经理人考虑相对于特定证券空间的因素空间风险，贡献过程能在这个基础上形成。即贡献过程获得在一个时期基础上的不同风险要素权重，也在要素项中表达为要产生一个变量分析积累收益。

作为一个一般的规则，在同样的基础上，贡献收益是更有意义的，该基础是这样收益的事前风险得到度量。对于在要素项中思考的经理人，要素风险分析与要素贡献将可能是更有意义的。对于思考单独证券项目中风险的经理人，在证券水平上的风险预测与贡献将可能是更适宜的。这不是说风险将不被使用一定范围的模型度量。这里所说的是，投资组合经理人将可能寻找那些更有意义的工具，用同样的方式度量和描述风险。他们使这些事件内部化。再一次，这里关于采用一定范围的风险与贡献模型的讨论是为了获得最"鲁棒性"的理解。

净业绩

		普通收益与目标					年度循迹误差					前一周			月度数据	
	基准	Week	MTD	YTD	$3M_0$	$12M_0$	Last 20D	Last 60D	Last20D/Target	Last60D/Target	Target TE	P	B	D	P	B
美国股票投资组合																
投资组合 1	S&P 500	−1.21	−0.22	−0.16	−0.19	0.45	263	260	1.05	1.04	250	0.76	1.18	−0.42	−1.02	−0.91
投资组合 2	R 1 000 Growth	0.37	0.91	1.70	3.14	0.91	526	390	1.75	1.30	300	2.13	1.98	0.15	0.62	0.06
投资组合 3	R 1 000 Value	0.26	0.85	1.44	1.22	1.36	226	240	0.90	0.96	250	1.32	1.23	0.09	−0.39	−0.83
投资组合 4	R 2 000	0.28	−0.12	0.37	−0.07	−0.68	300	288	0.86	0.82	350	4.39	4.25	0.14	1.68	1.76

图 17.6 典型的绩表单

注：本表仅以展示为目的。不是也不应被看作是这些资产类别或投资未来收益的预测或收益设计，包括任何基金或由 GSAM，高盛公司，以及其他代理账户管理的独立账户。

多期贡献

PACE

资产积极收益的贡献（全部按%计算）

前30位（按从高到低的积极贡献排序）

股票	公司	贡献	平均积极权重
INTC	INTEL CORP	1.45	−3.70
INTU	INTUIT INC	0.88	4.97
JNJ	JOHNSON & JOHNSON	0.46	−3.05
HD	HOME DEPOT INC	0.41	−2.11
GE	QENERAL ELECTRIC CO	0.34	−6.73
CSCO	CISCO SYSTEMS INC	0.27	−2.50
ABT	ABBOTT LABS	0.25	−0.89
IBM	INTERNATIONAL BUSINESS	0.25	−2.06
ENR	ENERGIZER HOLDINGS INC	0.23	2.20
MO	PHILIP MORRIS COS INC	0.23	−1.08
TXN	TEXAS INSTRUMENTS INC	0.23	−1.06
AMAT	APPLIED MATERIALS INC	0.21	−0.81
OMC	OMNICOM GROUP INC	0.17	−0.30
MRK	MERCK & CO INC	0.16	−1.69
WYE	WYETH	0.16	−1.60

后30位（按从低到高的积极贡献排序）

股票	公司	贡献	平均积极权重
CVC	CABLEVISION SYSTEMS CORP	−0.86	1.30
CCU	CLEAR CHANNEL	−0.81	2.45
UVN	UNIVISION COMMUNICATIONS	−0.78	3.78
RMQ	Rainbow Media Group	−0.66	0.88
VIA.B	VIACOM INC	−0.61	8.59
DISH	ECHOSTAR COMMUNICATIONS	−0.60	2.52
HET	HARRAHS ENTERTAINMENT	−0.56	7.65
EVC	ENTRAVISION	−0.47	2.03
MGM	METRO GOLDWYN MAYER INC	−0.45	1.68
WON	WESTWOOD ONE INC	−0.41	3.88
FRE	FEDERAL HOME LOAN	−0.41	5.32
FNM	FEDERAL NATIONAL	−0.40	5.78
PCS	SPRINT CORP	−0.35	0.51
CD	CENDANT CORP	−0.34	3.03
TSQ	SABRE GROUP HOLDINGS INC	−0.33	0.37

图 17.7 样本变量分析

工具♯3——夏普与信息比率 (the Shape and information ratios)

夏普比率根据投资组合的标准差，区分在差额无风险利率处投资组合的收益，该信息比率区分投资组合的超额收益（相对于基准）。根据投资组合的循迹误差，这两个工具被设计成用于风险调整收益的估计，其中风险在标准差或循迹误差空间中定义。

在理论上，两个不同的标准差估计（或是循迹误差）能够用于这些比率——如同预测水平标准差的真实水平。在我们的判断中，两者是相关的。其中真实的风险——风险确实被投资者观察到——是与由风险模型预测的潜在的风险有本质区别的。[①] 在图 17.4 所示的蒙特卡罗模拟分析中，我们看到压力测验如何能被用于提供一个情景，识别了的持有资产如何能与依赖于环境的风险特征存在相当大的收益差异。如果潜在风险估计受到这些压力情景的影响，那么潜在风险也许会超过真实风险相当多。当在潜在风险空间表达时，一个受欢迎的夏普或信息比率计算时使用真实的风险可能是较少有吸引力的。随着时间的流逝，如果风险模型是确切的，真实的风险将以潜在风险为中心。

夏普和信息比率将下面的优势结合在了一起：

● 相对于由于识别产生高级风险调整超额收益的经理人，对于相关工作团队的竞争，它们能用于衡量相对的绩效。

● 他们检验是否经理人已经产生了足够的超额收益去补偿假定风险。

● 统计数据应用于投资组合的水平对于单个产业部门和国家都能够获得好的表现。例如，他们能帮助决定哪个经理人在部门和国家水平有超额风险调整业绩。

夏普和信息比率整合了下述的不足：

● 他们也许需要那些经理人或是他的竞争者们无法得到的数据。经常是不充分的历史数据被提供给他们用于作出决断关于风险调整收益的吸引力。

● 当一个人基于获得的风险替代潜在风险计算统计数据时，在一定程度上，统计数据的相关性依赖于环境对于经理人是否是友好的。

工具♯4——相对于基准的 α

这个工具针对基准的超额收益对基金的超额收益进行回归。

这个回归的结果是：

● 一个截距，经常指 "α"，或技术。

● 针对基准超额收益的一个斜率，经常指 "β"。

标准的置信程度检验可以应用回归的结果。α 这个术语可以被用于检验统计的显著性，通过看它是否是正值和在统计上异于零。

这个绩效工具包括下面的优点：

[①] 风险模型试图度量潜在风险。最终，真实的潜在风险是不可知的。我们只是看到它的足迹随着时间以真实风险的形式流逝。然而，甚至这个真实的风险只是一个无限的产出，在理论上该产出的数量可能是有限的。

● 它允许经理人考虑是否技术是正确地应用或是超额收益是偶然的事件。它检验是否经理人已经产生了相对于基准的超额收益。

● 它允许经理人在源于杠杆作用的超额收益和源于技术的超额收益之间进行区分。

● α 和 β 统计量，以及置信度检验都是容易计算的。

● β 统计量表明，是否一个经理人收益的要素源于过高和过低的市场赋权（表现为是否 β 统计量在统计上异于 1.0）。

这个绩效工具包括了下述的不足：

● 也许没有足够的数据量允许得到满意的关于 α 的统计显著性结论。

工具♯5——相对于同行的 α

这个工具针对经理人同行的超额收益对经理人的超额收益进行回归。它用于决定是否经理人展示的技术超过和在他的同行收益的表现之上。

同行的收益是所有进行相同战略操作经理人的资产赋权平均收益。同行基本上是经理人在这个领域中的竞争者。

这个回归的产出是：

● 一个截距，经常指"α"，或技术。

● 针对基准超额收益的一个斜率，经常指"β"。

α 这个术语表示相对于同行经理人的超额收益。β 这个术语度量这样一个范围，经理人运用比竞争者所做的更多或更少的杠杆数量。

标准置信度检验能应用回归分析的结果。α 这个术语能检验统计的显著性，看它是否是正值和在统计上异于零。

这个绩效工具包括下面的优点：

● 它允许经理人考虑是否技术是正确地应用或是超额收益是偶然的事件。它检验是否经理人已经产生了相对于同行的超额收益。

● 它允许经理人在源于杠杆作用的超额收益和源于技术的超额收益之间进行区分。

● α 和 β 统计量，以及置信度检验都是容易计算的。

这个绩效工具包括下面的不足：

● 也许没有足够的数据量允许得到满意的关于 α 或 β 的统计显著性结论。

● 同行的收益由于存在继承关系的偏差也是有偏的。

● 经常有一个广泛的分歧对于经理人在同行中所管理的货币数量。它经常更容易使管理中的较小数量相对于更大的数量有更大的风险调整超额收益。

小　　结

风险代表了为产生收益业务所接受的影子成本。对于一个收益，它是可接受的，期望收益必须足够补偿这个风险假定。风险管理因此意味着运用成本收益过程。

风险在这个意义上是稀缺的资源,组织在他们的意愿上设置限制来接受损失。对于任何给定的风险假定水平,目标安排尽可能多的明智地获得利益的机会。如果风险被浪费或是不明智地使用,那么组织达到其收益目标的能力将被置于危险中。如果对应于预算承受了超常的风险水平,为了产生收益,无论是期望的还是渴望的,组织都正冒着巨大的不可接受的损失风险。如果相对于预算水平承受太少的风险,收益期望将可能降低,以至于少于预算。组织实现其风险和收益目标的能力在每个时刻,都置其自身于风险资本被浪费和在量上与该组织建立的政策不一致的风险之中。

风险管理有三个基本的方面——计划编制、预算编制和监测。我们观察到这三个方面是密切相关的,通过它们在金融账户控制的世界中通常使用的对应部分,它们能够被更完整地理解。我们假定在计划编制、金融预算编制和金融变量监测以及它们的风险管理对应部分之间——即风险计划编制、风险预算编制和风险监控有直接的对应关系。这个结论遵循的认识是风险是收益之后的影子成本。因此在金融计划或预算中,每个列出的主题一定位于一个对应的风险方面。金融计划和预算能用风险管理术语替换地表述。

风险计划应该为组织设置成功和失败的要点(即收益和波动性期望、VaR 政策、风险多样化标准、在风险资本(risk capital)可接受的最小化收益水平,等等)。风险计划应该在组织的高层领导和监督实体间得到很好的诊疗。它的主要内容应该能够被清楚地表达给分析人员、委员会、保险人员、管理团队,等等。例如,战略计划有 ROE 目标和商业多样化政策,那是众所周知的。风险计划将描述风险资本如何配置,以及关于这类风险资本产出的期望收益,实现确定水平高的金融产出。

风险预算——经常称作资产配置——量化风险计划的景象。风险预算是一个数字化的蓝图,它给出了风险计划的形式和框架。在金融预算和风险预算之间有很多相似点。金融预算计算净收益作为收入和费用之间的差异,那么 ROE 被估计作为由资本投资划分的净收益。在这个风险预算的案例中,风险"成本"——定义为 VaR 或一些其他的代理为"风险成本"——能与映射的收益和成本的每个项目联系。因此,RORC(风险资本收益)能与每个活动相联系,如同所有活动的整体。在金融和风险预算的两个案例中,ROE 和 RORC 必须超过一些对它们而言是可接受的最低水平。两个统计数据是关于组织是否足够承担——在成本/收益项——与产生收益相关的成本和/或风险。最终,RORC 和 ROE 能够并应该在整个时期内被估计,那被认为是中肯的。

如果我们接受这个假定,风险资本是稀有商品,那么它就允许监测控制的存在,并确保风险资本与风险预算一致方式的应用。风险预算的实质变化是对投资循环能力满足它的 ROE 和 RORC 目标的威胁。如果应用了超额风险,那么也许结果是造成不可接受的损失。如果运用了太少的风险,那么结果也许是收益有不可接受的下降。风险监控被要求满足确保研究风险预算和及时表示的样式之间的本质偏差。本章介绍一个独立风险单元的概念,作为在风险监控领域的最佳实践。它讨论了目标并提供了如何在实践中运用的样本。

本章的最后部分研究了绩效度量工具和相关的理论。当它们证实关于收益质量的最优期望时，绩效工具是特别有"鲁棒性"的。在这些工具中的目标是：

- 决定一个经理人是否创造相对于基准一致的超额风险调整绩效。
- 决定一个经理人是否创造相对于基准更优的超额风险调整绩效。
- 决定得到的收益是否足够弥补在成本/收益项中假定的风险。
- 为识别那些其过程能创造超过风险调整收益的高质量收益的经理人提供基础平台。我们相信，一致的超额风险调整绩效结果表明，经理人的监管过程和产生结果的绩效，能在将来重现，产生高质量收益。

随后本章描述度量绩效本质的工具。通常，波动性和绩效结果能够被识别，通过分类，每个产出分为统计上期望的（绿色区产出），某种程度上通常的（黄色区产出），和统计上不可能的（红色区产出）。其他被研究的绩效工具包括收益贡献、夏普和信息比率、对应于基准和对应于同行的投资组合经理人 α。在每个案例中，绩效度量工具的优点和不足被简单地进行了描述。

附件 B 提供了一个账户绩效度量更数学化的处理。

附录 A 有助于定义经理人管理哲学理念/过程的代表性问题

1. 你在什么行业进行交易？
2. 你在什么国家和地区进行交易？
3. 你交易什么产品（债券、柜台交易（OTC）、外汇交易（FX）、固定收入等）？
4. 你是否交易 OTC、ISDA、FX 净交易协议等？
5. 你交易多少个账户？
6. 在管理中定义你的资产。
7. 你能生成一个历史跟踪记录吗？
8. 为了交易全部投资组合，你的战略需要一个处于管理中的最小货币供给数量吗？
9. 你的行为能力被约束吗？你能估计它可以到何种水平吗？
10. 描述过程，通过该过程你能知道你正在进行与客户指南一致的交易。
11. 你是否相信你的方法在管理中对账户数量是敏感的？如果是，讨论一下。
12. 描述你的方法如何创造收益。即什么是你超额收益的来源（例如，更好的股票选择、更好的量化模型、更好的基础研究等）。
13. 定义你的基准列表。它们都是容易计算或者有些是非标准的吗？对于非标准的基准，描述你在投资组合中如何管理风险。你是否愿意标准化你的基准，如果你是有选择权的。
14. 你使用什么风险系统度量风险和建立投资组合？
15. 你常常发现这些系统的不足或问题吗？在一定程度上，这些系统是不全面的，你如何弥补它？

16．在日、月、季、年的基础上定义下面的内容，相对于基准的积极权重，如同对风险的边际贡献：通过有价证券最大化敞口；通过部门最大化敞口；通过国家最大化敞口；通过在投资组合的水平上最大化敞口。

a．对于上面的每一个，在一个和三个标准差的水平上定义敞口。

b．你什么时候改变状态？这个答案与上面给定的答案相关联吗？

c．相对于基准点，什么点的损失如此大，以至于你将得出你的方法不再有效的结论。

17．描述那些对你有害的环境。

18．描述那些对你有利的环境。

19．在你的工作程序中，任何部分对于市场非流动性容易受到波及吗？即你所交易的产品类型有证据表明它正变得更易于流动吗（基于历史的观察）？

20．你有风险约束吗？相对于：

● 有价证券突出表现的最大百分比。

● 日数量的最大百分比（可选择的，如果你从不想超过某个界限，多少天流动，比如说是日数量的15％）。

描述这些限制是如何应用的。它们应用在一个账户对账户的基础上，如同在全部的基础上吗（即在你管理之下的全部账户总和）？

21．定义使你获得收益的风险因素。你的风险软件关注这些所有的因素吗？如果不是，你如何弥补呢？

22．描述你用来回顾每日收获的方法。你看什么报告？

23．存在什么方法能确保交易的账户在类似的风格内？

24．根据风险体系的不同基本要素，在每个要素中定义正规的联系。

25．偿还风险进入你的投资组合管理了吗？如果是，怎么办？

26．在过去的年度中，你是否有什么本质的交易失误？如果有，是什么环境？

27．年末，你如何定义成功的投资组合管理？我们应该以什么统计指标作为风险调整绩效质量的度量指南。

28．描述你的投资组合估计的控制。

29．为经理人和执行经纪人回顾你的业绩，描述信用的本质。

附录B 账户绩效的计算

绩效度量提供了一个目标，在一个估计期，对投资组合或投资组合要素的价值中变化的量化估计，包括任何该时期现金流量的影响。在现金流量不足的一个时期，总收益的估计是基于以下公式的：

$$r_p(t) = \frac{MVE - MVB}{MVB} \qquad (17B.1)$$

其中，$r_p(t)$——投资组合收益；

   MVE——期末投资组合的市场价值，包括所有应计的收入；

   MVB——初始时期投资组合的市场价值，包括前一时期开始到期末应计的全部收入。

只有当不存在内在现金流量的时候，投资组合收益的定义才是有效的。在实践中，由于资本配置或从投资组合（客户的账户）或通过交易购买和销售有价证券转移，现金流量经常发生，所以这种情况经常被妨碍。

如果现金流量确实在整个时期出现，那么，对于在期间计算的收益，我们需要做下面的事情：

- 计算它们发生日期/时间的现金流量的市场价值。
- 根据方程（17B.1），为次一期计算中期收益率。
- 结合次期收益获得整个时期的收益。

在证券市场中，主要的业绩来源包括每种资产的持有股票和它的市场价格，如同红利中应计的收入。未支付的红利影响股票的价格，相反支付的现金红利则不影响。

当现金流量出现时，有两个建议的方法可以用来度量投资组合收益。第一个是现金加权收益（dollar-weighted return）和第二个时间加权收益（time-weighted return）。

现金加权收益

有两种方法可用于计算现金加权收益。第一种是内部收益率（internal rate of return，IRR），第二种是调整 Dietz 法。为了计算投资组合的内部收益率，我们假定整个时期（例如，一天、一个月、一个季度）投资组合有 $I(I=1, \cdots, I)$ 个现金流量和内部收益率的答案，$IRRATE$，所以关系表述为：

$$MVE = \sum_{i=1}^{I} FLOW_i \times (1 + IRRATE_i)^{\bar{\omega}_i} \qquad (17B.2)$$

其中，$FLOW_i$——全部收益期中的第 i 个现金流量，表现为积累（现金或债券）或回收的形式；

   $\bar{\omega}_i$——$FLOW_i$ 已经在（或不在）投资组合中的时期，全部日期数量的比例。公式中的 $\bar{\omega}_i$ 假定现金流量在日期末出现，即：

$$\bar{\omega}_i = \frac{(CD - D_i)}{CD}$$

其中，CD＝在收益期中的日数总量；

   D_i＝从日期初始当流量 $FLOW_i$ 出现的日数。

公式（17B.2）也就是所谓的调整银行管理机构法（modified Bank Administration Institute method，modified BAI）。当结果至少按季度计算并与时间呈几何级数关系时，它是对时间加权收益可接受的近似估计。

一个基于调整 Dietz 法的投资组合收益由下式给出：

$$R_{\text{Dietz}} = \frac{MVE - MVB - F}{MVB + FW} \qquad (17B.3)$$

其中，F——期间内的现金流量总和；

　　　　FW——每个与权重乘积的现金流量总和。

时间加权收益

　　理论上，我们希望以这样一种方式计算投资组合的收益，当现金流量出现时，能够包括具体的时间。结果是投资组合的时间加权收益率（也即日估计方法）由下式给出：

$$R_{RWR} = (S_1 \times S_2 \times \cdots \times S_P) - 1 \tag{17B.4}$$

其中，$P(p=1，\cdots，P)$ 是在子期间收益中定义的次期的数量，

$$S_P = \frac{MVE_p}{MVB_p} \tag{17B.5}$$

其中，MVE_p 是投资组合在第 p 个子期间的市场价值，在期间 p 的现金流量之前，但是包括该期的应计收入，并且 MVB_p 是前一子期间期末（即本子期间期初）的市场价值。包括前一子期间期末的所有现金流量和前期期初到期末的应计收入。这个方法是此处解释的三个方法中最精确的。

　　要注意，在现金加权收益和时间加权收益之间的主要区别是：前者在整个计算期假定相同的收益率。另一方面，时间加权收益为每个独立的时期使用收益的几何平均数。

　　理解模型描述的好方法是看数字的例子。假定 2002 年 1 月 1 日，我们投资 100 美元于纳斯达克综合指数。2002 年 3 月 1 日，我们投资另外 100 美元。从 2002 年 1 月 1 日到 2002 年 2 月 28 日，我们在纳斯达克的总收益是 −11.22%。因此我们的初始投资 100 美元现在值 88.78 美元。然而，我们另外投资了 100 美元，投资的总价值是 188.78 美元。到 2002 年 3 月 28 日，我们投资的总价值已经上升到了 201.20 美元，然后我们卖掉 100 美元。直到最后，2002 年 5 月 10 日纳斯达克指数下降，我们剩下 87.79 美元。

　　在这个投资上，我们计算在 2002 年 5 月 10 日的收益，用上面提到的不同方法计算。

- 理想的时间加权收益是：

$$[(88.78/100) \times (201.20/188.78) \times (87.79/101.20)] - 1$$
$$= -17.92\%$$

- 基于 BAI 方法的现金加权年度收益是：

$$87.79 = 100(1 + IRRATE)^{90/252} + 100(1 + IRRATE)^{50/252}$$
$$- 100(1 + IRRATE)^{30/252}$$

$$IRRATE = -25.50\%$$

- 根据调整 Dietz 方法，年度收益是：

$$\frac{87.79 - 100 - (100 - 100)}{100 + 7.94} = -11.31\%$$

显然，现金加权收益计算考虑了卖出和买入决策的时机，由 −25.50% 的收益反映。

计算收益

令 $R_n^\ell(t)$ 代表第 n 种资产在当时度量的当地收益，

$$R_n^\ell(t) = \frac{P_n^\ell(t) + d_n(t-h,t) - P_n^\ell(t-1)}{P_n^\ell(t-1)} \qquad (17B.6)$$

$R_n^\ell(t)$——t 时刻债券或资产的当地价格；

$d_n(t-h, t)$——从 $t-h$ 到 t 时刻，在 t 时刻支付的（每股）红利。

在全球框架中，我们需要整合汇率（exchange rate）进入收益计算。我们定义汇率为报告货币与当地货币的比值（报告期/当地）。当地货币有时指风险货币。例如，USD/GBP 即为报告期货币美元与风险货币英镑的汇率。一个以美元为基础的投资者持有英国债券将使用 USD/GBP 比率来将股票价值转换为美元。

假定一个使用美元作为报告期货币的投资组合持有德国、澳大利亚和日本的债券，当地和/或风险货币分别是 EUR、AUD 和 JPY。每种债券地点的总收益包括当地在债券上的收益和货币表现在报告/当地比率中的收益。

我们假定一组投资组合包括 N 种资产（$n=1$，…，N）。让 $R_n^\ell(t)$ 代表西门子股票，在欧洲国家每股的价格。$X_{ij}(t)$ 是以每单位货币 j 表示的第 i 种货币的汇率。例如，由美元 USD 作为报告期货币，汇率 $X_{ij}(t) =$ USD/EUR（i 代表美元，而 j 代表欧元）被用于转换西门子债券（欧洲发行）为美元。通常，汇率表示为报告期货币除以当地货币。

遵循这些定义，第 n 种资产的价格表示在报告期货币中是：

$$P_n(t) = P_n^\ell(t) X_{ij}(t) \qquad (17B.7)$$

我们用公式（17B.7）作为基础定义全部收益、当地收益和汇率收益。资产或投资组合的全部收益是当地收益和汇率收益的简单加总。依赖于收益如何定义——连续的或是离散的（百分比）——我们得到不同的计算收益的方程。直接根据公式（17B.7），一种资产的总收益，使用百分比表示收益，可以定义为：

$$\begin{aligned} R_n(t) &= [1 + R_n^\ell(t)][1 + E_{ij}(t)] - 1 \\ &= R_n^\ell(t) + E_{ij}(t) + R_n^\ell(t) \times E_{ij}(t) \end{aligned} \qquad (17B.8)$$

其中，$R_n(t)$——第 n 种资产的一期总收益；

R_n^ℓ——债券地点为当地货币（即本地收益）表示的一期百分比收益率；

$E_{ij}(t)$——单位货币 j 表示的第 I 种货币的一期百分比收益率。

$$E_{ij}(t) = X_{ij}(t) / X_{ij}(t-1) - 1$$

例如，假定第 n 种地点是一个在 DAX 债券目录中的位置。在这个案例中，$R_n^\ell(t)$ 是关于 DAX 的本地收益率，而 $X_{ij}(t)$ 是在 USD/EUR 汇率中的收益率。当欧元处于强势时，USD/EUR 增加，而 $E_{ij}(t) > 0$。保持所有其他的方面为常数，这将在债券所在地增加总收益。

第18章

独立估价的需要

简-皮埃尔·莫特兹 (Jean-Pierre Mittaz)

可靠与精确的证券估价是投资管理行业的基础，它代表了对资产管理的一种重要的逐日责任。这对于联营的投资机构（如共同基金（mutual funds）、对冲基金（hedge funds）等）特别重要。在这些机构中，对合伙资产的精确定价，构成了在已有的、新的和离开的投资者之间展开投资交易的基础。不精确的估价使投资管理机构暴露在金融和声誉的双重风险之中。例如，发生在英国的一个令人注目的事件：1997 年，英国监管机构处罚了 Morgan Grenfell 资产管理公司 330 万美元，因为基金经理人夸大了公司未上市证券的价格。再如 1998 年，PaineWebber 的一个前经理人被证券交易委员会（Securities and Exchange Commission，SEC）指控，因为他经常通过以远高于基金监管者所建议的价格定价部分资产，夸大基金的资产净值（net asset value，NAV）。

虽然一些特定市场有很好的价格透明度（例如，在交易期间的上市普通股），然而其他的就不是这样了（例如，许多固定收益和衍生金融工具，甚至还有一些特殊时期的普通股交易市场①）。此外，即使在透明度和流动性很好的市场，如市场关闭、交易暂停等不可预知事件都能影响对有价证券进行公平、适当的定价。例如，在中国台湾由于地震停止了几天交易时，一个经理人如何评估在中国台湾证券市场中持有的投资组合？或者由于股票交易暂停而停止交易的证券，它的公平定价究竟应该是多少？

本章主要关注独立估价监督小组所起的作用。独立估价监督小组已经逐

---

① 例如：美国期票共同基金持有的亚洲普通股将在下午 4 点定价，然而东部时间不会清楚地给出流通交易活动最后的数据，这有可能使价格透明度丧失 11～15 个小时。

渐成为资产经理人在最新控制环境下的一个特征。

● 我们认为，估价监督的哲学理念应该整合成为部分经理人风险管理和投资经理人控制框架中的一部分。

● 我们要讨论独立估价监督小组的一些关键职责与活动。我们还要简要地罗列和介绍一些估价监督小组应该应用的估价核实方法与技术。

● 我们还花费了一些笔墨介绍监督主体和估价委员会，他们应该决定和批准合适的估价政策和程序。

● 最后，我们将通过分析一些在共同基金中由于错误定价（mispricing）造成的潜在后果，强调估价过程的重要性。

估计监督的哲学理念：一些概念基础

定价功能的主要目标就是确定资产是被公平定价的。公平定价可反映那些定价水平，在某一特殊的时间点，资产在普通的经济活动中应当是可变现的。合适的估价不仅是许多报告如委托报告、执行度量和风险分析中的重要信息内容，而且至关重要的是，它们甚至是投资团队之间契约性金融交易的基础。例如，开放式的集合基金如共同基金或对冲基金允许投资者通过交易每股净资产的价值来决定加入或退出共同基金。[①] 无须多言，任何不精确的估价都会造成交易团队间财富的不公平和不恰当的转移。换言之，购买、兑现和留住投资者，这一切都需要公正的估价。[②]

让我们开始用更高水平的主题和原则来描述估价监督原则所应遵循的行为准则和目标框架。

法定估价原则

区分价格与价值非常重要，这两个概念并非总是一致的。例如，一个投资者购买某种资产是因为他认为这种资产的价值高于它目前的价格。反之，投资者则会卖出某种资产。对于流动市场，价格反映目前市场上关于价值的一致看法。由于对流动资产索价之间的差额通常都比较小，所以一致的市场价值只有一个很小的置信区间。

对于低流动性的市场，这种情况不会发生。这些市场本质上就有很大的价差，对于经济价值有很少的一致性。统计学家这样描述这种情况，在真实的经济价值区间周围有一个很大的置信区间。通过界定，在这个广阔的区间内每个点都是有可能的。因此，如果随后的一笔交易发生时，价格与已确定的标价不同，那么我们没有必要跟随那个"错误"的价格。实际上，给出置

---

① 在共同基金的例子中，数以百计的资产是以 NAV 形式表现的，合理公平的定价由每日中的几个小时来决定，这又对基金管理造成了操作与逻辑上的挑战。

② 例如，如果基金的净资产价值被低估了，这时有一个新的投资者要加入这个投资基金集合，那么现有的投资者将在不经意间被迫放弃部分的财富给这个新成员。当一个基金投资者兑现时，恰好值 NAV 被夸大，同样的事情也会发生（其他投资者会损失部分财富给这个投资者）。

信区间的幅度后，以前的指标仍然是适合的。

此处发生问题的原则争议是：在对价值缺乏市场一致观点的情况下，如何恰当、适合地定价某项资产。对于流动性市场，价格与价值趋向一致。因此，大量卖方的报价最后应该是一样的。

这种情况在低流动性市场中是不会发生的，因为它们本质上在价格与价值之间就有背离。在这种情况下，就需要有一种方法，去判断在给予所有有关因素后最适合的定价。稍后我们会显示，由与证券管理过程在实际上与表面上都没有关系的专业人士做出的判断是最可信赖的。

在确定价值和价格时，审视回顾企业大部分的惯例、规律及政府相关法则是十分重要的。那早已经确定的高度规章化的共同基金是考察估价政策的起点。即使对其他市场部分如对冲基金和那些有很少正式指导的公共独立账户，也有与共同基金有关的最好的通用框架。

有关共同基金有价证券最基本的规定在 1940 年投资公司法案（Investment Company Act of 1940）（1940 年法案）的第 2（a）（41）部分，它根据简单的二分法来定义基金资产的价值：

- 证券的价值就是市场上乐于接受的报价。
- 其他证券可以由被高度信任的董事会所决定的价值来定价。

证券交易委员会（SEC）中的许多规章都重申了这些依法的准则。在 1969 年和 1970 年，SEC 开始担心基金估价活动的合理性，并且出版相关出版物对如何合适估价提供指导。ASR113[①] 处理估价活动时主要着眼于限制性的证券，但也对估价过程中的其他方面提供指导。而 ASR118 则致力于公平估价法的应用并且制订了后面的大致的估价原则，证券的公平估价看上去如同总量是当前销售额的合理期待值。利用 ASR118，基金"大体上"被定价为在估价期间最后的销售报价。对于那些经过一次以上交易的证券，ASR118 指出，基金应该用（在主要交易中的）最近一次销售价格，其他交易中的最近交易价格只能在主要交易信息在计价日还没有的情况下使用。在没有报价信息的情况下，ASR118 将会用股票交易人讨价还价后的报价为估价。最好的情况是得到了大量交易商的报价，"特别是当得到的报价是交易商所报的价格，而不是这个证券的场外市场主持者的交易商所报的价格"。证券法规定了基金主管的责任是确保基金能适当地定价它们的资产。ASR113 和 ASR118 在许可的估价活动中拥有 SEC 的主要职权。

在 1999 年和 2001 年，SEC 开始注意基金的责任与义务进而监控"重大事件"，并且决定当市场报价不是被"乐于接受"的时候，它们将行使职责启用公平估价程序来决定证券投资组合的价值。

程序化和批准化的估价程序和估价授权

首先，确定某一时间点的证券价格看上去是相当简单的一件事，然而实

---

① Accounting Series Release No. 113，Investment company Act Rel. No. 5，847（1937—1982 Accounting Series Release Transfer Binder），Fed. Sec. L. Rep.（CCH）.

际上这个过程一般都是十分复杂和主观的。估价的决定经常包括相当大的判断，从选择价格来源和决定在什么时候，以什么内容的来源作为基础，不管价格数据的来源是怎么获得的。

任何相称的和提供正式文件的政策和程序，只是一贯适用的高质量估价方法的一个基础性方面。这些政策和程序有助于确定对价格的判断控制和对其监督机制的落实。例如，在对共同基金的审查期间，SEC 经常检查这个基金的估价政策和程序，从而决定是否认可其目前的控制状况，充分的监督与控制是公司的亮点。例如，SEC 严厉批评了一位投资顾问，因为他没有对一位证券经理人的定价过程进行充分的监督。SEC 对这位顾问做出如下指示：

> 没有书面程序来实施基金的政策，使投标方面的市场估计价格按证券估价。关于每日定价，公司关注得很不够，与定价相比，他们在其他事情上投入了太多的精力，而这个定价极少和根本不会被任何有监督能力的人忽略。除此之外，没有任何落实的程序去提醒，顾问并不是独立地核对每日的价格，而这个价格将连带着定价来源或任何次要的来源提供给这个顾问会计部门也不被接受。[①]

估价程序需要考虑各个方面来确定"正确的"价格。它们包括：

● 数据收集与计算的参数。比如，好程序应该建立变量来确定证券被认为什么时候有市场乐于接受的报价，什么时候需要确定公正的价值？

● 定价信息有效来源的确定和为投资组合中每一典型资产寻找一种有效方法。

定价日期与时间（例如，东部时间下午 4 点，纽约股票交易市场关闭，中部时间下午 4 点，前面的交易日停止等等）。

定价类型（例如，投标相对于询价、均值、闭市和最近销售；定价地点（例如，交易的价格主要在哪里使用，全球列表，等等））。

定价方法对场外交易（over-the-counter，OTC）或非流动性证券在缺乏价格透明度时的定价方法（例如，矩阵定价、经纪人报价（Broker quotes）、模型估价等）。

定价代理佣金/规范价格程序

● 报告类型的说明。可用自动标记系统和其他手段来处理初期的价格信息，以此来保障定价的精确度与可信度。此外程序应当以文件的形式固定下来。

● 投资组合经理/高级经理决定估价出版物应该报告给谁，与监督认可和/或董事会的活动所需要的环境规范一样。

● 最后是公平定价策略，它决定着在什么环境下获得的价格反映了真实的价值，或者是否应该使用一种选择性的定价机制来定价。

由独立会计代理人记录的状况

估价常常能够决定资金经理人的报酬。估价影响以其所管理的资产为基

---

① 范·卡普曼（Van Kampen）美国资本资产管理有限责任公司，投资顾问法，第 1525 条，60SEC Docket 1045（1995 年 9 月 29 日）。

础的固定报酬，还可以影响以报告的资产组合活动为基础的激励报酬。为了避免利益在实质上或表面上的冲突，定价的责任应由这样一个小组承担：它独立于投资组合管理和投资过程。总体来说，在估价事务中实行责任分离明显是最好的方法，但对于内部高效的环境来说，它是必需的但还不是充分的。

像经营或投资会计部门甚至如外包的会计代理，这些独立于投资过程的部门或代理人，它们是提供必要的独立定价监督的职业小组的代表。有高质量的团队对于估价至关重要，这个团队要对被估价的金融产品有着扎实充分的知识和了解。有着内部控制机制的良好会计代理人可以扮演核实定价数据第一道防线的作用。通过价格来源的对比，比较同一发行商发行的相关证券的逐日向价格运动的承受能力，[①] 这些明智的核对方法应该被会计代理所采用。正如我们将在更详细的分析中看到的，这些代理人的工作能够并应该更进一步地由公司中对投资产品负最终责任的专家们来完善。

无论何种可能，价格应该源于独立的部分，如定价的卖方或是股票交易。对于一些的交易如 OTC 衍生品，经纪人报价也许从交易对手处获得。除了无关的部分，完全独立的价格是得不到的，单独的价格核实将被要求用于帮助缓解任何不当定价的风险。

独立估价监督和价格核实

建立独立的（即投资组合管理的独立）和单独的价格监督功能是最好的实践，它可以监测估价政策和过程的不同方面，并确保持续地关注。这样的组织在全部不同的工作上将与估价过程同步，进行定价过程的实施和监督，常规地评估定价应用的质量（价格核实）。作为一个例外，[②] 如果投资组合估价需要被产生或是被投资监督者获得，独立估价监督小组将在确保这样的估价是合理和适当的方面发挥积极作用。当所有都被陈述和实现后，这个小组将被认为对使用的最终和独一无二的定价公平负责。

在一个包括银行作为货币市场基金的基金账户服务的强化过程中，SEC宣称，银行缺乏足够的控制，因为一个雇员不适当地对待一个重要证券价格的下降，将其当做一个传导错误，并认为可以忽略它。SEC指令表明，在其他的事情中，没有由高级管理者对定价偏差的监督或检查，而且没有控制或"标记"被提出来警告高级管理者。[③]

管理报告和估价委员会

由高级管理代表组成的估价委员会的建立，强调了估价控制功能的重要作用。除了是一个高级监督实体，估价委员会也是讨论会和关于任何相关问题的决策制定者。

代表应该涵盖控制部门如风险管理、法律、投诉和控制者。如同高级管

---

① 经常在审计标准 NO.70（SAS 70）金融报告和审计组（SAS 70/FRAG 21）文件中证明。

② 例如，对这个案例，不存在额外的报价能被获得或获得的价格被认为不再精确。

③ 在加利福尼亚银行的事件中，N. A. 投资公司法，Rel. NO. 19, 545, 54SEC, Docket 989（June 28, 1993）。

理者，它将确保可信和精确的定价政策和过程的存在。一个独立的估价监督组将执行这些过程和政策。该组是独立于投资组合管理的，并经过充分的训练和资助。最后，这个委员会将保证其估价实践中的所有资料都可以及时地获得。

包括由执行估价委员会政策和标准负责的专家组成的给这个委员会提供报告。我们现在进一步分析一下估价监督组。

独立估价监督组的责任

独立估价监督组的责任陈述应该包括的需要为：

在全球范围内，用特定关注联营投资工具来建立、监测和评价估价实践和出版投资管理部分的出版物。

估价监督组的责任包括下述的目标：
- 机构为不同的产品保持和监测形式化的估价过程和估价。
- 为范围和质量方面监测定价数据来源。
- 准备和分析周期价格核实报告，比较从不同来源获得的价格，并管理任何定价例外。
- 整理任何必需的公平估价调整。
- 组织估价委员会的活动。
- 提供及时的和增值的管理和董事会报告。

估价核实工具（verification tools）

控制需要被整合进估价过程的各个层次中，由运营开始（最初的定价组），然后通过监督结构持续。不同的技术和工具能够用于估价核实。目标是使用不同的独立数据形式指出有用的精确或估价应用。它增加围绕定价控制水平工具的接合，单独一种技术不能经常在所有的方面都有效，有一些技术是被经常使用的。

交易价格和估价价格　应用这种技术，证券买卖的真实交易价格被有效地用于日终估价水平。真实的交易价格（在一个有序的市场中）可能是一个证券的公平市场估价，也许是最强有力的指导。假定两个独立的交易方在契约上同意在某一个价格上买卖证券。所以，例如，如果一个相对流动的债券头寸改变，每天在105的价格，在之前和以后的日子中，定价服务提供一个价格，我们讲是110。估价监督过程将挑战每日估价的适当性。当一个真实交易价格是已知时，这个技术也许可以应用于类似的和相当的证券。

不同定价来源间的价格比较　这个控制工具围绕周期性的交叉复核价格，此价格来自于定价服务或经纪人，无论是针对其他定价卖方或针对经济人的报价，都来自市场发起人。每个替换价格或平均值也许被用于比较，同时资产—类别—特定开端被设置来定义可接受的偏差（见图 18.1）。这些交互复核在被证明对定价过程是有效的事实基础上进行实施。这在卖方定价矩阵中存在明显的差异。可能有重要意义的差异，特别是在缺少流动性债券的领域，这种控制将避免高收益市政公债（Heartland High Yield Muni Bond）和短时期高收益市政公债（Heartland Short Duration High Yield Muni Bond）基金定价的错误。其基金在 2000 年 10 月的 NAVs 一天之内分别下跌 70％和44％，当基金削减投资组合中某些债券的价值时，由一个外部定价服务机构提供债券评估。

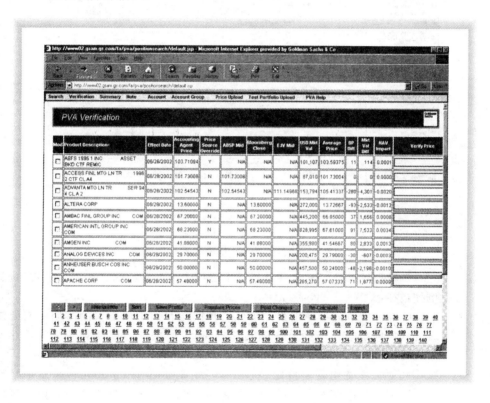

图 18.1　价格证明应用（PVA）

　　基于独立定价模型的价格比较　如果没有独立经纪人报价，那么独立价格有效性的另一个来源也许是一个内部定价模型。对于像利率交换的产品，如交叉货币交换（cross-currency）、期权和不同的转换，独立的模型能应用来获得期限，公平的定价在独立的市场数据输入（例如投资利率曲线、波动性、国外汇率等）的基础上得出。价格比较模型比较的先决条件是检验模型自身，所有这类模型应该是由一个第三者独立有效地保证的，如审计公司或一个模型监督小组。进一步的控制应该被建立来确保这些改变对这些模型的假定来说是允许的。图 18.2 给出了一个交换模型的例子，在高盛资产管理应用的，来估价某种互换合约的价格。

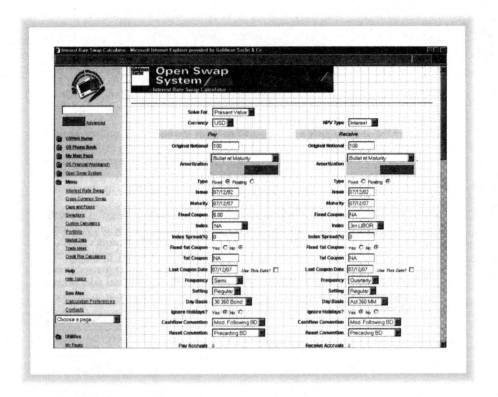

图 18.2　Swap 评估模型

其他审计工具　有许多其他技术适用于估计和监测正在进行的定价质量。例如包括：

● **陈旧定价的批评报告**，借此，我们能看到价格定义的时期中何处没有改变（特别是当一般的市场确实移动时），产生其他要注意的内容，并追踪下去。

● **交叉投资组合定价比较**（cross-portfolio pricing comparisons）是可能的，当不同的代理人（或管理人）管理类似持有的投资组合时，他们彼此的管理过程是独立的。

● **投资组合定价**（portfolio valuations）的周期回顾，由投资组合经理人完成的，尽管不是一个独立的部分，它也是前面提到的独立控制设置的有用附加。毕竟在每日基础上注视证券的投资组合经理人是最了解投资组合的群体，他们对潜在不精确定价水平的警告，经常能引起估价监督领域的注意。

当使用所有这些工具时，可能导致相当大的工作量，在一天的基础上不能全部实施，但在一个周期和/或样本的基础上也许是可实现的。自动化对定价的成功度量是有帮助的，它允许增加估价复核的频率。它将被注意到所有这些控制工具能够和确实提供了精确定价过程的切实保护。当差异被识别出来后，正确的步骤将被采取，不仅是控制当前的状况，而且避免在未来发生同样的错误。

估价委员会

作为估价监督的一部分，一个高层次的估价委员会有助于做出战略指导，高级管理人员进入，并有一个附加的监督控制层。涉及的监督人员遍及资产管理的各个部门，他们也许被组织起来作为一个估价委员会去监督估价监督领域的活动。所包括的详细功能和水平能够依公司不同而不同，委员会的成员也因此而不同。据我们的经验，估价委员会结合了不同的控制区域，例如风险管理的代表以及法律、投诉、投资组合管理和基金管理类似的高级管理者。我们将特别地认为，为了独立的目的，投资组合管理的代表不能在委员会中。然而，多数情况下，投资组合经理人被邀请提供某些他对业务估价的认识给估价委员会。

一个估价委员会可能的功能也许包括下面的内容。[①]

● 确定核定期的回顾定价服务机构使用的方法，包括他们对矩阵定价（matrix pricing）和类似系统的信心内容基础。

● 确定核定期的回顾定价使用公平股价所有的限制条件。回顾能包括监测和决定是否和何时可信的市场报价成为易于接受的。

● 确定核定期的回顾定价所有公平定价所使用的方法。在依赖分析定价模型方法论的情况下，这也许包括一个基础和可靠性模型和内容的详细回顾，它考虑了所有适当的市场因素。

● 制定程序去控制由经销商（broker-dealers）或定价服务机构提供的定价。

● 来自于投资组合经理人的回顾周期报告，关于投资组合证券的价格和关于市场状况中的任何变化或其他因素，投资组合经理人的信心也许影响证券价格的有效性。

● 回顾关于由交易商报价和矩阵定价产生的交互复核定价或其他的定价方法。如复核也许能包括真实销售价格在销售之前与投资组合证券在特定区间估价的比较。

公平估价和错误定价潜在的结果——共同基金

正确的估价是何等重要，可以由全球市场投资的共同基金的特定例子显示出来。例如，让我们想象一个在亚洲证券中投资的美国共同基金。共同基金要计算每日的 NAV，它将显然要在纽约股票交易市场（New York Stock Exchange）关闭时东部时间下午 4 点完成。这时候，确实可得到亚洲股票价格报价时由当地交易表示的闭市价格。然而，我们应该注意，这些点的当地

---

① See Investment Company Institute，1997，"Valuation and Liquidity Issues for Mutual Funds，" Februany，Page 28.

闭市价格在任何地方都有 11～15 小时的滞后（陈旧）。他们能反映公平价值吗，在下午 4 点之后的 11～15 小时的东部时间？美国的重要市场变动显然要影响其他时区的价格。

为什么它重要？当有更多可得信息的时候，问题出现了，在当地市场关闭后散布的信息，如果当地市场开市——将影响当地股票的价格。分析这类持续信息，投资人有机会得出结论：如果当地市场依然开市，当地闭市的价格将在某个方向上改变。所以结合这个结论，现在我们的投资人有一个套利的机会买卖共同基金，基于当地闭市价格，以一个相对于估计的公平估价的折扣或升值，基于持续的信息。这样的行动潜在地导致了从基金（和因而所有存在的股东）到我们投资人价格的转变。让我们称之为"稀释效应（dilution effect）"。学术研究已经表明，在美国套利交易（arbitrage trading）中，投资基金能赢得 40%～70% 的超额收益。一个来自于基金的证据表明，长期股东也许由于稀释效应正在以每年 2% 的比例损失资产（Zitzewitz，2002）。

例子：1997 年 10 月 28 日 [①]

亚洲市场下跌，比上一天标准普尔 500 指数下跌了 9%。但是亚洲市场关闭后，美国市场反弹，从早上的低价上升 10%。多数以亚洲基金旧的闭市数据为基础的美国投资，可以套利获得一天 8%～10% 的收益（见表 18.1）。

表 18.1　　　　　　　　　1997 年 10 月 28 日的稀释效应案例

闭市市场价格	开盘	Day 1	Day 2	被投资者赎回后
总资产（百万美元）	50	45	60	49.09
基金参股数（百万）	5	5	6.11	5
净资产价值（美元/股）	10	9	9.82	9.82
投资者利润（美元）				911 110
长期投资者损失（美元）				911 110

在第一天，亚洲市场关闭（下午 3 点，东部时间）时，价格显然较低，导致基金持有的证券价值下降 10%。在第一天，美国在其他工具中的交易表明……主导工具增加大约 10% 的价值，更加表明在美国市场，当它开市时，股票价格将增加一个类似的水平，在前面的下降之前。了解了这一点，投资者买入 1 000 万元的股票尽力去利用这个套利机会。在第一天结束时，使股票价格在亚洲市场闭市的价格上，（基金）计算它的 NAV 为每股 9 美元，这是投资者购买基金股票的价格。

在第二天，亚洲市场反弹到第一天之前的开始水平，市场在该水平收盘。基金中的证券价值增加，弥补了前些天的损失。

最后的结果是在第一天购买基金股份并且在第二天赎回基金股份的投资者获得的利润是 911 110 美元，这反映了他们在第一天，以每股 9 美元的价格购买了被低估的股份。这种利润是以损害长期股东的利益为代价的，长期股东每股的股价每股减少 0.18 美元。这 0.18 美元代表被短期赎回投资者掠夺的利润。

---

① 给 Craig S. Tyle 的信，Craig S. Tyle 是投资公司协会的辩护律师，来自于 Douglas Scheidt，美国证券交易委员会投资部的副主任和主辩护律师，2001 年 4 月 30 日，例 1。

在美国，证券交易委员会已经对基金公司做出警告，依靠过期的证券价格可能对基金价格产生误导。但是，越来越多的投资者正在利用本地市场收盘时和计算基金净年值时的价格差。为了避免这些活动，保护证券投资基金的投资者，基金财产需要被定价和计算基金净年值时一样公平。如果本地的市场在此时开盘，这样的价格/价值将可能占主导。证券交易委员会提示：

如果在外国市场收盘之后，净年值之前，一只基金测定一个重大的事件已经发生了，则证券的收盘价格会被认为不是能够随便得到的市场价格，并且基金必须为追踪的证券价值寻求定价方法。

有很多技术和模型可以被基金用来检测这样的重大事件。例如，在第20章描述的因子模型可以被用来公平定价。在这里，我们不对因子定价模型进行详细讨论，但是，在这里必须强调，最好设立一个精确的和独立的价值评估集团，以便组织和协调证券投资基金定价方面的事情。

收益归属

波得·桑桂（Peter Zangari）

收益归属（return attribution）是资产组合收益来源被确定和度量的过程。归属是投资管理中质量控制的一个重要方面，并与风险度量紧密相连。确定优化的资产组合，需要知道与风险成比例的可用于增值的机会，从而引起的处于风险中的资金大小，着眼于过去，并试图确定那部分风险，风险多大才是合适的，为了使这种反馈更有实用价值，收益应尽可能根据那些适合资产组合管理者组织和度量风险价值大小的因素来划分。

经理人可能依靠那些从机构内部或从商业上可用的系统来获得收益归属报告，就商业上可用的软件而言，每个系统各自拥有自己来源奇特的标记。我们能够通过不同算法所适用的不同术语来表示收益来源，再用一定的方法就可以区别系统之间的不同了。但算法和术语上的不同可能导致混乱，使经理人很难弄明白收益的来源。不幸的是，在许多情况下，收益归属系统是完全同风险度量系统分开的，此时，机构很难有效利用收益归属系统所提供的信息。

例如假定，某资产组合管理者想投资于一家有增长潜力、定价合理的高质量公司。更进一步，管理者拥有根据这些资料来给公司分级的一套自己的方法。那么能够度量资产组合关于那些因素的风险资金是多少，能够监测风险资金所带来的风险大小和这些风险资金历史上所得的收益，这些是非常渴望得到的。收益归属应当回答这最后一个问题，像一个好的风险系统，它应该适合管理者的行为。

本章表达了一个易于理解的综合观点，即一些最常用的表述收益归属的方法，重点放在资产组合上，虽然结果可能会归纳到其他资产类别上。其中，我们用由通常的术语和符号组成的框架来说明不同的可用商业系统。本章有三重目的：提高对收益归属计算的了解；提供一个系统的框架来阐述归属；

并介绍一些重要的实用方法来指导收益归属这个问题。

本章余下的结构如下：

● 首先，回顾一下对于不同的市场参与者，从资产组合管理者到一个资产管理机构客户归属的意义。

● 接着，回想一下收益归属计算的主要方面，即收益估算。

● 第三部分介绍了单一地区（single region）情况下的两种计算收益归属的方法，[①] 它们是：

①因子模型（factor model）。该方法建立在收益线性因素模型上，并假定收益的横截面（cross-sectional）可被一系列的常见因素解释。资产组合收益分成计划内收益和特殊收益，典型地，大多东方国家的资产组合经理人认同此方法，因此它是建立在正规的资产收益模型上的。

②资产分组（asset grouping）。根据此方法，按照一些标准，如行业、部门、投资方式的分类来进行资产组合分组，然后再计算每组的收益。此方法产生了所谓的风险分析报告，但不依赖于资产收益模型，因此该因子模型更有计划性。我们发现那些基础的资产组合的经理人，那些不是特别依赖于大量组合结构的，认同此方法。

本节最后一部分阐述了多时期归属问题，当归属问题从单期到多期时，我们要使收益来源串起来，使来源和积累资产组合收益相一致。

由于特殊的原因，我们用从高盛资产组合分析与构建的环境（portfolio analysis and construction environment，PACE）得到的报告来说明这些方法。

● 接下来，我们将介绍国际资产组合（international portfolios）的收益归属问题，阐述怎样计算不同国家和货币的收入来源，并预先不包含货币在单一地区模型中。

● 最后，我们阐述了业绩来源和收益来源的潜在区别。这是个重要且实用的问题，包含了由建立在简单的购买者持有战略转换上的业绩和收益引起的残留时期。

收益归属重要性的原因

收益归属是根据过去经济发展形式分析的，配上事前的风险分解，允许资产组合经理和客户来确定收益来源，并确保这些产生收益的风险与签署的委托一致。

首先，来区别本章中将用到的术语，收益归属常指业绩归属或业绩贡献。这些术语经常交替使用，但实践中，区分它们如下：

● 业绩贡献，关心的是正式文件中[②]对总收益的分解，因而，它解决的是

---

① 回顾一下，业绩度量和区分业绩归属与收益的背景见第 17 章。

② 术语"正式的文件"指的是那些或者从监管者手中得到的，或从官方书籍或记录中得到的一致的业绩数据。

此类问题:"什么因素使收益比率比去年高10%"。

● 业绩归属,关心的是正式文件中,相对于一个既定基准点(如标准普尔500)的超额收益分解。它解决的是"为什么我的组合收益去年超出标准普尔3个百分点?"。

● 收益归属,除了含有收益外,和业绩归属一样(如依据超过一天的购买持有战略估计的收益率)。在实践中,依据估计收益率而非正式文件来寻找收益来源是很平常的。

本节剩余的部分将扼要介绍一下计算收益归属的方法,在投资管理业务中,我们将重点主要放在相对于一个基准点指数而言的超额收益上。

收益归属是很重要的,因为投资收益不是或者不应该说是碰运气。收益应该是在一个表示清楚的、委托一致的投资过程中产生的。积极的投资管理者将被雇佣,因为他们拥有一系列特殊的技巧。收益归属中允许资产组合经理人和客户来确定和度量这些技巧,并保证阐述的事实与实践相一致。

假定一个资产组合经理人,因为在美国的由拉塞尔2 000价值指数(Russell 2000 Value Index,R2000V)确定的价值市场上的选股能力而被雇佣。收益归属允许客户确保收益与计划的一致。如果对R2000来说,所有从市场时机(market timing)中获得的超额收益出现了(资产组合拥有可观的现金,在下跌的股市中),并且没有能抓住机会,那么客户可以认为资产组合管理者没能坚持他的投资方式。

同样,在一个有固定收益的情况下,客户常想知道,如果雇佣一个在利率变化方面有预测能力的管理者,他的业绩超出了基准点,是由于买进了低息债券,而不是偏离所依据的期限或风险收益曲线。

为什么经理人忠于自己的方式很重要呢?

首先,客户有权得到他们付出的,如果一个特别持有积极策略的经理,其被要求的技巧是选股,而他却从对市场时机的把握中获得了超额收益。这样,一个明显的欺骗就开始了。客户可能不信任市场时机,或认为如果可能实施市场时机策略,通过现金和期货合约的组合,比雇佣一个积极的资产组合经理更加划算。

管理者出于自己风格的其他原因,认为一个特定资产组合经理就像客户大战略执行的一部分,客户所有资产组合的业绩高度依赖于每个投资委托的指导方针。偏离已定委托对业绩的影响就像在一场音乐会中,在莫扎特的钢琴奏鸣曲上,让钢琴家来敲鼓一样。

计算收益率

资产组合和资产收益是收益归属的奠基石。在这一部分,我们用单期资产收益率来计算局部和国际的资产组合收益,用$R_n^l(t)$表示第n项资产的局部收益率。其算式如下:

$$R_n^\ell(t) = \frac{P_n^\ell(t) + d_n(t-h, t) - P_n^\ell(t-1)}{P_n^\ell(t-1)} \tag{19.1}$$

其中，$P_n^\ell(t)$——t 时刻资产组合或资产的局部价格；

$d_n(t-h, t)$——$t-h$ 到 t 时期间的每股红利。

在全球框架下，我们把汇率包含进去，在此，我们定义汇率为报告货币与本地货币的比值，有时也称本地货币为风险货币，例 USD/GBP 是报告货币 USD 与风险货币英镑的汇率。一个以美元为基础的投资者持有英国资产组合，应用 USD/GBP 把英国资产组合的价值转换成美元。

假定，一个用美元作为报告货币的资产组合持有德、澳、日本证券。地区或者风险货币分别为 EUR、AUD 和 JPY，每种股票头寸的总收益率由本地股票收益率和报告/本地的货币收益组成。

我们假定，一类组合包含 N 种资产。假设 $P_n^l(t)$ 代表用欧元表示的一份西门子股票的价格，$X_{ij}(t)$ 是用 i 币表示的每单位 j 币汇率。如果把 USD 作为报告货币，那么 $X_{ij}(t) =$ USD/EUR（i 是 USD，j 是 EUR）用来把西门子股票价格换成美元。

接下来，把第 n 项资产的价格用报告货币表示，

$$P_n(t) = P_n^\ell(t) X_{ij}(t) \tag{19.2}$$

我们用公式（19.2）作为阐述总收益率、本地收益率和汇率收益的基础。资产和资产组合的总收益包含本地收益与汇率收益。依据收益界定的不同——持续的和离散的（百分比）——得到计算收益的不同等式。从公式（19.2）中直接得到一项资产的总收益，用百分比收益率表示，阐述如下：

$$\begin{aligned} R_n(t) &= [1 + R_n^\ell(t)][1 + E_{ij}(t)] - 1 \\ &= R_n^\ell(t) + E_{ij}(t) + R_n^\ell(t) \times E_{ij}(t) \end{aligned} \tag{19.3}$$

其中，$R_n(t)$——单期第 n 项资产的收益率；

$R_n^l(t)$——单期股票头寸用本地货币表示的收益率；

$E_{ij}(t)$——单期第 i 项货币表示每单位 j 货币的收益率。

$$E_{ij}(t) = \frac{X_{ij}(t)}{X_{ij}(t-1)} - 1$$

例如，用 DAX 股票指数（DAX equity index）来代替第 n 项头寸，在此例中，$R_n^l(t)$ 是 DAX 局部收益，$E_{ij}(t)$ 是 USD/EUR 汇率收益，当欧元强势时，USD/EUR 增加且 $E_{ij}(t) > 0$，稳定的持有所有其他资产，将提高头寸的总收益。

单一地区收益归属

在本节中，我们将基于单一地区（例如美国）框架的收益归属，介绍两种计算组合收益来源的方法——因子模型基础的和资产分组模型。在定义资

产组合时，我们指的是可控的、基准的和积极的资产组合。可控的是由资产组合经理人来控制的，基准的则相反，是一些典型的、消极的组合（例如，标准普尔 500）。而积极的则指可控的与基准的之间的差别。

因子模型基础方法

因素收益归属把资产组合的收益分成因素和独特的部分。在此方法中，有 3 种主要的收益来源。

1. 普通因素：因素带来的收益。
2. 市场时机：积极的 β 风险资金带来的收益。
3. 股票选择：由资产组合经理人的选股能力带来的收益。

收益归属是建立在收益的横截面模型（cross-sectional model）上的：

$$R^\ell(t) = B^\ell(t-1)F^\ell(t) + u^\ell(t) \tag{19.4}$$

其中，$R^l(t)$ 是一个 N 维向量，从 $t-1$ 到 t 时刻的局部超额收益（超过局部无风险利率）；$B^l(t-1)$ 是一个就像 $t-1$ 时刻可用的因素带来的 $N \times K$ 风险矩阵。这些因素包括投资方式，如动力增长和行业分类。在此，我们可能想把收益归属于那些同时发生的来源（不像风险模型），风险矩阵中的信息将和 t 时刻一样。$F^l(t)$ 是一个多因素收益的 $K \times 1$ 维向量。$U^l(t)$ 是 $t-1$ 到 t 时刻的均值—0—特殊值（mean-0-specific）的 N 维向量。

在单因素模型的基础上，计算收益归属分三步（在接下来的讨论中，我们将重点放在可控的资产组合上，虽然，结果可以是任何类型）。

第一步：定义关于因素的一系列敞口，并运用公式（19.4）估计横截面收益模型。这是个 $t-1$ 到 t 时期的单期多因素收益估计。

第二步：计算可控组合的局部收益。

用 $\omega^p(t-1)$ 代表一个可控组合 $t-1$ 时刻的 N 维权重，则可控组合的收益是：

$$r_p^\ell(t) = w^p(t-1)^T R^\ell(t) = b^p(t-1)^T F^\ell(t) + u_p^\ell(t) \tag{19.5}$$

其中，$r_p^l(t)$——从 $t-1$ 到 t 时刻可控局部超额资产组合收益；

$b^p(t-1)$——可控资产组合敞口的 K 维向量；

$F^l(t)$——因素收益的 K 维向量；

$U^l(t)$——特定的局部组合收益。

第三步：计算局部收益来源的大小。例如，一个有 N 种资产的可控组合有 $K+N$ 个收益来源——K 个因素收益来源和 N 个特定收益来源（每种资产一个）。

第 K 个因素的收益来源如下所示：

$$S_k^\ell(t) = b_k^p(t-1)F_k(t) \quad (k=1,\cdots,K) \tag{19.6}$$

第 n 种资产的特定收益的贡献，就是收益乘以股票权重，其中收益是资产的特定收益。

$$S_n^\ell(t) = w_n^p(t-1)u_n(t) \quad (n=1,\cdots,N) \tag{19.7}$$

因此，资产组合收益是 $K+N$ 个收益来源的总和，写成如下形式：

$$r_p^\ell(t) = w^p(t-1)^T R^\ell(t) = \sum_{k=1}^{K} S_n^\ell(t) + \sum_{n=1}^{K} S_n^\ell(t)(n=1,\cdots,N) \quad (19.8)$$

公式（19.8）是对可控资产组合的收益的分解。积极的、基准的、市场的或其他类型的资产组合收益的分解也是类似的，唯一的区别就是权重不同。

假定一个积极组合含有三种资产和一个两种通常因素的线性因子模型，在此例中，$K=2$，$N=3$，资产组合积极收益的分解可表达如下：

$$r_a^\ell(t) = w_1^a(t-1)R_1^\ell(t) + w_2^a(t-1)R_2^\ell(t) + w_3^a(t-1)R_3^\ell(t)$$
$$= \underbrace{S_1^\ell(t) + S_2^\ell(t)}_{\text{因素贡献}} + \underbrace{w_1^a(t-1)u_1^\ell(t) + w_2^a(t-1)u_2^\ell(t) + w_3^a(t-1)u_3^\ell(t)}_{\text{特定贡献}} \quad (19.9)$$

在上述讨论中，我们提供了一个简单的收益分解。即假定一个线性因子模型，任意组合的总收益能够归属于不同因素，如投资方式、行业、国家，而带来的风险及特定的单个资产的收益。在因子模型基础方法中，一个更复杂的总收益分解是[1]：首先分离出相关的市场预期敞口，该方法如下运行：先对组合收益超过局部无风险利率（risk-free rate）做个估计，超额收益记为 $r_p^\ell(t) - r_f^\ell(t)$，基准组合超额收益的总和为 $r_b^\ell(t) - r_f^\ell(t)$，积极组合收益为 $r_p^\ell(t) - r_b^\ell(t)$。交替表达如下：

$$r_p^\ell(t) - r_f^\ell(t) = [r_p^\ell(t) - r_b^\ell(t)] + [r_b^\ell(t) - r_f^\ell(t)] \quad (19.10)$$

总的积极收益可写为以下几部分之和：（1）预期积极收益（expected active return）；（2）非预期的积极收益（exceptional active return）。预期的积极收益就是积极的 β 和在相关市场上的预期长期收益。以数学表示，预期积极收益写成 $\beta_{\text{active}}(t) \times r_m^{\text{long-run}}(t)$，而 $\beta_{\text{active}}(t)$ 表示的是可控资产组合的 β 和基准组合的 β 之间的差异。当基准的和市场的组合一样时，则基准组合的 β 为 1，相关市场上的长期预期收益是建立在历史上的，或者是按年计算的固定收益，如 10%。

预期积极收益是与市场一致的积极收益的部分。例如，假定一个资产组合经理人的积极 β（可控的与基准的差异）是 0。在这个例子中，就长期而言，资产组合经理人的表现预期不会将超过和弱于市场。

非预期积极收益就是积极组合收益与预期收益之差，写成 $r_a(t) - \beta_{\text{active}}(t) \times r_m^{\text{long-run}}(t)$。

非预期积极收益是资产组合经理人增加价值的一个方式，因为在正常市场环境下的预期与此相关的积极组合，它的收益可以度量。既然这是一个度量价值增加的收益，我们就致力于寻找非预期积极收益的来源。最后，我们把收益分解为：（1）市场时机；（2）因素收益的贡献；（3）股票选择（这与特定收益是不同的）。

---

[1] 仅供参考：R. C. Grinold and R. N. Kahn, 1999, Active Portfolio Management: A Quantitative Approach for Producing Superior Returns and Selecting Superior Returns and Controlling Risk, 2nd Edition, New York: McGraw-Hill.

市场时机就是积极 β、$\beta_{\text{active}}^{(t)}$ 与某些历史上的时期（如前 6 个月）已实现的市场收益和长期预期市场收益之差，$r_m(t) - r_m^{\text{long-run}}(t)$ 的乘积。

因素贡献如公式（19.6）所示。

股票选择指的是资产组合经理人谨慎选择股票的能力，在单因素模型中，选股是其积极收益减去以下之和：（1）因素收益贡献；（2）市场时机。注意，选股和公式（19.7）中的特定收益贡献不同。

从数学上看，把股票选择分解如下（假定市场受益与基准收益相同）。首先，写出积极收益：

$$r_a^{\ell}(t) = r_p^{\ell}(t) - r_m^{\ell}(t)$$
$$= \beta_{\text{active}}(t) r_m^{\text{long-run}}(t) + r_a^{\ell}(t) - \beta_{\text{active}}(t) r_m^{\text{long-run}}(t) \qquad (19.11)$$

公式（19.11）说明积极局部收益是非预期与预期收益之和。选股可以写成下式：

$$\text{股票选择} = r_a^{\ell}(t) - \beta_{\text{active}}(t) r_m^{\text{long-run}}(t)$$
$$- \beta_{\text{active}}(t) [r_m(t) - r_m^{\text{long-run}}(t)] - \text{因素贡献} \qquad (19.12)$$

股票选择这个术语应谨慎使用，因为它可能不必度量一个资产组合经理的选股能力。为了更好地理解这一点，记住，选股是因素贡献的一个功能。因此，依靠用什么因子模型来度量收益，我们能区分选股。所以，在实践中，用简单的度量单因素模型的能力来解释资产组合收益，被理解为选股。

回顾这一节，刚开始讲了线性横截面部分局部因素模型。这个模型通过一系列一般因素解释了横截面部分的收益。因为一系列的组合权重，积极组合收益包含因素贡献和特定贡献的总和。我们把一个资产组合的局部收益分解成预期的和非预期的收益。非预期收益由市场时机、因素贡献和选股构成。其中市场时机和因素贡献之和与非预期收益的差异就是选股。举例应用PACE。

上一部分扼要地介绍了几种不同的观点，在此，我们用 PACE（见图 19.1）举例说明。

从 2002 年 7 月 1 日到 2002 年 9 月 30 日，账户 XYZ，以标准普尔 500 指数为基数，超额 121 个基点，在给定了积极收益的情况下，非预期收益为 111 个基点。其中，选股带来 174 个基点，因素带来 54 个基点，而市场时机却使账户收益减少 117 个基点。

如果看一下因素贡献，可以发现，行业和风险方式都增加了价值，其中行业 30 个基点，方式 24 个基点。货币和国家贡献为零，因为这是个单国家资产组合。

这份报告提供了一个更加精细的，在股票（特定）、部门、风格和行业水平方面的对归属的分解。首先，计算股票总收益和由因素导致的收益（包括市场时机）的差异，接着乘以每只股票的积极权重，这样就得到了对特定收益起作用的因素，区别只是特定收益的构成不同。现在看一下表上的"导致特定收益的因素"这一部分，我们发现，在这一时期，大部分的前 10 个和后 10 个因素是由确定的积极权重组成的（例组合方面的权重比基准高）。

Account	**XYZ**	Portfolio Mgr	
Report Date	**Sep 30, 2002**	Benchmark	SAP500
Attribution Period	07/01/02-09/30/02	Model	PACE_US_D

Return Decomposition

	PACE	Published	Difference
Managed Return	-16.07 %	-16.07 %	0bp
Benchmark Return	-17.28 %	-17.28 %	-0bp
Active Return	1.21 %	1.21 %	0bp
Expected Active Return	0.10 %		
Exceptional Active	1.11 %		
Market Timing	-1.17 %		
Stock Selection	1.74 %		
Factor Contrib	0.54 %		
Industry	0.30 %		
Style	0.24 %		
Currency	0.00 %		
Country	0.00 %		

Active Return (1.21 %) = Factor Contrib (0.54 %) + Specific Return Contrib (0.67 %)

Contributors to Specific Return *(All entries in %)*

Top 10 *(see last page of report for Top and Bottom 30)* | **Bottom 10**

Stock		Contribution	Avg. Active Wgt.	Stock		Contribution	Avg. Active Wgt.
QCOM	QUALCOMM INC	0.43	1.10	TSG	SABRE HOLDINGS CORP	-0.22	0.62
HET	HARRAHS ENTERTAINMENT INC	0.34	1.99	T	AT&T CORP	-0.22	-0.50
JPM	JP MORGAN CHASE & CO	0.20	-0.60	PEP	PEPSICO INC	-0.21	1.62
FRE	FREDDIE MAC	0.20	2.03	UVN	UNIVISION COMMUNICATIONS-A	-0.19	0.86
BLS	BELLSOUTH CORP	0.18	-0.57	WYE	WYETH	-0.16	0.47
ENR	ENERGIZER HOLDINGS INC	0.18	0.95	CD	CENDANT CORP	-0.15	1.20
VCI	VALASSIS COMMUNICATIONS INC	0.16	0.99	HOT	STARWOOD HOTELS & RESORTS	-0.14	0.76
KRB	MBNA CORP	0.14	1.15	L	LIBERTY MEDIA CORP-A	-0.14	0.76
CL	COLGATE-PALMOLIVE CO	0.13	1.21	ABK	AMBAC FINANCIAL GROUP INC	-0.13	1.86
CCU	CLEAR CHANNEL COMMUNICATIONS	0.12	0.44	TMPW	TMP WORLDWIDE INC	-0.12	0.29

Contributors to Active Return by Sector *(All entries in %)*

	Contrib	Avg. Act Exp.	HR	IR		Contrib	Avg. Act Exp.	HR	IR
Utilities	0.40	-2.37	57.03	13.62	Industrials	0.08	-0.38	53.52	26.95
Telecommunications	0.35	-1.79	55.47	14.28	Consumer Noncyclicals	-0.06	2.22	53.13	-4.02
Consumer cyclicals	0.22	-1.11	55.08	39.26	Technology	-0.08	0.49	52.81	-5.54
Energy	0.21	-0.58	50.00	26.18	Financial	-0.08	-1.65	51.56	-2.27
Transport	0.17	-1.44	54.17	16.42	Commercial services	-0.28	1.21	47.92	-27.98
Health care	0.14	-2.81	50.39	7.33	Consumer services	-0.91	8.42	47.66	-22.72
Basic Materials	0.14	-0.71	52.73	15.35					

Daily Return Attribution   Previous Month Attribution   Previous Quarter Attribution   Previous Year Attribution

Contributors to Active Return by Style *(All entries in %)*

Top 5	Contrib	Avg. Active Exp. in SD	HR	IR	Bottom 5	Contrib	Avg. Active Exp. in SD	HR	IR
Dividend-to-Price	0.17	-0.19	59.38	4.20	Volatility	-0.12	0.03	43.75	-6.94
Price Momentum	0.13	0.04	60.94	13.03	Market Cap	-0.06	0.17	46.88	-1.53
Earnings-to-Price	0.10	-0.11	51.56	3.29	FX Sensitivity	-0.03	0.04	45.31	-4.13
Book-to-Price	0.06	-0.09	54.69	3.01	Earnings Variability	-0.02	0.03	50.00	-6.31
Debt Sensitivity	0.04	0.10	53.13	2.25	Liquidity	-0.02	-0.01	54.69	-4.73

Contributors to Active Return by Industry *(All entries in %)*

Top 5	Contrib	Avg. Active	HR	IR	Bottom 5	Contrib	Avg. Active	HR	IR
Banks	0.51	-3.73	59.38	8.56	Financial services	-0.83	3.71	39.06	-10.02
Electric utilities	0.36	-1.96	60.94	7.17	Hotels	-0.48	3.68	39.06	-5.60
Telephones	0.30	-1.32	57.81	8.59	Computer software	-0.37	1.78	39.06	-10.13
Energy Reserves &	0.20	-0.31	50.00	16.75	Media	-0.28	2.59	50.00	-3.58
Chemicals	0.17	-0.84	60.94	9.42	Information services	-0.25	1.05	45.31	-9.74

图 19.1 PACE 因素归因

第 19 章 收 益 归 属   ▶*271*

如果我们认为股票确定的积极权重表示资产组合经理人的偏好，那么我们知道，一些在这一时期内对于特定收益的最大的导致涨跌的因素是他或她所喜欢的，是整个期间内，特定收益的最大贡献和损失的股票。

接下来，我们解释另一种收益归属的方法——资产分组，它构成了风险分析的基础。

资产分组方法

资产组合经理人想通过一种简单的、相对直接的方式来看待资产组合收益来源的问题。一些经理人不喜欢用因子模型，因为他们认为资产组合构造过程不是由一些先制定的、量化的一系列因素来决定的。这些人通常依赖于商业的可用系统，该系统应用资产分组方法产生了所谓的风险分析报告。这种方法包含以下 3 个步骤：

1. 资产分组。就某一时期而言（例如一天），我们依据部分因素的价值来对资产分组。例如，可以通过行业或特定投资方式带来的敞口来分类。在此，要通过它们的投资方式敞口来分类，首先需要计算由特定方式带来的所有敞口的配给物，用十分位数表示。然后根据它们的特定敞口来把每组资产用十分位数表示。①

2. 计算每组的收益。一旦资产被分组，我们就计算它们的单期收益。依据建立在分组的总市场价值上的权重，通过求所有收益的加权平均来计算每组收益。

3. 计算每组收益对总收益的贡献。每组收益的贡献计算通过对组中的所有收益加权平均求得，此权数建立在全部组合的总市场价值基础上。

要注意的是，贡献的总和对所有组合而言和资产组合的总收益是相等的。在实践中，我们能够计算分组的收益和可控的、基准的、积极的资产组合的分组收益。如可分组如下：资产、行业、部门和特定投资方式的百分数。一个"资产分组"简单地说就是把每组资产都看成是一个单独的组。这样的话，一个资产组合的收益就是资产的总收益，并且资产的贡献就是每单个资产对总资产组合收益的贡献。

在资产分组方法中，单期积极收益指的是股票选择、配给效应（也就是每组权重）和所谓的内部效应。精确地说，对一个积极资产组合而言，资产分组模型可写成如下形式：

$$r_a(t) = S(t) + A(t) + I(t) \qquad (19.13)$$

其中，$S(t)$ 代表 t 时刻单期总的股票选择的组成部分。对给定的一组股票而言，股票选择定义如下：首先，计算同一组股票在可控组合下和基准组合下的收益之差。例如可按行业和部门来分类。接着，用这个差值乘以该组基准的权重。t 时刻第 i 组股票的选股组成部分用数学公式表示为：

$$S_i(t) = w_i^b(t-1)[r_{i,p}(t) - r_{i,b}(t)] \qquad (19.14)$$

---

① 阐明所用的敞口的一个通常的方法，就是用与在基准组合上的资产一致的敞口。

其中，$r_{i,b}(t)$ ——第 i 组资产在基准组合上的收益。例如，$r_{i,b}(t)$ 可以代表所有电信股票的基准收益。

$r_{i,p}(t)$ ——第 i 组资产在可控组合上的收益。

$w_i^b(t-1)$ ——第 i 组资产在基准组合上的权数。

对所有的组 $i(i=1，\cdots I)$ 求和，可以得到总的股票选择的组成部分：

$$S(t) = \sum_{i=1}^{I} w_i^b(t-1)[r_{i,p}(t) - r_{i,b}(t)] \qquad (19.15)$$

$A(t)$ 是配置的效果（也就是每组权重），并度量一特定组股票造成的影响高估或低估。配置的效果对第 i 组股票而言，也就是：

$$A(t) = \sum_{i=1}^{I} A_i(t) \qquad (19.16)$$

其中，$A_i(t) = [w_i^p(t-1) - w_i^b(t-1)][r_{i,b}(t) - r_b(t)]$

$[w_i^p(t-1) - w_i^b(t-1)]$ ——第 i 组资产的权重在可控的 $[w_i^p(t-1)]$ 和基准的 $[w_i^b(t-1)]$ 组合之间的差。例如，如果 $[w_i^p(t-1) - w_i^b(t-1)]$ 是正的，说明可控组合相对于基数组合来说超重了。

$[r_{i,b}(t) - r_b(t)]$ ——第 i 组资产的权重在基准组合的收益与基准组合总收益的差。

$I(t)$ ——内部效应。这个词没有任何直接的内容。唯一的目的就是把公式（19.13）的右边加到总的积极收益中。第 i 组资产的内部收益效应可写成如下所示：

$$I(t) = \sum_{i=1}^{I} I_i(t) \qquad (19.17)$$

其中，$I_i(t) = [w_i^p(t-1) - w_i^b(t-1)][r_{i,p}(t) - r_{i,b}(t)]$

总结一下，股票选择和配置效果是对收益归属的特定水平的度量。配置效果度量了一个资产组合经理人选择不同组股票的能力。股票选择，从另一方面，度量了资产组合经理人在特定的一组下，选择股票的收益如何。在此计算中，那些在基准组合中拥有高权重的，在此外也有高权重。

为什么介绍相互影响（interaction effect）效应呢？为了得到有意义的结果，股票选择与配置效果之和等于总的积极收益是很重要的。不幸的是，这两者之和并不等于总的积极收益。因而，新的名词——相互影响——就被创造出来了，使选股、配给和内部这三者之和就是总的积极收益。实质上，内部效应就是收益残值的一个度量。它获得了除去选股和配给之外的全部。

有没有什么方法来去掉相互影响呢？有，但是我们需先去掉在理解股票选择时的一些直觉。在一些商业归属系统里，股票选择被定义成了在可控组合中的权重，而不是基准组合权重。即：

$$S_i(t) = w_i^p(t-1)[r_{i,p}(t) - r_{i,b}(t)] \qquad (19.18)$$

给定这个定义，那么现在股票选择与配置（和每组权重）的效果和就等于积极组合收益了。

$$r_a(t) = S(t) + A(t) \tag{19.19}$$

股票选择的哪个定义更合适呢？对那些相对于基准来说积极管理资产组合的经理人而言，用基准权重明显更恰当。也就是说，更多的重要性应该赋予那些在基准上的股票组合，而不是更少。如果不能抓住这点，将可能导致错误的归属度量。

风险分析报告上显示的附加术语和定义，都是跟特定资产贡献密切相关的。这些词包括：与分组相比是相对的（relative versus group），与总量相比是相对的（relative versus total），与分组相比是绝对的（absolute versus group），与总量相比是绝对的（absolute versus total）。

就第 n 项资产在 t 时刻而言，这些术语定义如下：

与分组相比是相对的：积极权重×（债券收益—基于基准的第 i 组总收益）。

$$w_n^a(t-1)[R_n(t) - r_{i,b}(t)] \tag{19.20}$$

与总量相比是相对的：积极权重×（债券收益—基准总收益）。

$$w_n^a(t-1)[R_n(t) - r_b(t)] \tag{19.21}$$

与分组相比是绝对的：可控权重×（债券收益—基于基准的第 i 组总收益）。

$$w_n^p(t-1)[R_n(t) - r_{i,b}(t)] \tag{19.22}$$

与总量相比是绝对的：可控权重×（债券收益—基准总收益）。

$$w_n^p(t-1)[R_n(t) - r_b(t)] \tag{19.23}$$

在前两章里，我们介绍了收益归属的方法。第一种方法是建立在线性因子模型和对收益分解成因素和特定部分上的。本节介绍了资产分组方法，此方法不用假定任何模型，所需的只是一系列指导过程，此过程告诉我们怎样来区分资产。例如，该过程可以是一个行业分类方案。

在前面两部分，我们也定义和阐述了单期收益归属的步骤。当我们需要计算不同时期的收益归属时，各种问题就出现了。例如，单期归属可能是一天的归属，当计算比如说一季的归属时，我们需要"联结"[1]日常收益来源，以使混合的季度性的资产组合收益与混合的收益来源一致。

最后，介绍一下资产分组和因子模型基础方法的主要区别。在因子模型方法中，在每一时点，因素收益都同时被估计出来了。[2] 这些估计是由公式（19.4）对横截面回归得到的。这个过程把握住了因素收益之间的相互影响。相反的，在资产分组中，每组收益单独估计，因而任何分组间的相互影响都被除去了。

---

[1] 联结是个过程，通过它，单个股票、组或者因素在一段时间内，被混合起来了。联结是使被联结的单个资产贡献的总和与混合的总收益相等的方式。

[2] 见第 20 章具体讲述是怎样由横截面回归估计得到因素收益的。

应用 PACE 的例子，用与图 19.1 中的因素归属相同的资产组合和期限，我们用 PACE 基础结构可以得到一个风险分析报告。图 19.2 展现的是实际报告的第一页。①

Account
Benchmark SAP500 | **Period** 07/01/02-09/30/02
Model PACE_US_ | **Report Date** Sep 30, 2002
Style Report **Industry Details Report** | **Published** Applied
| Download to Excel

Return Summary

	Managed	Benchmark	Active	Contribution	
PACE:	-16.07 %	-17.28 %	1.21 %	Over Weight	-7.13%
Published:	-16.07 %	-17.28 %	1.21 %	Under Weight	8.34%
Difference:	0bp	0bp	0bp	Sum :	1.21 %

IR (Information Ratio) is active contribution divided by its standard deviation over the attribution period.
HR (Hit Rate) is the percentage of times active contribution is positive in the attribution period.

(sorted by Act. Contrib. -ve Act Weights is in grey color)

	Sector	Avg Mgd Wt	Managed Contrib	Avg Bench Wt	Benchmark Contrib	Avg Active Wt	Active Contrib	IR	HR (%)
1	Media & Communication	11.96%	-1.99%	6.91%	-1.52%	5.05%	-0.51%	-3.08	48.44
2	Consumer Discretionary	12.60%	-2.14%	9.18%	-1.70%	3.43%	-0.43%	-5.05	45.31
3	Health Care	11.44%	-1.07%	14.06%	-0.90%	-2.63%	-0.22%	-3.36	51.56
4	Producer Goods & Services	3.75%	-0.96%	4.56%	-0.79%	-0.81%	-0.16%	-4.84	48.44
5	Consumer Staples	12.59%	-0.93%	10.03%	-0.98%	2.56%	0.02%	0.44	43.75
6	Energy	6.13%	-1.40%	6.37%	-1.55%	-0.24%	0.15%	7.56	51.56
7	Technology	15.04%	-3.23%	14.20%	-3.72%	0.84%	0.48%	9.19	48.44
8	Finance	18.59%	-2.83%	20.35%	-3.43%	-1.76%	0.59%	6.08	48.44
9	Utilities	0.00%	0.00%	2.80%	-0.66%	-2.80%	0.83%	9.59	59.38
10	Cyclicals	7.40%	-1.51%	11.52%	-2.14%	-4.12%	0.64%	9.35	56.25
	Total	99.50%	-16.07%	99.97%	-17.28%	-0.48%	1.21%		

图 19.2　PACE 变量分析

就像在方法部分介绍的那样，行业分组的归属不需要模型。唯一需要的是行业和部门的分类。这些分类可以由卖方，如拉塞尔（Russel）和标普，也可根据资产组合经理人团队所拥有的来进行。

在这个分析中，同样的时期，超额的 121 个基点由两部分组成：一是由与权重大的股票相关的收益不足额，－713 个基点；二是由那些与低权重股票相关的超额收益 834 个基点。在一个下跌的市场中，这个特定的资产组合经理而他看重的股票反而表现得更糟。在这个跌市中，基准总收益下跌 17.28 个百分点。

收益总和下面那一部分说的是这一时期内，不同因素的贡献大小。从财务上讲，举个例子，这期间有一个平均积极权重为－1.76 的百分点，如果部门有一消极的总收益，相对基准来说将贡献 59 个基点的全部超额收益。

有更多的细节是可以用的。提供的每种股票收益全部产生相对于基准收益的该期间平均积极权重，财务上也将带来贡献，这种贡献的股票水平作为图 19.3 的一部分。

---

① 为更好地说明目的，我们没有写出全部的报告。它提供了资产组合和非基准资产组合在股票水平上的归属。

Finance				Benchmark Contrib -3.43%		Active Weight -1.76%	Active Contrib 0.59%		
Symbol	Company	Stock Return	Avg Act Wt	Active Contrib	Stock Rel	Selection Abs	Avg Mgd Wt	Mgd Ctrb	IR	HR (%)
ABK	AMBAC FINANCIAL GROUP INC	-10.69%	1.88%	-0.35%	-0.08	-0.09	1.93	-0.38	-8.76	43.75
FNM	FANNIE MAE	-18.91%	1.78%	-0.31%	-0.07	-0.10	2.65	-0.49	-9.23	43.75
KRB	MBNA CORP	-16.34%	1.15%	-0.19%	0.04	0.05	1.46	-0.23	-4.04	45.31
FRE	FREDDIE MAC	-9.34%	2.03%	-0.16%	0.16	0.20	2.64	-0.20	-4.07	50.00
SCH	SCHWAB (CHARLES) CORP	-22.21%	0.58%	-0.15%	-0.03	-0.04	0.74	-0.19	-7.20	43.75
STT	STATE STREET CORP	-13.29%	0.90%	-0.13%	0.05	0.05	1.07	-0.14	-5.44	48.44
C	CITIGROUP INC	-17.86%	0.15%	-0.03%	0.01	0.03	2.19	-0.42	-4.59	43.75
BAC	BANK OF AMERICA CORP	-8.52%	0.15%	-0.01%	0.01	0.13	1.39	-0.12	-4.73	45.31
UPC	UNION PLANTERS CORP	-14.22%	-0.07%	0.01%	0.00	0.00	0.00	0.00	7.76	50.25
JP	JEFFERSON-PILOT CORP	-14.08%	-0.08%	0.01%	-0.00	0.00	0.00	0.00	7.89	56.25
CF	CHARTER ONE FIN INC	-12.96%	-0.09%	0.01%	0.00	0.00	0.00	0.00	5.47	56.25
TROW	T ROWE PRICE GROUP INC	-24.09%	-0.04%	0.01%	0.00	0.00	0.00	0.00	9.85	59.38
GDW	GOLDEN WEST FINANCIAL CORP	-9.50%	-0.12%	0.01%	-0.01	0.00	0.00	0.00	4.99	54.69
ALL	ALLSTATE CORP	-3.32%	-0.31%	0.01%	-0.04	0.00	0.00	0.00	2.62	54.69
EQR	EQUITY RESIDENTIAL	-16.31%	-0.08%	0.01%	0.00	0.00	0.00	0.00	10.41	60.25
UNM	UNUMPROVIDENT CORP	-19.41%	-0.06%	0.01%	0.00	0.00	0.00	0.00	9.83	57.81
JNS	JANUS CAPITAL GROUP INC	-33.52%	-0.04%	0.01%	0.00	0.00	0.00	0.00	12.70	57.81
XL	X L CAPITAL LTD	-12.66%	-0.12%	0.02%	-0.01	0.00	0.00	0.00	5.30	56.25
NTRS	NORTHERN TRUST CORP	-14.08%	-0.11%	0.02%	-0.00	0.00	0.00	0.00	5.42	57.81
EOP	EQUITY OFFICE PROPERTIES TR	-12.59%	-0.14%	0.02%	-0.00	0.00	0.00	0.00	9.72	57.81
PGR	PROGRESSIVE CORP	-12.44%	-0.14%	0.02%	0.00	0.00	0.00	0.00	4.93	59.38
BBT	BB&T CORPORATION	-8.50%	-0.21%	0.02%	-0.02	0.00	0.00	0.00	1.43	40.88
ONE	BANK ONE CORP	-2.30%	-0.54%	0.02%	0.01	0.00	0.00	0.00	13.04	67.19
CINF	CINCINNATI FINANCIAL CORP	-23.06%	-0.02%	0.02%	0.01	0.00	0.00	0.00	4.79	50.00
STI	SUNTRUST BANKS INC	-8.03%	-0.21%	0.02%	0.00	0.00	0.00	0.00	10.67	57.81
AET	AETNA INC	-25.35%	-0.07%	0.02%	0.01	0.00	0.00	0.00	10.59	60.94
SNV	SYNOVUS FINANCIAL CORP	-24.57%	-0.08%	0.02%	0.01	0.00	0.00	0.00	10.38	54.69
SPC	ST. PAUL COMPANIES	-26.50%	-0.08%	0.02%	0.00	0.00	0.00	0.00	12.43	64.06
LNC	LINCOLN NATIONAL CORP	-26.80%	-0.08%	0.02%	0.01	0.00	0.00	0.00	9.90	57.81
JHF	JOHN HANCOCK FINANCIAL SRVCS	-21.02%	-0.11%	0.02%	0.01	0.00	0.24	-0.03	6.43	60.00
WM	WASHINGTON MUTUAL INC	-14.58%	-0.18%	0.02%	0.01	0.00	0.00	0.00	10.17	51.56
CMA	COMERICA INC	-20.79%	-0.12%	0.02%	0.01	0.00	0.00	0.00		
AOC	AON CORP	-29.83%	-0.07%	0.03%	0.01	0.00	0.00	0.00	8.40	63.13

图 19.3　财务贡献分解

接下来，我们阐述一些多期收益归属中与日常收益相关的一些问题。

多期归属（multiperiod attribution）

收益归属从计算单期（如一天）的收益来源开始。单期来源被混合、联系起来，就成了计算多期收益了（例如一个月）。多期归属需要我们混合每组的（或每因素的）贡献，以使混合的每组收益的总和与混合的总收益相等。在接下来的一节中，我们将用线性因素模型来解释连接。但是要注意，在资产分组方法适用的时候，所有的结构都能够直接应用。

联结收益　假定，一个单期资产组合收益用线性因素模型写出。我们从原先讨论中得知，可控资产组合收益如下：[①]

$$r_p(t) = b^p(t-1)F(t) + u_p(t) \tag{19.24}$$

令 $S_k(t)$ 代表单期收益来源，收益来自于第 k 个因素，$k=1, \cdots, K$。$S_k(t)$ 是 $b^p(t-1)F(t)$ 第 k 个要素。令 $S_0(t)$ 代表总的特定收益的贡献。[②] 这包含了收益的 $k+1$ 个来源。根据这些，可把公式（19.24）写成如下形式：

$$r_p(t) = \sum_{k=1}^{K} S_k(t) + S_0(t) \tag{19.25}$$

---

① 在描述收益时，为了避免杂乱的符号，我们去掉了局部（local）的下标。

② 前面，我们把特定收益分解成 N 个部分。

其中，在公式（19.25）中的收益率用百分比形式，间隔为 T 时期（$T>0$）的资产组合总收益（累加的收益在时期 T 内）表述如下：

$$r_p^{t+T-1}(t) = \prod_{h=1}^{T}\left[1 + r_p(t+h-1)\right] - 1$$

$$= \prod_{h=1}^{T}\left[1 + \sum_{k=0}^{K} S_k(t+h-1)\right] - 1 \qquad (19.26)$$

当 $h=1$ 时，单期收益为 $r_p^t(t) = r_p(t)$。

我们的目标是从一特定来源中决定多期归属。一个很自然地从第 k 项来源中得到的 T 时期归属的定义就是从那项来源中获得的累加收益，即：

$$S_k^{t+T-1}(t) = \prod_{h=1}^{T}\left[1 + S_k(t+h-1)\right] \qquad (19.27)$$

注意，公式（19.26）中资产组合收益的含义与公式（19.27）中的收益来源的含义是不一样的。也就是说，你不能通过公式（19.26）来确定公式（19.27），因为来源之间有交叉期限。进一步地检查，公式（19.26）说明多期资产组合收益是收益来源的总和。该总和导致了交叉，使得不能分离任何一个收益的来源。例如，假定 $T=2$（2 期）和 $K=2$（2 个来源）。在此例中，两期收益（从 $t-1$ 到 $t+1$）是：

$$
\begin{aligned}
1 + r_p^{t+1}(t) &= \left[1 + r_p^t(t)\right]\left[1 + r_p^{t+1}(t+1)\right] \\
&= \left[1 + S_0(t) + S_1(t) + S_2(t)\right] \\
&\quad \times \left[1 + S_0(t+1) + S_1(t+1) + S_2(t+1)\right] \\
&= 1 + S_0(t) + S_1(t) + S_2(t) + S_0(t+1) \\
&\quad + S_1(t+1) + S_2(t+1) + S_0(t)S_0(t+1) \\
&\quad + S_0(t)S_1(t+1) + S_0(t)S_2(t+1) + S_1(t)S_0(t+1) \\
&\quad + S_1(t)S_1(t+1) + S_1(t)S_2(t+1) + S_2(t)S_0(t+1) \\
&\quad + S_2(t)S_1(t+1) + S_1(t)S_2(t+1) \qquad (19.28)
\end{aligned}
$$

来源 1（下面 1）的两期收益是多少？如果我们想对混合收益有一个一致的定义，那么答案是 $\left[1 + S_1(t)\right]\left[1 + S_1(t+1)\right]$。但是，根据公式（19.28），由于第一个来源和其他来源的交叉期限，答案是不能直接得出的。公式（19.28）中的所有期限是：

$$
\begin{aligned}
&1 + S_1(t) + S_1(t+1) + S_0(t)S_1(t+1) + S_1(t)S_0(t+1) \\
&+ S_1(t)S_1(t+1) + S_1(t)S_2(t+1) + S_2(t)S_1(t+1) \qquad (19.29)
\end{aligned}
$$

这与 $\left[1 + S_1(t)\right]\left[1 + S_1(t+1)\right]$ 并不相等。很快我们发现，分离收益来源的问题随着混合期限（T）的增加和因素（K）的增加而变得越来越不实用。

对于商业性的应用软件，开发商重视了那些可产生收益归属的报告，由多期收益的计算所产生的，并引用了一些方法来解决这个问题。许多销售方在计算收益归属上（例如，联结多期收益来源）都有自己的一套方法。接下来，我们介绍两种方法来联结收益来源。第一种是由 Frank Russell 公司提出的。这种方法的优点是相对简单，并因此使得联结收益的大量问题更好解释。

联结收益来源的方法　　联结不同时期归属效果的方法有很多。在 Mira-belli（2000/2001）中，可以找到这些方法的最新总结。其中，有一个简单而有效的方法是由 Frank Russell 公司提出的。[①]　这种方法是建立在所谓的连续的混合对数收益和离散的混合现值收益之差上的。在阐述这种方法之前，我们重新回顾一下间断的可连续收益之间的差别。

此前，当我们定义单期局部收益时，只是对第 n 种资产而言，表示为：

$$R_n^\ell(t) = \frac{P_n^\ell(t) + d_n(t-h,t) - P_n^\ell(t-1)}{P_n^\ell(t-1)} \qquad (19.30)$$

它的总收益（包括货币）表示为：

$$R_n(t) = R_n^\ell(t) + E_{ij}(t) + R_n^\ell(t) \times E_{ij}(t) \qquad (19.31)$$

其中，$E_{ij}(t)$ 是汇率收益。公式（19.30）和公式（19.31）中的收益都是百分比形式的。公式（19.30）中的持续时间与单期持续收益互为补充，可表示如下：

$$R_{\log,n}^\ell(t) = \log\left[\frac{P_n^\ell(t) + d_n(t-h,t)}{P_n^\ell(t-1)}\right] \qquad (19.32)$$

总的对数形式的收益，包括货币，写成：

$$R_{\log,n}^\ell(t) = R_{\log,n}^\ell(t) + E_{\log,ij}(t) \qquad (19.33)$$

现在，假定一个累加的收益 $R_n^{t+T}(t)$ ——从 t 到 $t+T$ 得到的 $T+1$ 期现值收益，可由 $T+1$ 单期收益（one-period returns）而得到，也就是，

$$R_n^{t+T}(t) = \prod_{j=0}^{T}[1 + R_n(t+j)] - 1 \qquad (19.34)$$

$T+1$ 期的累加对数收益（log returns），$R_{\log,n}^{t+T}(t)$ ——也是从 t 到 $t+T$ ——是 $T+1$ 单期对数收益的总和，也就是说，

$$R_{\log,n}^{t+T}(t) = \sum_{j=0}^{T} R_{\log,n}(t+j) \qquad (19.35)$$

方程（19.35）揭示了时间总计的对数收益的性质。即单期收益之和与多期收益相等。这是一个非常方便的性质，而现值收益没有。

假定不用现值收益，我们把资产组合的对数收益看成是 $K+1$ 收益来源的一个功能，

$$r_{\log,p}(t) = \sum_{k=0}^{N} S_k(t) \qquad (19.36)$$

由于对数收益是附加在时间上的，因此可以认为我们应该用对数收益来工作，因为时间总计将更简单（如附加的，因此没有交叉期限来担心）。不论怎样，在一个特定的时间点，对数收益并不是资产另一方面的一个附加。也就是说，当用单个资产的对数收益时，资产组合收益不再与加权平均的单个

[①]　具体的，见 David R. Carino, Frank Russell Company Inc., 1999, "Combining Attribution Effects over Time", Journal of Performance Measurement, 5-14。

资产收益相等。这明显导致陷入了一个怎样计算收益的两难困境。

我们能够总结选择对数或现值收益的困境，如下：

● 现值收益是当处理横截面时的附加。也就是一个用到现值收益的单期资产组合收益，是一个单期资产水平现值收益的加权平均。多期现值收益是成倍增加的。

● 对数收益是时间上的一个附加，但不是横截面的。也就是多期对数收益是一连串的单期收益的和。然而，单期收益资产组合对数收益和单期资产水平加权收益总和并不相等。

为了计算多期归属，我们先计算现值收益并将其转化成对数收益。收益的来源通过对数收益来阐述。收益来源和总收益接着被转换回现值收益。特定的，此方法过程如下。

第一步：定义资产组合收益时用现值收益，并估计单期收益来源。这允许我们把资产组合的现值收益写成收益的 $K+1$ 个来源的总和。

$$r_p(t) = \sum_{k=0}^{K} S_k(t) \tag{19.37}$$

第二步：用方程（19.37）乘以资产组合的对数收益对现值收益的比率，这样就把每一个单期资产组合的现值收益转换成了一个连续的资产组合收益，分两步走：

首先，创造一个调节因素：

$$\kappa(t+j) = \frac{投资组合收益 \log 值}{投资组合收益百分比} = \frac{r_{\log,p}(t+j)}{r_p(t+j)} \qquad j=0,\cdots,T \tag{19.38}$$

然后，用每个收益来源乘以调节因素，从而把资产组合现值收益转换成对数收益（log returns）。用方程（19.37）乘以 $K(t+j)$ 得：

$$r_{\log,p}(t+j) = \sum_{k=0}^{K} \kappa(t+j) S_k(t+j) \tag{19.39}$$

方程（19.39）是连续的时间，相对于离散的资产组合收益公式（19.37）。要素 $K(t+j) S_k(t+j)$ 是来源于 $S_k(t+j)$ 的一个连续的混合形式。从先前的讨论中，我们知道单期对数收益加总得到多期收益，也就是，

$$r_{\log,p}^{t+T}(t) = \sum_{j=0}^{T} r_{\log,p}(t+j) \tag{19.40}$$

把公式（19.39）代入公式（19.40）得：

$$r_{\log,p}^{t+T}(t) = \sum_{j=0}^{T} \sum_{k=0}^{K} \kappa(t+j) S_k(t+j)$$
$$= S_{\kappa,0}^{t+T}(t) + S_{\kappa,1}^{t+T}(t) + \cdots + S_{\kappa,K}^{t+T}(t) \tag{19.41}$$

方程（19.41）表明，我们可以将资产组合的收益率 $r_{\log,p}^{t+T}(t)$ 记为 $K+1$ 期组合来源收益率，即各来源收益率之和，$S_{\kappa,k}^{t+T}(t)$ 是依据对数收益率来定义的。得到多期来源收益率的关键在于增加部分是收益率百分率到收益率对数值的转化。

第三步：将方程（19.41）转换回收益率百分率的形式。我们最初是将所有的收益率定义为百分率形式的。因此，第三步就是把公式（19.41）转换回收益率百分率的形式。为完成转化过程，我们定义了新的调整因素，即：

$$\kappa^{t+T}(t) = \frac{\text{多期投资组合收益百分比}}{\text{多期投资组合收益 log 值}} = \frac{r^{t+T}(t+j)}{r^{t+T}_{\log,p}(t+j)}$$

$$= \frac{\prod\limits_{j=0}^{T}[1+r^{1+T}(t+j)]-1}{\sum\limits_{j=0}^{T}r_{\log,p}(t+1)} \qquad (19.42)$$

基于收益率百分率形式的第 k 个来源 $T+1$ 期累计的作用效果定义为：

$$S_k^{t+T}(t) = \frac{\sum\limits_{j=0}^{T}\kappa(t+j)S_k(t+j)}{\kappa^{t+T}(t)} = \frac{S_{\kappa,k}^{t+T}(t)}{\kappa^{t+T}(t)} \qquad (19.43)$$

为得到累计收益率百分数，应用上述转换到公式（19.43），将其结论做如下变化：

$$\prod_{j=0}^{T}[1+r_p(t+j)]-1$$
$$= \frac{r_{\log,p}^{t+T}}{\kappa^{t+T}(t)} = \frac{S_{\kappa,0}^{t+T}(t)}{\kappa^{t+T}(t)} + \frac{S_{\kappa,1}^{t+T}(t)}{\kappa^{t+T}(t)} + \cdots + \frac{S_{\kappa,K}^{t+T}(t)}{\kappa^{t+T}(t)} \qquad (19.44)$$

进一步得到：

$$\prod_{j=0}^{T}[1+r_p(t+j)]-1 = \sum_{k=0}^{K}S_k^{t+T}(t) \qquad (19.45)$$

需要注意的是，我们所做的上述所有分析是将对数收益率转换回收益率的百分数形式。

方程（19.45）表明，累计多期收益率百分数是等于定义为百分数形式的累计多期来源收益率之和的。这些结论将我们的注意力直接导向了动态收益率。在这种情况下，多期动态收益率为：

$$\prod_{j=0}^{T}[1+r_p(t+j)] - \prod_{j=0}^{T}[1+r_b(t+j)] = \sum_{k=0}^{K}S_k^{t+T}(t) \qquad (19.46)$$

收益相关来源的选择方法　Mirabelli（2000/2001）提出了一种收益相关来源的选择方法，即"简单地添加，然后精益求精"。我们将这种方法表述为三个部分。首先，我们说几何复合收益率可以写做资产组合收益率函数变量值的和。我们将这些变量在时间 t 时的值指定为 diff(t)，其定义如下：

$$\text{diff}(1) = [1+R(1)]$$
$$\text{diff}(2) = [1+R(1)]\times[1+R(2)] - [1+R(1)]$$
$$\text{diff}(3) = [1+R(1)]\times[1+R(2)]\times[1+R(3)] - [1+R(1)]$$
$$\qquad\qquad \times[1+R(2)]$$
$$\text{diff}(4) = [1+R(1)]\times[1+R(2)]\times[1+R(3)]\times[1+R(4)]$$
$$\qquad\qquad -[1+R(1)]\times[1+R(2)]\times[1+R(3)]$$

以此类推，其一般形式写作：

$$\text{diff}(t) = \prod_{j=1}^{t} [1 + R(j)] - \prod_{j=1}^{t-1} [1 + R(j)] \tag{19.47}$$

根据以上定义，几何收益率（geometric returns rate）可以记做 diff 之和，即：

$$\prod_{j=1}^{t} [1 + R_{(j)}] - 1 = \sum_{j=1}^{t} \text{diff}(j) - 1 \tag{19.48}$$

方程（19.48）很重要，它使得我们能将几何收益率以求和形式来表示。

然后，我们把 diffs 再写一遍如下，以 diff(2) 为例，将其变形，可得：

$$\begin{aligned}\text{diff}(2) &= [1 + R(1)] \times [1 + R(2)] - [1 + R(1)] \\ &= 1 + R(2) + R(1) + R(1) \times R(2) - 1 - R(1) \\ &= [1 + R(1)] \times R(2)\end{aligned}$$

类似地，我们将 diff(4) 变形，可得：

$$\begin{aligned}\text{diff}(4) &= [1 + R(1)] \times [1 + R(2)] \times [1 + R(3)] \times [1 + R(4)] \\ &\quad - [1 + R(1)] \times [1 + R(2)] \times [1 + R(3)] \\ &= [1 + R(1)] \times [1 + R(2)] \times [1 + R(3)] + [1 + R(1)] \\ &\quad \times [1 + R(2)] \times [1 + R(3)] \times R(4) - [1 + R(1)] \\ &\quad \times [1 + R(2)] \times [1 + R(3)] \\ &= \{[1 + R(1)] \times [1 + R(2)] \times [1 + R(3)]\} \times R(4)\end{aligned}$$

由此，我们得到其一般形式为：

$$\text{diff}(t) = \prod_{j=0}^{t-1} [1 + R(j)] \times R(t) \tag{19.49}$$

令 $r(t)$ 来表示资产组合在时间 t 的一期收益率，整个 T 时期的几何收益率可以记做：

$$\prod_{j=1}^{T} [1 + r(j)] - 1 = \sum_{t=1}^{T} \left\{ \prod_{j=0}^{t-1} [1 + r(j)] \times r(t) \right\} - 1 \tag{19.50}$$

此时，我们定义 $r(0) = 0$。

方程（19.50）使我们可以将 T 时期整体的几何收益率写成 T 个一期收益率的和，即 $R(t)$。$R(t)$ 是以 1 加上从时间 0 到时间 $t-1$ 资产组合的几何收益率来度量的。

我们以计算 4 期资产组合的整体收益率为例，在这种情况下，我们可得：

$$\begin{aligned}\prod_{j=1}^{4} [1 + r(j)] &= r(1) + [1 + r(1)] \times r(2) + [1 + r(2)] \\ &\quad \times r(3) + [1 + r(3)] \times r(4)\end{aligned} \tag{19.51}$$

这种方法的第三部分包括将第 t 期的资产组合收益率依据相关要素的权重及收益率来表示，即：

$$r(t) = \sum_{n=1}^{N} w_n R_n(t)$$

其中，我们假设资产组合里有 N 项资产，并且 w_n 表示第 n 项资产的权重。将上式代入公式（19.50）可得：

$$\prod_{j=1}^{T}\bigl[1+r(j)\bigr] = \sum_{t=1}^{T}\Bigl\{\prod_{j=0}^{t-1}\bigl[1+r(j)\bigr]\times\sum_{n=1}^{N}w_nR_n(t)\Bigr\} \qquad (19.52)$$

方程（19.52）形成了计量在单个资产或更低级别的收益的贡献（contribution to returns）率及收益相关来源的基础。为了看清这一点，我们举如下例子。假定一个资产组合中有 3 项资产（$N=3$），资产组合收益在 4 期后实现（$T=4$）：

$$\prod_{j=1}^{4}\bigl[1+r(j)\bigr]-1$$

$$=\sum_{n=1}^{3}w_nR_n(1)+\bigl[1+r(1)\bigr]\times\sum_{n=1}^{3}w_nR_n(2)+\bigl[1+r(1)\bigr]\times\bigl[1+r(2)\bigr]$$

$$\times\sum_{n=1}^{3}w_nR_n(3)+\bigl[1+r(1)\bigr]\times\bigl[1+r(2)\bigr]\times\bigl[1+r(2)\bigr]$$

$$\times\sum_{n=1}^{3}w_nR_n(4)-1 \qquad (19.53)$$

然后我们一期一期地分解（忽略负值）。

在时间 $t=1$ 时，

对于几何收益的贡献率
$=w_1R_1(1)+w_2R_2(1)+w_3R_3(1)$

在时间 $t=2$ 时，

对于几何收益的贡献率
$=\bigl[1+r(1)\bigr]\times\bigl[w_1R_1(2)\bigr]+w_2R_2(2)+w_3R_3(2)$

在时间 $t=3$ 时，

对于几何收益的贡献率$=\bigl[1+r(1)\bigr]\times\bigl[1+r(2)\bigr]\times\bigl[w_1R_1(3)\bigr]$
$+w_2R_2(3)+w_3R_3(3)$

在时间 $t=4$ 时，

对于几何收益的贡献率$=\bigl[1+r(1)\bigr]\times\bigl[1+r(2)\bigr]\times\bigl[1+r(3)\bigr]$
$\times\bigl[w_1R_1(4)\bigr]+w_2R_2(4)+w_3R_3(4)$

然后我们定义：

$$\gamma(t-1)=\prod_{j=1}^{t-1}\bigl[1+r(j)\bigr]$$

其中，$r(0)=1$。利用这个符号，资产 1 对资产组合的几何收益率的贡献可以记做：

$$w_1R_1(1)+\gamma(1)w_1R_1(2)+\gamma(2)w_1R_1(3)+\gamma(3)w_1R_1(4) \qquad (19.54)$$

一般来讲，第 n 项资产对资产组合收益率的贡献是：

$$\sum_{t=1}^{T}\gamma(t-1)w_nR_n(t)$$

现在，我们可以将公式（19.52）再写一遍，此时的资产组合几何收益率为：

$$\prod_{j=0}^{T}[1+r(j)]-1 = \sum_{n=1}^{N}\sum_{t=1}^{T}\gamma(t-1)w_n R_n(t)-1 \qquad (19.55)$$

此式结束了我们对 Miraberlli 的公式的阐述。概况地讲，我们已经得到了收益率的累计结果（如几何收益率等），并将其表述为各期收益率之和。在时间 t，每期对于收益率的贡献是以资产组合的几何收益率来度量的，计算的期限从贡献开始到第 $t-1$ 期为止。最后请注意，尽管我们可以在不使用近似的情况下将几何收益率表述为所有单期收益率之和，但交叉期限仍是包含在内的。

至此，我们完成了对多期收益贡献率之后计算的介绍。相关结论将收益率来源产生的方法、基于模型的因素近似和资产分组的理论结合了起来。下面我们将转向对国际股票资产组合的探讨。

国际资产组合收益的贡献

在这一节中，我们阐述在国际股票资产组合情况下的收益贡献率。假定有这样一项资产组合，它可能持有货币和股票期货、远期、美国存括凭证（American depositary receipts，ADRs）、现金和类似投资工具。

概述：资产组合贡献率及收益率

对于国际股票资产组合，我们要找出并度量对于可控基准及动态资产组合的收益来源。这些来源包括：

1．国家。
2．货币（包括远期）。
3．投资方式。
4．产业及部门。
5．资产（包括现金和期货）。
6．交叉产品（度量货币与其他来源的相互作用的）。

我们从国家、产业、部门和资产对资产组合总的和局部的收益率来度量其收益贡献率，此时的总收益率包含了货币（汇率）收益率和局部收益率。在度量多货币贡献率时，我们用两种方式来表示收益来源——包含和不包含货币影响。

对于单个国家贡献方法来讲，现在有了另外的三个收益来源：（1）国家；（2）货币；（3）交叉产品。

1．国家的影响度量了国家风险对收益率的贡献，总的和局部的收益率都包含它。

2．货币的影响度量了货币风险对收益率的贡献。我们把货币的影响分成了两部分，即货币非预期费用和远期溢价（forward premium）。前者的数量不定，然而后者是确知的。

3. 交叉产品的期限度量了货币影响和局部收益的相互作用。一般来讲，相对于至今我们所说的其他来源来讲，这种相互作用的影响是比较小的。然而，如果资产组合的权重（或收益率）与基准的权重（或收益率）存在显著的差异，那么这个相互作用就有较大影响了。为了简便起见，相互作用经常是同其他来源结合起来的。

表 19.1 概述了 6 种收益来源以及计算每种收益的类型。

表 19.1   国际股票投资组合的收益来源：被管理的、基准的和积极的投资组合的贡献和收益

来源	贡献	收益	用单个国家模型？
国家	总的和地区收益	总的和地区	可能
流动性	总收益	流动	不能
投资形式	总的和地区收益	总的	可以
产业和部门	总的和地区收益	总的和地区	可以
资产	总的和地区收益	总的和地区	可以
总产量	总收益	总的	不能

在以下的分析中，我们利用了百分比收益率。一项资产组合的百分比形式收益率是：

$$r_p(t) = [1 + r_p^\ell(t)][1 + E_{ij}(t)] - 1 \tag{19.56}$$

我们用 $w^p(t-1)$ 表示一个资产组合权重的 N 维向量，并且这些权重是在考虑报告期货币的基础上建立的。换句话讲，构成权重的名义数量在各自资产组合报告期货币里得以体现。在资产组合的报告期货币是美元的情况下，用所有的头寸（positions）到美元的转换来构建这些权重。

可控资产组合的总收益率 $r_p(t)$ 可以写成（从公式（19.56）中得到的）：

$$\begin{aligned}
r_p(t) &= \sum_{n=1}^{N} w_n^p(t-1) R_n(t) \\
&= \sum_{n=1}^{N} w_n^p(t-1) R_n^\ell(t) + \sum_{n=1}^{N} w_n^p(t-1) E_{ij,t} \\
&\quad + \sum_{n=1}^{N} w_n^p(t-1) E_{ij}(t) R_n^\ell(t) \\
&= \ell^p(t) + \varepsilon^p(t) + xc^p(t)
\end{aligned} \tag{19.57}$$

从方程（19.57）中我们可以看出来，可控资产组合的收益率是下列因素的总和，它们包括：

- 局部收益率，$l^p(t)$。
- 资产组合汇率收益率，$\varepsilon^p(t)$。
- 汇率收益率和局部收益率的交叉项，$xc^p(t)$。

全球因素模型（global factor model）

全球因素模型表述了依据局部因素记录收益率及交叉期限确定的总资产收益率的横截面。该模型的数学表达式为：

$$R(t) = B^\ell(t-1)F^\ell(t) + u^\ell(t) + E_{ij}(t) + xc(t) \tag{19.58}$$

我们以 $w^p(t-1)$ 来表示市场资产组合的权重。资产组合的收益率 $w^m(t-1)^T$ $R(t)$ 可以分解为以下来源：国家、货币、投资方式、行业、部门及其他特殊来源。对于总收益率的特定收益的贡献是基于时期 $w^m(t-1)^T u^\ell(t)$ 的。与此类似，货币贡献率以 $w^m(t-1)^T E_{ij}(t)$ 的形式给出。这个贡献率可分解成两部分：远期溢价和非预期货币变化。[①]

我们用以下方式讲述远期溢价和货币非预期价值合并到货币收益率当中。首先，从计算自 $t-1$ 到 t 期的持有国外货币收益率中，重新得到结论 $E_{ij}(t) = [X_{ij}(t) - X_{ij}(t-1)]/X_{ij}(t-1)$。然后，用 $FR(t)$ 表示在时间 $t-1$ 时远期的汇率（表现为报告期整个基本货币），它是与远期在时间 t 的交付相对应的。此时，货币对应时间 t 的 $t-1$ 期收益率写作：

$$E_{ij}(t) = \frac{X_{ij}(t) - FR(t) + FR(t) - X_{ij}(t-1)}{X_{ij}(t-1)} \tag{19.59}$$

因为此时收益率是在 $t-1$ 期计算的，所以 $X_{ij}(t)$ 是不确定的，$E_{ij}(t)$ 也不确定。根据公式（19.59），不确定的货币收益率由两部分组成：货币的非预期值（currency surprise）$s(t)$ 和远期溢价 $fp(t)$。

$$E_{ij}(t) = \underbrace{s(t)}_{\text{货币的非预期值}} + \underbrace{fp(t)}_{\text{远期溢价}} \tag{19.60}$$

其中，$s(t) = [X_{ij}(t) - FR(t)]/X_{ij}(t-1)$
$fp(t) = [FR(t) - X_{ij}(t-1)]/X_{ij}(t-1)$

请注意，在 $t-1$ 期，货币的非预期值是不知道的，然而远期溢价则是已知的。因此从货币中合并贡献率的收益来源仅能以货币的非预期值来度量。它不能作为预先已知的货币收益来源的一部分。在计算贡献率时，我们可以直接将公式（19.60）代入公式（19.58）中，从而得到货币的非预期值的贡献率。因为积极管理的价值在于它对收益不确定来源的预测能力，因此业绩归属应关注依赖货币未预期收益率获得积极收益率的能力。

从汇率和资产组合局部收益的相互作用中，$w^m(t-1)^T xc(t)$ 得到了对资产组合收益的贡献率。

资产分组理论

为了得到基于资产分组理论的国际资产组合表达式，我们做了如下定义：

$w_c^b(t-1)$　　基准资产组合中第 c 个国家的权重；

$w_c^p(t-1)$　　可控资产组合中第 c 个国家的权重；

$r_b^c(t)$　　构建于基准资产组合中第 c 个国家总的收益率；

$l_b^c(t)$　　构建于基准资产组合中第 c 个国家的局部收益率；

---

① 以上所述内容包含了 G. P. Brinso 和 N. Fachler 在 1985 年 "*Journal of Management*" 春季号上发表的 "Measuring Non-U. S. Equity Portfolio Performance" 及 E. M. Ankrim 和 C. H. Hensel 在 *Financial Analysts Journal* 1994 年 3 月至 4 月号第 29～35 页上发表的 "Multicurrency Performance Attribution" 的相关内容。

$l_p^c(t)$ 　　　　　构建于可控资产组合中的第 c 个国家的局部收益率;

$l_b(t)$ 　　　　　构建于基准资产组合中的局部收益率。

利用以上这些定义,我们可以运用国家、货币、投资方式、行业、部门和资产来构建对一个资产组合收益的贡献率。然而,该结论应用到了可控资产组合中,也延伸到了动态的和基准的资产组合中。

对于收益率的国家贡献　　对于一个给定的国家,计算对于该国的每个头寸的敞口。例如,如果头寸对于一国是有敞口的,则其可能含有风险,否则为 0。用 $q_{n,c}(t)$ 来表示第 c 国第 n 项资产组合的风险,对第 c 国的一期贡献做如下定义:

对于可控资产组合总的收益第 c 国的贡献率为:

$$\sum_{n=1}^{N} q_{n,c}(t) w_n^p(t-1) R_n(t)$$

对于资产组合的局部收益率的贡献是:

$$\sum_{n=1}^{N} q_{n,c}(t) w_n^p(t-1) R_n^l(t)$$

除贡献率之外,我们还可以计算收益率。

● 计算可控资产组合持有部分,第 c 国总的收益率是:

$$\sum_{n=1}^{N} q_{n,c}(t) w_n^p(t-1) R_n(t) \div \sum_{n=1}^{N} q_{n,c}(t) w_n^p(t-1)$$

● 计算可控资产组合的持有部分,第 c 国局部收益率是:

$$\sum_{n=1}^{N} q_{n,c}(t) w_n^p(t-1) R_n^l(t) \div \sum_{n=1}^{N} q_{n,c}(t) w_n^p(t-1)$$

除上述计算外,对于每个国家,我们还确定并测度了收益的四种来源。包括所有国家在内的来源总和是相对于资产组合总的动态收益率而言的。

1. 国家货币持有权重(country currency weight)。相对于基准资产组合的货币敞口,这是一个怎样很好度量资产组合敞口已经得到控制的方法。国家货币持有权重近似等于可控资产组合汇率和收益率同基准资产组合收益率的差值。国家货币持有权重由两部分构成:(1)相关货币权重;(2)货币作用效果。

相关货币权重度量货币风险对从可控国家权重与基准国家权重差值得到的动态资产组合总收益率的影响。

货币作用效果度量货币风险对从不同货币作用中得到的动态资产组合总收益率的影响。

2. 国家配置(country allocation)(例如:市场权重)。它度量了对从选择不同国家对于基准资产组合有差异部分所得到的动态资产组合收益率的影响。

3. 国家股票选择(country stock selection)。在每个国家中,它度量了股票选择对动态资产组合总收益率的影响。它提供了一种度量资产组合经理在一个国家选择股票的能力的方式。

4. 国家部门权重（country sector selection）。在每个国家中，它度量了相关部门在动态资产组合总收益率上的权重。它提供了一种度量资产组合经理在一国选择产业部门的能力的方式。

下面我们更为详细地解释此计算过程。

国家货币持有权重是相关货币权重效果及货币作用效果的总和。对于第 c 个国家，它们被定义如下：

相关货币权重：

$$[w_c^p(t-1)-w_c^b(t-1)]\times\{[r_b^c(t)-\ell_b^c(t)]-[r_b(t)-\ell_b(t)]\} \quad (19.61)$$

货币作用：

$$w_c^p(t-1)\times\{[r_p^c(t)-\ell_p^c(t)]-[r_b^c(t)-\ell_b^c(t)]\} \quad (19.62)$$

国家货币持有权重等于公式（19.61）加上公式（19.62），然后对所有国家加总，得到：

$$\{[r_p(t)-\ell_p(t)]-[r_b(t)-\ell_b(t)\} \quad (19.63)$$

国家的配置（如市场权重）以以下方式计算（对第 c 国的）：

$$[w_c^p(t-1)-w_c^b(t-1)]\times[\ell_b^c(t)-\ell_b(t)] \quad (19.64)$$

为了定义国家股票选择和国家部门权重，我们需要定义一些附加变量。我们假定在 C 个国家中，每个国家都有 $J(j=1,\cdots,J)$ 个部门。

$\ell_{b^c(j)}^{S_c(j)}(t)=$ 基于基准资产组合的第 C 国第 j 个产业部门的局部收益率。

$\ell_{p^c(j)}^{S_c(j)}(t)=$ 基于可控资产组合的第 C 国第 j 个产业部门的局部收益率。

$w_{S_c(j)}^b(t-1)=$ 第 C 国第 j 个产业部门的基准资产组合权重。

$w_{S_c(j)}^p(t-1)=$ 第 C 国第 j 个产业部门的可控资产组合权重。

国家股票选择定义如下（对于第 C 国）：

$$w_c^p(t-1)\times\left\{\sum_{j=1}^{J}\frac{w_{S_c(j)}^b(t-1)}{w_c^p(t-1)}[\ell_{p^c(j)}^{S_c(j)}(t)-\ell_{b^c(j)}^{S_c(j)}(t)]\right\} \quad (19.65)$$

国家部门权重定义如下（对于第 C 国）：

$$w_c^p(t-1)\times\left\{\sum_{j=1}^{J}\frac{w_{S_c(j)}^p(t-1)}{w_c^p(t-1)}-\frac{w_{S_c(j)}^b(t-1)}{w_c^p(t-1)}[\ell_{p^c(j)}^{S_c(j)}(t)-\ell_b^c(t)]\right\}$$
$$(19.66)$$

在资产组合方法中，[1] 把远期溢价定义为：

（资产组合权重－基准权重）×（预期货币收益－基准资产组合的平均溢价），这时候（如在度量期汇溢价效果时），货币管理效果表示为：（资产组合权重－基准权重）×（货币非预期值－总的基准货币的非预期值）＋（期汇合约调整）。

---

① 详见 Brinson，Fishler（1985）和 Ankrim，Hensel（1994）。

将货币管理和远期溢价效果结合到一起的方法，有助于投资者精确地测度通过对国际资产组合中单个股票、国家和货币套期保值的积极管理所带来的价值增加量。

对于收益率的货币贡献（currency contributions）　对于一种给定的货币，计算对该货币的每一头寸的风险，每一头寸对于货币来讲有一项风险。第 j 国货币对可控资产组合总收益率的贡献为：

$$\sum_{n=1}^{N} y_{n,j}(t) w_n^p(t-1) E_{nj}(t)$$

通过可控资产组合持有部分计算第 j 国货币总的收益率。

$$\sum_{n=1}^{N} y_{n,j}(t) w_n^p(t-1) E_{nj}(t) \div \sum_{n=1}^{N} y_{n,j}(t) w_n^p(t-1)$$

行业和部门对收益率的贡献　行业和部门贡献率的计算方法同国家的贡献率及收益率的计算方法是一样的。我们用 $I_{n,s}(t)$ 来表示在第 S 个行业中第 n 个头寸的权重。一般地，如果伴随第 n 个头寸的公司在第 S 个行业中，$I_{n,s}(t)$ 将占有一定价值。

第 S 个行业对于可控资产组合总的收益贡献率是：

$$\sum_{n=1}^{N} I_{n,s}(t) w_n^p(t-1) R_n(t)$$

对于资产组合的局部贡献（sector contribution）是：

$$\sum_{n=1}^{N} I_{n,s}(t) w_n^p(t-1) R_n^\ell(t)$$

行业收益率用以下方式计算：
● 从可控资产组合持有部分计算得到的第 S 个行业总的收益率为：

$$\sum_{n=1}^{N} I_{n,s}(t) w_n^p(t-1) R_n(t) \div \sum_{n=1}^{N} I_{n,s}(t) w_n^p(t-1)$$

● 从可控资产组合持有部分计算得到的第 S 个行业的局部收益率为：

$$\sum_{n=1}^{N} I_{n,s}(t) w_n^p(t-1) R_n^\ell(t) \div \sum_{n=1}^{N} I_{n,s}(t) w_n^p(t-1)$$

相同的计算也适用部门，其中的部门代表了一个或多个行业的联合。

对于每个行业和部门，我们定义了一种股票选择和分组权重的度量方法。

● 股票选择（依据总收益率）对于在一个特殊时间点上，第 i 个行业来讲，它被定义为行业可控权重$(t-1)×$[基于可控资产组合(t)行业总的收益率—基于基准资产组合(t)行业总的收益率]。

● 对于第 i 个行业在特殊时间点上的分组权重（依据总收益率），它被定义为，行业的动态权重$(t-1)×$\{基于基准资产组合(t)的行业总收益—[基准的总收益率(t)—现金(t)]\}。

对于所有行业的整体，股票选择和分组权重的总体是：

$$总量 = \sum_{i=1}^{s} w_i^p(t-1) \times [r_{i,p}(t) - r_{i,b}(t)] + \sum_{i=1}^{s} w_i^a(t-1)$$
$$\times [r_{i,b}(t) - r_b(t)]$$
$$= [r_p(t) - 现金收益] - \sum_{i=1}^{s} w_i^p(t-1) r_{i,b}(t)$$
$$+ \sum_{i=1}^{s} w_i^p(t-1) r_{i,b}(b) - \sum_{i=1}^{s} w_i^b(t-1) r_{i,b}(t)$$
$$- \sum_{i=1}^{s} w_i^a(t-1) r_b(t)$$
$$总数 = [r_p(t) - 现金收益] - r_b(t)$$
$$- \sum_{i=1}^{s} w_i^a(t-1) r_b(t)$$

投资方式对收益率的贡献 投资方式的贡献率及收益率用以下方法计算。

1. 根据他们的敞口和特殊的投资方式将资产分组（如通过市场资本总额来划分资产）。

2. 将已分类的资产分成 10 组，分割点以十分位数（或其他分位数）来表示。

3. 对于每一个十分位组，计算它们对总的和局部收益率的贡献。请注意，对于一个给定的投资形式，所有各组的可控贡献率的和等于资产组合的可控收益率。

4. 计算每个十分位组总的和局部的收益率。

资产数量对收益率的贡献 除我们定义的可控的、基准的和动态的贡献率外，还有四种不同的资产数量贡献率，它们包括：

1. 与分组相比是相对的。对于第 n 项资产在时间 t 上，它被定义为：动态权重×（资产组合收益－基于基准的第 i 组总收益）。

2. 与总量相比是相对的。对于第 n 项资产在时间 t 上，它被定义为：动态权重×（资产组合收益－基准总收益）。

3. 与分组相比是绝对的。对于第 n 项资产在时间 t 上，它被定义为：可控权重×（资产组合收益－基于基准的第 i 组总收益）。

4. 与总量相比是绝对的。对于第 n 项资产在时间 t 上，它被定义为：可控权重×（资产组合收益－基准总收益）。

重要的实质问题

在这一节中，我们将阐述怎样计算一项资产组合的残差收益（residual return），同时它也是官方报告收益与预期收益的差。在情况确定时，残差收益是小的，有种算法在不影响任何单个收益来源时可以将残值缩小。我们可以利用这种算法。

业绩度量与收益归属

依据从我们一开始讨论收益归属时就形成的惯例，对于一个给定的价值和时期，确定的收益来源对于官方报告收益来源不是必需的。此时，收益归属是依赖于对资产组合官方收益（official return）的预计的。这个预计值是从时间 $t-1$ 时资产组合权重和时间 t 时的收益率来得到的。如果没有当天现金流量或交易，则预计值和官方收益率在下列条件下应该是相等的，这些条件包括：

● 在收益归属中，用来计算资产组合权重的价格与用来计算官方报告收益率所用价格是相同的。

● 在收益归属中，用来计算资产组合权重的资产持有部分与用来计算官方报告收益率的持有部分是相同的。

● 用于收益归属中的资产（构成部分）数量收益，是从价格和现金流（如股票）得到的，这两者同用来计算官方报告收益率的所用价格和现金流是相同的。

官方报告资产组合收益率和预计的资产组合收益率的差值称为残值。在残值不为 0 时，收益来源会变得不真实。当然，当残留净值变大时，这一问题会变得更显著。原因很简单，在我们寻找归属时，我们是在做关于预计收益率的，即我们找到了预计收益的来源。预计收益率同官方报告收益率的差值越大，来源同官方收益率的相关性就越小。

在实践中，我们通过首次测度残值来处理非零残值的问题，然后报告它。如果我们认为残值小到了我们允许的范围内，那么我们将残值分布到所有收益来源中。在下一节中，我们会简短地阐述一种建立于残差分布的算法。

一种调整官方和预期资产组合收益率的算法

在可能实现的情况下，经理们应该尽可能经常地计算残值期，我们应该计算每日收益来源的情况，资产组合每日的官方报告收益率同预期收益率的差值是从资产组合头寸和一部分总收益率中得到的。一般情况下，计算资产组合的时期越短，残留期就越小。这种情况的原因在于，随着资产组合收益率水平的提高，相应的发生期内（intraperiod）交易和现金流的可能性也在增大。

我们用 RES(t) 表示 $t-1$ 期到 t 期计算的残值期。我们的目的是使残留值为 0，以这种方法使计算收益来源的影响最小化。如果我们在基于因子模型的情况下运用收益归属，则收益来源是从 k 个因素和一个特定时期得到的。由于这个特定时期由 N 项资产的特定贡献组成，我们总共得到了 $N+K$ 个来源。在差异分析中，收益来源开始于资产水平，然后依据我们是否对行业、部门、国家和其他的贡献率感兴趣来加以合计。准确的数据取决于我们是否对于可控的、基准的和动态的资产组合运用差异分析。我们的目标是将残留期尽可能地分散到更多的来源中。

假设某一动态投资组合有 Q 项收益来源，在实际中，在受控的或基准资产组合中，独立资产的数量确定了来源的数量。例如，我们应用一个 3 因子模型得到一个以标准普尔 500（S&P500）为背景管理的资产组合，然后我们可能有大约 503 个收益来源，我们是这样来计算的：

1. 每天计算资产组合的预计收益，从官方书籍和记录中得到官方报告收益率。

2. 计算 RES(t)，它是官方的和预计的资产组合收益率的差值。

3. 计算 $d =$ RES(t)$/Q$，它是我们可任意调换的贡献率中最大的一个。

4. 在每项贡献率中增加 d，但以下两项不能改：①原来贡献率的符号，②原来贡献率的地位。

请注意，在此种算法中，假设残差来源是随机的，并且不依赖于任何特定的因素和资产。如果存在一个残值的系统性来源，那么我们期望能够通过监测一个过程来找到它。以上所述及的过程即指度量和评价对于每个已有记录的资产组合的一天残值收益。这个日常的监测过程增加了系统性残值来源被一种及时方式识别出来的可能性。

为了更好地理解残值可以受收益归属的影响，假定我们计算一项资产组合的 6 个月的（126 个工作日）收益归属。每个工作日的残值是 0.25 基准点，如果我们在此期间内的任意一天运用一天的归属，那么残值大小可能看不出来，直至我们的报告展示所有的基准点。然而，假设在整个时期内残值都是固定的，6 个月期的复合资产组合收益会有大概 32 个基准点的残值（126×0.25bps）。

为了减少 6 个月期的残值，我们对于每天的收益来源应用上面所提到的调整计算方式，在动态资产组合中，如果有 100 项资产（收益来源），那么我们通过 25/100bps 或 0.002 5bps 每天的最大值来调整每项资产的贡献量 1 对于整个 6 月期的收益来源而言，复合调整平均值是 0.32 个基准点。此外，原来的来源的地位是不受影响的。

只有在残值小到对结果不产生实质影响的情况下，上述的算法才能被应用。一般地，它要求我们有每天的官方报告收益率，没有官方收益率时，这种计算方法不能用。

最后，我们要尽可能频繁地对计算残值给出额外的解释。假定经理有收益归属报告，并且对于受控资产组合在某一特定月的残值是 0.5bps，这个普通股资产组合的经理可能把这一残差看做很小，特别是在资产组合的收益率相对较大时——如 5％。我们提出的问题是：残差真的很小吗？

为了回答这个问题，经理人可以关注整个月中每天的残值，即得到每天的头寸文件，计算受控资产组合收益率和官方收益率的差值（在整个归属计算期内）。假定经理人发现这个月除去两天外，每天残值的总和是近似等于月残值的，我们可能不大情愿断定月残值很小。事实上，月残值很有可能是无价值的。

小　结

收益汇报是这样一个过程，通过它可以识别和度量资产组合收益的来源。经理人可以依靠自己限定的或是来源于商业系统的收益形成归属报告。系统的差异会在某些假定下发生改变，从计算方法应用到表述收益来源的专业术语。计算方法与专业术语的不同会造成混乱，使经理人难以弄清他们资产组合的来源。

这一章复习了一些通常使用的收益归属方法。尽管我们最后表述的结果已推广到其他资产形式，但我们仍着眼于证券资产组合。我们阐明了不同的方法，它们是可以应用于可获得的商业系统在普通的术语和标志框架内的方法。

我们首先讨论了度量和收益计算，接着为计算收益归属提出了单个和国际的框架，它包含基于近似的单因素模型和资产分组理论。最后我们复习了与收益的贡献相关的实际问题。这些问题包括计算残值收益率和残值分布的计算方法，其目的是使预计的收益和官方的收益率一致。

表 19.2 和表 19.3 概括了这一章的相关结论表达式。

表 19.2   因素模型——收益贡献的基础定义

名称	定义	公式
1. 对积极总收益的贡献		
a 资产	第 n 种资产对总积极收益的贡献	$w_n^a(t)^T R_n(t)$
b 行业	第 i 个行业资产对总积极收益的贡献	$b_i^a(t-1)^T F_i(t)$
c 投资类型	第 k 种资产类型对总积极收益的贡献	$b_k^a(t-1)^T F_k(t)$
d 国家	第 c 个国家对总积极收益的贡献	$b_c^a(t-1)^T F_c(t)$
e 货币	第 g 个货币对总积极收益的贡献	$b_g^a(t-1)^T F_g(t)$
2. 对积极局部收益的贡献		
a 资产	第 n 种资产对局部积极收益的贡献	$w^a(t)^T R^l(t)$
b 行业	第 i 个行业资产对局部积极收益的贡献	同 1b
c 投资类型	第 k 种资产类型对局部积极收益的贡献	同 1c
d 国家	第 c 个国家对局部积极收益的贡献	同 1d
3. 特殊贡献	特殊收益对积极收益的贡献	$w^a(t)^T u(t)$
4. 因素贡献	所有因素对积极收益的贡献（假定 k 种因素）	$\sum_{k=1}^{K} b_k^a(t-1)^T F_k(t)$
5. 市场时机	积极贝塔（Beta）系数乘以市场真实收益和长期市场收益之间的差异	$\beta^a(t)[r_m(t)-\bar{r}_m(t)]$
6. 期望收益	积极贝塔（Beta）系数乘以长期市场收益	$\beta^a(t)\bar{r}_m(t)$
7. 未预期收益	积极收益减去期望收益	$r^a(t)-\beta^a(t)\bar{r}_m(t)$
8. 股票选择	未预期收益减去市场时机（market timing）和因素贡献的总和	$r^a(t)-\beta^a(t)\bar{r}_m(t)$ $-\beta^a(t)[r_m(t)-\bar{r}_m(t)]$ —因素贡献

表 19.3   对收益的贡献(contributions to returns)的资产分组(Asset grouping)定义

名称	定义	公式
1. 总股票选择	相对于基准,股票好/不好的总体业绩或股票分组	$S(t) = \sum_{i=1}^{I} w_i^b(t-1) \times [r_{i,p}(t) - r_{i,b}(t)]$
a 第 i 组股票的选择	相对于基准,业绩不好的股票或特殊分组	$S_i(t) = w_i^b(t-1) \times [r_{i,p}(t) - r_{i,b}(t)]$
2. 配置效果(分组权重)	基于一种分组和另一种分组的相对赋权的总绩效度量方法	$A(t) = \sum_{i=1}^{I} A_i(t)$
a 第 i 组股票的配置效果	基于一种分组和另一种分组的相对赋权的绩效度量方法	$A_i(t) = [w_i^p(t-1) - w_i^b(t-1)] \times [r_{i,b}(t - r_b(t))]$
3. 第 i 组股票的相互作用	获得积极权重和股票选择相互作用的交叉项(截项)	$I_i(t) = [w_i^p(t-1) - w_i^b(t-1)] \times [r_{i,p}(t) - r_{i,b}(t)]$
4. 与分组相比是相对的(据资产)	积极权重乘以资产收益和由基准表示的第 i 组收益之间的差值	$w_n^a(t-1) \times [R_n(t) - r_{i,b}(t)]$
5. 与总量相比是相对的(据资产)	积极权重乘以资产收益和基于基准的总收益之间的差值	$w_n^a(t-1) \times [R_n(t) - r_b(t)]$
6. 与分组相比是绝对的(据资产)	可控权重乘以资产收益和基于基准的总收益之间的差值	$w_n^p(t-1) \times [R_n(t) - r_{i,b}(t)]$
7. 根据分组与总量相比是绝对的	可控权重乘以资产收益和基于基准的总收益之间的差值	$w_n^p(t-1) \times [R_n(t) - r_b(t)]$
8. 根据分组与分组相比是相对的(例如,行业)	同 4,但是用行业/国家/部门代替资产	同 4,但是根据分组
9. 根据分组与总量相比是相对的(例如,行业)	同 5,但是用行业/国家/部门代替资产	同 5,但是根据分组
10. 根据分组与分组相比是绝对的(例如,行业)	同 6,但是用行业/国家/部门代替资产	同 6,但是根据分组
11. 根据分组与总量相比是绝对的(例如,行业)	同 7,但是用行业/国家/部门代替资产	同 7,但是根据分组
12. 相对货币权重	度量货币敞口对积极资产组合总收益的影响,该影响源于可控国家和基准国家权重之间的差值	$[w_c^p(t-1) - w_c^b(t-1)] \times \{[r_b^c(t) - \ell_b^c(t)] - [r_b(t) - \ell_b(t)]\}$
13. 货币业绩表现	度量货币敞口对积极资产组合总收益的影响,该影响源于不同货币业绩	$w_c^p(t-1) \times \{[r_p^c(t) - \ell_p^c(t)] - [r_b^c(t) - \ell_b^c(t)]\}$
14. 国家货币持有权重	度量已经被控制的资产组合货币敞口相对于在基准资产组合中货币敞口如何	12+13
15. 国家配置	通过在与基准不同的部分中选择不同国家,度量对积极收益的影响	$[w_c^p(t-1) - w_c^b(t-1)] \times [\ell_b^c(t) - \ell_b(t)]$

名称	定义	公式
16.国家股票选择	在每个国家中,度量股票选择有关于积极资产组合总收益的影响。它提供了在一个国家中资产组合经理人选择股票的能力	$w_c^p(t-1) \times$ $\left\{ \sum_{j=1}^{J} \frac{w_{s(j)}^p(t-1)}{w_c^p(t-1)} \left[\ell_p c^{(j)}(t) - \ell_b\, c^{(j)}(t) \right] \right\}$
17.国家部门权重	在每个国家中,度量相关部门赋权对积极资产组合总收益的影响	$w_c^p(t-1) \times$ $\left\{ \sum_{j=1}^{J} \frac{w_{s_{c(j)}}^p(t-1)}{w_c^p(t-1)} \frac{w_{s_{c(j)}}^b(t-1)}{w_c^b(t-1)} \left[\ell_{bf_{(t)}^{(j)}} - \ell_b(t) \right] \right\}$
18.货币贡献	货币敞口对总收益的贡献	$\sum_{n=1}^{N} y_{n,j}(t) w_n(t-1) e_{nj}(t)$
19.国家贡献	货币敞口对总收益的贡献	$\sum_{n=1}^{N} q_{n,c}(t) w_n(t-1) R_n(t)$ $\div \sum_{n=1}^{N} q_{n,c}(t) w_n(t-1)$

第20章

证券风险因子模型

波得·桑桂（Peter Zangari）

绪　论

因子模型在投资管理实践中已经得到广泛的应用。在这一章中，我们将详细阐述证券风险因子模型（equity risk factor models）的基本原理。本章在以下三个方面对因子模型的一般决策制定过程、教育和研究进行了介绍：

1. 对于投资管理界所关注的各种因子模型，我们给出了一种分类法。我们将一些关于因子模型的零散的学术理论和产业文献组织起来，并用一致的专业术语表示，以便学习和理解因子模型和其结果。

2. 本章是为基于线性横截面的（cross-sectional）因子模型的风险计算服务的。这种模型在专业的证券投资中已经得到了广泛的应用。对于依赖这些信息的从业者来说，详细的理解是关键，我们为基于模型的因子风险度量（risk measurement）提供了一些准确的公式。

3. 我们提出了一些与经验因子模型的实施相关的经验（实证）问题。

从理论和经验两个层面对各种因子进行全面理解，是完全掌握因子模型的基础。作为一个概念，因子模型是简明直接的。它们在描述依据相关因子的大量证券收益率的能力和识别证券收益中的一般来源的能力方面，给予研究者的帮助较少。[①] 然而，对于投资组合或风险管理者来讲，因子模型不仅仅是一个理论构建，它们给这些管理者提供了一种在投资组合过程中量化风险

---

① 此外，因子模型允许证券经理们描述由相对较少的系统因子组成的集合的证券收益的方差。因此，因子模型允许证券经理们使用相对较少的决定因子解释或者描述方差和协方差，而无需去分析一个相对较大的数据集。

和收益的方法。因此，因子模型最重要的贡献在于它的经验性应用。

因子模型有许多应用。专业投资管理者使用因子模型量化投资组合的收益率和风险。例如，因子模型已经被应用到投资组合风险最优化、表现评估、表现归属和风格分析（style analysis）等问题上。

除了上述的一些应用外，因子模型还作为以下数值估计的基础：

- 平均或绝对收益率——阐述在特定时点一系列股票回报率的差异问题。
- 预期的或有条件的收益率——利用历史信息预测股票收益的期望值。
- 收益率的方差和协方差——阐述在股票收益中的系统方差和协同变动。

在这一章中，我们的研究重点是证券因子模型在风险度量上的应用。本章余下的部分内容如下：

- 我们给出了证券因子模型的一个简单例子。这个例子为稍后提出的因子模型的正式介绍做了准备。
- 我们给出了因子收益和暴露（factor return and exposures）的基础。我们提供了两个不同类型的计算暴露的例子。
- 我们给出了证券风险因子模型的分类法。我们依据观测的和非观测的因子收益来组织因子模型。
- 我们详细审视了线性横截面的因子模型，给出了局部和全球性因子模型。一般来讲，全球因子模型结合了国家和货币因子，而局部因子模型则未给出。
- 之后，我们将注意力转向因子模型中风险来源的度量和识别。这一节从全面阐述投资组合的定义开始，给出了一系列计算风险贡献的公式，最终以 PACE、高盛公司的财产风险和收益归属平台的例子来结束这一节。
- 最后，概述风险估测过程，并给出实践中估测线性因子模型所需要的各步骤。

简单证券因子模型：一个例子

什么是因子模型？管理者要对它们的哪些方面进行了解？我们以一个特殊的因子模型应用的例子来解决这些问题。我们对于度量股票投资组合的风险特别感兴趣。所计算的风险统计量，无论是标准差或是在险价值的度量，都是依赖于股票收益的协方差矩阵的。因此，我们的最终目标是估算这个协方差矩阵。

假设我们现期的投资组合包含四种股票，并且时间是以月来计算的。为了计算下一个月（t 到 $t+1$）投资组合的协方差矩阵，具体步骤如下：

1. 计算过去 60 个月每一种股票的月超额收益。[①] 这 60 个月的选择是任意的，并且仅作为例证使用。

2. 建立一个 60×4 的收益矩阵 $R(t)$，并且 $R(t)$ 的每列与过去 60 个月

---

① 超额收益率简单地定义为总收益率同当月无风险利率的差值。

的一系列历史收益相对应。例如，用 $R(t)$ 的第一列表示股票 1 的一系列 "0 均值" 的收益，[①] 用 $R(t)$ 的第二列表示股票 2 的一系列 0 均值收益，等等。

3. 在时间 t 的月波动率预测值是基于简单的协方差矩阵估算指标 $V(t)$ 的。[②]

$$\hat{V}(t) = \frac{1}{60} R(t)^T R(t) \tag{20.1}$$

在这里，上标 "T" 表示收益矩阵的转置矩阵。

协方差矩阵有 10 个构成部分（6 个协方差和 4 个方差）。一般来讲，如果我们的投资组合包含 N 种股票，则协方差矩阵包含有 $N(N+1)/2$ 个方差和协方差。显然，即使是适度大小的投资组合也要求许多的方差和协方差估计量。在实际中，包含 100 种股票的投资组合是很常见的。在这种情况下，我们需要计算 5 050 个参量（100 个方差和 4 950 个协方差）。为了得到一个合适的协方差矩阵（即半正定的），对于每项资产，我们都至少需要 100 个历史收益率数据（大约 8 年的数据）。事实上，要获得一个稳定的协方差矩阵，[③] 需要更多的观测值。

因子模型之所以充满吸引力，不仅是因为它们为风险和收益的来源提供了一个直觉的理解，还因为它们给出了一个更简洁的方式。而在协方差矩阵的估计中，简洁就是优点。因此，我们将大量时间用于研究一种可以提供好的 $V(t)$ 估计量的方法，而这种方法并不需要估计大量的参数，是十分值得的。下面的例子正展示了这一优势。

假定有一个使用两个因子描述四种股票收益的因子模型。我们暂时把因子作为一个抽象的概念。在时间 t 的一个标准因子模型，可以表述为以下方式：

$$
\begin{aligned}
r_1(t) &= B_{11}(t-1)F_1(t) + B_{12}(t-1)F_2(t) + u_1(t) \\
r_2(t) &= B_{21}(t-1)F_1(t) + B_{22}(t-1)F_2(t) + u_2(t) \\
r_3(t) &= B_{31}(t-1)F_1(t) + B_{32}(t-1)F_2(t) + u_3(t) \\
r_4(t) &= B_{41}(t-1)F_1(t) + B_{42}(t-1)F_2(t) + u_4(t)
\end{aligned} \tag{20.2}
$$

其中，$r_n(t) =$ 第 n 只股票从时间 $t-1$ 到 t 的月超额收益率（$n=1$，2，3，4）；

$F_k(t) =$ 从时间 $t-1$ 到 t 的月因子收益率（$k=1$，2）；

$B_{nk}(t-1) =$ 在时间 $t-1$ 时，因子载荷（factor loadings）（即在第 t 个月开始时）。这些载荷度量了因子收益率同原来 4 种收益率的敏感程度（$n=1$，2，3，4；$k=1$，2）。

$u_n(t) =$ 第 n 只股票从时间 $t-1$ 到 t 的具体收益率（$k=1$，2）。

利用矩阵符号，我们可以把公式（20.2）写成一个更为简单的形式：

$$R(t) = B(t-1)F(t) + u(t) \tag{20.3}$$

---

① 我们从超额收益率中减去样本均值。

② 我们用简单的协方差矩阵估计值为例，也可以使用指数加权数据的协方差矩阵的估算值。

③ 稳定的协方差矩阵，即有较少条件数（condition number）的协方差矩阵。

其中，$R(t)=$ 从时间 $t-1$ 到 t 的股票超额收益率 4×1 向量；

$\quad\quad F(t)=$ 从时间 $t-1$ 到 t 的因子收益率 2×1 向量；

$\quad\quad B(t-1)=$ 从时间 $t-1$ 的 4×2 因子载荷矩阵；

$\quad\quad u(t)=$ 从时间 $t-1$ 到 t 的股票特定收益率 4×1 向量（它假定这些收益率彼此间是无关的）。

依据因子收益率和证券特定收益率，我们用公式（20.3）所表示的因子模型来表述超额收益率的协方差矩阵 $V(t)$。利用公式（20.3）的方差，我们得到：

$$V(t)+B(t-1)\Sigma(t)B(t-1)^T+\Delta(t) \tag{20.4}$$

其中，$\Sigma(t)=$ 因子收益率 2×2 协方差矩阵；

$\quad\quad \Delta(t)=$ 特定收益率的 4×4 协方差矩阵（我们假定特定收益率是无关联的，因此，$\Delta(t)$ 是以特定收益率方差组成的对角矩阵）。

方程（20.4）表述了怎样用因子收益率的协方差矩阵和股票特定收益率的协方差矩阵来表示股票收益率的协方差矩阵。下一步，我们将介绍怎样估算 $\Sigma(t)$、$\Delta(t)$ 和股票收益率的协方差矩阵。

暂时假定知道 $t-1$ 时的因子载荷矩阵 $B(t-1)$，并且，我们有 60 个月因子收益率的历史数据 $F(t)$（$n=1$，2，$\cdots$，60）。用以下方法，我们可以得到股票收益率协方差矩阵的估算值。

1. 用过去 60 个月的因子收益率来估算因子收益率的协方差 $\hat{\Sigma}(t)$。

2. 用公式（20.3）创建一个股票特定收益率的时间序列，$u(t)=R(t)-B(t-1)F(t)$，它将产生一个特定收益率的 4×1 向量，$u(t)$ 在 60 个月的估算期内每月都有。

3. 用股票特定收益率的时间序列来估算股票特定的协方差矩阵 $\hat{\Delta}(t)$。通过假定特定收益率间的零相关，它仅要求股票特定方差的估算值。

4. 以 $\hat{V}(t)=B(t-1)\hat{\Sigma}(t)B(t-1)^T+\hat{\Delta}(t)$ 来表示股票收益协方差矩阵的估算值。注意，以何种形式估算 $\hat{\Sigma}(t)$ 和 $\hat{\Delta}(t)$ 并没有受到限制。

因子收益率和暴露：基础

迄今为止，人们将因子和因子收益率作为抽象的概念。在这一节中，我们定义了因子，并就其实际应用给出了一些例子。

因子是特定时间点上可以用来解释或计算一系列证券收益率方差的随机变量，它将通过因子载荷影响每个收益率。[①] 证券因子有以下 5 个特点：

1. 它们的价值以因子收益率的形式来体现。例如，如果市场是一个因子，则它的价值就是市场收益率。

2. 在特定的时间点上，对于所有的股票，因子是共有的。

---

① 这一组包含了一个或更多的证券收益率。

3. 因子收益率协方差矩阵的估算是基于因子回报率的时间序列的。

4. 因子载荷 (factor loadings) 使因子收益率得以互相区别，因子载荷度量了股票收益率对于因子收益率的敏感度。换句话讲，因子收益率度量了一个给定时间段内股票收益率的敏感度，其中因子暴露的变动是已知的。

5. 股票特定收益 (stock-specific returns) 度量了第 n 只股票的超额收益率同因子收益贡献的差值（载荷记录了因子回报的时间）。$u(t)=R(t)-B(t-1)F(t)$。

因子可以以多种方式定义。对于因子的不同定义使我们考虑因子模型的不同类型。因子的一些例子包括：

● 宏观经济因子（例如，国内生产总值、违约金 (default premium)）；

● 市场因子（例如，资本加权市场投资组合）；

● 基本因子 (fundamental factors)（例如，市盈率 (price/earnings) 和账市值比 (price/book)）。

与因子类型无关，管理者们需要它们价值（即因子收益）的时间序列，以便我们能够估算因子收益率的协方差矩阵。例如，宏观经济因子收益率，像美国的违约金，（以高收益率债券指数 (high-yield bond index) 同政府长期债券收益率的差值来度量），是以时间序列来观测的。并且，在此期间的每一时点，违约金是与所有的股票收益率价值相对应的。然而，虽然我们知道该因子的价值，但不知道它相对于每只股票收益的敏感度（因子载荷）。因此，我们必须使用股票收益的时间序列信息和违约金来估计因子载荷。违约金因子载荷，可能会以股票收益对违约金因子收益率的回归系数形式出现。即我们用时间序列模型来估算载荷。

$$r_n(t)=B_{n,\text{default premium}} F_{\text{default premium}}(t)+u_n(t) \tag{20.5}$$

其中，$r_n(t)=$ 第 n 只股票在时间 t 的超额收益；

$B_{n,\text{default premium}}=$ 第 n 只股票的违约金载荷；

$F_{\text{default premium}}(t)=$ 在时间 t 的违约金；

$u_n(t)=$ 第 n 只股票的特别收益率。

数字的例子 假定时间 t 一只股票一期的收益率是 3.0%。如果货币默认兑现贴水是 1.5 个百分点（即 $F_{\text{default premium}}(t)=1.5\%$）。该因子的敏感度或对该股票的"载荷"是 0.5（即，$D_{n,d,p}(t)=0.5$）。那么由于贴水而产生的股票暗含收益率就是 0.75 个百分点了（$0.5\times1.5\%$）。股票的特定收益率是 2.25 个百分点，现在假定下个月差额将增长 50%，假定一个固定的因子暴露，那么股票收益的预期变化是 0.25 个百分点（$0.5\times0.5\%=0.25\%$）（我们把预期的特定收益定为 0）。

这一简单的例子告诉我们，怎样利用因子模型通过考虑因子收益和暴露 (factor returns and exposures) 的变动，解决不同股票变动的问题。不幸的是，我们并不总是能观察到因子收益率的时间序列，因此可能会要求先估算这些收益率。

假定，我们使用基本因子，如价值，而不是宏观经济因子。股票的暴露对于价值因子的一个一般性度量方法是收益价格比（earnings to share price，E/P）。在这种情况下，我们观测每只股票对于价值因子的暴露，而不是因子本身，即我们不知道因子收益率。这同我们知道违约金，而不知道每只股票对于默认货币兑现的暴露的情况是完全相反的。

从数学角度来讲，这将观测因子收益率 $F(t)$，转换为观测每只股票的因子载荷 $B_n(t-1)$。即我们知道了载荷的价值，而不是因子收益率。由于不观测因子收益，并且有横截面股票的信息，所以我们使用 N 个股票的超额收益对 N 个收益价格比（earnings-to-price）暴露的回归来估算在特定时间点对于价值因子暴露的收益。每次运用这个回归，它将得到价值因子收益的估算值。如果我们在整个时期内，如连续的 60 个月内，进行回归，就可以建立一个价值因子收益率的时间序列。一旦已经估算出这些因子，我们就可以估算出在前面所描述的那些因子和股票的特定协方差矩阵。需要注意的是，由于我们首先要从一系列横截面数据的回归值中估算因子收益率，所以基本因子（价值因子）方法在计算的透彻程度上讲，比时间序列方法（宏观经济因子）要好。

我们用解释因子收益率和暴露的概念来结束这一节。在横截面的方法中，$F(t)$ 的值经常被作为因子收益率，我们用两个例子来解释为什么公式（20.2）中的 $F(t)$ 被作为因子收益率。

例 1：

假定我们有 100 只股票，并且其收益率仅用一个因子——价值因子来解释。在特定的一个月中，我们收集 100 只股票的收益率和每股对于价值因子的暴露。利用这些数据，我们可以估算因子收益率 $F(t)$，它的值为 5%。[1] 假定某只特定股票的风险对其价值因子的暴露由一系列给定股票均值以上的两个标准差表示，[2] 即对于该股票，$B(t-1)=2$ 个标准差。当给定一个暴露的变动时，我们可以用 $F(t)$ 确定股票收益率的平均和预期变动值。换句话说，对于一只具有高收益价格比的股票来说，当其面临不断增加的风险变动时，我们可以求出它的收益率。从方程（20.2）中得到 $\Delta E[r(t)]=\Delta B(t-1)E[F(t)]$，这里 $\Delta E[r(t)]$ 和 $E[F(t)]$ 分别代表股票收益率的预期变动和因子收益率的预期价值。如果我们假定特定股票的暴露相对于价值因子有所增加，比如说 0.5 个标准差，即股票变得更有运营价值（more of a value play），在这种情况下，股票的预期收益变动为：

$$\Delta E[r(t)]=\Delta B(t-1)F(t)$$
$$=0.5\text{std}\times 0.05$$
$$=250 \text{ 基点} \tag{20.6}$$

在这个例子中，$F(t)$ 代表当暴露相对于价值因子增加时的收益率，我们可将公式（20.6）写成：

---

① 因子收益估算程序在本章稍后的横截面回归一节中解释。
② 为了方便比较，人们有时会将暴露进行标准化处理。这个标准化的过程在本章稍后的标准化暴露一节中有更详尽的阐述。

$$E[F(t)] = \frac{\Delta E[r(t)]}{\Delta B[t-1]} \qquad (20.7)$$

因此，$F(t)$ 代表了超额收益率的平均值变动。这个变动是指高的收益价格比水平下的股票暴露的增加（或减少）。

例 2：

因子收益率有时是通过首先建立一个模仿因子资产组合（factor-mimicking portfolios，FMPs）来定义的。简单地讲，模仿因子资产组合就是其收益率模拟一些潜在因子行为的投资组合。构建模仿因子资产组合的方法有多种，以下是一个可以建立模拟价值因子收益率行为的投资组合的简单方法。[①]

1. 首先，依据收益价格比（E/P），将投资组合中的所有资产分类。

2. 将已分类的资产分成两组，第一组包含依据 E/P 排序的前一半，我们把这些资产的整体称为 H 组。第二组包含了依据 E/P 排序落在后一半的资产，我们称这些资产为 L 组。

3. 用每项资产的市场价值和收益率形成组收益率，即我们分别计算 H 组和 L 组的收益率。

4. 价值因子的收益率被定义为 H 组和 L 组收益率的差值。

H 组收益率减去 L 组的收益率代表零投资策略，即买空高的 E/P 资产，卖空低的 E/P 资产的收益率。因为其反映了潜在因子的变动，这种策略的收益率被称为因子收益率（factor return）。具有大幅收益波动性的模拟投资组合与其潜在因子对收益变动的显著作用是相一致的。

证券因子风险模型的一种分类方法

证券风险因子模型现有许多种形式。在这一节中，我们总结了证券从业者所运用的各种类型的因子模型。依据因子收益率是否可被观测到这一假设，我们对因子模型进行了分类。依据观测到的因子收益率的因子模型，包括市场模型和宏观经济因子模型。另一方面，那些假定因子收益率无法被观测因而需要我们估算其价值的模型则包括统计模型、技术模型和基础模型。

背景

理解因子模型的前提是理解因子本身。因子模型的广泛应用和因子尝试去解释的变量的广泛性，使因子一词几乎成为了所有事物的代名词。例如，Chan，Karceski 和 Lakonishok（1998）给出了以下的因子分类法。

---

① 在理论著作中，有更多、更好的方法来建立一个因子模拟投资组合，我们所给出的例子仅为解释性目的。

- 宏观经济的；
- 基础的；
- 技术的；
- 统计的；
- 市场的。

这些集合中的每一个因子都代表了不同的变量，每一个都试图描述单个证券收益率的一个特征。图 20.1 表示了因子的一种分类。为了使分类变得更加清晰，表 20.1 给出了每一因子级别的例子。

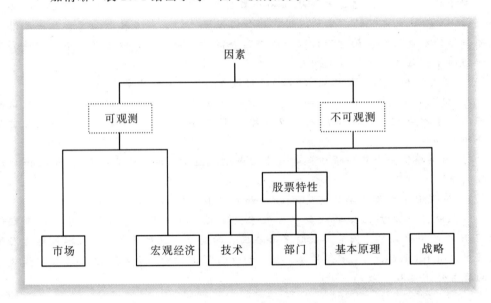

图 20.1　因素层次

表 20.1　　　　　　　　　　　　　　因素案例

因素种类	案例
市场	S&P 500，Wilshire 5000，MSCI 世界指数
宏观经济	工业产值、失业率、利率
技术	前一个月的超额股票收益，市场容量
部门	能源、交通、技术
基本原理	价值、增长、股票收益
战略	主要成分

除了不同的因子类型外，因子模型还通过数据和因子收益估算方法的不同来区别。在大多数情况下，这个估算过程都是横截面和时间序列模型的结合。图 20.2 表明了因子的种类和数据的关系，这些数据是用来估计因子模型风险参数的（即因子收益协方差矩阵和特定方差）。

在接下来的几节里，我们将阐述图 20.2 中的几种不同方法。我们将向读者介绍不同类型的因子，以便使"因子"这一术语变得更加明确。我们将首先介绍观测到的因子，然后转向不可观测因子收益率的因子模型。

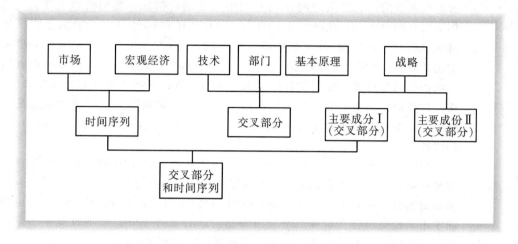

图 20.2　因素、数据和模型估计的关系

需要注意的是，在所述的因子模型中，因子被用来模拟方程（20.3）中股票收益率的条件均值（corditional mean，可能是原书有误，应为 Conditional mean）。还有一些其他类型的因子模型，例如，由 King，Sentana 和 Whadwani 所研究的，把因子作为有条件的协方差矩阵的一部分。在本章中，我们不考虑这种因子模型。

观测到的因子收益（observed factor returns）

我们首先考虑可以观测到因子收益的因子，如市场因子和宏观经济因子。

市场　市场模型可能是表述因子模型的最常见、最简单的方法。假定我们要模拟特定证券超额收益（超过无风险利率）和市场投资组合收益率的关系。我们假定证券总数为 N，第 n 个证券超额收益的数学形式可以用下面的单因子模型来表示。

$$r_n(t) - r^f(t) = \alpha_n(t) + \beta_n(t)[r^m(t) - r^f(t)] + e_n(t) \tag{20.8}$$

其中，$r_n(t)$＝第 n 只证券在时间 t 的总收益率；

$r^f(t)$＝无风险证券在时间 t 的收益；

$\alpha_n(t)$＝第 n 期收益的阿尔法（alpha）值（阿尔法也表示与市场协方差为 0 的股票的预期收益）；

$\beta_n(t)$＝市场贝塔（Beta）值（贝塔值测度市场同证券收益的协方差）；

$r^m(t)$＝时间 t 时市场投资组合的收益率；

$e_n(t)$＝在时间 t 的零均值扰动项。

方程（20.8）描述了第 n 只证券的超额收益率是如何随着市场投资组合收益率、无关联的预期价值（α）和特殊项而变动的。在这个模型里，因子收益项是 $r^m(t) - r^f(t)$，它代表了第 n 只股票收益率的系统组成部分。第 n 只股票收益率的特殊组成部分是由 $\alpha_n(t) + e_n(t)$ 给出的。

在实践中，为了用市场模型来估计投资组合或资产的风险，我们必须估算市场的 β 值，它是由时间序列回归来完成的。例如，我们可以收集过去 5 年中每月的股票和市场收益率，我们通过常数项和 60 个市场组合收益率（超过无风险利率的）对 60 个超额收益做回归，[①] 由此产生了一个估算的 α 值和市场 β 值。β 值测度了在过去 5 年中，第 n 只股票的超额收益率同市场投资组合收益率的敏感度。除了估算的 α 值和市场 β 值以外，从业者们还需要知道，在超额收益变动中，有多少可以用市场收益的变动来解释。R^2 统计量就是这样一个度量值。R^2 度量了超额收益同市场投资组合收益（超过无风险利率）的线性关系。

尽管很简单，但是市场模型可能不会给从业者提供有用的方法来度量和解释风险。一个管理者在分析中可能会选择错误的投资组合，或仅对一个更加丰富的模型感兴趣来解释风险和收益的来源。Fama 和 Frech（1996）也证明了市场投资组合在解释单个股票收益时的效果并不好。市场收益并不是解释股票超额收益变动的唯一因子，因此我们需要更多的因子。

宏观因子 我们很自然地会认为股票收益表现了经济状况。因此，宏观经济状态的各种度量值是一系列额外因子的基础。Chen，Roll 和 Ross（1986）已经研究了宏观经济因子是否能够解释股票收益，宏观经济因子的例子包括：（1）月工业产值的增长率；（2）违约金的度量（在前面提到过），度量了高收益率债券指数（high-yield bond index）同政府长期债券月收益率的差值；（3）真实利率（real interest rate）；（4）到期佣金（maturity premium），度量了政府长期债券和一个月期国库券（Treasury bills，T-bills）收益率的差值；（5）月预期通货膨胀率的变动。

我们用下述方法将宏观经济因子加入到市场模型中。假定除市场因子外，还有 $k-1$ 个其他因子能够影响第 n 只证券在时间 t 的超额收益率。这些额外的因子以残差或误差的形式进入市场模型，即它们是超出超额收益率同市场组合收益率期望关系之外的部分。对于普通股，残值收益由两部分组成，一部分是许多股票所共有的一般因子，而另一部分则是针对特定公司的特定收益部分。把这些因子考虑进来，市场因子模型即转化为以下形式：

$$r_n(t) - r^f(t) = \alpha_n(t) + \beta_n(t)[r^m(t) - r^f(t)] + e_n(t) \tag{20.9}$$

$$e_n(t) = \gamma_{n,1}(t)f_1(t) + \gamma_{n,2}(t)f_2(t) + \cdots + \gamma_{n,K-1}(t)f_{K-1}(t) + u_n(t) \tag{20.10}$$

式中，$f_k(t) =$ 在 t 时刻第 k 个宏观经济因子的收益率；

$r_{n,k}(t) =$ 第 k 个因子在第 n 项资产上的载荷（暴露）；

$u_n(t) =$ 第 n 项证券的特定收益。

注意在公式（20.10）中，我们不再假定残差项（residual error term）$e_n(t)$ 有零均值。实际上，它们的期望值是取决于宏观因子回报率和因子载荷的，将公式（20.9）和公式（20.10）合并，我们可得到所谓的市场模型的标

[①] 考虑到股票收益率和市场收益率的统计特征，估计方法可能不仅仅包括最小二乘法。

准形式。

$$r_n(t) - r^f(t) = \alpha_n(t) + \beta_n(t)[r^m(t) - r^f(t)] + \gamma_{n,1}(t) f_1(t)$$
$$+ \gamma_{n,2}(t) f_2(t) + \cdots + \gamma_{n,K-1}(t) f_{K-1}(t) + u_n(t) \quad (20.11)$$

时间序列回归方法可以被用来估计公式（20.11）。

未观测到的因子收益（unobserved factor returns）

在前面的一节中，我们简单介绍了观测到的因子，这些因子以时间序列形式出现，在特定时间点上，它们的价值对于所有股票都是一样的。在这一节中，我们考虑因子价值不可观测的模型，如基础的和产业的因子。

基础、技术和产业（部门）因子 当因子收益不可观测时，我们需要利用其暴露和股票收益率来估计它们的价值，这个估计是利用收益率的横截面或时间序列数据来完成的。

在因子不可观测并且它们是依据基础技术或产业标识来定义的情况下，线性横截面模型是受欢迎的。

$$R(t) = B(t-1)F(t) + u(t) \quad (20.12)$$

其中，$R(t)$＝一期资产（股票）收益率的 N 维向量；

$B(t-1)$＝在 $t-1$ 时刻，资产对于因子暴露的 $N \times K$ 矩阵；

$F(t)$＝一期因子收益率的 K 维向量；

$u(t)$＝一期特定收益率的 N 维向量。

$B(t-1)$ 的列向量代表对于特定因子的暴露。$F(t)$ 的值是被估计的，一般来讲，通过 $t-1$ 时刻的暴露对时刻 t 的收益率进行横截面回归得到。在这一章中，稍后我们会更加详尽地解释线性横截面因子模型（linear cross-sectional factor model）。

主成分分析 主成分分析（principal component analysis，PCA）经常被用来确定一系列收益中未被观测到的因子的个数。主成分分析方法的重要性体现在两个方面。首先，一些可用的商业风险系统用主成分分析作为其风险模型的一部分。第二，对于许多从业者，在他们考虑因子及因子模型时，主成分是必不可少的。我们从回顾标准的主成分分析方法开始，然后讨论用来估计主成分的另一种方法，这种可选方法即为渐进主成分分析方法。

对于因子模型，[1] PCA 的一个典型应用是以 $t=1$，2，$\cdots$，T 时的因子模型公式（20.12），开始我们假定因子收益是正交的（orthogonal），并且特定收益率是不相关的，因此 $R(t)$ 的方差是：

$$V(t) = B(t-1)B(t-1)^T + \Delta(t) \quad (20.13)$$

这里，$\Delta(t)$ 是对角的（diagonal）。我们可以放宽对于证券特定收益是不

---

[1] 示例参见约翰逊和威彻恩（Johnson and Wichern，1982）。在这一节中，我们会阐述一个非常简单的获取因子的方法，还有一些其他的方法，如最大似然估计。这种估计因子的方法参见李特曼和尼兹·沙因克曼（Litterman and Knez Scheinkman，1994）。

相关的假定，并且允许 $\Delta(t)$ 中出现非零的非对角线元素，在这种情况下，我们将以所谓的近似因子结构来处理。然而，对于以下的部分，我们继续使用标准因子模型。我们假设 $\Delta(t)$ 小得足以被忽略，因此，

$$V(t) \cong B(t-1)B(t-1)^T \qquad (20.14)$$

在 PCA 方法中，我们首先需要估计暴露矩阵（exposures matrix），$V(t)$ 的一个简单估计值例子如下：

$$\hat{V}(t) = \frac{1}{T}\sum_{j=0}^{T-1} R(t-j)R(t-j)^T \qquad (20.15)$$

我们依据它的体系特征（eigensystem）将 $V(t)$ 分解，得到暴露矩阵 B[①]

$$V(t) = P(t)\Theta(t)P(t)^T \qquad (20.16)$$

其中，$P(t)=$ 以每个特征向量的多次纵列的方式得到特征向量的 $N \times N$ 矩阵，也即 $P(t)=[p_1(t) \mid p_2(t) \mid \cdots \mid p_N(t)]$，$p_n(t)$ 代表 $p(t)$ 的第 n 列。

$\theta(t)=$ 以特征值（eigenvalues）$\theta_n(t)$（$n=1$，$\cdots N$）作为它的要素，构成 $N \times N$ 对角矩阵：

$$\Theta(t) = \begin{bmatrix} \theta_1(t) & 0 & 0 & 0 \\ 0 & \theta_2(t) & 0 & 0 \\ \vdots & \vdots & \ddots & \vdots \\ 0 & 0 & 0 & \theta_N(t) \end{bmatrix} \qquad (20.17)$$

$$\hat{B} = P\Theta^{-1/2} = \left[\sqrt{\theta_1}\, p_1(t) \mid \sqrt{\theta_2}\, p_2(t) \mid \cdots \mid \sqrt{\theta_K}\, p_K(t) \right] \qquad (20.18)$$

根据公式（20.14）和公式（20.16），$BB^T = P(t)\theta(t\theta)P(t)^T$，因子载荷矩阵 B 是以 k 个最大的特征值和它们相应的特征向量决定的，即方程（20.18）说明，因子载荷矩阵 B 的每一列都是由 $N \times 1$ 个相应特征值测度的特征向量组成的。给定 $B(t-1)$ 的估计量，我们可以通过 $\hat{B}$ 对 $R(t)$ 进行回归，从而得到因子回报率 $F(t)$。这一回归产生：

$$\hat{F}(t) = (\hat{B}^T\hat{B})^{-1}\hat{B}^T R(t) \qquad (20.19)$$

或者更明确的：

$$\hat{F}(t) = \begin{bmatrix} \dfrac{1}{\sqrt{\theta_1(t)}} p_1(t)^T R(t) \\[2ex] \dfrac{1}{\sqrt{\theta_2(t)}} p_2(t)^T R(t) \\[1ex] \vdots \\[1ex] \dfrac{1}{\sqrt{\theta_K(t)}} p_K(t)^T R(t) \end{bmatrix} \qquad (20.20)$$

---

① 因子模型受到"轮流的不确定性"（rotational indeterminacy）的限制，这意味着因子模型的参量仅能由一些非奇异矩阵（nonsingular matrix）来确定。

$p_K(t)^T R(t)$ 代表第 k 个收益的主成分。方程（20.20）表明，每个被估计的因子收益都是资产收益的一个简单加权平均，这里的权重是由其相应的（量度（scaled））特征向量来给定的。在实践中，对主成分的估计产生了一个因子收益率的时间序列。

这结束了我们对标准 PCA 的讨论，下面我们来阐述由康纳克和拉齐克（Connor and Koraezyk，1986）发展的渐近主成分分析（APC）。

康纳克和拉齐克（Connor and Koraezyk，1986）应用由张伯伦和罗思柴尔德（Chamberlain and Rothschild）提出的渐近主成分分析（asymptotic principal component，APC）方法来估计影响资产收益的因子。APC 方法与华尔街使用的典型主成分分析方法有一些不同。

为了介绍渐近主成分分析，我们回忆一下，当因子在特定时间点上与所有 N 个证券普遍相关时，因子最普遍。在实践中，我们通常拥有比历史观测值多的证券数量，也即 N（资产数目）大于 T（整个时期的观测数目），有 K 个市场因子是不可观测的。相对于方程（20.12），我们把整个 T 时期内的 N 项资产的每一个的收益过程表述为：

$$R = BF + u \tag{20.21}$$

其中，$R = N \times T$ 超额收益矩阵，每一行代表第 n 个证券超额收益的时间序列；

$B =$ 因子载荷；

$F = N \times T$ 因子收益矩阵，F 的每一行代表因子收益的时间序列；

$u = N \times T$ 的特征收益矩阵。

渐近主成分分析法同标准的 PCA 是类似的，除了由于横截面数据（N）的数量的增多导致它所依赖的样本量（渐进的）更大外。从实用的角度来看，标准 PCA 和 APC 的不同点在于我们怎么估计 $V(t)$，在 APC 中，我们从 $T \times T$ 的向量积（cross product）矩阵得到这些因子：

$$\hat{V} = \frac{1}{N} R^T R \tag{20.22}$$

$\hat{V}$ 是公式（20.15）给定的横截面 $\hat{V}(t)$ 的对应部分，k 个因子由 $\hat{V}$ 的第一个 k 维特征向量给定，即每个特征向量代表一个特征因子的时间序列。请注意，尽管如此，在标准主成分分析（principal component analysis，PCA）的情况下，还有一个不确定的问题。康纳克和拉齐克指出，因子仅能由一些非奇异线性转换来定义。

这结束了我们对于主成分分析的讨论。

线性横截面的因子模型

在这一节中，我们来阐述线性横截面的因子模型（linear cross-sectional factor model），它形成了风险估计的基础。为了估计风险，我们需要产生因子收益的时间序列，估计因子的收益以假定每项资产对一个或更多因子都有暴露开始。这些针对因子的暴露是可测的，它可能是产业分级、投资形式暴露（如账市值比）或其他什么。给定暴露，我们通过暴露对单个证券的收益率进行横截面回归，从回归中得到的估计值是单期因子收益率。在整个时期内重复这一过程得到因子收益的时间序列。

局部结构

局部线性因子模型给出了收益横截面和资产暴露、因子收益和特定收益的关系，更明确地说，这一模型将 $N(N=1，\cdots N)$ 项资产收益率的横截面作为 K 个 $(K=1，\cdots K)$ 因子加上 N 个特定收益的函数，以数学形式表述，我们得到：

$$R^\ell(t)=B^\ell(t-1)F^\ell(t)+u^\ell(t) \tag{20.23}$$

其中，$R^l(t)=$ 从时间 $t-1$ 到 t 的局部超额资产收益的（超过局部的无风险利率部分）N 维向量，我们取 t 为当前时间（current date）。

$B^l(t-1)=$ 在 $t-1$ 时可获得的 $N\times K$ 暴露矩阵。在实践中，因子暴露可能不会与资产收益同步更新，在这种情况下，矩阵 B 中的信息会比 $t-1$ 时间早。

$u^l(t)=$ 零均值特定收益率的 N 维向量，从时间 $t-1$ 到 t，伴随 $\delta^2(t)I$ 的协方差矩阵，其中 $I=N\times N$ 单位矩阵。

$\delta^2(t)=u^l(t)$ 在时间 t 的方差。

公式（20.23）中的证券收益以以下方式计算，用 $R_n^l(t)$ 代表第 n 项资产的 $R^l(t)$，$R_n^l(t)$ 定义为：

$$R_n^l(t)=\frac{P_n^\ell(t)+d_n(t-h,t)-P_n^\ell(t-1)}{P_n^\ell(t-1)} \tag{20.24}$$

其中，$P_n^l(t)=$ 证券或资产在时间 t 的局部价格；

$d_n(t-h，t)=$ 在时间 t 上支付的从 $t-h$ 时期到 t 的股息（每股）。

全球结构

在全球结构中，我们从定义汇率开始。汇率被定义为报告货币除以基准货币（reporting/base）。有时，基准货币被认为是风险货币。例如，USD/GBP 就是报告货币为美元，基准货币或风险货币为英镑的汇率。

假定以美元为报告货币的投资组合在德国、澳大利亚和日本的股票中持有，在本例中，基准货币分别是欧元、澳币和日元。每项股票头寸的总收益率包含股票的局部收益率和基准货币收益率。

我们假定一个一般的投资组合含有 N 项资产（$n=1，2，\cdots，N$），用 $P_n^l(t)$ 表示在时间 t 时第 n 项资产的局部价格。例如，$P_n^l(t)$ 代表在西门子股票一股的欧元价格。$X_{ij}(t)$ 是用每单位的货币 j 表示的货币 i 的汇率。例如，用美元作为报告货币，用汇率 $X_{ij}(t)=$ 美元/欧元（i 是美元，j 是欧元）将西门子的股票价值（以欧元表示）转换为美元。一般来讲，汇率表示为报告期货币/基期货币。注意，这可能与货币在外汇市场（foreign exchange market）

上的报价不同。

根据定义，第 n 项资产的价格表示为报告期货币为：

$$P_n(t) = P_n^\ell(t) X_{ij}(t) \qquad (20.25)$$

我们用方程（20.25）作为定义报告期收益、局部收益和汇率收益的基础。一项资产或资产组合的总收益率一般包含了局部收益率和汇率收益率两部分。下式是直接根据方程（20.25）得到的。一项资产的报告期收益率，在使用百分数收益率时，被定义为：

$$\begin{aligned} R_n(t) &= [1 + R_n^\ell(t)][1 + E_{ij}(t)] - 1 \\ &= R_n^\ell(t) + E_{ij}(t) + R_n^\ell(t) \times E_{ij}(t) \end{aligned} \qquad (20.26)$$

其中，$R_n(t) =$ 第 n 项资产单期报告总收益率；

$R_n^\ell(t) =$ 第 n 项资产报告期单期局部收益率；

$E_{ij}(t) =$ 在第 i 个汇率下每单位货币 j 的单期收益率。

$$E_{ij}(t) = X_{ij}(t) / X_{ij}(t-1) - 1$$

以方程（20.26）结合局部因子模型，我们可以将总收益率的线性因子模型表述为：

$$R(t) = B^\ell(t-1) F^\ell(t) + u^\ell(t) + E_{ij}(t) + xc(t) \qquad (20.27)$$

其中，$xc(t) = R_n^l(t) \times E_{ij}(t)$ 是局部收益率和汇率收益率的一个截项（cross term）。

方程（20.27）让我们可以解释国际资产收益率的横截面。因此，我们就可以识别出能解释美国、欧洲和日本股票收益的截项离差（cross-sectional dispersion）的一系列因子了。

最后，注意在方程（20.27）中，$F^l(t)$ 并不仅仅局限于所谓的局部因子收益率。在稍后我们会表明，$F^l(t)$ 可能包括全球因子收益率，像全球产业分类标准（Global Industry Classification Standard，GICS）等全球因子。

在介绍完局部和全球模型的基本结构以后，我们将阐述在这些模型中资产暴露是怎样被建立的。

资产暴露

在线性横截面因子模型中。暴露是在资产的层次上定义的，然后合并产生总投资组合暴露，每项资产都与一些因子有关，例如一项资产可能有以下暴露：

- 自身；
- 一个特定产业或部门；
- 一个国家（地方市场）；
- 一种货币；
- 投资形式和/或风险因子。

资产暴露的例子　对于一个特定因子，一项资产的暴露依赖于我们所处理的暴露类型。很典型地，例如一项资产对于一个产业的暴露，要么是 1

（资产属于这个产业），要么为 0（资产不属于这个产业）。另一方面，要考虑一项资产暴露对于波动性的计算，在计算这个暴露时，一般包括三步：

1. 我们计算每项资产的历史波动性（historical volatility），它被称为原始暴露。

2. 我们定义一个估计的领域，然后对所有资产计算平均的暴露波动，同样计算暴露波动的标准差（要再一次对所有的资产求标准差）。

3. 我们通过减去均值，再除以标准差来标准化每一个初始暴露（raw exposure）的值。

下一节讨论产业、投资形式、国家和货币等各种暴露类型。

产业暴露　也许最容易理解的暴露就是产业暴露，一项资产对于一个产业的暴露要么为 1（当它在这个产业中），要么为 0。一些分类方法把一项资产的暴露分配到多个产业中。例如，相对于将一个公司完全分配到电脑硬件产业，一个更好的方案是将其 60% 分配给电脑硬件产业，而另外 40% 分配给电子设备产业。对于一个给定的资产，分配到所有产业的比例值的总和是 1（100%）。

产业分配是由不同的卖方提供的，一些更流行的分类方法如表 20.2 所示。全球产业分类标准已经由标准普尔（Standard Poor's）和摩根斯坦利资本国际（Morgan Stanley Capital International，MSCI）进一步发展，它提供了全球产业和部门相一致的定义。要注意的是，每一个产业分类方法都包含着一系列的部门定义。部门是产业的组合并且为资产提供了一个更宽泛的分组方法。

表 20.2　　　　　　　　根据来源划分的主流产业分类卖方

市场	卖方
美国	Russell，Barra，Standard & Poor's（pre-GICS），GICS
加拿大	MSCI（pre-GICS），CICS
欧洲	FTSE，MSCI（pre-GICS），Dow Jones STOXX，GICS
日本	Topix，GICS
除日本以外的亚洲	GICS
全球	MXCI（pre-GICS），GICS

注：GICS——全球产业划分标准。
　　MSCI——摩根斯坦利资本国际化指标。
　　FTSE——金融时报和伦敦股票交易所之间的联合成果。

投资风格/风险（investment style/risk）暴露　投资风格的暴露得到了资产对于特定投资策略的敏感性。例如，一个投资组合对于大市值（large-cap）资产有一个很高的暴露，这个暴露可能来自高于权重的大市值股票和/或小于权重的小市值股票（small-cap）或者两者的结合。

表 20.3 提供了一些投资风格因子的例子，我们简明地描述了每个因子和如何度量一项资产对于该因子的暴露的方法。

表 20.3 投资形式的资产暴露示例

因子	简要描述	如何计算
波动性	这个因子用来得到资产的相关波动性，拥有高（或低）的历史波动性的资产有高（或低）的波动性因子暴露。	一项资产的波动性暴露可作为其历史收益率的标准差来计算。
动量（momentum）	该要素得到了与历史价格作用相关的收益中的一般变动。在近期拥有正的超额收益的资产要同那些有负的超额收益的资产分开。拥有相对于无风险利率高（或低）的超额收益的资产对于动力要素有高（或低）的暴露。	一项资产对于动力要素的暴露可以用其过去 12 个月的超过无风险利率的累计收益来计算。
市场资本总量	作为一个规模因子，这个因子基于公司市场资本总额区分资产。有大（或小）的市场资本总额的公司有大（或小）的相对规模因子的暴露。	一项资产对于该因子的暴露被定义为该因子的观测到的市场资本总额。
价值	这一因子通过公司不同的价值走向区分它们。	一项资产对于价值的暴露可以定义为其市价同账面价值的比率。

国家（country）或本地市场（local market）暴露 我们提出了两种方法来定义一项资产的国家暴露。在第一种方法中，如果一项资产属于一个国家，那么资产暴露的取值为 1，否则为 0。一个重要的问题是，我们怎么定义术语"属于"？为了回答这个问题，我们可以考虑公司同国家的两种结合类型。

1. 国家付款地点（country of domicile）——公司注册地所在国家。

2. 发行国家（country of issuance）——股票发行所在的国家，这同股票交易的地点是相同的，需要注意的是，特定的股票可能在多个地点发行（例如，爱尔兰联合股份同时在都柏林和伦敦交易）。

一般来讲，用注册国作为定义国家暴露的方式可能会有些问题。这一问题的一个很好的例子是注册在百慕大（Bermuda）群岛的公司，很明显，它的市场风险的很大一部分同当地的经济影响无关。

另一个定义资产暴露的方法是使用本地市场的贝塔值。例如，一项资产的暴露对于特定国家用已知贝塔值，其资产暴露可以按以下方式计算。

第一步：将每项资产分配到单个或多个国家。

第二步：识别同每个国家相对应的市场投资组合，这个投资组合指局部市场指数。

第三步：通过局部市场指数收益率对资产收益率做回归来得到贝塔值。

第四步：贝塔的估计值就是资产对于该国家的暴露。

这四步过程用于估计特定的资产对多个国家的暴露（即，多个贝塔值），在这种情况下，第三步的回归变成了多元回归。

在局部模型的背景下，我们可以估计出本地市场的收益率。在这种情况下，暴露矩阵（exposures matrix）包含了一列单位向量——它所对应的相关因子收益可以理解为：在控制了其他局部因子如产业和投资形式后，市场的收益率。得到市场收益的另一种方法是使用本地市场的贝塔值作为每项资产对于本地市场的暴露。在全球模型的情况下，如果暴露矩阵的一列是单位向量，那么与之相对应的收益率就是全球因子收益率。

货币暴露　一项资产的货币暴露（currency exposures）试图得到其收益率相对于特定货币的收益率的敏感度。货币暴露可能同国家暴露的计算方法一样。例如，你持有在德国交易的 IBM 股票，你的国家暴露是相对于美国而言的，而货币暴露是相对于欧元而言的。

暴露标准化　在实践中，我们需要将投资形式因子的资产暴露标准化，这样做的主要原因是使不同投资形式的暴露具有可比性。换句话讲，不同类型的暴露值可能相差很远，因此我们需要调节它们，以使它们之间的比较有用。以一项资产的市场规模暴露和波动性暴露（volatility exposure）的比较为例。

测度资产的市场规模暴露的一种衡量方式是当前的市场资本总额的平方根。一个公司可能拥有 10 亿美元的市场资本总额，它产生一个 31 663 美元的市场规模暴露。同一资产的波动性暴露可能是 24%（年均历史波动性）。因此，如果它们的值都转换到某个标准单位上，那么对这两种暴露的分析将有意义得多。在标准化以后，我们会发现，资产的市场暴露和波动性暴露分别会变为 1.0 个标准差和 1.5 个标准差。如稍后所述，从这些数据中我们会发现，该项资产的市场规模和波动性因子的暴露程度都是较高的。

我们讨论标准化暴露的两种方法，第一种方法如下所述，对于一个特定的暴露（如市场规模），按以下步骤实施。

第一步：定义资产的范围，在这个范围内的特定组的暴露将被标准化。

第二步：计算此范围内的暴露的平均值，并且这个均值是基于每项资产在市场资本总额的权重的。

第三步：计算此范围内暴露的简单标准差。

第四步：一项资产的标准化暴露被定义为原始的暴露，以均值（第二步计算出来的）为中心，通过暴露的标准差来划分。

标准的暴露＝（原始暴露－加权的暴露均值）/暴露的标准差

用这种方法得到的标准化暴露是以标准差的单位来测度的，在实践应用中，对于这种方法多有所变动。例如，用来标准化投资形式暴露的范围可能是基于单个的资产产业分类。假定我们用这种方法来标准化规模因子，在这种情况下，我们首先依据他们各自公司的产业规划（industry designation）将所有的规模暴露（以市场资本总额衡量）分组。因此，属于汽车产业的股票资本组成一组，所有的金融股票组成另外一组，等等。然后在每组中计算市场资本总额均值（暴露均值）和市场资本总额的标准差（暴露的标准差），最后，根据各组（即产业）均值和标准差来标准化每组资产的暴露。

钱、卡里德科基和莱克尼斯绍克（Chan, Karedcki and Lakonishok, 1999）对于标准化提出了另一种方法，他们的方法包括三步：

第一步：定义资产全集，在整个范围内暴露的一个特定组将被标准化。

第二步：将暴露分级。

第三步：重新调节已分等级的暴露，以便使其值在 0 和 1 之间。

标准化暴露＝（原始暴露等级－1）/（原始暴露等级－1）的最大值

在线性因子模型中，资产暴露（asset exposure）测度了因子收益率同资产收益率的敏感度。为了说明这一点，我们考虑一个三项资产、两因子的例子：其中一个因子是市场规模，另一个为产业——计算机硬件。我们进一步假定当标准化暴露时，我们用第一种方法，我们假定资产 1 对市场规模有 1 单位的标准差，并且它属于计算机硬件产业。资产 2 和资产 3 对市场规模有 －1.0 和 0.5 标准差的暴露，并且都不属于计算机硬件（HW）产业，线性因子模型给出了下列关系：

$$\text{资产 1 的总收益率} = 1.0 \times \text{市场规模收益率} + 1.0 \times \text{计算机硬件产业的收益率} + \text{资产 1 的特定收益率}$$

$$\text{资产 2 的总收益率} = -1.0 \times \text{市场规模收益率} + \text{资产 2 的特定收益率}$$

$$\text{资产 3 的总收益率} = 0.5 \times \text{市场规模收益率} + \text{资产 3 的特定收益率} \tag{20.28}$$

方程（20.28）表明，资产 1 的总收益率是与市场规模因子是正相关的，这意味着，当其他条件不变时，增加市场规模的收益率将会使资产 1 的收益增加。类似地，当其他条件不变时，相同的增加会导致资产 2 收益的减少。暴露决定了因子收益同资产收益的敏感性。图 20.3 显示了时间暴露同计算出的总收益的关系。

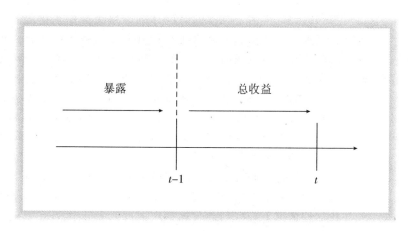

图 20.3　暴露的时间线

请注意，在线形因子风险模型中，我们试图来解释资产收益在一个时间点上（时间 t）的截项，并且这是依赖于前期暴露的。

实践中一些重要的考虑因子

期货（futures）　有些资产是代表复合物的，即它们包含了一个或多个资产。这样的一个例子是股票指数的期货合同（如标准普尔 500 期货）。在这种情况下，期货合约（futures contracts）的所有风险（和收益）都依赖于潜在指数（如标准普尔 500 指数）的价值。我们推荐用下列方法来计算这份合同对于因子的暴露。

第 1 步：识别包含于潜在指数的每项资产。

第 2 步：用刚才介绍的方法来计算每项资产的因子暴露。

第 3 步：用指数中每项资产的权重乘以资产暴露。

第 4 步：对于特定因子的期货暴露，由在第 3 步中计算的该因子值的和给出。

ADRs 和 GDRs 美国存托凭证（American depositary receipts，ADRs）是在美国交易并且由代表国外公司股份的信托协会发行的一种证券。对于美国投资者来讲，ADRs 提供了一种直接投资海外资产的可选方案。这样就省去了兑换货币和国外结算的麻烦。对于非美国投资者来说，美国存托凭证提供了一种可选方案来拥有一个公司的股份而不用持有其当地股份。美国存托凭证的持有者与那些在公司国家付款地点持有潜在股的人相比，对于相同的货币风险（currency risk）水平，他们不会有暴露。

从法律和管理的目的来讲，美国存托凭证同美国其他证券一样交易。美国存托凭证的主要优点在于：（1）在交易和收取股息时不用进行货币转换；（2）它降低了高额的海外处理费用和保管费用；（3）在依赖托管监理的情况下，信息的可获得性是一样的。

历史记录

为了得到一个因子收益的时间序列，暴露的历史记录是必需的。一般情况下，很难拥有或得到全面的历史性暴露。此外，由于暴露的定义可能随时间变化而改变，所以我们必须把旧的和新的分类相联系。例如，依据 1999 年的一些说法，互联网成为一个新的产业类别。为了估计与投资互联网股票相关的风险，需要了解互联网产业收益的波动性。估计这个波动性需要互联网产业的时间序列，换句话讲，即需要一个互联网暴露的时间序列。如果我们需要 3 年的历史记录来估计互联网的波动性，一个可能的问题就是，1996 年互联网产业的收益率是多少？

为了回答这个问题，在互联网没有暴露时，我们必须寻找一个与互联网产业有类似价格表现的替代性产业，这样的替代产业的例子就是商业服务产业。在这种情况下，我们会用这种产业的收益率作为互联网产业的未知收益率的替代者。

估计因子收益

方程（20.27）给了我们一个线性因子模型的数学描述，在这一节中，我们将阐述怎样来估计因子收益率，$F^l(t)$，它对于风险估计是必需的。简单地讲，因子的时间序列和特定收益以下列方法得到：

第一步：在估计整体（estimation universe）内对每项资产定义因子的一

系列暴露。

第二步：在每个时间点上（如每天），我们通过一系列暴露 $B^l(t-1)$ 对资产收益 $R^l(t)$ 进行横截面回归，这就需要从 $t-1$ 期到 t 期的（这里的 t 表示一天）资产收益率和 $t-1$ 期的暴露。尽管如此，在某些情况下，暴露和资产收益会以不同的频率更新。

第三步：通过在连续期内重复这些回归，得到因子收益 $F^l(t)$ 和特定收益 $u^l(t)$ 的时间序列。

定义用于估计因子收益的资产　前面提到的估计整体是一组用于估计因子收益的证券收益，它包含了我们用来定义因子收益估计过程的四个范围之一。

1. 资产全集（asset universe）是跟踪的所有资产的集合。

2. 估计整体（estimation universe）包含了用来估计因子模型收益的所有资产，估计整体可以用许多种不同方法来定义。例如，在美国我们可以依据美国基准投资组合（如，Frank Russell 3000）来定义一个估计整体。

3. 非估计整体表示所有含有暴露和收益信息但没有资格进入估计整体的资产。这些资产是由于具有极端的超额收益而被排除在外的。

4. 代理范围（proxy universe）代表没有暴露信息或缺少其他估计因子收益所必需的数据。首次公开发行是资产进入代理范围的一个例子。

这些信息形成了因子收益估计的基础。需要注意的是，因子收益估计没有要求任何的投资组合级别的信息。

横截面回归　我们的主要目标是用资产的一系列暴露来解释资产收益的横截面离差。在一个时间点（如一天），我们使用公式（20.23）中的横截面回归模型估计得到资产收益。在标准假设下，$u^l(t)$ 是一个零均值的 N 维特定收益向量，它的协方差矩阵是 $\delta^2(t)I$，其中 I 是 $N \times N$ 单位矩阵。注意，我们假定特定收益是同方差的——在整个证券收益中，方差是固定的。

用普通最小二乘法（ordinary least squares，OLS）来估计 $F^l(t)$，可写成：

$$F^l(t)=\left[B^l(t-1)^T B^l(t-1)\right]^{-1} B^l(t-1)^T R^l(t) \qquad (20.29)$$

普通最小二乘估计假定特定收益率的协方差矩阵是 $\delta^2(t)I$，并且在所有资产中，特定收益率的方程是固定的（即收益是同方差的）。在实践中，这种假定往往是不成立的，这将导致 OLS 的无效估计。描述特定收益的协方差矩阵的另一种更合理的方法，可表示为：

$$\Sigma(t)=\begin{bmatrix} \sigma_1^2(t) & 0 & 0 & 0 \\ 0 & \sigma_2^2(t) & 0 & 0 \\ 0 & 0 & \ddots & 0 \\ 0 & 0 & 0 & \sigma_N^2(t) \end{bmatrix} \quad \sigma_i^2(t) \neq \sigma_j^2(t) \quad (i \neq j) \qquad (20.30)$$

我们可以把 $\Sigma(t)$ 转化为同方差的协方差矩阵 $\delta^2(t)I$，这是通过假定每项资产的特定方差 $\sigma_n^2(t)$ 同一般方差 $\delta^2(t)$ 间的关系来实现的，表述方法为：

$$\sigma_n^2(t) = v_n(t)\sigma^2(t) \tag{20.31}$$

其中，$v_n(t)$ 是描述所有资产波动性差值的标量，在这种情况下，

$$\Sigma(t) = \sigma^2(t) \begin{bmatrix} v_1(t) & 0 & 0 & 0 \\ 0 & v_2(t) & 0 & 0 \\ 0 & 0 & \ddots & 0 \\ 0 & 0 & 0 & v_N(t) \end{bmatrix} = \sigma^2(t)P \tag{20.32}$$

对于公式（20.32）中所给的协方差矩阵，我们需要将公式（20.30）式转化为 $u^l(t)$ 的协方差矩阵是 $\delta^2(t)I$ 的形式。用下列方式完成从异方差到同方差的模式转化。

从公式（20.32）到 $P^{-1/2}\Sigma(t)P^{-1/2} = \sigma^2(t)I$ 或者 $\Sigma(t) = \delta^2(t)P$。我们将原本的异方差模型转换为同方差模型：

$$R^*(t) = B^*(t-1)F^l(t) + u^*(t) \tag{20.33}$$

其中，$R^*(t) = P^{-1/2}R^l(t)$

$B^*(t-1) = P^{-1/2}B^l(t-1)$

$u^*(t) = P^{-1/2}u^l(t)$

方程（20.33）中的特定收益是同方差的，基于方程（20.33）的 $F^l(t)$ 的最小二乘估计是：

$$\hat{F}^l(t) = [B^l(t-1)^T\Sigma(t)^{-1}B^l(t-1)]^{-1}B^l(t-1)^T\Sigma(t)^{-1}R^l(t) \tag{20.34}$$

$\hat{F}^l(t)$ 是 $F^l(t)$ 的加权最小二乘回归估计（weighted least squares，WLS）。对于给定的 $\hat{F}^l(t)$，特定收益的估计为 $u^l(t) = R^l(t) - B^l(t-1)\hat{F}^l(t)$，更进一步地观察公式（20.33），注意到对于第 n 项资产，转化后的回归模式为：

$$\frac{R_n^l(t)}{\sqrt{v_n(t)}} = \frac{B_n^l(t)}{\sqrt{v_n(t)}}F^l(t) + \frac{u_n^l(t)}{\sqrt{v_n(t)}} \tag{20.35}$$

其中，$B_n^l(t)$ 是第 n 项资产的暴露的 $1 \times K$ 向量。方程（20.35）表明，对越大（小）的比例因子（scale factor），它对于资产收益的权重就越小（大）。所以，例如，如果我们设定在对市场资产总额对数化后，$v_n(t)$ 等于 1，那么我们就可以给大市值股票更多的权重。

在实践中，你如何选择 $v_n(t)$ 呢？一种常见的方法就是把 $v_n(t)$ 当做一个回归量的函数。例如，一些经验研究表明，大市值股票比小市值股票有更小的残余波动。为了反映这个现象，即我们给大市值（large-cap）股票更多权重，给小市值（small-cap）股票更少权重——我们设 $v_n(t)$ 等于第 n 只股票的市场资本总额的倒数,[①] 回到方程（20.32）。表 20.4 给出了对于权重的一系列潜在选项。

---

① 我们可用划分市场资本总额平方根的倒数作为权重，无论是使用市场资本总额还是它的平方根，这仅是一个经验问题。

表 20.4 赋权最小二乘回归的权重可选项

权重 $[V_n(t)]$	解 释
市场资本总额的倒数	赋予大市值股票更多权重。经验性研究表明，大市值股票比小市值股票有更低的特定风险。
市场资本总额倒数的平方根	同上
从市场回归中得到的收益残值波动性的倒数	对于通过资本资产定价模型（CAPM）可以合理解释的股票，给予了更大的权重。残值是基于从历史时间序列回归得到的。

通过在整个时期内的每一天重复横截面估计，比如两年，我们得到了一个因子和特定收益的时间序列。例如，比如说我们对 T 天进行了横截面回归（$t=1$，2，$\cdots$，T）。我们就得到了一个 $T \times K$ 个因子收益矩阵 $F^e(t)$，其中第 t 行表示在时间 t 的 k 个元素代表的 k 个因子收益的行向量。除此以外，我们还得到一个 $T \times N$ 特定收益矩阵 $U^l(t)$，这里第 t 行是在时间 t 的 N 个特定收益率的向量。

所有的风险计算都是基于因子和特定收益的协方差矩阵的。我们分别使用 $F^l(T)$ 和 $U^l(T)$ 的数据得到协方差矩阵的估计值。在稍后的有关预测因子和特定收益协方差矩阵一节中，我们将描述得到协方差矩阵的方法。

因子模拟投资组合

在本节中，我们会阐述前面提到的回归与特定交易策略之间有趣的关系，理解这种关系有助于理解因子收益。

上文中表述的通过横截面回归得到的因子收益经常被描述为因子模拟投资组合的收益率。由于通过一定的方式，我们可以使资产的投资组合能够模拟一些因子的行为，因此得到了术语"因子模拟投资组合"。这样的投资组合是一个**买空卖空**投资组合，一个买空卖空投资组合（long-short portfolio）包含了几乎等量的买空和卖空的头寸，这些头寸结合在一起就具有了模拟特定因子的能力。例如，一个包含大市值股票的买空头寸和小市值股票的卖空头寸的投资组合可以模拟规模因子。这样一个投资组合显著的正收益表明大市值股票的表现较小市值股票更好。

类似地，我们可以通过买空一个高的收益价格比（E/P）的资产和卖空一个低的 E/P 值的资产来构建一个投资组合以模拟价值因子。这样一个投资组合的高的正收益表明长期价值股票表现比短期价值股票要好。

读者可能想知道，怎样把从方程（20.34）中特定收益的横截面回归得到的收益估计和这个买空卖空投资组合的收益等同起来，毕竟它们都是因子收益。下一步，我们会表明，为什么通过横截面回归得到的收益估计和买空卖空投资组合或因子模拟投资组合的收益是等价的。为了使事情简单化，我们假定只有一个因子能解释收益率，且这个因子就是市场资本总额。

当只有一个因子时，横截面收益模型为：

$$R^l(t) = b_n^l(t-1)F^l(t) + u^l(t) \tag{20.36}$$

其中，$b_n^l(t-1)$ 是一个暴露的 $N \times 1$ 向量，$R^l(t)$ 是资产收益率的横截面 N 维向量。加权的最小二乘估计值 $F^l(t)$ ——其中权重是市场资本总额——如下：

$$R^\ell(t) = \frac{\text{covariance}[b_n^\ell(t-1), R^\ell(t)]}{\text{variance}[b_n^\ell(t-1)]}$$

$$= \frac{\sum_{n=1}^{N} c_n(t-1) b_n^\ell(t-1) R^\ell(t)}{\sum_{n=1}^{N} c_n(t-1) b_n^\ell(t-1)^2} \tag{20.37}$$

其中，$c_n(t-1)$ 表示第 n 项资产的市场权重，且我们假设通过暴露标准化，使市值权重的均值为零。[1] 现在，我们把因子收益率的估计写成原始的 N 项资产收益率的加权平均。

$$\hat{F}^\ell(t) = \sum_{n=1}^{N} w_n(t-1) R^\ell(t) \tag{20.38}$$

其中，$w_n(t-1) = \dfrac{c_n(t-1) b_n^\ell(t-1)}{\sum_{n=1}^{N} c_n(t-1) b_n^\ell(t-1)^2}$

等式（20.38）说明，市场资本总额因子的收益率在本质上是一个包含 N 种资产的组合通过横截面回归得到的收益率。我们总结一下这种组合的属性。

● 收益率 $\hat{F}^l(t)$ 表示一个零净投资战略的组合的收益，这个组合权重总和为零，也就是：

$$\sum_{n=1}^{N} w_n(t-1) = 0$$

在实践中，这个战略是由一个买空卖空组合来近似得到的。

● 多头头寸——$w_n(t-1) > 0$——对应于具有超过均值的暴露的头寸。也就是说，这些头寸是大市值资产。

● 空头头寸——$w_n(t-1) < 0$——对应于具有低于均值的暴露的头寸。也就是说，这些头寸是小市值资产。

把这种分析扩大到多变量的体系中去，因子收益率的最小二乘估计是：

$$F^\ell(t) = [B^\ell(t-1)^T B(t-1)]^{-1} B^\ell(t-1)^T R^\ell(t) = W_F R^\ell(t) \tag{20.39}$$

$W_F = (B^{lT} B)^{-1} B^{lT}$ 是组合权重的 $K \times N$ 矩阵，矩阵中每行代表与一个特定的模拟因子组合相对应的组合权重。例如，第一行 W_F 与组成模拟市场规模因子组合的权重相一致，第二行包括模拟价值因子的组合权重，以此类推。

注意，$W_F B^l(t-1) = I$（这里 I 是单位矩阵）。这意味着，每个因子组合——也就是 W_F 的每一行——对其本身因子的暴露为 1（暴露的加权平均为1），而对其他因子的暴露为 0。

总之，我们知道，通过横截面回归得到的规模暴露的资产收益是由多头

---

[1] 注意，均值与标准差是在横截面的基础上计算的。

大市值资产和空头小市值资产构成的组合收益率。因而，因子收益率表示因子模拟组合的收益。

预测的因子和特定收益率协方差矩阵

每个横截面回归都会在一个特定时点得到一个因子收益集。在一定期限内，假设两年，每天重复横截面估计，将得到一个因子和特定收益率的时间序列。接着，一个 $T \times K$ 因子收益矩阵 $F^l(T)$，第 t 行代表 t 时刻的 k 个因子收益率。另外，一个 $T \times K$ 特定收益率矩阵，$U^l(T)$，第 t 行代表 t 时刻的 k 个特定收益。我们从方程（20.23）中的资产收益率的线性因子模型开始。

为了计算预测的循迹误差，我们需要对资产收益率的协方差矩阵进行预测，$R^l(t)$，我们用 $V^l(t)$ 表示。使用公式（20.23）中 $R^l(t)$ 的方差，得到：

$$V^l(t) = B^l(t-1)\Sigma^l(t)B^l(t-1)^T + \Delta^l(t) \tag{20.40}$$

其中，$\Sigma^l(t) = K \times K$ 预测收益率的协方差矩阵，从 $T \times K$ 因子收益矩阵 $F^l(T)$ 而来。

$\Delta^l(t) =$ 对角线上为特定收益率方差的 N 阶对角矩阵，是从 $U^l(T)$ 中得到的。

这个结构假定如下：

- 特定收益率是不相关的变量；
- 通过因子和资产暴露之间的相关性，可得资产间的相关性。

在事前风险分析中，我们最关心的是对因子收益率与特定收益率协方差矩阵的预测。用 $\Sigma^l(t/t-1)$ 和 $\Delta^l(t/t-1)$ 分别表示对因子和特定收益率间的协方差矩阵的条件估计。我们可能运用不同方法来预测 $\Sigma^l(t/t-1)$ 和 $\Delta^l(t/t-1)$，这点需要重点记住。因而，用来评估总风险和循迹误差的总资产收益率协方差矩阵，它的预测可能就是估计两个不同预测协方差矩阵的组合。下面，我们介绍如何对因子收益率协方差矩阵进行预测。

因子收益协方差矩阵的预测（factor return covariance matrix forecasts）有一系列不同的方法可以用来估计因子收益率协方差矩阵。在本节中，我们阐述一种已经获得广泛应用的方法。当预测因子收益率之间的协方差时，我们把数据当成指数化的，加大最近期的权重。这种方法与经验的研究是一致的。该研究说明，随着时间的推移，财务收益率的波动趋于集中。

指数化的加权协方差矩阵结构如下：

第一步，先有一个日常收益率的时间序列。假设，在前两年（504 天）有 10 个因子。包含元素 $f_k^l(t)$（t 行，k 列）的 $F^l(504)$ 表示一个因子收益率的 504×10 矩阵（每行代表一天的不同因子收益率，每列表示因子收益率的一个时间序列）。更进一步，$F^l(504)$ 的第一行表示因子收益率的最近的一天，而最后一行则表示是 504 天前的收益率。$F^l(504)$ 的每一列都是以均值为中心的（其中已经除去了相等权重的样本均值〔期间发生的〕）。

第二步，加重 $F^l(504)$ 中的因子收益率，这样，在过去某时刻的权重为现在相应的一半。例如，假设我们将 25 天设为一半的期限——权重为现在一半的时间。在此例中，我们将权重 $\lambda^0 = 1$ 带入 $F^l(504)$ 第一行中最近一天的因子收益率，λ^1 带入到前一天的，λ^2 带入到两天前的收益率，以此类推。直到 25 天前 $\lambda^{25} = 0.50$，求出 λ，$\lambda = 0.50^{1/25} = 0.97$。

现在，我们构造协方差矩阵的估计，使权重标准化，即其为 1，则 ℓ 天前的新的权重为：

$$\omega_\ell = \frac{\lambda^\ell}{\sum\limits_{j=0}^{T-1} \lambda^j}$$

这里，$T = 504$。

用这些权重，我们得到指数化的加权因子收益率矩阵 $\widetilde{F}$：

$$\widetilde{F} = \begin{bmatrix} \sqrt{w_0}\, f_1(0) & \sqrt{w_0}\, f_2(0) & \cdots & \sqrt{w_0}\, f_K(0) \\ \sqrt{w_1}\, f_1(1) & \sqrt{w_1}\, f_2(1) & \cdots & \sqrt{w_1}\, f_K(1) \\ \vdots & \vdots & \cdots & \vdots \\ \sqrt{w_{504}}\, f_1(504) & \sqrt{w_{504}}\, f_2(504) & \cdots & \sqrt{w_{504}}\, f_K(504) \end{bmatrix}$$

第三步，指数化的加权协方差矩阵的预测结果如下：

$$\widehat{\Sigma}(t \mid t-1) = \widetilde{F}(t)^T \widetilde{F}(t)$$

使用指数化加权预测的主要优点是：协方差矩阵可以很快地对近期市场变动做出反应。然而一些证券经理发现，它的变动性太强。在这种情况下，我们可以减少衰退的速度以便更加公平地把权重分配到各个历史资料中去。

正如本节开始所讨论的，在线性因子模型体系中，总收益率协方差矩阵的估计需要先估计：（1）因子收益率的协方差矩阵；（2）特定收益率的协方差矩阵。接下来，我们讨论特定收益率的协方差矩阵的估计。

特定收益协方差矩阵的预测 特定风险估计是特定收益协方差矩阵估计的函数。特定收益协方差矩阵是一个对角线上为特定收益方差而其他均为零的简单矩阵。这就是说，在计算特定风险时，特定收益率之间是无关的。

我们把 t 时刻第 N 种资产的特定收益率协方差矩阵的预测写成：

$$\Delta(t \mid t-1) = \begin{bmatrix} \delta_1^2(t \mid t-1) & 0 & 0 & 0 \\ 0 & \delta_2^2(t \mid t-1) & 0 & 0 \\ \vdots & 0 & \ddots & \vdots \\ 0 & 0 & \cdots & \delta_N^2(t \mid t-1) \end{bmatrix} \quad (20.41)$$

这里，t 时刻第 n 种特定收益率的方差为 $\delta_n^2(t \mid t-1)$。注意，与因子收益率协方差矩阵不同，[①] 特定收益率协方差矩阵与资产（收益率）的数量有相同的维数。从业者用不同的方法来预测特定风险。

一种方法包括以下三步：

第一步，用上面介绍的指数模型，来估计每个特定收益率方差。这样就

---

① 回忆一下，因子收益协方差矩阵的维数是建立在因子数量的基础上的。

产生了 N 个方差估计，且这里用 $s_n^2(t \mid t-1)$ 表示第 n 个估计值。

第二步，计算特定收益率方差估计的平均值（对所有 N 项资产），表示为 $\bar{s}_n^2(t)$。

第三步，对 $s_n^2(t \mid t-1)$ 和 $\bar{s}_n^2(t)$ 加权合并得到特定风险的估计。换句话说，我们把在第一步中计算的每个特定收益率方差缩减为平均的特定收益率。

$$\delta_n^2(t \mid t-1) = (1-\gamma)s_n^2(t \mid t-1) + \gamma \bar{s}_n^2(t) \quad (0<\gamma<1) \tag{20.42}$$

这里，γ 是收缩变量。

平均来讲，大盘股比小盘股有更小的特定的波动。因而，我们发现大盘股的特定波动性低于样本均值——包括大小盘股票——且估计等式（20.42）将提高大盘股的特定波动性且降低小盘股的特定波动性。

为了更大限度地降低公式（20.42）在大盘股特定波动性上的影响，我们能够进行一些修改，以应用到特定波动性高于平均值 $\bar{s}_n^2(t)$ 的资产中去。在此例中，公式（20.42）变成了：

$$\delta_n^2(t \mid t-1) = \begin{cases} (1-\gamma)s_n^2(t \mid t-1) + \gamma \bar{s}_n^2(t) & \text{如果 } s_n^2(t \mid t-1) > \bar{s}_n^2(t) \\ s_n^2(t \mid t-1) & \text{如果 } s_n^2(t \mid t-1) \leqslant \bar{s}_n^2(t), 0<\gamma<1 \end{cases}$$

当估计一个特定收益率协方差矩阵时，有数不清的实际问题涌现出来，包括：

● 新的资产可能没有足够的历史性收益率数据来估计特定收益率。其原因包括公开首次发行（IPOs）和合并/兼并。在此例中，用特定方差的一些平均值作为替代也是合理的。

● 特定方差暴露在外的太多，在某种程度上，它们决定了风险分析。在这里，收缩变量的一大价值就是减缓了这种外露对风险估计（risk estimation）的影响。

● 在一定期限内，特定收益率方差太不稳定了。

对建立在股票因子风险模型（equity risk factor models）上的收益率的协方差矩阵的估计，我们已经了解了。接下来，我们重点放在全球股票因子模型上。

全球股票因子风险模型（global equity factor risk models） 迄今为止，证券因子风险模型中所含的信息包括了当地与全球的体系，现在我们把注意力转到全球证券因子风险模型上。在此，"全球股票"是指在北美、南美、欧洲大陆、不列颠、日本和环太平洋地区市场上交易的股票。一个全球股票组合包括在两个或两个以上地区交易的股票。原则上，全球股票可以包括任何一个市场的股票，一个全球股票因子模型包括一系列因子，这些因子能够解释包含全球股票的组合的风险。

对组合的管理者来说，该模型有个大问题。因为定义一系列可以表示包含全球股票的组合风险的因子是相对比较困难的，特别是当全球股票组合需要花费很大精力时。例如，对于一个包含日本和美国股票暴露集合的组合，需要用大量因子来合适地描述风险。一系列因子用来描述日本股票，而另一系列用来描述美国股票。更进一步，还有一系列因子用来表示日本股票与美国股票之间的协方差。理论上，我们可以寻找一个比较少量的全球因子来描述风险；然而，在实践中，很难确定。

在我们把重心放在构造全球股票因子模型之前，我们已经介绍了关于国际股票模型的刚刚完成的研究观点。在这些研究中已经暗含了建立全球股票因子模型。

国家和行业的影响 对国家和行业影响的相对重要性的理解，已经成为全球的证券组合管理者们非常感兴趣的领域。一直以来，全球证券管理是围绕着国家区域分布来构造的。该过程通常分为两步，第一步是在国家间分配，第二步是在这些国家中进行行业和证券的选择。

之所以把重点放在国家间的分配上，是因为国家之间容易区分。从统计学观点来看，这种观点是建立在对国家间低相关性的经验性认识的基础之上的。[①] 研究者和实践者对为什么国家收益率与行业间收益率相比，相关性相对较低的问题，提出了三种解释。

1. 本地偏好或投资者目光短浅（investor myopia）。从历史上看来，投资者都过多加大本地证券在他们现有组合中的分量，而不是基于所有市场进行多样化选择并持有能够模拟世界组合的证券。国家证券在某种程度上反映了当地居民的情感差异，以及投资者对国与国之间情感的不同。这种偏好又经常被一些法规加强，这些限制主要是只允许特定的投资者优先持有资产，甚至排他性地持有。这是真实的，例如拉丁美洲养老基金和许多国家的保险公司。

2. 产业分散化（industrial diversification）。当用国家指数来确定国家效应相应的重要性时，重要的一点是要注意国家指数依所含部门的不同而不同。举例来说，相对于瑞士，瑞典指数中包含有更多的基础工业，而瑞士则含有更多的银行。所以，每一国就是一个部门，且部门之间的相关系数很低。

3. 特定国家经济震荡（economic shocks）。对公司产生影响的重要经济变动在不同国家也有很大区别。这或许是因为变动本身就是地区性的，比如一个财政或货币政策的变动通常是一个国家特有的，又或者是因为国内市场行为方式区别于全球变动。不管是由于哪种原因，经济变动能够引起特定国家的证券收益率的变动。总的来说，变动的发生对瑞典、瑞士的银行的影响是不同的，这个原因比由于瑞典拥有较少银行这个事实更能合理地解释两国收益率之间的低相关性。

现在，越来越多的研究都在强调用行业因子来解释与国家因子有关的风险的日益重要性。在这些研究中，最著名的是埃克德、布赖特曼和卡瓦利亚（Aked，Brightman and Cavaglia，2000）；芒罗和杰里希奇（Munro and Jelicic，2000）；罗恩霍斯特（Rouwenhorst，1998a）出版的论文。这些研究大致的结论，就是不同行业之间的分散化比不同国家之间的分散化带来更多的风险降低的好处。直观地说，支持这种观点的两条依据是：

1. 贸易壁垒的减少——例如关贸总协定（General Agreement on Tariffs

---

① 假设其他情况平等，那么资产相关性越低，则多样化收益越大。

and Trade，GATT）和北美自由贸易协定（North America Free Trade Agreement，NAFTA）——和经济政策的协调，如经济与货币联盟（Economic and Monetary Union，EMU）。

2. 公司收入和运营的全球化，以及行业内部的合并与兼并的比例，都在不断提高。

当要评定行业和国家效应在解释证券收益差异时的相对重要性时，从已发表的研究中远远不能下一个定论。我们为这种无法下定论的情况给出了四个原因。

1. 研究的地理范围（欧洲对全球，发达国家对发展中国家）。由于所选择来分析的国家不同而结果不同。

2. 行业分类标准（大部门或细分部门）。由于采用不同的行业分类标准（如，Dow Jones STOXX 或 MSCI）。

3. 分析的历史时期。

4. 证券对一个国家的暴露。例如，一些研究者用 0/1 指标变量来对一特定国家的证券暴露定义。其他假定证券的 β 为此国的暴露。结论明确地依赖于暴露的定义，两个定义各有优缺点。

学院派和行业内的专家们引导了一系列的对测量和确定所谓的全球因子收益的研究。研究的大的主题集中在更好地解释行业、国家和全球因子的相对重要性上。我们总结这些著述为五个要点：

1. 假定所有的其他因子是平等的，因子收益的标准差是对因子在解释风险时的相对重要性的一个衡量。其理论基础是：如果一个因子要解释收益方面的可变性，那么其本身就是可变的。

2. 使行业分类标准更加细化，这样看起来提高了行业的相对重要性。

3. 在过去的两年里，在欧洲比在全世界行业表现出更重要的作用。

4. 在欧洲，行业的相对重要性随着时间的推移而不断增加。

5. 它误导我们去分析一段时间内国家指数和行业指数的相关性，因为他们没有提供关于行业和普通因子的相对重要性的切实的证据。简而言之，要想把行业和国家因子从已观测指数的回报率中分离出来是很困难的。这样一个我们后面要解释的因子模型，使得我们可以把国家从行业因子中分离出来。

最后，通过解释证券收益的行业因子的相对重要性，管理者们对未来这些因子发展的预期能力，行业指数中的资产流动性程度以及行业规模，可以来确定积极战略的范围。

国家和货币效应（currency effect）　国家和货币暴露依赖于一个公司的行为在地理上的分配。例如，一个总部在美国，然而大部分花费和销售在德国和日本的公司，将对德国和日本有国家暴露度，且对欧元和日元（相对于美元）有货币暴露。为了更好地计量这些暴露，一个全球的普通股因子模型需要把国家和货币因子联合起来。典型地，如下面所显示的，国家因子用当地收益率来解释部门间的变差，货币因子则完全相反，它解释总的（货币加当地）的收益率。

全球证券模型 在全球证券模型中，通过估计收益率的协方差矩阵来得到风险 $R(t)$。其中包括了种种因子收益率，如行业、投资风格、国家、货币间的变动性与相关性。在实践中，要在恰当特定全球证券模型下估计的因子的数量和历史性的数据点（收益率）的数量之间做出权衡，来估计协方差矩阵。

我们介绍四种不同的全球证券模型的方法，它们是对先前的部门间线性因子模型的一个变动。这些模型是：（1）全球证券（部门间）因子模型；（2）合并的单地区模型（单一区域模型（singal region model，SRM））；（3）对角结构模型；（4）加强的对角结构模型。

1. 全球股票（部门间线性）因子模型（global equity factor model）。在此模型中，有一个假定的环境和一个全球因子的系列，用来解释在当地股票收益中的部门间的变动。在全球两个以上国家发行的股票所得的收益用在部门间回归来估计因子收益，从中可得到名词"全球化"。此模型最主要的优点就是可以不用大量的因子。也就是全球因子的数量典型地比不同单地区的合并因子少（如美国、欧洲和日本）。此种方法的一个潜在缺点就是解释不了股票收益的交叉部分。

2. 复合的单一区域模型（单一区域模型（singal region model，SRM））（信息充分的方法）。这个模型是从每个单一区域模型的因子收益开始的。例如，我们可以有四个单一区域模型，分别是美国、欧洲、日本和除去日本的亚洲。我们通过所有单一区域模型间的因子收益来估计因子收益的协方差矩阵。接着，协方差矩阵与单一区域模型的特定方差合并组成一个总的协方差矩阵。

3. 对角结构模型。与合并的单一区域模型不同，我们假定，不同单一区域模型的因子收益是无关的，且估计每个单一区域模型的因子收益协方差矩阵是独立的。实际上，这并不是一个收益模型。相反，它只是对不同单地区（当地）的协方差矩阵的编辑。根据这种方法，我们先从估计的单地区协方差矩阵开始，此方法在前面已经讲过。例如，我们可以对单地区：美国、加拿大、欧洲大陆、英国、日本和除去日本的亚洲，来估计因子的协方差矩阵。每个地区的因子表示一个集合，我们假定集合间的相关性为 0。所以，例如，我们假定美国证券市场的因子（和特定收益率）是与那些解释加拿大市场的因子无关的，特定风险和因子风险用类似的方式来对待。

此方法最主要的、实用的优点就是，它提供给管理者和单地区模型一样的风险估计。例如，对于一个美国证券组合风险，从美国单地区模型得到的与从此模型得到的是一样的。这种方法最大的一个缺点就是假定主要证券市场之间的（如美国市场和加拿大市场）无关性。

4. 加强的对角结构模型。根据这种方法，单一区域模型在被用来估计因子收益风险方面同上述方法是类似的。然而，它不再假定不同单一区域模型的因子收益是无关的。因而，我们估计不同单一区域模型的因子收益率之间的相关性，并把它加入到对角结构模型中。有种算法已经被开发和提供来保证产生的因子收益协方差矩阵是完全一致的。此种方法最主要的优点是考虑了潜在的、重要的单一区域模型因子收益间的相关性。然而，同其他方法不一样，此方法需要大量的计算。

表 20.5 提供了四种方法之间的一个简单对比。

表 20.5 <center>**方法的比较**</center>

方法	赞成	反对
全球证券风险模型	当估计因子收益时，考虑了因子收益之间的相关性	证券组合拥有高度集中的暴露
复合的单一区域模型	● 对单一区域模型的因子收益直接合并 ● 管理证券需要高度集中	大量的因子
对角结构	● 风险估计与单一区域模型一致 ● 管理证券需要高度集中	假定单一区域模型因子收益之间的零相关性
加强的对角结构模型	● 解决了上一个模型中的缺点 ● 管理证券需要高度集中	大量的计算

全球证券因子模型 在此方法中，我们定义一系列全球性因子——也就是简单的一系列单地区因子的总和——且估计这些因子的协方差矩阵和各自特有的浮动率。全球证券因子模型详述如下：

$$R(t) = R^l(t) + E_{ij}(t) + xc(t)$$
$$R^l(t) = G(t) + S(t-1)F_s(t) + I(t-1)F_I(t)$$
$$\qquad + C(t-1)F_C(t) + u(t) \qquad\qquad (20.43)$$

其中，$R^l(t)$＝从 $t-1$ 到 t 时刻，当地超额收益率的 $N \times 1$ 维向量，也就是用超过当地无风险利率的当地收益率所表示的。$R_n^l(t)$ 是第 n 项资产的收益率。

$G(t)$＝t 时刻的常量（所有资产间的）。在特定的环境下——见赫斯顿和罗恩霍斯特（Heston and Rouwenhorst, 1994）——$G(t)$ 表示一个"全球因子收益"——也就是，在全球市场分散化下的证券组合收益包含在 $R^l(t)$ 中。

$S(t-1)$＝$t-1$ 时刻，投资方式暴露的 $N \times M$ 矩阵。$S_n(t-1)$ 是第 n 种资产的 M 投资方式的一个向量。

$I(t-1)$＝$t-1$ 时刻，行业暴露的 $N \times J$ 矩阵。$I_n(t-1)$ 是第 n 种资产的 J 行业暴露的一个向量。

$C(t-1)$＝$t-1$ 时刻，地区暴露的 $N \times K$ 矩阵。$C_n(t-1)$ 是第 n 种资产的 K 地区暴露的一个向量。

$F_s(t)$＝从 $t-1$ 到 t 时刻，投资方式上的收益率（因子收益率）的 $M \times 1$ 维向量，$F_{s,m}(t)$ 是第 m 种投资方式上的收益率。

$F_I(t)$＝从 $t-1$ 到 t 时刻，行业收益率（因子收益率）的 $J \times 1$ 维向量，$F_{I,j}(t)$ 是第 j 项行业上的收益率。

$F_C(t)$＝从 $t-1$ 到 t 时刻，地区收益率（因子收益率）的 $K \times 1$ 维向

量，$F_{C,k}(t)$ 是第 n 个地区的收益率。

$u(t)=$ 从 $t-1$ 到 t 时刻，特定收益率（在当地证券上）的 $N\times1$ 维向量。

对于第 n 种资产，我们有：

$$R_n^\ell(t)=G(t)+S_n(t-1)F_s(t)+I_n(t-1)F_I(t)$$
$$+C_n(t-1)F_C(t)+u_n(t) \qquad (20.44)$$

这里，下标 n 指的是第 n 种资产，且有 $k(k=1，\cdots，K)$ 个地区，$J(j=1，\cdots，J)$ 个行业，$M(m=1，\cdots，M)$ 种投资方式。由模型所表示的等式（20.44）说明，第 n 种资产的当地收益率由以下几部分组成：

全球因子收益率：$G(t)$ 投资方式的贡献：$S_n(t-1)\,F_s(t)$

行业的贡献：$I_n(t-1)\,F_I(t)$ 地区的贡献：$C_n(t-1)\,F_C(t)$

根据这个详细描述，我们可以把第 j 个行业第 k 个地区的第 n 项资产的收益率，写成如下形式：

$$R_n^\ell(t)=G(t)+S_n(t-1)F_s(t)+F_{I,j}(t)+F_{C,k}(t)+u_n(t) \qquad (20.45)$$

等式（20.45）提供了一个对真实情况的相当严格的表现，甚至是在模型被认为简化了真实情况以至于无法更好地理解复杂的现象的背景被人们所反对的情况下。这里有两个主要的总结支持公式（20.45）：

1. 行业效应是全球性的。换种说法，每种股票被分配到一个代表全球性行业的行业中去（例如，全球性的自发）。这种结论忽略了由不同地区资本劳动比的不同而引起的潜在的强大的地区效应。

2. 同一地区的证券对本地和全球因子而言，拥有相同的暴露。例如，花旗集团和 JDS Uniphase，受到美国因子和全球因子影响的方式是一样的。正如所反映的给每个公司对非美国因子而言不同的暴露，显然是不现实的。例如，用每个公司的销量占全部销量的比值。

等式（20.44）或许用最小二乘回归法（least squares regression）来估计。然而，对估计过程的具体阐述超出了本章的范围，我们回顾一下一些关于估计公式（20.44）的重点。

● 既然把所有股票的行业和地区暴露汇总到一个，那么我们就拥有了两个完美的共线性（包括常量）来源。因而，当估计因子收益时，需要去掉一个行业和国家。在实践中，由于回归中舍去的变量不同，因而会得到完全不同的因子收益估计。

● 我们可以衡量与价值权重的组合相关的行业（国家）因子收益率，而不是任意地选择一个行业（国家）来代表行业（国家）的因子收益率。在实践中，这也就意味着为了估计等式（20.44），其中用了加权最小二乘法，权重是市场的资本价值。我们需要加上两点限制：（1）市场资本之和对行业因子收益的影响为零；（2）市场资本之和对国家因子收益的影响为零。

● 在此回归中的常量与部门间回归中所有股票的组合的加权价值收益是相等的。常量是"全球"因子收益率就是一个体现。在一个当地模型中，记住，如果我们加一个常量到回归模型中，相当于对每种资产加了 β，在这种情况下，当地市场收益率是对常数系数的估计。

复合的单一区域模型 单一区域模型在这个合并的模型中，就每个单地区模型而言，因子收益率通过本章前面介绍的方法首先被估计。对单地区模型的严格定义，以及它包含哪些地区，是开发者的事。在成熟市场上，单地区模型典型地是为了加拿大、美国、西欧大陆、英国、日本和环太平洋地区而定义的。这种方法直接地解释了所有因子间的相关性。

布莱克对角结构模型（Block diagonal model） 在这种方法中，没有像公式（20.44）中的资产收益率一样规范的模型。但是，此种方法的过程如下：假定有 $M(m=1, \cdots, M)$ 个地区模型（例如，因子和特定收益率的协方差矩阵）。对每个单地区模型而言，证券收益率协方差矩阵可表达如下：

$$V^m(t) = B^m \Omega^m(t) B^{mT} + \Delta^m(t) \quad \text{其中} \quad m = 1, \cdots, M \tag{20.46}$$

其中，$V^m(t) =$ 对第 m 个模型，t 时刻证券收益率的 $N_m \times N_m$ 维协方差矩阵。

$B^m =$ 对第 m 个模型，投资方式、行业和当地市场暴露的 t 时刻回收率的 $N_m \times K_m$ 矩阵。

$\Omega^m(t) =$ 对第 m 个模型，t 时刻因子收益率的 $K_m \times K_m$ 协方差矩阵。

$\Delta^m(t) =$ 对第 m 个模型，t 时刻特定收益率方差的 $N_m \times N_m$ 对角矩阵。

为了计算全球证券组合的风险，我们用如下所示的一个 $N \times N$ 证券收益率矩阵。

首先，构建一个对总的协方差矩阵起一定作用的全球协方差矩阵。这种关系如下：

$$\Omega^{BD}(t) = \begin{bmatrix} B^1 \Omega^1(t) B^{1T} & 0 & 0 & 0 & 0 \\ 0 & B^2 \Omega^2(t) B^{2T} & 0 & 0 & 0 \\ 0 & 0 & \ddots & 0 & 0 \\ 0 & 0 & 0 & \ddots & 0 \\ 0 & 0 & 0 & 0 & B^M \Omega^M(t) B^{MT} \end{bmatrix} \tag{20.27}$$

记住，$\Omega^{BD}(t)$ 联合了单一区域模型中的因子暴露。

接着，构造一个特定方差的全球矩阵。这种关系如下：

$$\Delta^{BD}(t) = \begin{bmatrix} \Delta^1(t) & 0 & 0 & 0 & 0 \\ 0 & \Delta^2(t) & 0 & 0 & 0 \\ 0 & 0 & \ddots & 0 & 0 \\ 0 & 0 & 0 & \ddots & 0 \\ 0 & 0 & 0 & 0 & \Delta^M(t) \end{bmatrix} \tag{20.48}$$

最后，建立在对角结构的因子收益率协方差矩阵上的全球证券收益的协方差矩阵是：

$$V^G(t) = \Omega^{BD}(t) + \Delta^{BD}(t) \tag{20.49}$$

货币（和与货币暴露有关的风险）能够作为一个单独的结构考虑进对角结构协方差矩阵，也就是说，假定货币的与非货币的因子收益率是无关的，因而资产收益率的协方差矩阵可以写成如下形式：

$$V^{BD}(t)=\begin{bmatrix} V_1^{BD}(t) & 0 & 0 & 0 & 0 \\ 0 & V_2^{BD}(t) & 0 & 0 & 0 \\ 0 & 0 & \ddots & 0 & 0 \\ 0 & 0 & 0 & V_M^{BD}(t) & 0 \\ 0 & 0 & 0 & 0 & V_{ccy}^{BD}(t) \end{bmatrix} \qquad (20.50)$$

这里，$V_{ccy}^{BD}(t)$ 是一个货币收益率的 $C\times C$ 协方差矩阵。

对角结构的协方差矩阵的一个主要问题是它忽略了潜在的、重要的相关性。例如，一个结构表示美国，另一个表示加拿大，明显地不可能认为它们之间的证券市场是零相关的。很自然地，下一步就是要改进这种方法以与单地区模型一致，而且同时要估计因子收益率间的重要的相关性。这样将产生加强的对角结构模型，也就是接下来要讨论的内容。

增强的对角结构模型 在此模型中，我们试图保持与单一区域模型提高的一致，然而同时，要估计单一区域模型因子收益率间的相关性。另外，我们寻找一种方法，该方法应富有足够的弹性，允许协方差矩阵的结构与非结构因子不同的情况。对于结构与非结构部分的因子收益率协方差矩阵，有三种情况，我们可能需要用不同的估计方法。首先，当我们考虑所有单一区域模型的因子收益率时，有太多的因子。这就导致了在估计合并单一区域模型时的一些问题。第二，可能有这种情况，单一区域模型协方差矩阵是可用的，但是并不构成因子收益的基础。在这里，我们可能需要用代理的因子收益率来估计单一区域模型间的相关性。第三，我们可以决定用开始期或历史的数据来求单一区域模型因子收益率的相关性，这种相关性与历史上用来估计非结构相关性是不同的。

在加强的对角结构方法中，求资产收益率协方差矩阵的步骤是：

第一步，估计因子和特定收益率的结构对角协方差矩阵。

第二步，用合并的单一区域模型方法来估计完全的、信息充分的因子收益率协方差矩阵。

我们首先定义所有因子收益率的结合——所有的单一区域模型——接着估计这些因子收益率之间的相关性。

第三步，通过在非对角结构（例如，零的）中加入从合并单一区域模型矩阵中来的相关性，从而得到结构对角因子收益率的协方差矩阵。根据这个过程，一种算法被开发出来，并满足以下性质：

● 原始的结构对角矩阵的结构是不变的。这点保证了单个的单一区域模型与加强的结构对角协方差矩阵是高度一致的。

● 完全结构对角协方差矩阵的条件数目——加强因子收益率矩阵——一定不等于先前定义的价值。[①] 这确保了最终的协方差矩阵有合适的统计性质，并确保了所得到的协方差矩阵是高度一致的（即皮尔斯（pairaise）相关性是

---

① 换一种说法，加强的相关性矩阵的最小特征值是可以与结构对角矩阵的最小特征值任意接近的。

合理的）和中性的。

第四步，通过将加强的因子收益率协方差矩阵与特定的收益率协方差矩阵联合起来，而得到资本收益率的协方差矩阵。

测量和确定风险来源（sources of risk）

在本节中，我们介绍几种关于在线性因子模型中定义的预期风险测量的方法。这些测量包括模拟从误差和组合的波动性估计到资产的风险贡献。组合的风险来源由以下因素决定：

- 每种资产的某些因子的暴露，不管因子是资产本身，或是某些基本的因子或其他的。
- 资产收益的分配。
- 每种资产在组合基准中的权重（如果合适）。

资产组合定义（portfolio defined）

迄今为止，本章的讨论一直停留在一个相对抽象的水平上。在这一部分，我们将重点转向组合和组合的分析。这些分析包括确定的资产组合的收益和不同组合暴露的测量。

有四类组合是我们关心的——被管理的资产组合（managed portfolio）、基准组合、积极组合和市场组合。

1. 被管理的资产组合是被证券组合管理者操控的。

2. 基准组合是证券组合管理者们管理的目标。基准组合的例子包括标准普尔500和MSCI全球指数。

3. 积极组合是可控制与基准组合之间的差别。

4. 市场组合被认为是相关市场的代表。通常情况下，基准组合与市场组合是一样的。在不一样时，我们会根据基准组合和市场组合对风险和回报进行计算。

在每一个即时的点，我们有以下这些量：

$P_n(t)$——基础货币中显示的第 n 种资产的收盘价。

$q_n^p(t)$——数量——在受控组合中，第 n 种资产拥有的股票数量。

$\mathrm{pos}_n^p(t)$——第 n 种资产的头寸被定义为价格乘以拥有的股票数量，也就是 $P_n(t) \times q_n^p(t)$。

$\mathrm{pos}^P(t)$——受控证券的总的市场价值。通过定义：

$$\mathrm{pos}^P(t) = \sum_{n=1}^{N_p} \mathrm{pos}_n^p(t)$$

这里受控组合中有 N_p 种资产；$\mathrm{pos}^p(t)$ 可以是积极的、消极的或零。

$w_n^p(t)$ 受控组合中的第 n 种资产的权重。定义为：

$$w_n^p(t) = \frac{\mathrm{pos}_n^p(t)}{\mathrm{pos}^p(t)}$$

我们用相似的量来表示基准组合、积极组合和市场组合，在这里，用下标 "b"、"a" 和 "m" 来分别表示基准组合、积极组合和市场组合。也就是，

$q_n^b(t)$——数量——在基准组合中第 n 种资产持有的股票数量。

$q_n^m(t)$——普通股票中显著的股票数目，或在市场组合中第 n 种资产持有的股份数目。

$w_n^b(t)$—— 在基准组合下的第 n 种资产的权重。记住，这个权重不必是一个市场帽子权重。

$w_n^a(t)$——第 n 种资产在积极组合中的权重，也被认为是积极权重。它被定义为受控权重和基准权重之间的差值，也就是 $w_n^a(t) = w_n^p(t) - w_n^b(t)$。

$w_n^m(t)$——在市场组合中的第 n 项资产的权重，定义为 $w_n^m(t) = \dfrac{\text{pos}_n^m(t)}{\text{pos}^m(t)}$

接下来，我们定义一个组合收益的估计值。这些估计假定期间没有现金流和交易。例如，如果我们计算一个组合一天的收益率，那么我们假定那两个假定都是当天的。用这些定义，我们来定义在受控组合、基准组合、市场组合上的组合收益如下。

对受控组合，它从 $t-1$ 到 t 的单期收益率为：

$$r_p(t) = \sum_{n=1}^{N_p} w_n^p(t-1) R_n(t) \tag{20.51}$$

对基准组合，它从 $t-1$ 到 t 的单期收益率为：

$$r_b(t) = \sum_{n=1}^{N_b} w_n^b(t-1) R_n(t) \tag{20.52}$$

对积极组合，它从 $t-1$ 到 t 的单期收益率为：

$$r_a(t) = \sum_{n=1}^{N_a} w_n^a(t-1) R_n(t) \tag{20.53}$$

对市场组合，它从 $t-1$ 到 t 的单期收益率为：

$$r_m(t) = \sum_{n=1}^{N_m} w_n^m(t-1) R_n(t) \tag{20.54}$$

现金 该词广泛地应用于那些对无风险（或低风险）资产任意额度的投资。在证券组合中，现金被定义为下述几者之和：

● 期货合约（futures contracts）的保证金价值。证券组合管理者们通过购买期货合约来平衡现金流。

● 交易时点现金。这意味着在任何一天可以用来买卖证券。

● 回购协议（repurchase agreements）中的美元数量。组合管理者们可以借出短期资金，并赚取利息（例如加入反向回购协议）。反向操作（借出）当做正的现金，而回购协议当做负的（借出）。

● 持有的其他短期工具的美元（或相当）的数量。在美国，如持有国库券（treasury bills，T-bills）相当于美元。

在实践中，通过简单地改变组合权重计算时的基础（分母），现金就进入

了组合收益。

例如，假定一个组合拥有两种资产头寸，分别为 10 美元和 2 美元。它的组合权重分别为 5/6 和 1/6。现在，给组合中加入 3 美元现金，此时，组合总价值为 15 美元，使得组合的权重为 10/15（证券头寸）、2/15（证券头寸）和 3/15（现金头寸）。

现金通常被认为是无风险的，所以组合中加入现金降低了它的绝对风险（波动性），因为这样降低了风险头寸的数量（权重）。在上一个例子中，两种头寸的权重下降了 3/16 和 1/30。记住，虽然现金是无风险的资产，但当一个组合的业绩是对比于基准组合来衡量并且在基准组合中持有风险资产时，它能提高风险。组合中套利资金的影响将在后面介绍。

期货 当衡量风险时，期货被当成一种截然不同的资产。在本节中，我们将重点放在股指期货上。正如早先所说的，期货是一个衍生资产，因为它的价值是建立在一些基础资产上的。拿标准普尔 500 的期货合约举例。合约的收益是标准普尔 500 指数收益的函数，依次的，标准普尔 500 收益又是那些构成标准普尔 500 的资产的收益的函数。

股指期货的暴露就是合约的价值。合约的价值被定义为合约的规模与指数价值的乘积。例如，一份 2002 年 6 月的标准普尔 500 期货合约在 2002 年 3 月 21 日，大约价值 286 950 美元。这与 1 点（250 美元）的价值乘以那天的指数的市场价值（1 147.80）是相等的。拥有 10 份期货的暴露是 2 869 500 美元。

股指期货的权重是总暴露（例如，2 869 500 美元）除以组合的总市场价值的比。注意，暴露不同于期货的市场价值。期货的总暴露从不被计入组合的总市价中。

美国存托凭证（ADR）和全球寄存单据（GDR） 当估计这两个风险时，一些组合管理者们喜欢根据基础的母公司来制定证券。换句话说，美国存托凭证或 GDR 的暴露被母公司的暴露所取代。例如，假设一个组合持有的是 BP Amoco 的 ADR 而不是其母公司的 ADR（BP Amoco 股票交易在不列颠）。在这种情况下，美国存托凭证的暴露用母公司的暴露来代替。在与母公司有关时，计算美国存托凭证或 GDR 的方法分成三步来完成。首先，计算组合的美国存托凭证权重；第二，如果一个组合既持有美国存托凭证的头寸，又有母公司的头寸，那么计算两者的权重并合并得到一个合计的权重；第三，用母公司的暴露来表示合计头寸的暴露（例如，既包括美国存托凭证，又有母公司的头寸）。

一个隐含的重大缺陷是此方法包括了货币风险。假定基础货币为英镑的组合持有在俄国当地交易的股票。另外，管理者持有公司的美国存托凭证。不用合并头寸，这个组合有两种交易汇率风险——俄国卢布的和美国美元的。通过对母公司筹划美国预托证券，组合降低了美元暴露并提高了卢布方面的货币风险。

货币 组合的货币头寸是从大量的特定资产的股份中而来的，此资产的持有与持有任何其他直接的货币暴露（currency exposure）一样。举例来说，一个以日元统计的组合会同时持有美元现金和美国股票。两个头寸都增加了用美元表示的组合的全部头寸。

已实现的和预测的风险估算　在线性因子模型体系中，一个资产组合风险统计（portfolio risk statistics）是一个预测协方差矩阵的函数。矩阵本身是资产暴露和因子以及特定收益的协方差矩阵的函数。此模型允许我们把风险分解成因子和特定风险两种。在我们讨论线性股票因子模型（equity risk factor models）上的组合风险的估算前，记住实现的和预测的风险估计（risk estimation）的差异是很重要的。

组合的已实现的风险（或套利）的计算包括以下两步：

第一步，获得一个组合实际（实现的）收益率的时间序列。典型地，这些实际收益率有两个来源。

1. 由公司的记账系统提供的，或由监管者计算而正式汇报的收益率。这些收益率按月公布，汇报组合的表现情况。

2. 正式汇报中对收益率的估计。[①] 这些收益率大多被用在当需要日常表现汇报和没有正式收益率可用时。在此，一个证券的收益率，用 t 时刻的收益率和 $t-1$ 时刻的权重来估计。

例如，一个 20 天期的证券的积极收益率的估计可以表达为：

$$r_a(t) = w^a(t-1)^T R(t) \qquad 如果 \ t=1,\cdots,20 \tag{20.55}$$

这里，$r_a(t)$ 和 $w^a(t-1)$ 分别表示积极组合收益率和权重。

第二步，计算实际收益的时间序列标准差，或其他一些风险统计量。例如，已实现的循迹误差被实际积极收益率的标准差表示。

与已实现风险的计算不同，可预测风险的计算仅仅依赖于持有的最近一系列的股票。例如，$t-1$ 时刻的对未来一定时期的可预测循迹误差的计算将使用 $t-1$ 时刻的证券权重。这是一个重要的差异，因为只用最近期持有的股票，我们才得以实现风险的分解（后面再解释）。

接下来，在线性因子模型的环境下，我们讨论预测风险的计算。

因子模型框架（factor model framework）

我们要用到先前在本章全球系统部分里所阐述的全球线性因子模型。这里，用基础货币表示收益的交叉部分，构造如下：

$$R(t) = B^\ell(t-1) F^\ell(t) + u^\ell(t) + E_{ij}(t) + xc(t) \tag{20.56}$$

在下面的讨论中，我们假定资产收益暴露于下面的几类因子中：投资方式、行业、国家和货币。

重新改写公式（20.56），那么汇率回报率就变成一个因子被考虑了。这样做，我们在暴露矩阵 $B^\ell(t-1)$ 中增加 1 和 0 行列，并在向量 $F^\ell(t-1)$ 中增加 n 行（收益率）。

$$R(t) = B(t-1) F(t) + u^\ell(t) \tag{20.57}$$

这里，$F(t) = [F^\ell(t) \mid E_{ij}(t) + xc(t)]$ 和 $B(t-1)$ 把暴露加入到货币因子中。

[①] 见"现金"那一节，有更多关于组合收益率的资料。

在实践中，我们可以忽略交叉项 $xc(t)$。

$t-1$ 时刻的资产收益率的预测协方差矩阵，是建立在由等式（20.57）确定的 N 维向量 $R(t-1)$ 的方差预测上的。预测的 $R(t-1)$ 协方差矩阵为：

$$V(t|t-1)=B(t-h)\Sigma(t|t-1)B(t-h)^T+\Delta(t|t-1) \tag{20.58}$$

这里，$h>1$ 且 $\Sigma(t\mid t-1)$ 是因子收益率的协方差矩阵，因子收益率包括投资方式、行业、国家和货币的收益率。符号"$t\mid t-1$"读做"已知 $t-1$ 时刻的信息之后的对 t 时刻的预测"，$\Delta(t\mid t-1)$ 是特定收益率的方差矩阵。我们可以把因子收益率协方差矩阵看成一个表达如下的 4×4 结构：

$$\Sigma(t|t-1)=$$

$$\begin{bmatrix} \text{投资类型(IS)} & \text{Ind \& IS} & \text{Cty \& IS} & \text{Ccy \& IS} \\ \text{IS \& Ind} & \text{产业(Ind)} & \text{Cty \& Ind} & \text{Ccy \& Ind} \\ \text{IS \& Cty} & \text{Ind \& Cty} & \text{国家(Cty)} & \text{Ccy \& Cty} \\ \text{IS \& Ccy} & \text{Ind \& Ccy} & \text{Cty \& Ccy} & \text{流动资金(Ccy)} \end{bmatrix} \tag{20.59}$$

等式（20.59）说明每类因子都代表了对角阵 $\Sigma(t\mid t-1)$ 中的一个结构。非对角阵的成分包括因子收益率间的相互作用。当我们测量组合的风险时，从因子而来的那一部分，实际上是公式（20.59）矩阵中的成分的总和，此矩阵的权重依因子暴露而定，也就是 $B(t-h)$。

有了这个股票收益率的协方差矩阵，我们能够给出可控制的和积极的组合的方差公式。

组合的风险测量 被管理的资产组合（managed portfolio）收益率的方差，表达如下：

$$\begin{aligned} \sigma_p^2(t) &= w^p(t)^T V(t|t-1)w^p(t) \\ &= b^p(t-1)\Sigma(t|t-1)b^p(t-1)^T \\ &\quad + w^p(t-1)^T\Delta(t|t-1)w^p(t-1) \end{aligned} \tag{20.60}$$

这里，$b^p(t-1)=w^p(t-1)^T B(t-h)$。等式（20.60）说明了如何测量可控制证券的总风险（平方）。在实践中，这个量一般用标准差形式表示，也就是 $\sigma_p(t)$。组合的因子和特定风险成分由以下给出：

$$\sigma_{\text{factor},p}^2(t)=b^p(t-1)\Sigma(t|t-1)b^p(t-1)^T \tag{20.61}$$

$$\sigma_{\text{spec},p}^2=w^p(t-1)^T\Delta(t|t-1)w^p(t-1) \tag{20.62}$$

注意，用标准差定义的风险并不是附加的。也就是因子风险与特定风险之和并不是可控制的总风险。当我们用方差来衡量风险时——见等式（20.60）——而不是用标准差时，风险是附加的。在实际中，标准差被用来作为风险衡量的工具，因为它的单位是用收益率表示的，而不是收益率的平方。

类似地，对积极组合的预测收益率的方差是：

$$\begin{aligned} \sigma_a^2(t) &= b^a(t-1)\Sigma(t|t-1)b^a(t-1)^T \\ &\quad + w^a(t-1)^T\Delta(t|t-1)w^a(t-1) \end{aligned} \tag{20.63}$$

等式（20.63）提供了一种衡量积极组合的总风险（平方）的方法。在实践中，通常用标准差来表示，也就是 $\sigma_a(t)$，以前知道的循迹误差。下列公式给出了积极组合的因子和特定风险的成分：

$$\sigma_{\text{factor},a}^2(t) = b^a(t-1)^T \Sigma(t|t-1) b^a(t-1) \tag{20.64}$$

$$\sigma_{\text{spec},a}^2(t) = w^a(t-1)^T \Delta(t|t-1) w^a(t-1) \tag{20.55}$$

风险预算和现价　对组合头寸估计的一个方法，就是用它们产生的风险，即对风险的贡献。为了理解这些贡献的含义，通过风险预算来考虑组合的风险是很有用的。简单地说，一个风险预算即一定量的风险，这些风险可以被证券管理者分配到不同的因子或证券中去。

一个对照基准组合管理其证券组合的证券经理人，可能认为组合的套利风险就代表了 100% 的全部风险。通过风险预算，我们决定由每种因子或资产所应带来的风险有多大。每种资产或因子的对风险的贡献总和是 100%。

记住，一个组合的风险预算与组合里产生的绝对风险水平是不同的。例如，一个组合目标是循迹误差为 5 个百分点，但是目前它实现的（和预测的）误差是 4 个百分点。在此例中，组合还有 100 个基点的可用而没用的风险，可以用来提高收益率。

对风险的贡献由资产（证券）、投资方式因子、行业因子、国家和货币来决定（实际上，由任何在本节系统中的因子来决定）。对组合风险的贡献（例如，循迹误差）衡量了一个头寸在组合风险上的边际影响。它解决此类问题，如我们调整一个头寸的规模 2 个百分点，证券循迹误差将改变多少？同美国动力因子相适应的投机给组合带来了多大比例的总体风险预算？在不同的证券和部门之间，组合中的风险是如何分配的？

由于对风险的贡献衡量在风险上的边际效应，它们典型地被（数学上的）离差来定义。这并不是说，不管怎样，对风险贡献的计算没有其他方法了。我们可以用数字化模拟来计算对风险的贡献，而不是用离差，两种方法各有优缺点。用数学上的方法的最主要优点就是计算非常快，因为已经有了对风险的贡献的非公开数据。

当给定一头寸价值的百分比变化时，我们用数学离差来衡量风险的百分比变化。这些离差是建立于套利因子模型的表达式（平方）：

$$\sigma_a^2(t) = b^a(t-1) \Sigma(t|t-1) b^a(t-1)^T$$
$$+ w^a(t-1)^T \Delta(t|t-1) w^a(t-1) \tag{20.66}$$

用这个公式，我们可以解决下面的问题。

问题 1：当第 n 种股票头寸的数量改变时，循迹误差改变多少？相关的问题，第 n 种股票头寸对全部套利证券组合的贡献有多大？

问题 2：当第 k 个因子的暴露改变时，循迹误差改变多少？第 k 个因子对总的循迹误差贡献有多大？

问题 3：对因子和特定风险，循迹误差如何分解？

我们分别解决每个问题。

资产对风险的贡献　为了回答第一个问题，我们需要找出循迹误差的表达式 $\sigma^a(t)$，对于一个给定的第 n 种成分（资产）$w^a(t-1)$，我们用 $w^a(t-1)$

表示。循迹误差的绝对边际贡献的 N_a 向量，由头寸向量 $w^a(t-1)$ 组合的循迹误差给定。

$$\text{ACTE}(t) = \frac{\partial \sigma^a(t)}{\partial w^a(t-1)} = \frac{V(t|t-1)w^a(t-1)}{\sigma^a(t)} \qquad (20.67)$$

这里，$\text{ACTE}(t)$ 的第 n 部分，表示为 $\text{ACTE}_n(t)$，是第 n 种资产的对边际循迹误差的绝对贡献。既然 $\sigma^a(t)^2 = w^a(t-1)^T V(t|t-1) w^a(t-1)$，如果我们用 $w^a(t-1)^T$ 乘以公式（20.67），那么将得到：

$$w^a(t-1)^T \text{ACTE}(t) = \frac{w^a(t-1)^T V(t|t-1) w^a(t-1)}{\sigma^a(t)}$$
$$= \sigma^a(t) \qquad (20.68)$$

或者把公式（20.68）写成：

$$\sum_{n=1}^{N_a} w_n^a(t-1) \text{ACTE}_n(t) = \sigma^a(t)$$

也就是循迹误差与对循迹误差的绝对边际贡献（absolute marginal contributions to tracking error，ACTE）的加权平均是相等的，这里，权重定义为积极组合的权重。在公式（20.68）的两边同时除以循迹误差回报（tracking error yields）：

$$\sum_{n=1}^{N_a} \frac{w_n^a(t-1) \text{ACTE}_n(t)}{\sigma^a(t)} = 1 \qquad (20.69)$$

或

$$\sum_{n=1}^{N_a} \text{RCTE}_n(t) = 1 \qquad (20.70)$$

这里

$$\text{RCTE}_n(t) = \frac{w_n^a(t-1) \text{ACTE}_n(t)}{\sigma^a(t)}$$

表示对循迹误差的相对边际贡献。对循迹误差的相对边际贡献（relative marginal contribution to tracking error，RCTE）衡量，给定积极权重的相对变化时，循迹误差的相对变化。在数学上，对循迹误差的相对边际贡献定义为：

$$\text{RCTE} = \frac{\partial \sigma^a(t)/\sigma^a(t)}{\partial w^a(t-1)/w^a(t-1)}$$
$$= \left[\frac{w_n^a(t-1)}{\sigma^a(t)} \right] \frac{\partial \sigma^a(t)}{\partial w^a(t-1)}$$
$$= \frac{w_n^a(t-1)}{\sigma^a(t)} \times \text{ACTE}(t) \qquad (20.71)$$

正如公式（20.71）所表示的，对循迹误差的相对边际贡献衡量的是给定权重的相对变化时循迹误差的相对变化。最近现货（价）报告（Litterman，1996）是建立在对循迹误差的相对边际贡献计算上的。

考虑一个数字化的例子。假设组合中一项资产的积极权重为 50 基点，并且目前对循迹误差的预期结果是（年度的）3.5个百分点，那么一个对循迹误差的绝对边际贡献为8%，就意味着这种资产循迹误差的相对贡献为1.142 8个百分点。

$$\mathrm{RCTE}_n(t) = \frac{0.005\,0}{0.035} \times 0.08 = 0.011\,428 \tag{20.72}$$

第 n 种资产的对循迹误差的相对边际贡献，可认为是占了组合的风险预算的1.143个百分点。换种说法，如果我们把重点放在ACTE上，我们发现，如果在此资产上提高200bps（即从0.5%～2.50%）的头寸，那么循迹误差也会提高16个基点。头寸的一个同样的下降会导致循迹误差的下跌。

ACTE和对循迹误差的相对边际贡献的主要区别在于头寸变化的定义不同。假设，头寸当前的积极权重是−0.5个百分点（一个不足的）。这个权重的提高，从对循迹误差的相对边际贡献角度看，意味着使这个权重的负值更加小（即从−0.5到−1.0）。从ACTE角度看，权重的增加意味着负值在朝正方向变大（即从−0.5～0）。

既然对循迹误差的相对边际贡献衡量的是风险的相对变化，给定一个权重的相对变化，一个正的（positive）对循迹误差的相对边际贡献意味着，如果当前的积极权重是：

- 正的，那么权重的提高（使得尽量大）将导致循迹误差的增加。
- 负的，那么权重的下跌（使得尽量负）将导致循迹误差的下跌。

同样地，一个负的对循迹误差的相对边际贡献意味着，如果当前的积极权重为：

- 正的，那么权重的提高（使得更加正）将导致循迹误差的下跌。
- 负的，那么权重的下跌（使负减少）将导致循迹误差的提高。

表20.6总结了对循迹误差的相对边际贡献和ACTE之间的关系。

表20.6　　　　　　　　　对循迹误差的相对边际贡献和ACTE的比较

当前价值	积极权重的变化	套利的变化
对循迹误差的相对边际贡献		
正的	正的增加	增加
	负的增加	增加
负的	负的增加	负的增加
	正的增加	正的增加
ACTE		
正的	负的增加	增加
	正的增加	增加
负的	负的增加	负的增加
	正的增加	正的增加

除了计算资产在循迹误差上的变化之外，我们能够在线性因子模型的体系中，衡量总循迹误差中资产的因子和特定成分的变化。通过将循迹误差分解成因子和特定成分，我们可以得到如下公式：

$$\text{ACTE}(t) = \frac{V(t \mid t-1) w^a(t-1)}{\sigma^a(t)}$$

$$= \underbrace{\frac{B^\ell(t-h) \Sigma(t \mid t-1) B^\ell(t-h)^T w^a(t-1)}{\sigma^a(t)}}_{\text{因子成分}}$$

$$+ \underbrace{\frac{\Delta(t \mid t-1) w^a(t-1)}{\sigma^a(t)}}_{\text{特定成分}} \qquad (20.73)$$

公式（20.73）对把因子和特定成分的贡献加到循迹误差中去有帮助。把公式（20.73）当做一个风险的分解来用的一个缺点，就是不太容易解释因子和特定成分，因为它们是以和 ACTE 不同的方式来定义的（也就是不用离差）。

找到一项资产的总套利变化的因子和特定成分的另一种方法，就是首先定义循迹误差的总因子和特定成分，然后计算与每项资产头寸相关的离差。循迹误差的因子成分由下式给出：

$$\varphi^a(t)^2 = w^a(t-1)^T B^\ell(t-h) \Sigma(t \mid t-1) B^\ell(t-h)^T w^a(t-1) \qquad (20.74)$$

第 n 种资产对循迹误差的因子成分的贡献表示为第 n 种要素：

$$\text{ACTE}_{\text{factor}}(t) = \frac{\left[B^\ell(t-h) \Sigma(t \mid t-1) B^\ell(t-h)^T \right] w^a(t-1)}{\varphi^a(t)} \qquad (20.75)$$

$$\sum_{n=1}^{N_a} w_n^a(t-1) \times \text{ACTE}_{\text{factor},n}(t) = \varphi^a(t) \qquad (20.76)$$

循迹误差的特定成分是：

$$\delta^a(t)^2 = w^a(t-1)^T \Delta(t \mid t-1) w^a(t-1) \qquad (20.77)$$

接着等式（20.77）的是，第 n 种资产对循迹误差的特定成分的贡献表示为第 n 种要素：

$$\text{ACTE}_{\text{specific}}(t) = \frac{\Delta(t \mid t-1) w^a(t-1)}{\delta^a(t)} \qquad (20.78)$$

$$\sum_{n=1}^{N_a} w_n^a(t-1) \times \text{ACTE}_{\text{specific},n}(t) = \delta^a(t) \qquad (20.79)$$

记住，$\sigma^2(t) \neq \varphi^a(t) + \delta^a(t)$ 而是 $\sigma^2(t)^2 = \varphi^a(t)^2 + \delta^a(t)^2$。

正如先前所做的，我们能够定义循迹误差的相对贡献：

$$\text{RCTE}_{\text{factor}}(t) = \frac{w^a(t-1)}{\varphi^a(t)} \text{ACTE}_{\text{factor}}(t)$$

$$\text{和} \quad \sum_{n=1}^{N_a} \text{RCTE}_{\text{factor},n}(t) = 1 \qquad (20.80)$$

以及

$$\text{RCTE}_{\text{specific}}(t) = \frac{w^a(t-1)}{\delta^a(t)} \text{ACTE}_{\text{specific}}(t)$$

$$\text{and} \quad \sum_{n=1}^{N_a} \text{RCTE}_{\text{specific},n}(t) = 1 \tag{20.81}$$

行业、投资方式或其他因子对风险的贡献   在上一节中，给定一个基础的资产头寸的变化，来计算循迹误差中因子成分的绝对和相对的边际贡献。接下来，我们计算在改变组合对某个因子的暴露时对跟踪误差的影响。我们先定义积极因子暴露 $b^a(t-1)$ 的一个 $1 \times k$ 向量。

$$
\begin{aligned}
b^a(t-1) &= w^a(t-1)^T B(t-h) \\
&= \begin{bmatrix}
\underbrace{\sum_{n=1}^{N_a} w_n^a(t-1)B_{n,1}(t-h)}_{\text{factor} \# 1} & \sum_{n=1}^{N_a} w_n^a(t-1)B_{n,2}(t-h) \cdots \\
\sum_{n=1}^{N_a} w_n^a(t-1)B_{n,k}(t-h) \cdots & \sum_{n=1}^{N_a} w_n^a(t-1)B_{n,k}(t-h)
\end{bmatrix}
\end{aligned} \tag{20.82}
$$

根据 $b^a(t-1)$ 中的每 k 个元素来计算对循迹误差的绝对边际因子贡献（absolute marginal factor contributions to tracking error，AFCTE）。特别是给出 $k \times 1$ 维向量来代表对 k 个因子的总循迹误差的贡献。

$$\text{AFCTE} = \frac{\partial \sigma^a(t)}{\partial b^a(t-1)} = \frac{\Sigma(t|t-1)b^a(t-1)^T}{\sigma^a(t)} \tag{20.83}$$

关于对循迹误差的因子绝对边际贡献，有两件事要注意：

1. 对循迹误差的绝对边际因子贡献是个 $k \times 1$ 向量，它的第 k 个元素是对循迹误差中第 k 个因子的边际贡献。

$$\text{AFCTE}_k = \frac{\partial \sigma^a(t)}{\partial b_k^a(t-1)} = \frac{\Sigma(t|t-1)b_k^a(t-1)^T}{\sigma^a(t)} \tag{20.84}$$

2. 对循迹误差的绝对边际因子贡献不包含任何特定风险项，因为特定风险不包含任何因子暴露。

对循迹误差的绝对边际因子贡献也可写成一相对量，也就是对循迹误差的相对边际因子贡献。对循迹误差的相对边际因子贡献第 k 项（对循迹误差的相对边际因子贡献 k）是：

$$\text{RFCTE}_k = \frac{\partial \sigma^a(t)/\sigma^a(t)}{\partial b_k^a(t-1)/b_k^a(t-1)} = \frac{b_k^a(t-1)^T}{\sigma^a(t)} \times \text{AFCTE}_k \tag{20.85}$$

记住，对循迹误差的相对边际因子贡献 k 的和与因子风险在循迹误差中的比例是相等的。也就是：

$$\sum_{k=1}^{K} \text{RFCTE}_k = \sum_{k=1}^{K} \frac{b_k^a(t-1)^T}{\sigma^a(t)} \times \text{AFCTE}_k = \frac{\varphi^a(t)^2}{\sigma^a(t)^2} \tag{20.86}$$

注意，$b_k^a(t-1)$ 项是一个积极组合的所有资产暴露（对特定因子）的加权平均。所以，当我们指与第 k 个暴露相关的离差时，并没有详述离差是与积极组合权重或资产暴露相关。类似地，我们能够计算对循迹误差的相对特有贡献（relative specific contribution to tracking error，RSCTE (t)）。也就是对第 n 种资产，它对循迹误差的相对特定贡献为：

$$\mathrm{RSCTE}_n(t) = \frac{w_n^a(t-1) \Delta(t|t-1) w^a(t-1)}{\sigma^a(t)^2} \qquad (20.87)$$

记住，所有资产对循迹误差的相对特有贡献 $\mathrm{RSCTE}_n(t)$ 的和与循迹误差中特定风险的比例是相等的，也就是：

$$\sum_{k=1}^{K} \mathrm{RSCTE}_n(t) = \frac{\delta^a(t)^2}{\sigma^a(t)^2} \qquad (20.88)$$

因而所有资产的对循迹误差的相对特有贡献加上所有因子的对循迹误差的相对边际因子贡献的和是 1（或 100 个百分点）。

当判定一个组合风险的来源时，我们必须探测到最细微的水平，这很重要。有时，知道一个因子（如价格增加）对组合的循迹误差的贡献多少是不够的。相反，我们可能需要知道对一特定因子的风险贡献，哪种资产影响最大。换种说法，假设我们的目标是降低由于价格增长因子而带来的组合风险。为了这样做，我们需要降低资产的暴露，这里的资产是指对价格增长、对循迹误差的贡献影响最大的资产。[1] 这和简单地降低那些包含价格增长的高暴露资产的权重是不一样的。更确切地说，我们需要降低风险资产的权重，这部分资产导致了价格增长因子对风险的贡献。

为了判定哪种资产导致了特定因子的风险，我们需要衡量第 n 种资产对第 k 种因子的相对贡献。等式如下：

$$\mathrm{RFCTE}_{n,k} = \frac{w_n^a(t-1) \times B_{n,k}(t-h)^T}{\sigma^a(t)} \times \mathrm{AFCTE}_k \qquad (20.89)$$

这个表达式告诉我们，第 n 种资产给第 k 个因子带来多大风险。注意，当我们计算所有股票对循迹误差的相对边际因子贡献 $\mathrm{RFCTE}_{n,k}$ 的和时，结果就是对循迹误差的因子贡献水平。

$$\sum_{n=1}^{N_a} \mathrm{RFCTE}_{n,k} = \mathrm{RFCTE}_k \qquad (20.90)$$

有能力运用公式（20.88）对最近现价报告而言是非常重要的，因为它允许证券管理者通过不同方式来判定他们的组合的风险。

重点注意：部门对风险的作用　部门包括一个或多个行业。在实践中，通常把部门暴露与部门对循迹误差的贡献当成一样的。就一特定部门而言，它的暴露是属于那个部门的所有行业暴露的简单加总。类似地，就一特定部门而言，各自的行业对风险贡献的总和与部门对风险的贡献是一样的。

例如，假设一个部门包含两个行业——行业 A 和行业 B——且某一组合的积极暴露对 A 行业为 25%，对 B 行业为 -25%（不达标准的）。既然这些行业是（仅有的行业）在同一部门，则组合的部门暴露为零。更进一步，假设两行业对风险的贡献为 30%（记住两行业对风险的总的贡献不是 100%，因为我们假定组合有对其他行业的暴露）。把两行业对风险的贡献加起来，得到部门对风险的贡献 60%。就数学上而言，我们得到了如下结果：计算第 I

---

[1]　这里，我们假定过量的头寸拥有高的价格增长暴露。

部门中有 $S_i(S=1，\cdots，S_i)$ 个行业。在此例中，对特定部门的行业暴露总和为零，也就是：

$$\sum_{s=1}^{S_i} b_s^a(t-1)=0 \tag{20.91}$$

现在，将部门对循迹误差的贡献计为单个行业对循迹误差的贡献总和，形式如下：

$$\sum_{s=1}^{S_i} \frac{b_s^a(t-1)}{\sigma^a(t)} \times \text{AFCTE}_s \tag{20.92}$$

在我们的例子中，公式（20.92）等于0.60。

预测贝塔值 (β)

对于正在寻找被管理的资产组合如何随着市场组合或基准组合的变化而变化的前瞻性看法的证券组合管理者，可以观察组合的预测贝塔值。为了推导出组合的预测贝塔值，我们返回到宏观经济因子一节中介绍的市场模型。第 n 种资产收益率的市场模型是：

$$R_n(t)=\alpha_n(t)+\beta_n(t)r_m(t)+e_n(t) \tag{20.93}$$

其中，$R_n(t)=t$ 时刻第 n 种资产的超额收益率；

$r_m(t)=$ 市场组合的超额收益率；

$\beta_n(t)=$ 资产收益率与市场组合收益率之间的协方差；

$e_n(t)=$ 期望为0，随机部分也就是残差收益率。这个收益率与市场收益率无关。

$\alpha_n(t)=$ 阿尔法（Alpha）——市场部分与资产之间收益率的差值。

通过公式 $r_m(t)=w^m(t-1)^T R(t)$，我们可以求出贝塔的公式，对第 n 种资产而言，其贝塔为：

$$\beta_n(t|t-1)=\frac{v(t|t-1)^T w^m(t-1)}{\sigma^m(t)^2} \tag{20.94}$$

这里，$v(t|t-1)$ 是协方差 $N \times 1$ 向量，代表协方差矩阵 $V(t|t-1)$ 的第 n 行。

为了更好地理解贝塔，假定市场组合包含两种资产，我们现在求出两种资产的贝塔值。在此例中，

$$r_m(t)=w_1^m(t-1)R_1(t)+w_2^m(t-1)R_2(t)$$

$$\beta_1(t|t-1)=\frac{\sigma_1^2(t|t-1)w_1^m(t-1)+\sigma_{12}^m(t|t-1)w_2(t-1)}{\sigma^m(t)^2}$$

$$\beta_2(t|t-1)=\frac{\sigma_{21}^2(t|t-1)w_1^m(t-1)+\sigma_2^2(t|t-1)w_2(t-1)}{\sigma^m(t)^2} \tag{20.95}$$

运用线性股票因子风险模型，贝塔的表达式为：

$$\beta(t|t-1)=\frac{V(t|t-1)w^m(t-1)}{\sigma^m(t^2)}$$

$$= \frac{[B(t-1)^T \Sigma(t|t-1) B(t-1)^T] w^m(t-1)}{\sigma^m(t)^2}$$

$$+ \frac{\Delta(t|t-1) w^m(t-1)}{\sigma^m(t)^2} \qquad (20.96)$$

这里，$\beta(t \mid t-1)$ 是贝塔的一个 $N \times 1$ 向量。一个组合的贝塔，是单个贝塔的加权平均 $\beta_p(t) = w^p(t-1)^T \beta(t \mid t-1)$。对基准组合和积极组合，结果是类似的。

记住，公式（20.96）中的贝塔包含两部分——因子的和特定的。这是一个有用的结论，因为我们可以判定组合贝塔的来源。如果大量的组合贝塔归因于因子暴露，那么我们通过降低因子暴露可以降低对于市场的全部暴露。另一方面，如果特定风险决定某一组合的贝塔，那么管理者不应该把重点放在因子方面，以图来降低市场暴露。

预测的贝塔（predicted beta）被认为是基础贝塔（fundamental beta），因为它的价值依赖于资产对通过用 $B(t-h)$ 项来表示的基础因子的暴露。另外一种涉及相比基准收益率的组合收益率的测量方法就是预测显著性系数 R^2。

期货交易风险的测量和交易基金头寸

一些证券组合管理者把期货作为构建组合（construction of portfolio）过程中的一个关键部分。当有现金进账时，一些证券经理可能选择把现金"平衡化"，这也就意味着他们买进一定数量的期货，能够带来与现金一样的暴露。例如，如果某一组合有 5 000 万美元流入，证券经理可能买进 5 000 万美元暴露的标准普尔 500 期货成为多头。

既然期货在组合结构中起这么大的作用，那么理解在证券因子模型体系下如何测量期货头寸的风险就非常重要了。在理解期货头寸如何影响组合风险之前，我们首先需要分析期货头寸如何影响组合的价值。

期货合约（futures contracts）的市场价值就是它的初始保证金加上任意变动保证金，由于采用盯住市场（mark-to-market，MTM）的方法，就需要变动保证金。例如，随着期货合约的失利，变动保证金也要增加。我们用标准普尔 500 的期货合约举例。

当前，每份标准普尔 500 期货合约价值为 250 乘以标准普尔 500 每点的现行市场价。所以，如果指数每点价值 1 500 美元，那么标准普尔 500 期货合约市场暴露为 375 000 美元。假如要求 5% 的保证金，一证券管理者将丧失大约 18 750 美元。很自然地，如果一证券管理者购买 N 份期货合约，那么市场价值是 N 乘以 375 000 美元，并且初始保证金为 N 乘以 18 750 美元。

在每天交易结束时，期货合约的逐日盯市方法是建立在公式 MTM = 250×（期货合约的收盘价－期货合约当天开盘价）上的。

所以，如果期货价格当天开盘为 1 500 美元，收盘时 1 450 美元，那么逐日盯市方法将损失 12 500 美元。

$$\text{MTM} = 250 \times (1\,450 - 1\,500) = -12\,500（美元）$$

由于期货是每天清算，在此例中的变动保证金为 12 500 美元，并且把它加到初始保证金上。

组合中一份期货头寸权重为总市场暴露（375 000 美元）除以组合的总投资资金。例如，假设一个组合有两种股票头寸和一份期货头寸。期货头寸的总市场暴露为 375 000 美元，并且股票头寸现值为 100 000 美元和 200 000 美元。在此例中，总投资资本为 318 750 美元，组合权重是：31.4%（100 000 美元/318 750 美元），62.7%（200 000 美元/318 750 美元），117.6%（375 000 美元/318 750 美元）和 5.9%（18 750 美元/318 750 美元）。注意，组合权重加总不是 100%。

一个常用的方法是，它经常被用在一些商业性的现存风险系统上，在无套利环境下，对风险进行计量。根据这种方法进入一份期货合约交易，它涉及把期货头寸转化成一份基础资产的长期现价头寸和一份等值的短期现金头寸两部分。这种方法假定，持有一份短期期货合约等价于（在风险和收益期上）用时点价借入现金并买入基本资产。

例如，一个总市值为 500 000 美元的标准普尔 500 期货头寸，可看成一个 500 000 美元现金空头头寸的组合和基本标准普尔 500 现货的多头头寸 500 000美元的组合。这样来看待期货，我们应记住：

● 组合的市场价值不变。
● 股票头寸的总市价随着期货头寸数量的增加而增加。
● 增加一份期货头寸与增加一系列基本的资产是很难区分的。

测量期货头寸的另一种方法，是把这些头寸看成单独而完全不同的，这些头寸的风险和收益是由潜在的复合体导致的。期货头寸被引入到基本的股票暴露、收益率和价格中。既然买卖期货合约是无成本的，期货头寸就不影响组合中的现金，除了分配到期货合约中的保证金。

为了更好地理解这种对期货建立模型的方法，让我们引用先前的总暴露 500 000 美元的标准普尔 500 期货头寸的例子。在此例中，我们通过初始保证金来增加组合中的现金头寸，计算期货合约的权重，500 000 美元除以组合的总投资资本。

交易所交易基金（exchange-traded funds，ETFs）是那些代表基本综合组合但像股票一样在交易所交易的证券。ETEs 的两个例子是拉塞尔（Russell）和标准普尔的预托证券，或 "spiders"（SPDRs）。

SPDRs 是交易所交易的证券，或一些集合（像共同基金），它代表了在 SPDR 联合投资信托中的所有权。SPDR 信托的成立是用来计算和持有普通的股票组合，这些股票的目的就是跟踪价格变化和标准普尔 500 综合指数的股息收益率。从而期望 SPDR 的市场价值与标准普尔 500 变动非常一致是合理的。SPDRs 被创造时的市场价值大约为基本的标准普尔 500 指数价值的十分之一。SPDRs 的发行和回购是用证券的实际组合，并且以 50 000SPDR 为发行单位。

SPDRs 或任何其他交易所交易基金的模型建立的方式与普通的股票一样。也就是一个 ETF 包含头寸、价格和回报率，并计算权重和相关风险及回报率的统计值。

当计算风险时，复合资产上的 ETFs 和期货需要特定的处理方式。尤其是需要做一些调整，这样才会过高地估计综合资产对风险的贡献。这种调整是必需的，因为一个组合可能持有一项资产（如 IBM），然后持有一份包含那种资产的复合资产的期货合约。不这样调整的话，在完全对冲中，我们无法保证特定风险为零。

当处理期货和 ETFs 时，为了正确地衡量特定风险，我们需要建造一组新的可控制权重。这些新权重——表示为一个 N 维向量——计算如下：

$$w_{mod}^p(t-1) = w_{ex\,future}^p(t-1) + w_{future}^p(t-1) \times w_u^p(t-1) \qquad (20.97)$$

其中，$w_{ex\,future}^p(t-1)$＝除期货头寸外的初始的可控制权重；

$w_u^p(t-1)$＝期货或 ETFs 中的基本资产的可控制权重；

$w_{future}^p(t-1)$＝被管理的资产组合中期货合约的权重；表示为期货市场暴露除以组合的净值。

为了更好地理解公式（20.97），假设某一组合公开地持有一普通的股票，并且它在组合中的权重为 3%（不包括期货）。另外，组合持有综合证券的期货合约。期货合约在组合中的权重是 5%，资产在综合证券中的权重为 4%。在此例中，我们有 $w_u^p(t-1) = 4\%$；$w_{future}^p(t-1) = 5\%$ 和 $w_{ex\,future}^p(t-1) = 3\%$。

记住，当不持有与特定资产相关的期货头寸时，$w_{future}^p(t-1) = 0$，$w_{mod}^p(t-1) = w_{ex\,future}^p(t-1)$，且调整后的权重在没有期货时与初始组合权重是一样的。

现金是如何影响循迹误差的？

在某些时候，证券组合会持有一定数量的现金。在这一节中，我们介绍现金在一个证券组合的循迹误差中所起的作用。首先，对现金的定义有一个清楚的了解。现金，我们指本地的无风险投资。投资于外国的无风险资产（即国外现金）有相关的货币风险，因而不符合我们对现金的定义。其次，对风险的定义有一个清楚的了解。理解现金的改变对证券波动性的影响是简单的，然而当理解现金影响循迹误差的作用时，就不是这么简单了。

正如现金那节所介绍的，一个组合中现金数量的增多（减少），减少（增加）股票头寸的权重。既然现金被认为是无风险资产（它有零波动性与零相关性），现金的增多可减少组合的波动性。这是由于降低了风险头寸的权重并增加了无风险头寸的权重而产生的效应，这是个直观的结果。

现在，要衡量循迹误差，我们需要理解现金的变动是如何影响组合的积极权重的。回忆一下，积极权重是可控制的证券与基准证券组合的权重之差。现在，我们知道，在绝对价值中的积极权重越大（越小），组合的循迹误差就越大（越小）。因而——假定所有其他因子平等——现金的增加降低了组合的可控权重，循迹误差的影响依赖于积极权重的初始价值和相符合的证券对循迹误差的贡献是正或负。以某一特定的股票为例，它的积极权重先于现金的变化，更接近于零并且对套利的贡献为正。保持其他条件平等，假如我们在组合中加入足够的现金，那么股票的积极权重将变为正，并且以此方式加到循迹误差中。另一方面，如果股票开始有一小的超额权重，那么往组合中加入足够的现金使股票的积极权重为零是可能的。在此例中（持有其他事物相等），股票对组合中的循迹误差的贡献将降低。

总之，现金的改变对组合套利的影响依赖于积极权重的原始的（即加入现金前的）价值和股票对套利的贡献。概括地说，如果一个组合套利的大部分来自于超额的权重，那么现金的增加将降低（增加）组合的循迹误差。类似地，如果一个组合循迹误差的大部分来自于权重低于标准额度，那么增加（降低）现金将会减少被管理的资产组合的权重，并提高积极权重的绝对价值，甚至因此产生更高的循迹误差。

一个例子

我们用高盛公司 PACE 系统的风险分解的例子来对本节做个总结。图 20.4 展现的是 2001 年 9 月 31 日假设的组合的 PACE 风险管理总结报告的第一页。

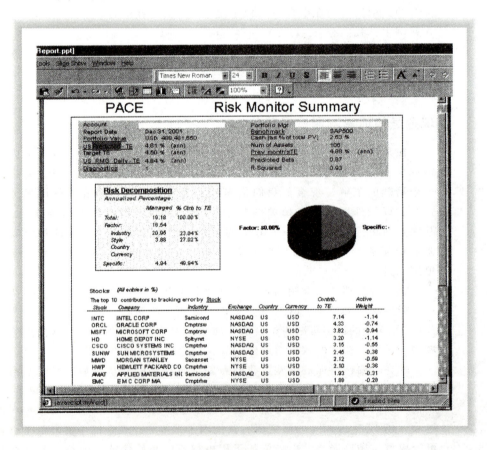

图 20.4　风险分解示例

报告中显示，组合的当天价值为 488 481 650 美元。它的基准组合（即用来计算套利的组合）是标准普尔 500。该组合现包括 106 项资产，现金占总价值的 2.63%。在报告中左边的最高方框中，我们看见它年度的预测循迹误差（美国预测 TE）是 4.81%。这个组合的目标 TE 是 4.50%，所以这个组合稍稍运行在目标之上。做个比较，这个报告又展示了一个选择性模型中的预测循迹误差。依据这个模型，预测的循迹误差为 4.48%，接着往下看，我们发现有一个板块叫"风险拆分"。当中的信息告诉我们，大约 49.94% 的风险是特定的，而剩余的（50.06%）来自因子。特别是在总循迹误差中，23.04% 和 27.02% 分别归咎于行业和投资方式。

接着本页往下看，有一个表格显示了资产对风险的贡献。这些贡献是建立在对循迹误差的相对边际贡献计算的基础上的。例如，因特尔是对循迹误差贡献最大的股票。它占了全部风险预算的 7.14%，低于标准（相当于基准）114 个基点。类似地，甲骨文也不足标准（它的积极权重为 -74 个基点），占了全部风险预算的 4.33%。

风险估计（risk estimation）过程

衡量风险需要我们对组合未来的分配和要素收益率进行量化。[①] 在本节中，我们对股票因子风险模型的实际应用提供了一个八步过程。我们接着假定一个组合的收益率可以分解成普通因子和特定成分，并且组合收益率的分配仅依赖于它的均值和方差（即前两个截距）。另外，我们假定因子模型可适用于美国证券市场。因此，计算风险所需要的信息包括协方差矩阵、因子暴露和组合持有（即组合权重）。

组合收益率的标准差得出了对总的组合风险的估计。既然一个组合的收益用因子和特定成分来建立模型，因此我们把总风险分解成因子风险和特定风险。我们可以把因子风险进一步分解为投资方式、行业、部门等等。

正如先前所讨论的，一个证券管理者管理与某些基准组合相关的组合。通过计算被管理的资产组合与基准组合收益率之间的标准差，来求得与基准相关的被管理资产组合的风险。这样得到的是相对风险的测量，也就是通常所指的循迹误差。

假设一个管理者目前用市场模型来测量风险和归属收益。管理者的选股能力用残差收益率来评价——即被管理的资产组合收益率与市场的系统成分（市场 β 值乘以市场收益率）之差。系统成分的标准差可以衡量系统的风险。残差收益率的标准差可以衡量残差的风险。残差风险（residual risk）可以进一步分解为残差因子（即能解释残差收益率的因子）和残差特定风险。

图 20.5 显示的是支持美国证券模型的风险估计过程的流程图。这个被表述为八部分的过程，可以扩展到别的市场以及市场与市场之间。

---

① 在这个体系中，组合收益就简单地指组合中所有股票收益的加权平均。每种股票的权重表示它对组合在价值上的贡献。

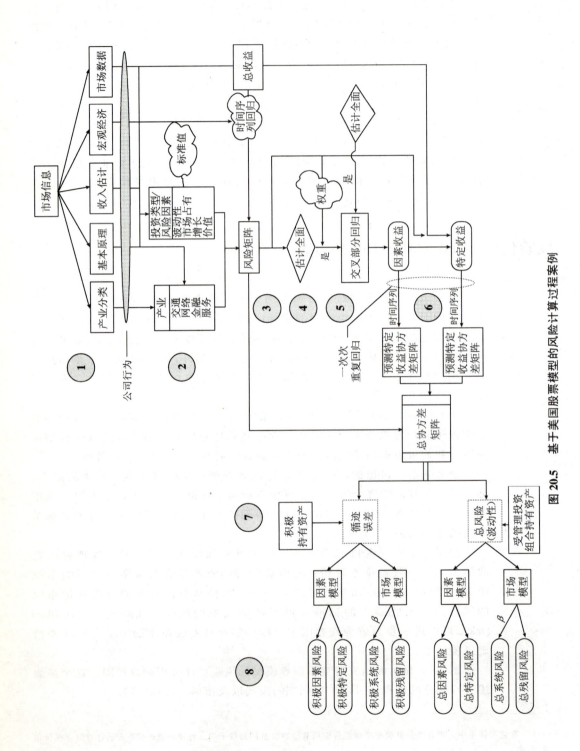

图 20.5　基于美国股票模型的风险计算过程案例

下面，我们来解释风险估计过程的每一个步骤。

第一步，整理以及收集暴露和市场 β 值。暴露的数据可能包含行业分类标准、基础的数据（如账面价值）、收入估计和宏观经济变动。市场数据指的是每天的资产价格、总收益和交易量。

第二步，把原始的暴露信息和市场数据转换成可以用来估计因子模型变量的资产暴露。在美国市场上，暴露有三种基本的形式：（1）行业；（2）投资方式；（3）市场。

第三步，构造一个包含行业暴露、方式暴露和某些可能的新暴露的矩阵（对每种因子而言，每种资产拥有一个暴露），[①] 其中这一新系列的暴露是在市场收益率上，对股票收益率的时间序列进行回归而得到的。回归中产生一个可用来衡量当地市场股票暴露的市场 β 值。

第四步，判断哪些资产适合我们估计的领域。估计的领域表示一系列用来判定因子模型变量（即因子收益率）的资产。随着时间的推移，估计的领域会有些改变。某项资产将不适合一个特定的估计整体的原因，就是没有足够的关于证券收益率或公司信息的历史性信息。

第五步，通过对部门间的资产收益率进行回归来估计因子收益率——正如估计的领域所限定的——关于它们的因子暴露的。回归中的相关系数就是因子收益率的估计值。

第六步，在一些样本期间内，对每一天进行跨部门回归。在连续的时间期限内重复这些回归便产生了一个因子和特定收益率的时间序列。我们用这些收益率的时间序列来分别估计因子和特定收益率的协方差矩阵（分别地）。这些协方差矩阵是对未来收益率变动和收益率间的协同运动的一个预测。

第七步，在这个基础上，我们开始进行风险估计，该估计是持有的财产、暴露和方差、协方差的一个函数。我们已经有了除持有的财产外的所有需要的信息。为了计算组合的权重：

- 我们选用那种资产在某一特定日期（如在 1999 年 11 月 15 日持有 100份）所持有的一定的份数，并用 15 日的收盘价（如 10 美元）乘以这个份数。

- 通过计算所有单个资产的市场价值（上一步计算过）的和来计算组合的总的市场价值。

- 每种资产的组合权重就是该种资产的市场价值与总的组合的市场价值的比值。

与基准组合一样，我们每天需要对所有账户的组合信息进行下载。

对于任何一项资产，我们计算它的可控制权重（在可控制资产组合中的权重）、它的基准权重（在基准组合下的权重）和它的积极权重（定义为受控与基准权重之间的差值）。注意，如果一项资产并不包含在基准组合中，那么它的基准权重为零，并且积极权重与组合权重是相等的。相反地，某项资产在基准却不在组合中，那么积极权重与基准权重的负值是相等的。

给定组合权重、积极权重、暴露和协方差矩阵，我们计算对组合风险和

---

① 如果我们持有 N 种股票和 K 个因子，那么暴露矩阵则是一个 $N \times K$ 矩阵。

循迹误差的预测。

第八步，在此例中，风险预测过程的最后一步是寻找风险来源。例如，我们可以把循迹误差和组合的波动性分解成不同的来源，包括本地市场、行业和投资方式。

小　结

在做了细致的分析之后，这一章对线性股票因子风险模型（equity risk factor models）做了一个总体的概述。我们是用股票因子风险模型的分类形式来阐述的。把股票因子风险模型分成观察到和未观察到的因子收益率。

接下来，我们对线性跨部门股票因子风险模型进一步深化，对本地和全球模型进行了详细的阐述。作为讨论的一部分，我们对在线性股票因子风险模型中的资产暴露的不同类型进行了定义。

线性跨部门股票因子风险模型构成了风险计算的基础。我们介绍了这种风险计算，并介绍了对风险的相对的和绝对的贡献，而且展示了如何把风险归属到因子和资产中去。

最后，我们总结了线性跨部门模型的实际应用。这八步过程包括了数据的收集和计算。

第四部分

传统投资

第21章

经理人选择的
资产管理方法

戴维·本 (David Ben-Ur)

克里斯·维拉 (Chris Vella)

引言：投资哲学的重要性

任何一个成功的投资过程都源于一门合理、连贯、经得起检验的投资哲学（investment philosophy），应用这门投资哲学的职业团队奉之为信条。类似地，经理人选择也需要一系列"第一原则"去寻找和挑选出比他们的同行和被选择者中做得更好的经理们，在未来能为他们的客户创造阿尔法。

经理人选择过程（包括经理选择的目标、结构、工具和过程）类似于在积极股票和固定收入证券投资机构里的分析家和组合经理们所寻求的证券选择和组合构建过程。在这一框架里，经理被看做是和高流动资产组合一样的商务和多经理结构。从这一哲学里获得的见解为完成经理选择问题构筑了一个强大的文化和智力基础，依我们的观点，这将在一段时间里带来高质量的过程及显而易见的投资结果。

在运用买方研究方法的经理选择过程中，任何经理选择团队已经达到它的处置强大资源的最佳实践。经理选择队伍每天都同资产经理相互交流。

一项资产管理哲学如何应用到经理选择团队中？考虑下面一般的资产选择过程。这一过程可以分解成几个不同的组成部分：

1. 领域决策：
   - 根据规则确定的投资领域。
2. 观念生成：
   - 筛选。
   - 产业资源（会议、贸易性出版物、参考期刊）。

3. 证券分析：
   - 定量建模（历史的和预计的）。
   - 基本分析（管理讨论、产业和商务分析）。
   - "三角化"（与竞争者、供应商、客户和其他人员）。
4. 证券等级和选择：
   - 以团队为基础讨论每个证券的优点，安排买入/持有/卖出等级。
   - 纳入或排除的决策过程。
5. 资产组合构建：
   - 头寸的大小。
   - 在整个组合风险和收益预算下匹配证券的权重。
   - 复杂风险管理技巧的运用。
6. 监管：
   - 管理更新。
   - 后续产业和公司的多元化。
   - 风险定位和组合结构的监管。

当以智慧的货币管理机构的最佳实践灌输，并运用到经理选择工作中时，这个一般过程与传统的、勤奋的经理并不同。对一个经理人选择队伍，用于经理选择的资产管理方法（asset-management approach）大大影响了团队结构、文化、工作流、投资工具甚至招募——简而言之，这一哲学以资产管理团队的形象再造了经理选择队伍。

目前这章主要研究这一基本过程的前四个步骤，第 22 章着眼于组合构造过程。在每一步，我们描述来自于智慧的资产管理组织的见解是怎样使投资过程信息丰富、敏锐的，并为机构和个人客户实现高的投资收益的目标服务。

用资产管理办法进行经理人选择

经理和产品系列的机会与股票市场上众多股票的机会一样多。到 2002 年 3 月 31 日止，在美国注册的共同基金（mutual funds）有 7 000 多个，在美国境外注册的离岸基金有 10 000 多个。这里面不包括地方注册的共同基金、专门账户和私人合伙制，在一个特别的场所里确认最好的货币经理的任务可能在最初的一瞥中是十分令人生畏的，就像组合经理从几千个潜在公司中选择出最有希望的公司组成一个组合的任务一样。在两种情况里，用一种大型数据库的系统方法可以减少消耗的时间和那些花费在最终没有吸引力的选择上面的种种努力。

圈定经理范围的第一步是确认和挑选经理的具体类型或风格。这一步骤与许多资产经理使用定量选拔以确认与经理风格相适应的证券范围是相似的。例如，就像一个美国大盘股价值经理必须仔细考察大约 1 000 个大盘股以确定那些显现价值特征的投票，经理选择团队必须考察几千个美国股票经理从而确认大约 300 个在投资大盘股方面有专长的经理。像许多资产组织一样，经理选择队伍用可度量的方法和不可触摸的思考区别出正确的投资风格。可度量的方法包括经理的官方数据库分类和数量筛选，定性的考虑是投资者依据产业知识和对定量数据主观理解得出的主观看法。

应该使用经理的自我分类，但不能排除其他方法，一个经理也许认为他的投资风格是：例如，真正的大盘股价值，但那个经理的价值的定义可能与其他价值经理或在某些情形下与传统价值标准的基本特征有很大差别。定量选拔一般会从分析中剔除这类经理。在这一阶段，定量筛选包括一系列因素，包括风格的一致性，在时间滚动周期的风险调整业绩，次风格分析（例如区别深度价值经理和一个相对价值经理）。这些选拔与一个经理在数据库中导找满足特定收益股票、净收入和评价标准的工作是类似的，在经理选择团队从一个定量的角度确认一个成功经理的过程中，有两个关键因素：在不同市场环境里和完整市场周期内的高级风险调整业绩，以及相对于合适基准的连贯结果。

无论是对资产经理还是对经理选择者来说，任何定量筛选无论多么有力和可靠，都只是一个开端：定量方法充满了容易犯的错误。对经理选择者来说，生存偏见（数据库提供者倾向于删除停工产品的全部记录痕迹）代表着经理数据库的一个显著的弊端。而且，纯粹的定量选拔无法提供投资经理的基本信息，如团队的经验、团队在企业的时间、企业资源的深度、企业的所有制结构等等。以收益为基础的选拔还不包括例如管理下的资产的轨迹是如何形成的。

这些错误证明，在筛选过程中需要定性分析（qualitative analysis）。资产管理队伍时常定量地从他们的备选范围中增加和删除公司，这些备选是基于管理队伍的历史、以前投资证券的经验或产业知识。类似地，经理选择过程应该在名单中增加一些或从已选出经理中删去一些。可以是一个与带有较差业绩的组织不同的新团队，这个新团队应该加入经理名单中。可能是被挑选出的有十分优秀的业绩但在几个关键投资中失败的专业人士，因此应该从名单中删去。一个有稳定发展轨迹的伟大团队可能在一个母公司下面，而经理选择队伍知道它在保留人才方面没什么效率，这样的经理应该从过程中删除。总之，一个良好的经理选择过程就像一个良好的资产管理投资过程，应该考虑可观察的、客观的业绩和风险标准，以及不太正规但同样重要的定性分析。满足这些联合标准的经理会收到一个请求（RFP），有资格进行投资过程的下一阶段。

基本分析

许多传统资产管理过程的核心是基本分析。当评估资产经理时，这一阶段变得更为重要，这些经理的战略资产是对货币的个人管理和配置过程。基础分析（fundamental analysis）的最重要的讨论会是有这些经理在场的现场会议。

现场会议的目标是多种多样的。选择队伍旨在观察和吸收一个组织体制安排和公司文化,人员素质更重要的是人际关系和交流的质量。

一个有竞争力的经理选择队伍用几种技巧达到对这些因素深层次的理解。首先,所有的会议都应该在没有销售或营销人员参与的情况下召开,这些个人,特别是水平高的那些人,倾向于将话题转向强调经理的力量或者为它的缺点杜撰或解释。依次与每个人谈话将带来一个更坦白的、没有指向性的讨论,更多的见解来自于向不同的个人询问同一系列问题。稳固的、健康的组织倾向于不同的人有相类似的答案,而对比鲜明的答案或角度意味着沟通欠缺或行政音调。

会议值勤表也是重要的。就像了解资产管理分析家将和公司里许多人见面一样(首席执行官、首席财务官、生产线管理人员等等),选择队伍应该不仅仅与组合经理和分析家见面,还要和首席执行官、主要投资负责人、研究主管、运营和技术人员、交易者见面。此外,企业中年轻的新员工——经常是从学院直接毕业的,强有力地代表着公司状况。在一个强势企业中,这些人是熟练且有激情的,对他们在组织中的作用和轨道有一种清晰的认识。一个不太有吸引力的企业中,新雇员缺乏素养,目光短浅,较少关注公司层面的、广泛范围内的事项。和这样的人会面——来自于这一组织的所有部门,是现场会议中重要的一部分。

选择队伍在现场调查时应该用几种其他的技巧。体制安排的观点虑及沟通、层次和团队文化。通过整个投资团队(与个人相反)在一天结束时的会议,并把会议时间安排到很晚得到类似的结论。晚上7点离开公司使公司工作道德规范呈现无价的前景。通过询问组合经理和研究分析家,选择队伍可以评估类似的投资哲学和过程已经渗透于整个组织。这些细微的差别可以通过到组织的实地考察而获得。

现场考察的目标是确保经理人熟悉公司文化、公司结构和公司业务流程的优势与不足。与此同时,大多数经理人要对业务团队认真、努力和花费大量时间的工作业绩表示感激。在考察结束时,强大而专业的关系网就已经形成了。

三角化

经理评价接下来的步骤是汇总经理的来自于外部的信息,为了比较和对照不同来源的故事。与组合经理将通过对客户、供应商、竞争对手提问来考察一个公司的背景一样,我们也与竞争者(有相同投资风格的组合经理)、消费者(组合经理的客户)和供应商(卖方研究分析和公司管理)交流。为了确认或驳斥一个连贯的、积极的模式,从不同资源汇总事实,队伍已经形成了一个具体的经理。

虽然,竞争者观点很显然是有偏见的,但时常会提示关于他们同行的适当的信息。由于可能有偏见,所以应该小心使用这些信息,然而与此同时,这些信息可以带来有意义的见解。例如,竞争者经常对他们在最后决定中时常遇见的人和赢得业务的人有一些看法，竞争对象经常知道哪些企业正在失去人才，而哪些企业正在获得人才。它们还可以提供哪些组织是稳定的分析家的良好的环境。

来自消费者的信息可以分为好几种形式。精明的经理选择队伍一般总是坚持不仅从现存的客户那里获得参考核查的信息，还从新客户和终端客户那里得到有关的信息。参考核查的类型对于重新评定经理很有意义。经理们将商务、个人或实体中并不了解经理们的私人朋友作为参考，是因为他们没有更好的参考。高质量的参考核查包括对考察的该经理有独到见解的阅历丰富的专业人士。新客户近期已经完成的并且目前由经理选择队伍负责进行的同样类型的寻找，这些对话将有助于理解为什么新客户对经理感到满意，最后，终端用户可能无法及时找到或者不愿意提供更多的信息，但每一次一些非常有用的信息都将包括在对话中，汇集在一起的信息的一致性程度是确定是否值得进一步了解经理的关键因素，这一阶段不连贯的信息将有利于确认与经理有关的重要事宜。

外部"三角化"信息的第三个渠道是供应商团体，当评价货币经理时，组合经理的信息提供者倾向于由卖方分析师和公司管理人员组成。每个经理在不同程度使用卖方和公司管理人员。没有两个经理在这方面是一致的，因此一个人必须十分谨慎地在这些对话中分配适宜的权重。例如一个广泛地使用卖方和在一个每日基础上与经纪人交流的经理应该得到华尔街较好的认可，因为有很好的卖方参考核查，缺乏这样的检查意味着问题的存在。如果一个组合经理很少使用卖方研究，例如一个定量分析经理只是纯粹地依赖客观数据或者某一个从底层升迁上来的经理只是依赖他自己的研究，那么他或她应该能提供极好的公司管理参考。一个人还需察觉包含在这些看法里的偏见。卖方分析师可能想将他们的新业务指向最大的客户，公司管理者心里也有这样的想法，例如，如果经理在他们的业务里有很大的利益，那么他们将非常满意。

定量分析（quantitative analysis）

大多数经理在他们的研究中包括了定量建模——无论是作为过程的支撑（例如定量战略）或者作为关键决策过程的输入量（例如在传统的基本方法里）。在两种情形里，定量分析为无论是在单独还是在对比的基础上评价投资机会提供了一个系统分析框架。经理选择的最好的实践方法包括每一个经理在投资过程中创造的全面的数量分析包。这样一个数量分析包从两个关键角度提供了对经理的深入了解，即目前的简要印象和关键的历史回顾。

当一个经理被选择出来参与研究时，RFP 包应该从一开始就包括一个月度收益的要求，重要的是一开始的完整的月度持有情况。通过多元风险和风格分析体系全面地分析这一信息。一个完整的数据包在性质上是四维的：它在单独和比较的基础上考察经理们，在目前和放在一个较长的时间段内考察经理。在这些范围里，应该仔细考察下面一些特征：

- 以收益为基础的归因，不仅仅是以部门，而且以风格，例如以股票、市场份额、市盈率、股利收益、市场价值/账面价值比率、收益增长率。
- 收益的因素归因，包括证券选择、因素风险暴露、贝塔风险和部门风险。
- 风险的因素归因，包括证券选择、因素风险、贝塔风险和部门风险。
- 收益基础分析，包括相关研究、风格风险、下降分析、上/下捕获。

经理选择队伍正在寻找确认被分析的经理产生的阿尔法的一致性。为了形成这一数量分析包，有助于准确描述过程中的薄弱之处和长处。这一过程已传达出组合的结果——例如一个经理的五年业绩相对于他的同行是最强的1/4，即产生的95％的阿尔法来自于一个部门，而相关研究分析家只是走向藩篱。这个例子显然是个夸张的事件，然而数量分析包为经理选择队伍提供了数据，从而可以在业绩的历史驱动因素上挖掘得很深，并且允许队伍向资产组合经理询问具体的问题，从而更好地理解经理对这些驱动因素以及对在一个具体时间里组合所承担的风险获得成功或失败的理解程度，允许队伍询问资产组合经理特殊的问题，以更好地了解经理理解特殊时期在资产组合里这些驱动因素和承担风险取得成功或失败的程度。数据分析包最后可以视做经理未来的业绩、定位的决策工具和历史标准。

投资决策

在投资决策过程中积累的信息量是庞大的，一个人很容易就会在所评价的每个经理的细节方面迷失。与分析的某一部分相连，所有的经理都有好的部分和不好的部分，目的在于确认所有的事情，把经理与一个合适的同行的团队比较，决定未来的风险，评价这个经理的那些风险是否值得投资。最终的目标是确认那些将在今后几年里向客户提供阿尔法的经理。在最终的投资决策过程中，有几个值得关注的重要因素：对一个企业各个方面的定量评级的应用，鼓励专业人士就每个经理的优点和一些事宜进行讨论。

外部经理的评级应该根据每一资产类别、次类别进行标准化处理。通过将关键因素标准化，经理选择队伍能够在不同队伍之间交流观念（例如美国股票和国际股票），在多资产类型组织里进行健康的不同组之间的讨论。每个类型应该分配一个等级——例如1~4。这一基准有助于避免一个平均的评级，迫使投资专业人士在每一类型评价经理时高于或低于平均数。用于评级的类别包括组织、投资哲学、投资过程、组合经理、研究能力、风险管理、产品的可信度、用户友好度和整体评价。

为了了解一个组织的全貌，指出优势、劣势或注意的事项，建议的类别是包括全部范围的。为了使所有经理的研究成果标准化，每一类别应该进行完整定义。例如，投资过程这一类别可以包括下面所有的子类别：
- 明智的投资过程
关于投资哲学

关于队伍组织的安排

- 观念的生成

筛选

进入研究

网络——公司管理

- 研究质量

模型

公司评价标准

进入管理

进入和工具的使用

- 不同团体之间的有效沟通

最好的想法进入组合了吗？

过程进行得有效且有效率吗？

- 方法上的一致性

- 销售规则

这些子类别不必单独评级，但有助于帮助队伍保持一个合适的框架，就像给它评级了一样。

每一个参与某一经理回顾或寻找过程的投资专业人士应该独立地给出他或她的评级。应该召开一个大型投资会议，对每个处于被挑选过程中的经理进行每一类别的最后评级。一个典型的投资会议应该是集中的，以投资为导向，允许各种强有力的讨论，这样的会议可能长达一天，但很少短于四个小时。

结　论

经理选择的资产管理办法有许多好处，对经理选择团队而言，有些是有形的，有些是无形的，首先也是最重要的是，它提供了一个系统的、结果驱动的分析体系，这一体系可以为客户带来好的投资结果。此外，这一方法提供了辅助性的、相互强化的好处，包括：

- 了解熟知投资方法的货币经理之间的密切关系。

- 在经理选择团队中促进动态的投资管理文化，这一文化反过来有助于在经理选择队伍中吸引和获得杰出的投资专业人士。

- 在每个组织里通过多"接触点"合同提高信息网络架构。

- 一种来自于资产管理商业结构中的哲学，这里，支付是以资产和业绩为基础，而不是来自于咨询风格顾问费。这一结构反过来将经理选择队伍和客户的意图联合起来。

- 经理监管方面的一个日常的与资产管理类似的前景，它反过来促进更多的经理的知识，最后带来投资结果的改善。

对许多资产管理业务——其中之一就是投资组合——这是最后的收益，也许是最重要的，来自于商业和令客户满意的立足点。

投资计划的实施：现实
和最好的实践

道格拉斯·克雷默（J. Douglas Kramer）

策划一个考虑周全的投资计划是一项耗时且复杂的任务。它不仅要求遵循在本书中描述的合理的、有理论基础的投资哲学，而且在实施过程中要遵循可操作的现实状况。本章将阐述下面这些实际事宜之间的关系：一项投资计划的规模是如何影响实施投资计划的能力的？投资者应该怎样考虑费用？什么是再次权衡或转换经理最为节约成本的方法？资产配置漂移的真实风险是什么？在那些风险中，投资者应该多长时间调整他们的资产配置和经理人员。

一项投资计划的规模是决定如何实施投资计划的单项因素中最重要的一个。更为明显的是，计划的规模将对一项投资计划中风险的分布有明显的影响。进一步地说，计划的规模不仅在经理选择方面起重要作用，还将与多少资金可用于投资有关，是直接的专门账户还是混合工具（例如共同基金、合伙制等）。最后，投资计划规模决定规模经济，因此投资者为了使整个费用后整体收益率最大化，必须根据计划的规模，调整他们的实施方案。

将投资计划分成四类有利于讨论投资规模对实施的影响。①

1. 超大型计划：大于 100 亿美元。
2. 大型计划：10 亿～100 亿美元。
3. 中等规模计划：1 亿～10 亿美元。
4. 小规模计划：小于 1 亿美元。

---

① 请注意，下面的讨论一般应用于机构投资组合。个人投资者应该考虑贯穿于整章的观念，并考虑税收、财务筹划、信托和不动产以及其他习性方面的需要。

计划规模：实施对风险的影响

投资计划的规模在整个组合中对风险的分布有很大的影响。这里，我们将要阐述的两种主要的投资风险是市场风险（例如基准风险）和积极管理风险（见第13章）。

在市场风险下，计划的规模历史上已经对哪类资产适于投资有显著的影响。典型地，小型计划在资产类型层次上较少多元化，而将他们的投资限制在传统的本国股票和债券上。在第25章至第28章中，我们建议小型计划用新的备选资产类型使之多元化，从而提高风险调整后的收益率。此外，混合工具的激增已经可以使小型计划的投资者选择先前不可行的资产类型。通常被小型计划忽略的资产类别有：不动产、高收益债券、国际股票、新兴市场股票和债券、套期保值基金和私人股票。小型计划的许多投资者和投资委员会感到有义务使用专门账户以证明他们积极的定制信托疏漏的任务。这一具体做法的问题在于，小型账户的专门账户费用一般是相当昂贵的，这导致投资委员会将更多的资金过度分配给个人经理，以使费用达到盈亏平衡点，以良好的投资多元化政策为代价换来账户费用的最小化，与这一小型计划具体做法相关的风险导致了积极经理风险的集中。

集中的积极管理风险可能由于在每一资产类型的许多情形下积极经理数量太少所致。在整个组合水平中，随之而来的积极经理风险的多元化的缺乏可能由于限制计划选择集中的潜在的高收益经理，而使整个预期收益率下降。虽然明显的积极经理风险并没有本质上的错误，但投资者和投资委员会认为其与市场风险不同，积极风险使他们的业绩与同行的业绩之间产生了差异。这种同行风险一般导致计划在100～300个积极风险的基本点之间感到自在，这一数量并不会显著增加整个计划收益的波动性。

在第13章和第14章中，我们讨论了在多元化积极管理风险的关键目标下创立一个整体风险预算的重要性。如果大多数计划中，对积极风险的喜好程度相对较小，那么在每一单位积极风险下产生尽可能多的收益就变得十分重要了。对小型计划来说更为重要，从而确保在实施过程中需要它，理解它，监管它，并充分使之多元化。

在规模的另一头，大型和超大型计划，一般有复杂的内部和外部投资资源，从而创造复杂的多元化投资组合结构。大型计划也许在书面上有正常的围绕资产类型的多元化，但在实施方面有巨大挑战。大型计划的一个最大的挑战是找到足够的互补的高质量经理在小型资本化和高交易成本资产类别上实施计划。

由于投资计划的资产分配和风险预算已经形成，所以看到最大型计划投资5％的高收益债券、5％的公开交易不动产、5％～10％的小型资本化股票和5％的新兴市场股票——都是典型的低资本化、低容量和高交易成本的资产类别，也就十分常见了。在第21章，我们讨论了为了维持产品质量，投资经理在这些资产类别上覆盖产品能力的重要性。因为高质产品的低能，一个

100 亿美元的计划需要 2～3 个高收益经理、2～3 个不动产投资信托 (real estate investment trust, REIT) 经理、5～7 个小型资本化经理、2～3 个新兴市场经理, 从而保证在这些资产类别上的完全投资。

实施资产配置的需求压力和缺乏资产配置实施的高质量的供给, 使得经理选择工作十分重要。多少次这种供需之间的不平衡引起了超大型计划中经理数量的重要与显著。计划中经理数量的增加将导致投资管理风险的多元化, 虽然这表面上听起来很吸引人, 但在超大型计划中, 不同资产类别间积极经理的数量还要在雇用低质量经理的风险与较多数量积极经理相伴产生的不断增加的成本之间权衡。

正如在第 12 章和第 13 章中所讨论的那样, 投资者应该这样构建组合, 经理之间超额收益的相关性将积极风险降低到可接受水平。然而在超大型计划里, 经理的数量取决于以前提到的原因, 降低风险的边际机会由于经理的数量本身和追求多元化而受到影响, 图 22.1 是一个大型计划如何通过增加新经理数量获得边际上较少的多元化益处的例子 (例如, 低的循迹误差)。

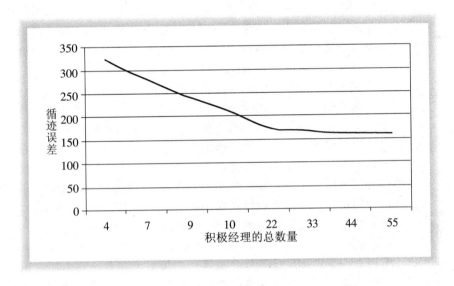

图 22.1　整个基金的循迹误差

正如在第 13 章中所讨论的, 忽视大型计划的投资者必须对他们的需求警觉, 并监督风险预算的循迹误差。积极经理从他们预期所要带来的收益中赚取费用, 而超额收益的产生需要风险承担。在一个整体组合的体系里, 每个经理必须产生足够的循迹误差以产生超额收益, 但它导致了风险的集中, 这会降低计划产生其他超额收益的能力, 或者降低他们的信息率。

计划的规模: 实施独立账户对应混合工具

计划的规模对一个投资计划应该考虑什么样的投资工具有显著的影响。

逻辑上，最大的、最复杂的计划一般使用独立账户来实施投资政策，因为他们较大的资产规模可以获得最资深投资经理的加入和费用的规模效应。

而且，独立账户有利于定制服务，允许投资者制定习惯的方针原则（例如，日本的风险必须在基准的±10％）或者是社会约束（例如，无违背常理的股票）。然而有其他重要的定制服务的例子。例如，在某一体系内，独立账户的关键好处在于投资者可以在投资指南中使定制的循迹误差目标具体化。虽然大多数经理有一个标准过程，它将导致一个给定的循迹误差，但我们并不是倡导改变一个经理的本质的投资哲学。我们想要指出的是，独立账户是怎样使风险参数具体化的，这些风险参数在某些情况下允许一个经理调高或降低风险。对那样参与混合工具（commingled vehicles）的投资者来说，这样的调整是不可行的。与创造一个考虑完全的整个风险预算需求一致的是，独立账户允许调整经理风险，以在整个平衡的风险预算里实现总体混合最优化收益。

然而定制服务有它的执行缺陷。特别地，大量的独立账户需要明显的监督，每个经理必须在独立的基础和整个计划的框架下受到监督。这种监督在第15章中有详细的论述，要求显著的人文和技术性资源。而且，要求经理创造一个定制的产品——这一产品并不是他或她过程的一个标准组成部分，会带来经理的部分执行风险。

对那些没有资源选择和监督大量投资经理的计划，有大量的混合工具为它们提供了不同的投资解决方案。最简单的混合工具是为投资者提供的，特别是为小型和中型项目提供的单一经理共同基金，这样可使它们获得高质量的积极管理。这种共同基金的投资者理解基金的目标、指南和基准是重要的。与独立账户类似，共同基金的业绩可以用超额收益、循迹误差和信息率来度量。反过来，这些统计指标可以包括在计划的风险预算里。单一经理的共同基金不仅仅适用于小型计划，而且许多中型和大型计划也用共同基金成本有效地满足小资产类型的配置。然而，共同基金方法的一个缺陷，是正如在前面提到的，投资于每种资产类型的一个单一经理共同基金倾向于在整个计划中有高度集中的积极管理风险。另一个缺陷是需要监督经理的业绩、风格一致性、风险等等。

为了回应这些存在于单一经理共同基金中存在的问题，在市场上有大量将经理们联合起来使积极管理多元化的混合工具。这些混合工具包括如我们所知的多经理组合，在同一资产类型或风格上（如大面值高收益债券）将经理们联合起来，由一个发起人进行积极管理。这一发起人被认为是组合的信托监管人，可以解雇和雇用这里的经理们，多经理组合为投资者在一个工具里实现了更为多样化的经理选择。

多经理组合的最佳实践企图使组合中每单位风险的预期收益最大，这不仅需要理解经理风格，还需要理解风险预算，以及对收益波动率和经理之间相关性的定量监管。市场中的许多经理组合不是如此精确或在风险监管下被创造出来的，而是由营销组织通过联合一系列有名的投资管理品牌创造出来的。虽然多经理组合提供了优秀的经理，但经理们不适当的联合可能会导致预期超额收益下降的集中性风险。重要的是，多经理组合不仅仅是为小型和中型计划服务的，大型计划也可以在某一资产类型上使用多经理组合。通过在多经理组合里，经理选择和组合构建使他们的投资过程简洁而更有效率，这使得投资队伍关注他们有相关专业知识或兴趣的领域。此外，许多投资团队在投资过程较为复杂而不太有名、资产类型复杂的、易变或不如其他资产类型成熟的情况下使用多经理组合。在单一经理共同基金里，投资者可以将组合水平的超额收益、循迹误差、信息率目标作为整体风险预算的输入量。

计划规模：成本

与实施一个投资计划相关的成本水平可以因计划规模的大小而有很大的差异，但是成本类别基本是相同的，投资计划成本来源于：

- 投资管理——直接支付给那些管理组合的成本。
- 保管人——支付给持有资产的保管银行的费用。
- 交易成本——支付给提供流动性的经纪人和中间人的费用。
- 管理——支付给 CFO、养老金监管部门、顾问、律师、会计师、移交代理、支付代理、技术人员等等的费用。

小型计划一般不像规模经济那样可以有效地分配每类成本，因此为了避免成本对业绩的较大影响，需要通过混合工具的使用与其他计划均分资产。虽然小型计划的大多数费用控制是直觉性的，但使用混合工具的直接益处是降低了大型计划的交易成本。一些资产类型的流动性很差，因此有很高的交易成本。如果在投资计划中有明显的现金流量，那么一个有集中头寸的单一经理就会因市场影响而招致较高的交易成本。在这一体系下，混合工具更广泛地扩展了资本，在个人证券上减少了市场影响。

除了通过使用混合工具降低成本外，大型计划还有其他处理办法。在投资计划的过程中，经常因为资产配置变化（asset allocation drift）以及经理的变化，雇用和解雇投资经理。资产类别或经理的美元运动，产生了应该被管理的、明显的交易成本。例如，换掉大额价值经理 A 而选上 B，在这一转变过程中，产生了明显的组合交易。虽然最大的可能是重叠持有，但那些证券可能被分类转移，组合的很大一部分会被出售，而有新的证券需要购买。如果新经理只是在公开市场上简单地出售不想要的证券组合，那么资产组合受支配于佣金，并取决于市场的流动性，显著的价格影响（例如卖出/买进一个低流动性股票，引起较差的价格执行）在中型到超大型计划中，如果有服务商，则有助于成本的降低。特别地，投资计划可以雇佣转交管理公司帮助他们在组合变化时降低成本。

转让经理能够形成低价的、流动性的集中池，在这样的集中池里，买方和卖方共同聚集在一起从而降低交易成本。转让经理通过在经理提供者之间交换，这样就不用在公开市场上交易了。在组合里，不是所有的资产都能够在转让池中交换，因此需要一些公开市场交易。然而总的说来，通过转让经理的交换网络能够大大降低转让成本。

资产配置漂移和完成管理[①]

在一个有许多专业经理的大型计划里，资产配置风险经常是巨大的。虽然有许多活动可以造成资产配置风险，但首要的就是飘移。由于资产类别收益的差异和在每个月末重新设定固定基准的事实，当所属资产组合的价值偏离战略基准时，飘移就发生了。[②] 例如，60%的股票/40%的债券的指数基金组合就是月末的一个确切基准。如果在接下来的一个月里，股票的表现比债券好4%，也就是大约一个标准偏离，那么在月末，新的配置将是60.9%股票和/39.1%债券。[③] 这一0.9%的误配大约等于对战略基准的0.19%的无意循迹误差。

自然而然地，飘移的风险在再次平衡之间的时间里增加了。表22.1显示了基于历史模拟（historical simulations）的、来自于不同再平衡频率的、平均的无意识飘移风险的大小。平均来讲，每季度再平衡一次的组合的飘移风险是0.22%，而那些每年再平衡一次的组合的飘移风险仅有0.40%。这里假设所属的资产收益和基准相同。积极地管理所属资产将引起更大的偏离和飘移风险。

表 22.1 平均无意的飘移风险

再平衡频率	年度漂移风险（%）
季度	0.02
半年	0.27
一年	0.40
两年	0.70

更为糟糕的是，飘移风险是最差的一种风险，因为它与战略基准高度相关。在前面的例子里，0.19%的循迹误差引起了整个组合波动率增加了0.17%。这样的波动率的增加相当于在整个组合中无关积极风险的200个基准点。换句话说，相当典型的股票和债券月收益的飘移对计划的整体风险的影响与全部积极风险预算对一个平均规模的计划的影响是一样的！

表22.2显示了飘移与基准风险之间的显著相关性。我们模拟一个有许多积极经理和固定基准权重的、进取型的美国投资计划的收益，在这一固定基准权重里，有美国大盘股、中盘股、小盘股和外国股票，以及美国债券和外国债券。[④] 我们发现，每季度进行一次再平衡意味着：在14%的时间中，来

---

① 这部分特别感谢马克·卡哈特（Mark Carhart）。

② 如果多资产类别的基准重新设定它们的固定比例以使业绩报告的频率相同，也就是每月一次，那么越来越多的客户在一个较长的时间间隔里确定用于资产评价基准权重飘移，允许基准重置频率改为季度、半年或一年。

③ 在这个例子里，我们假设股票的年波动率是20%，债券的年波动率是5%，股票和债券的相关性是0.1。

④ 例子是基于一个现存的客户。他们的基准是32%的美国大盘股、12%的美国中盘股、14%的美国小盘股、17%的外国股票、15%的美国债券、10%的外国债券。在这个例子中，设定在这六个资产类别上有26个经理，每个股票经理的积极风险大约是9%，每个债券经理的积极风险大约是25%。

自无意飘移的绝对收益超过了来自有意的积极风险的绝对收益。如果每年进行一次再平衡，那么该频率将增加到令人惊奇的39%的时间。

表 22.2 进取型美国计划的模拟收益

再平衡频率	完全漂移收益超过完全积极收益的频率（%）
季度	14
半年	24
一年	39
两年	50

当听到这些时，我们的客户有时会问，遵循飘移策略是否会有意地增加额外的收益，尽管有明显的风险增加。虽然不进行再平衡可能被认为是一项资产类型动量策略，但这一策略的收益可能是零或是负的。通过一系列基准和再平衡频率的几百次模拟，我们发现，每年的平均收益是大约−5个基准点。

但是这些平均数掩盖了可见的十分重要的时期，这里的资产配置飘移是相当糟糕的，考虑一个1987年开始的没有资产配置的60/40计划。这一计划在1987年10月时，股票的权重多了7%，它将导致1987年10月额外的1.4%的损失。长期资本管理公司（Long Term Capital Management，LTCM）在1998年的打击和2001年的"911"事件中，由于没有再平衡而对组合业绩产生了类似的影响。

当然，飘移风险不是资产配置风险的唯一原因。经理账户里的现金、股票选择造成的货币偏离、经理或基准的转变也将产生一些经常不予以管理的无意识风险。

对大型计划来说，控制这些风险的解决方法是完成经理。一个完成经理与组合的整体资产配置相协调，并通过明显地使无意的资产配置风险最小化而收取费用。频繁的现金流量的复杂方案可以用他们的保管人作为一个特别的完成经理，考虑到他们容易接近组合里的信息的流动。

实施完成战略的理想方法是通过流动性的股票指数期货（equity index futures）、债券指数期货（bond index futures）、货币远期（currency forwards）等。这些方法是最优的，因为易于交易且交易成本较低。目前大约有40个全球指数证券，它们有足够的流动性用于完成战略。为了表明成本节约的重要性，以一般的500万美元的一个交易为例，交易股票指数期货大约比同样的实物交易的成本低90%。这些衍生品因为较小的盈利和担保需求，也使有限的资本管理、完成组合成为可能（关于期货实施事宜的进一步讨论请见第25章）。

这些讨论强烈倾向于用流动性好的衍生工具实施完成战略，但一个再平衡战略（rebalance strategy）则通过使用现金工具来实施——现金工具会自然而然地降低效率。例如，一些机构用所谓的"摆动"组合①。一个摆动组合

---

① "摆动"组合在日本比在美国更为常见。

一般需要资产分割，通常是整个组合的 10%～20%。这一资本通常投资在指数基金上，将整个组合拉向战略基准，就像需要的再次分配那样。指数基金的可获得性、交易基金的成本，以及"摆动"组合的规模都决定着一个现金实施的"摆动"组合的效能。

　　实施一个合理的投资计划需要依循一个设计良好的投资政策。设计良好的投资政策不仅需要一个良好的理论分析框架，还需要在实施过程中用本章描述的内容指导实践工作。

股票组合管理

安德鲁·奥尔福德（Andrew Alford）

罗伯特·琼斯（Robert Jones）

特伦斯·利姆（Terence Lim）

回　顾

自从本杰明·格雷勒姆和戴维·多德（Benjamin Graham and David Dodd）于1934年发表了关于证券的经典分析之后，股票组合管理（equity portfolio management）方式已经大大改进了。其一，可供投资的股票种类变化很大，从主要拥有实物资产（例如铁路和日用品）的公司到主要拥有无形资产的公司（例如技术股票和生化业股票）。而且现代组合理论和资本资产定价模型，再加上新的数据资源和功能强大的计算机，已经大大改变了投资者选择股票、构造资产组合的方式。因此，曾经近似被认为是艺术的工作逐渐地变为一项科学的工作，单凭经验而不精确的方法正在被严谨的学术研究和复杂的实际操作所取代。

当然，这些新的进步在拓展金融前沿的同时，并没有一定使资产组合管理者把握市场动向变得更容易。实际上，由于普通投资者越来越精明，所以发现价格误差变得更困难。[①] 没有结果确定的赌局，即使出现错误的定价，也很少是偏差很大而持续时间又很长的。因此，成功的管理者必须坚持不懈地学习以改进他们现有的策略并形成新的策略。全面了解股票管理过程对完成这个具有挑战性的任务是至关重要的。

遗憾的是，这些新的进步也使得一些市场参与者放弃了合理可靠的投资方法。在未经检验的推测或者偶然的尝试和误差中产生了一个不完善的策略，资产组合管理者比以往更容易使用到有偏差、不熟悉或不准确的数据。在分

---

① 研究显示，大多数职业理财经理们无法准确把握市场。例如，见 Malkiel（1995）。

配资产和选择管理者时，投资者也必须小心谨慎，不要让大量的数据和高科技技巧使他们偏离方向。投资者尤其不要因为时兴的短期绩效的排名，而分辨不清资产组合管理者在风格和投资过程中存在的重要差异。为了避免这些错误，掌握一种股票投资的先进科学的方法是很有用的。

本章向潜在投资者、分析家、投资顾问和资产组合管理者提供一个关于EPM的回顾。我们从EPM的两个主要方法开始讨论：传统的方法和数量方法。本章剩余的部分是围绕投资过程的四个主要步骤展开的。（1）估计需要管理的股票组合的未知数量——收益、风险和交易成本。（2）在净交易成本下，构建预期风险—调整收益最大化的组合。（3）有效地交易股票。（4）评价结果并改进操作过程。

这四个步骤必须密切统一：收益、风险和交易成本预测（trade-cost monitoring），用于构建组合的方法，股票交易方法，业绩评价应该相互一致。比如说，那些快速变动的预测收益的过程，应该与短期的风险预测、相对高的交易成本、频繁的交易次数、积极的交易和短期业绩评价相匹配。相对应的是，那些稳定的、变动缓慢的收益预测方法应该与长期风险预测、较低的交易成本、较少的交易次数、更为耐心的交易及较长期业绩评价相联系。在投资过程的不同时段中使用不相适应的方法，将大大降低管理者在一项投资战略中获得全部收益的能力。

在一个好的投资过程中，应该使用到经济方面的逻辑、多种数据来源和严谨的实证分析（empirical analysis），这样才能做到预测可靠、操作有效。当然，一个成功的投资过程也必须容易被人接受，市场专业人员、投资顾问以及投资者们在投资某项资产组合之前，必须了解管理者的投资过程。

EPM 的传统方法和定量方法

从某种程度上说，有多少个组合管理者就有多少种管理组合的方法。毕竟一个经理将他与同行之间区别开来的一个方法，就是形成一个独一无二的、富有开创性的投资过程。但是一般说来，大多数管理者都使用两个基本方法：传统方法和定量方法，虽然这两种方法的使用者认为它们有明显的差别，但实际上，它们有许多地方是相同的：两者都运用经济推理来确定影响股票价值的几个关键性的因素；两者都运用可观察到的数据来量化这些关键因素，两者都借助专家的评判，采用不同的方式把这些影响因素运用到最终的股票选择决策中；两者都定时对业绩做出评价。两种方法的不同之处在于管理者的具体操作方式。

传统的管理者针对具体的股票进行分析，然后对每个股票的独特优点做出主观评价。传统的管理者采用老式的管理方法，他们仔细研究财务报表（financial statements）和其他公司披露的材料，针对每只股票做出详细的竞争性分析，并且建立公司财务状况的总分析表（棋盘式分析表）模型，从分析表中可以清楚地看出各种金融数据预测与股票价格之间的联系。这种传统的方法包括对一个公司做详细的分析，而且时常要面临数据错误或公司结构变化的问题（例如重组或兼并）。然而，传统的方法在很大程度上要依赖分析家的判断，因此传统的方法很可能会严重地受到主观偏见的影响，例如可选择的观念、事后认识偏差、模式化的思想和过分自信，都可能降低预测的质量。[①] 而且，传统的方法应用起来成本太高，这使得它不适用于那些包含许多小股票的大型投资组合。高成本和主观特征也使得评估过程变得困难，因为构造一个检验所必需的历史资料是不容易获得的。检验一个投资过程是重要的，因为它有助于区分那些在股票价格中反映的因素和没有在股票价格中反映的因素。只有那些还没有反映在股票价格中的因素才可以用于确认交易机会是否有利可图。无法区分这两种因素会导致我们熟悉的"好公司，坏股票"的问题——如果为股票支付的价格过高的话，即使是投向大公司也可能是一个糟糕的投资。[②]

定量管理者使用统计模型将一系列可度量的因素用于对股票收益（return on equity，ROE）、风险和交易成本的客观预测中。这一定量方法把关键影响因素和预测之间的关系正规化，投资方式因此变得明确且大大降低了主观偏见的影响。定量方法也是非常节约成本的。虽然构建一个可靠的量化模型的固定成本较高，但是将它应用到一个更广泛的投资组合中的边际成本是较低的。因此，管理者们可以从大范围的股票中进行选择，包括很多有吸引力的小型股和在其他情况下被忽略的股票。最后，由于定量方法是以模型为基础的，因此在多样化的经济环境中，可以用大范围股票的历史数据对它进行检验。虽然定量分析中会存在特定的误差或拟合过度的问题，但分析家们可以用一个结构良好的规范的研究过程来减少误差。

定量方法也有它的缺点，当数据不准确或公司发生重大结构性变化时，模型是会起误导作用的（也就是所谓的垃圾进来、垃圾出去）。因此，大多数定量分析管理者喜欢分散他们的投资，这样任何一个部分的成功与否都不会影响整个投资策略。相反的是，传统的管理者也会根据他们了解到的公司详细信息做少数大型的投资，并且采用高成本的分析方法。表 23.1 分别对两种股票组合管理方法的优点做了总结。[③] 考虑到我们的专长是股票定量管理，所以在后面的章节里，我们将主要应用定量分析框架来阐述 EPM 过程。

表 23.1　　　　　　　传统股票管理方法和定量股票管理方法的主要优点

传统方法	
深度	虽然传统的经理研究少数的公司，但他们倾向于深入了解他们所管理的公司。不像计算机化的模型，他们应该知道数据是否准确或者有没有代表性。
制度变迁	传统的经理在处理制度变化及确认过去的关系不可能再出现的情况方面，具备更好的素质（在这里，反馈测试可能是不可靠的）。
信号确认	依赖于他们深厚的知识，传统的经理能够更好地理解特殊的数据来源和各种影响因素，而这些对不同国家、不同产业的股票来说是很重要的。

---

① 关于人们在判断和概率评估中频繁做出的系统性错误的讨论，请参见 Kahneman Slovic and Tversky（1982）。

② 关于传统方法的一个好的讨论，请参见 White，Sondhi and Fried（1998）。

③ 关于传统方法和定量决策分析之间的杰出的对比分析，请参见 Dawes，Faust and Meehl，（1989）。他们发现传统分析家在确认一系列相关因素方面做得不错，但在分配几个因素的权重方面，定量分析家做得更好。传统和定量组合管理者之间的对比，请参见 Jones（1998）。

续前表

定性因素	很多影响投资决策的重要因素在任何数据库里都是无法得到的，而且很难在数量上估计。例如：对公司的管理和看法，专利、商标和其他无形资产的价值，或者是新技术的影响。
定量方法	
广度	因为计算机模型可以迅速处理成千上万只股票，所以可以每日更新对它们的估价，也可以发现更多的交易机会。而且，通过在很多小投资上分散风险，定量经理可以用很小的代价换来价值的增加。
规则	当个人投资者仅仅根据最明显、最突出的因素做出决策时，一个计算机化模型可以在得出结论之前，同时处理所有的具体因素。
检验	在用任何信号评估股票之前，定量经理自然要对它的有效性和可靠性进行反馈测试。这就为赋予各种信号不同的权重提供了依据。
风险管理	由于定量模型的特性就是建立在统计风险的基础上，因此它在控制资产组合的非人为风险方面表现得更出色。
较低的费用	定量分析过程中内在的规模经济通常是定量管理者收取较低费用的原因。

股票收益、风险和交易成本的预测

做一个好的预测是投资过程中的第一步，也是最关键的一步。没有好的预测，就几乎不可能完成构建一个好资产组合的任务。在这一部分，我们讨论如何运用定量的分析方法来预测股票收益、风险和交易成本。在下文描述的资产组合构建（portfolio construction）步骤中将会用到这些预测结果。[①]

预测收益

建立一个量化的风险预测模型的过程可以分成四个紧密相连的步骤：（1）确认一系列潜在的收入预测变量或信号；（2）检验每个信号本身的有效性，或者和其他信号一起的有效性；（3）确定模型中每个信号适合的权重；（4）将市场均衡与模型结合起来对预期收益（expected returns）做一个合理的预测。

确定一系列潜在的信号是一个艰巨的任务，可选择的范围似乎太大了。为了缩小范围，必须从基本经济关系和合理的经济学知识出发。华尔街分析家们做出的报告和关于财务决算分析的书籍都是好的参考资料，另一个有价值的资源是财务和会计方面的学术研究。学术界人士有动机和专业知识去确

---

① 一些组合管理者并不会对明确的收益、风险和交易成本做预测，取而代之的是，他们根据一系列个别股票的特点直接将它们引入组合持有。但是，这种简易方法有局限性，因为与各种特征相应的收益和风险的界定并不清晰，因而确保在不同特征上赋予适宜的权重显得比较困难。如果对于单只股票的风险估计不准的话，特别是由于股票之间的相关性，使得在组合水平上度量风险变得困难。同样地，当收益和交易成本并不是以连续的单位表示时，控制流通量也是困难的，而且要解释一个不可思议的步骤的过程也是困难的。

认和仔细分析新的创新信息资源。学术界已经研究了大量的股票价格异常现象，图 23.2 列出了一些已经被投资管理者采用的案例。

表 23.2　　　　　　　在定量模型中使用的股票价格异常的部分情形

增长/价值：价值型股票（高 (B/P)、(E/P)、(CF/P)）优于增长型股票（低 B/P，E/P,CF/P）。
Fama and French（1992）
Lakonishok, Shleifer, and Vishny（1994）
Dechow and Sloan（1997）
LaPorta，Lakonishok, Shleifer, and Vishny（1997）
Daniel and Titman（1997）
Fama and French（1998）

公布收入漂移：宣布达到预期收益的股票优于没达到预期收益的股票。
Foster, Olsen, and Shevlin（1984）
Rendleman, Jones, and Lutane（1982）
Bernard and Thomas（1989）
Bernard and Thomas（1990）
Collins and Hribar（2000）

短期价格倒退：1 个月损失者优于 1 个月胜利者。
Jegadeesh（1990）
Lo and MacKinlay（1990）

中期价格趋势：六个月到 1 年的胜利者优于失败者。
Jegadeesh and Titman（1993）
Chan，Jegadeesh, and Lakonishok（1996）
Rouwenhorst（1998b）
Hong, Lim, and Stein（2000）
Grundy and Martin（2001）
Jegadeesh and Titman（2001）

收益质量：股票现金收入优于股票非现金收入。
Sloan（1996）
Collins and Hribar（2000）

分析收益估计和股票推荐：分析股票推荐变化和随后股票收益的预测。
Stickel（1991）
Bercel（1994）
Womack（1996）
Francis and Soffer（1997）
Barber, Lehavy, McNichols, and Trueman（2001）

　　因为组合管理者意在建立一个成功的投资战略，所以仅仅简单地采用别人认为的最佳想法，并把它们带入到收益预测模型中是不够的。实际上，每一个潜在的信号都必须经过全面的检验，以确保它能在管理者针对不同股票和不同经济环境的投资策略中发挥作用。真正的难题在于辨别一系列潜在的信息，并将它们转化成一些简单可靠且可预测的变量。在筛选信息时，最好是要把握不同投资目的的不同变量，包括评价、动量和收益的质量等。由于信息来源和变量的多元化，所以当某一信息对价值增加无用时，组合管理者就可以用另一信息代替。

　　在评价一个信息时，重要的是确保用于计算的数据的可获得性和基本的准确性。确认数据是否存在问题的有效方法是：人工检验挑选出来的观察值，以及对局外者或其他有影响力的观察值做筛选。有时也必须做信息转换——

例如，通过减去行业平均值或取自然对数以改善分布的"形状"（例如对称性）。为了正确评价信息，单变量分析和多变量分析都很重要。当信息单独使用时，单变量分析提供了这一信息预测能力的依据，而在考虑其他变量的基础上，多变量分析为该信息的额外预测能力提供了依据。无论是单变量分析还是多变量分析，最好都要考虑在这一信息基础上得出的不同组合的收益。通常将股票分成5等份或10等份，类似的是在回归分析中，系数代表了投资组合承受一单位信息风险时的收益。这些组合可以是等权重的、市值权重的，甚至是风险权重的，这取决于模型最终的目的。最后，收益预测模型应该通过现实模拟来检验。在这些模拟中，控制风险目标水平、考虑交易成本、设置适当的约束（例如对长期组合的非消极约束）。经验告诉我们，许多能预测出收益前景很好的信息无法在现实反馈测试中带来价值的增加——要么是因为过度交易，只为小型非流动性股票工作；要么是包含了模型中其他组成部分里已经包含的信息。

建立收益预测模型的第三步是确定每个信息的权重。当计算预期收益时，有的信息经过一段时间变得更稳定，可以产生更高、更持久的收益，提供多种好处，这样的信息应该赋予更大的权重。与那些变化迅速的信号相比，若要保持信息变化缓慢，则要求交易量小，因此成本也更低。假设其他条件一样，那么一个稳定的信息（例如盯市股票（Book-to-market equity）的比例）应该比一个不太稳定的信息（例如一个月价格逆转）获得更大的权重。一个低风险的盈利投资战略最根本的就是持续的高收益，因此会产生高收益而较小风险的信息应该比那些产生低收益而高风险的信息被赋予更多的权重。最后，产生多样化结果的信息应该被赋予更大的权重，因为当模型中其他信息的效果不佳时，它们对整个结果有套期保值的作用。

预测收益的最后一步是用均衡观点比较他们，确保这些预测的合理性和内部一致性。忽略均衡预期的收益预测会引起资产组合构建（portfolio construction）的问题。合理的收益预测似乎会使得最优化工具把错误最大化而不是把预期收益最大化，因而构造出一个极端的、不平衡的组合。若是收益预测与股票之间假设的相关性不一致，就会产生这样的问题。如果两只股票（或次组合）是高度相关的，那么均衡预期认为它们应该有类似的收益；否则最优化工具会通过特别长期的高收益股票和特别短期的低收益股票把这对股票看做或近似看做是一个套利机会。然而，由于有几百只股票，有时并不容易发现某些股票或股票组合是否是高度相关的，因此不能预测它们是否有类似的收益。布莱克-李特曼（Black-Litterman）模型就是针对这一问题而特别提出的，它结合了模型原始的收益预测和均衡预期收益（equilibrium expected returns）。均衡预期收益使得这一标准对某一给定风险的模型来说是最优的，从而产生内部一致的收益预测，这一预测反映了管理者（或模型）的看法与风险模型是一致的（关于如何使用布莱克-李特曼模型将均衡观点融入收益预测模型的讨论，请参见第7章）。

预测风险

在投资组合中，单一股票的风险是自身收益的方差，以及自身收益和组合中其他股票收益协方差的函数。用股票收益的方差—协方差矩阵（variance-covariance matrix）或者是风险模型来测量组合的风险。在股票资产组合管理（equity portfolio management，EPM）中，投资者很少直接估计整个方差—协方差矩阵，因为单个元素的数量太大，并且对于一个常规的矩阵（例如非奇异矩阵），用于估计矩阵的观察值的数量必须远远大于矩阵中股票的数量。[①] 实际上，大多数股票组合管理者使用因素风险模型，在这个模型里，个体方差和协方差被表示为一些股票性质的函数——例如行业成员、规模和杠杆。这大大减少了需要估计的未知风险参数的数量。

构建股票要素风险模型时，在预计风险的系列变量（可能更多变量）中必须包括所有用于预测收益的变量。这样，风险模型可以预测一个投资战略里所有潜在的风险，包括那些管理者想接受和想避免的风险。但是，收益和风险模型中的变量如果搭配不当，最优化工具中就会生成不太有效的组合。例如，假设一个收益模型包括两个因素——盯住账面价格比率（B/P）和收益报酬率（ROE），权重都为50%，另一方面假设风险模型只有一个因素：B/P。在构建组合时，最优化工具只考虑风险模型中的因素B/P，而不考虑ROE。这种收益和风险模型之间的不一致将导致组合中极端的头寸和大大高于预期的风险。组合中不会反映两个收益要素原始的50%～50%的权重，因为最优化工具将使风险调整为B/P，而不是ROE。此外风险模型的估计循迹误差很低，因为它没有考虑任何来自于ROE的组合的风险。避免这两个问题出现的最直接的方法是确保收益模型中所有的要素都包括在风险模型中（虽然反过来并不一定是正确的——有不产生预期收益的风险要素）。

当构建或选择一个风险模型时，最后一个需要考虑的是估计过程中数据使用的频率。许多常用的风险模型使用月度数据，而一些组合管理者（包括我们）已经构建了自己的模型，使用的是日数据。很显然，估计方差和协方差时，观察值越多，效果越好，高频数据产生了更多的观察值，因而估计更准确可靠。此外，通过赋予近期观察值较大的权重，估计值就会对变化的经济条件更敏感。因此，使用高频数据的风险模型可以提供更准确的风险估计值（关于风险要素模型的详细情况，请参见第20章）。

预测交易成本

虽然经常被忽略，但是交易成本（transaction costs）的精确估计对股票资产组合管理来说仍是十分关键的。毕竟真正重要的不是一个组合可能获得的毛收益，而是在扣除所有相关成本（包括交易成本）之后的真正获得的收益。

在构建组合时，如果忽略交易成本，则会得出较差的业绩结果，因为执行成本会减少甚至会抵消因选择好的股票组合而获得的收益。相反，考虑交易成本有助于选择毛收益大大超过交易成本的组合。

[①] 对于 N 只股票，方差—协方差矩阵有 $N(N+1)/2$ 个元素，由 N 个方差和 $N(N-1)/2$ 个协方差构成。对一个 S&P500 组合，例如，有 $500 \times (500+1)/2 = 125\,250$ 个未知参数需要估计——500个方差，124 750 个协方差。

在控制现实的交易成本时，在构建好组合后准确地预测交易成本也是很重要的。一个良好的交易成本模型可以提供一个标准说明：现实的成本应该是什么，以及实际的执行成本是否合理。详细的交易成本监管有助于交易者和经纪人通过改善交易方法而获得最佳实施办法，例如更充分准备的交易或备选交易机制的使用。

交易成本由两部分构成：（1）显性成本（explicit costs），例如佣金和票务费用；（2）隐性成本（implicit costs）和市场影响（market impact）。佣金和印花税相对较低，每股的成本并不取决于股票交易的数量。与此相对的是，市场影响成本很明显，它们反映了在市场中获得流动性的成本，成本随着股票交易数量的增加而增加。① 预测对价格的影响是很困难的，因为研究人员只能观察到完成了的交易，他们不能决定如果没有这些交易，股票的价格应该是多少，因此无法确定作为一个交易结果的价格是怎样变化的。影响价格的成本是统计估计值。样本数越大，估计结果越精确。

一种估计交易成本的方法是一项一项直接考察市场价格的完整记录。② 由于价格非连续，交易和行情的报告非同步，以及输入错误，所以得到的数据存在着误差。而且记录并不显示下的订单，只显示那些实际成交的数据（它们可能与原始的大额订单不符）。李和雷德哈克里什纳（Lee and Radhakrishna，2000）建议在实证分析（empirical analysis）中使用交易的累积样本，而不是逐笔水平上的单个交易。

组合管理者估计适当交易成本的另一个模型，用的是他们自身的交易，以及其他管理者具有可比性的交易（如果可行的话）。在样本充足的情况下，这是一个理想的方法，因为选用的模型符合股票的性质以及单个组合管理者的投资哲学和交易策略。③

为了说明交易成本怎样随交易的性质而变化，我们用自身交易的一个大样本数据来做一个非线性回归模型的估计。这一样本代表了从 2001 年 10 月到 2002 年 6 月的 9 个月间的 6 万笔交易。我们用交易差额（implementation shortfall）来计算成本。对买入者来说，交易差额等于下单价格（或是我们决定交易时的价格）减去平均成交价格（包括佣金），所有数值都表示为下单价格的百分比。对卖方来说，分子项是相反的，交易差额等于执行价格减去下

---

① 因为流动性供应者带来风险，因而造成市场影响成本，存货风险就是这些成本中的一个组成部分。流动性供应者有一个风险/收益替代的权衡，会要求一个价格让步以补偿存货风险。交易规模越大，股票的流动性或波动性越强，存货风险和市场影响成本就越大。另一个应该考虑的是不利选择的风险。流动性供应者乐于向消息不灵通的交易者提供一个比消息灵通交易者更优惠的价格，但是既然没有可靠的办法区分这两类交易者，市场制造者就设定了一个平均价格，与消息不灵通的交易者交易时的预期收益加上与消息灵通交易者交易时导致的损失的补偿，低价股和小盘股的市场影响成本较高，因为存在更大的逆向选择风险（adverse selection risk）和信息不对称。

② 例如参见 Breen，Hodrick and Korajczyk，（2000）

③ 在度量交易成本方面有大量的相关文献研究。一篇组合经理在他们自身交易基础上建立模型的特别相关的论文是 Keim and Madhavan（1997）。他们用了 21 个机构的从 1991 年 1 月到 1993 年 3 月的样本，考察投资风格对交易成本的影响，他们通过交易方向和投资风格来研究交易成本（例如先买或先卖交易）。投资风格指价值基础型、技术动量型和指数型。研究指出，整个交易成本随着订单的规模而增加，随着企业规模和股价的重要性而下降，而且，投资风格不同，成本也不同。技术型和指数型投资者，他们要求直接迅速，因而比价值投资者（value investors）的成本要高。

单价格，除以下单价格。因此，如果存在摩擦（正的交易成本），买入和卖出的交易差额都是负的。例如，如果下单价格是 10，买入执行价格是 10.15，那么交易差额是−0.015，成本是 1.5%。

　　为了预测交易成本，我们的模型用五个因素来描述交易流动性，它们是订单规模、平均交易量、市场资本化水平、股票价格波动性和股票价格水平。我们同时也控制同期的行业收益，因为市场范围内的价格变动通常是下单价格和执行价格之间存在差异的主要原因，即使这些因素一般在事前是不可预测的。图 23.1 反

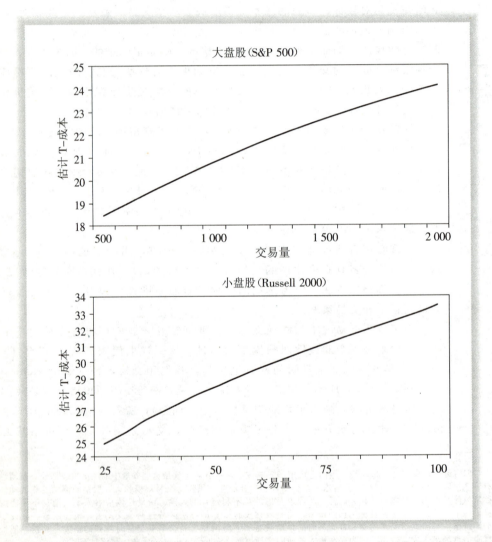

平均特征（基准权重）	大盘股（S & P 500）	小盘股（Russell 2000）
20 天波动率（年底）	56.4%	63.1%
平均日交易量（百万美元）	363	4
平均价格（美元）	37.67	19.93
引入相应的半衰期	7 个基点	29 个基点

图 23.1 大盘股和小盘股的交易成本

映了模型的成本估计，表示为交易价值的百分比，有两组股票交易：（1）一组是包括在 S&P500 里的大盘股；（2）一组是包括在 FR2000 指数里的小盘股（small-cap stocks）。图 23.1 还显示了 2002 年 6 月大盘股和小盘股的平均流动特性。

可以预期的是，在类似流动性条件下，大盘股（large-cap stocks）的交易成本要低于小盘股的交易成本。例如，一个 5 亿的 S&P500 股票组合的交易成本估计是 18 个基准点，这一规模的交易大约占股票的日平均交易量的 1.3%。相对而言，交易 2 500 万 Russell 2000 股票组合的交易成本是 25 个基准点，这一规模的交易大约占股票日平均交易量的 1.1%。小盘股的流动性成本更高，因为它们的价格波动性更大、价格更低、日平均交易量更小。而且正如图 23.1 的凹曲线所示，交易成本随着订单规模而上升，但上升的幅度逐渐减小。

构建组合

在这一部分中，我们讨论如何在前面描述的预测基础上构建组合，并且比较一下以规则为基础的方法和更正规的组合最优化过程。组合构建的第一步是使投资目标具体化。好的预测（如前所述）显然是不可缺少的，组合管理方式却是受投资者目标的影响。这些目标通常由三个主要参数来确定：基准、风险/收益目标和具体约束（例如任何一个公司、产业或部门的最大持有量）。

基准的选择是构建一个有效组合的开始；客户的中立选择是在那一类型资产上选择低成本而不是有效的管理。例如，有兴趣持有美国大盘股票的投资者会选择 S&P500 或 Russell 1000 作为他们的基准，而那些有兴趣持有小盘股票的人则会选择 Russell 2000 或 S&P600。对非美国股票组合有兴趣的投资者可以选择 FTSE 350（美国），TOPIX（日本）或者 MSCI EAFE（除去北美洲的所有地方）指数。投资者可以选择那些大量公布了的基准，或者制定一个用户化的基准代表其中立选择。但是在任何情况下，基准都应该是可投资的、成本合理的、可以替代有效管理的。

虽然有些投资者只要求获得与基准相匹配的收益，但是大多数投资者至少将他们的一部分资产分配给积极管理者（详见第 14 章，如何在积极和消极战略之间分配风险预算）。在 EPM（股票组合管理）中，积极管理意味着：有投资吸引力的股票的权重较高，而吸引力差的股票的权重较低。[①] 当然，即使有了积极的权重决策，也有可能出现组合的表现不如基准的情况，但是现代金融的基本格言是：为了获得高收益，投资者必须接受高风险——对积极

---

① 一个股票组合里的权重和它在基准里的权重之间的差别称之为它的"积极权重"。这里，一个正的积极权重对应着一个高于基准的头寸，而一个负的积极权重对应着一个低于基准的头寸。例如，如果组合里一只股票的权重是 3%，而在基准里只有 2% 的话，那么积极权重就是 1%，超过基准的权重。另一方面，如果组合权重是零（也就是说没有持有这只股票），而在基准里权重为 1%，那么积极权重是 −1%，低于基准的权重。

收益以及所有收益都是如此。

组合的循迹误差度量的是它相对于基准的风险。循迹误差等于一个组合积极收益（组合收益和基准收益的差额）的时间序列的标准差。组合的信息率等于它的平均积极收益除以它的循迹误差。作为度量每单位风险的收益的手段，信息率为比较不同积极风险水平下的战略提供了一个便捷的方法。

有效组合是在目标风险水平下有最高预期收益的组合——也就是说，在给定的风险预算下可以达到的最高的信息率。在没有约束的条件下，有效组合中的每只股票预期收益的边际贡献与其风险边际贡献是成比例的。也就是说，所有的风险都由额外的收益进行补偿。一个组合管理者怎样才能构建这样一个有效的组合？我们对比两种方法：（1）以规则为基础的方法；（2）组合最优化方法。

构建有效组合是一个复杂的问题。为了把它简单化，许多组合经理使用的是以规则为基础的方法，这一方法把风险控制变成少部分风险要素的控制。例如，一种常用的方法称为分层取样——在关键风险要素的基础上，按照某种类别（如部门或规模）对股票进行排序。在每一类别中排名最前的股票上多投资，以保证资产组合在每一类别中的权重接近基准。这样的话，即使有吸引力的股票所占的比重大而不太有吸引力的股票比重小，对于已确定的风险要素（行业和规模）来说，整个组合是风险中立的。

分层抽样虽然看似合理，但并不十分有效。组合中会存在大量无意的风险，例如一个高 β 系数股票或者某一行业股票的权重过大等等。而且，这种方法也不太允许管理者在构建组合时考虑交易成本和投资目标。在考虑到交易成本、投资者约束以及风险来源不同的情况下，组合最优化无疑是平衡预期收益的好方法。它通过计算机算法找到一系列权重，使得组合在给定风险水平下的预期收益最大化，同时也使得无补偿的风险来源最小化（其中包括行业和类型偏差）。所幸的事，尽管数学计算复杂，但组合最优化方法只要求用到前面步骤中产生的不同的预测值。[1]

为了说明最优化方法的优点，我们比较两个组合：一个使用分层抽样方法，另一个使用组合最优化方法。收益和风险的预测使用的是我们的 CORE U.S. 模型。[2] 两个组合的基准和投资范围都是 S&P500 指数。分层抽样（或以规则为基础的）方法将股票分成 8 组——4 个宏观行业中分别包括两个市场资本化部分。在每一组里按预期收益排序：排在最后的三分之一的股票的

---

[1]　数学上，一个组合最优化工具（optimizer）解决以下公式（这里 b 指基准里股票的权重，w 指最终组合里最优股票权重；α 指收益预测，S 指风险协方差矩阵，F 指股票特征）：Max $w'a$ 满足于：

$(w-b)'S(w-b) <$（目标循迹误差）^{2}

$|F'w - F'b| \leqslant$ 行业头寸和其他股票特征的边界

$w_i > 0$（没有卖空头寸），　$\sum_i w_i = 1$（预算约束，股票权重必须等于1）

[2]　核心美国（CORE U.S.）收益模型包括 6 项投资因素：盈利性、评价、收益质量、动量、管理影响和基础研究。核心美国模型是建立在包括这些投资因素基础上的要素结构，还有其他不包括预期收益的要素（如规模、贝塔系数等等）。

权重为零；中间三分之一的股票的权重和它们在 S&P500 基准中的权重一样；最前面三分之一股票按原权重的同一比例转化。

表 23.3 中总结了两个组合的一些特点。前提是，最优化组合与分层抽样组合有相同的预测循迹误差，名义上都是 2.8%。这很快就显示出最优化方法的一个优点：它可以很容易地实现某一特定循迹误差水平，而使用分层抽样方法的管理者需要设计一套完全不同的方案来达到某一特定循迹误差目标。最优化组合方法也是更有效的：在相同风险水平下，它有一个较高的 α 期望值（3.4%：2.1%）和较高的信息率（1.22：0.73），而且风险分散更完全——在分层抽样组合中，10 个最具风险的股票占据了整个风险预期的60%；而在最优化组合中，10 个最具风险的股票也只占据了整个风险预期的37.5%。并且在最优化组合方法中，产生正超额收益的风险因素的预期为45.4%；而在分层抽样组合中，这一数字是 23.2%。最后，最优化组合方法的贝塔预测值接近于 1，因为无意的风险来源（例如市场时机的选择）被最小化了。

表 23.3 投资组合特征总结

	分层抽样	最优化结合
循迹误差	2.8%	2.8%
期望超额收益	2.1%	3.4%
期望信息比率	0.73	1.22
前 10 位股票的风险预算	60.0%	37.5%
收益引起的风险百分比	23.2%	45.4%
投资组合 β	1.03	1.01

我们还可以用图形来显示组合最优化方法的好处。如前所述，在一个没有约束的有效组合里，每只股票的风险边际贡献应该与它的预期收益成比例。这意味着每只股票相对的风险贡献和组合阿尔法的贡献所对应的点应该在一条直线上。实际上，即使对最优化组合来说，由于有组合约束的存在（例如不存在净卖空（short sales）的股票），这些点也不是一条完美的直线。正如图 23.2 所示，与分层抽样组合的点相比，最优化组合的点更接近于 45 度直线——所以这种方法更加有效。

最优化方法的另一个好处是它可以有效地解释交易成本、约束、选择性限制和其他的账户指导，从而使得构建用户化的资产组合（customized portfolios）更容易。当然，在使用组合最优化工具构建有效组合时，可靠的输入数据是十分必要的。收益、风险和交易成本方面预测的数据错误会导致组合预测误差的最大化。最优化方法不会选择实际收益最高和最低的股票，而是优先选择那些误差最大的股票，也就是预期收益被最高估计或风险交易成本被最低估计了的股票。一个可靠的投资过程将为投资者选择主要的数据来源，它们会在很大程度上影响预测结果。如前所述，使用布莱克-李特曼模型，从均衡角度对收益预测进行调整，可以保证预测结果之间以及收益预测与风险估计的一致性。最后，组合管理者应该在组合最优化方法的基础上设置简单合理的约束，从而避免数据误差的影响。其中可以包括单个股票、行业或部门的最大积极权重，以及组合积极风险因素的限制（如规模和市场贝塔系数）。

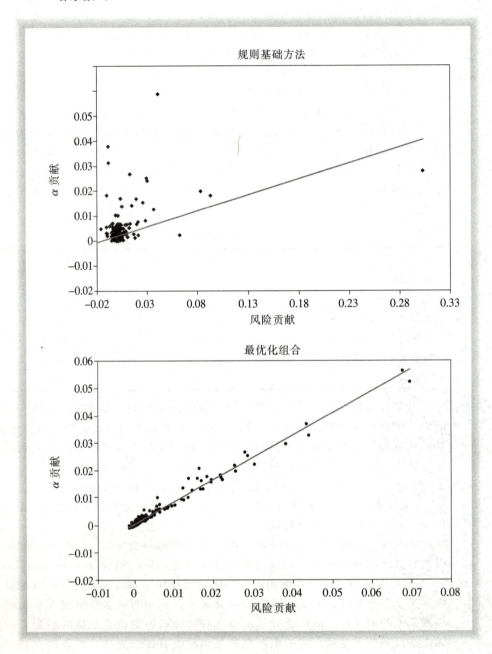

图 23.2　规则基础方法和最优化组合

交　易

　　交易是从组合构建步骤衍生出来的执行指令的过程。为了有效地交易股票，投资者必须在机会成本和执行价格风险之间平衡，来减少市场影响的成本。单个股票交易可以迅速把延时造成的阿尔法损失和价格不确定性最小化，但是缺乏准备的交易会受到很大的市场影响。另一种情况是，在较长时间内耐心地交易会减少市场影响，但会导致较高的机会成本和短期价格执行风险。要完成成功的交易，关键之一就是在这两者之间达到最佳平衡。

　　达到这一平衡就是一个最优化的过程。投资者可以使用交易优化程序（trade optimizer），在耐心交易所获得的收益（低市场影响）和风险（执行价格和决策价（decision price）之间巨大的偏差，潜在的较大的短期循迹误差）之间权衡。这样得出的最优化结果是更倾向于对流动性较好或者对组合风险有较大影响的股票进行积极交易；而对那些流动性较差，对风险影响较小的股票进行耐心的交易。交易优化程序可以很容易地处理现实中的大部分交易约束，例如，需要在交易期间（可能会持续几天时间）平衡多个账户之间的现金。

　　交易优化程序也可以根据管理者的投资时间范围进行调整，也就是说，如果某个管理者购买股票主要是为了它的长期收益，那么在其他条件相同的情况下，交易优化程序可能建议选择一个耐心的交易战略。相反，如果某个管理者购买股票只是期望它带来的短期收益，那么在其他条件相同的情况下，组合最优化工具可能建议选择一个进取型策略。交易优化程序还可以用来考虑短期收益的正规化问题，例如股票在某天发生大幅度的价格变化，并且在随后几天持续这种变化的趋势，直到发生价格逆转。例如，经理想买一只昨天迅速上涨的股票，如果明天的价格相对于今天价格有可能下降，那么等到明天再进行交易就要付出成本。

　　为了促使交易者遵循所希望的战略（例如交易优化程序建议的策略），组合管理者需要给交易者一个合适的基准，指导他们如何激进地交易和耐心地交易。激进交易中的两个广泛使用的基准是前一天收盘价（closing price）和交易日的开盘价（opening price）。因为这两个基准值在交易进行之前已被度量过，所以延缓交易的策略会增加大幅度偏离基准的可能性，因而提高了价格执行风险。另一个常用的执行基准是交易期内的股票加权平均价格（volume-weighted average price，VWAP）。对激进型交易来说，这一期间可能是几分钟或几小时；而对充分准备的交易来说，可能是一天或几天。但是，VWAP基准只适用于那些相对于某一期间的总交易量而言不太大的交易，否则可能会影响基准的估计。

　　买方交易者可以充分利用备选交易场所，例如电子通讯网络（electronic communications networks，ECNs）。它可以利用流动性，直接在买者和卖者之间配对。ECNs还可以保证买方交易者指令的隐秘性和可控制性。但是，

ECNs 更适用于耐心的交易，因为为某一交易发现一个 "cross" 的可能性很小，而导致这项交易无法在特定时间内完成。相对于传统代理方法，降低交易成本的另一个方法是本金委托交易。[①] 本金委托交易可能会通过委托的现存的存货头寸，而组合管理者也可以因交易期间延长或某一中间人良好的交易能力而受益。

评价结果和更新过程

一旦投资过程进入实施阶段，就需要不断地对它进行评价，如果必要的话，还要做一些改进。第一步，将实际结果与预期对比，如果现实与预期差距很大，那么必须改进投资过程，因此投资者需要一个体系来监管实际业绩、风险和交易成本，并把它们与预期做比较。

一个好的业绩监管体系不仅能确定业绩超过或不足的程度，还能确定这些超额收益的来源。例如，一个好的体系可以将超额收益的原因归结为：市场时机的选择（与基准的贝塔系数不同）、行业差异、类型差异和股票选择差异。这样的体系对第三方小投资者来说是可行的。在一个更好的体系中，管理者可以进一步分解收益，来考察那些用来预测收益的单个信息的影响，以及约束和资产组合其他要求的影响。如果可以解释每日交易和组合风险的变化，就更精确了。目前还不能从外部投资者得出这样的体系，需要在内部构建。

投资者还应该把预期的风险和现实的风险进行比较。在高盛，我们定义了绿色、黄色和红色三个区域，来比较目标风险水平（请参见 Litterman，Longerstaey，Rosengarten，and Winkelmann，2000）。实质上，如果现实的风险在目标的一个合理范围内（例如绿带事件），那么就可以认定我们的风险管理技巧如预期的那样有效，不需要再调整。如果现实风险偏离目标（黄色区域），就需要进一步的检查。如果现实风险远离目标（红色区域），一般就需要做一些调整了。当然，我们也使用 in-house 体系监管风险的来源，确保不从无补偿的风险来源处获得额外的风险，得到的风险都是有补偿的（正如我们监管收益的来源一样）。

最后，对交易成本进行监管也是很重要的。在做交易决策时，要考虑它们比假定的交易成本高还是低？成本的绝对值是否太高？如果是的话，管理者也许需要改进他们的交易成本估计方法或交易过程，或者两者同时改进。有一些服务可以报告实际的交易成本，但大多数存在明显的时滞，度量和报告成本的方法也是一成不变的。但是在 in-house 系统里，管理者可以比较不同的交易成本估计技巧，快速地得出结果并且在实际中运用。

当然，关键的问题在于：怎样利用这些监管系统得出的结果？与预期的差别程度多大时，才需要改进投资过程？这取决于差别的大小以及持续的时

---

① 请参见 Kavajecz and Keim（2002）。

间。例如，在一个业绩较差的月份之后（无论有多差），管理者不会不接受一种股票选择信息；但是当差的业绩持续多年之后，他会考虑可以解释这一现象的经济环境和外部因素，再做决定。将不好的业绩与历史事件相比较也很重要。过去有类似的情况发生吗？如果是的话，它们后来得到了改善吗？在这种情况下，如果较差的业绩是那个信息中的正常风险的一部分，就不需要什么调整。如果不是的话，则可能是由于结构性的变化使信息失效——比如说，如果一个信息已经过于普及，那么它可能就不再是定价误差的一个原因了。

类似地，组合管理者还需要考虑任何预期和现实差异的原因。例如，业绩不好是由于信息有缺陷、组合约束、无补偿的风险，还是由于随机的干扰？结果决定了能否采取正确的措施。如果是由于约束条件的影响，那么这些条件可能被取消（只要不违背任何投资原则，也不带来更大的风险）。如果是信息的原因，那么管理者必须确定产生的预期偏离是暂时的还是持久的。如果只是随机干扰的影响，则不需要采取任何行动。与此类似地，现实风险与预期风险的差异可能是因较差的风险估计或较差的组合构建造成的，针对不同的原因也要采取不同的措施。最后，过高的交易成本（与预期相比）反映了较差的交易或较差的交易成本估计，也要分别采取不同的措施。

总之，对业绩、风险和交易成本进行持续的监管是股票资产组合管理（equity portfolio management，EPM）过程不可缺少的一部分，而且预测、组合构建和交易的每一步都是同等重要的。监管既有质量控制作用，也是产生新方法、进行过程改进的原因之一。监管系统越完善，对投资过程就越有效。虽然在监管过程中需要细心的判断和严谨的分析，但是也少不了好的数据，因为通过它能得出好的解决方法。

小　结

股票资产组合管理（EPM）过程，过去曾经是一门艺术，现在正朝着科学的方向发展。由于数据和工具性能更良好，投资者更精明，可用的资源越来越多，使得投资过程中的每一个步骤（预测、组合构建、交易和监管）都变得复杂而有竞争力。更进一步说，我们期望把传统方法和定量的分析方法结合起来，成功的投资者可以充分利用任何可以获得的工具。实际上，越来越多的传统管理者已经开始使用一些定量选择方法做资产组合的风险估计了。最好的方法就是既使用目前定量管理者主要运用的方法（如最优化、返回测试和统计建模），也使用传统管理者的主要方法（如定性投资标准的深入分析）。实际在很久以前，本杰明·格雷厄姆（Benjamin Graham）——"现代证券分析之父"就看到了这两种方法的优点。

第一，预测性方法也可以称之为定性方法，因为它强调的是有关前景、管理和其他无法度量却十分重要的质量方面的因素。第二，或者说防护的方法也可以称之为定量方法，因为它强调的是卖出价格和收益、资产、股利等因素之间的关系。在我们自己的看法和专业工作中，我们总是选择定量方法（The Intelligent Invesfor，1973，199 页）。

要使股票组合管理在以后获得成功，投资者需要很强的专业技巧，对投资理论有全面的了解，有广泛的知识基础，并且掌握一定规则和基本的常识。他们还需要在投资过程中的每一个步骤中使用大量的资源，利用细节的信息。正如初学者都知道的，阻拦对手、积极进攻才能赢得球赛。对大多数短期投资者来说，我们建议雇用专业人士，或者是被动地投资。然而对于想长期投资的人来说，该是学习投资科学的时候了。

固定收益证券的风险和收益

乔纳森·贝内（Jonathan Beinner）

导　论

在这一章里，我们将在固定收益证券市场里，考察风险和收益的来源。固定收益证券（fixed income securities）市场在许多方面比股票市场复杂，因为当构建一个固定收益证券组合时，有许多方面需要考虑。无论你是投资于固定收益证券组合还是你本身就是一个积极的固定收益证券组合管理者，都有很多问题要问自己。我是应该持有短期证券还是应该持有长期证券？我是应该持有政府债券（government bonds）、公司债券（corporate bonds），还是两者的组合？如果我投资抵押贷款证券，我要承担一些意外风险吗？我应该在全世界范围内投资吗？如果这样，我要对外汇风险进行套期保值吗？这些问题以及更多的问题将不会在本章中找到答案。我们想要做的是让读者知道，在考虑一个资产组合中的固定收益证券时，应该思考哪些问题。

首先，为了理解是什么造成了固定收益证券的收益及其波动率，我们将讨论债券组合可能会遭受的各种风险。接下来，我们将考察被许多市场参与者用于定义主要的固定收益证券风险中所指的中立风险的固定收益基准。接着，我们将确认固定收益证券管理者用于获得比被动的指数组合更高的收益的主要策略。最后，我们将描述和例证我们在高盛资产管理（GSAM）中使用的用于决定这些积极策略的一个最优化分配的过程。这些策略将使信息率、给定的客户投资目标和约束条件最大化。

固定收益证券风险的来源

在我们开始讨论在固定收益证券组合中遇到的各种风险之前，理解在固定收益证券中风险意味着什么是必要的。毕竟，固定收益投资工具有固定的现金流入，因而没有风险存在。这句话正确吗？而且许多人都说，如果债券的价格下跌也无关紧要，因为你总是持有债券到期，因而债券的价格波动率并不重要。的确，由于固定收益证券的性质，它们一般不如股票那么具有波动性，但是理解造成固定收益证券价格和收益的因素对构建有效的债券组合是非常关键的。实际上，即使将信用等级最高的资产组合持有到期也是有风险的，由于不同的风险暴露，一个组合可以获得与另一个组合不同的长期收益。

和大多数金融资产一样，固定收益证券的收益有两个组成部分：收入和资本升值/贬值。固定收益证券与其他资产类别的区别在于：它的大部分收益来自于收入部分，而不是价格部分。也就是说，收益的价格部分可以区别一个好的组合的业绩和一个坏的组合的业绩。而且一个投资者可以非常容易地增加组合的收入部分，但一般它将以价格部分的高波动率为代价。

因此，是什么决定着价格部分呢？首先，我们注意到，一个债券价格的变化可以通过下式估算：

$$价格变化 = 收益变化 \times 持有期 \times (-1)$$

这里，一个债券的持有期是直到每个现金支付等于每一笔现金流动的现值时的有效的加权平均时间。因此，为了决定造成固定收益证券收益中价格部分的收益，我们必须考察造成固定收益证券收益的风险部分。

现在我们考察在大多数固定收益证券组合中的主要风险来源。

利率风险 （rate risk）

在固定收益证券领域，利率风险是广为人知，也是讨论得最多的。这个风险是指债券的收益率会发生变化，这个变化只会发生在当拥有同样现金流（cash flow）的无风险债券收益率发生变化的时候。一般无风险收益曲线（risk-free yield curve）将由没有信用风险的政府债券给出。然而，因为明显的技术因素已使得政府债券收益偏离其他高信用的固定收益证券，因此一些市场参与者（包括高盛资产管理公司）已经转而使用互换收益曲线（swap yield curve）取代政府债券收益曲线。不管怎么样，利率风险的概念是相同的，对每个持有期的现金流量有一个利率的基准线。如果市场上的利率发生变化，债券价格也将随之变化。

无信用风险利率（credit-risk-free interest rates）发生变化有许多原因，

但是大多数变化是源于宏观经济因素，例如目前和预期未来的货币和财政政策、经济增长率、通胀率水平等等。

我们注意到，在不同国家购买固定收益证券的投资者要承担不同的利率风险，因为收益曲线、宏观经济和通货膨胀环境不同。

通常，用于量化一个组合利率风险暴露的度量工具是久期。久期是用百分比表示的，由于利率上升或下降一个百分点所预期的债券上升或下降的一个有效的百分比数量。

收益曲线风险

收益曲线风险有时也称为期限结构风险。它是指由于收益曲线形状变化而不是水平变化所导致的组合价值变化的风险。多个组合可以构建相同的久期，但它们的收益曲线风险将十分不同。最有名的组合结构是子弹型（在未来的某一点有大多数现金流动）、哑铃型（一些长期证券对一些短期证券进行补偿）、阶梯型（持有期分布在各个期限内）。

和利率风险一样，收益曲线风险的主要原因是宏观因素，如果中央银行实施宽松货币政策，或者市场认为未来会出现通货膨胀，那么一般收益曲线将变得陡峭。此外，技术因素也在收益曲线风险中起很大作用。例如，在2000年年初，美国收益曲线的较长的尾部由于缺乏长期债券供给以及美国财政部在二级市场（secondary market）上回购美国长期国债而发生反转。

通常，用于量化收益曲线风险的度量工具是局部久期或者关键利率久期。这一度量说明了收益曲线的每一部分的现金流入对一个组合总的久期的作用。在 GSAM 中，我们将每个组合的久期分解成 10 个不同的收益曲线中心点的部分久期：3 个月、6 个月、1 年、2 年、3 年、5 年、7 年、10 年、20 年和30 年。

部门风险

部门风险是由所涉及部门和收益基准曲线（政府或者是互换曲线）差额变化所引起的收益变化。

许多因素造成固定收益证券部门的差额变小或扩大，但是一般差额的变化是由部门的一些明显变化造成的，或者是因在该部门普遍存在的其他风险所造成的，例如，公司债券的信用风险或者是抵押支撑证券（mortgage-backed securities，MBS）的波动和提前支付风险。

最常见的用于描述组合的某一具体部门差额的风险暴露的方法是久期贡献（contribution to duration，CTD）。久期贡献是指这一部门所持有的组合的加权平均久期的市场价值乘以组合对这一部门所持有的市场价值权重。例如，如果一个组合持有20%的公司债券，持有的公司债券的平均久期是 4 年，那么组合中公司的 CTD（久期贡献）就是 0.8 年（20%×4）。这种方法比仅仅使用组合的市场价值权重更为有效的原因在于：一个人可以通过简单地将该部门市场差额的变化与 CTD 相乘来决定对收益的影响。然而，对那些有明显的违约可能性的部门，市场价值权重也许是一个度量部门风险的好方法，因为这些证券的价格更多地取决于违约概率而不是利率水平。

表 24.1 显示了在大多数固定收益证券组合中的主要部门和它们差额的历史波动率。

表 24.1 主要类别/部门和它们差额的历史波动率

部门	主要部门风险	历史平均年份差额波动率（1%标准差）
国家债券（如：美国国债）	利率	N/A
机构/超越政府证券	利率，差额	17
抵押支撑证券（MBS）	利率，差额	36
资产支撑证券（ABS）	波动性，预付	24
投资等级公司债券	利率，差额，信用	38
高收益债券	利率，差额，信用	173
新兴公司债券	利率，差额，信用	409

信用风险

信用风险是由固定收益证券投资者所承担的，发行者已经承诺支付但由于其无力或不愿支付而造成的风险。市场价格和收益会因为发行者违约概率的市场评价而变化。如果市场认为发行者违约的可能性在增加，债券的收益将上升以补偿这一较高水平的风险。信用风险通常由来自国家认可的统计资信评级机构（nationally recognized statistical rating organization，NRSRO）例如穆迪和标准普尔公司决定，如表 24.2 所示。

可以发现，历史上投机等级信用的债券（等级低于 BBB/Baa，也被称为高收益或者垃圾债券（junk bonds））比投资等级的债券具有更多的缺点。

表 24.2 信用评级（credit ratings）与信用风险

穆迪评级	标普评级	历史违约率（%）
Aaa	AAA	0.04
Aa	AA	0.10
A	A	0.17
Baa	BBB	0.39
Ba	BB	1.58
B	B	4.35
<B	<B	8.54

波动性风险（volatility risk）

许多固定收益证券都有明显或不明显的波动性风险。波动性风险是指组合的价值变化并不是受利率水平的影响，而是受利率变化幅度或朝哪个方向变化的影响。换句话说，一个受波动性正面影响的组合将从利率的变化中受益，而一个受波动性负面影响的组合（如短期波动性）将在利率比预期稳定的情况下受益。

现代投资管理——一种均衡方法

当组合有不对称补偿工具的情况时，波动性风险就产生了。利率在某一方向上的变化产生的收益要大于相等的、相反方向的损失。波动性风险一般要么是由有明显波动性风险的工具引起的，例如关于固定收益证券的期权；要么就是由那些对波动性敏感的期权的证券引起的，如提前支付债券。一个很好的例子是产生波动性风险部门的 MBS 市场。因为标准住房抵押支持证券的借款人可以在抵押贷款利率下降的情况下对他们的抵押贷款进行再融资，所以 MBS 的持有者就成为了一个看涨期权的卖方。因此，大多数 MBS 的持有者有空头的波动性风险。

当投资于期权或包含期权的证券时，一般会引起两种不同的风险：伽玛（γ）和维加（vega，这一名字来源于布莱克－斯科尔斯的期权定价模型（Black-Scholes option pricing model）。伽玛（γ）风险是因利率变化对市场价值的影响。如果是多头波动性，则你将从市场的变化中获益。因为在利率集合中，工具将比根据久期模型的建议增加得更多。在卖出工具下降时，将低于久期模型的建议。在固定收益证券中，经常用于量化伽玛（γ）风险的度量工具是凸性。度量债券凸性的单位实际上是年的平方，因为它是考虑利率变化时债券价格的二阶导数。然而，凸性通常被认为是百分比度量，这里，给定利率变化下，凸性风险造成的大致的价格收益影响可以由下列公式给出：

$$来自于凸性的价格收益 = 1/2 \times 凸性 \times 利率变化的平方$$

其他由投资于固定收益证券所引起的波动性风险是维加风险。如果在期权剩余有效期内，市场预期利率将更为波动，那么固定收益证券期权的市场价格将上涨。在固定收益证券领域，经常用于度量维加风险的工具是波动性久期，它被定义为预期未来（或隐含）的波动性变化1%所造成的工具价格的百分比变化。

提前支付风险

提前支付风险是住房抵押贷款证券化市场中一种独特的风险。正如前面所述及的，住房抵押贷款证券所指的借款人可以提前支付他们的抵押贷款，并用一个较低利率的抵押贷款取而代之。因此一个住房抵押贷款证券的投资者是期权的卖方，而借款人是期权的买方。有意思的是，提前支付期权不会被有效地执行。因为住房抵押贷款支持证券涉及成百上千的个体借款人，这些证券不会像即付的公司或机构的债券那样"赎回"。住房抵押贷款支持证券的持有者只是接受一定比例的提前支付，即那些真正实施提前支付的借款人的那部分贷款。当利率下降时，提前支付比率一般会上升，但是通常有相当一部分借款人并不利用这样的机会以一个较低借款利率再融资。尽管从经济动机出发应该这样做，但有一些原因使一些人不愿意再融资，包括信誉损失、再融资成本、税赋考虑，或者缺乏对待再融资机会的知识。

由于包括在抵押贷款支持证券里的提前支付期权的复杂性，市场参与者已经形成了预测抵押贷款工具百分比的复杂模型，这一抵押贷款工具将在给定的市场变量、证券特质和提前支付历史条件下补偿。尽管有许多受人尊敬的统计学家的美好目标，但它仍不是一个完美的提前支付模型。这是因为，决定提前支付行为的变量的协方差，甚至是变量本身，都会随着时间而变化。而且，即使模型能够较好地预计某一抵押贷款集合的平均提前支付率，但因为来自于一个较大分布的随机抽样，所以个人抵押贷款池会与实际提前支付率的平均值偏离很远。

提前支付模型的缺陷给提前支付风险的存在创造了渠道。如果利率下降而证券的主债务人中的一部分在较低利率环境下获得补偿的话，提前支付风险就不是提前支付利率上升的风险。如果利率下降，这一现象和标准可赎回债券（callable bonds）提前支付的方式一样，换句话说，如果提前支付期权有效执行，而我们在一系列给定变量下可以精确地估计提前支付水平，那么就没有提前支付风险，只有波动率风险。我们将提前支付风险定义为对实际提前支付率过高或过低估计所引起的收益波动性。

有好几种方法可以用来评测提前支付风险。一种方法是提前支付久期，它的定义是：随着预计的提前支付利率上涨 10％时价格变动的百分比。不同的抵押贷款证券有不同的提前支付久期水平，包括正面和负面的影响。典型的抵押贷款支撑的提前支付久期利率大约在－0.1～－0.6 之间。建筑债券对提前支付利率有更好的杠杆作用，不仅受利率影响，波动幅度大约在－6.5～－9.0 之间，主要的久期水平在 2.0～2.5 之间。

外汇风险

外汇风险是一个投资者投资于不是以投资者本国货币计价的金融工具时承担的风险。虽然对固定收益证券来说并不常见，但外汇风险在持有多个市场的债券组合中是常见的，而且在单个国家的证券组合中也变得日益普遍。即使在投资期间，固定收益证券的价格没有发生变化，如果证券计价的货币相对于基准汇率升值或贬值的话，投资者也会获得较高或较低的收益。如果一项投资承担外汇风险，那么由于汇率的波动性特点，相对于固定收益证券的其他风险而言，它的收益将更多地受到汇率的影响。

汇率风险可以通过货币外汇套期保值方法减轻或有效地消除。最广泛使用的方法是用外汇远期合同套期保值，即投资者将卖出非基本货币投资远期合同，同时买入投资者基本货币。如果投资的货币相对于基本货币贬值的话，这将补偿损失，因为投资者在证券购买时已经有效地交换了汇率。

最合适的量化货币风险的度量手段就是每一货币的组合市场价值的百分比（扣除货币套期保值（currency hedging）。

证券个别风险

到目前为止所描述的固定收益证券风险并不完整，这些风险只是解释了大多数固定收益证券收益的波动性。证券的个别风险可以被认为是无法由其他固定收益风险因素解释的债券收益的波动率。

证券的个别风险一般是由该证券的供需变化或者市场对证券发行者的信

用资质看法发生变化引起的。近来，由于具体证券发行者而影响证券市场价格的案例有：

- 因为市场认为安然和世界电信较高的债务违约率，所以他们的债券价格与它相应的信用等级急剧下降。
- 因为市场关注即将进行总统选举和当选者的财政政策（fiscal policy），巴西外部债券价格显著下降。
- 担保抵押债券（collateralized mortgage obligations，CMOs）是结构化的抵押支持证券，由美国政府住宅抵押信贷机构（Ginnie Mae，GNMA）抵押池支撑的 CMOs 浮动利率的价格上升是因为欧洲金融机构对这一特殊结构有大量需求。
- 许多证券的收益会因为短期的密集大大好于市场上其他证券。卖空者必须从债券的长期持有者那儿借入证券。如果有太多的借入需求，那么卖空者为了避免交易失败就必须竞价。

必须指出，和股票市场不同，固定收益证券个别风险的图像的斜率是负的。换句话说，债券潜在的下部风险要远远大于上部风险。除了艰难的债务投资，固定收益证券的购买者期望得到承兑的利息支付，并在到期时获得本金。一个到期时有较高可能以面值支付的债券可以在面值之上溢价交易，但是一个债券很少能达到以 120％ 的面值交易，即使它能达到，也是因为久期风险（例如，一个长期债券在利率明显下降后将恢复很多），而不是因为证券个别风险。相反，如果债券违约，或者市场认为它有较高的违约率，那么市场价格可以低于面值 50％。由于固定收益证券的不对称性补偿，所以保持债券组合的适当多样化就显得非常重要了，这些债券组合证券暴露于任何富有意义的数量的信用风险。

用于度量证券个别风险的典型方法是久期贡献（contribution to duration，CTD）。对低风险部门来说就是，例如政府和抵押支持证券，或者对高风险证券来说是市场价值百分比，例如公司债券和新兴市场债券（emerging-market debt，EMD）。

正如读者所看到的，一个固定收益证券组合管理者需要识别的风险类别是很多且相当具有变化性的。理解一个债券组合里有什么风险和这些风险有什么潜在影响，对构造一个投资者风险与收益目标一致的组合是十分关键的。

固定收益证券基准

一般而言，基准的选择是决定一个固定收益证券组合的风险和最终收益中最重要的因素。正如我们稍后将要讨论的，既然相对于固定收益证券基准，要获得非常高水平的循迹误差是有些困难的，那么，即使是一个积极管理的组合，风险的大部分也将由基准的风险决定。

在前面部分所描述的风险里，决定大多数固定收益证券的四项风险暴露是久期、部门、信用和外汇风险。其余所涉及的风险（收益曲线、波动率、提前支付和证券——个别风险）一般是前四个风险决策的结果。既然大多数固定收益证券的基准是通过使用部门和到期范围的证券的市场资本化权重来构建的——这些部门和到期范围是被挑选出来以达到所要求的久期、信用质量和部门配置的。表 24.3 显示了一些在固定收益证券中更广泛使用的基准。如表 24.3 所示，固定收益证券基准的类型是广泛的，包括了我们所描述的固定收益证券风险的所有范围。另外需要指出的是，除了大多数低于投资等级信用资质的基准，决定固定收益证券波动性的主要决定因素是利率风险。而且，多元化的全球利率风险降低了波动性，而增加的外汇风险（例如使用一个未经套期保值的风险）增加了波动性。

表 24.3   广泛使用的基准

基准	持续时间	各部分贡献持续时间					平均信用等级	波动率峰值	10年收益历史数据（截至2002年6月）	波动率历史数据（以12月为标准）
		Govt.	Corp.	MBS	High-Yield	EMD				
JP 摩根 3 个月美元现金指数	0.1		0.1				AAA	0.00	5.24	0.42
美林 6 个月美国国库券指教	0.4	0.4					AAA	0.34	4.97	0.44
美林 1～3 年美国政府债券指数	1.6	1.6					AAA	0.04	6.02	1.66
索罗门兄弟抵押指数	3.1			3.1			AAA	−2.27	7.27	2.94
雷曼兄弟中级债券指数	3.2	3.2					AAA	0.16	6.66	2.97
雷曼兄弟中级综合指数	3.2	0.9	1.0	1.3		0.1	AA+	−0.71	7.02	2.99
雷曼兄弟综合指数	4.3	1.7	1.4	1.1		0.1	AA+	−0.36	7.35	3.73
雷曼兄弟中等公司指数	4.4		4.4				A	0.27	7.26	3.77
雷曼兄弟高收益指数	4.7				4.7		B+	0.23	5.99	6.57
雷曼兄弟全球综合指数（美元对冲）	4.8	3.0	1.1	0.7			AAA−	0.09	7.70	3.12
雷曼兄弟全球综合指数（非美元对冲）	4.8	3.0	1.1	0.7			AAA−	0.09	6.13	4.76
雷曼兄弟政府/信用指数	5.3	2.9	2.4				AA	0.56	7.35	4.21
JP 摩根新兴市场债券指数	5.8					5.8	BB	0.30	8.62	18.15
JP 摩根全球政府指数	5.8	5.8					AAA	0.38	7.47	3.17
索罗门兄弟长期政府债券指数	10.8	10.8					AAA	1.75	8.93	7.93

* 收入从 1993 年 12 月算起。

当然，许多投资者通过结合所有或部分较为广泛使用的基准来构建他们自己的定制基准指数。这允许将他们的基准适合以得到需要类型和数量的风险。例如，一个需要一年期国库券基准的投资者可以创造一个定制基准——等于 50％的美林（Merrill Lynch）1～3 年美国国库券指数和 50％的美林 6 个月美国国债指数。或者，一个喜欢风险雷曼综合指数（Lehman Aggregate）多元化但不想投资于 A 级证券的投资者可以使用一个定制基准——在雷曼综合指数扣除 BBB 级证券。

积极管理战略 （active management strategies）

一旦投资者决定了一个合适的基准，下一步决策是——被动地管理组合以尽力达到基准收益，还是用各种战略积极管理组合实现比基准更高的收益。

对任何资产类型而言，一个组合的积极管理仅仅是战术上改变组合的风险暴露，以在给定风险水平下获得更高收益或者在承担最小目标风险的水平下获得给定收益。当我们描述风险和收益时，我们一般将它定义为所确定的基准的相对水平而不是绝对水平。然而，如果管理一种例如套期保值基金的"绝对收益"战略，那么这一定义仍起作用。在这些情况中，无论是否明确注明，组合的风险暴露是与没有风险的现金基准进行有效比较的，例如，以国库券或者是伦敦银行同业拆借利率（London InterBank Offer Rate，LIBOR）为基准。因为关注与基准相对应的相对头寸，所以我们将使用术语"多头"和"空头"来指相对于基准中超过权重或权重不足的头寸。

下一节考察在固定收益证券中使用最广泛的积极管理战略。读者应该注意到，每个战略符合前面描述的一个或多个固定收益风险暴露。

久期定时策略 （duration timing strategy）

这一策略是一个有效市场策略，在这一策略里，证券组合管理者确定组合有一个比基准长或短的平均久期。如果他或她认为债券市场的表现要优于现金，那么一个经理将选择组合比基准承担更多的利率风险（例如，更久）。当评价这种类型的交易时，市场以暗含的远期利率（implied forward interest rates）定价的是什么将总是重要的。在一个典型的向上倾斜的收益曲线上，当构成久期风险暴露时，经理就是与这一暗含的远期利率博弈。

收益曲线定位策略 （yield curve positioning strategy）

我们这样定义收益曲线定位策略，即经理将收益曲线的一个或多个部分的久期贡献超过基准权重，用收益曲线其他部分的权重不足来补偿这些多头头寸。我们一般将期待这一策略使市场达到均衡（例如净久期为零）。既然任何剩余市场风险可以被认为是久期定时策略的一部分。一个收益曲线定位交易的例子是在 2 年的收益曲线部分中 0.5 年的买空和 10 年收益曲线部分中 0.5 年的卖空（short sales）。如果经理期待收益曲线变陡，那么他或她将从事这种类型的交易。另一种收益曲线交易的例子是在 5 年的曲线部分中有 1 年的买空，和在 2 年和 10 年中有 0.5 年的卖空。如果经理认为在 2～10 年的曲线部分 5 年期被低估的话，就可能实施这种类型的交易。

部门配置策略 （sector allocation strategy）

这一策略的定义是，与已经确定的基准相比，经理在各种固定收益证券中确定高出基准权重或低于基准权重的选择。他根据一个部门相对于另一个部门的价差优惠好处，或者是对未来价差变小的预期，选择该部门的权重高于基准。一个部门可能因种种原因经历价差变小，要么是因为技术因素，如供给的减少，或者是预期的基金流入该部门；要么是基本面因素，如公司收益的改善（对公司债券而言），或者是凸性风险的减少（如抵押支持证券）。部门配置交易的一个例子是在经理预期抵押贷款的价差将扩大的情况下对抵押支持证券确定为低于基准权重 0.5 年。当经理相信高收益部门收益的增加要高于额外的信用风险的风险补偿时，在高收益公司债券将确定为高于基准权重 5%。请记住，对政府和抵押贷款部门这类高质量的目标风险头寸，我们用 CTD（久期贡献）；对高信用风险的部门，我们用市场价值百分比。我们确信高信用质量部门的风险与久期之间大致是线性关系，而在低信用质量部门，久期并不是未来波动性的最佳度量方法。

证券选择策略 （security selection strategies）

证券选择策略是这样一系列策略，经理在所投资的组合的每个部门里选择个别证券。一般认为，证券选择策略会产生最佳风险调整收益，因为可以在许多不同的积极决策中，而不是在几个选择中实现多元化。有许多原因使得管理者期望一个证券的表现要优于另一个证券，例如基本的信用质量看法、新信息溢价、抵押贷款现金流量的错误定价和吸引人的交易者的报价。

国家配置战略 （country allocation strategy）

许多固定收益证券组合可以在全世界范围内投资。国家配置策略是指经理根据一国的债券收益曲线相对于另一国收益债券曲线，确定买空和卖空头寸。正如收益曲线策略一样，我们将在考虑全球利率的条件下使用这一策略使市场中立。换句话说，在市场繁荣和市场萧条时期并不期待不同国家的净卖空和买空头寸将表现得更好或更差。而且为了区别相对利率和绝对汇率的预测，由国家配置交易所引起的外汇风险暴露将用外汇远期合同进行套期保值。国家配置交易的例子有卖出日本债券、买入德国债券或者是卖出美国债券、买入加拿大债券。

外汇配置战略 （currency allocation strategy）

除了在全球债券市场灵活地投资，许多投资者允许积极的固定收益证券经理实施一种货币和另一种货币之间的交换汇率的做法，这一策略通常用外汇远期合同来实施。外汇远期合同中明显地包括一种货币对另一种货币的风险，或者对以预期升值的外汇标价的证券不进行套期保值或仅进行部分套期保值。

虽然上面所列的积极的固定收益策略并不是全面的，但这些策略包括了经理管理的积极债券交易的大多数风险。经理将运用不同的策略，并根据他们已有的资源和他们对每个策略的信心，在那些策略里分配不同水平的风险。而且，在每个策略里，经理将用不同的投资数额做出积极的投资决策。下面这一部分将展示如何联合积极战略以达到最佳投资结果。

用风险预算联合积极战略

为了能够比被动基准的业绩更好，决定增加平均价值的交易的能力必然是最重要的。然而，决定风险暴露的规模也是非常重要的。不幸的是，即使是以高质量的研究和有规律的决策过程为基础，每个交易措施也不会总是积极地发生作用。考虑到这一事实，在投资想法和投资策略之间有效地分配风险可以带来高质量的收益。在这一部分，我们将展示在不同风险策略之间决定风险分配过程。

这一风险预算（risk budgeting）过程有 7 个步骤：

步骤 1：决定基准。基准决定着组合里每个风险的中立点。积极看法是相对于基准而言的，因为始终了解基准里的风险配置是非常重要的。

步骤 2：决定投资约束。大多数投资者将对组合中所允许的风险暴露的类型给出明确的限制。有时这些限制是绝对限制，例如"最多 30% 的公司债券"，其他时候是相对基准而言，例如"组合的久期必须在基准久期的一年之内"。许多投资者在久期、信用质量、部门配置、发行者配置和外汇风险暴露等方面设置一些类型的限制。近来，一些投资者已经在个别风险类别上给他们的经理更多的灵活性，取而代之的是以循迹误差目标的形式相对于基准设定一个总的波动率的限制。

步骤 3：决定允许的积极投资策略。一旦知道了限制条件，经理们就允许确定允许使用的投资策略了。例如，如果客户不允许任何外汇风险，那么很显然，这个组合可能实施外汇策略。类似地，如果不允许投资于投资等级之下的证券，那么高收益部门将不是部门配置策略的一部分，当然也就不会有在高收益部门内的证券选择。

步骤 4：为每一个可行的策略决定一个适当的循迹误差的最大值。基准和约束的结合将决定组合中有多少风险是从基准中衍生出来的。而且，一个经理还会根据能力和谨慎程度对一个策略设置他或她自身的约束。最大循迹误差由某一特别风险的平均偏离值与该风险的估计波动率的乘积决定。例如，一个特别的美国固定收益证券指令设定了偏离基准的久期为一年的限制。美国利率的波动率是每年 1%。如果经理一直保持最大持有方向（也就是说，要么多头一年，要么空头一年），那么平均循迹误差大约是 100 个基准点（1年乘以 1%）。然而，对大多数策略来说，当经理们有信心时，他们持有较大头寸，信息率较高；当他们的信心不足时，持有的头寸较小。因此在这一情形下，我们将在久期策略上安排大约 70 个基准点，这相当于平均 0.7 年的风险暴露，允许最大信心下的最长达一年的持有方向，我们将对每一个投资策略进行一些类似练习，考察平均可达到多大的积极头寸，然后估计从这些平均头寸中产生的循迹误差有多大。

步骤 5：估计每个策略每单位风险的超额收益以及策略之间超额收益的

相关性。循迹误差的每一个基点所增加的收益数量的估计，或者是信息率基本上是经理们对这一策略实施下去究竟有多好的度量手段。每个策略都应该有一个正的信息率，否则将它包括在一个积极的投资过程中没有意义。决定一个策略的信息率并不是一件容易的事情，总是有一些不确定性因素围绕着它。然而，管理者可以通过过去的实际结果，或者是策略的反馈——测试业绩与未来的看法结合起来以得出经验估计——这一对未来的看法包括经理对市场上目前机会的一种评价。

一般而言，我们的观点是：证券选择策略可以达到最高的信息率，接下来是部门策略和市场定时策略。估计不同的战略收益之间的相关性在决定组合水平策略的混合方面是十分重要的。历史结果和对未来的直觉的混合将有助于决定这些相关性的估计。例如，证券选择策略不应该与其他策略有太多相关性这点是有意义的。因为经理的全局观点并不必须要成为个别证券意见的因素。另一方面，可以预期久期策略和部门配置策略之间正相关，因为经理的宏观经济策略将成为两个决策的投资量。

步骤 6：决定目标超额收益或者目标循迹误差。这是一个必需的投入，正如风险分配将寻求要么在给定目标风险水平下使超额收益最大化，要么为达到给定超额收益水平使循迹误差最小化。一些客户给予一个目标或另一个目标，一些客户给予两个目标，一些客户什么目标也不给。在前两种情形里，经理必须确保在给定约束条件下，目标是可实现的。在客户没有给出明确的风险或收益目标的情形下，经理必须判断并理解客户的目标。

步骤 7：决定每个策略的最优风险数量。最后，一旦你决定什么样的策略可以使用，每个策略可以分配多少，你在每个策略里产生收益的程度如何，你期待它们是怎样一起运行的，你想实现怎样的收益，承担怎样的风险，就说明你已准备决定恰当的配置了。我们用均值—方差最优化技巧，使用上述所有的输入量，导致每一策略的循迹误差的分配，这种配置将使信息率最大化。

为了展示这一过程，我们将用最优化技巧完成几个例子。为了说明的目的，我们将用几个输入量：

1. 这一组合用雷曼兄弟美国综合指数（Lehman Brothers U. S. Aggregate Index）来管理。

2. 这一组合只有多头头寸，不允许明显的杠杆。

3. 估计的积极策略的信息率是：

久期	0.2
收益曲线	0.3
部门配置	0.4
政府/MBS/ABS 机构的证券选择	0.7
公司/高收益/EMD 的证券选择	0.5
国家配置	0.4
外汇	0.4

4. 策略范围的相关性从 0.0～0.3。

我们对两种不同的约束条件进行最优化（见表 24.4）。

表 24.4 两类约束条件

	投资组合 1—核心高质量	投资组合 2—核心附加
持续时间	+/−0.5 年	+/−2 年
最小信用质量	BBB−/Baa3	无最小值
最大产出	不允许	10%
最大新兴市场债务	不允许	10%
其他部分	基准+/−20%	无限制
非美元债券	不允许	最大 20%，非对冲最大 10%

表 24.5 显示了组合 1 从最优化中得到的结果，这里，风险在所允许的策略中分配——循迹误差分别为 50，75 和 100 个基点。

表 24.5 组合 1 的最优化结果

	最大循迹误差	目标循迹误差					
		50		70		100	
		超额收益	循迹误差	超额收益	循迹误差	超额收益	循迹误差
持续时间	35	1.1	5.3	2.3	11.3	7.0	35.0
产出曲线	25	5.5	18.2	7.5	25.0	7.5	25.0
部门	50	9.1	22.7	19.3	48.2	20.0	50.0
政府股票/MBS/ABS/代理股票	25	17.5	25.0	17.5	25.0	17.5	25.0
公司股票/高收益股票/EMD	40	15.2	30.4	20.0	40.0	20.0	40.0
国家	0	0.0	0.0	0.0	0.0	0.0	0.0
货币	0	0.0	0.0	0.0	0.0	0.0	0.0
总投资组合		48.3	50.0	66.5	75.0	72.0	87.3
信息比率		1.0		0.9		0.8	

在这一表格里有大量的情况需要说明。你可以看到，每个策略的超额预期收益水平等于分配的循迹误差乘以早先确定的信息率。例如在 75 的循迹误差情形下，最优化建议分配 48.2 的基点给部门配置策略，它向预期超额收益的贡献为 19.3 个基点（48.2 乘以假设的信息率 0.4）。请注意，当组合的总超额预期收益等于各个策略的超额收益之和时，因为各种策略之间不是高度相关的，所以风险分散总的循迹误差要远远小于各个策略的循迹误差之和。另一个需要注意的是，当风险增加时，信息率下降。这是给定一系列约束条件的组合最优化的情形。

最后请注意，虽然最右边一列的最优化目标是 100 个基点，但总的循迹误差只有 87.3 个基点。这是因为每个策略达到了最大循迹误差的水平，而这带来的循迹误差水平只有 87.3 个基点。在给定组合约束条件下，不需要承担额外的风险。经常出现组合不允许投资于投资等级之下证券的情况,因为大多数高信用质量的固定收益证券是高度相关的,一个多元化组合的收益明显偏离于基准是困难的,除了由久期风险引起的收益外。在这个例子里,我们将久期限定为 0.5 年。如果去掉约束条件,则循迹误差会增加,但信息率将大大受毁害。

表 24.6 显示了组合 2 的最优化结果。因为更为灵活的投资约束,最优化将以 50,100 和 200 个基点的循迹误差运行。

表 24.6 **组合 2 的最优化结果**

	最大循迹误差	目标循迹误差					
		50		100		200	
		超额收益	循迹误差	超额收益	循迹误差	超额收益	循迹误差
持续时间	140	0.8	4.2	2.1	10.4	7.4	37.0
产出曲线	25	4.3	14.3	7.5	25.0	7.5	25.0
部门	160	7.1	17.8	17.7	44.3	62.9	157.3
政府股票/MBS/ABS/代理股票	25	17.5	25.0	17.5	25.0	17.5	25.0
公司股票/高价股票/EMD	60	11.9	23.8	29.7	59.3	30.0	60.0
国家	25	7.6	19.0	10.0	25.0	10.0	25.0
货币	70	7.6	19.0	19.0	47.5	28.0	70.0
总投资组合		56.9	50.0	103.5	100.0	163.3	200.0
信息比率		1.1		1.0		0.8	

在这个例子里,大多数策略的最大循迹误差要高于组合 1,因为投资约束条件允许更大规模和更广范围的风险。请注意,在相同循迹误差的水平下,组合 2 的信息率要高于组合 1,因为组合 2 允许更多元化的风险来源。而且,因为组合 2 允许在更为波动的市场上交易,例如高收益、新兴市场债务和货币市场,所以,如果那就是投资者想要的,就可以获得相当高水平的循迹误差。

这一分析是这一过程起作用的例子。有任何系列约束条件的基准是轻便的。这一风险预算也可以用于管理套期保值基金组合,这种组合的循迹误差可达 1000 或更多。为了达到高水平的风险,管理者在高风险市场投资时具有排他性,或者利用杠杆增加所使用的积极风险策略里的风险数量。

请记住,这不是投资过程的终点,而仅仅是开始。为了得到由风险配置而带来的收益目标,经理现在必须有效地运行每个策略以实现估计的增加值。另一个重要的因素是,你要注意风险配置是在战略水平下完成的,而不是实际的风险暴露水平。因此以组合里的真实风险暴露为基础,及时理解每一点的预期风险是重要的。有可能有这样的情形出现,虽然你已经估计出两个策略平均是不相关的,但在给定的某一点、某一时间上,来自于策略的具体交易可能是高度相关的。在这种情况下,经理应该意识到循迹误差的潜在的增加,积极决定在那时显示出超过平均风险水平是否合适,还是调整回去一种或两种暴露水平。而且随着时间的推移，经理可能会改变他或她对战略的信息率的估计，以及策略之间的相关性和新业绩信息承受的风险的最大数量；增加或减少造成下面一些事物的源泉——每个策略、市场波动性变化，以及对某一具体策略相对于以前预期的向上或向下的变化所产生的增加价值的未来机会的看法。

令人感到欣慰的是，我们已经向读者介绍了投资于相对复杂的固定收益证券市场时的一些感触及常识。

第五部分

可转换资产类别

第25章

全球战术资产配置

马克·卡哈特（Mark M. Carhart）

前　言

全球战术资产分配（GTAA）策略的目标是通过对资产分配偏离的积极管理来提高投资者组合的总单位风险回报。GTAA 策略在以下两个方面改变组合的资产分配：降低组合的非固有资产分配风险和通过有意的资产分配偏差来增加超额回报。因为策略的目标具有两面性，所以，该目标常常由两个相互独立的要素构成：（1）平衡或**完备**组合，它的目标很单一，就是减少组合的资产分配风险；（2）**纯复制**组合，它的目标就是通过全球战术资产分配偏差来获得超额回报。

GTAA 方法的两个要素——完备和纯复制可被看做是所有组合所必备的，包括：组合的战术资产分配，该分配有主动和被动投资组合之分；投资者的具体目标和投资约束，如给定水平的积极风险和头寸大小限制等。GTAA 的各种不同程度的偏好使得这一策略很难被归入某一特定的资产类别（asset class），所以在投资者组合中的运用也存在着很大的差别。

本章的目的是着手研究 GTAA 的关键要素，同时解释 GTAA 的细微差别，正是这些细微差别使得这一策略对投资者具有很大的吸引力。在随后的内容中，我们将详细讨论现代 GTAA 策略，通过例子来解释和显示委托人和投资经理应该怎样做才能最好地利用 GTAA，并展示这一策略对提高组合的风险回报具有多么强的能力。

简短回顾 GTAA 的历史后，本章将讨论四个主要部分：GTAA 方法的结构、GTAA 的实证、委托人和经理在实务中所面对的问题，以及对 GTAA 方法的展望。

GTAA 的历史回顾

从投资者开始买卖证券起，他们就开始选择市场。《华尔街时报》的创建者——查尔斯·亨利·道（Charles Henery Dow），是最早和最伟大的市场选择者之一。19 世纪末期，道把他对股票市场预测的观点向社论公开发表，最终形成所谓的"道氏理论"（Dow Theory）。[1]

但是，市场上也有许多对此方法持怀疑态度的投资者。本杰明·格雷厄姆（Benjamin Graham）是这样描述那种投资者的："将他们的注意力放在市场选择上，通过预测的方式……最终将导致投机，并以投机者的金融结果而告终"。[2] 通过这句话，作者的意思显而易见。

大量对股票市场进行预测的研究直到 20 世纪 70 年代才开始，因为这时才有充分的数据和分析工具来为股票回报预测工作提供支持。早期论文（例如，法玛（Fama，1970）关于有效市场假说（Efficient Markets Hypothesis)[3] 框架的经典工作）发现美国市场缺少盈利交易策略的证据。但在 20 世纪 70 年代后期，出现了与市场有效性假设不一致的情况，因为学术上证明未来股价和短期利率呈强烈的负相关关系。[4]

伴随 1973—1974 年的熊市，机构开始关注广泛的市场选择策略，这大部分是由学术研究驱动的。从威廉姆·福克斯（Willianm Fouse）到后来的韦尔斯·法戈（Wells Fargo），都将此称作是战术资产分配策略（TAA）。[5] 单靠熊市并不能为 TAA 创造环境，另一关键因素是美国股票指数和债券期货市场的形成，这一市场能为股票和债券战术资产分配的实施提供低成本、高效率的方法。对 TAA 的热衷在 1987 年之后进一步升温。

全球 TAA 在 20 世纪 80 年代末、90 年代初出现，此时已积累了大量关于全球资产预测的证据，而且国外期货市场的数量和流动性都明显增强。[6] 全球化策略带来了新的价值源泉，它不仅能提供全球市场选择，还能提供这样一个机会，就是让投资者在国家之间选择债券、股票和货币。不幸的是，20 世纪 90 年代后期，许多全球资产分配者差劲的业绩让整个行业几乎崩溃。从

---

[1]　www. e-analytics. com/cd. htm。

[2]　Graham，Benjamin，1959，*The Intelligent Investor*（2nd revised edition），Harper & Brothers，25.

[3]　Fama，Eugene F.，1970，"Efficient Capital Markets：A Review of Theory and Empirical Work," *Journal of Finance* 25，383－417.

[4]　一个好的例子是 Fama，Eugene F.，和 G. W. Schwert，1977，"Asset Returns and Inflation," *Journal of Financial Economics* 5，115－146。

[5]　关于 wellsfargo 和 TAA 发展的详细讨论，见 Siegel，Laurence B，Kenneth F Kroner，and Scott W Clifford，2001，"The Greatest Return Stories Ever Told," *Journal of Investing* 10，91－102。

[6]　更广泛的理论研究表明，第一次用 GTAA 表述这一策略是在 1988 年："Taking a World View：$ 100 Million Fund Starts Global Allocation Strategy," *Pensions and Investment Age*，June 13，2。

2000 年开始的弱市场回报促进了 GTAA 的流行，使它逐渐成为大型的富有经验的机构投资者的主要产品。

GTAA 方法的结构

第一部分：完备

由于积极管理者专业化水平的提高和能使用的产品数量的增加，机构组合的投资管理者的数量也显著增加了。例如：20 年前，平衡经理占市场主导地位，而现在，这些经理仅仅关注美国小资本价值股票。机构投资者将其战略指标分解成 14 个不同的部分，每一部分都有许多经理为其管理资产，在这一由专业化管理者组成的机构中，谁来管理总资产呢？通常这是被忽略了的。而 GTAA 元素能为分散的投资组合的综合管理提供"黏合剂"。

完备组合被设计成能对冲非固有风险。第 22 章曾详细讨论过多重投资能带来非固有资产分配风险。最重要的是与原生组合分配标准相关的漂移率，它是由资产价值的波动引起的。① 依赖于委托人如何频繁地发现他们的组合，漂移风险可占据 50％的总积极风险，并能有效地将传统证券选择活动中的积极风险对冲。当然，使组合达到其战略标准并非没有成本，因为交易费用将吞并部分利润。以下三个因素：管理者账户中的现金仓位、由股票选择活动驱动的货币偏离、管理者或参照的转移，都常常能带来一些没被解决的非故意风险。

当机构雇佣某个公司管理上述活动的某一部分时，最常见也是成本最低的方法是找一个 GTAA 经理，GTAA 经理会根据漂移率、现金仓位等指标来增加或削减非固定基准偏离。遵照信托董事会和投资委员会的指示，可以更加灵活地执行总货币套期保值，将阿尔法从一种资产转向另一种资产和管理战略头寸的中期变化。对一些很复杂的组合，或有频繁现金流的组合，机构可以考虑任命其监护人作为独立于 GTAA 方法的专门的完备经理。此时，实现完备的潜在交易成本和 GTAA 经理持有的抵消头寸被完备性质量平衡，这一完备性来自于组合中的信息流。不论谁管理完备方法，流动期货和远期合约在降低平衡的交易成本中都是至关重要的。

第二部分：纯复制

正如本章引言部分所言，GTAA 方法的纯复制部分被设计成通过对部门、国家和资产类别的故意的积极偏离来产生超额回报。一般而言，GTAA 策略要做两类主要的决策：

1. 资产选择（包括股票、债券、现金；小仓位和大仓位股票；价值型和

---

① 如果没有特别说明，各种资产重新安排到它们固定的部分与每月的报告同步。而且，客户通过长期资产变动水平线确定标准权重漂移，标准重设的频率为：一个月、半年或一年。

成长型股票；新兴和发达股票和债券；信用选择等等）。通常，这类决策被称做 TAA。

2. 国家或部门的资产决策（包括在国家间选择发达和新兴股票、固定收益和现金市场，也包括部门选择股票市场、固定收益市场的交割期）。这些是全球相对价值决策，代表了 GTAA 中的"G"。

这两类决策的相对重要性是一个精心管理的 GTAA 方法的重要特点。传统的 TAA 方法仅仅关注第一类决策，而 GTAA 主要从第二类决策中获得增加价值的能力。最成功的现代 GTAA 策略往往在风险上占优，这主要体现在国家选择决策上。

因为国家选择策略要比单独的资产选择策略交易更多的证券，所以，我们期望能从中获得更高的风险调整回报。在 Grinold（1989）的文章"积极管理的基本原理"中指出，国家选择策略总有很大的**幅度**。[①] 这里，幅度指的是投资机会集中、相互独立的资产类别的数量。当然，强的**信息系数**——策略中资产的预期能力——能抵消幅度的损失。如后文所示，实证研究确实发现资产类别回报时间序列的低预测能力。这进一步强调了在 GTAA 中国家选择决策的重要性。

当前，GTAA 最为普遍的工具是用发达市场的流通股指数期货、债券期货及货币远期合约，在全球范围内运用如下四种不同的策略：（1）全球股票、债券和现金间的 TAA；（2）全球股票市场内的国家选择；（3）全球债券市场内的国家选择；（4）全球货币市场内的货币选择。当前，发达国家的流动期货合约工具由大约 35 种证券构成。[②]

资产类别和国家预测的理论解释

有人可能会问，我们是否可以假设国家和资产回报是可预测的？我们可以简单地对比各种资产的积极管理，并分析为什么积极管理能增加资产内的价值，而不能增加国家或资产间的价值？更一般地，我们相信 GTAA 框架内的可交易资产基于市场均衡和市场无效（market inefficiency）理论基础而具有可预测性。

均衡模型使我们知道风险和期望回报之间的关系。市场上的个人投资者有不同的风险预期，这导致风险份额均衡，此时，一些投资者购买风险而另一些投资者出售风险。例如，银行的短期负债相对于长期债券来说是有风险的，而抚恤基金计划通常有长期负债性，这使得抚恤基金计划更偏好长期债券。这些类型投资者的相对供给使产出曲线变陡。

假设一个用均值—方差进行分析的投资者持有这样的组合，就是无论额外投资是以长期债券还是短期债券形式出现，组合的总波动率都增加同样的

---

① Grinold，Richard C，1989，"The Fundamental law of Active Management" *Journal of Portfolio Management* 15，30—37。

② 当前流动股票指数期货市场有澳大利亚、比利时、巴西、加拿大、欧洲、法国、德国、中国香港、意大利、日本、韩国、马来西亚、荷兰、新加坡、南非、西班牙、瑞典、新西兰、中国台湾、美国和英国。流动债券期货存在于澳大利亚、加拿大、欧洲、日本、新西兰、美国和英国。

数量。这时投资者可能偏好最高产出的债券，而不论其交割期的长短。如果投资者运用 GTAA 策略，就可以简单地通过多头风险回报高的市场、空头风险回报低的市场来增加价值。

此外，由于供需的变化以及国家商业圈之间缺乏完备的连接，风险溢价在不同的时间水平和国家之间存在着很大的变化。这些现象为预测回报创造了很多机会，而且不依赖于市场的无效性。

我们也认为可预测性来源于市场的无效性，市场的无效性是指市场偏离均衡水平。尽管**有效市场假说**（efficient markets hypothesis）十分完美，但我们相信市场无效性的理由依然很充分，尤其在全球资本市场之间，追逐市场无效性的资本比给定的某一国内市场的情况要少。特别地，我们认为无效性产生于对信息的长期多头和短期空头、市场分离（market segregation）、税收效应以及资本市场中的非盈利参与者的存在。无论怎样，对市场按无效和有效来进行划分可能过于绝对。关于市场效率的一个更合乎实际的版本承认类似 GTAA 的投资活动会将市场推向均衡价值，并且有效市场仍然允许存在一些盈利活动，以充分利用在传统投资者看来是市场无效的机会。

投资者行为来源于对信息的长期过敏反应和短期的迟钝反应。谁愿意持有回报少且价格明显下降的股票呢？通常是经营业绩低下的公司仅仅向外传递对公司前景持悲观态度的消息。资产种类和国家通常也是那些股票的持有者。以日本为例，20 世纪 90 年代，日本经历了十年的经济衰退，21 世纪初，仅呈微弱增长态势。正如现实情况所表现的那样，我们认为投资者对日本的消息反应过度。

迟钝反应基于这样一个流行的结论，就是投资者短期对新信息反应迟钝。支持这一结论的主要原因是所谓的收入宣告后漂移率。[1] 无论是积极的还是消极的，奇异收益后 9 个月公司股价都将相对于综合市场做同方向的漂移，收入宣告后漂移率在国家股票市场也持有头寸。

市场分离意味着对资本在国家和市场之间自由流动有限制。例如，在 20 年前，韩国由于规则限制，很难持有国外证券，而国外投资者也很难持有韩国证券，这造成了全球资本市场中的一个不均衡。因为韩国投资者不能分散其组合，所以对韩国股票而言，需要更高的风险回报。机智的国外投资者绕过这一限制，从以下两个方面受益：第一，由于较高的股票风险价格，他们获得较高的回报。第二，由于市场合并和股票风险价格下降，进而推动韩国股票价格上涨，他们获得更高的回报。当前市场分离在许多成熟市场依然存在。例如，加拿大仍然在数量上限制国内投资者持有国外证券。

最后，全球资本市场上有政府、中央银行等非盈利参与者。中央银行依

---

① See Foster, Georg, Chris Olsen, and Terry Shevlin, 1984, "Earnings Releases, Anomalies and the Behavior of Security Returns," *Accounting Review*, October, 574－603, and Bernard, Victor, and Jacob Theomas, 1989, "Post-Earnings Drift: Delayed Price Response or Risk Premium?" *Journal of Accounting Research 27*, 1－36.

然运用货币交易和货币政策来影响汇率。但是，自由浮动汇率保证全体市场参与者最终决定均衡汇率。从这个角度来说，中央银行在货币市场上的活动充其量是"迎风而上"的短期政策，这一政策最终要被资本市场更正，政府也要周期性地干预股票和债券市场。在 1998 年的长期资本管理公司（Long Term Capital Management（LTCM））的危机中，中国香港货币委员会（Hong Kong Monetary Authority（HKMA））2 周内购买了将近 5％的绩优股，试图稳定香港股价。[①]

实证依据

如上文所述，这些结论从理论推导上来看非常完美，有人或许会问，国家和资产回报的这些效果在实证上有依据吗？回答是肯定的，证据也很充分。

考虑两种可预言的特殊情况，价值和动量（momentum）。价值，意味着廉价买进和高价卖出。如果前面的论述是正确的，那么价值策略可以从多个角度理解。例如，简单价值型模型应区分不同国家之间股票风险溢价的差别之处，而且要多头高风险溢价的国家。另外，投资者对负面信息的过度反应可能暂时使某个具体的股票市场萧条。还有一种可能是市场分离，这导致在分割的股票市场上存在更具有吸引力的价值。

基于价值测度的全球股票市场的可预测性

仅使用全球性的发达股票市场上的国家的数据，设想我们用一种非常简单的价值尺度——盯住价格比率（B/P）来测度价值。在没有任何对会计账目、贴现率及税收影响进行调整的情况下，我们利用这一测度的报告值建立多/空国家股票指数组合。在每月初，多/空组合由等权重的 1/3 高 B/P 多头和等权重的 1/3 低 B/P 空头组成。按月调整这一组合，表 25.1 列示了从 1980—2001 年共 22 年的组合表现的统计特征。

这一股票国家选择组合的平均年超额回报为 4.9％，这意味着平均来说，最便宜的 1/3 的股票国家比最贵的 1/3 的股票国家每年要绩优 4.9％。此外，11.9％的波动率意味着这一组合的年超额回报超出 0 约有 66％。多/空组合的年回报对风险的比率代表这一没有交易成本的简单策略的信息比率（IR）（交易费用后文有介绍）。如结果所示，这一简单策略的 IR 为 0.4，从统计角度来说，是明显具有积极意义的。如果 B/P 是无意义的预测变量，那么取得这一 IR 的概率是 2.68％。[②] 如果我们对国家税收、会计等做一些调整，那么这一策略的绩效还能显著提高。

[①] 中国香港货币委员会共购买了 90 亿，而截至 1998 年底，香港股市总价值约为 2 000 亿。资料来源：香港货币委员会 1998 年年报。

[②] 信息比率乘以样本年数 n 的平方根服从自由度为 n 的 t 分布。

价值测度下全球股票市场的可预测性

通过比较同一测度下，国家股票市场之间和国家股票市场之内的可预测性，可以发现一个有趣的现象。对于每个发达的股票市场，我们对每种股票用盯住价格比率（B/P）建立国家内的多/空组合，按资本价值加权，取最高的 1/3 公司多头和最低的 1/3 空头，[①] 这将产生 23 个组合。接下来，我们给这些组合赋予相等的权重，以得到全球股票选择价值效应。

不足为奇，股票选择效应在国家之内应仍然成立，在统计意义上，比国家选择效应还要显著。表 25.1 显示了这一结果。国内股票的平均回报是 15.8%，全球股票选择组合的波动率是 10.4%，产生的 IR 为 1.52。股票选择效应的概率是 0.00%。

虽然股票市场的价值效应很大，但离期望值还是很遥远。在国家选择多/空组合中，平均机会集是 18 个国家，而股票选择组合的机会幅度为 8 352，后者是前者的 464 倍！按照格里诺德（Grinold）的规则，在其他情况相同时，股票选择策略的 IR 是国家选择的 22 倍——正好是这两个策略的幅度比率的平方根。实际上，这个比率仅仅为 3。这意味着国家选择策略在幅度上的损失，大部分在预测精度上得到了弥补。近来，彼特·霍普金斯（Peter Hopkins）和海斯·米勒（Hayes Miller）在研究全球股票管理者业绩贡献时发现了如下结论：预测国家能比预测股票获得更大的成功。[②]

在国家选择中，国家指数的分散化能获得更高的预测精度。虽然单股票预测模型臭名昭著，但在广泛组合中，单股票模型的残差风险被对冲，所以能产生更为精确的预测。此外，格里诺德（Grinold，1989）幅度在技术上是大量的独立投资决策，但显而易见，单个股票的回报并不是完全独立的。另一个可能的解释是：由于大的全球投资者在国家之间在分配资产，使得国家选择机会增大。数据支持以上解释。

价值测度下全球债券和货币市场间的可预测性

现在考虑全球债券和货币市场，此时价值效应仍然存在。利用发达国家的债券和货币市场重做多/空组合，再次买进 1/3 最便宜的和做空 1/3 最贵的。通过产出曲线的斜率来测度债券价值，关于货币的情况，我们追踪了 5 年的超额回报，这是一简单的购买力平价测度。我们测试了所有发达国家的独立债券和货币市场，除了德国那些早在欧元产生之前就存在的市场。这些加总为 9 个国家市场和 11 个货币市场。表 25.1 也说明了这些结论。

与全球股票市场一致，全球债券和货币市场同样也有价值效应。债券 IR 为 0.21，货币 IR 为 0.5，概率值分别是 17.9% 和 1%。与格里诺德（Gri-

---

[①] 虽然国家等权组合是完全行得通的，但 7 500 只全球股票的等权组合则行不通。这里我们用资本加权组合来更好地代表机会集。

[②] Peter Hopkins 和 Hayes Miller，2001，"Country, Sector, and Company Factors in Global Equity Portfolios," AIMR Research Foundatiom Monograph.

nold）规则一致，这些资产所包含的独立资产数量越少，相对于股票市场越能减少 IR。综合考虑，可以清晰地发现，全球资产回报的证据强烈支持价值模型的预测功能。

表 25.1 GTAA 长/短期投资组合大略统计

统计	股票持有国选择长/短期投资组合		股票选择长/短期投资组合		债券持有国选择长/短期投资组合		货币选择长/短期投资组合	
	预定/价格	1年动量	预定/价格	1年动量	收益曲线溢出	1年动量	5年保留	1年动量
年收益均值	4.9%	13.2%	15.8%	9.7%	1.0%	0.4%	3.9%	3.5%
年波动率	11.9%	13.1%	10.4%	18.3%	4.8%	3.9%	7.9%	9.1%
信息比率	0.41	1.01	1.52	0.53	0.21	0.12	0.50	0.38
T-检验	1.94	4.74	6.28	2.19	0.92	0.51	2.33	1.78
均值>0 的概率	2.68%	0.00%	0.00%	1.47%	17.87%	30.36%	1.02%	3.78%

有趣的是，尽管在进行价值测度时各种资产都使用了，但由于资产种类的不同，导出的结果并不是高度相关的。实际上平均相关系数是－0.04。

我们用非常简单的价值测度来解释国家回报的显著可预测性是存在的。在实际运用中，这些策略可通过国家的具体调节来改进。显然，税收、规则和经济环境的不同，仅仅强化了预测性的实证论据。

价值测度下的股票与债券回报的可预测性

市场选择是什么样的？正如其结果所显示的那样，相对于债券来说，价值也是股票期望未来总回报的关键驱动因素。以美国的数据为研究对象，从 1926 年开始，我们用著名的价值模型来选择股票。我们用"Fed 模型"，将股票的收入看做债券的利息收入。特别地，我们通过从标准普尔 500 的收入—价格比率中减去中期债券的收入来建立收入产出差距测度。每月建立一个相当于 5 倍收入产出差距的股票头寸和中期债券的抵消头寸。例如，1999 年 10 月底的收入产出是 3.29%，中期利率是 6.45%，得到的收入产出差距为 －3.16%。因此，遵照上述策略，在 2000 年 1 月初，可建立 15.8% 的股票空头头寸和 15.8% 的债券多头头寸。

如图 25.1 所示，这一简单策略很明显是成功的。这一模型的 IR 是 0.43，由于其历史相当长，故这一模型有较高的概率值，为 0.01%。此外，这一策略在 1973—1974 年的熊市中正确地设置头寸，而且在 1987 年的危机时基本是低估的。从 1996 年初开始，收入产出差距连续 4 年为负，因此失去了一个最大的连续选择市场的机会。我们认为这就是为什么 20 世纪 90 年代许多 TAA 经理难以对应的一个原因。

对于任何模型而言，强度是一个重要的因素。这里，强度指同样的因子和投资主题，预测国家之间和国内各种不同资产之间和不同时期之间的资产回报。强的预测变量不易受数据挖掘偏差的影响，故更有可能独立于样本而运行良好。因子越直观和连续，预测功能就越强，如前文所示，估计投资主题是一个很强的策略。

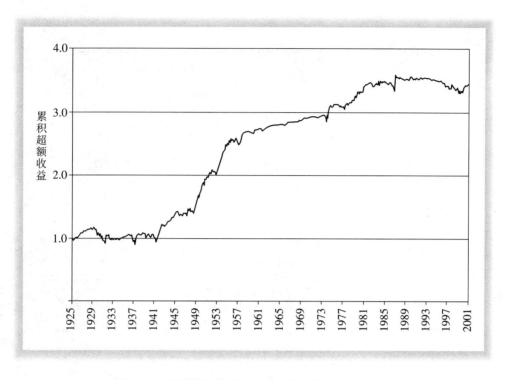

图 25.1　美国股票/债券时间序列策略的累积超额收益

动量 (momentum) 测度下的可预测性

　　为了进一步说明可预测性，我们分析一些基于动量测度的可预测性的证据。动量测度意味着用短期行情测度来预测未来行情。如果投资者对短期信息反应迟钝的话，或者如果一些非盈利市场参与者"逆风而上"的话，最近已过去的回报就应当能预测未来的回报。

　　为简单起见，我们定义动量为前一年的总回报。再次建立全球股票、债券和货币市场的多/空组合，将前一年的三分之一最高回报做多，将同一测度下最低的三分之一做空。

　　表 25.1 显示了所得的结果。和前面的结论一样，三种资产的效应在国家之间和国内股票市场上是强劲的。从统计的角度来看，动量因子比估计因子甚至更为重要。此外，在相对信息比率测度上，国家股票市场之间的动量效应总是国内股票市场的 2 倍。在这种情况下，国家选择的动量信息系数比股票选择的动量信息系数要大 40 倍。

　　这里，让我们插入分散化的重要性。价值和动量都能预测未来资产的回报，但都不是完备的，这就是同时利用这两个方法的理由所在。实际上，投资主题之间的分散化在 GTAA 策略中无比重要和强大。仅举一例，考虑 B/P 等权和一年回报的全球股票的国家选择策略。如图 25.2 所示，联合策略与单一测度策略有相同的波动率，但其在 22 年间产生的累计超额回报是单独使用动量组合的 3 倍。

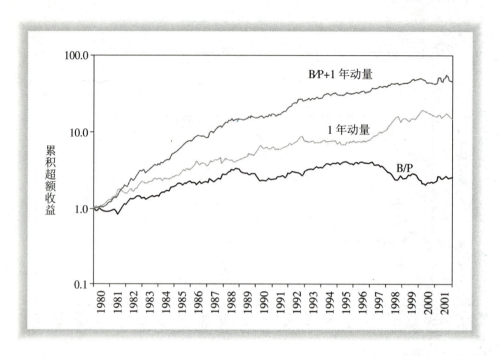

图 25.2 全球股票国家长/短期投资组合的累积超额收益

虽然我们只考虑了 2 种简单预测方法，但还有许多其他方法。我们认为，驱动未来投资业绩的其他投资主题有宏观经济增长、资金流动和风险溢价水平。

应用中的问题

资产组合构建（portfolio construction）

国家和资产类别回报的预测模型驱动我们在 GTAA 组合中建立战略资产分配偏离。但是，仅考虑平均而言便宜国家比昂贵国家绩优是不够充分的。我们必须用组合的方法将工作的重心从预测转换到期望回报的估计上，这一估计是具有重大意义的。我们希望能平衡风险和回报的组合，但传统的均值—方差优化者因期望回报和风险估计的不一致，而难以找到合理的组合。为了避免这些不希望的结果，优化者常施加约束，这同时也束缚了优化者找最优组合的能力。

第 7 章已详细讨论过，布莱克-李特曼的资产分配模型通过估计与风险假定更一致的期望回报，来得到这一问题的自然解。它通过将预测模型和市场隐含均衡混合的方法来建立新的期望回报集来得到这一结论。产生的期望回报更一致地反映了估计的波动率和相关性。通过这种方法能得到更好的、更具体的期望回报，而且需要更少的人为约束。

就概念而言，一个 GTAA 组合由两步构成。第一步，建立相对于基准有极小循迹误差的完备组合；第二步，建立有极大单位积极风险期望回报的纯复制组合。在实际中，我们通过交易成本把这两个组合联系在一起，来建立综合 GTAA 复制组合，这一组合使得无交易成本的单位风险期望回报最大化。同时决定完备和纯复制头寸的组合可使总交易成本最小化。

在运用布莱克–李特曼模型估计期望回报的前提下，完备和纯复制组合的最优化这一实际联合是很直观的：

$$\text{Max} \{E[R]'(w-b) - \lambda(w-b)'\Sigma(w-b) - \Phi t(w-w_0)\}$$
$$\{w\}$$

这里，$E[R]$ 代表布莱克–李特曼期望回报向量，w 代表资产权重向量，b 代表基准权重向量，Σ 代表资产回报协方差矩阵，$t()$ 代表依赖于交易量的交易成本函数，w_0 代表当前权重向量，λ 和 Φ 代表风险厌恶和交易成本厌恶参数。

很直观，$E[R]'(w-b)$ 是超过基准的期望超额回报，$(w-b)'\Sigma(w-b)$ 是相对于基准组合的循迹误差，$t(w-w_0)$ 是给定优化组合的总交易成本的估计。从贡献的角度来说，完备组合可以定义为：

$$\text{min} \{(w_c-b)'\Sigma(w_c-b)\}$$
$$\{w_c\}$$

这里，w_c 代表完备组合的权重向量。这一优化同时也产生了纯复制权重，被定义为 $w-w_c$。注意，虽然基准中的所有资产可用 w 和 w_c 来表示，但仅有流动期货和远期合约被交易，因此，完备组合的循迹误差不为零。同时，这也是忽略交易成本的纯假定的完备组合，因为交易成本考虑在总 GTAA 优化中了。如果将完备和纯复制组合分开管理，那么交易费用必须各自单独考虑。

当交易成本下降时，联合完备和纯复制的组合是不是总能得到同样的结论呢？尽管通常来说，将两个组合一起管理不但容易而且成本低，但事实并非总能如此。我们的期望是非常大和非常复杂的组合，或者是有显著贡献的组合。在这样的情况下，监管人通常对信息流很敏感，而且能快速而准确地转移非固有资产分配风险，没有交易成本的收益非常小，因为纯复制组合并非每次，也就是存在着新的现金流入或流出时，都能重新平衡。[①]

GTAA 进入组合的切入点在哪里？

GTAA 通常用在小的纯复制账户上，通过期货和远期合约等衍生工具（derivative instruments）进行交易。尽管这一策略也可以利用互换和现金工具，例如通过国家指数基金来增加机会集。

为什么会有这一现象？从风险预算的角度来说，必要的小账户是极为重要的。这是因为在实际中，传统经理的美元分配和有限的循迹误差严重制约

---

① 实际运作中，可以在对原生组合的持有不作任何调整的前提下，同时再平衡完备和纯复制组合。因为在任何模型的期望收益的估计中都存在噪音，交易太频繁的结果是交易没有噪音，因此只会减少业绩。根据我们使用预测模型的经验，我们认为最优再平衡完备和纯复制组合的频率可能是间隔 3~7 个星期之间。

着组合的可获得的积极风险。正是由于这一问题，投资者才致力于寻找绝对回报策略。在实务中，另一个限制 GTAA 复制组合大小的驱动因素，是使对原生组合经理的干扰最小化，因为 GTAA 账户通常不允许现金存在于组合中。

实际的组合大小依赖于所要求的完备程度、必要的积极风险大小以及委托人对组合周期性贡献的敏感性等因素。一般的准则是：对纯复制组合而言，1％的积极风险所需要的最小资本为 3％，而完备组合的需要大约为 1％。在 GTAA 复制组合中，资本被用做投资活动的缓冲。

GTAA 积极风险预算也随组合的变化而变化。因为 GTAA 与其他积极风险无关，[1] 所以风险预算通常会在策略里安排风险资本。当然，策略的假定的信息比率对决策组合的大小也是至关重要的。根据以往的经验，尽管潜在的 GTAA 积极风险实际上没有被限制，[2] 但相对于总组合而言，委托人常常选择 GTAA 积极风险在 0.25％（对总积极风险的贡献约为 2％）到 2.0％（占超过一半的总积极风险）之间。最常见的目标是总组合的 1％，此时，GTAA 约占 1/4 的积极风险预算，需要大约 5％的组合资产。说明一下，这一风险目标代表委托人总组合波动率，而不是相对于复制账户价值的波动率。相对于复制账户，本例的波动率为每年 20％。正如此例所示，GTAA 几乎总是组合中最有效的积极风险来源。

全球货币管理是否应当包括在 GTAA 中?

历史上许多机构投资者都创建了独立的货币和 GTAA 复制组合，这种分离并不自然，因为货币分配是 GTAA 的一个完整的部分。我们也认为将二者分离是次优的。首先，最好的货币管理者通常也是最好的 GTAA 管理者。其次，分离二者能使资产的范围增加。因为货币和 GTAA 重叠组合都需要利润和损失的缓冲，联合二者所带来的分散化利润对总盈利/损失的缓冲作用非常小。再次，在管理费用上，包含货币管理的 GTAA 要比二者分离的情况低，这里说的二者指的是有货币和没有货币的 GTAA。最后，联合 GTAA 和货币有潜在的收益。因为完备的 GTAA 方法能探索出货币和对冲了的股票与固定收益市场的相关关系（见 Jorion 1994，2002）。

运用期货和远期合约的优势

期货和远期合约的最小边际需求使 GTAA 复制元素的执行成为可能。期货的初始边际通常为 2％~10％。远期合约和互换协议的初始抵押都很小。利用这些衍生工具能得到另一个好处：高流动性和低交易成本。

当前期货市场的流动性巨大，流动期货存在于各个大全球市场和资产之间。表 25.2 显示了当前世界上期货和现金市场平均交易的项目。全球货

---

① 本章后面部分将测量它。
② 当投资者将全部资产投资于 GTAA 时，会产生实际的限制。这一策略的最大循迹误差约为 40％。

币远期合约市场的流动性也很大，使得以小的市场影响来交易大量头寸成为可能。

表 25.2　　　　　　　　　　　全球现金期货市场平均日交易量

国家或地区	股票[a]				债券			
	指数	期货市场容量	现金市场容量	期货市场/现金市场比率	债券	期货市场容量[b]	现金市场容量[c]	期货市场/现金市场比率
澳大利亚	SPI 200	559	1 168	48%	10 年政府债券	1 089		
加拿大	S&P/TSE 60	132	4 538	3	10 年政府债券	456		
欧洲	DJ Euro STOXX 50	6 907						
法国	CAC 40	3 405	3 260	104	10 年欧洲债券	8 515		
德国	DAX	7 127	2 930	243	欧洲债券	75 841		
中国香港	Hang Seng	1 233	878	140				
意大利	MIB 30	2 538	1 621	157				
日本	Nikkei 225/TOPIX	5 195	5 623	92	10 年政府债券	31 441		
韩国	KOSPI 200	5 294	3 050	174				
荷兰	AEX	1 169	2 272	51				
西班牙	IBEX 35	1 071	1 467	73	10 年政府债券	129		
瑞典	OMX	318	1 556	20				
瑞士	SMI	802	1 478	54	10 年政府债券	97		
中国台湾	MSCI Taiwan	492	3 811	13				
英国	FTSE 100	3 751	5 313	71	10 年政府债券	5 323		
美国	S&P 500	39 408	67 567	72	10 年政府债券	33 345	31 141	107%
	Russell 2000/Nasdaq 100	8 992			30 年政府债券	23 432	7 246	323
合计		88 393	106 532	83%		179 667		148%

[a] 高盛，指数与衍生品，2002 年 4 月，数据为 2002 年 1 季度日平均值。
[b] 卡尔期货，数据为 2002 年 1、2 季度日平均值。
[c] 美联储，数据为 2002 年 2 季度美国政府附息债券日平均值。

平均而言，在很多主要的全球性股票市场间，可交易的期货市场的数量是货币市场的 83%，总交易额每天将近 900 亿。全球债券期货（bond futures）市场日平均加总是上述数字的 2 倍多。对债券现金市场栏目进行粗略核算，会发现在美国 10 年期和 30 年期市场上，期货市场数量比现金市场高出将近一半。

期货总交易栏目和现金工具非常类似，期货交易成本也相当低。单项交易成本由以下三个要素之和构成：佣金和手续费、一半的询价和报价之差以及来自给定大小和次序的交易的预期市场影响。图 25.3 描述了来自于 15 个成熟股票期货市场的 500 万种股票指数期货（stock index furures）与原生股票的相对交易成本。

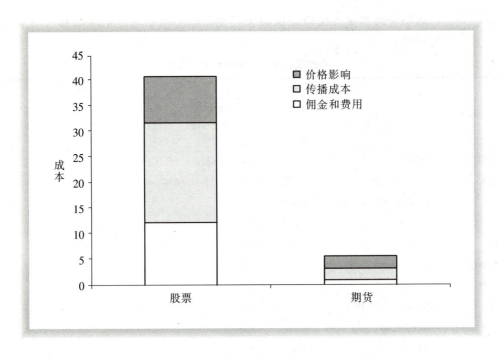

图 25.3 500 万实体股票和期货指数股票之间的交易成本

结果十分显著,因为平均期货合约大小是平均股票价格的 1 000 多倍,期货的佣金率比股票的要少近 90%。期货的市场影响及询价和报价之差也小得多,约是股票的 1/5。驱动差价和市场影响成本的有两个因素:流动性和交易者所拥有的没有被价格反映的私人信息的潜在可能。流动性影响可以简单地理解为短时间的大量交易,而另一方面,价格则必定会通过反向运动来促成一些额外的流动性。给定市场上的交易栏目越多,流动性的影响越小。对于期货流动性影响,这一建议同样成立,只是比股票的要小。

从另一方面来说,私有信息问题对单个股票更为明显。这是因为它往往更具有公司自身的特性。这一信息的价值在交易某一具体公司股票时,比交易仅代表公司小部分股票的指数时要大出许多倍。这使得原生股票的市场影响成本和询价/报价差远远超过股指期货。虽然已分析了中等股票与期货市场影响的区别,但相对于股票指数期货(stock index furures)而言,大量期货交易还是进一步增加了股票交易的成本。

用期货来实施 GTAA 最为显著的优势是完备组合不能像用来计算基准的原生现金工具那样符合基准。额外的循迹误差来源于三个方面。第一,期货不是对于所有国家和资产都存在。第二,现行期货是基于最流行的地方大股指而建立的,但这些指数通常与机构投资者在全球组合中用的指数不一致。第三,尽管期货合约正好以基准里所用的指数的形式出现,但期货合约并不与原生指数完全吻合。因为短期来看,二者的价值误差和税收差异一样在许多国家都十分明显,这一循迹误差是期间性的基本风险。

除了上述问题,一个完备组合的期货和远期合约通常与一个全球多资产基准相当一致。表 25.3 反映了我们一个客户的完备组合的情况。经过调整后，完备组合的循迹误差仅仅为 0.45％，调整前为 2.18％。

表 25.3　　　　　　　　　典型完全投资组合（％）

国家/地区	基准权重	潜在经理人权重合计	无意资产分配偏差	完全投资组合权重	完全结果偏差
股票					
澳大利亚	0.55	0.06	−0.49	0.04	−0.45
奥地利	0.31	0.00	−0.31	0.25	−0.07
比利时	0.33	0.00	−0.33	0.03	−0.30
加拿大	0.00	0.08	0.08	0.03	0.12
丹麦	0.25	0.04	−0.20	0.00	−0.20
DJ Euro STOXX 50	0.00	0.51	0.51	−1.93	−1.42
芬兰	0.18	0.27	0.09	0.06	0.14
法国	1.81	1.17	−0.64	0.92	0.28
德国	2.52	0.48	−2.04	2.05	0.01
希腊	0.18	0.00	−0.18	0.08	−0.10
中国香港	0.23	0.08	−0.16	−0.22	−0.38
爱尔兰	0.15	0.59	0.44	0.00	0.44
意大利	1.69	1.07	−0.61	0.49	−0.12
日本	6.10	5.15	−0.94	0.74	−0.20
荷兰	0.52	1.53	1.01	0.00	1.01
新西兰	0.08	0.00	−0.08	0.09	0.01
挪威	0.24	0.00	−0.24	0.00	−0.24
葡萄牙	0.16	0.00	−0.16	0.05	−0.11
西班牙	0.82	0.54	−0.28	0.20	−0.08
新加坡	0.13	0.39	0.26	0.00	0.26
瑞典	0.30	0.36	0.06	−0.12	−0.06
瑞士	0.35	1.57	1.22	0.00	1.22
新兴市场	3.00	4.05	1.05	0.00	1.05
英国	2.09	3.23	1.14	−1.66	−0.52
美国低市值公司	3.01	5.40	2.39	−2.31	0.08
美国高市值公司	42.99	33.51	−9.48	9.11	−0.36
	68.00	60.09	−7.91	7.91	0.00
债券					
澳大利亚	0.03	0.00	−0.03	0.03	0.00
比利时	0.25	0.00	−0.25	0.00	−0.25
加拿大	0.20	0.40	0.20	−0.15	0.05
丹麦	0.10	0.33	0.23	0.00	0.23
法国	0.70	2.22	1.52	0.00	1.52
德国	0.73	1.34	0.61	−1.95	−1.34
意大利	0.73	0.83	0.10	0.00	0.10
日本	2.29	2.17	−0.12	0.12	0.00

续前表

国家/地区	基准权重	潜在经理人权重合计	无意资产分配偏差	完全投资组合权重	完全结果偏差
荷兰	0.19	0.23	0.04	0.00	0.04
西班牙	0.28	0.00	−0.28	0.00	−0.28
瑞典	0.07	0.15	0.08	0.00	0.08
英国	0.43	0.43	0.00	0.00	0.00
美国	23.00	23.07	0.07	−0.22	−0.15
	29.00	31.17	2.17	−2.17	0.00
货币					
澳大利亚元	0.58	0.06	−0.52	0.52	0.00
加拿大元	0.16	0.48	0.32	−0.32	0.00
丹麦克朗	0.33	0.37	0.05	0.00	0.05
欧元	11.07	10.27	−0.80	0.76	−0.05
港元	0.23	0.08	−0.16	0.00	−0.16
日元	8.01	7.32	−0.68	0.68	0.00
新西兰元	0.24	0.00	−0.24	0.24	0.00
挪威克朗	0.08	0.00	−0.08	0.08	0.00
新加坡元	0.13	0.39	0.26	−0.26	0.00
瑞典克朗	0.36	0.51	0.16	−0.16	0.00
瑞士法郎	0.35	1.57	1.22	−1.22	0.00
英镑	2.45	4.20	1.74	−1.74	0.00
美元（现金）	3.00	8.74	5.74	−5.59	0.16
	27.00	34.00	7.00	−7.00	0.00
总和	100.00	100.00	0.00	0.00	0.00
循迹误差			2.18		0.45

这些结论对利用流动衍生证券实施 GTAA 非常有用，但这些策略也可以通过利用现金工具来实施，这样能自然降低效率。例如，许多国家机构投资者都用所谓的"摇摆"组合。

一个摇摆组合通常占机构总组合的 10% 或更多，而且全部投资于原生基金。摇摆组合的经理将资本在这些基金中再分配，来影响总资产分配。指数基金的可获得性、交易成本和摇摆组合的大小共同决定了到什么程度 GTAA 过程将被限制，绩效将被减少。

例子 表 25.4 显示了我们一个客户的近期 GTAA 复制组合。在组合中，客户允许交易所有的商品期货贸易委员会（CFTC）批准的股票指数和债券期货（bond futures）、[①] 发达市场的货币远期合约和国家股票指数基金。客户要求的头寸仅仅为基金当中的资产，允许通过 TAA 使 β 值在一定程度内对股票和债券扩张。积极风险目标是 2.5%。

---

① 在我们看来，为了保护自己，美国商品期货交易委员会以一种无效的和荒谬的努力，不允许美国投资者交易不分散的指数期货和表明对投资者不安全的交易。荷兰的 AEX 指数和瑞士的 SMI 指数是不为美国商品期货交易委员会批准的全球最著名的期货。

表 25.4 **典型 GTAA 重复投资组合（%）**

国家/地区	合同	重复权重	风险分解
股票			
澳大利亚	SPI 200 股指期货	−3.16	−5.09
比利时	比利时 MSCI 指数基金	0.42	0.87
加拿大	S&P/TSE 60 指数期货	−0.85	−2.32
芬兰	芬兰 MSCI 指数基金与道琼斯欧洲 STOXX 50 指数期货	−0.14	−0.28
法国	CAC 40 指数期货与道琼斯欧洲 STOXX 50 指数期货	−0.91	−2.70
德国	DAX 期货与道琼斯欧洲 STOXX 50 指数期货	1.09	3.65
中国香港	恒升期货	3.73	20.59
意大利	MIB 30 指数期货与道琼斯欧洲 STOXX 50 指数期货	−0.76	−2.24
日本	TOPIX 期货	2.62	11.21
荷兰	荷兰 MSCI 指数基金与道琼斯欧洲 STOXX 50 指数期货	0.21	0.59
新西兰	新西兰 MSCI 指数基金	−0.19	−0.27
葡萄牙	葡萄牙 MSCI 指数基金	−0.29	−0.41
西班牙	IBEX 35 指数期货与道琼斯欧洲 STOXX 50 指数期货	0.46	1.46
新加坡	新加坡 MSCI 指数基金与新加坡 MSCI 期货	−1.57	−5.69
瑞典	OMX 期货	−0.93	−2.14
瑞士	瑞士 MSCI 指数基金	−0.52	−1.26
英国	FTSE 100 指数期货	−1.89	−3.85
美国	S&P 500 指数期货	3.92	15.05
		1.26	27.19
债券			
澳大利亚	澳大利亚 10 年期债券期货	0.38	−0.02
加拿大	加拿大 10 年期债券期货	4.45	2.26
欧共体国家	德国 10 年期欧元债券期货	−10.06	0.18
日本	10 年期日本政府债券期货	−19.20	5.56
瑞士	瑞士 10 年期债券期货	−1.83	0.18
英国	英国政府债券期货	−7.39	1.41
美国	美国 10 年期债券期货	21.78	15.77
		−11.87	25.35
货币			
澳元	澳元/美元 〕货	3.30	8.45
加元	加元/美元 〕币	−1.81	−0.88
欧元	欧元/美元 〕远	−0.35	0.02
日元	日元/美元 〕期	−1.55	0.10

国家/地区	合　　同		重复权重	风险分解
新西兰元	新元/美元		3.21	8.28
挪威克朗	挪威克朗/美元	货	5.14	3.06
新加坡元	新元/美元	币	3.35	1.38
瑞典克朗	瑞典克朗/美元	远	10.46	15.72
瑞士法郎	瑞士法郎/美元	期	−15.15	11.44
英镑	英镑/美元		−2.64	−0.09
			3.96	47.48
总和				100.00
总积极风险			2.48	
股票 B 延伸			0.02	
债券 B 延伸			0.18	

这一组合头寸代表的积极国家和资产类别偏差，由四个独立的 GTAA 策略产生：（1）资产选择；（2）（对冲后的）全球股票范围内的国家选择；（3）（对冲后的）全球债券国家选择；（4）货币选择。基于以往的经验和来自 Grinold 规则的期望值，我们在四种资产之间分配风险，这导致最大的风险来自货币，股票市场风险次之，债券市场风险第三，最小的是资产选择。

现在，分析一下这一组合的运行情况。在复制组合中，我们持有由 35 种不同证券组成的积极头寸，其预期的循迹误差为 2.48%。我们持有美国、中国香港以及通过持有澳大利亚、英国和新加坡市场的大量空头来部分抵消日本市场的大量多头。债券呢？多头于美国和加拿大，空头于日本、欧洲和英国。我们主要的货币头寸是多头于瑞典和挪威，空头于瑞士法郎和英国英镑。

头寸大小由前面所描述的优化问题确定，这一优化问题是在总循迹误差限制和四个 GTAA 策略的循迹误差限制相同的条件下求的最大化回报。如最右边的循迹误差分解栏所示，组合的风险预算得到了很好的平衡。对单个证券，有 11 个头寸贡献大于 5% 的风险。从简单优化问题导出的这一完全平衡的组合，可以看做是布莱克-李特曼资产分配模型的应用。

杠杆作用

最后注意资产选择，我们持有贝塔增加值为 0.02 的股票和 0.18 的债券。0.02 的股票贝塔增加值意味着相对于股票基准，我们全球股票组合的贝塔值为 1.02，这意味着摩根斯坦利资本国际化（MSCI）世界指数每增加 10%，我们的全球股票组合的绩效可以提高 0.20%。贝塔增加值能比权重更好地代表股票市场选择头寸，因为权重可能反映的是错误的头寸。

债券的贝塔增加值也有同样的效果，它等价于运用于全球组合的持续期增加值。[1] 0.18 的贝塔增加值意味着 J.P. 摩根全球政府债券指数（J.P.

---

[1] 持续期测度给定利率变化价格对债券的影响。在一个债券指数里，计算持续期的假设是指数里所有债券的久期并行变化。与此相似，可以假设所有国家和所有久期并行变化，这样可以定义全球持续期。但由于所有国家的相关系数小于 1，全世界的利率波动是十分不同的，这个概念不能精确地反映全球利率变化带来的影响。

Morgan Global Government Bond Index）每增加 10％，我们的全球债券组合业绩可增加 1.8％。

可能有人会问，是否同时持有股票和债券贝塔增加值就代表使用了杠杆。答案取决于我们用杠杆的哪个定义，而且很不幸的是它有许多定义，这可以从投资管理和投资绩效委员会（AIMR）的杠杆及衍生物分会最近的一个报告中略见一斑。

> 关于杠杆的讨论十分激烈，因为杠杆的运用可以从许多不同的角度来考虑。因此，分会决定取消为"杠杆"给出明确定义，并将为这个词推荐更一般化的定义。[①]

委员会近来就"杠杆"达成了更广泛的意见：

> 总的说来，如果组合中运用了某种工具或策略，这一组合可以被认为是杠杆（leveraged）。这些策略被用来改变回报的影响。不仅对那些偶然情况，而且，策略使用的所有情况都可以被看做投资策略的不可分割的部分。[②]

根据 AIMR 的新定义，用期货来减少投资的贝塔值的账户可以认为是杠杆的了。实际上，根据 AIMR 的定义，传统债券经理不能在不偏离杠杆定义的情况下用各种衍生工具管理其组合的持续期。

另一个常见的定义是感念杠杆。感念杠杆通常是按如下方法来计算的，即汇总组合中所有非现金证券的市场价值。如果估计值比总组合的市场价值大，则次组合可被认为是杠杆。例如，对于这样一个组合，它包含 9 900 万实物、100 万现金、500 万多头的标准普尔 500 期货头寸，以及 300 万空头的 10 年期美元债券期货，则该组合可以认为是抽象杠杆，因为它的 1 亿 1 百万的抽象暴露比其 1 亿的总价值大。[③]

我们更关注这样的杠杆测度，它表述了是否可以通过持有完全实物证券来获得组合的特征。遵循此定义，用衍生产品来改变组合的特征将不被认为是杠杆，除非衍生产品被用来建立非使用衍生产品不可的组合特征。例如，β增加值可以通过持有比基准更大的 β 的股票来获得，持续期增加值可以通过持有比基准更长的持续期的债券来创建，因此，利用期货来建立某种程度的暴露的策略可看做是杠杆了。实际上，这些策略已被传统经理运用，只是没有被解释为杠杆而已。

GTAA 方法的展望

业绩

如前文所示，TAA 和 GTAA 的业绩有好和不好的时期。委托人所希望

---

①②　根据投资管理和投资绩效委员会的杠杠和衍生品（leverage & derivatives）分会，2002 年 6 月 1 日。
③　由于它们每天盯市，收益（或损失）增加（或减少）账户里的现金，期货合约的市场价值为 0。

的是什么呢？超额回报的期望是 GTAA 的积极风险量、管理者的信息比率和投资风格的函数。

对最好的 GTAA 经理而言，长期信息比率通常在 0.5～1.0 之间，有些时候甚至超过 1.0。虽然这些看上去过于拔高，考虑到：（1）交易成本比传统产品低 90%；（2）国家范围之内的情况不一样，参与者的数量和资本量在 GTAA 情况下要相对更少。这意味着市场不均衡程度加剧，而且有可能持续较长时期。这同时也暗示 GTAA 经理或许可能有较长时期的绩效高估，虽然通常来说，精心分散的策略只经历较短的绩效高估时期。

由于策略之间极度个性化，所以难以比较 GTAA 经理之间的业绩。但对每个 GTAA 账户来说，有一个基准，因此优秀的业绩能逐一测度。我们认为，AIMR 所遵从的资产权重 GTAA 成分的信息比率是最好的单个业绩测度。图 25.4 描绘了这一测度的结果。基于这一业绩历史的真实信息比率是 1.14。

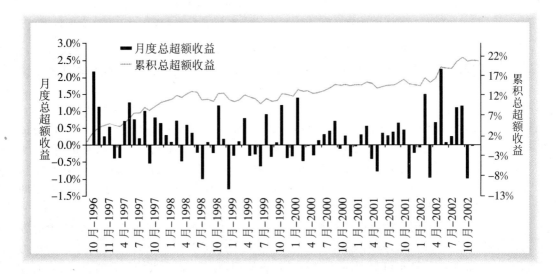

图 25.4　GSAM AIMR—复合 GTAA 构成，1996 年 10 月—2002 年 10 月

有人提出，信息比率不是衡量经理业绩的最好指标，尤其是对于传统经理，因为他们承担的风险越大，信息比率越下降。但在 GTAA 中运用衍生产品，意味着对头寸的大小和方向有很少的自然限制。这与传统的证券选择策略不同。因此，GTAA 组合的信息比率相对而言更少受给定的积极风险的影响。[1]

对委托人来说，很幸运的是，GTAA 积极风险与其他积极风险源不是高度相关的。表 25.5 显示了我们的四个 GTAA 经理与其他传统资产管理经理之间的较低的相关系数。[2] 在 1996—2001 年这 6 年中，GTAA 经理的积极风

---

① 虽然有一些顾客施加的约束，如范围限制和不允许空头等。

② 传统经理数据来源于尼尔森的机构经理数据包。由于提供 GATT 管理者的数据包，我们对通用投资管理公司的 Dmitri Smolyanski 表示感谢。

险与其他传统资产管理经理的积极风险之间的相关系数平均为 0.01。仅仅在国内和国际固定收益证券方面有超过 0.1 的平均积极风险相关系数，由此我们可以得到这样的结论，就是在这一时期，GTAA 经理选择与固定收益证券相同的持续期。GTAA 经理之间的相关性也显得很低。GSAM 的 GTAA 历史业绩与其他 GTAA 经理仅有 0.03 的相关系数。

表 25.5 　　　　　　　　　　　经理人积极收入的相关性

资产类别	经理人数量	经理人资产种类的积极风险之间的平均相关性	经理人和 GTAA 经理人之间的平均相关性
增长型美国大盘股	224	0.17	(0.03)
价值型美国大盘股	206	0.16	0.06
增长型美国小盘股	131	0.17	(0.04)
价值型美国小盘股	137	0.28	(0.08)
国际股票	94	0.24	0.05
国内固定收入	48	0.27	0.16
高收益	63	0.22	0.02
国际固定收入	46	0.26	0.17
总计/平均	949	0.20	0.01

资料来源：Nelson's；General Motors Investment Management Company.

GTAA 对所有投资者都适合吗？

我们认为 GTAA 几乎适合所有的机构组合。委托人如果知道转移非固有风险的重要性，以及利用衍生产品进行积极风险预算和积极风险管理的优点，那么通常会增加 GTAA 的利润。尽管在许多市场上，期货合约有很大的交易量，但组合的最小化通常不是限制约束。[①] 如果基于小型组合的 GTAA 方法利用两个可分割的组合（完备和纯复制）而实施，那么改造后的完备组合的效率取决于组合中洞的大小，但复制组合能在排除有关最小组合因素的情况下实施。

总之，GTAA 方法适用于各种情况的委托人的组合。委托人更青睐于投资低期望积极回报的组合，虽然这样不能为 GTAA 经理带来业绩。这一结论通常是风险预算分析的自然结果。

GTAA 是可转移的阿尔法策略

GTAA 也可以用做基于委托人组合的某个具体部分的可转移 α 策略，例如，作为基于全球证券组合的 α 策略。通过这种方式，GTAA 正好是积极风险的另一种来源，但对于如此小的资金来说却是必要的来源。这使得易于联合组合中的其他积极风险来源。与普通可转移 α 策略相比，这一策略将阿尔

---

① 最大的合约有 10 年期日本政府债券期货——860 000 美元；标准普尔 500 期货——200 000 美元；拉塞尔 2 000 期货——190 000 美元。在有些市场上，小型合约已开始流行，如标准普尔 500 中的标准普尔 500EMini 指数期货——40 000 美元。

法从固定收益策略转移到股票基准上，因为固定收益策略需要大量的资本来产生超额回报。

GTAA 方法的完备组合也能实现可转移阿尔法策略。例如，希望从股票得到更多积极风险而不增加其战略股票权重的组合，可以将资产从固定收益转移到股票上，然后同等比例地卖出股票指数期货和买进债券期货。实质上，完备组合放松了组合的战略资产配置和产生积极风险的资产类别之间的链条，得到了更优的积极风险分配。

GTAA 经理的选择

全球大约有 25 家投资公司可靠地提供 TAA/GTAA 服务。他们中的一些不具有提供可靠的全球产品的能力，只能提供国内的 TAA，还有一些公司没有交易全球衍生产品的能力。但是，现代 GTAA 行业约有 10 家主要全球投资者，头四个投资者控制了近 80％的市场份额。[①]

我们认为一个成功的 GTAA 经理应具备如下关键特征：

- 基于完备的理论和翔实的实证论据的健全的投资哲学；
- 能直观解释的定量方法；
- 具备能将积极风险分散于各个策略之间、投资主体之间和组合里所持有的证券之间的方法；
- 对市场选择依赖性不是很强的适当的风险预算；
- 保证投资哲学和委托人指导得以遵循的独立风险管理小组；
- 持续的研究。

小 结

现代全球战术资产分配有两个独立的策略：完备和纯复制。GTAA 的完备元素通过有限的资本和对原生产品投资经理最小干扰的方法，来灵活和低成本地管理非固有资产分配风险。GTAA 的纯复制元素能从最优的资产/国家的多空头寸中增加组合的价值。

GTAA 同时受理论和实证驱动，应当作为大多数机构投资方法的重要元素。尽管有业绩不好的时期，尤其对于价值导向的 TAA 经理，但大型和成功的 GTAA 经理已获得超过 0.5 的长期信息比率。

最后，GTAA 方法的执行很直接，而且因顾客的基准、约束和目标而异。如果正确地管理，那么 GTAA 有助于分散总积极风险，并且能显著提高组合的总信息比率。

[①] 基于我们从公开可获得的数据的估计。

第26章

战略资产配置和对冲基金

库尔特·温克尔曼 (Kurt Winkelmann)

肯特·克拉克 (Kent A. Clark)

雅各·罗森加顿 (Jacob Rosengarten)

塔鲁恩·泰亚基 (Tarun Tyagi)

前 言

许多机构投资者都考虑对对冲基金进行战略配置。投资者因如下两个原因而对对冲基金感兴趣:第一,他们认为基金能提供增加组合期望回报的机会。第二,投资者认为对冲基金能分散总组合风险。简单而言,因为对冲基金能在不改变或者较小地改变组合期望风险的情况下,增加组合的期望回报,所以深受欢迎。

虽然对冲基金深受投资者的欢迎,但投资者同时也认为对冲基金分配难以分析,主要是因为缺乏连续一致的数据。因此,投资者面临两难的境地,因为他们相信对冲基金经理能利用信息无效性来获得超额回报,所以他们认为应当对组合进行对冲基金分配。但这种配置很难分析,部分原因是信息无效性产生不一致的时间序列数据。

本章详述了战略资产配置的均衡方法,并给投资者一个可用于评价对冲基金的直观框架。正如第9章所讨论的,标准组合建议使用基于均值—方差的分析。典型的是投资分析者用各种资产的历史时间序列数据来估计期望回报、波动率和回报的相关系数。利用上述参数进行优化处理得到组合的权重。

但从业者对完全接受这种方法持保留意见。如第9章所示,优化的组合权重对期望回报微小变化的假设十分敏感。同时,第9章也显示了利用历史的平均回报难以预测未来的业绩。由于数据的缺乏,所以对对冲基金而言,这一保留意见表现得更为明显。

我们的方法在某种程度上缓解了这个问题。我们寻求适合于具体配置的回报，而不是寻求基于某一具体期望回报假设下的组合权重。对投资者来说，这一方法的优点是它仅要求致力于用时序数据估计波动率和相关系数，而不是试图估计期望回报。在第 9 章和第 16 章已做讨论，根据历史数据估计波动率和相关系数要比估计期望回报更容易。

我们称适合于某一个明确对冲基金分配的回报为隐含的"最低资本期望收益率"。最低资本期望收益率可看做对某个具体对冲基金配置，投资者设定的最小期望回报。这非常有用，因为投资者可用它来评价具体的对冲基金组合。

我们的主要结论是：对冲基金组合的隐含的最低资本期望收益率可以很低，对中等配置尤为如此。此外，历史分析显示，一些对冲基金组合确实能达到这一临界率。所以，我们强烈建议投资者将对冲基金纳入其战略资产配置。

本章的结构安排如下：下一节讨论为什么说对冲基金能增加价值，然后讨论当前的对冲基金数据问题，在接下来的两节中，我们将阐述均衡框架如何用到对冲基金配置中，随后讨论对冲基金运用的问题，最后是结论部分。

对冲基金对于投资者的潜在优势

为什么对冲基金对投资者那么具有吸引力？这是个易于回答的问题。精心构建的对冲基金组合因其具有给总组合带来正回报的潜在可能，所以具有吸引力。但在评价对冲基金业绩时，我们必须问这样一个问题"相对于什么具有吸引力？"问题表述成这样驱使我们考虑：和其他投资选择相比，对冲基金的潜在经济意义何在。

因为股票和固定收益市场最终是通过公共证券市场长期和短期头寸表述，所以对冲基金的自然对比是被传统积极风险管理者所采用的积极风险。我们可以通过追问这样一个问题，就是什么样的**结构性**因素能使对冲基金经理相对于传统积极风险管理经理有增加价值的能力，来重新构建分析问题的框架。特别地，我们想比较关于现金的对冲基金经理的风险和业绩特征和关于公开交易证券指数的传统积极风险管理经理的风险和业绩特征。

为什么说这种对比是合理的呢？毕竟，传统积极风险管理者通常多头其组合中的证券，而且相对于某种指数来测度其头寸。而对冲基金经理通常持有多/空组合，而且以现金来测度。怎么才能比较这两者呢？

我们更进一步来考察传统积极风险管理者的回报，尤其相对于现金。通过增减指数，积极风险管理者的回报被调整成指数的多头、多/空组合的多头和现金的空头。多/空组合是真实组合证券权重和基准的差分。多/空组合和现金的差分可比做对冲基金的超额期望回报（即相对于现金率的对冲基金回报）。

相对于传统的积极风险管理者，对冲基金经理有三个主要的特征，这些特征使他们具有增加价值的潜力。第一，对冲基金经理没有传统积极风险管理者所要面对的卖空限制。例如，设想两种不同的证券，一个多头，一个空头，而对冲基金经理和传统积极风险管理者对它们有相同的看法。如果积极风险管理者有净的卖空限制，则带来超额回报的可能就会减小。表 26.1 用简单的例子阐述了这一观点。

表 26.1 显示了在基于单个证券回报的同样的假设下，两个最优组合的期望回报。两个组合的风险，用组合回报的波动率测度是相同的。对于第一个组合，即无限制的最优组合，假设经理可以随便持有多／空头寸。对于第二个组合，即限制组合，对组合施加卖空的限制。如表 26.1 所示，卖空限制减少了增加价值的潜在可能。在相同的组合波动率水平下，无卖空限制组合的期望回报比有卖空限制组合的期望回报要大。

表 26.1   短期约束影响——一种假设案例

	相关性			波动率（％）	期望收益（％）
	资产 1	资产 2	资产 3		
资产 1	1.0	0.2	0.3	13.0	10.0
资产 2	0.2	1.0	0.1	3.0	5.0
资产 3	0.3	0.1	1.0	16.0	−5.0

	无约束最优投资组合(％)	有约束最优投资组合(％)
资产 1	21	29
资产 2	99	71
资产 3	−20	0
	100％	100％
期望收益	8.0	6.5
波动率	4.7	4.7

影响对冲基金增加价值的能力的第二个基本特征是投资的成分。许多传统积极风险管理者仅被允许购买他们基准范围以内的一些证券。因为对冲基金经理没有这样的基准，所以也没有类似的限制。例如，对冲基金经理和传统的风险管理者可能都看好某一证券，但除非这一证券是传统风险管理者投资范围内的，否则他或她不可能将该证券纳入组合之中。

最后，尽管大多数对冲基金经理坚持一种投资风格，但他们没有被限制不允许改变。相反，传统风险管理者通常不被允许改变他们所选择的投资风格。因此，对冲基金经理可快速随市场条件的变化来改变投资组合的特征。例如，对冲基金经理可以根据市场周期在价值型股票和成长型股票之间转换，而选定投资风格的传统积极风险管理者则不能这样。相似地，对冲基金经理可以动态地调整市场暴露水平，从某种程度上来讲，传统积极风险管理者没有这一能力（Litterman and Winkelmann，1996）。因此，对冲基金经理可通过市场选择来提升业绩，而传统积极风险管理者则不能。

对冲基金数据

为对冲基金确定合适的基准，一直以来都是一些学者们讨论的热点。因为对冲基金的回报更多地来源于人的技巧，每只基金的回报都如同其创造者一样独特。很重要的一点是，弄清在同样的方法和资产条件下，有些经理是如何做到优于其他经理的。从这一想法出发，能用于测度经理相对业绩的对冲基金指数和子指数的需求越来越大。很重要的是，这些指数不是仅仅通过了可被考虑为基准的测试——他们当中的许多，不能提前知道其机构或机构的权重，而且有些还包括一些投资者不能增加投资的基金。

有不少提供指数和子指数信息的对冲基金指数提供商，如：对冲基金研究（Hedge Fund Research，HFR）、瑞士第一波士顿信贷银行（Credit Suisse First Boston，CSFB）、Altvest、Mar-Hedge、Van Hedge、海森和 FRM/MSCI。我们综合考虑认为，没有哪一个指数是最好的。不论使用哪个具体的指数，我们觉得最重要的是理解各个指数的优劣势所在及其构成方法。

自我报告障碍

对冲基金不允许进行游说业务，反映在对冲基金数据和指数上，表现为游说潜在投资者以提升基金业绩。因此，大多数对冲基金指数都假设经理选择报告，但这带来许多潜在的障碍。例如，经理可能因业绩太差而停止报告或者因为业绩好而不再增加资产。

另外，还有一些主要方面应当注意的有：

● **生存障碍**：如果对冲基金经理停止向指数提供商提供报告，则他们就会被从指数中除名。很显然，重大损失期间与非报告期是重合的。由于这一损失信息没有包括在指数构建中，所以指数被束缚上升，可能产生向下的波动。

● **回填障碍**：对于管理货币几年之后才被加到指数体系的对冲基金，它们所有的历史回报从纳入指数时点起被加到数据库中。这阻碍了最开始、最困难的几年的公司的数据。

● **不可投资性**：包括在指数中的基金将不再接受新资产，因此该指数是不可投资的，进而也不是真正的基准。

● **透明度**：一些指数的提供商只给出每一类中经理的数量而不是经理的真实姓名。因此，这些指数不能提前知道，所以，对真正的基准来说也是没有用的。这一特征使得拿任何基金与指数来比较是失效的。

● **不正确的基金分类**：基金可识别自己的类别，而且有些基金将自己报告为他们没有管理资产的类别。

● **报告的频率**：对于许多传统的投资产品，指数业绩可每天计算。而对冲基金指数通常是每月计算。这是因为许多对冲基金经理仅仅是每月报告结果。基于每月的数据，倾向于低估基金真实的波峰、波谷损失。如果日数据方便获得的话，那么短期的重大损失通常可以被披露。

● **杠杆作用的测量**：相对于常规指数（例如，标准普尔），充分投资的结果是很明朗的。而对于对冲基金指数，同样的确定性是不存在的。从某种程度上来说，经理的不同水平的回报产生于其所采纳的策略所固有的不同杠杆作用水平。当然，可用统计方法来推断经理的杠杆作用效率。例如，我们可以计算任何相对于某一指数经理回报的 β 值。但是，因为对冲基金指数提供商仅仅有月数据，所以任何统计估计的置信区间可能很大。

● **委托人权重**：一些指数赋予其包含的基金以等额权重，而其他一些基金按其所管理的资产决定权重。等额权重指数是很值得怀疑的，因为这一构成过程赋予大、小基金回报以相同的权重。实际上，大、小基金即便在相同的投资环境下管理，通常也是不可比较的。从大的回报更容易从小额而不是大额的资金管理得到这一观点出发，等额权重计算指数的方法高估了投资的业绩。

● **完备**：许多很成功的对冲基金经理并不为指数提供商提供报告，因此，指数可能不能代表经理的真实收获。

对冲基金配置评价的框架

投资者应当怎样思考对冲基金分配？那些使对冲基金具有吸引力的特征，正好也使对冲基金评价方法复杂化。在我们看来，因为大多数投资者已经有资产组合，评价对冲基金最有效的方法是相对那些已持有的资产，即对给定的资产组合，投资者应当获得组合风险水平和分布对冲基金分配的影响，然后计算相对于现金的对冲基金分配选择的隐含的最低资本期望收益率，最后决定具体的对冲基金方法能否达到隐含的最低资本期望收益率。

为什么我们选择用组合风险特征作为我们分析的基础呢？原因与我们觉得能从历史数据当中可靠地提取多少信息有关。虽然估计期望回报、波动率和相关系数都是复杂的工作，但我们认为历史时序数据更适于估计波动率和相关系数而不是期望回报。对对冲基金这类资产而言，由于数据来源受到限制，使得波动率和相关系数的估计这一问题变得更加重要。

为了说明我们的方法，计算一个简单的例子。假定当前的资产分配如图26.1所示。尽管有大的国际股票分配，但这一组合在很多方面能代表典型的基于美元的固定收益计划（defined benefit program）。图 26.1 有约 43% 的资产分配于美国股票，这可以假定持有像罗塞尔 3000（Russell 3000）这样的指数。非美国股票约占 22%，我们可以用 MSCI 非美国发达股票暴露来代表。最后，固定收益分配约占 35%，可以假定持有的美国投资级债券。注意，尽管这一例子是从美国投资者角度来说的，但是这一方法也适合于其他货币的投资者。根据图 26.1 的组合权重和资产回报的方差—协方差矩阵，我们能计算出总组合的波动率为 9.6%。

关于图 26.1 的组合分配，有两个很自然的问题需要回答。第一，我们想知道 9.6% 的总组合波动率是如何在各种资产之间进行分配的。第二，我们想知道，当分配组合中的一部分资产到对冲基金时，对组合风险和回报的影响。

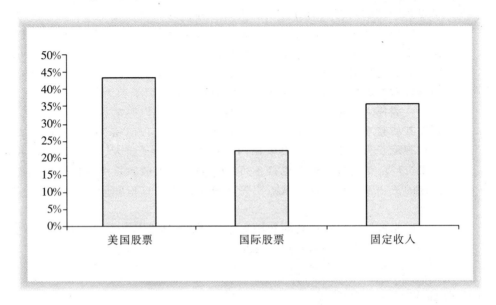

图 26.1　资产分配假设

图 26.2 显示了对应于图 26.1 的分配的风险分解。这些图告诉我们，多大组合的波动率，以边际的形式，是由哪类资产产生的。很直观地给出了如何"花费"和"预算"9.6% 的总组合波动率。从边际的形式来看不是很惊奇，如果组合有高的股票分配，几乎 67% 的波动率来源于美国股票。图 26.2 的风险分解也很重要，因为它可看做任何组合再分配的参考点：我们想知道当分配一部分组合到对冲基金时，风险分布是如何变化的。

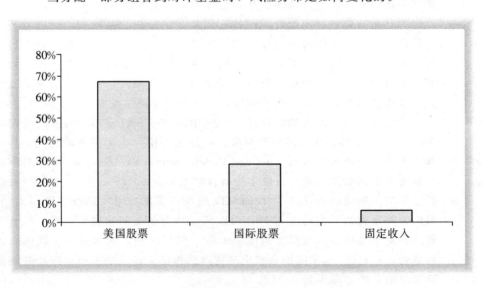

图 26.2　投资组合分解

制定对冲基金配置 （developing a hedge fund allocation）

虽然有些投资者投资于某些特定的对冲基金，但更多地广泛投资于各类资产。因为"对冲基金"这个词中包含了许多选择性策略，所以，首先识别对冲基金组合的结构，然后估计其波动率以及它与其他类别资产的相关性是很明智的。在理想情况下，应该按能够使得各种对冲基金的风险与投资者的期望回报相一致的标准构建对冲基金组合。

表 26.2 用两个可能的组合来说明这一点。第一个组合，记为组合 A，对选中的四只基金赋予相同的权重：相对价值、事件驱动的对冲基金、股票多/空头和战术交易（相对价值本身是三种策略的混合体：股票市场中枢 （equity market neutral）、固定收益套期保值 （fixed income arbitrage）、可转化套利）。这一组合的总波动率为 6.1%。但是，虽然对每个部分投资相同，表 26.2 也显示了每个部分对组合波动率的贡献各不相同。实际上，在这个例子中，股票多/空头以边际的形式，对总组合的风险贡献约为一半。

表 26.2   **投资组合的等价值权重和等风险权重（%）**

	组合 A		组合 B	
	分配	风险贡献	分配	风险贡献
相对价值	25	12	39	25
事件驱动	25	24	22	25
长/短期股票	25	47	14	25
战略交易	25	17	16	25
投资组合波动性	6.1		5.2	

虽然一些投资者同意对一种策略采用不成比例的风险分配，但有些投资者持有相反观点。实际上，组合分散化水平分析为我们考虑组合的构建提供了有用的方法。不是从组合权重开始，然后计算风险分解，而是从等风险贡献目标出发，然后反向计算出相应的组合权重。

这一计算的结果在组合 B 中显示。可以发现，当我们分散投资时，组合权重有明显的改变。例如，对股票多/空头而言，等权组合占 25% 的组合价值和 47% 的组合风险（以边际的形式）。而在股票多/空头的情况下，等风险权重组合占 25% 的组合波动率（边际）和仅仅 14% 的组合价值。

表 26.2 中的组合是许多例子中的两个典型。它们旨在说明下面的观点：投资者应当小心地将风险分配于那些他们认为将提供最好机会来提升风险调整业绩的对冲基金策略。例如，投资者在没有一种对冲基金相比于另一种对冲基金有相对优势的明确信息时，可能会减少组合权重，使得各个对冲部分有相同的风险贡献（例如，组合 B）。但是，如果投资者认为某个部分很可能比其他的要好，那么对冲组合的风险将会转移到有高的期望回报的部分。

对冲基金配置的执行

（至少）有两种方法可用于实施其对冲基金的分配。第一种是按与其他资产类别（例如，美国股票）分配相同的方法来直接分配对冲基金，即对冲基金是其他资产类别暴露的替代。

同样地，投资者可将对冲基金组合看做其他积极策略（例如，积极美国大盘股或积极美国固定收益债券）的代替。假定投资者想用对冲基金组合代替传统积极风险管理者。如果对冲基金管理者持有一定比例的现金（例如，买远期合约），以及将剩余部分投资于对冲组合，则投资者能有和传统积极风险管理者一致的组合。这一策略可以称作"便捷的阿尔法"策略。

基于我们的目的，假定投资者都投资于对冲基金。此时，基本原则很方便适用于分析便捷阿尔法策略。

我们考察投资者决定直接分配对冲基金的例子。此时，必须考虑对冲组合的波动率及其与其他资产类别的相关关系。出于讨论的目的，假定对冲组合是与前文相同的等风险组合（即组合B）。这一组合的波动率为5.2%，且与美国股票有0.51的相关系数。

做上述选择的投资者也必须选择如何来为分配融资。也就是说，投资者必须选择哪类资产（或者资产组合）被对冲基金的方法替代。在我们的简单例子中，有三个自然的选择：（1）投资者可成比例地向下调整资产的规模；（2）投资者可以用对冲组合代替股票持有；（3）投资者可以用对冲基金代替债券。

图26.3归纳了各种基金方案对总组合波动率的影响，图中描述了三个基金方法各自对波动率的影响。

用对冲基金完全代替股票会产生什么结果？在例子中，我们发现，对冲基金的波动率呈近似线性地下降。主要原因是我们用波动率小的资产（对冲组合）代替了波动率高的资产（股票组合或总组合）。此外，对冲组合和股票组合并非完全相关。这些影响结果都说明了对冲基金组合可降低总组合的波动率。显然，如果对冲组合有更大的风险或者与股票市场回报相关性更高，用对冲组合来代替其他，则总组合波动率将不会有太大的降低，或者甚至根本不会降低。

假定投资者想在组合里加入对冲基金，但不改变总组合的风险。因为在我们假定的例子中，对冲基金组合（组合B）有类似债券的波动率，所以投资者或许会用对冲基金代替固定收益证券。例如，在图26.3中，对冲基金分配是通过减少固定收益证券而基本上不改变总组合波动率来实现融资的。再次强调，这一结论依赖于对冲基金组合的结构和我们对对冲基金波动率和相关系数的假定。如果对冲组合偏向于更高波动率策略或与股市相关度更高的策略，那么在对冲基金分配来源于减少持有固定收益证券的情况下，组合波动率将增加。

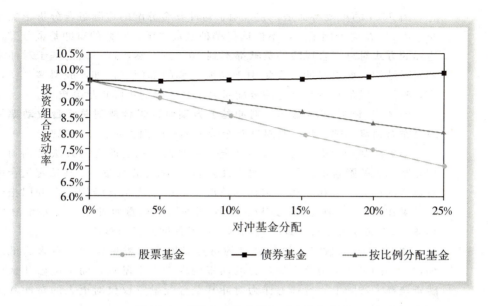

图 26.3　投资组合波动性和对冲基金分配

对投资者来说，由于以下的两个原因而使分析总组合波动率的影响变得十分重要。首先，它强调这样一点，就是投资者在投资前应当分析对冲基金组合的特征。第二个原因，图 26.3 十分重要，因为它为投资者提供了一个简单的决策规则：他们怎样为对冲基金分配融资在一定程度上取决于在总组合中他们想承担多大的风险。

除了分析对总组合波动率的影响之外，投资者应当考虑每一个方案的整个资产组合风险的边际报酬（marginal contribution to total portfolio risk）。图 26.4 通过显示各个方案的边际风险贡献来说明这一点。

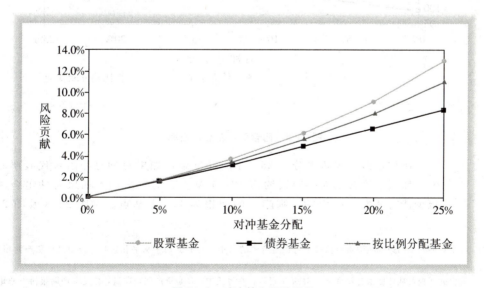

图 26.4　对冲基金风险贡献

图 26.4 的重要特征是：它说明了对冲基金分配的边际组合分析影响可以非常小。[1] 在这个例子中，不论选择哪种融资方案，20% 的对冲基金分配，以边际的方式对总组合风险的贡献都不到 10%。当然，这一结论基于对冲基金的实际结构。如果对冲组合集中于高波动率的部门（例如，股票多/空），那么，我们可以预料到每个对冲分配对总组合风险的边际贡献会更大。

图 26.3 和图 26.4 显示，**对冲基金方案可以设计成对总组合波动率和风险分布有适度影响**。那么与对冲基金分配相关的回报是什么情况呢？

不关注基于历史平均的对冲基金未来回报，我们所选的方法是找到与分配方案相关的隐含的最低资本期望收益率。[2] 隐含的收益率是在给定组合中所有资产的相关系数和波动率结构的情况下，由最优组合结构隐含的回报。这一结果在图 26.5 中显示，这里再次用到等风险权重对冲组合。为和图 26.3 和图 26.4 的分析保持一致，我们也显示了各种方案的影响。

图 26.5 所示数字上的最显著的特点是隐含的溢价实际上有多么低。例如，10% 的对冲基金分配的隐含的回报约在 107 个基点，而不论做什么样的融资选择。实际上，选择怎样为对冲基金分配融资仅仅对更大的对冲基金分配才起作用。

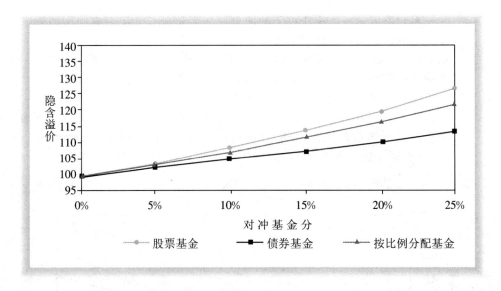

图 26.5　隐含对冲基金回报率

例如，假定投资者分配 25% 于对冲基金，如果对冲分配由替代股票而产生，那么，隐含的对冲回报约为 127 个基点。另一方面，如果对冲组合是由减少持有债券而产生的，则隐含的回报为 113 个基点。和图 26.3 及图 26.4

---

① 一个对冲基金的边际风险贡献依赖于它在组合中的权重、它的波动率水平和它与组合中其他资产的相关系数。

② 隐含的回报可从任何组合权重 $R = \lambda \Omega X$ 中得到。在等式中，R 是资产回报向量，Ω 是资产回报协方差矩阵，X 是组合权重向量，λ 是风险厌恶参数。

相似，隐含的回报和对冲基金分配之间的关系取决于对冲组合的真实结构：波动性大的对冲组合将产生较高的隐含的回报。同样地，与其他资产相关度不是特别高的对冲组合有较低的隐含的回报，对每个分配都是如此。

图 26.5 所示的隐含的回报可最好地被解释为最低资本期望收益率。换句话说，它是投资者以临界比例持有对冲基金分配和其他资产所要求的最小回报。当然，对冲基金回报是越高越好。从某种角度来说，可通过察看对冲基金方法是否能达到最低资本期望收益率来判断投资决策是否合理。

评价隐含的最低资本期望收益率（implied hurdle rates）

我们如何利用隐含的最低资本期望收益率呢？隐含的最低资本期望收益率与在某一风险特征下投资于对冲组合的水平所要求的最小回报是一致的。在我们的例子中，风险特征是每一对冲基金（hedge fund）策略对组合有相等的风险贡献。对冲基金策略的风险特征随着对冲基金指数的时间序列发展而产生。从某种意义上说，我们可以考虑通过投资于指数的方式对每个对冲基金策略做被动投资。

但是这一方法对我们来说是行不通的——我们不能通过被动地投资于对冲基金指数来执行对冲基金分配。因此，投资者可以明智地察看：特定的对冲基金组合能否按与指数有类似的历史波动率和相关系数特点，以及历史业绩是否至少与隐含的最低资本期望收益率相匹配的标准来构建。

解决这一问题的简单方法是从评价风险特征开始，然后分析历史业绩。评价历史波动率的目的是：判断为每一策略按其波动率与该策略相对的指数相匹配的原则来进行构建的对冲组合是否是行得通的。

历史波动率分析的焦点在于如下各种对冲策略的回报。这些策略是事件驱动（event driven）、股票多/空、可转换套利、股票市场中性、固定收益套利和战术交易。表 26.3 列示了各个对冲基金部门经理的数量和数据来源。尽管我们的数据包含 1994 年 1 月到 2001 年 5 月的回报，但我们选择减小所研究经理的数量使它变成一个相关性更强的子集。特别地，我们仅仅选那些至少连续 9 个月报告其业绩的经理，而排除那些缺失月度业绩数据的（要记住的是，在表26.3 所标注的日期，大多数经理不报告回报，因为他们在其他时期报告）。

表 26.3　　　　　　对冲基金经理人（1994 年 1 月—2001 年 5 月）

策略	来源	经理人数
事件驱动	TASS	179
长/短期股票	TASS	622
可变套利	TASS	71
股票市场中性	TASS	177
固定收入套利	TASS	89
战略交易	Barclays	1 355

资料来源：TASS Research；Barclays CTA index.

对每个策略，我们取等权组合的样本。我们的目标是决定每一策略需要多少经理人，以使策略与策略指数的波动率之间相匹配。基于这一分析的目的，我们决定考虑相对价值部分的单个元素。也就是说，不考虑相对价值，我们考察可转化套利、固定收益套利和股市中性。

对事件驱动、股票多/空头、可转换套利、股市中性和固定收益套利，用瑞士第一波士顿信贷银行（Credit Suisse First Boston，CSFB）指数。而Barclays CTA 指数用在战术交易上（CSFB/Tremont 指数仅仅用于 TASS 研究数据中的部分管理者）。我们进一步将样本限制在仅仅用这样的经理，这些经理有从 1998 年 1 月到 2001 年 5 月这 3 年期的完备历史数据。基于这些假设，我们为每个策略分别按 5、10 和 20 个经理选取了共 1 000 个样本，然后计算组合的风险特征。

表 26.4 总结了我们的分析。对每个对冲基金策略和每个类型的组合（按经理个数计算），我们计算了组合波动率的中值和均值，以及经理波动率的中值和均值。表 26.4 同时也归纳了每一对冲策略经理的超额期望回报的平均相关系数。为了便于比较，我们也计算了同一时期相应的指数波动率（指数和组合之间的波动率差分可部分地用权重来解释——指数基本上是资本价值权重的，而组合是等权重的）。

表 26.4 <center>对冲基金投资组合波动性</center>

	经理人数量	波动率指数(%)	投资组合头寸的波动率中值（%）			投资组合头寸的波动性均值（%）			经理人波动率中值(%)	经理人波动率均值(%)	经理人相关性均值
			5	10	20	5	10	20			
事件驱动	106	9.0	6.8	6.8	6.8	7.9	7.3	7.0	6.4	10.6	0.40
长/短期股票	292	16.5	16.4	14.9	13.9	16.9	15.2	14.0	22.5	25.7	0.24
可变套利	50	6.5	5.9	5.8	5.5	6.8	5.9	5.5	7.2	9.7	0.28
股票市场中性	47	2.5	5.6	4.2	3.3	5.7	4.3	3.3	10.5	10.8	0.03
固定收入套利	18	5.7	5.9	5.2	4.8	6.0	5.3	4.8	6.7	9.6	0.19
战略交易	298	7.6	12.0	10.5	9.7	12.4	10.7	9.8	17.0	19.4	0.16

表 26.4 中清晰地显示了投资者没有必要在每个对冲基金部分都保持与指数波动水平相近的经理，部分的原因是对某些部门有相对较低的相关系数。例如，固定收益套利部门经理的回报平均相关系数约为 0.19。很明显，经理之间较低水平的相关系数能够帮助降低对冲组合的波动率。

这虽然对投资者而言是个利好消息，但也是警戒。我们的结论说明，投资者在没有大量对冲基金经理时也能获得和指数类似的波动率。但是为了达到此波动率，投资者必须保证各部门内的经理之间的相关系数相对较低。因此，我们的结论也建议需要依靠精细的组合构建工具来建立初始的对冲组合，以及用完善的风险管理体系来保证对冲组合仍然在其预先设定的风险接受范围之内。

历史业绩是什么情况呢？从这一角度，我们的分析目标是证实对冲基金的经理组合能否达到如图 26.5 所示的隐含的最低资本期望收益率。对于 5%～25% 的分配，最低资本期望收益率在高出现金比率 100～125 个基点的范围内变化。

我们可采取的一个简单的方法是估计每个对冲基金策略指数的历史业绩。例如，我们可以通过美国股票历史业绩用回归的方法得到每个对冲基金的历史业绩，并评价经过调整后，每一对冲基金策略是否增加了价值。我们把这一调整后的业绩称为策略的"阿尔法"。

这一分析的结果归纳在表 26.5 中，是值得令人欣慰的。在 1994 年 1 月到 2001 年 5 月期间，调整为现金比率和市场回报后，每一对冲策略的历史业绩是正的（所有回报均为年度的）。在某些部门中，增加的价值非常高。例如，股票多/空头的阿尔法值（或调整后的业绩）是 310 个基点。

表 26.5 调整后的对冲基金表现历史数据

策略	α 水平指数（%）	T 检验（α）	β 水平指数	T 检验（β）	残差波动率（%）	总波动率（%）
事件驱动	3.6	1.77	0.25	6.55	5.4	6.6
长/短期股票	3.1	0.86	0.52	7.65	9.5	12.3
可变套利	4.8	2.60	0.04	1.17	4.9	5.0
股票市场中性	5.0	4.59	0.10	4.83	2.9	3.3
固定收入套利	1.0	0.62	0.03	0.87	4.3	4.3
战略交易	1.1	0.36	−0.03	−0.47	8.2	8.2

资料来源：CSFB/Tremont.

尽管每个策略的阿尔法值都是正的（在某些情况下还会很高），但我们仍然要怀疑偶然因素。为了回答这一问题，我们计算每一调整后的业绩的 t-统计量。有一个常规，如果 t-统计量的绝对值比 2 大，那么我们将认为阿尔法值在统计意义上显著不为 0。[1] 也就是说，当阿尔法值为正和 t-统计量大于 2 时，我们将认为历史业绩不是偶然的。相反，如果阿尔法为正，但 t-统计量不显著不为 0 时，我们认为历史业绩只是偶然的。

在我们的六个策略的案例中，有两个策略（可转换套利和股市中性）有显著的统计意义上的历史阿尔法值。例如，股市中性的阿尔法值是 500 基点，t-值为 4.59，而股票多/空头的阿尔法值为 310 基点，而 t-值为 0.86。基于这些数字，我们更倾向于认为股市中性成分业绩不是偶然的。

指数业绩统计是许多单个经理人的组合部分。表 26.5 归纳的数字显示了一些对冲基金策略产生阿尔法值的历史变动。尽管某一特定策略混合业绩没有显著统计意义的阿尔法值，但或许处于这一策略的经理能产生显著的业绩。

解决这一问题的简单方法是不考虑经理的层次，对每一个经理做与每个对冲基金指数类似的分析。换句话说，我们能为每个策略的每个经理找到阿尔法值，并且判断经理的阿尔法值是否为正和统计上是否显著不为 0。正如指数水平分析那样，在调整为现金回报水平后，我们可通过用经理历史业绩和美国股票业绩做回归分析来获得每个经理的阿尔法值。和前文相同，当阿尔法值为正，而且 t-统计量大于 2 时，我们倾向于认为历史业绩不是偶然获

---

① 我们以 95% 的置信区间来测度统计显著性。

得的。

在表 26.6 中，我们列举了每一对冲基金策略的每个经理的阿尔法值和 t-统计量分布。我们仅仅集中考察那些有正的阿尔法值经理的 t-统计量，因为我们想知道是否有一些经理是通过能力而不是机遇来增加价值的。这些阿尔法值是通过大范围的经理估计出来的，而且包括了很长一段时期（在表 26.6 所表示的期间，大部分经理没有报告收益，因为许多经理是在不同的时期汇报收益）。

表 26.6　　　　经理人特定 α 的历史数据（1994 年 1 月到 2001 年 5 月）

策略	经理人数量	正 α 值的经理人（%）	显著不属于正 α 的经理人（%）
事件驱动	179	82	59
长/短期股票	622	71	33
可变套利	71	80	77
股票市场中性	177	62	49
固定收入套利	89	66	42
战略交易	1 355	57	12

资料来源：TASS Research.

从表 26.6 中可以清楚地看出，有些经理有统计上显著的阿尔法值。例如，对股票多/空头而言，71% 的经理有正的阿尔法值，约有 33% 的有大于 2 的 t-统计量。但是，要注意的是，正的历史业绩不能预示这些经理有能力在未来增加价值。[1]

我们的分析如何帮助我们评价隐含的最低资本期望收益率？在我们看来，投资者可做三个重要的推断。

第一，每个对冲基金部门的历史调整后，业绩高于隐含的最低资本期望收益率的事实说明最低资本期望收益率可达到，尤其对适度分配。

第二，历史调整业绩明显的策略之间有一些变异的事实说明投资者应该仔细考虑如何来建立、监督和维持其对冲组合。

最后，对冲基金部门内各经理历史业绩的明显性波动，似乎暗示投资者在如何选择对冲基金经理人时需要十分小心。

小　结

许多机构投资者为与投资对冲基金相联系的挑战所困惑。令人费解的是，资产具有投资吸引力的特征，同时也具有难以分析的性质。在本章中，我们讨论了均衡框架能以这样的方式扩展，就是它能使投资者合理分配对冲基金。

为了和本书的总主题一致，我们的框架依赖于应用组合理论的原则。因

---

[1]　在数据充足的情况下，把数据分成有利的和无利的股票市场时期，并且分别单独计算这些情景的贝塔值是有用的。如果一个套利基金组合与困境时期的股票市场高度（正）相关，对管理者隐含的期望均衡收益率也必须增加。

为对冲基金的回报率比波动率和相关系数更难估计，所以我们的组合建议改为依赖于对冲基金风险特征。此外，我们的组合建议依赖于投资者已存在的组合作为中性参考点。因此，我们的方法给投资者提供了一个框架，它帮助投资者决定相对于组合中的其他资产，对冲基金必须获得多大的超额回报才能使某个具体分配合理。我们把这些回报叫做对冲基金分配的隐含的最低资本期望收益率。

将我们的框架用于分析典型的美国机构投资者的组合，得到如下的结论：对冲基金分配的隐含的最低资本期望收益率非常小。实际上，分散于各种策略之间的对冲组合的适度分配的隐含的最低资本期望收益率在超出现金100～125个基点的范围内变动。我们对对冲基金经理的分析表明，至少在历史上，投资者应该构建组合，以达到或者甚至超过这些最低资本期望收益率。我们同时发现，为获得这样的最低资本期望收益率，经理的选择是非常重要的。

投资者有一系列备选的投资方案，而这些方案的相关数据是不可获得的。对冲基金正是这样的方案的一个例子。但是，通过分析，我们可以保证，投资者仍然能在不抛弃基本组合原则的情况下找到合理的组合。这些基本的组合原则也适合于分析其他资产。

第27章

对冲基金资产组合管理

肯特·A·克拉克（Kent A. Clark）

第26章："战略资产分配和对冲基金"给出了一个在更宽泛的投资组合范围内估算对冲基金分配的框架。本章探究对冲基金组合的管理，首先对对冲基金进行定义，接着给出了一个框架用于评价对冲基金以及说明一些与构建组合相关的问题。

对冲基金组合的管理和其他资产组合管理类似，包含了同样的步骤。最明显的区别是交易资产更钟情于对冲基金而不是个人有价证券。

首先，我们需要定义可投资的领域，如果可能，将相近的资产归为一组以便于分析。其次，资产组合的管理者必须建立各种资产的投资特点。再次，设定风险预算，并将资产纳入组合。最后，对资产和组合进行实时监控，以确保投资特点能和投资者的目标一直保持一致。在这个简要的提纲里，如果用对冲基金代替资产，那么我们就能总结出对冲基金组合的管理过程。

正如前几章所讨论的那样，投资回报要么源于基准暴露，要么源于阿尔法策略。当处于均衡状态时，与市场回报不相关的风险不会获得风险补偿，因此，阿尔法策略不能获得持续的收益。然而，多数投资者不太认同这一观点。尽管这个以指数为内容的纯基准暴露观点被越来越多的大众所接受，但它仍然属于大量的项目资产掌控于积极的投资管理的情况。学术界讨论分析了能否持续获得超额收益这一问题，如果能够获得的话，那么超额收益是否来自于市场的不规范、摩擦和暴露于一些未知的风险因素。上述争论已超出我们所讨论的范围。

任何资产的投资策略都可以在纯指数化策略和纯积极管理策略之间变化。在纯指数化投资策略中，投资者试图再现基准投资回报，他们或者完全复制指数化投资，或者持有具有基准指数投资回报的一揽子有价证券。而积极管理者试图通过偏离基准头寸来增加阿尔法，阿尔法可粗略地定义为超过基准回报的回报。为了达到这一目的，他们要么调整基准证券，要么持有没有列举在基准中的证券。积极管理本身在增强的指数和纯积极管理之间变化。对增强的指数化策略，投资经理的目标主要集中于在阿尔法稍微增加的同时，对指数的收益率、波动率和相关性等特征精确复制。相反，在纯积极管理中，投资者并不关心任何基准，而仅仅试图通过执行他们的观点以获取投资收益。对冲基金就是积极管理的最典型的例子。

什么是对冲基金？

对冲基金是一种无约束且监管宽松的投资工具，其管理补偿的一部分来自业绩费。对冲基金通常暴露于积极管理，仅反映经理人对未来资产回报的预期，而不是所谓的基准指数。

● 限制：对冲基金是一种投资工具，它允许投资经理从事纯粹的积极管理而不考虑基准，不受卖空（short selling）、杠杆效应、工具以及策略的约束。因而，对冲基金常被归入技能等级（skill classes）而非资产类别。对冲基金的魅力在于它为投资者提供了一个既增加预期回报又减少风险的机会。

● 规则：在美国，证券交易委员会（Securities and Exchange Commission，SEC）不监管对冲基金。因而，对冲基金投资被限定在一些达到一定净财富和收入标准的合格的投资者之中。这些条件可用来区别那些能够有效估计不规则投资工具风险的老练的投资者。然而，正是由于规则漏洞而导致的自由，所以才不允许对冲基金经理劝诱顾客。

对冲基金开发了一种投资技术：卖空，或者说投资者故意卖掉现在手头并不拥有而以后再购回的资产。投资者会期望资产价格下跌，导致无风险获利，本质上颠倒了股票市场上关于时间安排的忠告：买跌卖高或卖涨买跌。相互地，投资者会卖空一种资产来对冲另外一种资产，或者为了开发两种资产间的价格转移。

举一个例子，在美国，卖空机制简单易懂，这对于理解它很重要。卖空者雇佣首席经纪人，经纪人寻找能买的股票，并作为这些股票的监护人，投资者确定哪些资产卖空，并将他们的意图通知他们的经纪人。经纪人就寻找一只能够卖空的有价证券，即持有者同意卖空，经纪人买入这些资产后卖掉它，用收入作为卖空有价证券的担保。除此之外，在美国，根据规则，卖空者必须公布利润或者为卖空资产赞助有价证券。卖空者还必须支付买入费用和资产收入给有价证券的借出者。

图 27.1　卖空机制

资料来源：Tremont Advisers，Inc.

- **对冲基金费用结构（fee structure）**：对冲基金费用结构包括：固定的管理费用、一定比例的参与业绩费用以及超标准费用。固定管理费用一般每年为资产价值的 0～2%，业绩费用表现为一定比例的基金回报，但回报必须超过回报标准，一般为回报的 20%～50%。也就是说，如果基金净资产价值（NAV）低于上期支付的（指高水位线）业绩费，基金经理将不会收到任何业绩费，除非基金的资产净值再次超过高水位线才能获取执行费。

业绩费结构和对冲基金经理人获得一定比例的基金和卖出期权相平衡，所有者分享和业绩费分享比率是相等的。假如业绩费允许经理人接受 20% 的基金对冲回报，这和经理人拥有 20% 的基金是类似的。然而除此之外，经理人对基金拥有卖出期权，其执行价与基准回报相等，因而经理人不承担任何基金损失。

对冲基金有三个特点：缺乏规范、缺乏监管、业绩费用。对冲基金还有许多其他能影响投资者的特点。

- **缺乏透明度**：对冲基金的一个突出特点是隐蔽的、不透明的投资方式。尽量保护关于空头的信息，但通常不披露所持有的资产。投资者常常要接受周期性的审查和披露信息的信件，但是经常连杠杆作用的信息都不包括在这些信件之内。大多数担保基金不会披露管理战略类型，更不用说模型或所选用的交易策略了。对冲基金的秘密反映了竞争目标的权衡。投资者更喜欢高透明度，这样一来，他们就能更好地了解投资进程以及经理人的投资哲学，进而对经理人获得超额回报的能力充满信心。对冲基金经理人通常投资于那些有限容量的战略投资，更关注透明度，因为那样会为战略投资增加现金流，减少增值机会。

- **短暂性**：对冲基金的半衰期为 2.5 年，某些基金因巨大损失导致失败而成为媒体的头版头条。更多的是，收入缺乏刺激，大多数有潜力的投资有较高的成本。一只基金如果业绩不佳，即使再有潜力，也无法存活。当基金的价值低于高水位线时，情势就会恶化，因为基金必须获得回报，如果没有刺激性的补偿，就只能回到原始水平。

- **不可流动性**：对冲基金投资往往是不流动的，至少每月补偿一次。此外，补偿型投资者必须告知对冲基金经理在补偿日期之前进一步降低了流动性。所以，对对冲基金应该抱一种长期的观点来估价和投资。

- **容量约束**：有着优秀业绩和强劲投资过程的对冲基金会发现投资者的要求超出了估计的战略容量。由于大部分对冲基金的收入来源于业绩费用而不是固定的管理费用，许多经理转而将他们的兴趣集中于新的投资方向。事实上，极其成功的对冲基金不仅应该回报于投资者，更应该保持以管理很少的资本来产生更好的回报的能力。实际情况是，一些经理关闭他们的基金，这意味着对冲基金可投资的领域只是他们整个投资领域的一部分。无法投资许多基金的事实表明：即使是大型机构投资者，指数回报水平也可能是不可达到的。

显然，上述特点没有一个讨论与对冲基金相关的战略投资问题。图 27.2 简单概括了基于四个部门的宽泛的对冲基金战略。这不是一个详尽的对冲基金战略的列表，也不是一个定义分类系统，但它为我们提供了一个分析对冲基金的框架。

对冲基金可以分成一些不同的部分及其相应的策略。高盛把对冲基金分为四个部分，每个部分分别包括一些策略。这四个部分是：相对价值、事件驱动、股票的长期/短期、策略交易。

相对价值	事件驱动	股票的长期/短期	策略交易
可转换套期保值	兼并套期保值	地理（美国、日本、欧洲）	管理期货策略
股票套期保值	特殊情况	行业（技术、能源）	全球宏观策略
固定收入套期保值	高收益/灾难债券	类型（价值、增加、变小）	

相对价值：管理者一般都要辨别证券之间的关系。当货币价格关系来源于管理者的期望时，价格一旦回复到它们的正常关系时，交易将会获利。相对价值的策略包括可转换债券套期保值、股票套期保值和固定收入套期保值。股票套期保值包括统计套期保值和股票市场中性策略。

事件驱动：管理者需要辨别影响估价的公司事件，当事件发生时，他们期望通过产生交易来获取利润。在这个领域最重要的策略是兼并套期保值，管理者的传统做法是在目标公司买入股份和在收购公司卖空股份，他们期望在兼并完成时股价差值将会消失。事件驱动的其他策略包括特殊情况、高收益/灾难债券。

股票的长期/短期：管理者产生关于股票投资的观点，并且通过长期或短期投资来实施这个观点，投资额反映了管理者对此观点的确信度。将来，管理者也可以通过变化资本投资额来变化他的观点，还可以通过调整资产组合里的净长期或短期投资额来改变投资的方向。多数管理者偏好长期投资，但也存在短期偏好的管理者。股票的长期/短期部分里的专业化传统上是延续地理或行业的。

策略交易：包括宏观管理和管理期货。宏观管理者传统上在广泛的经济范围内产生观点并且通过大量的工具来加以实施。利用系统方法或任意的方法，管理期货交易者产生关于多个市场的观点并且传统上通过期货合约和同业银行间的货币远期来实施他们的观点。

图 27.2　对冲基金分类

资料来源：Tremont Advisers，Inc.

定义整体投资（investment universe）

投资者试图部署对冲基金，却不得不面对一个事实：并没有一个唯一的完整的对冲基金列表。随着对冲基金不断融入商业，其领域越来越大，并不断变化。TASS 研究院预测：运营中的对冲基金保守估计在 5 亿～6 亿美元，一份被业界广为引用的统计分析报告表明，已有超过 6 000 只对冲基金存在。

这其中大概有一半的战略策略都涉及了多重股票类别。

由于没有唯一的经理人列表存在，所以投资者必须综合利用有用的商业数据库和热点信息来创造整体投资。对冲基金数据提供商依靠经理人来报道他们的数据和投资风格，于是导致了一些数据偏差（第 26 章有更详细的讨论）。因为大多数对新投资项目很感兴趣的经理人并不向数据库提供他们的回报。

为了更好地理解问题的重要性，我们来看两个商业数据库：hedgefund. com 和 TASS，它们都有自己的股票多/空类别。此目录上的对冲基金投资长线或短线股票，其目标是获得较高的风险调整后回报。经过分类调整，有 684 只基金在 Hedgefund. net 的股票多/空类别里，有 677 只基金在 TASS 的股票多/空类别里，重叠的有 249 只，显然，没有一个数据库是完整的。

投资领域的复杂性决定了很难囊括所有的对冲基金。特别地，更早的对冲基金定义不在于说明什么样的策略才是合格的对冲基金战略，只在意其普遍特征：缺乏规则、缺少约束、业绩费。

关于对冲基金的流行的观点

对冲基金战略，或战略执行的异质性，都同时意味着机会和挑战。机会源于发现这样的对冲基金经理人，他具有开发独一无二的信息或分析能力上的优势；挑战在于从不同方法中做出选择。

评价对冲基金经理人需要同时考虑补偿风险和非补偿风险。补偿性风险指投资人用来生成回报的投资风险。经理人获得投资风险回报的关键因素是投资战略和战略执行人。非补偿性风险源于对冲基金组织和商业环境。这类风险虽不能增加回报，却可以使经理人分心甚至导致基金失败。

经理人评价的目标是估算给定的对冲基金是否有投资"优势"，经理人的优势是那些在一段时间内能帮助经理人获得诱人的风险调整后回报的特性。

投资战略 （investment strategy）

投资战略是对冲基金评价的重点。详细了解对冲基金经理人的策略、风格、方法比投资更为重要。它开始于对投资建议所产生回报的潜力进行评估。例如，一只对冲基金的回报依赖于能否预测一个经济变量的增长，而经过认真分析后发现，该经济变量是无法预测的。在这种情况下，该投资基金一定会被抛弃，因为冒险看起来没有带来回报的可能，而不管经理人和组织的相关品质。

决定一只基金的运营领域之后，关注回报来评价策略和执行策略的方法，评价时要考虑许多因素。

关注经理人怎么建立其投资观点，包括信息资源以及分析工具的使用。即对冲基金有信息方面的、分析层面的和容量大小方面的优势吗？这些优势能否持久？这些理念的执行，包括交易结构及执行、组合架构、再平衡、风险监控、杠杆应用，都是很重要的。决策过程很重要，特别是对于有不止一个关键人的管理团队。

所有的经理人都有自己的战略体系。理解每个经理的投资风格将有助于构建一个不过分依赖一种回报驱动因素的组合。同样，理解投资风格有助于界定回报预期，特别是当投资风格不被我们喜爱时。风格分析既是定性的，又是定量的：因为经理的风格会随着时间的推移而逐渐变化；因历史回报太少而无法对投资风格做定量的评价。此外，由于投资者经常无法知道对冲基金的头寸，所以必须从相关杂志或者历史回报来推断投资风格。

人

对冲基金投资大多是合伙形式，选择合作伙伴在任何商业冒险中都是重要的任务。对冲基金投资最终还是靠那些管理投资和商业的相关的人来运作。

从评价的角度来说，这些相关的人在对冲基金方面的经历、教育和跟踪记录都是重要的特征。对冲基金经理是一群从各种教育和商贸背景中挑选出来的人。许多成功的经理人以前在投资银行的交易柜台工作，而另外一些则是华尔街的研究分析员或者是传统的组合管理者，或者有其他行业工作的经历。并没有一个固定的成功路线，但相关工作经历是很重要的。

不仅需要投资知识，管理企业的能力也是很关键的一条。在不止一个相关人的情况下，问题在于他们如何相处以及如何解决相互间的冲突。

组织

对冲基金的组织结构和商业计划都会影响投资回报，在把资本委托给经理人之前必须认真分析。组织混乱会使投资决策混乱，而无法将注意力集中于管理资产组合，相反，有效的内部控制是基金反欺诈的重要安全保障。

对冲基金管理公司大小不一，分布范围广泛，从刚起步的专业经营公司到大型金融机构，后者只是将对冲基金作为他们宽阔产品线中的一部分。有能力成功管理各种大小企业的经理人大有人在，但是组织结构必须和投资基金的远景相协调。适当的交易结构自有其用武之地。经理人需要配备法律顾问，适当地顺从结构同样是必需的。

典型的新对冲基金，是大型机构的成功经理人离职后自己经营的基金公司。这应该引起重视，因为经理人失去组织底层架构的支持。经理人是否能够征服这个挑战和对冲基金的成功密切相关。

经理人投资计划的增长是很重要的因素，尤其对于很多对冲基金的长期投资经理人。怎样平衡雇佣计划和资产成长？经理人的预测能力和监测计划会影响基金什么时候关闭。基金大小必须根据策略来估计，因为资产的性质和交易的风格决定了基金合适的大小。基于大型资本美国股票的低换手率的经理应该比基于新兴市场股票的高换手率的经理有更大的潜力。

投资对冲基金需要考虑的一个关键因素是如何平衡雇员与投资者间的利

益。雇员在多大程度上以投资者进行对冲基金投资决策是一个非常重要的因素。投资者的愿望不仅对投资者重要，对分析研究人员、相关投资者、商业管理人员同样也很重要。

所有者权益在雇员中分配是另外一个事宜，因为更多的所有权分配会帮助组织维系关键雇员，增强组织的稳定性。

历史记录（track record）

除了对投资策略的分析评估，基金的回报和组合还有很多定量的因素。包括波动率、风格特点、下跌风险以及更恶劣事件的损失。特别有趣的是，回报和风格是否与策略一致这个问题是和对冲基金经理联系在一起的。

如果数据足够，对冲基金回报/风险的权衡是可以估算的。期望绝对业绩是重要的，而且必须确保投资者能达到他们的目标。然而，只看到绝对业绩，投资者往往忽略对冲基金带来的风险。有眼光的对冲基金投资者会评价单位风险回报是否和投资策略、杠杆作用程度一致。

历史回报分析为对冲基金提升了业绩的可连续性。尽管认真分析历史回报是决策过程一项重要的投入，但历史业绩中往往存在很多陷阱。

回顾一年又一年对冲基金经理业绩的经历，能够帮助我们理解过于在意历史数据的危害。例如：在 TASS 上有 313 位股票多/空经理人的 1999—2000 年度历史数据，其中 78 个在 1999 年度获得了最高的回报，而 2000 年只有 14（18%）个获得最高回报。事实上，35（占 45%）个 1999 年的最高回报经理，在 2000 年以最低级别的回报结束。1999 年最好的基金是 2000 年预期最差的基金，这只基金 1999 年回报率为 334%，2000 年为 −69%，而这两年的净回报为 3.5%。不幸的是，完全以 1999 年的回报为基础进行 2000 年的投资将赔得一塌糊涂。

对冲基金有巨大的空间来改变它们的投资方向。许多投资基金指导方针很灵活，允许经理人修改投资策略的重要方面，包括交易工具、杠杆作用。同样，投资策略自己也是变化的，随金融产品创新一道转移一部分风险。只看历史业绩无法考虑这些变化。

最后，如前所述，有良好投资记录的对冲基金更青睐于新的投资。仅关注过去的情况会因缺乏找到最好历史回报基金的渠道而失败。

图 27.3 概括了检验对冲基金历史记录的一些信息。即对比事件驱动的对冲基金和标准普尔 500，以及特雷蒙（Tremont）事件驱动尖峰指数。目的是评估回报、承担风险的特点，判断在多大程度上回报是可重复的。有各种各样的单位风险回报规则可用来估算。

图 27.3 包括月回报，对确定回报一致性和预测当外部事件或市场转移发生时的当月情况很有用。除此之外，还有两种风险测度方法：标准偏差和最大下跌幅度。最大下跌幅度测度经理所经历的最大损失百分比。在本文的例子中，基金一个月就损失 2.82%。然而，可能几个月才出现下跌。单位风险回报由夏普比率和收入减少比率概括。两个比率用于测算风险是否得到足够补偿时很有用，尤其是基金的情况。

	1月	2月	3月	4月	5月	6月	7月	8月	9月	10月	11月	12月	年
2000									0.70%	−2.45%	4.44%	0.24%	2.84%
2001	0.48%	2.34%	4.44%	−1.78%	0.95%	2.76%	−1.98%	1.35%	−1.00	0.63	−0.22	0.29	8.37
2002	0.83	0.29	0.93	−0.14	−0.97	2.39	−2.82						0.43

	经理人	CSFB/Tremont 事件导向	标普500		2000	2001	2002	年收益
年收益	6.06%	0.74%	−22.33%	经理人	2.84%	8.37%	0.43%	6.06%
标准差	6.58	4.60	17.20	CSFB/Tremont 事件导向	−0.91	7.84	−5.09	0.74
收回	−2.82	−6.63	−38.39	标普500	−12.68	−11.88	−19.92	−22.33
夏普比率	0.33	−0.67	−1.60					
收益/收回	2.15	0.11	−0.58					
β/标普5000	0.20	0.14						
年 α	−2.94	0.63						

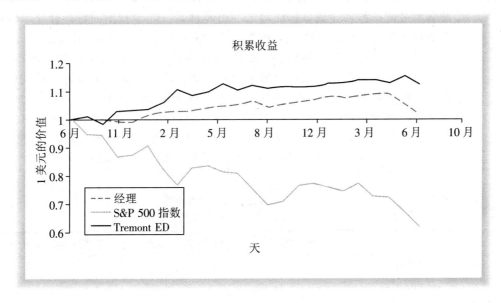

图 27.3　循迹记录的案例分析

资料来源：Tremont 咨询公司。

标准普尔 500 贝塔和阿尔法都用来帮助评价对冲基金增加的价值是否会超过被动的股市投资。这种情况下的基金，贝塔是负的，阿尔法也是负的。由于标准普尔指数在测试期获得负的回报，所以投资者可能会做出这样的决定，即尽管阿尔法是负的，但可以通过负的贝塔和正的回报来增值。这些分析强调了这样一个重要的事实：需要根据基金策略和市场环境来考虑定量的测度。累积回报图有助于业绩的可视化。

可以收集更多的信息和进行更详尽的分析来帮助评价历史记录中对冲基金的优秀业绩，包括与采用相似策略的其他经理人做对比。

最终评估

对冲基金的最后结论需要综合研究投入值和洞察力，它们是在研究投资战略、相关人、组织、历史记录时收集的。结论应该包括对冲基金优势和劣势，以及预期回报。很重要的一点是，需要给出最坏损失情况的预期，以帮助经理人构架未来监管措施。比如，一个最坏情况下 5% 损失的对冲基金企图获得每年 20% 的净利看起来是不可能的。这种预期最终会导致失望和高换手率的对冲基金组合。潜在的积极回报预期应该明确指定，因为不可预测的大回报和大损失意味着经理人正在冒不可预知的风险。

资产组合构建（portfolio construction）

构建一个对冲基金组合应该从清晰地理解投资者目标以及投资组合在整个资产中的位置开始。目的是设置一个和这些目标相一致的风险预算，然后将预算分配给能够完成目标回报的一组经理人。除了预期回报和波动率，投资者应该理解使他们维持一个基金组合所能承受的损失和流动性需求。

这些目标能够帮助构建一个在不同对冲基金部门进行分配的分配决策。部门水平的分散化是降低风险很重要的方法，因此，至少 4 个部门都应包括在一个组合分配中。表 27.1 显示了我们前面定义过的四个对冲基金部门的相关系数、风险和回报，以及第 26 章讨论过的等风险分配，也显示了相对于标准普尔指数的贝塔和相关系数。相关系数在 0.08～0.66 之间变化，其中 0.08 为事件驱动和战术交易策略之间的相关系数，0.66 为股票多/空和事件驱动之间的相关系数。

表 27.1　　　　　　　　　　对冲基金部门的相关性

1994 年 1 月—2002 年 7 月

	相对价值	事件导向	长/短期	战略交易	平等风险	标普 500
相对价值	1.00					
事件驱动	0.64	1.00				
长/短期	0.36	0.66	1.00			
战略交易	0.16	0.08	0.23	1.00		
平等风险	0.66	0.73	0.75	0.67	1.00	
标普 500	0.29	0.58	0.61	0.04	0.48	1.00
β	0.06	0.24	0.46	0.03	0.15	1.00
中值	6.2%	6.9%	8.7%	7.0%	7.0%	7.5%
标准差	3.2%	6.4%	11.8%	9.9%	4.8%	15.6%
夏普比率	1.97	1.09	0.73	0.71	1.46	0.48

　　数据来源：数据来自 CSFB/Tremont 指数、相对价值指数包括 CSFB/Tremont。可转换套利股票市场中性和固定收入套利指数，它们的权重分别为 40%，40% 和 20%。

还有，表 27.2 显示的各个策略之间的相关系数是适度的。使用相关价值部门的 3 个战略，相关系数在 0.07～0.58 之间变化。

表 27.2　　　　　　　　　　　**相对价值策略间的相关性**
1994 年 1 月—2002 年 7 月

	可变套利	股票市场中性	固定收益套利
可变套利	1.00		
股票市场中性	0.34	1.00	
固定收益套利	0.58	0.07	1.00

数据来源：Tremont 咨询公司。

　　与股票指数和固定收益指数相比，基金指数的历史很短。做决策时应该综合考虑历史数据以及各个基金部门的分配。

　　在策略和部门的战术上，多头和空头都是可能的。策略和部门的信息可源于自下而上的分析，对个人经理回报潜力的研究，或源于自上而下的分析，通过理解宏观经济、金融和供给需求（supply and demand）情况对预期回报的影响。战术分配增值的能力受限于基金的不可流动性。如果真地期望这个观点能持续很长时间，或者投资者计划在短期内获得资金流入，那么在这些观点的指引下才有可能利用资本。

　　当决定了策略和部门分配后，投资者才决定怎样进行资金分配。注意，应根据前述观点为对冲基金准备风险预算，那些有更高回报预期的或有比较令人放心的给定水平回报的对冲基金应该负担更多的风险预算。

　　对冲基金应该有反映经理人观点的头寸，而很少有反映全部资产的头寸。所以，在很长一段时间内，基金间的相关系数会降低，分散化的收益会扩大。这有别于只做长线的经理人。

　　例如，考虑一只基于标准普尔 500 的典型的、积极管理的长期美国高本金股票组合，其波动率为 17％。如果资产组合有一个 5％ 的循迹误差，贝塔为 1，那么指数占据 92％ 的资产组合的波动率。这表明，在传统资产组合中的多数风险归因于基准指数的选择，而不是投资经理的影响。除此之外，考虑相同情况的两个资产组合，它们的贝塔值为 1，风险不相关，这时两个经理人的相关系数也是 0.92，而分散化收益很低。相反，可明确地发现：100％ 的对冲基金组合的风险归因于经理人的观点及对资产组合的影响，基金经理间的相关性也就相应较低。很重要的一点是，关于积极风险和回报的特点，同样的低相关性争论还有长期投资经理回报的积极比例。

　　表 27.3 表明了不同策略的对冲基金经理的平均相关系数。同策略经理人的相关系数从 0.03～0.4。长远来看，标准普尔 500 中的股票近 5 年来的相关系数的中值大约为 0.19。将标准普尔 500 作为投资领域，同一部门的股票相关系数的中值为 0.35，同一行业股票的相关系数的中值为 0.42。对冲基金相关系数和单个有价证券相关系数是类似的，股票组合分散化收益和对冲基金组合分散化收益是类似的。

表 27.3

经理人策略相关性

1998 年 6 月—2001 年 5 月

策略	经理人数量	经理人相关性中值
事件驱动	106	0.40
长/短期股票	292	0.24
可转变套利	50	0.28
股票市场中性	47	0.03
固定收入套利	18	0.19
战略交易	298	0.16

数据来源：除了战略交易外所有数据来自于 TASS 数据库，战略交易数据来自于 Barclay CTA 数据库。

对资产组合构建来说，巨大挑战源于对冲基金的短期回报历史。有长期回报吸引力的对冲基金，只与新经济有关，于是对冲基金投资者发现他们把有不同长度的短期回报历史的经理人组合在一起。除此之外，经理回应市场的策略变化逐渐变为新的策略，进而改变了他们的投资方法。再次，定性判断和定量判断同样非常重要。在有些情况下，定量工具可用来检验回报和风险假设的合理性。

很少有对冲基金有一致的波动率或贝塔值。特别地，只有定量基础上的基金追求贝塔和回报标准差，其他更多的经理人使用启发性的方法来构建组合。除此之外，在许多对冲基金经理看来，改变组合风险是投资进程的一部分。大部分改变总的暴露，许多改变市场暴露。所以，出于构建组合的目的而对长期波动率和相关系数所做的假设很难评价，基于短期风险特点的决策显现了组合风险快速变化的危害。

更多的因素是：一些对冲基金无法直接测量风险。一个例子是合并套利。典型的合并套利交易包括：购买宣告收购公司的股份和卖空接管企业的股份。例如：如果收购者为每个目标各提供 2 个股份，于是，合并套利者将会购买目标的一个股份，同时卖空收购者的两个股份以保持中立。这个交易的多空头寸之间的价值利差，代表了市场对交易失败的可能性估价。利差越大，市场认为这一策略失败的可能性越大。实际上，合并的主要风险是交易失败和利差太大。这个风险没有被典型的股票风险模型捕获，也不是对称分布的。假定这个利差是 6%，如果交易失败，那么利差会扩大为 20%。套利者可以获得 6% 的利差，或者当利差扩大到 20% 时损失 14%。

由于这些数据缺陷，所以构建一个对冲基金组合绝不只是一个定量优化问题。然而，在最终的组合里应该平衡期望回报与风险。对冲基金投资者，必须权衡期望回报和对总组合的风险贡献。记住前述的警戒，有必要考虑一下定量化的风险。除此之外，认真分析每个对冲基金策略的期望回报将有助于最终决策。

组合的潜在约束来源于经理人和基金的不流动性。事实上，投资人最喜爱的对冲基金最有可能降低预期回报。不可流动性也可以危害一只对冲基金或导致投资者要求更高的期望回报。

监测（monitoring）

对冲基金和对冲基金组合需要监测，包括定量方法和定性方法。回报数据和其他有用的数据可以用来检验对冲基金回报率是否和陈述的投资策略一致。除此之外，经理人之间的定期沟通能加深经理人对投资策略的理解。

许多监测是为了察觉投资风格偏移。当对冲基金投资和其预设的策略不一致时，发生风格偏移。它有多种表现形式，包括基金所管理的资产类型发生变化、资金组合构建原则发生变化以及风险过程发生变化。尽管一些转变是我们希望的，但投资者必须注意一些转变，只有这些转变发生才能使预期和资产分配产生相应的变化。在有些情况下，风格偏移可导致经理人职业生涯结束。

对于那些只接受基金净资产价值的投资者来说，可以通过观察回报来发现风格偏移，并注意那些过量的正的或负的回报，或者那些并未表现出预期相关系数的策略。如果数据透明度大、底层结构充足、分析工具合理的话，资产组合头寸分析是判断对冲基金是否与声明的风格一致的最好方法。

组织变化会给回报带来负面影响。人事变迁、管理的资产变化、服务提供商的变化都是投资者需要关心的组织变化的例子。

除了监管个人对冲基金外，还必须审查对冲基金组合，以确定其是否和目标一致，确保资产组合分配能持续地平衡资产回报和风险贡献。基金策略或市场的改变会改变基金之间的关系，以及预期回报和风险之间的关系，同时也改变组合的风险/回报特征。因此，监管的目标在于努力熨平对冲基金组合的预期风险和回报的变化。

发展中的组合管理

发起之后，投资者重新评估他们的资产组合，可能会重新分配资本。在大多数情况下，这只是经理人评估和构建基金组合的动态管理过程的一个环节而已。定期决策是否对经理和策略增减分配，除了新的或即将消失的对冲基金。解雇一个经理人的原因包括：低回报、组织混乱、风格偏移。这是与业绩费和高水位线相关的重要的、独一无二的因素，然而，他们在决定调整基金分配时出现。

假定投资 100 万美元于对冲基金 A，但经理人损失了 20% 的基金资产，那么 NVA 是 80 万美元。对冲基金投资者希望用对冲基金 B 来代替 A，执行和 A 完全相同的策略，但同一时期业绩更好。如果 A 和 B 的策略未来依旧高度相关，那么投资者就需要考虑"免费午餐"了，即不必支付对冲基金 A 的业绩费。免费午餐发生的原因是：投资者不会支付业绩费直到对冲基金的 NVA 达到高水位线。所以，从 80 万美元中，投资者可以获得 25% 的回报，而且不用支付费用。相反，投资者假如终止对 A 投资转而对 B 投资，那么 B 就能得到 25％ 的总回报。假设业绩费是 20％，那么投资者仅获得 20％ 的净回报。显然，如果 A、B 来年获得同样的毛利，由于不用支付业绩费给 A，所以 A 的净回报将会高于 B。这表明积极交易对冲基金有个极限点。

对冲基金的基金

对那些没有资源或技术投资于对冲基金组合的投资者，有对冲基金的基金能满足他们的需求。这些投资公司在图 27.2 列举的对冲基金部门中的四个或一个内进行运作。

对冲基金的基金比个人投资者有更好的信息渠道和更优秀的经理人。基金的基金也为分散化投资提供了机会，而且是小额的。大多数对冲基金需要最小投资 1 亿美元。对冲基金的基金能使投资者以较低的投资额获得在其他任何情况下不能拥有的分散化优势。最后，基金的基金能提供职业化的投资管理，这包括经理评价、资产组合构建、监管。

第 28 章

私有股投资

巴里·格里菲斯（Barry Griffiths）

什么是私有股，为什么投资者应该将其看做整个投资组合的一部分？在这一章中，我们将把私有股视为所有不公开交易的所有权利益，除了不动产。在这一定义下，私有股是一种巨大的有用资源，包括从本地的干洗店到规模庞大的工业公司和从仅有一两个员工的、刚成立的没有收益的小公司到历史悠久的、有几千名员工并有稳定收益的公司的几乎所有东西。

与公开发行股票相比，私有股作为一种投资有很多的优点。基本上，公司私有的事实使得它们的信息无法有效传递。这就给有过人的能力或信息的管理者提供了一个获取非寻常收益的机会。另一方面，正是因为缺乏可获得的信息，所以使得用本书所介绍的均衡方法来分析它们变得非常困难。

在本章中，我们将讨论私有股投资的理论基础，以及投资于私有股的机制、估价和回报信息的局限性。最后，我们将检验一种将私有股包括在全球资产分配战略中的方法。

为什么要投资私有股？

私有股有时被人当做一种可替代的资产，认为它比较新奇。当对其仔细考虑之后，却发现并不是那么回事。公开交易资产市场是比较新的，最早始于 19 世纪。因此，大部分先前经济中的所有权都是私有的。而且事实上，私有股直到今天的很多时候都是一种老式的资产。

现代金融的基本假设往往源于以下的假设：

● 关于经济机会的信息会迅速地传递到所有的市场参与者；

- 市场有很强的流动性;
- 交易成本很低;
- 所以，套利机会非常有限而且是瞬间完成的。

在私有股中，没有一种基本的假设是成立的。虽然这个事实将成为分析的障碍，但对懂得私有股市场的人来说，它仍然可以为投资者带来超额回报。

私有股管理者在评估交易和做投资决策时有信息优势。在公开市场上，信息是严格规定的，并且可以被所有潜在的投资者获得。在私人市场上，信息相对难以得到并且缺乏透明度。例如大部分私有企业的出售行为，并不是被广泛知晓的，拥有大型关系网的私有股投资者能够在做一笔业务的同时知道更多的业务，因而可以得到更多的业务。另外，很少有私人企业发布年报或讨论其业绩和金融状况。这种信息的缺失意味着，只有那些投入很多功夫、勤奋的、能力强的投资者才能做出比其他投资者更好的决策。他们能找到潜在的价值或者未被发现的问题，这些可能会改变他们对公司的观点和评价。

私有股的投资者也有增值机会，并且在发起公司（start-up companies）和大公司需要重组或重新定位时有所区别。不像公开发行股票的投资者，他们大都是公司的股东，是被动的持股人，优秀的私有股投资者经常控制着企业和董事会。他们选择管理方式、经营战略，并且影响经营和金融决策。他们经常能够决定何时和如何退出一个投资项目，因为一个重要的因素，是他们能够对投资的收益有显著的影响。另外，虽然私人投资市场会因缺乏流动性而带来风险，但私有股投资者会因这一风险而得到补偿。因为在收购公司时，他们通常能以低于公共市场公司的股票价格来接管，进而弥补了这种风险的损失。这种相对低价的原因经常是缺乏效率的出售过程造成的——私有股投资人往往不用拍卖的方式获得公司，而是采用一种缺乏竞争、更缺乏市场价格信息的方式。

最后，不像公开市场上的投资者，私人市场并不生活在成千的投资人非常仔细地关注每一季度的投资成本的环境之下。私有股投资人对投资有相对长期的眼光（典型的是五年以上），能够容忍短期亏损，因为他们相信能创造价值而不退出重大的投资计划。

私有股投资的类型（types of private equity investment）

一般认为，私有股投资既可能是新成立的公司，也可能是事先存在的公共公司私有化。事实上，私有股的投资战略很多，就像图 28.1 所描述的一样。这些超越了一个企业的整个生命，从企业创建、发展扩张，到可能发生的转变和投资失败。

不足为奇，这些多变的投资战略具有不同的风险和回报来源。例如：那些采用有可能会带来收益的新技术和新管理模式的公司的业绩，基本上都是基于创新的有效性，因而在公共市场上很难有所作为。这种类型的业务可以按常规的方式启动或使用风险投资方式，但成长起来或走向失败的概率都很大。

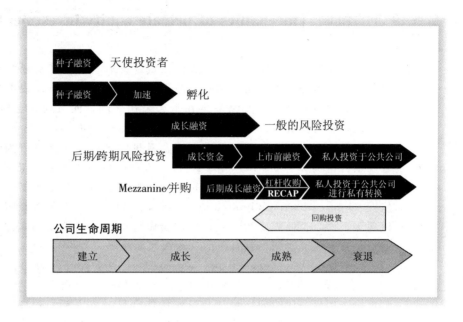

图 28.1　什么是私人股票

　　其他类型的私人投资基本上可以通过公开发行股票市场（public equity market）来获得收益。在一个明显的例子中，一些收购投资就是采用了比类似的公共公司更高级别的金融杠杆。在这个例子中，很明显，回报和公共市场的相关程度是高度相关的。还有一点不太明显，但是可以看出，一些初始启动投资和风险投资就是模仿其他最近成功的启动投资。从某种程度上说，因为这些投资的风险和回报是新的，所以认为这些投资与公开发行的股票市场有很强的相关性。从 1998—2000 年的互联网和电信泡沫就能清楚地看出，很多复制版的启动投资都是建立在与公共市场投资收益紧密相关的基础之上的。

　　我们可以看出，不同的私有股组合有不同的风险特征。私有股的风险通常被认为与很多的因素有关，包括：

- 战略（如上文所述）
- 产业或部门
- 公司规模
- 地理位置

　　因此，一个私有股的投资组合即使完全一样，但一个在加州的、技术原始的、仅有 1 000 万美元规模的企业与一个完全购买一个欧洲的、处于转型时期的工业企业所面临的风险是完全不一样的。两个投资组合可能完全因为部门的组成、公司的规模以及位置而有显著的不同。上面的因素中没有一种是和在一个给定的年度内私有股投资人的投资组合的行为相似的。

私有股投资的机制（mechanics of private equity investment）

私有股投资并不像公开发行股票投资那样容易。公开交易的证券可以在任何时候出售和买进，而不用改变公司的控制权。私人公司没有这样的公开市场。大部分的私有股交易发生在个人公司之间，而且通常会改变控制权。就是说，新的投资人从原有的投资人手上购买了公司。

但是，有一部分私有股投资允许金融投资者进入。这种行为的最普通的表现是合伙关系（partnership）利益。这种合伙关系利益一般有一个成员，他通常有对私有股投资方面的特别经历和超常能力。金融伙伴是有限责任合伙人（limited partners limited partners），通常他们在合伙关系成立时并不提供现金，而当企业需要的时候，他们会做提供资金的担保。这种担保的规模通常是有限的，时间也是有限的（通常为5年）。

当普通合伙人（general partner）发现了一个有吸引力的投资项目的时候，为了给项目融资，他们将以有限合伙人担保提出资金申请。核心成员将管理投资项目一段时间，包括与投资伙伴合作，采用新的管理方式，解决实际运作的问题，或以其他途径增加价值。最后投资变得具有流动性，通常通过首次公开发行（initial public offering，IPO）或者出售给其他的买家，整个过程会被分配给各个成员来一起完成。这个循环过程根据项目的不同通常会花5年或更多的时间，但更短的投资期也是可能的。

通常有限合伙人会因核心成员管理投资而支付其费用。此外，在每个投资项目中，核心成员会收到总利润的一部分（通常在10%左右）作为其回报。这部分利润通常称为附带权益。

一旦私有股合伙担保关系制定之后就不能轻易退出。核心伙伴不经常以有限伙伴关系提供担保，因为这样可能影响他们投资的能力。虽然有很多二手的买家希望购买受限的伙伴关系的利益，但这些交易通常非常费时而且需要得到核心伙伴的同意。

私有股投资的价值和收益的统计量

因为私有股不是经常和正规交易，所以对其进行估价是十分困难的，因而很难估计私有股的回报。大部分私募股份的成员在交易时都遵循报告投资价值这一简单法则。典型的情况是，按照成本为投资定价，或根据最近第三方投资者的大量交易定价。当投资公共化以后，就可以明确定价了。另外，核心成员在外界情况允许的情况下，可以直接决定应用修改后的价值。

因此，如果在一段时间内没有私人交易业务发生，那么报告给投资人的价值就会显得非常过时。例如，考虑这样一个业务，它的资金规模可能会超过自身的现金流。在接下来的几年中可能会增加额外的投资，所以在整个过程中，公司的真实经济价值可能会有显著的增长，而企业的报告价值却毫无变化。相反地，一个失败的投资可能不需要增加额外的资本，所以直到其停止运作之前，企业的价值将保持不变。

在一个现实的合伙合作项目中，任何时候对整个投资进行交易都是不太可能的，所以从某种程度上说，项目作为一个整体，其价值都是过时的。只有在项目开始的时候（没有任何投资发生）和结束的时候（所有投资都被清偿而且收入都已分派），项目的估价才是完全可靠的。因为私募股票的估价都是过时的，所以独立投资项目或合伙投资项目的定期收益数据都是非常不可靠的。而且，因为定期的收益数据是非常不可信的，所以其真实回报的估计、波动率，以及与其他资产的协方差都是不可信的。

所以，在私募股份项目中，最经常被使用的评价指标就是内部收益率。这个指标就是通过现金流量（任何时候发生的）和计算时项目的残值计算而得。当投资或合伙合作项目被完全清偿时，内部收益率（internal rate of return，IRR）就会非常可靠，因为它用的是完全可以被观察的指标（现金流和日期）。但是与定期的收益指标相比，它的用途是有限的，因为其不能推断何时及如何取得收入。

因为内部收益率在整个合伙合作项目的过程中都是可以被可靠计算的，而定期的收益和风险统计指标基本上不可能做到，所以对于私募股票的投资者来说，完全理解风险收益交换（risk/return trade-offs）是非常困难的。有些时候，投资者会被引导到关注内部收益率，而完全不过问合伙合作项目中的风险与回报。因为难以得到好的统计量，所以成功的私人募股投资需要关注投资项目的经济基础。

因为私有股投资是完全私人的，所以没有集中的组织报道其价值和回报。事实上，私有股投资人通常把项目的估价与回报看做自有的信息，反对将其共享。很少有组织试图编写关于私有股投资的内部收益率数据，但有一小部分合伙投资项目共享这些数据。① 因此，与公共市场相比，私有股投资的风险与收益估计是非常不可靠的。

私有股的历史收益 （historical returns in private equity）

在表 28.1 和图 28.2 所示的数据中，我们显示了风险经济数据报道的私有股的历史回报。如上文所示，这些数据有严重的局限性，但它们是最容易得到的。我们展示了伙伴投资媒体上的内部收益率数据。为了解决评价滞后的问题，我们将清偿的伙伴投资从不清偿的合伙投资中分离出来。清偿的合伙投资会将投资全部撤出并把收益支付给投资者，这些基金大多数是 1980—1994 年间建立的。不清偿的合伙投资在合伙投资项目中仍然有一定的比例，所以报告的内部收益率在一定程度上取决于核心成员的估价。这些基金主要

---

① 典型的是，这些组织报告的 IRR 的统计量有——均值、中值、标准差和四分位数。要注意的是，IRR 的标准偏差不是波动率的估计，因为它测度的是合伙人之间回报的分散化程度。

是 20 世纪 90 年代建立的。

表 28.1　　　　　　　　　　　私人股票的历史收益

	美国清算	美国非清算	欧洲清算	欧洲非清算
样本大小	345	1 178	84	580
最大值	243.9%	726.2%	107.9%	265.5%
十分之一	26.5%	45.6%	21.7%	30.7%
四分之一	17.7%	19.8%	13.4%	16.0%
中值	10.1%	5.8%	5.6%	4.9%
四分之三	2.6%	−5.2%	−1.1%	0.0%
最小值	−72.6%	−100.0%	−43.5%	−100.0%
标准差	1.2	1.4	2.1	1.3

Data source：Thomson Venture Economics.

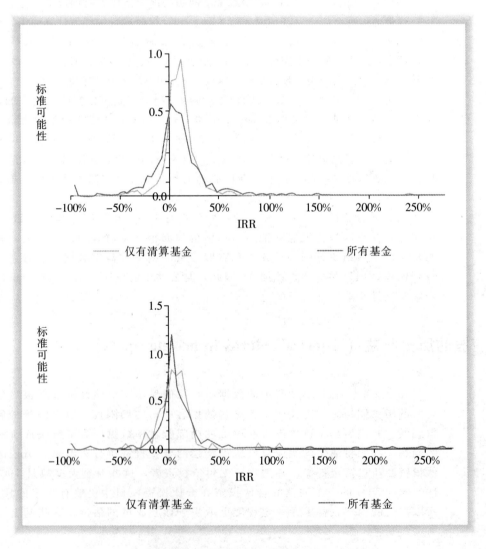

图 28.2　私人股票的收益分配

数据来源：Thomson Venture Economics。

很明显，这些合伙投资项目，无论清偿的和不清偿的，都有很强的集中趋势，其中值接近10％（提取基金费用和附带权益之后）。这非常接近标准普尔500的长期回报，这说明私募股票和公募股票相比，并没有长期的、显著的更高收益。虽然前面曾经提到，私募股的管理者有可能得到这样的超额回报。

同样，根据私有股基金报告的内部收益率，我们可以清楚地发现，私有股基金之间的分散化程度很大。私有股基金的头一个四分位数约为20％，最后一个四分位数约为0％。与公开交易资产相比，这一分散化程度是很高的。

我们经常提到的私人股票基金主要有两种：风险投资和收购。经过广泛的分析之后发现，它们的收益有不同之处。在一些特定的年份，这几乎是完全正确的，但从总体上来看，经过一段较长的时间又不是那回事。如果我们研究风险经济数据上的清偿基金的数据，那么将会发现，总的说来，报告的回报分布是非常相似的（见表28.2）。在每一个实例中，回报率的中值是10％，而最高和最低的四分位数的差距则达到了15％。

表 28.2　　　　　　　　　　　报告收益分配

	清算卖空	清算风险投资	非清算卖空	非清算风险投资
样本大小	102	327	410	1 133
最大值	243.9％	107.9％	137.8％	726.2％
四分之一	22.4％	14.6％	16.2％	19.8％
中值	12.8％	7.9％	5.6％	5.2％
四分之三	5.5％	1.3％	−4.1％	−2.6％
最小值	−42.2％	−72.6％	−100.0％	−100.0％
标准差	3.4	0.9	1.2	1.5

数据来源：Thomson Venture Economics。

这些关于清偿基金的分析都是在1998—2000年股市泡沫之前的。当更多的基金被清偿之后，我们会发现，历史相对回报发生了一定的变化，虽然不能准确地预测这一变化有多大，然而，这并不意味着投资者应该依靠风险基金和收购在回报上的系统差异性。

私有股收益的根源 （sources of return in private equity）

基于以上的论证，我们可以总结出关于建立一个为资源配置的私有股市场模型的几个结论。

1. 私有股的标准风险与收益数据不能可靠地测量。

2. 由于资产的滞后评估、流动性差以及长期义务，所以市场的权重不能被用来推断为均衡期望。

3. 因为不同的私有股战略，所以任何两种投资组合会有不同的风险与回报。

4. 私有股市场的风险与公共股票市场的风险是部分相关，而不是完全相关。

5. 私有股市场的收益与公共股票市场的收益是部分相关的，这部分的原因是一些私有股管理者拥有更多的信息与技能。

这些结论表明，在私有股市场上配置资源是寻找唯一的正确答案是错误的，相反地，一个投资者应根据投资组合的特征制定一系列足够好的结论，这样应该会更好。

让我们临时采用一个私有股投资组合收益的简单模型，将私有股收益分解为均衡的和不均衡的两部分。假设投资者在公共市场上有一个投资组合，就像前面章节讨论过的超额收益率 r_e、投资组合的均衡超额回报 μ_e 和易变性 σ_e。投资人希望用私股代替其中一部分 w。我们可以假定，在这一特定的私有股投资组合中，有一部分是均衡的、可期待的回报，另一部分是由不均衡因素带来的回报。

$$r_p = \beta r_e + \alpha + \varepsilon \qquad (28.1)$$

其中，$\beta =$ 市场乘数，从这个公共股票组合到私有股组合的均衡收益的市场因素。

　　$\alpha =$ 预期收益的不均衡因素，主要是因为投资人在私有股市场上的过人技能和信息操作能力。

　　$\varepsilon =$ 私有股市场上的风险因素，是与公共股票市场独立的，易变性为 σ_n。

可以看出，私有股组合总的预期超额回报是：

$$\mu_p = \beta \mu_e + \alpha \qquad (28.2)$$

总的波动率是：

$$\sigma_p^2 = \beta^2 \sigma_e^2 + \sigma_n^2 \qquad (28.3)$$

结果就是：公共股票与私有股投资组合的相关系数 ρ 为：

$$\rho = \frac{\beta \sigma_e}{\sigma_p} \qquad (28.4)$$

在等式（28.2）与等式（28.3）中，我们可以看出，私有股投资组合的预期收益和流动性是与公共市场部分相关的，一部分与投资者的技能和手中的信息，以及与公共市场无关的风险相关。

参数 α、β 和 σ_n 的估计值应该是多少？再一次，这取决于投资者的技能和采取的分散方法，但一些观测似乎可行。

首先让我们考虑 β。因为私有股毕竟是一种股票，价值接近 1 就好像更合理。对那些经营模式中有较大革新的公司，可能会有一个较低的预期值。对于那些刚刚运用了高的金融杠杆而没有进行真正革新的公司，或者那些全盘拷贝最近成功公司的企业，可以预期它们的 β 值接近于 2。另外，在合伙投资项目中有被带走的利润，可以使 β 的有效值下降 20%，我们模拟演示了很多次表明一个与投机经济学（Venture Economics）相一致的价值应该接近 0.7，这是因为在私有股市场上，信息是很难被公共知晓的，如前文所述。因此，在某种程度上与公共股票市场相似，私有股市场的投资也能建立 β 值高或者低的投资组合，这就要看他们如何选择投资组合了。

现代投资管理——一种均衡方法

我们接着考虑 σ_n。很明显，一个很小或者分散化程度很低的私有股投资组合会有很高的 σ_n 值，有可能接近 100%，可能与最近公募化公司的单一股票一致吗？一个大的、多样化的私有股投资组合可能会有一个很小的值。在很低的极端情况下，对于一个 20 个成员的伙伴投资组合，每个成员投资 20 个项目，值可能是：

$$\sigma_n = \frac{100\%}{\sqrt{20 \text{ 投资伙伴} \times 20 \text{ 公司}}} = 5\%$$ (28.5)

多次模拟运算表明，在规模大的、多样化做得好的私有股投资项目中，σ_n 值能够接近 15%，与风险经济数据库一致。但要再一次申明的是，跟以前说的一样，公共市场上的数据具有其局限性。当然对于私有股市场的投资组合来说，25% 的值也并不是合理的。

最后让我们考虑 α，虽然前文所述的市场绩效率的内容表明 α 取得一个真实的值是可能的，这是完全有保证的。此外，私有股伙伴中的投资者必须支付费用，典型的情况是减少预期回报的 $2\% \sim 3\%$，我们模拟演示了很多次，表明 α 值接近 0 的情况与风险经济数据库的情况一致，再次申明，与数据库的局限性无关。我们要在这里再一次说明，不同的私有股投资者能够建立 α 值完全不同的投资组合，这根据管理者和投资组合的选择。

管理者的技能有什么作用呢？对历史数据的研究表明，拥有过人能力与信息的特别的管理者能够使 α 值上升 10 个或更高的百分点（如果相反，也会产生负的 α 值）。那些拥有非同寻常的技能的管理者所做的非同寻常的贡献的影响程度是很大的，有可能使 β 的值降低。在这样的情况中，非公共市场的风险项 σ_n 有可能会升高，正如以前章节所述，这可能是个好现象，σ_n 代表相对便宜的风险，而公共市场上 β 控制的往往是成本比较高的部分。

最优配置的案例（optimal allocation examples）

总的来说，对于多种财产情况，上文所述的模型可以用来解释全球协方差矩阵和为私有股计算理想的权重。然而，通过考虑一个两种财产的情况，我们可以得到一些案例的深层理解。在这种情况下，投资者简单地希望用以往存在的一部分公募投资组合 w 来代替私有股投资。

使用第 4 章的结论和前文所述的模型，我们可以发现私有股理想的权重是：

$$w_o = \frac{\alpha + (\lambda \sigma_e^2 - \mu_2)(1 - \beta)}{\lambda [\sigma_n^2 + (1 - \beta)^2 \sigma_e^2]}$$ (28.6)

这里的 λ 就是前文所述的风险厌恶系数。

这是一个由多种原因造成的有趣的结果。首先，从分子上我们可以看出，配置私有股有两个基本的原因。第一是如果私有股投资组合有一些肯定与公募市场无关的正回报 α。第二是如果私有股投资组合有一个小于 1 的 β 值，这也是配置私有股的一个分散化的基本原则。

第二，检验在市场上它的独立配置的表现是非常有趣的。最重要的是因为乘数（$\lambda\sigma_e^2-u_e$）必须是正的，所以 w_o 必须减少，而 β 必须增加。因此对于私有股市场的基本原则是，必须在很大程度上依靠其不均衡的革新部分，比如新的或改进的业务。

第三，看看简化的情况，如果 $\beta=1$，在这种情况下，我们可以看见：

$$w_o\,|_{\beta-1}=\frac{\alpha}{\lambda\sigma_n^2} \tag{28.7}$$

这里我们可以看到，如果私有股组合有独立于公共市场的单位，那么配置私有股仅仅依靠私有股投资组合中的特别回报和特别的流动性，而不是其总的回报和总的流动性。

第四，考虑这样一个特殊情况，私有股投资组合的预期超额回报与公募市场预期的超额回报相等，这就是说：

$$\alpha=(1-\beta)\mu_e \tag{28.8}$$

很明显这种情况与在混合的（私人和公共）股票组合中寻找一种波动率最小的私有股配置是相等的。在这种情况下，理想的私有股配置是：

$$w_{\min\,vol}=\frac{1-\beta}{\left(\dfrac{\sigma_n}{\sigma_e}\right)^2+(1-\beta)^2} \tag{28.9}$$

对于任何 λ 值，这更加证明了我们观察的情况，一个仅仅与分散作用有关的配置只能是 β 值小于 1 的私有股相对于公募市场而言的。

图 28.3 中的曲线如何把总的私有股组合中的部分进行配置，主要依靠经过考虑的私有股组合的每一特别的部分假设可能的数字。就像本书中曾经提到的，在这些例子中，我们假定风险厌恶系数为 2.857，预期的相对公募市场的超额回报是 4.1%，公募市场的波动率是 15.9%。

我们可以看见，当 β 值小于 1 时，私有股的配置曲线几乎是一条直线，主要依靠个别的回报与个别的波动率之间的比例，就像前文所说的一样。当 β 值小于 1.5 时，对于平衡的公共回报的角度的独立性的惩罚便显而易见了。

很多这样配置相对于可在其他地方看见的推荐情况显得出人意料的大。很明显，对于这样的分析，理想的私有股配置依靠对私有股组合的特别特征的考虑，而不是仅仅对其简单地加以定性。对于那些真正能够将 α 值提高 3% 或者更高而 β 值小于 1.5 的投资者（对于私有股中回报率的高度多样性来说，这样的人很少），在一个私有股投资但将全部的总投资组合中的至少 10% 的部分配置在这个地方是完全可以的。

我们要强调的是，这些结果适合于两种资产组合的情况，而且不考虑流动性限制。一些不同的结果将会在多种投资组合中出现，但基础分析是一样的，而且使用的是前文建立起来的理论体系。因为私有股高度的非流动性，所以投资者对私有股进行配置的时候必须认真考虑它们的流动性和为了适应没有基金的伙伴投资而造成的流动性的额外限制需求。

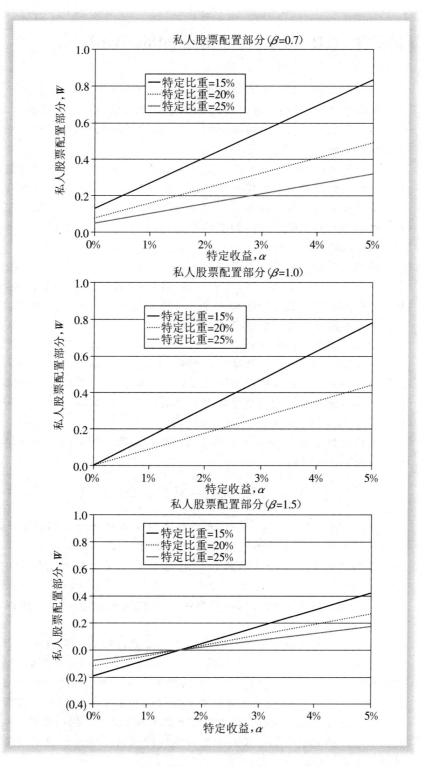

图 28.3　私人股票配置部分

次优配置的效果 （effect of suboptimal allocation）

在这一点上，一个基本的困难被观察到了，我们可以通过估计的数据得出私募股票的理想配置，但我们也应该看到估计的数据并不十分可靠。此外，已写明结果的范围（股票组合中的 $10\%\sim50\%$ 分配到私募股票上）对于使用来说显得太大了。

一个解决这种困难的方法，是如果私募股票投资组合出现的实际数据与我们开始分配时假设的数据不同的话，那么我们可以计算整个投资组合的数据影响。如果现在与假设不同，那么这种情况就会被定为次优。那么，投资者就可以决定潜在的收益（如果估计的回报准确）是否能够弥补额外的风险（如果估计的回报准确）。

例如，假如一个投资者确定，在几套参数的基础上，为私募股票选择一个权重 w_o。（注意，对于任何给定的权重，会有数值不同的多套参数）。就像我们曾经显示的，这种分配将大体上（至少是部分）基于一种预期，即具体回报 α 对私募股票组合来说将是实际的。

然而，假设被精确地获得了，其数值为 0，那么应该做的最优的事（在分配时知道真实的 α 值）就是仅仅在私募股票分配很少的一部分资金，有可能一点也不分配。在这种情况下，投资者需要为总体股票波动性的增加付出代价，而不能从增加的回报中收到预期的收益。那么在一些有事实根据的权重 w 下，总体资产波动的影响是什么呢？

在选定权重 w 的条件下，总体资产组合的联合波动情况在这里我们称为 σ_T，由如下公式表示：

$$\left(\frac{\sigma_T}{\sigma_e}\right)^2 = (1-w)^2 + 2\beta w(w-1) + w^2\left[\beta^2 + \left(\frac{\sigma_n}{\sigma_e}\right)^2\right] \qquad (28.10)$$

我们在表 28.4 中讨论一些同择范围的参数时曾经提到过这个函数。可以看出，由于在私募股票上权重较低（例如，$w=10\%$），所以在现在这个参数范围的情况下，联合私募股票组合的波动率增长不超过 1.06（例如，如果 σ_e 大约为 16%，对于 $1.0\sim1.5$ 之间的任何数据，σ_T 将会是大约 17%，），很多投资者在其私募股票组合中的权重达到 10% 或更高，就反映了这样的情况。

对于在私募股票上的中等权重，代价是要付出的，在波动率增长的情况下是陡峭的。在 $w=25\%$，β 达到 1.0 的情况下，总的波动在同样的范围内，就是增加到了 1.07。然而，如果 β 的值是 1.5，则总的波动率的增加值就会是 1.19，因此，这可能使私募股票上的权重变化 25%，除非投资者对其能够获得的 α 值有信心，或者投资者确信 β 值不高于 1.0。我们要再一次强调，一些投资者的确能够在私募股票上拥有这样的权重，但他们通常都是那些在私募股票上有经验的投资者。

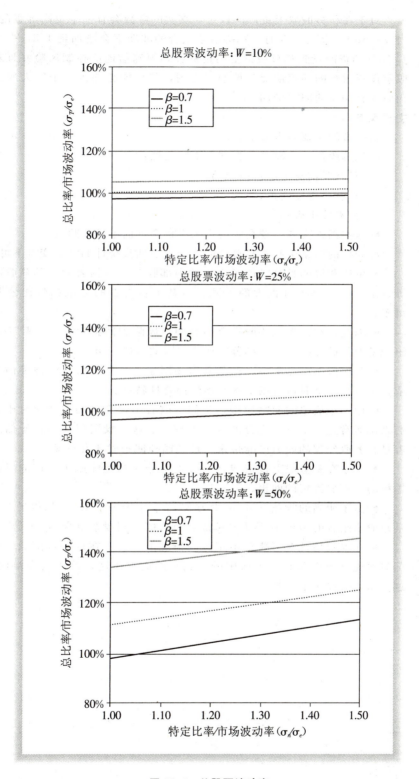

图 28.4　总股票波动率

对于在私募股票上更高的权重，真实的参数会有一个更高等级的敏感性。当 $w=50\%$，β 为 1.5 时，私募股票组合的波动率会增加到 1.5。一个选择将其 50％的资产投到私募股票上的投资者必须确信他能控制风险并且对其私募股票投资组合的回报情况有信心。否则，很可能会遇到一个巨大的波动率惩罚而没有相应的回报增加。

主要观点：

这一章的主要观点如下：

● 私募股份与公募股份有许多不同之处：

1. 私有股信息不能自由流动；

2. 私有股难以变现；

3. 交易费用很高。

● 这些因素为获得较高收益带来了机会（而不是威胁）。

● 同样的因素引起对私募股的评价以及回报统计的结果变得不可信。

● 可以获得的私募股市场投资的内部收益率数据表明，私募股市场的中等数据与公募市场有很大的不同。但基金管理者的分散趋势比公募市场高得多。

● 因此，在许多私募股投资组合中，风险和回报很强地依赖于这些投资组合是如何进行的——把私募股作为有限效益的一组。

● 我们假设在非平衡、非公共市场因素下，私募股可以被模仿为有一种依赖于来自公募股份市场上的平衡的混合性特征。

● 用一个简单的两物模型，我们可以看出，简单的多样化对于私募股投资来说通常是一个不太充分的基本原理——这些投资仅仅当由于信息灵通或者是私募股经理的能力可能带来合理的额外回报时才有意义。

● 为了在私募股上投资成功，必须十分注意理解原生资产的风险以及所选择的私有股投资的回报。

● 由于明确的收益（α）至少为 3％，β 小于等于 1.5，所以最合适的分配是总股票组合的至少 10％为私募股，有可能达到股票组合的 50％。

● 在参数估计有可能是不正确的情况下，对于在这一范围低端的分配情况对次优分配仅仅有一个适中的惩罚。然而，在这一范围的高端的情况下，这一惩罚会显著地增加。

第六部分

私有财产

第29章

实际税后投资

唐·马尔维希尔（Don Mulvihill）

在第 29 章到第 32 章中，我们将关注个人或家庭投资者的投资管理。税收因素、必需品花费和遗产计划问题使投资策略的制定和实行变得极为复杂。我们的目标是：（1）说明前一章建立的关于个人投资者的一些规则；（2）说明在我们的投资分析方法中如何顺应上述复杂的因素。

个人投资者通常努力保存和增加其财产的实际价值和税后价值。我们将关注富有的个人投资者的投资策略。这样的投资者通常不会消费掉其全部财富，因而会留下遗产。在我们的讨论中，将遗产计划问题和投资策略问题一起分析是反复出现的主题。税率总是变化的，而且各个州都不相同。为了分析的方便起见，我们将假定普通收入短期利得有 40％ 的边际税率，而长期资本利得的边际税率为 20％。① 在接下来几章的例子中，除非另外说明，我们将沿用此税率。我们假定遗产税率为 50％。

有效前沿（efficient frontier）是理解组合管理问题的一个很好的可视化的帮手。投资经理和财务顾问的活动通常是以下二者之一：（1）通过提高单位风险的期望回报来建立更有效的组合（即使有效边界上移）；（2）帮助投资者识别和达到适合他们自身情况的有效边界上的点。许多投资者和他们的顾问都发现很难将税收、遗产计划、花费和通货膨胀问题纳入其投资分析框架之中。因此，他们常使用如下策略，先努力最大化风险调整后名义税前回报，然后考虑税收、遗产和花费问题。如果考虑到收入和遗产税（estate tax）的巨大影响，那么这一方法必将导致无效的资产分配和组合策略。

---

① 在本文完成之时，布什总统刚发表了取消红利税的提议。本书中所有的计算都是在考虑红利税的前提下进行的。

鲍勃·李特曼在第 2 章中已给出了关于风险的观点：

● 长期而言，风险是驱动投资回报的动力。

● 投资者有有限的风险容纳能力，这与他们接受财富长期或短期的波动的限度有关。

● 风险是稀缺资源，因此应该进行预算和安排，使得在给定风险水平下，获得最大的期望回报。

投资管理包括首先识别期望的风险水平，然后建立投资组合，使得在此风险水平下期望回报最大。应纳税投资者很容易理解税收减少期望投资**回报**。如果你取得了一项收益，政府将从中征收走一部分。不是特别明显的是，税收同时也影响**风险**，通常来说是使风险降低。考虑资本利得税对股票收益的影响。当股市收益高时，投资者通常有较多的资本利得，因此要支付较多的税款。股市低迷时，资本利得少，所以税收负担也小。通常，因为税后回报的波动性小，因而比税前回报的风险要小。

应纳税投资者面临收入税、资本利得税和最常见的转让税。每个投资者和家庭都是独特的，都有处理自己财产的计划和与这些计划相适应的遗产结构。投资者的起点各不相同。许多投资者以集中持有低起点股票来积累财富，当然，他们必须处理转手的问题。这些因素将影响税前期望风险和回报向税后期望风险和回报的转换。为了建立在给定风险水平下期望税后回报最大化策略，有必要将这些因素纳入税后风险和回报的计算当中。因此，每个投资者都有独特的有效边界。接下来的三章将分别致力于把这些复杂的因素纳入有效边界的计算公式中。这一框架有如下 3 个优点：

1. 它给投资者提供了一个实用的、识别给定水平风险的工具。这来源于以分散化方式描述的未来税后财富预测的风险。

2. 它使得投资者将收入税、资本利得税和转让税纳入投资决策，达到优化配置预算风险的目的。

3. 它为投资者提供了在给定风险水平下增加期望税后回报的方法，这一方法更好地理解了实业计划、收入税收计划、资产分配和组合管理的相互作用。

常规的有效边界图的两个轴分别为期望回报和风险。为了加入收入税和转让税等因素，我们建立以期望未来税后财富和风险的有效边界图。在40 000 页的美国税收法规中有许多选择权。将要建立的有效边界图，是在假定投资者在其投资环境中已充分利用了这些选择权的前提下，描述期望未来税后财富和风险的权衡关系。在本图的构建过程中，我们将阐明，充分利用税收规则的弹性会极大提高税后财富的积累。

第 30 章回顾了过去 76 年的美国股票、债券和国库券的回报率，并考虑收入税和通货膨胀的影响，对这些回报进行调整。这些调整后的回报被用来建立有效边界。这仅基于那三类资产。我们的分析将阐明，从名义税前回报到实际税后回报的转移将降低股票风险和增加可以观察到的国债风险。读者应该清楚地知道建立考虑税收和通货膨胀因素后的净财富的过程的困难程度。

第 31 章把遗产计划问题纳入风险和回报计算中，退休金账户、慈善信托机构、担保机构和基金会等经济实体都有自己独特的收入税和遗产税特征。资产布局指将资产配置计划的所有组成部分分配于各个经济实体，这些实体占据了投资者的财富。仔细的资产布局能充分利用这些实体的收入和遗产税特征以增强财富向继承人或慈善机构的转化。传统的有效边界是在假定最优资产分配的前提下得到的。第 31 章建立的有效边界还有最优资产布局的假定。这一有效边界联合了资产**配置**和资产**布局**，以得到最高的单位风险期望回报。有效边界的构建反映了投资者的长期财富转移计划。图中将描绘向设计的继承人/慈善机构的期望实际财富净转化和期望实际财富净转化波动率的权衡关系。

第 32 章分析了税收对股票组合管理的影响。资本利得税仅当证券卖出时征收。投资者通常控制卖出决策，从而能延期纳税。将延期纳税和资产的最终处置计划联系在一起，能使投资者规避尚未实现的利得。这使得通过积极组合管理来提高税前回报的愿望与通过延期纳税来提升税后回报的愿望相抵触。第 32 章致力于探寻解决这一冲突的方法，同时也发现税收损失可作为提高股票税后回报的机制。

本章剩余部分建立了一个计划框架，它反映了富有投资者的目标，并允许应纳税投资者分析使其投资计划复杂的因素。通货膨胀和必需品开销也纳入了这一框架，简单地分析了如何评估税收和减少税赋的方法。本章以分析如何计算税后回报结束。

计划框架

从最基本的层面上说，如果投资者是被豁免税收的，投资管理将是一个二维问题。这两维分别是风险和回报。本质上，投资管理活动涉及调整期望风险/回报的权衡关系，努力获得有效边界上期望得到的点。个人投资者面临多维问题：税收、遗产计划和与遗产计划相关的非金融因素使得已经很复杂的问题更加棘手。

富有者通常不会消费其所有财富，不同投资者的消费类型各不相同。但有一个一般的规律：个人财富越多，捐赠或遗传占遗产的比例就越大。富有者可被看做财富的管理者，他们的财富超过了消费需求，因而他们替未来受益者管理着遗产。这可联系慈善机构、直接继承人和后代。

个体投资管理活动的第一步，是描述各个因素并重点关注风险和回报。许多投资者将这一问题描述为：

努力满足自己消费必需，最大化指定继承人或慈善受益者将要得到的风险调整后的实际财富。

这一表述非常有用，因为它能使投资者一致地评价遗产计划、资产分配和组合管理策略。任何潜在的决策都可以通过分析它对继承者/慈善机构所获得的期望税后实际收益的影响来进行。税后收益的期望可以分布的形式给出，它有均值、中值和标准差。这一表述使我们回到所熟悉的风险和回报权衡的框架，它使得我们能将现代组合管理工具运用到个人投资者所面临的问题中去。例如，如果投资者考虑改变资产分配政策，可能的建议是分析政策对期望未来净收益分布的影响。资产分配政策的改变是否会增加或降低期望的均值？是否会拓宽或变窄期望结果的分布？税收、遗产计划和必需品花费使期望税后回报和期望税后风险的计算变得复杂化。管理应纳税投资者资产和免税投资者资产的一个主要区别是，这些计算对应纳税投资者是因人而异的。虽然这些计算很复杂，但为了将现代组合投资理论正确地运用到应纳税投资者问题中，这又是必需的。

税　收

有四种主要的税收形式要考虑（到 2002 年 9 月）：

1. 所得税（income tax）。面向应纳税利息和红利，适用普通税率。

2. 资本利得税。面向实现了的收益和损失。一年或少于一年的头寸视为短期，按普通税率征收。持有超过一年的头寸视为长期，按长期税率征收。资本利得税因慈善捐赠或死亡可免征。如果增值资产被捐赠给慈善机构，增值部分将不征收资本利得税。如果将增值资产持有到死，则以当前市场价值减去潜在的税收债务来作为成本基础。税法的这些条款对有超过消费需求财富的投资者非常重要。

3. 赠予税（gift tax）。面向赠送给受益人或其他非慈善受益者的捐赠品，税率进阶很快达到55％。当前，每个捐赠者终生豁免额为 1 000 000 美元，到 2009 年，这一限额将调整为 3 500 000 美元。丈夫和妻子被认为是独立的捐赠者。因此，转移给孩子的免税财富可双倍计算。除此之外，每个人每年可以捐赠 11 000 美元给不限定数量的接受者。这些都不计算在其终生豁免额中。因此，妻子和丈夫每年可捐赠 11 000 美元给儿子或孙子。以上两项相加，足以使大多数美国人免交遗产税和赠与税。

4. 遗产税。和赠予税相似，赠予税和遗产税有时也被称做转移税（transfer taxes）。遗产税适用于非慈善接受者接受垂危之人的遗产，有和赠予税相同的终生豁免额。任何利用这一限额来规避赠予税的，将减少用于遗产税的豁免额度。赠予税和遗产税有两个重要区别。

（1）活着的捐赠者的增值资产将保持其成本。因此，接受者对这类资产有或有税负责任，而且如果这些资产高于原始成本出售，将有义务缴纳资本利得税。相反，对于垂危之人遗产中的增值将有进阶的成本。遗产成本将增加至捐赠者死亡日时刻的市场价值。这免除了资本利得税。

（2）遗产税有一定的核算范围。表 29.1 显示了这一点，可以发现，把财富以赠品的形式立即给孩子，比以后以遗产的形式给他们在税收上更有优势。

这可能导致家庭内部矛盾，有时会带来残酷的后果。

表 29.1　　　　　　　　　　　　赠与和财产税收的比较

假定一生中所有的豁免权都已使用，遗产税的税率为 50％。

赠予税		财产税	
父母给孩子 $1 000 000	$1 000 000	父母死后留给 1 500 000 美元给孩子	$1 500 000
父母交 50％赠予税	$500 000	交 50％财产税	$750 000
孩子净得	$1 000 000	孩子净得	$750 000
父母总成本	$1 500 000	父母总成本	$1 500 000
孩子净得/总成本	66％	孩子净得/总成本	50％
有效税收率	33％	有效税收率	50％

以上是截至 2002 年 8 月，主要的税收条款对投资者影响的简短总结。联邦税收条款极其复杂，共有 40 000 多页。可以确定地说，2 亿 5 千万美国人面对着没有人能完全理解的税法！税收条款经常修改。其复杂性源于立法者不同的观点，包括收入增加以及鼓励和限制某些活动和财富的再分配。立法者似乎很少考虑到执行负担。这一不幸，造成大量的抱怨。

转移税处于一种不同寻常的不稳定状态。当前它们被设计为在未来 9 年多的时间逐渐降低，然后在一年内维持零，接着在随后各年中回到 55％。这一不确定性给遗产计划以很大打击。

税收因素以多种方式影响分析。

1. 不是所有回报都相等。市政债券（municipal bonds）利息通常是免联邦税的。收入和红利立刻以普通税率征收，而如果实现增值，则用长期或短期税率征收。

2. 处置计划（disposal plans）影响税收。如果增值资产捐给慈善机构或持有到死，那么未实现收益的资本利得税可免征。①

3. 再分配是很昂贵的。股票具有增值性，因此，再分配投资者的资产需要支付资本利得税。这是与免税投资者投资计划的一个最大区别。这一问题对通过拥有某一事务而增加其财富的投资者尤为明显。公开发行或股票互换能创造这样一种情况，就是投资者大部分的财富是单一的低成本股票。通过卖出头寸来分散或降低风险需要支付大量的资产收益税。遗产计划和对冲策略能降低税收负担，这些税收负担是分散化所必需的。

4. 遗产计划结构使期望税后回报的计算复杂化。个人投资者常常有许多可以持有资产的实体。例如，担保信托、慈善信托、退休金账户和基金会。每个都有自己的收入税、赠予税和遗产税特征。因此，资产的期望税后回报，受收入税和转移税的影响，对不同的经济实体变化非常大。

税收对代表其继承人保存或增值财产的投资者而言是令人惊惧的挑战。粗略地说，政府要拿走你收入的 1/3 和到你死时你所拥有财富的 1/2。投资者

---

① 这是与遗产税有关的税法条款特征，将随遗产税取消而取消。

总是视美国国税局（Internal Revenue Service，IRS）为敌人，偏好于资本增值（appreciation）的投资者与美国国税局有更为复杂的关系。此时，美国国税局可被看做这样一个伙伴，有时影响非常昂贵，而有时是有益的。除了与它相处，我们别无其他选择。因此，理解美国国税局如何运作显得极为重要。在没有税收的情况下，拥有资产的投资者可以看见未来资产价格和收益或损失之间的直接关系（例如，投资者的回报为10%，如果资产增值10%；当有美国国税局时，情况发生了变化，对长期资本利得税而言，税务人员）说："如果你挣了正的回报，给我回报的20%；如果你的回报为负，我赔偿20%的损失。"

这是增值情况下我们和美国国税局关系的实质，但不请自来的伙伴给我们带来四个重要警戒——其中三个对纳税者是有益的。

● **选择期权** 资本利得税仅当投资项目卖出时征收，你决定什么时候兑现；

● **短期期权** 美国国税局将接受40%的损失，如果你第一年的回报为负。如果你得到正的回报，你可支配收益，至少可以持有头寸一年。当你最终卖出时，美国国税局仅拿取20%的收益。

● **处置期权** 如果你将资产捐给慈善机构或持有到死亡，美国国税局将不会收取你的增值资本利得税。

第四个警戒限制税务人员的慷慨行为：

● **没有绝对的补助（subsidy）** 美国国税局不会补偿所有的净损失，仅当投资者有其他实际发生的收益时，美国国税局才会补偿实际发生损失的一部分。[①]

税收降低了投资的期望回报，资本利得税使政府成为所有投资行为中总是伴随的伙伴。这种伙伴关系很复杂，总想以瓜分投资者收益的方式来运行。处置期权、资产分配和资产分布选择、杠杆的运用等都提供了减少税收对财富积累影响的机会。

对个人财富管理而言，很重要的一个方面是优化利用这些期权。这些期权和交易的期权相比，差别在于它们没有价格，它们是免费的。政府将期权加入税法，充分利用这些期权能无风险地增加税后财富的积累。

通货膨胀

通货膨胀是一个重要因素。投资者因各种原因把钱留给未来的受益者，希望这些遗产能帮助受益者购买房屋、支付孙子的教育费用、买车等。同样，对慈善受益者而言，捐赠者希望这些礼物能帮助他按照自己的意愿购买商品和服务。通货膨胀无情地减少遗产所能提供的房屋、教育和其他商品与服务。而且，必需品开销一般也随通货膨胀而增加。

[①] 纳税者被允许用普通收入抵消3 000美元的实际发生的损失。

通货膨胀是财富的隐藏杀手，其影响没有列示于经纪人的陈述、投资报告或税收回报中。但是，从 1925 年来，它使遗产价值平均每年降低 3％，有些时期还有更高的通货膨胀。20 世纪 70 年代，通货膨胀平均每年 7.3％。20 世纪 90 年代，通货膨胀平均每年为 2.9％。从现在开始，即使在完全相同的情况下，1 美元的购买力仅为 20 年前的 60％。今天的 3％的期望通货膨胀率，超过了现在由许多货币和债券市场提供的税后回报。负的实际回报并没有服务于使遗产真实价值保持增值的目的。在下一章中，我们将分析投资项目，如国债，能多么"安全"地带来正的实际税后回报。

通货膨胀通过两种方式影响投资计划。第一种是显而易见的，通货膨胀降低未来美元的实际价值。第二个是通货膨胀影响未来的必需品开销。在其他条件不变的情况下，如果投资者想从其组合中抽取固定比例的资产来满足其每年花费之需，那么应该期望这一数额与通货率相等。这带来了一个新的风险。未预料的通货膨胀将降低金融工具的市场价值，同时增加必需品开销所占组合价值的比例。一个以前看上去合理的消费政策将变得不能生存了。

开销（spending）

一些投资者用其金融资产来维持其日常生活花费，而其他的投资者能用逐渐增加的工资来达到上述目的。必需品开销、通货膨胀和税收都能阻碍遗产的保值和增值。花费总是没有弹性的。市场衰退将降低遗产价值，如果消费仍然保持不变，那么将使得更大比例的财富被消费掉，而且必需品开销随通货膨胀而增加。这加剧了通货膨胀的不利影响。市场通常对通货膨胀率做出极坏的反应。名义市场回报的降低、实际资产价值的降低和增加的必需品开销将使所有的困难汇总，必然导致以降低价格加剧变卖资产。

行得通的消费政策必须联合考虑税收和通货膨胀的影响。保存遗产真实价值需要投资回报至少等于税收、通货膨胀和开销之和。如果假定收入和资本利得税拿走 30％的投资回报，那么，消费不应超过通货膨胀。如果我们用一些历史数据做一些测算，8％的税前投资回报和 3％的通胀允许消费 2.6％的组合价值。这一测算没有允许花费随通货膨胀增长。基于时间和期望的通货膨胀，合理的花费比率要低于 2.6％。

当考虑花费政策的生存性时，投资者不能仅仅考虑期望回报的均值，而应当考虑出现结果的可能范围。在低或负的组合回报的情况下，固定的实际必需品开销将消耗越来越多的组合价值。这将呈螺旋形加速下降。在第 30 章结尾部分，我们将对此给予说明，即使中等水平的必需品开销也能给未来造成极大的破坏。

税后收益的计算 （calculating after-tax returns）

投资决策应该基于期望税后回报。投资时间、处置资产的方式和持有资产的实体的税收特征都会影响期望税后回报的计算。用一个股票指数基金来说明这一点。我们期望有 2％ 的分红和 8％ 的增值，红利年终支付，要征收收入税，净红利将被再投资，所有的增值直到基金出售才会兑现。

时间

投资者期望在一年后出售，税额为：$40\% \times 2\% + 20\% \times 8\% = 2.4\%$。

期望税后回报是 7.6％，我们定义有效税率为：1－税后回报/税前回报。本例中，有效税率为 2.4％。现在改变假设条件，使持有期变为 5 年。表 29.2 表明了价值和成本基础的期望增长，这将征收 20％ 的资本利得税，产生 145.67 美元的净收益，即 7.81％ 的年税后回报。延期支付资本利得税使期望税后回报从 7.6％ 增加到 7.81％，这导致有效税率降低到 21.9％。将时间扩展到 10 年，将产生 8.03％ 的期望税后回报和 19.7％ 的有效税率。25 年期的情况产生 8.47％ 的期望税后回报和 15.3％ 的有效税率，延期支付削减了资本利得税的影响。

表 29.2   **市场价值和成本的期望增长**

年	股票	税收收入	成本	市场价值
0			100.00	100.00
1	2.00	0.80	101.20	109.20
2	2.18	0.87	102.51	119.25
3	2.38	0.95	103.94	130.22
4	2.60	1.04	105.50	142.20
5	2.84	1.14	107.21	155.28

处置

在前例中，假定投资者在期末将出售资产。如果不出售资产，那么将会是什么情况呢？投资者处置资产的方式只有四种：出售、当捐赠者仍然在世时把资产交付给继承人、捐赠者死后把资产交付给继承人以及捐给慈善机构。仅有出售需要立即支付资本利得税。如果捐赠者在世时将资产交付给继承人，则继承人按资产成本接受。如果捐给慈善机构或者捐赠者持有到死亡，则可以规避资本利得税。许多富有的投资者不会全部消费其财富，因此，他们资产的大部分以持有到死亡和以捐赠给慈善机构的方式处置。我们将用"遗产模式"来描述这样的情况，就是投资者期望最终以不支付资本利得税的方式来处置资产。相应地，以"清算模式（liquidation mode）"来描述投资者期望最终以出售资产的方式来处置其资产的情况。此时，资本利得税可以被延迟但不能规避。参照前文所说的税收期权，处于清偿模式的投资者可以利用选择期权来延迟资本利得税，因而获得更大的税后回报。处于遗产模式的投资者可通过联合使用选择期权和处置期权来得到更多的收益。当投资者执行清偿模式时，买入并持有战略（buy-and-hold strategies）显得尤为有用。在遗产模式情况下，不论持续期如何，指数基金的税后期望回报都是9.2％。红利税收一直增加，而增值是免税的。有效税率仅仅为8％。这里假设所有增值可以被复合计算而没有任何兑现。实际上，大多数指数基金对现实的收益做小周期的分配。

实体（entity）

我们现在假定被持有于401（K）或相似于税收优势的实体中的指数基金。在这一条件下，各种形式的回报，包括收入、实现的收益和未实现的收益都允许在延期税（tax-deferred）的基础上复合计算。最终投资者将减持，收益部分以普通税率征税。不论回报的性质如何，这都是真实的。通常基金在持有一段时期后被逐一减持。为了方便计算和与前例形成对比，我们假设在持续期末进行定额留成。我们还把来源于税前工资对退休金账户的税收收益去除，仅关心对延期支付投资回报的影响。

$$期望税后收益 = \{[(1+R)^Y \cdot (1-T)+T]^{(1/Y)}\}-1$$

这里，R＝期望总回报，Y＝以年为单位的持有期，T＝税率。

持有期越长，来源于税前复合计算的值越大。

5 年　$\{[(1+10\%)^5 \cdot (1-40\%)+40\%]^{(1/5)}\}-1=6.44\%$

10 年　$\{[(1+10\%)^{10} \cdot (1-40\%)+40\%]^{(1/10)}\}-1=6.94\%$

25 年　$\{[(1+10\%)^{25} \cdot (1-40\%)+40\%]^{(1/25)}\}-1=8.03\%$

因为将增值转化成普通收入，使税率上升到40％，所以，对短持有期而言，税后期望回报非常低。

表29.3显示了在基于期望回报和回报的成分假设下，各种资产的期望税后收益。如表头所示，期望税后回报是税前回报和回报成分的函数。如果前提假设发生变化，那么结论将发生变化。不变的是，期望税前回报向期望税后回报的转化随时间、处置计划和实体而发生很大的变化。资产分配计划应该基于这些具体的税后回报，资产分配分析应与资产分布分析并行。许多富有的投资者有复杂的遗产结构，可能包括这样一些实体：担保信托、基金会、保险政策等。每个实体都有独特的收入税、转移税和遗产税特征。将资产分配计划的元素优化分布于这些实体之中将显著提高税后财富，这些财富将被未来继承者或慈善机构获得。资产分布计划是根植于税法的另一个免费期权。在下一章中我们将讨论如何使用它和显示其强大的功效。

表 29.3 各种情况下的期望税后收益（%）

资产		期望税前收入及构成
货币市场基金	3%	利税收入 3%
免税债券	4%	免税收入 4%
国债	6%	利息收益 6%
高收益债券基金	9%	利息收入 7%，年增长率 2%，年周转率 50%
被动股票	10%	股息 2%，年增长率 8%，年周转率 5%
积极股票	11%	股息 2%，年增长率 9%，年周转率 30%

5% 的被动股票周转率与标普 500 构成历史变化数据一致

	期望税后收益，5 年持有期		
	清算模式	遗产模式	税收转移模式
货币市场基金	1.80	1.80	1.84
免税债券	4.00	4.00	2.47
国债	3.60	3.60	3.76
高收益债券基金	5.81	5.89	5.76
被动股票	7.79	9.00	6.44
积极股票	8.54	9.17	7.13

	期望税后收益，25 年持有期		
	清算模式	遗产模式	税收转移模式
货币市场基金	1.80	1.80	2.04
免税债券	4.00	4.00	2.81
国债	3.60	3.60	4.46
高收益债券基金	5.82	5.83	7.11
被动股票	8.24	8.74	8.03
积极股票	8.65	8.79	8.96

结　论

1. 富有的投资者通常有超过满足他们必需开销的财富，因此，理财的目标是最大化能转移给其继承人或慈善机构的，除去收入税、转让税和遗产税后的财富净额。遗产税和转让税影响巨大，所以投资计划必须考虑它们。

2. 税法非常复杂，但有很大的灵活性。投资者可充分利用税法的各种期权，来有效地减少税收的影响。

3. 通货膨胀和开销以及税收将阻碍实际财富的增加。投资计划必须把它们考虑在内。

4. 投资者应该基于风险调整期望税后收益来做决策。期望税前风险和回报向税后风险和回报的转化取决于大量投资者自身的因素。实施同一个项目的两个不同投资者可能有完全不同的期望税后收益。

1926—2001 年，美国
股票、债券和国库券的
实际税后回报

唐·马尔维希尔（Don Mulvihill）

我们对未来股票和债券市场回报的期望高度地受它们的历史收益所影响。大多数投资者熟悉过去名义上的平均结果，但很少有人明白一个更相关的信息——过去实际的税后结果。当谈到市场回报率和债券领域时，人们提供的通常是名义上的数字。报纸和电视报道者用名义上的利润率来描述股票市场的结果。投资顾问和经纪人在业绩报道和广告中用的也是名义上的利润率。似乎整个金融服务业都只关注名义上的数字。一个读者很难在《华尔街期刊》上发现一个实际的税后结果。然而，实际的税后利润与纳税的投资者是更相关的。一个有趣的练习是调整历史的市场回报率以反映通货膨胀和税收的影响。调整的结果表明，剔除税收和通货膨胀联合影响之后的财富净增长是很难的，当花费需求包括在内时甚至更难。

调整通货膨胀和税收后的历史收益率

我们考察一下自 1926 年以来每月美国股票和债券市场的回报率（Ibbotson Associates，2003）。美国在过去 76 年里已经出现了许多牛市和熊市。大体上，随着股票市场的财富增值，投资者都有过获得报酬的经历。这个时期包括了许多不同的市场模式，因此使得分析更有价值。然而，人们应该记得这是美国经济和政治不寻常增长的一个时期，将来的收益也许没有如此强劲，在 20 世纪的最后 20 年里尤其强劲。不断增长的公司利润和市盈率的提高使得市场回报率在 20 年中有 11 年超过 20%。除了创造财富外，这种繁荣的现象使得许多投资者对未来的投资回报寄予了更高的期望。

我们看看三类资产：股票、债券和现金。这些将以 Ibbotson Associates 公布的国内股票、中期政府债券（government bonds）和国库券过去的大致表现为代表。在我们分析过去的投资者获得的收益时，我们假设那些投资者拥有的投资组合的收益等同于公布的市场回报。

一个重要的统计说明有必要强调一下，我们用这些数据来分析长达 25 年之久的持股期间。以每月为开始点，在 76 年的数据中，我们将得到超过 600 个不同的 25 年持股期。然而，它们都有重叠的部分，仅仅有三个独立的 25 年期。

过去的结果不一定就表明将来的结果，虽然它们能作为反对过于悲观或乐观态度的一个有用的事实。我们分析的目的也不是为了预测未来这三类资产绝对或相对的回报率，而是为了表明：（1）在名义的回报率和实际的税后回报率之间存在巨大差别；（2）税收对不同资产类影响的不规则；（3）时间对风险敏感性的影响；（4）固定的实际花费需求的影响。

表 30.1 展示了自 1926 年以来的平均年收益（以几何平均数计算），一个试图在股票和债券中进行投资分配的投资者也许推断股票长期的预期回报率是债券的一倍。这个事实使投资者在有更大波动率的股票和债券的互换中进行权衡，以最好地符合投资者的目标。然而，在这个时期，通货膨胀平均每年为 3.06%。调整通货膨胀后的结果在表 30.2 中列示。

表 30.1　　　　　　　　　1926—2001 年平均标准收益（%）

	标准
股票	10.68
债券	5.33
现金	3.81

表 30.2　　　　　　　　　通货膨胀影响（%）

	标准	真实
股票	10.68	7.41
债券	5.33	2.21
现金	3.81	0.73

通货膨胀极大地改变了形势，实际回报大幅降低。股票的历史实际回报率几乎是债券的四倍。对通货膨胀的调整也给予债券相对的股票持有者提供了更大的动力。

下一步是调整税收对收益的影响，这是一个主观过程。税率在过去 76 年中变化很大，有时比现在的税率更高，有时又更低。在不同时点用不同税率得到的计算结果对一个今天面对 38.6% 的联邦税率的投资者来说也许并不重要。然而，用今天的税率去计算历史的税后回报率却忽视了税率与对股票和债券的相关需求之间的相互影响。如果是用今天的税率，那么过去的回报率将很可能又不一样了。另一个复杂的变量是低股息收益的长期趋势。现在的股息和普通收入一样是收税的，同时，股票在低的资本收益率下的增值也是收税的。因此，过去的股票回报承担的税率比实际发生的更高。这需要一些简化的、主观的妥协。

- 政府债券和国库券的收益将承受30%的税率。这是合乎情理的，因为地方债券交易获得的收益通常只有可比到期政府债券的70%。一个应按高税率征税的投资者可能买地方债券，而不是承受40%税率的政府债券。

- 股票回报由股息和买卖价差组成。股息现今和普通收入一样征税，而价差部分通常是在证券被卖时按长期税率征税。在前面的章节中，我们已阐明资本收益征税的长期性延迟降低了实际的税率。在过去的76年中，普通税率已有很大的变动，所以股票回报的股息部分的税率也承受着变化。我们假设投资者拥有的不同种证券组合的投资收益与整个市场大体相同。我们进一步假设，这些投资者对税收是敏感的，因而愿意长期持有。我们在分析中假设股票回报承受20%的税收。

任何将历史收益率转换为税后结果的尝试都需要一些假设。这种方法似乎是合乎情理的。过度地追求精确没有意义，因为前面的章节阐述了资产获利的实际税收决定于时间、处置和实体因素。这个练习只是试图给我们一个粗略的观点：税收是如何改变不同资产类别的预期回报率和相关的风险/收益率。

税收适用于名义回报率，而不是实际回报率。如果一只债券的收益率是6%，那么投资者应按6%的收益缴税，即使通货膨胀占了名义回报率的一半甚至更多。在表30.3所示的调整后的数据中能看到这种共同影响。

表30.3 共同影响（%）

	标准	真实	真实税后
股票	10.68	7.41	5.57
债券	5.33	2.21	0.66
现金	3.81	0.73	−0.39

在通货膨胀时期，实际税后回报率将倾向于下降，因为税收是以名义收益作为税基的。短期利率经常随着预期的通货膨胀率而变动。假设国库券的收益率高于预期通货膨胀1%，因此实际只产生1%的税前回报。表30.4表明了预期通货膨胀率的增长将导致实际税后回报率的下降，即使实际税前收益率不变。

表30.4 通货膨胀和税收的共同影响（%）

	低通货膨胀率	高通货膨胀率
名义T−支票	3.00	6.00
期望通货膨胀率	2.00	5.00
真实收益	1.00	1.00
40%税收	1.20	2.40
税后名义收益	1.80	3.60
税后真实收益	−0.20	−1.40

在税后的前提下，现金和债券都不能为增加投资者财产的购买力起多大作用。然而，股票能保持实际价值的增长。图 30.1 直观地表明了名义上回报率、实际回报率和实际税后回报率之间重大的不同。注意股票和债券回报率之间的关系是怎样改变的。以名义税前回报为基础，投资者也许感到他们正看到一个投资菜单，每个方案对应着一种唯一的风险水平。你想要细小的生鱼片吗，规则尺寸的、或者是为肉食动物特制的？它们听起来都不错。这种选择取决于你对风险的偏好。然而，以实际税后回报为基础来看，仅仅一个选择可能是令人满意的。这个菜单已经改变了很多。你想保留一些现金余额吗？那将使你遭受损失。你想要一个能锁定你的财富，使之没有太多风险的保单吗？债券也许是答案。但是如果你想要实质的增长，那么你最好考虑股票或者其他高回报资产。

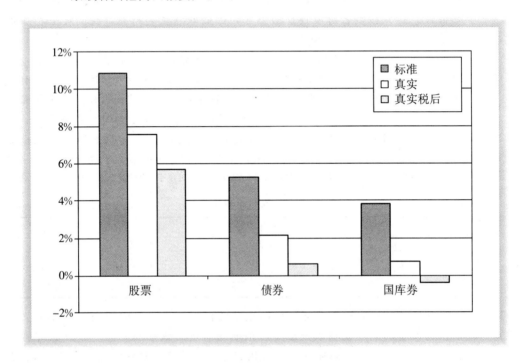

图 30.1　1926 年至 2001 年收益

资料来源：标准和通货膨胀数据来自 Ibbostson 联合会；税收数据经高盛调整。

全球债券和货币市场有着不同的参与者。养老基金和中央银行是免税的。银行和保险公司受到限制他们参与股票市场的调整性约束，使得他们倾向于债券和货币市场。这也许是这些参与者们接受市场净收益水平，而很少意识到应交税的委托人的原因。

这些数据也暗示了股票平均有着税前 7％和税后 5％的风险溢价。许多观察者相信溢价收益在近年来有所下降。更广泛的股票持有者和更有效率的资本市场也许导致了这种下降。过去结果和现在形势的另外一种区别是股息收益缩减了许多。在早期，投资分析家用股息贴现模型评估公司的价值。今天，市盈率是一种更通用的估价手段，这种缩减部分是税收政策的结果。股票的实际税率随着股息在总体回报中所占比率的变小而降低。这意味着股票的实际税率相对于需交税的债券和货币市场有价证券是下降的。结果，股票税后风险报酬相对于税前是递增的。这对我们分析的直接目的来说是一个有趣的现象。这从一个更宽的层面上来讲是比较麻烦的。鼓励公司保留利润而不分红的税收政策更容易导致社会资源分配的效率低下，从而导致股票的低增值率。当我们写这篇文章的时候，乔治·W·布什总统已经建议取消对股息征税。这个变化将显著改变预期税后回报的计算，并将可能导致股息收益的增长。

通货膨胀和"安全"资产

通货膨胀将降低一项财产的购买力。图30.2显示了在过去76年间美国的年通货膨胀率。

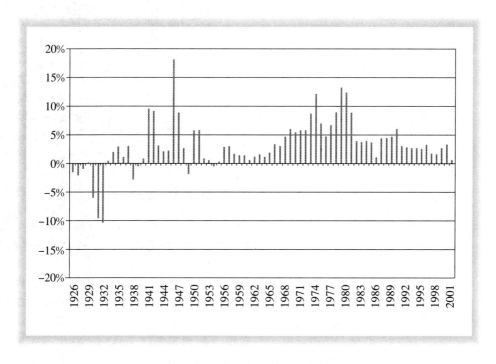

图30.2　1926—2001年美国年通货膨胀率

有两个严重的通货膨胀时期。一个是与二战期间和之后的物资短缺联系在一起的。第二个时期包括了几乎整个20世纪70年代，部分是由上升的石油价格和快速增长的货币供给引起的。在每个通货膨胀期间，通货膨胀大大地降低了财产的实际价值。在10年期末的1979年12月，一美元的购买力被削减了一半。在近些年，通货膨胀平均为3%。这使得部分或全部的债券和资本市场证券的税后回报化为乌有。

图 30.3 显示了债券有两个例外的好的回报期。第一个时期伴随着1929 年的股票市场崩盘。回应产业投资和贷款需求的锐减，债券收益降到几乎为零，价格上升。第二个时期开始于 1982 年，伴随着以保罗·沃克（Paul Volker）为主席的美联储做出的减缓和控制货币供应增长的决定。

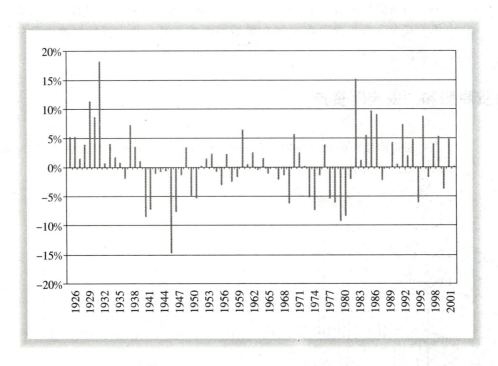

图 30.3　1926—2001 年年真实税后债券收益

中间，有一个 41 年的时期，债券的总体实际税后回报为负。41 年是一个多么长的时间！这对债券投资者来说是一个黑暗时期。市场收益越来越高，到 20 世纪 70 年代的通货膨胀时期达到顶峰。

许多投资者认为国库券是所有投资中最为安全的。然而，当调整税收和通货膨胀时，很明显，国库券只能带来大的负回报。图 30.4 展示了相同时期国库券调整后的回报。这些回报甚至比债券更差。

国库券不存在信用风险，只有很少的利率风险。然而，它也不提供应对非预期通货膨胀的保值。在过去 76 年的大部分时间里，一个应纳税的持有国库券的投资者也遭受到了实际财富的缩减。在 1946 年，由于战后的通货膨胀，所以一个国库券投资者一年间将损失掉他（她）财富的 15％。在 10 年期末的 1982 年年底，一个国库券投资者将几乎损失掉他（她）本金的四分之一。由于经常存在的通货膨胀风险，所以投资者不应该认为国库券或任何其他投资是没有风险的。

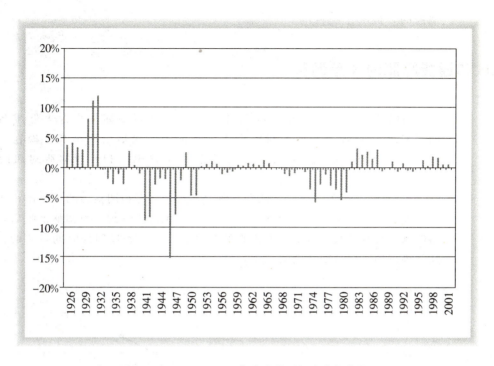

图 30.4 1926—2001 年真实税后国库券年收益

美国财政部（U. S. Treasury）1997 年引入了财政部通胀保护证券（Treasury Inflation-Protected Securities，TIPS）。这些证券是用来规避通货膨胀的。像其他国库券一样，它们有一个固定的票息率，半年付息，到期还本。独一无二的是，本金额定期调整以反映消费价格指数（consumer price index，CPI）每月的变化。如果你预期价格将上升，那么这种债券的本金额将随着本金的调高而上升。到期时，投资者将收回调整通货膨胀后的本金额。TIPS 对免税投资者提供了一种有吸引力的通货膨胀保值方式。在 2002 年 8 月时，票息率大约为 3％。一个高于通货膨胀率 3％ 的回报率对于像被通货膨胀率影响的有负债的退休基金这样的投资者来说是很有吸引力的税收降低了 TIPS 作为一种通货膨胀保值手段的效力。投资者收回投资时的利息所得被征税，本金的调整也根据评定征税。税收的调整也随着本金的调整而被征收，即使投资者到期才收回本金。本金的调整像普通收入一般征税。假设价格上升，消费价格指数一年内上升 10％。一个在年初按票面价格购入一组利率 3％ 的 TIPS 的投资者，将发现理论上的证券本金从 100 调整至 110。投资者将获得利息 3.30 元。这增加的 10 元的本金调整额将创造 13.30 元的应纳税收入。按 40％ 的税率，税收为 5.32 元。投资者获得一张面值 110 元的债券和 3.30 元的利息，应交 5.32 元税，净利润为 107.98 元。这在通货膨胀下是一个 7.98％ 的税后回报。在所得直接承受一个高税率时，TIPS 不是一种好的通货膨胀保值手段。如果被一个诸如基金的免税实体所持有，那么 TIPS 也许是一种有效的保值手段。当 TIPS 被延迟纳税的退休金持有时，其效果要优于正常纳税的，但次于免税的。

税收和通货膨胀的风险调整

前面两节表明了在过去76年中：（1）实际税后回报率大大低于名义回报率；（2）现金和债券投资产生最小的实际税后财富增长。现在，让我们把注意力转移到风险上来，看看怎样调整税收和通货膨胀对风险的影响。

图30.5展示了国库券、债券、股票基于名义上和调整后的历史回报率的风险收益交换（risk and return trade-offs）。我们注意到，当调整税收后，股票的风险有所降低。这是因为税收的绝对数在强势市场回报时期是高的，而在弱势市场回报时期是低的。

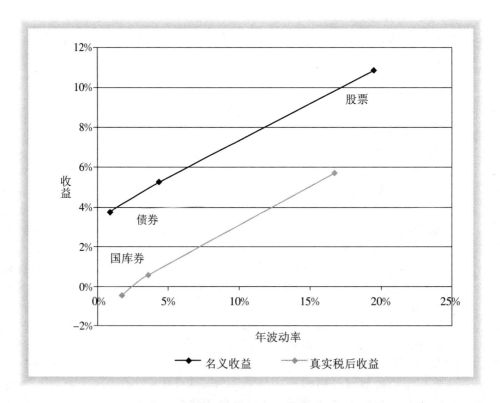

图30.5　税收和通货膨胀对风险和收益的影响

国库券的名义回报率在一年持有期中基本上是无风险的。一个买入并持有国库券至到期日的投资者将获得他预期的回报。然而，由于通货膨胀的影响，国库券的实际税后回报并不是无风险的。

读者们不应过于密切关注表30.5中的绝对值连线图，它们是我们对税率主观假设的结果。其有意义的是，当我们从名义结果转移到实际税后结果时，数据点的变动方向。

● 股票的风险降低是因为税收的绝对数额随着市场回报而变化。税收在强势市场时是高的，在弱势市场时是低的或者为负。这降低了其税后结果的变动性。

● "安全"投资的风险上升是因为通货膨胀的影响使未来货币市场和固定收入投资的实际值变得不确定。

风险和时间

图 30.5 展示了以每年收益（annual returns）的波动率来衡量的风险。时间范围的选择也极大地影响着风险的计算。更长期收益比每年收益可预测性更强。随机变动随着时间的推移趋于消失，包括期望的平均收益。而且，一年的市场收益对于下一年的不可能是完全独立的事件。市场收益在我们研究的期间内倾向于"均值回复（mean reversion）"，在这点上有些争议。然而，过去 76 年的数据支持均值回复的概念。特别地，长期累计收益不像每年波动率暗示的那样随之波动。76 年的数据总体仅仅产生三个独立的 25 年期，所以统计数据不太支持均值回复。然而，这个概念是很有吸引力的。

我们能想象是什么因素导致了收益的均值回复。股票市场收益受公司利润的增长和平均市盈率所影响。每个因素都倾向于在长期平均值周围上下波动。例如，投资者迅速增长的时期比平常产生更高的市盈率，但是投资者悲观时期比平常产生更低的市盈率。股票市场收益从一年到下一年也随着经济增长和市盈率围绕其长期平均值振荡而大幅波动。这些振荡对市场收益的均值回复起着作用。图 30.6 展示了更长的周期使得每年收益率的波动范围更窄。股票的每年收益大幅波动，从一个 12 月期期末的 1932 年 6 月 30 日的—54％，到下一个 12 月期期末的 1933 年 6 月 30 日的 140％的最大值。那是多大的波动！那也是一个均值回复的极端例子。在更长的时期内，累计收益朝着其长期的平均值汇集。在这个时期里，包括了大萧条（Great Depression），无一例外地，每个 25 年期，各种股票市场都使税后财富得到增长。

对于债券市场收益的均值回复有一个类似的问题。在过去 76 年里，债券收益大体上在 5％～7％的范围内。一个上升市场收益的时期将产生负的债券收益。然而，如果市场收益持续降到正常水平，那么将有一个不同寻常的高债券收益期。

债券和国库券收益的分配展示了一个类似的模式，虽然其一年的收益比股票的变动要小得多。然而，一个长线投资者（long-term investors）应认识到，债券和国库券的实际税后收益朝着低的、负的平均数变动。图 30.7 展示了所有这三类资产 25 年收益的分配。股票一直提供实际税后财富的增长；债券很少提供实际税后财富的增长；国库券从不会提供实际税后财富的增长。

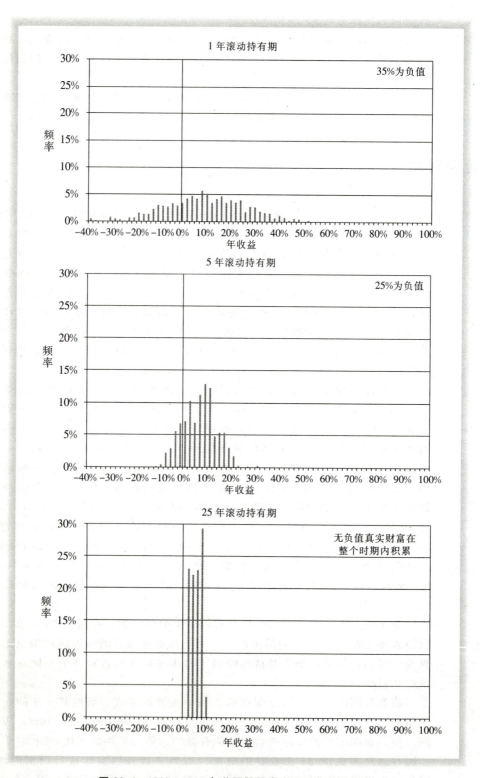

图 30.6　1926—2001 年美国股票真实税后收益的分配

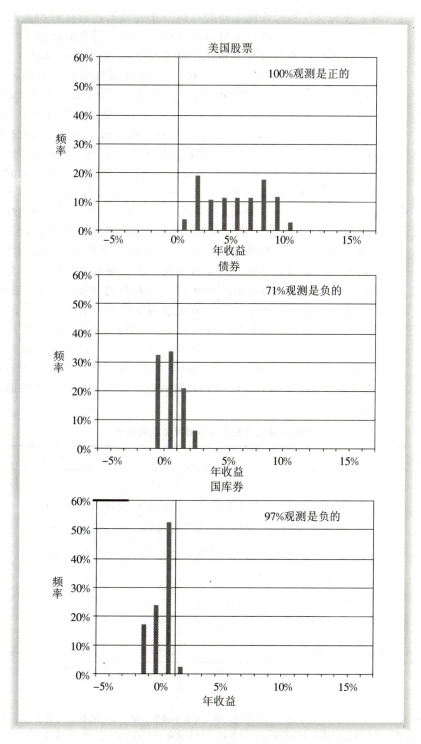

图 30.7 所有 3 种资产种类的 25 年收益分配：真实权益 25 年滚动持有期 1926—2001 年

资料来源：标准和通货膨胀数据来自 Ibbotson 联合会；税收经高盛调整。

这导致了在安全性和有效性之间的互换。在名义上，所有资产类别都有正的预期收益，因此促成了对财富积累的目标。但是，当我们转到关注对实际税后结果的管理时，我们发现，货币市场有价证券（money market securities）和固定收益证券（fixed-income securities）也许是低效的和不能达到预期目的的。这对于对长期结果感兴趣的投资者来说是一个重要的需考虑的事项。

以名义的每年收益和风险数据作为投资决定基础的投资者可能会断定国库券是无风险的，债券有较低风险，股票是极具风险的。在短的投资期限内，股票和债券收益会发生波动，股票尤其波动较大，这是绝对真实的。然而，一个关注资产长期保存和实际价值增值的投资者也许会得到一个很不同的结论。自1926年，从没有过一个25年期，股票没能使实际财富得到增长，很少时期债券使实际财富增长，"安全"的国库券几乎一直使实际财富减值。更精确地说，是国库券的发行者——政府，通过税收政策和货币政策毁掉了财富。

个体投资者经常用风险分析得出一个潜在最差情况的想法。在这方面，一个对时间与风险间关系的理解是极为重要的。更具风险的资产类别有更高的预期收益，但这些收益的波动也很大。随着时间范围的增大，更高的预期收益使未来的预期价值增加。一旦时间范围变得足够长，朝着更高收益的趋势将继续，即使是情况最差的一幕。表30.5通过对比股票和债券的历史的实际税后结果表明了这种关系。短期来看，股票的最差结果要比债券的最差结果坏得多。然而，从10年期来看，债券的最差结果实际上比股票的更低。从25年期来看，尽管股票的收益有更大的波动率，但它的最差结果仍是债券财富增值的两倍。[1]

表30.5   **1百万美元的真实税后期望和观测增长**

持有期	1	2	3	4	5	10	25
股票							
期望	1 060 600	1 124 872	1 193 040	1 265 338	1 342 017	1 801 010	4 353 019
观测最大值	2 400 045	2 186 773	2 297 655	3 188 544	3 440 334	3 935 114	10 816 923
观测最小值	462 453	364 485	349 213	469 250	613 319	632 078	1 233 192
债券							
平均	1 005 600	1 011 231	1 016 894	1 022 589	1 028 315	1 057 432	1 149 825
观测最大值	1 182 842	1 292 251	1 483 053	1 577 964	1 600 919	1 797 595	1 398 647
观测最小值	838 657	776 638	746 191	704 298	693 334	607 862	635 643

资料来源：名义数据和通货膨胀数据来自Ibbotson联合会；税收经高盛调整。

---

[1] 表30.5到表30.11显示了各个持有期的平均、最大和最小结果。第一个时期是1926年1月，第二个是1926年2月，以此类推。仅仅通过对这些不同持有期的结果取平均来计算一个平均结果将会对数据集的中间部分给予过大的比重。数据集的第一个月和最后一个月在仅一个持有期时每一个都被使用。数据集的第二个月和最后二个月在两个持有期时每一个都被使用。在不同的持有期，数据集中间的月份被多次使用。为了避免歪曲事实，我们采用复利计算平均收益结果。最大和最小的结果是基于滚动持有期。

投资者应该对过渡期的风险如同期末风险那样敏感。例如，25 年期的投资者可以看到表 30.5 最右边的数据，可以看到 25 年期间，股票一直产生实际税后财富。选择股票而不是债券是很明显的，但是投资者应该考虑他是否能承受过渡期间的风险。2 年和 3 年期的结果表明会有一种情况：25 年的持有期间股票组合的实际价值下降到初始资本的 40%。

应　用

运用以前章节所描述的框架，让我们完成这个分析。一个富有投资者的目标是：

服从设立的消费需求，通过未来继承人和慈善的受益者，可以最大化接受水平风险下的实际财富、收入和财产税的净值。

我们将评估税后财富，这个税后财富也许是在 20 年持有期中，按一定范围下的资产分配计划和花费需求来积聚的。我们考虑五种资产分配，从谨慎的到积极的（见表 30.6）。我们定义一个保守的投资：40% 股票、40% 债券、20% 现金。我们再定义一个积极的投资：80% 股票、15% 债券、5% 现金。我们也在保守的和积极的之间确认三个点。

表 30.6　　　　　　　　　　　**五种资产分配计划（%）**

	股票	债券	现金
保守	40.00	40.00	20.00
较保守	50.00	33.75	16.25
中庸	60.00	27.50	12.50
较激进	70.00	21.25	8.75
激进	80.00	15.00	5.00

我们将用一个 20 年持有期，考虑基于 1926—2001 年的每月数据的 673 个 20 年持有期所得出的实际结果。我们假设每月平衡，以便使目标资产权重保持不变。实际上，没有不利的税收影响是很难达到的。但是，我们仍然保持债券和国债的 30% 税率和 20% 的股票税率不变。

我们首先假设没有使财富从投资组合中流出的花费。假设初始价值为 1 000 000 美元，表 30.7 显示了 20 年期积累的名义税前财富的分配情况，表 30.8 显示了实际税后财富积累的分配情况。期末最小值是任意 20 年期中最低的期末值。中间期间最小值是任意 20 年期时点资本下降的最低终值。保守投资者从未发现名义资本下沉低于初始数额的 84%。进取的投资者（aggressive investor）有时其名义资本值已下降到初始额的 65%。

这篇文章写于 2002 年末，当时股票价格处于一个熊市的第三年里。许多曾经认为自己是进取的和喜欢股票的投资者，因为他们的长期预期超额收益突然变得不积极了。采取积极姿态的一个风险是你无法容忍中间期的波动，而且在市场价格下降的情形下，你将转向一个更保守的姿态。这将锁定损失，同时产生较低终期收益的可能性，比一开始时就采取保守姿态更低。

表 30—7 名义税后最终财富

	期望		观测		
	数量	年增长率（%）	最大极限	最小极限	最小过渡值
保守	4 006 457	7.19	11 292 739	1 894 950	842 612
较保守	4 489 137	7.80	13 359 046	1 895 414	792 248
中庸	5 026 733	8.41	15 736 158	1 864 478	743 423
较激进	5 625 130	9.02	18 456 735	1 803 537	697 157
激进	6 290 803	9.63	21 553 998	1 715 355	653 340

100 万初始价值 20 年持有期无投资组合花费

资料来源：名义数据和通货膨胀数据来自于 Ibbotson 联合会。

表 30.8 真实税后最终财富

	期望		观测		
	数量	年增长率（%）	最大极限	最小极限	最小过渡值
保守	1 703 177	2.70	2 962 304	783 104	654 136
较保守	1 897 423	3.25	3 457 124	809 596	652 272
中庸	2 103 882	3.79	4 023 525	830 364	583 951
较激进	2 321 830	4.30	4 669 807	849 446	502 581
激进	2 550 273	4.79	5 404 874	866 702	431 080

100 万初始价值 20 年持有期无投资组合花费

资料来源：名义数据和通货膨胀数据来自于 Ibbotson 联合会；税收经过高盛调整。

这些章节关于应征税的委托人的投资组合管理目标之一，是展示现代投资组合管理理论是如何应用以适应税收影响的。根据表 30.8 绘制出图 30.8，我们研究了许多 20 年持有期观测值标准差的期望值，这是建立课税投资者有

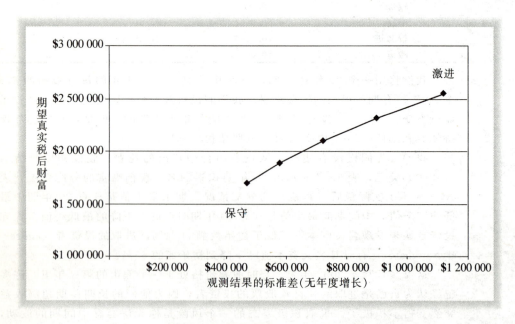

图 30.8 20 年真实税后财富和波动性（100 万美元初始价值）

资料来源：名义数据和通货膨胀数据来自于 Ibbotson 联合会；税收经过高盛调整。

效边界的第一步。我们已经合并了一个持有期，从而获得一些平均回归的收益。我们已经预计了调整税收和通货膨胀后的财富，以最终期收益波动性表示风险。

在图表中有许多有用的或者令人惊奇的信息。

● 它表明很难在扣除税收和通货膨胀因素的情况下增加财富净值。对于大多数个体来讲，20 年是一个很长的时间。数据包含了一些非常强劲的市场，但结合两者，平均来讲，很难实现财富的倍增。这是基于没有任何投资组合用于满足开销需求假设的。正如后来的描述，即使是适度的开销需求，也将对财产积累产生巨大的影响。

● 每个组合的最低结果几乎是一样的，并且风险较大的组合实际上有较高的终期最低值。当观察资产分配时，许多个人试图基于对最坏结果的评估来定义他们理想的风险水平。这里假设较高风险的策略具有较低的最坏结果，这仅对于短期持有期成立。较高风险策略的中间期低点很可能比他们最坏的终期值低。当我们把持有期延长至 20 年，结果趋势收敛至长期均值。较大风险策略的较高期望收益上升，即使是最坏的结果。

许多人用他们的投资组合来为他们不间断的开支提供资金。我们下一步想知道一个开销需求如何影响那些结果。我们基于以下假设建立消费影响模型。我们将继续使用 20 年持有期。设定开销为投资组合初始值的一定百分比，以后，开销会随着通货膨胀率上涨，而不随着投资组合值的改变而变化。开销将随着通货膨胀而增长，而不是因市场好而增长，市场不好而削弱。这是投资者期望的一个很好的近似值，但不是投资者实际行为的很好近似。表 30.9、表 30.10 以及表 30.11 表明了开销的影响。与表 30.8 相比而言，说明即使是适度的开销需求，也可能产生巨大的影响。平均来说，没有对实际财富下降的预期，保守的策略也不能支持 2％的初始开销需求。表 30.8 至表 30.11 之间一个关键差异是最小值的降低。我们的模型假设开销随着通货膨胀率的增长而增加，无论市场状况如何。换言之，即使投资收益不好，投资者也不会削减开销。基于这一假设，最坏情况的结果变得更差。即使是适度的开销需求，也会使处于弱市场的资本价值大幅地下降。如果跌价卖出资产，则那些资产不会在接下来的市场反弹中创造出资本恢复。表 30.11 很好地说明了这一点，其中中间期最坏情况下的结果与终期最坏情况下的结果一致。在这种情况下，最坏的情况是市场条件的结果把资产组合的价值降低到一点，而较好的收益在下一时段却不能克服开销的影响。资产组合的价值一直下降到作为开销原则持有期的最后。

表 30.9   **真实，税后最终财富**

100 万最初价值；20 年持有期；1％起始花费				
	期望		观测	
	数量	年增长率（％）	最大极限	最小极限	最小过渡值
保守	1 360 825	1.55	2 595 485	630 265	549 532
较保守	1 537 089	2.17	3 049 142	651 402	544 236
中庸	1 725 126	2.76	3 569 878	671 181	532 819
较激进	1 924 286	3.33	4 165 583	689 457	484 499
激进	2 133 665	3.86	4 844 725	706 095	414 492

资料来源：名义数据和通货膨胀数据来自于 Ibbotson 联合会；税收经过高盛调整。

表 30.10　　　　　　　　　　　　　真实，税后最终财富

100 万最初价值；20 年持有期；2％起始花费

| | 期望 | | 观测 | | |
	数量	年增长率（％）	最大极限	最小极限	最小过渡值
保守	1 018 473	0.09	2 228 667	473 239	418 692
较保守	1 176 755	0.82	2 641 160	491 755	417 454
中庸	1 346 369	1.50	3 116 231	506 462	414 944
较激进	1 526 741	2.14	3 661 359	519 696	411 184
激进	1 717 057	2.74	4 284 576	531 345	397 904

资料来源：名义数据和通货膨胀数据来自于 Ibbotson 联合会；税收经过高盛调整。

表 30.11　　　　　　　　　　　　　真实，税后最终财富

100 万最初价值；20 年持有期；3％起始花费

| | 期望 | | 观测 | | |
	数量	年增长率（％）	最大极限	最小极限	最小过渡值
保守	676 121	−1.94	1 869 352	282 497	279 907
较保守	816 421	−1.01	2 233 178	292 534	285 854
中庸	967 612	−0.16	2 662 585	301 085	283 944
较激进	1 129 197	0.61	3 157 135	308 035	280 914
激进	1 300 449	1.32	3 724 427	313 276	276 792

资料来源：名义数据和通货膨胀数据来自于 Ibbotson 联合会；税收经过高盛调整。

结　　论

　　实际的税后收益是与寻求保持和增加财产实值的纳税投资者相关的。因为名义收益与实际税后收益的区别是很大的，投资者不应该基于预期名义收益做出投资决策。

　　在过去的 76 年中，政府债券与国库券大体上保持了实际财富，但没有实现真正的增长。

　　通货膨胀给所有的收益带来了一个不确定因素。即使国库券的实际收益也是不确定的，特别是在过去的通货膨胀中表现得十分不稳定。不存在无风险的证券。由于随着市场收益而不同的绝对数量，股票的名义收益比实际税后收益更加不稳定，因此减小了结果的分配范围。

　　股票、债券、国库券的长期收益比根据年流动性观察的组合的预期收益要更加稳定，这意味着存在一种均值回复的趋势。多数投资者运用风险参数估计坏结果的潜能。均值回复加上股票的最高平均收益，将带来长持有期或许是 10 年的观察，这个观察显示股票的实际税后收益比债券或国库券的要好。基于历史收益，如果需要一个资产组合来支持开销需求，那么这是一个安全的资产配置策略，它很可能产生资产价值的重新组合。但是，更危险策

略的中间不稳定性更大。投资者应该考虑一种资产价值的预期中间不稳定性与最终结果的预期不稳定性。

  本章表明投资者可以获得有效边界图，它包括收入税和通货膨胀的调整。我们计算了基于历史市场收益估计的不稳定性及一个资产的预期实际税后收益。在下一章里，我们将寻求一个相似的有效边界图，它也考虑了账户资产和股票发行。

资产配置和定位

唐·马尔维希尔（Don Mulvihill）

这些税法可应用于与退休金、不动产规划和慈善事业有关的各种团体，例如 401（K）计划、授予人预立信托资产（grantor trust）、慈善剩余信托（charitable remainder trusts，CRTS）和慈善基金。在众多团体中，只有少数几个团体是可行的，我们甚至并不试图在本书中提供关于不动产规则的简单回顾，这是一个太复杂的议题。我们将用这四个团体来展示资产定位策略的价值。这一概念已在第 29 章里做了简要的讨论。资产定位是指在不同的团体之间定位一个资产配置计划的各个组成部分，这些团体构成了投资者的财产。我们将投资的目标定义为：

取决于消费者的融资需求，使在扣除收入和财产税后，继承人和慈善受益人收到的经过风险调整的真实财富最大化。

财富的增长以及其向继承人或是慈善团体的转移受到现行的收入和资本利得税（capital gains tax）以及转移税的影响。上面所述的团体有不同的税收特点。它们的有用之处随着资产类型的不同而变化。金融资产可以根据收益的特征大致分成四个类别。

收益	资产类别/策略
1. 免税收入	市政债券、免税货币市场证券
2. 应纳税收入、股利和短期利得	政府和公司债券、应纳税货币市场证券银行账户（bank account）、存款不动产投资信托（REITS）、套期保值基金、优先股（preferred stock）
3. 实现的长期利得	积极管理的公开发行股票（public equities）私人股票基金（private equity funds）
4. 未实现的升值	股票指数基金、税收有效股票策略

这是一个简单化的处理，因为许多资产既有收入又有利得，但这种分类有助于对资产定位的理解，关键是将团体的税收特征与其资产类别或策略的收益特征进行匹配。这应该考虑投资者的长期处置计划（disposal plans）和有关的转移税来进行。让我们考虑两种情况以说明这一点。

情形 1：目标是使孩子的财富最大化

琼斯先生和琼斯太太有 2 500 万金融资产，他们现在 65 岁左右。为了规划的目的，选用 20 年的联合预期寿命（life expectancy）。他们的目的是使留给四个孩子的财产最大化，他们的费用包括每年 25 万的生活费用，这个费用会随着通货膨胀而增长，以及琼斯先生和琼斯太太每人每年给每个孩子的 1 万美元，合计 8 万美元。琼斯夫妇做如下安排：

- 直接拥有 1 500 万现金和有价证券。
- 一个 200 万的 401（K）计划，他们每年可以从中支取 10 万美元。
- 一个由四个孩子平等拥有的价值 800 万的授予人预立信托资产。

情形 2：目的是使长期的慈善捐助最大化

史密斯先生有 1 亿美元的金融资产，另外还有 5 500 万美元的慈善财产在他的控制下。他已经 70 岁了，是单身。为了规划的目的，选用 15 年的寿命期限。他建立了一个私人基金，还成立了一个慈善剩余信托。他的预期生活费用是每年 200 万美元，这个费用会随着通货膨胀而增加。他的安排如下：

- 直接拥有 7 500 万的现金和有价证券。
- 500 万美元的 401（K）计划，他每年能从中支取 50 万美元。
- 5 000 万资产的慈善剩余信托。这一信托将在 10 年间每年向史密斯先生支付 280 万美元。这一年金的现值是 2 000 万美元。这样我们认为，5 000 万中的 2 000 万是史密斯先生的个人财富，剩余的 3 000 万是他所控制的慈善资产。
- 史密斯基金有 2 500 万资产。

在以后的十年间，CRT 的余额将进入史密斯基金。他去世时，所有他的个人财产将进入基金。

本章余下的部分将用于考察每个人是怎样从资产定位策略中受益的。我们将通过一个反映了最优资产配置（optimal asset allocation）和定位的有效边界（efficient frontior）来展示这一点。我们将从例子中四个实体税收特点的简要回顾开始。

401（K）计划

401（K）计划是一种常用的退休储蓄。这一工具允许投资者对交给该计划的薪金收入推迟纳税，而且允许对由该计划所赚取的所有收入和利得的税收延期至支取的时刻纳税。当钱被支取时，就不考虑计划中的收益特征而要交纳正常的所得税（income tax）。当投资者达到 70 岁时，他们一般肯定会开始支取资产。401（K）计划的好处是税收递延和它所允许的税前混合。假设有 8％的收益，25 年的税收递延将把有效税率从 39.1％降低到 21.8％。[①]401（K）计划的弊端在于：（1）它把长期利得转换成了普通收入（ordinary income）；（2）投资者无法在此基础上向上走——政府对一个死者的遗产无法实现的升值取消其资本利得税。由债券和 REIT 产生的收入因 401（K）计划提供的税收延付而受益，同时较少受到不利的影响，因为他们只带来微小的升值。另一方面，股票指数基金带来了许多未实现的资本增值（capital appreciation）加上一些现行的股利收入。股利的税收延付是有用的，但是将长期利得转变为普通收入，放弃在此基础上可能提升的益处实际上会减少投资者的预期税后收益。就一般规则而言，产生许多正常收入的投资将从 401（K）计划和类似团体中获得更多好处。

在我们的例子里，我们将假设每个投资者每年从中支取固定比例，而这一比例等于当前平衡的 10％。琼斯夫妇加起来在每年末支取 10 万美元[②]，史密斯先生将在每年末支取 50 万美元。我们将扣除 40％所得税并计入他们的年度支出要求。

授予人预立信托资产

授予人预立信托资产是一个团体，它允许一个人将一个物品转移给另一个人而仍保持着对这一信托的一些控制。琼斯夫妇就是通过授予人预立信托资产把资产给他们的孩子。信托的性质允许父母对孩子们接触到信托财产的过程有一些控制。信托的设立是为了更好地处理给孩子们的物品，如果我们假设孩子可获得 50％的物品和 50％的遗产税率的话，那么孩子们将被要求支付 400 万的转移税。然而现在信托建立起来了，资产从父母的财产中分离出来，在他们去世时不会再面临支付遗产税的问题。而且，这正是与我们的分析相关的一点，如果没有这个被构成面临转移税的支付，那么父母还要继

---

① 有效税率是 1−（税后收益/税前收益）。在这个例子里，税后收益是 $\{[(1.08^{25})(1-0.391)]+1\}^{1/25}-1$。这"＋1"项是加上以消除来自于这一计划的薪酬收入的税收延付的投资收益的税收延付。

② 琼斯夫妇最好不从退休账户中支取任何东西，直到规定的 70.5 岁时，会有更好的福利。为了简化计算，我们将假设他们现在开始支取。

续支付信托收入和资本利得税。这一安排以两种方式减少了未来的财产税债务。首先，因为资产已经不再是父母的财产，任何接下来的升值在他们去世时都不会交纳财产税。其次，因为父母支付信托税，未来的财产税负债减少了。如果父母支付 1 美元的所得税，财产税将减少 0.5 美元。授予人预立信托资产的主要余额将以税前比率而不是税后比率增长。我们将很快展示这一点，在现行税法体系下，授予人预立信托资产将大大增加转移给下一代的财富。

慈善剩余信托（CRT）

CRT 是经常用于将所持有的低成本的股票多样化的工具，同时把部分捐赠给慈善事业机构。史密斯先生已经把价值 5 000 万的史密斯工业股票捐赠给他设立的一个 CRT。如果史密斯先生已经将它们出售，那么他将不得不马上支付 3 000 万的 20% 的资本利得税。取而代之的是，史密斯先生设立了 CRT，把股票捐献出去了，并且安排 CRT 每年向他支付 280 万美元。在第 10 年年末，CRT 的余额就将进入史密斯先生指定的慈善机构。史密斯先生已经指定他的基金会作为未来的接受者。为了决定慈善捐助的数额，IRS 要求史密斯先生决定这一年金的现值，并将它们从 5 000 万美元中扣除。IRS 根据国债收益曲线确认合适的折现率。我们假设折现率是 6.64%，这样年金的现值是 2 000 万美元。这样，史密斯先生现在可以要求 3 000 万美元的慈善扣除，即使慈善机构在 10 年间不会得到任何钱。慈善机构实际得到的钱还无法确定。

史密斯先生将控制 CRT 的管理。经理将立即出售史密斯工业股票并用出售股票所得收入建立一个多元化组合。这一销售没有给史密斯先生造成直接的税收负债。在接下来 10 年的每年年末，史密斯先生将收到 280 万美元。这一支付的税收特征将以"收入的层次规则"为基础（fundation）。IRS 将考察 CRT 内收入的性质，并将大多数高税负的收入归于史密斯先生。例如如果这一年 CRT 有：

> 100 万美元的利息收入和股利收入
> 60 万美元的短期利得
> 4 900 万美元的长期利得

那么，史密斯先生将有：

> 100 万美元的普通收入和股利
> 60 万美元的短期利得
> 120 万美元的长期利得
> _____
> 280 万美元

收入的分层规则产生了一种反常的杠杆形式。如果史密斯先生的年金支付等于 CRT 的总价值的 5.6%，那么 1% 的收入和股息都将引起 18%（1%/5.6%＝18%）的史密斯的年金支付要交普通收入税。这是一个重要的考虑。在许多情形下，投资者用 CRT 立即获得多元化，而在一个升值的单个股票头寸上推迟了长期资本利得税的支付。然而，如果这一推迟过程引起了收益的相当大部分被视为普通收入而要交普通收入税的话，那么投资者可能无法最终得益。CRT 应该尽量使应税收入和短期利得最小化。

基　金

　　基金是为进行慈善活动而建立的机构。单一捐赠人出资成立一个私人基金。这个捐助人有能力影响到如何管理资产组合以及应该做什么样的慈善活动。资产组合管理政策必须着重于慈善活动的益处同时必须满足理性人标准。基金不是一个人财产的一部分。捐赠给基金的资产一般被视为慈善捐助，受到某些限制。一般来说，如果是捐给一个公共慈善机构的话，那么个人可以要求将他们收入的30％作为慈善捐助扣除；如果是捐给一个私人基金，那么可以是 20％的扣除。

　　捐赠给基金的升值资产将不用交纳资本利得税，基金一般每年至少要将5％的资产用于慈善活动，虽然我们可以在计算中忽略它。基金除了最低的营业税外（excise tax）是免税的，我们在计算中对营业税忽略不计。史密斯先生贡献出了一些低成本的史密斯工业股票给基金。他可以要求扣除股票的市场价值，免交收入税，他不欠资本利得税，基金就可以立即卖出这些股票，再进行更分散化的投资，而无需交纳任何税收。

　　我们现在分析琼斯家和史密斯先生的资产配置和定位策略，我们先研究琼斯家。我们以他们孩子未来 20 年时间的预期财富为目标，假设在那时琼斯夫妇已经去世了，将他们剩余的财产留给了孩子们。我们假设 50％的财产税，虽然我们指出财产税目前正在国会重新审定下。我们将根据某些假设条件——预期的收益、波动率（见表 31.1）和相关性（见表 31.2）分配 6 项资产。我们假设 3％的通货膨胀率。

表 31.1　　　　　　　　　预期收益和波动率（％）

	名义税前收益	真实税后收益	税前波动率
多样化公共股票	9.75	4.68	17.24
私人股票基金	12.62	6.89	34.72
收税 10 年期 AA 债券	5.13	0.07	4.74
免税 5 年期债券	3.52	0.51	5.67
收税货币市场基金	4.75	−0.15	0.45
对冲基金	8.53	2.47	8.75

表 31.2　　　　　　　　　期望相关性

	多样化公共股票	私人股票基金	收税 10 年期 AA 债券	免税 5 年期债券	收税货币市场基金	对冲基金
多样化公共股票	1.00					
私人股票基金	0.47	1.00				
收税 10 年期 AA 债券	0.14	0.04	1.00			
免税 5 年期债券	0.17	0.08	0.78	1.00		
收税货币市场基金	−0.01	−0.02	0.17	0.16	1.00	
对冲基金	0.39	0.22	0.23	0.28	0.29	1.00

为了显示财产规划的价值和资产定位策略的价值，我们将在三个方面考察琼斯家的情况。我们将假设没有财产规划或者退休团体，所有的2 500万财产将以父母的名义持有，要交收入税。20年后的余额将要交50%的财产税，每年支出以25万美元开始，每年增加3%，以反映通货膨胀的假设。此外有每年8万的捐赠，我们将指定这些捐赠没有未来价值。最后为了公平地比较，我们将父母的财富从400万增长至2 900万，以反映为了将800万转移至授予人预立信托资产中所支付的转移税。为了使例子简单化，我们忽略生命捐赠补助和一些更具创造性的用于转移财富的方法。读者也许会认为我们在这个要求上已经失败了，但相对于一个实施者一般要处理的情况，这是一个极端简化了的例子。这些假设产生的有效边界如图31.1所示。

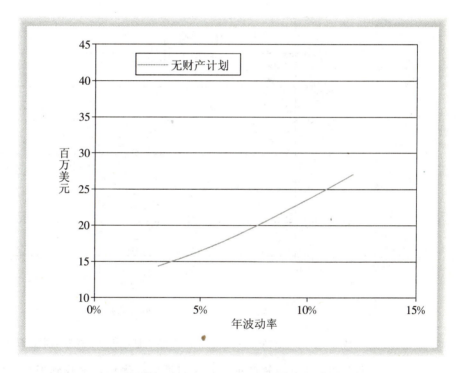

图 31.1　琼斯家的有效边界：孩子20年净收入和转移税收的期望真实财富

　　基于8%的年波动率，名义权重资产组合的税前收益是7.36%。然而，财产税、收入税、通货膨胀和支出联合起来将预期的真实财富从2 900万下降到2 060万。在我们的例子里，预期名义财富扣除财产税是3 730万，3%的年通货膨胀率折现后的预期值为2 060亿。财产税是十分麻烦的。在这个例子里，全部财产都要交财产税，而全部财产的数量是3 730万美元。

　　下一步是介绍琼斯家的财产规划。正如前面描述的，他们有1 500万在直接账户里，2 000万在退休账户里，800万在由孩子们拥有的授予人预立信托资产里，父母的开支将以每年25万美元开始，其部分将由每年从退休账户中支取的 10 万美元满足。这些支取要交 40％的所得税。父母将每年捐 8 万美元，支付授予人预立信托资产的税收。在这个例子里有统一的资产定位。资产配置混合在三个团体里将是一致的。如果 10％分配给上市股票，那么每个团体都持有 10％的上市股票。然而我们将允许每个团体适当地在应税债券和市政债券之间选择。

图 31.2 显示了由财产规划带来的有效边界的改善。基于 8％的年波动率，预期的未来真实财富增加了 28％，从 2 060 万增加到 2 630 万。大多数的增加来自于财产税的大幅度减少，从 3 730 万应交的财产税，下降到 1 210 万应交的财产税（名义货币）。

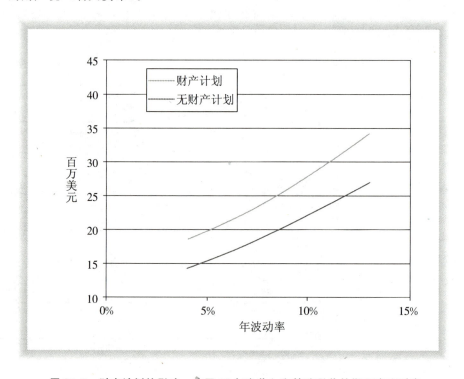

图 31.2　财产计划的影响：孩子 20 年净收入和转移税收的期望真实财富

现在我们将介绍资产定位。我们将用最优化技术找到理想的资产组合和变化的风险水平的定位。资产组合最优化技术（optimizer）将根据下面的说明实施资产类别的配置和定位：

最大化：扣除收入税和转移税后的预期未来值。

条件如下：

初始授予人预立信托资产＝800 万美元

初始直接资产＝1 500 万美元

初始退休资产＝200 万美元

直接资产里的现金≥4％的初始资产

总套期保值基金≤10％的总资产

总私人股票≤15％的总资产

总初始风险≤X

总最终风险≤1.1×X

组合最优化技术用标准的编程技巧找到给定问题的最佳解决方案。最佳解决方案是资产配置和定位的混合将在扣除收入税和遗产税后得到最大的预期未来价值——在保持先前具体约束的条件下。我们在非流动资产的配置上设置一定限制，要求在琼斯先生和琼斯太太的个人账户里有一定的现金。这是一个典型的要求。从一个实际的角度出发，投资者的确想限制在非流动性投资上的配置。

我们通过优化不同水平的总风险画出有效边界。①

图31.3显示了这一结果。资产定位的介绍允许有效边界的进一步改善。用8%年波动率作为比较点，预期的未来财富额外增加了9%，达到2860万美元。这相当于在年度税后，所有资产的名义收益率增加了0.43%。表31.3说明了未来财富和资产配置的变化。

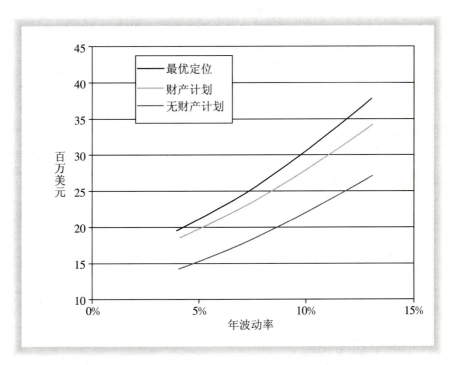

图31.3 最优定位利益：孩子20年净收入和转移税收的期望真实财富

---

① 优化过程将每个团体视为独立的资产池。在每个资产池里，我们假设有一个连续的再次平衡以保持那个团体的目标资产配置。在没有实体的情况下，以及在每个团体有相同资产配置的情况下，组合风险应该始终保持不变。然而在最优化资产定位中，每个团体有不同的资产配置混合。在一段时间内，团体的相对规模会发生变化，因而总资产配置和风险水平也将变化。最优化过程倾向于将有较多风险、升值较大的资产配置给税收优惠的团体。过了一段时间，这些团体预期会更快增长，因而整个风险水平有增加的趋势。整个组合风险增加的程度与风险资产相对于较小风险资产而言的超额业绩有关，实际上这与股票的业绩有关，当股票业绩较好时，风险水平倾向于增加，反之亦然。

保持目标风险水平的连续再平衡对一个投资者来说是一个可行的期权，然而，它将要求一个复杂的多阶段最优过程。为了简单化，我们决定设置一个约束条件，即预期风险水平不能增加10%，也就是说，如果目标风险水平是8%，那么期末风险水平不应该超过8.8%。

表 31.3

单位为百万美元，波动率为 8%	无财产计划	财产计划	最优定位
期望名义财产税收负债	－ ＄37.3	－ ＄12.1	－ ＄10.6
期望名义最终财富	＄37.3	＄47.7	＄51.6
期望真实最终财富	＄20.6	＄26.3	＄28.6
资产分配			
多样化公共股票	31.0%	31.9%	27.5%
私人股票基金	12.7%	11.8%	13.5%
收税 10 年期 AA 债券	0.0%	7.0%	1.1%
免税 5 年期债券	26.0%	10.5%	31.3%
收税货币市场基金	20.3%	28.7%	16.6%
对冲基金	10.0%	10.0%	10.0%
	100.0%	100.0%	100.0%

表 31.4 展示了 8% 年波动率水平下的最优资产定位和配置。理想的解决方案包括：（1）为了避免高收益资产升值所产生的遗产税，把高收益资产转入授予人预立信托资产；（2）将更多的税收无效的投资转入退休账户或授予人预立信托资产，相对于财产储蓄而言，在这里，它们可以享受税收延付或税收补贴。

表 31.4   8% 波动率的最优资产分配和定位——琼斯家（%）

	实体资产分配		总分配	
直接持有				
多样化公共股票	26.1		15.7	
私人股票基金	17.6		10.6	
收税 10 年期债券	0.0		0.0	
免税 5 年期债券	52.2		31.3	
收税货币市场基金	4.0		2.4	
对冲基金	0.0	100.0	0.0	60.0
401（k）退休账户				
多样化公共股票	0.0		0.0	
私人股票基金	0.0		0.0	
收税 10 年期债券	0.0		0.0	
免税 5 年期债券	0.0		0.0	
收税货币市场基金	100.0		8.0	
对冲基金	0.0	100.0	0.0	8.0
授权信托				
多样化公共股票	37.0		11.9	
私人股票基金	9.1		2.9	
收税 10 年期债券	3.4		1.1	
免税 5 年期债券	0.0		0.0	
收税货币市场基金	19.2		6.1	
对冲基金	31.3	100.0	0.0	32.0
				100.0

最优化过程有两种倾向，首先，它把更高的预期收益转入授予人预立信托资产。通过将更多的家庭财产的升值置于父母的财产之外而减少了未来遗产税的负担。这是有益的，因为部分收入和资本利得税（capital gains tax）的支付可用未来财产税的节约（savings）来补贴。家庭将拥有会带来税收负担的工具，而把它们放在授予人预立信托资产中较好，这样，父母可以支付收入税而同时使孩子们的财产以税前比率增长，在我们假设的每个团体的资产配置相同的条件下，父母直接拥有的资产的税前收益是7.44％，而让人信托是7.72％。这微小的差别来源于父母大量拥有市政债券。在最优化方案中，父母持有财产的税前收益下降到6.8％，而授予人预立信托资产的收益率上升至8.51％。让人信托是一个强大的财产规划工具，当将其应用于最优化方式时，它会变得更强大。

　　指出如何使用退休账户是件有意思的事情。退休账户的主要税收益处来自于可以在许多年里延缓收入税支付。然而随着持有者变得越来越老，投资于退休账户的税收优惠被混合在一起并逐步下降。当它被支取的时候，退休账户中积累或赚取的所有收益都要交纳普通所得税。父母去世后所留下的余额也要交纳普通所得税（income tax）。剩下的余额要交财产税，没有在此基础上的益处。假设琼斯先生和琼斯太太开始从账户中支取，而且只有20年的生命期限，递延的效果正在消失。考虑到这种情况，将产生长期资本利得的高增长性的资产而不是普通收入转入退休账户就显得没什么意义了。其收入会被征收所得税，其资产的升值也会被征收财产税。结果，最优方案就是通过将货币市场配置转入退休账户，这个方案将根据退休账户的税收特点派生出最大的收益。这一资产类别是要交纳所得税的，因此将从退休账户提供的递延中受益。

　　我们将对史密斯先生做同样的分析。他的目标是使基金未来的价值最大化。史密斯先生确认他所有的资产将最终进入基金，这样他的个人资产和基金的资产将以一种互相配合的方式运作。图31.4显示了史密斯先生的三个有效边界。请注意，财产规划并没有提供像琼斯家那样大的增长，这是因为史密斯先生预期将他所有的资产进入基金。因此，没有该交的财产税。史密斯先生之所以受益于财产规划，是因为在他控制下的一部分财产可以被处理成免交所得税和资本利得税。资产定位更多地将税收无效资产转移入基金。表31.5提供了在这三种情况下期末财产和资产配置的数额。表31.6提供了在8％年波动率的情况下最优配置下的资产配置和资产定位。

　　史密斯先生的状况非常不同于琼斯家的状况，因为财产税不影响他的计划，因而引入财产规划所引起的未来财富增加的百分比并不是那么多。财产规划只是将他的财富从应税状况转移到免税状况。一般而言，他转移到慈善机构的速度越快，慈善机构的未来价值越大。在我们的例子里，我们假设直到史密斯先生死亡时，再没有进一步的捐赠。

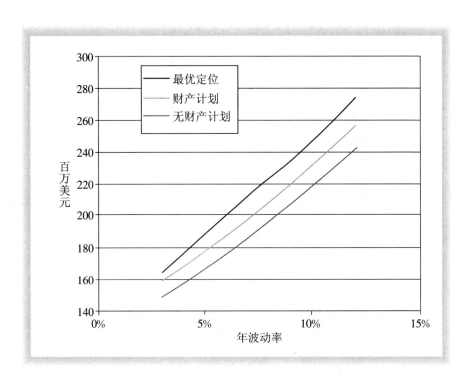

**图 31.4　史密斯先生的有效边界：扣除所得税
和转移税后 15 年间基金的预期真实价值**

表 31.5　　　　　　　　　　史密斯基金：期末财富和资产配置

单位为百万美元，波动率为 8％

	无财产计划	财产计划	最优定位
期望标准财产税收负债	$ 0.0	$ 0.0	$ 0.0
期望标准最终财富	$ 305.9	$ 324.9	$ 348.8
期望真实最终财富	$ 196.4	$ 208.6	$ 223.9
资产分配			
多样化公共股票	31.8％	32.1％	28.2％
私人股票基金	12.1％	10.1％	10.5％
收税 10 年期 AA 债券	0.0％	12.3％	0.0％
免税 5 年期债券	24.8％	11.5％	22.4％
收税货币市场基金	21.3％	24.0％	28.9％
对冲基金	10.0％	10.0％	10.0％
	100.0％	100.0％	100.0％

表 31.6	8⅛年波动率条件下的最优资产配置 和定位解决方案——史密斯先生（%）			
	实体资产分配		总分配	
直接持有				
多样化公共股票	0.0		0.0	
私人股票基金	0.0		0.0	
收税 10 年期债券	0.1		0.0	
免税 5 年期债券	4.3		22.4	
收税货币市场基金	53.0		25.6	
对冲基金	0.6	100.0	0.3	48.4
401（k）退休账户				
多样化公共股票	0.0		0.0	
私人股票基金	0.0		0.0	
收税 10 年期债券	0.0		0.0	
免税 5 年期债券	0.0		0.0	
收税货币市场基金	100.0		3.2	
对冲基金	0.0	100.0	0.0	3.2
慈善性剩余资金信托				
多样化公共股票	79.3		25.6	
私人股票基金	0.0		0.0	
收税 10 年期债券	0.0		0.0	
免税 5 年期债券	20.7		6.7	
收税货币市场基金	0.0		0.0	
对冲基金	0.0	100.0	0.0	32.3
基金				
多样化公共股票	16.3		2.6	
私人股票基金	23.6		3.8	
收税 10 年期债券	0.0		0.0	
免税 5 年期债券	0.0		0.0	
收税货币市场基金	0.0		0.0	
对冲基金	60.1	100.0	9.7	16.1
				100.0

资产定位策略允许基金未来预期价值的改善。最优定位产生了 2 亿 2 390 万美元的预期真实未来价值，比统一的资产配置方案高 7%。这是通过将税收无效的套期保值基金转移入基金获得的。[①] CRT 中产生的普通收入最小化将使 CRT 产生的益处最大化。请记住，收入的分层处理规则意味着 CRT 中普通收入或短期收益引起了史密斯先生税收负担的显著增加，这一税收负担是他从 CRT 所获得的分配引起的。因此，CRT 投资于上市股票和市

[①] 实际上，史密斯先生的基金可以被认为是过于激进的资产配置混合。即使史密斯先生想将他剩余的资产捐给基金，基金也必须根据谨慎人原则。在真实情况下，有必要增加一些额外的约束，从而为基金带来一个更平衡的资产配置策略。

政债券，上市股票只有很少的股利收益。在琼斯家的情况里，对退休账户的最佳使用是持有产生普通收益的低收益资产。最优定位策略通过减少史密斯先生的所得税负担来增加基金的预期未来价值。在每个团体的资产配置都相同的情况下，史密斯先生在 15 年间支付 3 850 万的收入和资本利得税。在最优化方案里，该支付下降到了 2 390 万美元。

表 31.7 比较了在 8％波动率下两个投资者的结果。年度收益率的计算均扣除了收入税和财产税。史密斯先生的年度收益率很高，因为他不必交财产税。资产配置方案差别并不大，但资产定位方案十分不同，从而反映出目标和目的的不同。对琼斯家来说，使财产税负债最小化是关键策略；而对史密斯先生来说，使收入税和资本利得税最小才是重要的。

表 31.7　　　　　　　　　　　**8％波动率下的最优方案**（％）

	琼斯	史密斯
年名义收益	3.69	5.56
年实际收益	0.67	2.48
资产分配		
多样化公共股票	27.5	28.2
私人股票基金	13.5	10.5
收税 10 年期 AA 债券	1.1	0.0
免税 5 年期债券	31.3	22.4
收税货币市场基金	16.6	28.9
对冲基金	10.0	10.0
	100.0	100.0

结　　论

将税收考虑与投资决策结合起来是获得最优结果的关键因素。这两个主题是如此紧密地联系在一起，以至于它们不能分开单独处理。

财产税是将财富转移给继承人的最大障碍。有各种各样的财产规划团体可以减少财产税负债。资产定位策略可以从这些财产规划团体中获得更多效用。可以通过让孩子们持有更多的家庭上市股票和私人股票从而将易升值财产从父母的账户转移到孩子的账户里。允许父母支付由于孩子的投资而引起的税负的团体可以通过使孩子们的资产以税前收益率增长而改善结果。这减缓了父母资产的增长，但是与此相结合的是，它通过将整个税后升值更多放在父母账户之外而减少了财产税负债。

有更多慈善倾向的投资者较少关心财产税事宜，而更多关心收入税最小化。他们支付的税越小，就可以有更多的收入进入慈善机构。通过将更高税负的投资转移到税收优惠团体，如基金或者是 CRT，将完成这一任务。

资产定位策略可以不必要承担更多风险而大大改善结果。每个投资者都是唯一的，应有定制的分析和规划。

第32章

股票资产组合结构

唐·马尔维希尔（Don Mulvihill）

股票是构成许多投资者组合中的最大部分，而且构成了整个预期收益的较大部分。在前面的章节里，我们已经观察到：

- 股票通常带来真实财富的长期增加。它们的预期收益及税后收益要远远高于债券或者其他货币市场工具。

- 税负是影响财富增长的主要障碍之一。税后收益以一个低得多的比率增加。例如在 25 年间，10% 的年收益率将 1 美元变成 10.8 美元，而 8% 的年收益率只有 6.8 美元。

- 资产配置战略（asset location strategies）可以减少税收的影响。将一项投资的收益特征与一项产业规划或退休团体的税收特征相匹配，能够提高税后收益，从而能将财富转移给继承人或慈善机构。

这些因素支持这样的观点，即对需要纳税的投资者来说，股票收益税负最小化在投资策略中是一项需要考虑的重要因素。股票的有趣之处在于它不像长期债券或短期债券那样，投资者通常可以控制纳税的时间。增值是股票收益的主要组成部分。只有当股票出售时才要交纳增值的资本利得税。既然投资者通常可以决策是否卖出，所以投资者可以在许多年里递延税收负债。税收延付是强有力的，因为它允许财富以税前比率增加，当税收延付能够导致免税时就更有力了。从基点增长免除了那些已去世的人持有的增值资产的资本利得税负债。政府免除了捐赠给慈善机构的增值资产的资本利得税。许多富有的投资者（1）一般总持有一部分股票；（2）通过死亡或慈善捐赠处置他们的绝大多数财富。将这两个因素结合起来，你就可以得到一个强有力的买入并持有战略（buy-and-hold strategies），这个策略使得市场收益在资本利得税最小的条件下有所增加。

在使税收最小化和通过积极管理提高收益之间存在着明显的牵制关系。积极管理意味着转手与实现通过买入并持有战略实现延付的应纳税收益。我们为了提高增加给投资者而不是 IRS 的积极管理收益的比例，将在这一章里分析这一牵制关系，考察安排股票投资的方法。

斯特里特先生是一位成功的股票组合经理。在过去的 15 年里，他的组合已经实现了 12％的年收益率，而市场只有 10％的年收益率。斯特里特先生要求税收有效是因为他的年换手率只有 30％。一个纳税的投资者是从斯特里特先生的建议中受益，还是投资于一个指数基金更加受益？为了回答这一问题，我们必须弄清楚：（1）投资者是在一个纳税账户还是在一个税收优惠账户里持有股票？（2）投资者是打算最终卖出资产组合并支付资本利得税，还是通过死亡或慈善捐赠以避免资本利得税来处置资产。

如果资产是由一个如基金或税收延付退休账户等免税机构持有的话，那么由斯特里特先生的组合管理创造的全部或大多数额外收益将增加投资者的财富。换手和收益的实现对这些团体没有税收影响。如果组合面临直接的税负结果将有所不同。12％年收益率的 10％恰巧来自于市场。斯特里特先生只是为额外的 2％做出贡献。为了赚取额外的收益，斯特里特先生定期出手组合，因而所有的增值都将面临资本利得税。30％的换手率意味着平均 3 年的持有期（holding period）。三年并不太长，因此雇佣斯特里特先生的纳税投资者可以接受这一事实，即经过一段时间，所有较大幅度的增值都要交纳资本利得税。买入并持有指数策略与在税前基础上以 10％的收益率增加有很大的区别。指数基金将在税后基础上增加更多。我们将用三张表来比较在 9％的年增值和 1％的股利收益条件下组合的增长。表 32.1 反映了一个消极的策略。我们设定用 5％的年换手率来反映由于兼并收购和基准变化而不可避免的换手率。表 32.2 反映了 30％的换手率的积极管理。在表 32.2 里，我们不考虑费用并假设积极管理的收益和市场收益是相同的。表 32.3 反映了年超额收益率为 2％的积极管理。在每一种情形下，我们使用了组合的年度增值平均水平的换手率，我们也假设所有实现的收益是长期的。

表 32.1　　　　　　　　　　**买入并持有战略的组合增长和收益**　　　　　　单位：美元

9％年增长率；1％股息；5％周转率

年	股息	实现收入	税收	市场价值	成本基数	年税后收益 遗产（％）	年税后收益 清算（％）
				1 000 000	1 000 000		
1	10 000	4 500	4 900	1 095 100	1 009 600	9.51	7.80
2	10 951	9 203	6 221	1 198 389	1 023 533	9.47	7.86
3	11 984	14 136	7 621	1 310 607	1 042 032	9.44	7.92
4	13 106	19 327	9 108	1 432 560	1 065 357	9.40	7.97
5	14 326	24 807	10 692	1 565 125	1 093 797	9.37	8.02
10	22 219	57 809	20 449	2 423 633	1 325 265	9.26	8.22
15	34 248	104 360	34 571	3 732 739	1 749 893	9.18	8.36
20	52 622	172 458	55 541	5 732 896	2 456 188	9.12	8.46
25	80 720	274 187	87 125	8 792 064	3 582 505	9.08	8.54

表 32.2　　　　　没有超额收益的积极管理的组合增长和收益　　　　　单位：美元

9％年增长率；1％股息；30％周转率

年	股息	实现收入	税收	市场价值	成本基数	年税后收益	
						遗产（％）	清算（％）
				1 000 000	1 000 000		
1	10 000	27 000	9 400	1 090 600	1 027 600	9.06	7.80
2	10 906	48 346	14 032	1 185 628	1 072 821	8.89	7.85
3	11 856	65 854	17 913	1 286 278	1 132 618	8.75	7.88
4	12 863	80 828	21 311	1 393 595	1 204 997	8.65	7.91
5	13 936	94 206	24 416	1 508 539	1 288 724	8.57	7.93
10	20 628	155 839	39 419	2 229 672	1 866 048	8.35	7.99
15	30 419	232 753	58 718	3 287 423	2 744 333	8.26	8.02
20	44 838	343 605	86 656	4 845 511	4 043 765	8.21	8.03
25	66 087	506 537	127 742	7 141 798	5 959 879	8.18	8.04

表 32.3　　　　　有 2％超额收益的积极管理的组合增长和收益　　　　　单位：美元

11％年增长率；1％股息；30％周转率

年	股息	实现收入	税收	市场价值	成本基数	年税后收益	
						遗产（％）	清算（％）
				1 000 000	1 000 000		
1	10 000	33 000	10 600	1 109 400	1 032 400	10.94	9.40
2	11 094	59 710	16 380	1 226 148	1 086 825	10.73	9.47
3	12 261	82 260	21 357	1 351 930	1 159 989	10.57	9.52
4	13 519	102 196	25 847	1 488 314	1 249 858	10.45	9.56
5	14 883	120 651	30 084	1 636 828	1 355 309	10.36	9.59
10	23 838	214 379	52 411	2 617 451	2 117 233	10.10	9.67
15	38 026	345 817	84 374	4 174 588	3 367 683	10.00	9.71
20	60 632	552 091	134 671	6 656 077	5 367 864	9.94	9.72
25	96 670	880 369	214 742	10 612 265	8 558 072	9.91	9.74

　　消极的资产组合（passive portfolio）增长到 880 万美元，而积极的资产组合（active portfolio）只有 710 万美元。如果投资者是以馈赠方式操作的（例如将财产通过慈善捐助或死亡来处理），那么消极的资产组合的年收益率是 9.08％，积极的资产组合的年收益率是 8.18％。税收延付（tax deferral）增加了 0.90％的税后收益。如果投资者是以清算模式（liquidation mode）操作的，最后将有一个 20％的资本利得税的最终税务负债，从而造成最终市场价值（market value）和最终成本基础之间的差别。这将缩小积极的资产组合与消极的资产组合间的差别，但消极的资产组合的年收益率是 8.54％，还是领先于积极资产组合的 8.04％。当我们允许 2％的超额收益时，积极策略就将超过消极策略。在馈赠操作方式下，积极的资产组合是 9.91％，而消极的资产组合是 9.08％。在流动性操作方式下，成功的积极的资产组合可达到 9.74％，而消极的资产组合是 8.54％。表 32.4 显示了税收特征是如何惩罚股票的积极管理的。在税后基础上增加价值要比在税前基础上增加价值更为困难。在这个例子里，斯特里特先生的大约一半的超额收益消失了，因为斯特

里特先生的组合换手加快了税收的支付。

表 32.4   **25 年持有期，税前和税后的年收益率（％）**

	税前	税后收益	
	税前	遗产	清算
被动	10	9.08	8.54
积极无额外收益	10	8.18	8.04
积极 2％额外收益	12	9.91	9.74

如果一位积极的经理可以通过有技巧的组合管理实现额外的增值，那么额外的增值将带来额外的税负。我们可以计算出，为了简单地匹配一个消极策略的税后收益，一位积极经理必须带来多少额外的增值。结果在图 32.1 中显示出来了。图形的形状表明，任何超过 15％的转手都将导致较大的税收效应。税收损失的大部分发生在最初 20％的换手里，原因在于税前的复利（compounding）与持有期有关，持有期是换手率的倒数。5％的换手率意味着 20 年的持有期。因此，被一些人认为较低的 30％的换手率和 75％的换手率没有很大的差别。两者都不会带来太多的税前复合。这些计算都假设换手在税收方面是无差异的。换手指的是组合的平均增值水平。如果换手以一种税收—有意识方式进行，那么这些关系将会发生变化。例如，一项激进的投资策略没有实现损失的政策可能会在萧条的市场中导致极高的换手率，但实际上提高了税后收益。

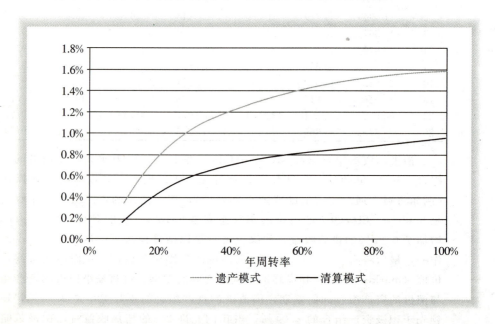

图 32.1　税收界限：要求匹配一个消极策略的税后收益的超额税前收益

在一个应纳税组合中运用积极策略与在进入赌场时支付服务费有相似之处。投资者同意以市场收益纳税是期望积极管理将带来足以弥补税收的额外收益。即使积极策略是成功的，投资者的好处也只是超额收益扣除税收的净值。若一个组合结构可以保护大部分市场收益免受积极管理的税收后果，那么它将允许投资者而不是美国国税局（Internal Revenue Service，IRS）占有积极管理带来的任何超额收益的好处。

一个"核心和卫星"组合结构是将一个税收—敏感策略管理的大型多元化组合与一个或多个集中和进取的积极管理的组合联合起来的。核心资产组合（core portfolio）允许市场收益在税前基础上复合。税后收益可以进一步地通过系统的税收损失出售而提高。卫星组合允许来自积极管理的更多额外收益，但也可能会产生许多实现了的收益。卫星组合的两个例子是：

1. 中性市场对冲基金（market-neutral hedge fund）。买入一些股票，卖出另一些股票，以消除市场风险来平衡。投资者会欠由套期保值基金带来的任何收益所要交纳的税，但不会使核心指数基金的收益交纳任何税，这种安排将股票风险和积极管理分离开了。

2. 一个专业基金（specialty fund），例如积极小盘股，组合经理可以积极进取地管理组合，因为核心指数基金已经带来了多元化效应，这种战略将产生实现的利得，也可能会带来超额收益。

"核心和卫星"方法应该使得核心资产组合中的市场收益在税前基础上复合。此外，它也允许实施更有效的资产定位策略。将持有的股票分别进入税收—有效的核心资产组合和税收—无效的卫星组合，可以将税收无效的卫星组合放置在税收优惠的实体内。

最后一点是特别重要的。在许多情况下，法律或实际方面的考虑会限制一个投资者将把多少财富放在税收优惠实体内。因此，存在投资组合可以在多大程度上利用这些实体的限制。核心和卫星方法利用了股票分配并创造了一个并不需要税收优惠实体保护的税收—有效核心资产组合。这为将更多税收无效投资放置在税收—优惠实体中创造了空间。我们在前一章里介绍了史密斯先生，他控制了 1 亿 5 千 5 百万美元资产。在这些资产中，8 000 万美元是处于税收—优惠实体中的。如果他持有 60％的股票，那么他总共持有的股票将是 9 300 万美元。它不能都放在税收—优惠实体中。但是，如果他运用核心卫星结构，并将 50％的股票放在核心资产组合里，那么他可以在他的私人账户里持有核心资产组合，这样将有 4 650 万股票处于卫星组合中。这些股票都可以放置在税收优惠实体中，而且还有空间提供给套期保值或其他税收—无效资产类别。

让我们比较在图 32.2 中所示的两种结构税后财富的产生。在单一结构中，有三种积极策略，每种都有一个多元化组合，其预期循迹误差是 5％。三个经理的账户是相同的，但他们的策略是不相关的。循迹误差倾向于净值，基准的总循迹误差是 2.89％。在核心—卫星结构里，50％的股票放置在一个指数策略中，余下的等分给三个经理。每个经理的循迹误差是 10％，预期总循迹误差也是 2.89％。我们将在史密斯先生使其基金未来价值最大的期望下分析这两种结构。

在前一章中，在史密斯先生的投资选择中包括上市股票。我们假设上市股票在同一结构里，现在增加两种额外的选择，如表 32.5 所述。

我们画出反映核心和卫星方法益处的史密斯先生的新的有效边界。我们要求相等的账户投资于核心指数和激进的卫星组合。图 32.3 显示了新的有效边界。

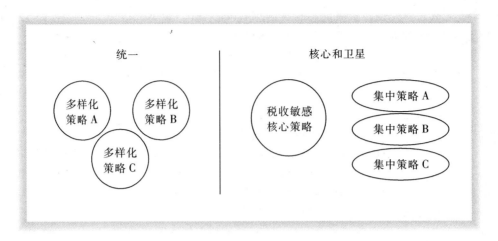

图 32.2 统一股票投资组合结构与核心和卫星结构

表 32.5 三种股票策略（%）

	税前收益	税后收益	税前波动率	税后波动率	年周转率
统一	9.75	8.00	17.24	16.40	30
核心指数	9.00	8.16	17.00	16.06	5
大胆进取（Satellite aggressive）	10.50	8.39	17.95	16.40	50

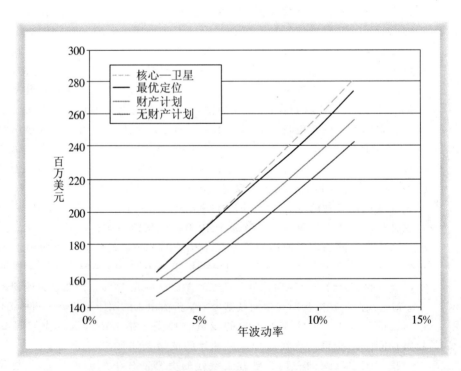

图 32.3 史密斯先生的有效边界：扣除在 15 年间基金
的收入和转移税后的预期真实价值

表 32.6 显示了在 8％的波动率方案下资产配置和定位的结果，比较同一股票结构和核心—卫星股票资产组合结构。理想的组合包括在史密斯先生的个人账户中运用税收—有效的核心资产组合，设置在税收—优惠实体中的高收益但税收—无效的卫星策略。这一安排使得史密斯先生可以将积极的资产组合管理的超额收益的 100％保留在他的基金里。调整核心—卫星组合股票结构，将基金的预期真实价值从 22 390 万美元增加到 22 570 万美元，而没有增加预期风险。

表 32.6　　　　　　　　　统一结构和核心——卫星结构比较

资产分配	资产定位			
	直接的	401（k）	CRT	基金
统一股票结构				
公共和私人股				
统一多样化公共股票	28.2％	0.0％	0.0％	25.6％	2.6％
核心股票	—	—	—	—	—
卫星股票	—	—	—	—	—
私人股票基金	10.5％	0.0％	0.0％	6.7％	3.8％
	38.7％				
固定收入和货币市场				
收税 10 年期 AA 债券	0.0％	0.0％	0.0％	0.0％	0.0％
免税 5 年期债券	22.4％	22.4％	0.0％	0.0％	0.0％
收税货币市场债券	28.9％	25.6％	3.2％	0.0％	0.0％
	51.3％				
替代投资				
对冲基金	10.0％	0.3％	0.0％	0.0％	9.7％
核心卫星股票结构				
公共和私人股				
统一多样化公共股票	0.0％	0.0％	0.0％	0.0％	0.0％
核心股票	16.5％	16.5％	0.0％	0.0％	0.0％
卫星股票	16.5％	0.0％	0.0％	12.0％	4.5％
私人股票基金	10.1％	10.1％	0.0％	0.0％	0.0％
	43.1％				
固定收入和货币市场				
收税 10 年期 AA 债券	0.1％	0.0％	0.1％	0.0％	0.1％
免税 5 年期债券	18.4％	18.4％	0.0％	0.0％	0.0％
收税货币市场债券	28.4％	3.4％	3.2％	20.3％	1.6％
	46.9％				
替代投资				
对冲基金	10.0％	0.0％	0.0％	0.0％	10.0％

我们假设核心资产组合仅仅是一个简单的买入—持有指数策略。指数策略的税后收益可以通过系统税收损失收益策略来提高收益。税收损失收益利用了税法的好处，投资者决定是否出售股票和什么时候出售股票，这样投资

者可以决定是否实现收益或损失。股票经过一段时间就增值，因此一个买入—持有策略在增值的资本利得税的延付方面是有效的，一个更有效的利用这种灵活性的方法是实现损失而不是实现收益的。例如，史密斯先生通过购买拥有 250 种股票的多元化组合来实施他的组合策略。11 个月后他考察这个组合：150 种股票已经增值了，25 种没有什么变化，75 种股票下降了。下降股票的平均下降幅度是 20%，未实现的损失等于整个组合价值的 6%。史密斯先生还拥有几个套期保值基金，它们可能带来实现的短期利得。如果史密斯先生将他的核心股票组合中的股票卖出，并再次投资于类似的股票，那么他就实现了短期资本损失。如果损失可以抵消套期保值基金带来的实现的收益，那么史密斯先生将减少他当年的税收负债。这种税收的节约增加了他目前和未来的财富，这种税收节约的损失收获交易将降低他的股票组合的成本基础。然而，因为他最终想把他的股票捐赠给他的基金，所以他不太关心它们的成本基础（cost basis），在这种情况下，对实现的短期损失运用 40% 的普通税率，可以为史密斯先生提供相当于他的核心股票组合的额外 2.4% 的税后收益。这一额外收益并不是来自于额外风险，而是更理智地利用了税法的灵活性。税收损失收获通常有两种方法。差异在于如何处理（洗售）"wash sale" 规则。如果一个应纳税的投资者亏损地卖出一种证券，并在 31 天之内把它买回来，那么投资者必须用最近的买入价格而不是最初的买入价格来扣除卖出价格。实际上，实现的损失并不被允许，而未实现的损失被允许。一个对付"洗售"规则的方法就是买入类似但不相同的证券。例如，一个拥有名为默克的生物制药公司股票的投资者可以亏损地卖出默克股份并很快再次投资于另一家名为辉瑞的生物制药公司。从默克转向辉瑞公司对组合风险的影响极小。另一个方法是等待 31 天。一个投资者可以卖出默克，等待 31 天，再买回默克。这在一段时间内有保持组合风险的好处。这一变化的弊端是解开的套期保值头寸可能会产生短期利得，如果市场在 31 天之内已经上升的话。

税收损失收获有两个益处：首先它产生了额外的税后收益；其次，它减少了组合的风险。税收损失收获在萧条的市场里将产生更多的实现损失，在景气的市场里将产生较少的实现损失。投资者利用税法的灵活性从而允许美国国税局分享亏损而不是收益。股票市场倾向于增值，从组合中收获亏损的能力随着时间的推移而下降。根据我们的经验，投资者在第一年里实现的损失大约是 10%，第二年大约是 7%，第三年大约是 5%，之后数量一直呈下降趋势。实际结果会依据市场条件而不同。在萧条的市场里亏损大一些，而在景气的市场里亏损小一些。即使在条件较好的市场里，也通常有一些股票或部门表现得不好，从而为税收亏损收获提供了机会。我们相信，应用于多元化组合的系统税收亏损收获方法可以预期累积的实现亏损可达到组合初始价值的 30%。它们中的大约三分之二是短期性质。大约在五年之后，由税收亏损收获方法产生的收益越来越少。表 32.7 显示了税收亏损收获方法是如何增加税后收益的。比较表 32.1 显示的简单的买入—持有策略的增长。当投资者以遗赠方式操作时，大部分价值是由税收亏损收获方法得到的，这样就可以以一种避免资本利得税负债的方式处理资产。如果投资者以流动性方式操作，那么税收亏损收获方法会产生税收延付而不是税收豁免。亏损会产生税收节省，但也会减少组合的成本基础。一旦组合最终清算，降低的成本基础会产生较大的最终税收负债。

表 32.7 　　　　　　用税收亏损收获方法的消极管理的组合增长和收益　　　　　　单位：美元

9%年增长率；1%股息，5%潜在周转率

年	股息	实现收入	损失		税金	市场价值	成本基数	年税后利润	
			短期	长期				遗产(%)	清算(%)
						1 000 000	1 000 000		
1	10 000	4 500	−100 000		−35 100	1 135 100	1 049 600	13.51	11.80
2	11 351	9 383	−60 000	−40 000	−25 583	1 274 193	1 095 917	12.88	11.29
3	12 742	14 648	−40 000	−30 000	−13 974	1 415 586	1 137 280	12.28	10.79
4	14 156	20 285		−20 000	5 719	1 551 425	1 166 002	11.60	10.19
5	15 514	26 253		−10 000	9 456	1 697 111	1 198 313	11.16	9.82
10	24 098	62 189			22 077	2 628 694	1 447 095	10.15	9.11
15	37 150	112 799			37 420	4 049 097	1 905 908	9.77	8.96
20	57 085	186 764			60 187	6 219 197	2 670 678	9.57	8.91
25	87 570	297 198			94 468	9 538 203	3 891 434	9.44	8.89

对史密斯先生来说，税收亏损收获策略将产生很大的益处，因为它十分适合于他的计划，即他最终的资产均将进入他的基金会。另一方面，琼斯家得到的好处较少，因为孩子们将在琼斯夫妇去世时持有大多数家庭的股票。从基点增长不适用于在授予人预立信托资产里由孩子们持有的股票。我们假设琼斯家没有慈善意向。

我们将在核心股票组合中增加税收亏损收获方法。我们可以画出史密斯先生的一条最终的有效边界，如图 32.4 所示。我们也把核心—卫星组合结构和税收亏损收获方法应用于琼斯家，从中得出的两个新的有效边界如图 32.5所示。

结　　论

股票是大多数投资者投资组合里的重要组成部分。在确认实现的收益和亏损的过程中，纳税人控制下的最优化实践可以大大提高税后收益。

通过积极管理提高收益和通过资本利得税延付提高收益两种想法之间存在着制约关系。核心—卫星组合方法可以使投资者更好地改善这一关系。

核心—卫星组合按不同的税收特征将股票持有分成两部分，这可以实施更有效的资产定位策略。

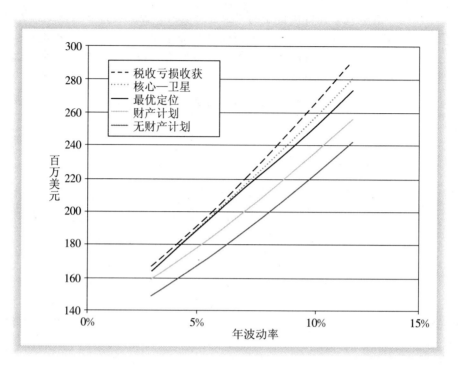

图 32.4　史密斯先生的有效边界：扣除收入和转移税后 15 年里基金的预期真实价值

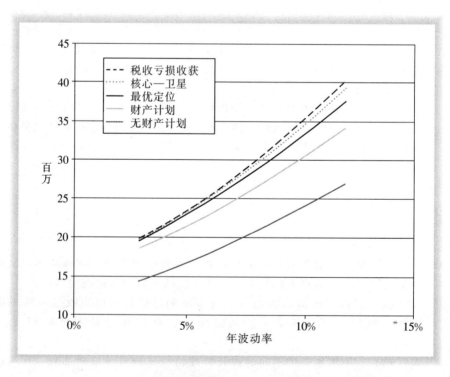

**图 32.5　琼斯家的有效边界：扣除收入税和转移税后，
在 20 年内孩子们的预期真实财富**

总体结论

我们可以通过观察每个家庭在预期的财富转移中的增加来回顾在过去的四章中我们所取得的成就。我们创造了将产业规划（estate planning）和投资决策统一起来的有效边界。我们展示了最优整合可以带来有效边界的显著改善。投资者可以在一个给定的风险水平下，预期转移更多的财富，或者可以在较小的风险水平下转移相同数量的财富。用8％的年波动率方案作为一个参照点，从没有产业规划到全面运用资产定位，股票资产组合结构和税收亏损收获方法为琼斯家孩子的预期未来真实财富增加了44％。相同的过程为史密斯基金增加了17％的预期未来真实财富。琼斯家增加的较多是因为他们要面临50％的财产税。表32.8 显示了这一过程。需要记住的重要内容是，这一成就的取得并没有伴随风险的增加，投资和税收规划产生了额外的收益。

表 32.8　　　　　　　在8％年波动率解决方案基础上提高的财富转移

	无财产计划	财产计划	资产定位	核心和卫星	税收亏损收获
琼斯一家					
孩子20年内的期望财富					
名义（百万美元）	37.3	47.5	51.6	53.2	53.7
真实（百万美元）	20.6	26.3	28.6	29.5	29.8
年收入和财产税的净收益					
名义	1.26％	3.26％	3.69％	3.85％	3.90％
真实	−1.69％	0.25％	0.67％	0.82％	0.87％
史密斯一家					
基金15年期望价值					
名义（百万美元）	305.9	324.9	348.8	351.6	359.1
真实（百万美元）	196.4	208.6	223.9	225.7	230.5
年收入和财产税的净收益					
名义	4.64％	5.06％	5.56％	5.61％	5.76％
真实	1.59％	2.00％	2.48％	2.54％	2.68％

我们已经通过将现代组合理论应用到具体的纳税投资者的要求中来显示了这一过程，四个关键步骤是：

1. 根据投资者的长期目标（long-term objective）给出问题的框架。这听起来简单但时常被忽略。适当的框架体系可以使投资规划更清晰。

2. 在资产配置、资产定位和管理策略方面，投资者可以有所选择。这些选择会影响收入和转移税负债。需要理解这些选择与投资者的长期目标是怎样相关的，最优实施这些选择权将大大提升结果。

3. 对每个投资者来说，有效边界是不同的，一个投资者的有效边界应该代表一系列资产配置和资产定位的混合，而且它将在给定风险水平下提供可能最高的预期税后结果。有效边界是建立在不同税收选择条件下的最优实践基础之上的。应建立一个与预期收益、风险、相关性矩阵和投资者长期目标的财产结构有关的模型。图 32.6 显示了我们研究的每个投资者的最优有效边界。有效边界是十分不同的。

4. 在税收—有效方式下实施组合策略。对股票来说，这一点是千真万确的，因为投资者可以控制资本利得税负债产生的时间。税收特征使得在直接纳税账户中增加来自于积极管理的价值是很困难的，一个运用税收亏损收获方法提高收益的广泛多元化核心资产组合可能因为税收的存在而提供最佳结果。投资者应该寻求将税收不太有效的策略运用于可以减少或消除税收的团体之中。在投资者直接拥有的账户中拥有税收有效核心资产组合，以及在税收优惠团体中的进取策略的概念会从股票配置中获得最大益处。

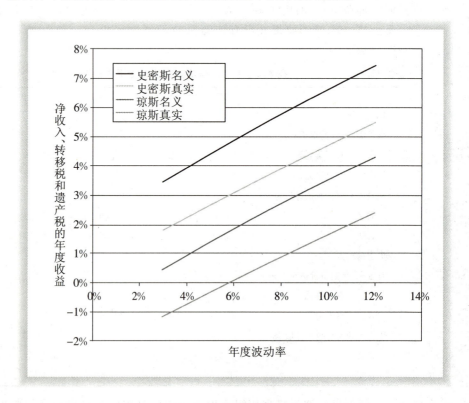

图 32.6　最佳有效边界

这一模型化过程允许投资者在长期结果的影响基础上分析许多事情。下面一些例子说明了如何应用。

组合管理　经理们通常寻求预期收益、风险或相关矩阵的变化。他们寻求在每单位风险水平上带来收益的增加，或者他们寻求降低与其他资产类别的相关性。考虑组合管理的预期可以用预期收益、风险、相关性矩阵来反映。模型可以用于确认投资者如何改变资产配置或定位以在预期长期结果方面获

现代投资管理——一种均衡方法

得最好的效果。

资产配置 模型将风险与预期真实长期税后收益率相联系。这样做是为了掌握财产税的强大影响。关注什么是与投资者最相关的将带来增加的益处。传统的有效边界只是把收益与风险联系起来了。然而收益是一个中间变量，投资者感兴趣的是财富，将在预期财富和预期财富波动率的基础上进行资产配置决策。

产业规划（Estate planning） 在我们的两个例子里，现存的产业规划是固定不变的，然而这一模型化过程也可以用于评价产业规划的变化，例如琼斯先生正考虑通过购买寿险来降低财产税，他首先可以观察他在现在产业规划基础上的有效边界，然后他将改变模型包括寿险，并计算出一个新的有效边界。这一有效边界将在其他财产团体的框架下反映出这一选择的效果。比较有效边界将评价寿险（对他将长期财产转移给受益人方面）所带来的益处。

集中型股票头寸（stock positions） 一些投资者以十分低的成本拥有某只股票并在他们的财富中占较大份额。这经常是出售一项业务或以股票为基础的补偿的结果。这些投资者面临多元化的问题，并在最低税负基础上降低风险。如果史密斯先生的个人财产中有很大一部分是低成本的史密斯产业的股票，那么他可以运用这一过程来决定他的最佳选择。他将修正模型以反映额外的资产类别，他将给其他资产设定一个预期收益、波动率和相关性。他将改变模型以反映减少史密斯产业股票的配置会带来立即要求支付资本利得税的事实。然后他将画出在他现在持有股票的情况下所包含的税收负债的有效边界。曲线可能会更陡峭，反映出他不得不支付资本利得税以获得风险减少的事实。

应纳税的投资者寻求风险调整的预期税后财富最大化。目标不是使税前收益最大化，也不是使其最小化。在使税前收益最大化和税后收益最大化之间存在制约关系。这种制约关系将使那些退休基金和其他有免税资产背景的投资者感到沮丧。适当地管理应纳税投资者的资产要求更高水平的定制和对收入及财产税事项的理解。每个投资者都是独一无二的。他们不仅有独特的目标和产业规划，而且他们有独特的资产。定制包括关心每个客户现有资产的成本基础和持有期。我们已经形成的过程使得投资者通过将投资决策与税后收益联系起来以最优地缓解这种制约关系。它使得现代组合理论可以适当地被应纳税投资者应用。

注　释

读者不应该关注我们在这些例子里确认作为最优化结果的实际配置的混合。结果反映了我们在预期收益、风险和相关性方面的投入。特别地，在高相关的应纳税债券、市政债券和货币市场类别方面的分配可以在这些参数发生微小变化的基础上发生戏剧性的变化。这一组中的资产配置的变化可能对长期结果的影响最小，读者应该观察的是最优化方案的一般趋势，特别是将税收—无效团体放在税收—优惠团体中。

读者应该意识到，产业规划的模型化过程是复杂的。模型的错误会导致结果的不准确。与此同时，我们在建模时的经验有时会给我们带来看似奇怪的结果，但实际上它是正确的，不同团体的税收特征之间的相互作用是复杂的，不是直觉性的。我们用的最优化过程包括每个团体的余额和税收负债的年推算数据。研究这些推算数据时通常会带来一些关于这些团体相互作用的意料之外的见解。

参考文献

Adler, M., and B. Dumas. 1983. "International Portfolio Choice and Corporation Finance: A Synthesis." *Journal of Finance* 38:925–984.

AIMR. 2002 (March 1). "Update Report of the Leverage & Derivatives Subcommittee of the Investment Performance Council." Charlottesville, VA: Association for Investment Management and Research.

AIMR. 2002 (June 1). "Update Report of the Leverage & Derivatives Subcommittee of the Investment Performance Council." Charlottesville, VA: Association for Investment Management and Research.

Aiyagari, R., and M. Gertler. 1991. "Asset Returns with Transaction Costs and Uninsured Individual Risk: A Stage III Exercise." *Journal of Monetary Economics* 27:309–331.

Ankrim, E. M., and C. H. Hensel. 1994. "Multicurrency Performance Attribution." *Financial Analysts Journal* (March/April):29–35.

Antoniou, A., I. Garrett, and R. Priestley. 1998. "The Macroeconomic Variables as Common Pervasive Risk Factors and the Empirical Content of the Arbitrage Pricing Theory." *Journal of Empirical Finance* 5:221–240.

Arnott, R. D., and P. L. Bernstein. 2002. "What Risk Premium Is Normal?" *Financial Analysts Journal* 58 (March/April):64–83.

Barber, B., R. Lehavy, M. McNichols, and B. Trueman. 2001. "Can Investors Profit from the Prophets? Consensus Analyst Recommendations and Stock Returns." *Journal of Finance* 56(2):773–806.

Barra. 1998. "Single Country Equity." In *Risk Model Handbook*. Berkeley, CA: Barra.

Becker, G. 1997. "Why a Crash Wouldn't Cripple the Economy." *BusinessWeek* (April 14):26.

Bercel, A. 1994. "Consensus Expectations and International Equity Returns." *Financial Analysts Journal* 50(4):76–80.

Berkley, S., and N. Gendron. 2002. "A Guide to the Lehman Global Family of Fixed Income Indices." Lehman Brothers Fixed Income Research.

Bernard, V., and J. Thomas. 1989. "Post Earnings Announcement Drift: Delayed Price Response or Risk Premium?" *Journal of Accounting Research* 27(Suppl.): 1–36.

Bernard, V., and J. Thomas. 1990. "Evidence That Stock Prices Do Not Fully Reflect the Implications of Current Earnings for Future Earnings." *Journal of Accounting and Economics* 13:305–340.

Black, F. 1989. "Universal Hedging: Optimizing Currency Risk and Reward in International Equity Portfolios." *Financial Analysts Journal* 45 (July/August):16–22.

Black, F. 1990. "How I Discovered Universal Hedging." *Investing* 4 (Winter): 60–64.

Black, F. 1993. "Estimating Expected Returns." *Financial Analysts Journal* 49: 36–48.

Black, F., and R. Litterman. 1992. "Global Portfolio Optimization." *Financial Analysts Journal* 48 (September/October):28–43.

Bollerslev, T. 1986. "Generalized Autoregressive Conditional Heteroscedasticity." *Journal of Econometrics* 31:307–327.

Breen, W., L. S. Hodrick, and R. A. Korajczyk. 2000. "Predicting Equity Liquidity." Working Paper #205. Chicago: Northwestern University, Department of Finance.

Brinson, G. P., and N. Fachler. 1985. "Measuring Non-U.S. Equity Portfolio Performance." *Journal of Portfolio Management* (Spring):73–76.

Brown, K., and W. V. Harlow. 2002. "Staying the Course: The Impact of Investment Style Consistency on Mutual Fund Performance." Working paper available from the author at McCombs School of Business, University of Texas, Austin; see also www.bus.utexas.edu/~brownk/Research/styleconsistent-wp.pdf.

Brown, S. J. 1989. "The Number of Factors in Security Returns." *Journal of Finance* 5:1247–1262.

Brown, S. J., W. N. Goetzmann, and J. Park. 2001. "Careers and Survival: Competition and Risk in the Hedge Fund and CTA Industry." *Journal of Finance* 56 (October):1869–1886.

Campbell, J., and J. Cochrane. 1999. "By Force of Habit: A Consumption-Based Explanation of Aggregate Stock Market Behavior." *Journal of Political Economy* 107:205–251.

Carhart, M. 1997. "On Persistence in Mutual Fund Performance." *Journal of Finance* 52(1):57–82.

Carino, D. R. 1999. "Combining Attribution Effects over Time." *Journal of Performance Measurement* (Summer):5–14.

Cavaglia, S., C. Brightman, and M. Aked. 2000. "On the Increasing Importance of Industry Factors: Implications for Global Portfolio Management." *Financial Analysts Journal* (September/October):41–54.

Chamberlain, G., and M. Rothschild. 1983. "Arbitrage, Factor Structure, and Mean-Variance Analysis on Large Asset Markets." *Econometrica* 51: 1281–1304.

Chan, L. K. C., N. Jegadeesh, and J. Lakonishok. 1996. "Momentum Strategies." *Journal of Finance* 51(5):1681–1713.

Chan, L. K. C., J. Kareceski, and J. Lakonishok. 1998. "The Risk and Return from Factors." *Journal of Financial and Quantitative Analysis* 33:159–188.

Chen, N.-F., R. Roll, and S. A. Ross. 1986. "Economic Forces and the Stock Market." *Journal of Business* 59:383–403.
Christopherson, J. A., W. E. Ferson, and D. Glassman. 1998. "Conditioning Manager Alphas on Economic Information: Another Look at the Persistence of Performance." *Review of Financial Studies* 11(1):111–142.

Collins, D. W., and P. Hribar. 2000. "Earnings-Based and Accrual-Based Market Anomalies: One Effect or Two?" *Journal of Accounting and Economics* 29(1): 101–123.

Connor, G., and R. A. Korajczyk. 1986. "Performance Measurement with the Arbitrage Pricing Theory: A New Framework for Analysis." *Journal of Financial Economics* 15:373–394.

Connor, G., and R. A. Korajczyk. 1988. "Risk and Return in an Equilibrium APT: Application of a New Test Methodology." *Journal of Financial Economics* 21:255–290.

Connor, G., and R. A. Korajczyk. 1993. "A Test for the Number of Factors in an Approximate Factor Model." *Journal of Finance* 48:1263–1291.

Constantinides, G. M., and W. E. Ferson. 1991. "Habit Persistence and Durability in Aggregate Consumption: Empirical Tests." *Journal of Financial Economics* 29(2):199–240.

Daniel, K., and S. Titman. 1997. "Evidence on the Characteristics of Cross-Sectional Variation in Stock Returns." *Journal of Finance* 52(1):1–33.

Dawes, R. M., D. Faust, and P. E. Meehl. 1989. "Clinical versus Actuarial Judgement." *Science* 243 (March 31):1668–1674.

Dechow, P. M., and R. G. Sloan. 1997. "Returns to Contrarian Investment Strategies: Tests of Naive Expectations Hypotheses." *Journal of Financial Economics* 43(1):3–27.

De Santis, G., and B. Gerard. 1997. "International Asset Pricing and Portfolio Diversification with Time-Varying Risk." *Journal of Finance* 52(5):1881–1912.

De Santis, G., and E. Tavel. 1999. "Conditional Covariance Estimation in QS." Goldman Sachs Asset Management. Mimeographed.

Elton, E. J., M. J. Gruber, S. J. Brown, and W. N. Goetzmann. 2002. *Modern Portfolio: Theory & Investment Analysis*, Sixth Edition. New York: John Wiley

& Sons.

Engle, R. F. 1982. "Autoregressive Conditional Heteroscedasticity with Estimates of the Variance of the United Kingdom Inflation." *Econometrica* 50:987–1007.

Engle, R. F. 2002. "Dynamic Conditional Correlation: A Simple Class of Multivariate GARCH Models." *Journal of Business and Economic Statistics* 20(3): 339–350.

Epstein, L. G., and S. E. Zin. 1991. "Substitution, Risk Aversion, and the Temporal Behavior of Consumption and Asset Returns: An Empirical Analysis." *Journal of Political Economy* 99(2):263–286.

Fama, E. F. 1970. "Efficient Capital Markets: A Review of Theory and Empirical Work." *Journal of Finance* 25:383–417.

Fama, E. F., and K. R. French. 1992. "The Cross-Section of Expected Stock Returns." *Journal of Finance* 47(2):427–465.

Fama, E. F., and K. R. French. 1993. "Common Risk Factors in the Returns of Stocks and Bonds." *Journal of Finance* 33:3–56.

Fama, E. F., and K. R. French. 1996. "Multifactor Explanations of Asset Pricing Anomalies." *Journal of Finance* 51:55–84.

Fama, E. F., and K. R. French. 1998. "Value versus Growth: The International Evidence." *Journal of Finance* 53(6):1975–1991.

Fama, E. F., and K. R. French. 2002. "The Equity Premium." *Journal of Finance* 57(2):637–659.

Fama, E. F., and J. Macbeth. 1973. "Risk, Return and Equilibrium: Empirical Tests." *Journal of Political Economy* 81:607–638.

Fama, E. F., and G. W. Schwert. 1977. "Asset Returns and Inflation." *Journal of Financial Economics* 5:115–146.

Ferson, W. E., and R. A. Korajczyk. 1995. "Do Arbitrage Pricing Models Explain the Predictability of Stock Returns?" *Journal of Business* 3:309–347.

Ferson, W. E., and R. W. Schadt. 1996. "Measuring Fund Strategy and Performance in Changing Economic Conditions." *Journal of Finance* 51:425–462.

Foster, G., C. Olsen, and T. Shevlin. 1984. "Earnings Releases, Anomalies and the Behavior of Security Returns." *Accounting Review* 59 (October):574–603.

Francis, J., and L. Soffer. 1997. "The Relative Informativeness of Analysts' Stock Recommendations and Earnings Forecast Revisions." *Journal of Accounting Research* 35(2):193–211.

Fung, W., and D. Hsieh. 1997. "Empirical Characteristics of Dynamic Trading Strategies: The Case of Hedge Funds." *Review of Financial Studies* 10(2): 275–372.

Givant, M. 1988. "Taking a World View: $100 Million Fund Starts Global Allocation Strategy." *Pensions and Investment Age* (June 13):2.

Graham, B. 1959. *The Intelligent Investor*, Second Revised Edition. New York: Harper & Brothers.

Graham, B. 1973. *The Intelligent Investor: A Book of Practical Counsel*, Fourth Revised Edition. New York: Harper & Row.

Graham, B., and D. Dodd. 1934. *Security Analysis*. New York: McGraw-Hill.

Grauer, F., R. Litzenberger, and R. Stehle. 1976. "Sharing Rules and Equilibrium in an International Capital Market under Uncertainty." *Journal of Financial Economics* 3:233–256.

Grinblatt, M., and S. Titman. 1989. "Portfolio Performance Evaluation: Old Issues and New Insights." *Review of Financial Studies* 2:393–421.

Grinblatt, M., and S. Titman. 1994. "A Study of Monthly Mutual Fund Returns and Performance Evaluation Techniques." *Journal of Financial and Quantitative Analysis* 29(3):419–444.

Grinold, R. C. 1989. "The Fundamental Law of Active Management." *Journal of Portfolio Management* 15:30–37.

Grinold, R. C., and R. N. Kahn. 1999. *Active Portfolio Management: A Quantitative Approach for Producing Superior Returns and Selecting Superior Returns and Controlling Risk*, Second Edition. New York: McGraw-Hill.

Grundy, B. D., and J. S. Martin. 2001. "Understanding the Nature of the Risks and the Source of the Rewards to Momentum Investing." *Review of Financial Studies* 14(1):29–78.

Hamilton, J. D. 1994. *Time Series Analysis*. Princeton, NJ: Princeton University Press.

Harvey, C. R. 1997. "WWWFinance: Quantitative Performance Evaluation." Available at www.duke.edu/~charvey/Classes/ba350_1997/perf/perf.htm.

Haugen, R. A., and L. B. Nardin. 1996. "Commonality in the Determinants of Expected Stock Returns." *Journal of Financial Economics* 41:401–436.

He, G., and R. Litterman. 1999. "The Intuition behind Black-Litterman Model Portfolios." Goldman Sachs Investment Management Series.

Heston, S. L., and K. G. Rouwenhorst. 1994. "Does Industrial Structure Explain the Benefits of Industrial Diversification?" *Journal of Financial Economics* 36:3–27.

Heston, S. L., and K. G. Rouwenhorst. 1995. "Industry and Country Effects in International Stock Returns." *Journal of Portfolio Management* 21 (Spring):53–58.

HKMA Annual Report 1998. Hong Kong Monetary Authority.

Hong, H., T. Lim, and J. C. Stein. 2000. "Bad News Travels Slowly: Size, Analyst Coverage, and the Profitability of Momentum Strategies." *Journal of Finance* 55(1):265–295.

Hopkins, P. J. B., and C. H. Miller. 2001. *Country, Sector, and Company Factors in Global Equity Portfolios*. AIMR Research Foundation Monograph. Charlottesville, VA: Association for Investment Management and Research.

Ibbotson Associates. 2003. *Stocks, Bonds, Bills and Inflation® 2003 Yearbook*.

Chicago: Ibbotson Associates, Inc.

Ibbotson, R., and Peng Chen. 2002. "Stock Market Returns in the Long Run: Participating in the Real Economy." Yale ICF Working Paper 00-44. New Haven, CT: International Center for Finance at Yale School of Management.

Ibbotson, R., and R. Sinquefield. 1976. "Stocks, Bonds, Bills, and Inflation: Year-by-Year Historical Returns (1926–1974)." *Journal of Business* 49(1):11–47.

Index and Derivatives Perspective. 2002 (April). New York: Goldman Sachs & Co.

InterSec Research. 2001. "Investment Industry Research: The U.S. Tax-Exempt Cross-Border Marketplace." Stamford, CT.

Investment Company Institute. 1997. "Valuation and Liquidity Issues for Mutual Funds." Washington, DC: ICI.

Jagannathan, R., and R. A. Koraczyk. 1986. "Assessing the Market Performance of Managed Portfolios." *Journal of Business* 59(2):217–235.

Jagannathan, R., E. R. McGrattan, and A. Scherbina. 2000. "The Declining US Equity Premium." *Federal Reserve Bank of Minneapolis Quarterly Review* 24(4): 3–19.

Jegadeesh, N. 1990. "Evidence of Predictable Behavior of Security Returns." *Journal of Finance* 45(3):881–898.

Jegadeesh, N., and S. Titman. 1993. "Returns to Buying Winners and Selling Losers: Implications for Stock Market Efficiency." *Journal of Finance* 48(1): 65–91.

Jegadeesh, N., and S. Titman. 2001. "Profitability of Momentum Strategies: An Evaluation of Alternative Explanations." *Journal of Finance* 56(2):699–720.

Jensen, M. C. 1968. "The Performance of Mutual Funds in the Period 1945–1964." *Journal of Finance* 23(2):389–416.

Johnson, R. A., and D. W. Wichern. 1998. *Applied Multivariate Statistical Analysis*, Fourth Edition. Englewood Cliffs, NJ: Prentice Hall.

Jones, R. C. 1998. "Why Most Active Managers Underperform (and What You Can Do about It)." In *Investment Guides for Plan Sponsors: Enhanced Index Strategies for the Multi-Manager Portfolio*, edited by Brian Bruce. New York: Institutional Investor.

Jorgenson, D. W., and B. Fraumeni. 1989. "The Accumulation of Human and Non-Human Capital, 1948–84." In *The Measurement of Saving, Investment, and Wealth* (NBER Studies in Income and Wealth, vol. 52), edited by R. E. Lipsey and H. S. Tice, pp. 227–282. Chicago: University of Chicago Press.

Jorion, P. 1986. "Bayes-Stein Estimation for Portfolio Analysis." *Journal of Financial and Quantitative Analysis* (September):279–292.

Jorion, P. 1994. "Mean/Variance Analysis of Currency Overlays." *Financial Analysts Journal* 50(3):48–56.

Jorion, P. 2002. "Portfolio Optimization with Constraints on Tracking Error." *Financial Analysts Journal* (forthcoming).

Jorion, P., and W. N. Goetzmann. 1999. "Global Stock Markets in the Twentieth Century." *Journal of Finance* 54(3): 953–980.

Kahneman, D., P. Slovic, and A. Tversky. 1982. *Judgement under Uncertainty: Heuristics and Biases*. New York: Cambridge University Press.

Kavajecz, K. A., and D. B. Keim. 2002. "Packing Liquidity: Blind Auctions and Transaction Cost Efficiencies." Working paper available from the authors at The Wharton School, University of Pennsylvania, Philadelphia.

Keim, D. B., and A. Madhavan. 1997. "Transactions Costs and Investment Style: An Inter-Exchange Analysis of Institutional Equity Trades." *Journal of Financial Economics* 46(3):265–292.

King, M., E. Sentana, and S. Wadhwani. 1994. "Volatility and Links between National Stock Markets." *Econometrica* 62:901–933.

Knez, P. J., R. Litterman, and J. Scheinkman. 1994. "Explorations into Factors Explaining Money Market Returns." *Journal of Finance* 49(5):1861–1882.
Lakonishok, J., A. Shleifer, and R. W. Vishny. 1994. "Contrarian Investment, Extrapolation, and Risk." *Journal of Finance* 49(5):1541–1578.

LaPorta, R., J. Lakonishok, A. Shleifer, and R. Vishny. 1997. "Good News for Value Stocks: Further Evidence on Market Efficiency." *Journal of Finance* 52(2):859–874.

Lee, C., and B. Radhakrishna. 2000. "Inferring Investor Behavior: Evidence from TORQ Data." *Journal of Financial Markets* 3:83–111.

Litterman, R. B. 1996. "Hot Spots and Hedges." Goldman Sachs Risk Management Series. Published in *Journal of Portfolio Management* 22(5):52–75.

Litterman, R., and R. Gumerlock. 1998. *The Practice of Risk Management*. London: Euromoney Publications PLC.

Litterman, R., J. Longerstaey, J. Rosengarten, and K. Winkelmann. 2000. "The Green Zone . . . Assessing the Quality of Returns." *Journal of Performance Measurement* 5(3)29–50.

Litterman, R., and K. Winkelmann. 1996. "Managing Market Exposure." Goldman Sachs Risk Management Series.

Lo, A. W., and A. C. MacKinlay. 1990. "When Are Contrarian Profits Due to Stock Market Overreaction?" *Review of Financial Studies* 3:175–208.

Lucas, R. E., Jr. 1978. "Asset Prices in an Exchange Economy." *Econometrica* 46(6):1429–1445.

McGrattan, E. R., and E. C. Prescott. 2001. "Taxes, Regulation, and Asset Prices." Working Paper 610. Minneapolis: Federal Reserve Bank of Minneapolis.

Malkiel, B. G. 1995. "Returns from Investing in Equity Mutual Funds, 1971 to 1991." *Journal of Finance* 50:549–572.

Markowitz, H. 1952. "Portfolio Selection." *Journal of Finance* 7(1):77–91.

Markowitz, H. 1959. *Portfolio Selection: Efficient Diversification of Investments*. New York: John Wiley & Sons (also New Haven, CT: Yale University Press, 1970; Oxford: Basil Blackwell, 1991).

Markowitz, H. 1987. *Mean-Variance Analysis in Portfolio Choice and Capital Markets*. Oxford: Basil Blackwell.

Mehra, R., and E. C. Prescott. 1985. "The Equity Premium: A Puzzle." *Journal of Monetary Economics* 15:145–161.

Merton, R. C. 1980. "On Estimating the Expected Return on the Market." *Journal of Financial Economics* 8:323–361.

Merton, R. C. 1990. *Continuous-Time Finance*. Oxford: Basil Blackwell.

Mirabelli, A. 2000/2001. "The Structure and Visualization of Performance Attribution." *Journal of Performance Measurement* (Winter):55–80.

Modigliani, F., and L. Modigliani. 1997. "Risk-Adjusted Performance." *Journal of Portfolio Management* 23 (Winter):45–54.

Morgan Stanley Capital International. 2001. "MSCI Enhanced Methodology: Index Construction Objectives, Guiding Principles and Methodology for the MSCI Provisional Equity Index Series."
Moskowitz, T., and A. Vising-Jorgensen. 2002. "The Returns to Entrepreneurial Investment: The Private Equity Premium Puzzle." *American Economic Review* 92 (September).

Munro, J., and D. Jelicic. 2000. "The Relative Importance of Industry and Country Influences." Faculty and Institute of Actuaries Investment Conference paper, June. Available at www.actuaries.org.uk/files/pdf/library/proceedings/investment/2000conf/relimportpap.pdf.

Myners, P. 2001. "Institutional Investment in the United Kingdom—A Review." A report addressed to The Rt Honorable Gordon Brown, MP, Chancellor of the Exchequer, HM Treasury, London; available at www.hm-treasury.gov.uk/media//843F0/31.pdf.

Nadbielny, T. S., M. Sullivan, and M. De Luise. 1994. "Introducing the Salomon Brothers World Equity Index." Salomon Brothers.

Newey, W. K., and K. D. West. 1987. "A Simple Positive Semi-Definite, Heteroskedasticity and Autocorrelation Consistent Covariance Matrix." *Econometrica* 55:703–708.

"The *P&I* 1000: Our Annual Look at the Largest Pension Funds." 2002. *Pensions & Investments* (January 21).

Rendleman, R. C., C. P. Jones, and H. A. Lutane. 1982. "Empirical Anomalies Based on Unexpected Earnings and the Importance of Risk Adjustments." *Journal of Financial Economics* 10(3):269–287.

Roll, R. 1977. "A Critique of the Asset Pricing Theory's Tests; Part I: On Past and Potential Testability of the Theory." *Journal of Financial Economics* 4:129–176.

Roll, R., and B. Solnik. 1977. "A Pure Foreign Exchange Asset Pricing Model." *Journal of International Economics* 7:161–179.

Rosenberg, B., and W. McKibben. 1973. "The Prediction of Systematic and Specific Risk in Common Stocks." *Journal of Financial and Quantitative Analysis* 8(2)317–333.

Rouwenhorst, K. G. 1998a. "European Equity Markets and EMU: Are the Differences Between Countries Slowly Disappearing?" Yale ICF Working Paper. New Haven, CT: International Center for Finance at Yale School of Management.

Rouwenhorst, K. G. 1998b. "International Momentum Strategies." *Journal of Finance* 53(1):267–284.

Satchell, S., and A. Scowcroft. 2000. "A Demystification of the Black-Litterman Model: Managing Quantitative and Traditional Portfolio Construction." *Journal of Asset Management* 1(2):138–150.

Scheidt, D. 2001 (April 30). Letter to Craig S. Tyle (Division of Investment Management [SEC]: April 2001 Letter to the ICI Regarding Valuation Issues). Available at www.sec.gov/divisions/investment/guidance/tyle043001.htm.

Sharpe, W. 1991. "Capital Asset Prices with and without Negative Holdings." *Journal of Finance* (June):489–509.

Sharpe, W. 1992. "Capital Asset Prices with and without Negative Holdings." In *Nobel Lectures, Economic Sciences 1981–1990*, edited by K.-G. Mäler, pp. 312–332. World Scientific Publishing.

Siegel, J. J. 1972. "Risk, Interest Rates and the Foreign Exchange." *Quarterly Journal of Economics* 89:173–179.

Siegel, L. B., K. F. Kroner, and S. W. Clifford. 2001. "The Greatest Return Stories Ever Told." *Journal of Investing* 10:91–102.

Sloan, R. G. 1996. "Do Stock Prices Fully Reflect Information in Accruals and Cash Flows about Future Earnings?" *Accounting Review* 71(3):289–315.

Solnik, B. H. 1974. "An Equilibrium Model of the International Capital Market." *Journal of Economic Theory* 8:500–524.

Stambaugh, R. F. 1982. "On the Exclusion of Assets from Tests of the Two-Parameter Model: A Sensitivity Analysis." *Journal of Financial Economics* 10:237–268.

Stambaugh, R. F. 1997. "Analyzing Investments Whose Histories Differ in Length." *Journal of Financial Economics* 45:285–331.

Stein, C. 1955. "Inadmissability of the Usual Estimator of the Mean of a Multivariate Normal Distribution." In *Proceedings of the Third Berkeley Symposium on Probability and Statistics*, pp. 197–206. Berkeley, CA: University of California Press.

Stickel, S. E. 1991. "Common Stock Returns Surrounding Earnings Forecast Revisions: More Puzzling Evidence." *Accounting Review* 66(2):402–416.

Sullivan, M., M. De Luise, K. Sung, and P. A. Kerr. 2002. "Global Stock Market Review: May 2002." Salomon Smith Barney Equity Research: Global Equity Index (June 13).

U.S. Federal Reserve Board. 1947–2001. *Flow of Funds Accounts of the United States*. Washington, DC: Federal Reserve Board.

White, G. I., A. C. Sondhi, and D. Fried. 1998. *The Analysis and Use of Financial Statements*, Second Edition. New York: John Wiley & Sons.

Womack, K. 1996. "Do Brokerage Analysts' Recommendations Have Investment

Value?" *Journal of Finance* 51(1):137–167.

Working Group. 1996. "Risk Standards for Institutional Investment Managers and Institutional Investors." Capital Risk Market Advisors; available at www.cmra.com/html/the_risk_standards.html.

Zitzewitz, E. 2002. "Who Cares about Shareholders? Arbitrage-Proofing Mutual Funds." Working paper available from the author at the Stanford Graduate School of Business, Stanford, CA.

词 汇 表

Absolute marginal contributions to tracking error（ACTE） 对循迹误差的绝对边际贡献

Absolute marginal factor contributions to tracking error（AFCTE） 对循迹误差的绝对边际因子贡献

Absolute return strategy 绝对收益策略

Accounting agents，valuations 会计代理，估值

Active management 积极的管理

Active portfolio，defined 积极的资产组合，定义的

Active return 积极的收益

Active risk 积极的风险

Active trading 积极的交易

Actuarial decision analysis 保险统计决策分析

Actuarial mortality tables 保险统计死亡率表

Administration costs 管理费用

After-tax wealth 税后财富

Aggressive investors/trades 进取的投资者/交易者

Allocation，*see* Asset allocation 配置，参见资产配置

Alternative asset classes 其他资产种类

hedge funds，portfolio management 对冲基金，资产组合管理

private equity investments 私人股票投资

strategic asset allocation，hedge funds 战略上的资产配置，对冲基金

Altvest Altvest 公司

American depositary receipts（ADRs） 美国存托凭证

Analyst earnings estimate anomaly 分析师收入的不规则估计

Annual growth rate 每年增长率

Annual returns 每年收益

Annuities 养老金

Arbitrage 套利

Arbitrage trading 套利交易

Asset allocation 资产配置

Asset classes 资产类别

Asset consumption 资产消耗

Asset demands 资产需求

Asset exposures，equity risk factor models 资产暴露，股票风险因子模型

Asset grouping，return attribution 资产分组，

收益归属

Asset pricing　资产定价

Asset universe　资产全集

Association for Investment Management and Research（AIMR）　美国投资管理协会

Asymptotic principal component，（APC）　渐进主成分

Auditing tools　审计工具

Average returns　平均收益

Backfill bias　回填障碍

Barbelled portfolios　哑铃型投资组合

Becker，Gary　贝克尔，加里

Benchmark（s）　基准

Bequest mode　遗产模型

Bermuda　百慕大群岛

Bid/ask spread　询价和报价之差

Black，Fischer　布莱克，费希尔

Black-Litterman models　布莱克-李特曼模型

Black-Litterman global asset allocation model　布莱克-李特曼全球资产配置模型

Black-Scholes option pricing model　布莱克-斯科尔斯期权定价模型

Block diagonal global equity factor model　对角结构全球股票因子模型

Bond/equity split　债券/股票拆分

Bond futures　债券期货

Bond investments，*see* Bond portfolio　债券投资，参见债券资产组合

Capital Asset Pricing Model（CAPM）　资本资产定价模型

Bond market　债券市场

Bond portfolio，generally　债券资产组合，一般地

Book-to-market equity　盯市股票

Book-to-price（B/P）ratio　账面市值比率

Bottom-up asset allocation　自下至上资产配置

Broker-dealers　经纪人经销商

Broker quotes　经纪人报价

Budgeting，in risk management　风险管理预算之内

Bulleted portfolios　子弹型投资组合

Buy-and-hold strategies　买入并持有战略

Buy-side traders　买方交易商

Callable bonds　可赎回的债券

Capital appreciation　资本增值

Capital Asset Pricing Model（CAPM）　资本资产定价模型

Capital depreciation　资本贬值

Capital gains/capital gains tax　资本利得/资本利得税

Capital markets　资本市场

Capital market theory　资本市场理论

Carried interest　附带权益

Carve-outs　分割

Cash，generally　现金，一般地

Cash flow　现金流

Cash flow projections　现金流估计

Cautious investors　谨慎的投资者

Charitable gifts　慈善的馈赠

Charitable remainder trust（CRT）　慈善剩余信托

Chen，Peng

Children，wealth creation strategies　孩子，财富创造战略

Clinical decision analysis　临床决策分析

Closing price　收盘价

Collateral　附属抵押担保品

Collateralized mortgage obligations（CMOs）　担保抵押债券

Combined single region model（SRM），global equity factor model　复合的单一区域模型，全球股票因子模型

Commercial real estate　商用不动产

Commingled vehicles　混合载体

Commissions　委员会

Commodities　商品

Commodity Futures Trading Commission（CFTC）　商品期货贸易委员会

Common stock　普通股票

Completion management　完成管理

Completion manager　完成管理经理

Completion portfolio，GTAA　完成投资组合，全球战术上的资产分配

Compounding　复利

Compounding period，return attribution　复利计算期，收益特性

Computer software　计算软件

Concentrated active management　集中积极的管理

Confidence levels　置信水平

Conservative investors　保守的投资者

Consumer price index（CPI）　消费者物价指数

Consumption habits　消费习惯

Contingency planning　应急计划

Contribution to duration（CTD）　久期贡献

Controllers，functions of　监察员的作用

Convertible arbitrage　可转换的套期保值

Convexity，volatility risk　凸性，波动性风险

Core portfolio　核心资产组合

Corporate bonds　公司债权

Corporate credit　公司债权

Correlated assets　相关的资产

Country asset exposures　国家资产暴露

Country contributions，return，attribution　国家贡献，收益，归因

Country currency weight　国家货币持有权重

Country effect　国家效果

Country indexes　国家指数

Country of domicile　国家付款地点

Country of issuance　国家发行

Country sector weight　国家部门的权重

Country selection，global tactical asset allocation（GTAA）　国家选择，全球战术上的资产分配

Country stock selection　国家股票选择

Covariance　协方差

Covariance matrices/matrix　协方差矩阵

Covariance matrix estimation　协方差矩阵估计

Credit ratings　信用评级

Credit risk　信用风险

Credit-risk-free interest rates　无信用风险利率

Credit spread　信用差价（信贷息差）

Credit Suisse First Boston（CSFB）/Tremont　瑞士第一波士顿信贷银行

Cross-portfolio pricing comparisons　交叉投资组合定价比较

Cross product　交叉乘积

Cross-section modeling，equity risk　横截面建模，证券风险

factor models　因子模型

Currencies，global equilibrium　货币，全球均衡

Currency allocation strategy　货币配置战略

Currency asset exposures　货币资产暴露

Currency contributions，return attribution　货币贡献，收益属性

Currency effect，global equity risk factor model　货币效果，全球股票因子模型

Currency exposure，equity risk factor models　货币暴露，股票风险因子模型

Currency forwards　货币远期

Currency hedging　货币套期保值

Currency markets，forecasts across valuation measures　货币市场，跨越价值度量方法的预测

Currency overlay　货币重叠

Currency risk　货币风险

Currency selection，global tactical asset allocation（GTAA）　货币选择，全球战术上的资产分配

Currency surprise　货币非预期费用

Custodians　保管人

Custody　保管

Customized investment plans　用户化的投资计划

Customized portfolios　用户化的资产组合

Cyclical industries　周期性产业

Daily data，risk monitoring program　每日的数据，风险检测程序

Data collection，in valuation　数据收集，价值评估

DAX equity index　股票指数

Decay rate，covariance matrix　衰减速度，协方差矩阵

Default　违约

Default premium　违约金

Deferred taxes　延期税

Defined benefit plans　养老金的固定收益计划

Degree of confidence　置信度

Dependencies，in risk plan　依赖性，在风险计划中的依赖性

Depreciation，global equilibrium　贬值，全球均衡

Derivatives　衍生工具

Developed markets　发达的市场

Dilution effect　稀释效应

Discount rates　贴现率

Disposal plans　处置计划

Distressed debt investing　遇难的债务投资

Diversification　分散化

Dividend（s）　股息

Dodd，David　博德，大卫

Dollar-weighted returns　按美元加权的收益

Domestic equities　国内股票市场

Dow，Charles Henry　道，查尔斯·亨利

Downside scenarios，risk budgets　下侧情景风险预算

Dow Theory　道氏理论

Duration timing strategy　久期定时策略

Earnings growth　收入增长

Earnings quality anomaly　不规则的收益

Earnings to share price（E/P）　收益报酬率

Earnings-yield-gap timing model　收入产出差距时间模型

Economic and Monetary Union（EMU）　经济和货币联盟

Economic growth　经济增长

Economic shocks　经济震荡

Efficient frontier　有效前沿，有效边界

Efficient market　有效市场

Efficient Markets Hypothesis　有效市场假说

Efficient portfolio　有效资产组合

Eigenvalues　特征值

Electronic communications networks（ECNs）　电子通讯网络

Emerging markets　新兴市场

Emerging-market debt（EMD）　新兴市场债务

Empirical analysis　实证分析

Employee demographics，implications of　雇员人口统计学的含义

Energy prices　能源价格

Enhanced active management　增强的积极风险管理

Entity，after-tax returns　实体，税后收益

Equilibrium expected returns，forecasting　均衡期望收益预测

Equity allocations　股票配置

Equity index funds　股票指数基金

Equity index futures　股票指数期货

Equity long/short sector，hedge funds　股票的长期短期套期保值，对冲基金

Equity portfolio management（EPM）　股票资产组合管理

Equity portfolio structure　股票资产组合结构

Equity premium puzzle　股票溢价之迷

Equity risk　股票风险

Equity risk factor models　股票风险因子模型

Equity risk premium（ERP）　股票风险溢价

Estate planning　遗产计划

Estate tax（es）　遗产税

Estimation universe　估计整体

European Public Real Estate Association（EPRA）　欧洲公共不动产协会

Event driven sector，hedge funds　事件驱动的部门，对冲基金

Ex *ante*/*ex post* equity returns　事先/事后股票收益

Exceptional active return　例外的积极收益

Excess returns，*see* Expected returns　额外收益，参见期望收益

Exchange rates　汇率

Exchange-traded funds（ETFs）　交易所交易基金

Expected active return　期望的积极收益

Expected returns　期望收益

Exposure matrix　暴露矩阵

Factor loadings　因子载荷

Factor-mimicking portfolios（FMPs）　因子模仿资产组合

Factor model, return attribution　因子模型, 收益归属

Factor returns　因子收益

Fair value　公平价值

Fama, Eugene　法玛, 尤金

Federal Reserve　联邦储备

Feedback, indirect　反馈, 间接的

Fiduciaries　受托人

Financial accounting controls　财务会计控制

Financial budgets　财务预算

Financial institutions, risk management strategies　金融机构, 风险管理战略

Financial planning　财务计划

Financial risk management　金融风险管理

Financial statements　财务报表

Financial theory　金融原理

Financial Times Stock Exchange（FTSE）　金融时报股票交易所

Fiscal policy　财政政策

Fixed income arbitrage　固定收入套期保值

Fixed income market　固定收入市场

Fixed income portfolios　固定收入资产组合

Fixed-income securities　固定收益证券

Forecasting　预测

Foreign bond portfolios　外国债券资产组合

Foreign exchange（FX）, currency, hedging　外汇, 货币, 套期保值

Foreign exchange hedge　外汇套期保值

Foreign exchange market　外汇市场

Foreign exchange rates. *See also* Exchange rates　外汇汇率, 参见汇率

Foreign market changes　外汇市场

Forward contracts　期货和约

Forward premium　期货溢价

Foundation　基础

Fouse, William　福克斯, 威廉

Frank Russell Company　弗兰克, 罗素公司

Free float　自由浮动

French, Kenneth　法国, 肯尼斯

Frictions　摩擦

FRM/MSCI

FTSE　金融时报股票交易所

FTSE　金融时报股票交易所

Fundamental analysis　基本分析

Fundamental beta. *See also* Beta　基本的贝塔, 参见贝塔

Fundamental factors, equity risk factor models　基本因子, 股票风险因子模型

Funding ratio

Futures accounts　期货账户

Futures contracts　期货合约

Futures exchange and traded fund　外汇期货和交易基金

Gamma exposure　咖玛暴露

General Agreement on Tariffs and Trade（GATT）　关贸总协定

Generalized autoregressive　一般化的自回归

conditionally heteroscedastic（GARCH）processes　条件异方差过程

General partners　普通合伙人

Geometric returns　几何收益

Germany　德国

European Public Real Estate Association（EPRA）　欧洲公共不动产协会

Gift tax　赠与税

Ginnie Mae（GNMA）　美国政府住宅抵押信贷机构

Global bond market, forecasting across using valuation measures　全球债券市场, 跨越估值方法的预测

Global bonds, Lehman Global Aggregate index　全球债券, 雷曼全球综合指数

Global capitalization weighted portfolio　全球资本化加权资产组合

Global equilibrium expected returns 全球均衡期望收益

Global equities modeling：

block diagonal factor model 对角结构股票因子模型

combined single region model（SRM） 混合的单一区域模型

Global equity，generally 全球股票，一般地

Global equity markets 全球股票市场

Global equity portfolio 全球股票资产组合

Morgan Stanley Capital International（MSCI）equity indexes 摩根斯坦利资本国际股票指数

Salomon Smith Barney Global Equity Index（SSBGEI） 索罗门美邦全球股票指数

Global factor model 全球因子模型

Global Industry Classification Standard（GICS） 全球产业分类标准

Global minimum-variance portfolio 全球最小方差资产组合

Global multi-asset-class benchmark 全球多元资产类别基准

Global stock-selection portfolio 全球选择股票的资产组合

Global tactical asset allocation（GTAA） 全球战术上的资产分配

Goal-setting，in risk plan 在风险计划中设定的目标

Goetzmann，Will 高兹曼，威尔

Goldman Sachs Asset Management（GSAM） 高盛资产管理

Goldman Sachs Commodities Index 高盛商品指数

Gordon growth model 戈登增长模型

Government bonds 政府债券

Graham，Benjamin 格雷厄姆，本杰明

Grantor trust 授予人预立信托资产

Great Depression 大萧条

Green Sheet 绿表单

Green zone events 绿带事件

Grinold's Law Grinold 规则

Gross domestic product（GDP） 国内生产总值

Group weight 组权重

Growth factors 增长系数

Growth managers 增长管理人员

Growth rate 增长率

G-7，currency hedging 七国集团，货币套期保值

Habit persistence 习惯持续

Half-life 半衰期

Heartland 中心地带

High Yield Muni Bond 高收益市政公债

Short Duration High Yield Mini 短时期高收益市政公债

Hedgefund. net 对冲基金网

Hedge Fund Research（HFR） 对冲基金研究

Hedge funds 对冲基金

Hedging 套期保值

Held-to-maturity portfolios 直到到期一直持有的资产组合

Hennessee 海森

High-yield bond index 高收益率债券指数

High-yield bonds 高收益率债券

High-yield markets 高收益市场

Hindsight bias 事后认识偏差

Historical simulations 根据历史资料模拟

Historical volatility 历史波动性

Historic returns 历史收益

Holding periods 持有期

Home bias 家乡情结（故乡偏见）

Hong Kong Monetary Authority（HKMA） 香港货币管理局

Hopkins，Peter 霍普金斯，彼德

Hot spots 热点

Human capital 人力资源

Hurdle rates 最低资本预期收益率

Ibbotson，Roger 伊波特森，罗杰

Ibbotson Associates 伊波特森同事

Illiquidity 非流动性

Implementation shortfall 执行不足

Implied forward interest rates 隐含的远期利率

Implied hurdle rates，hedge funds　隐含的最低资本期望收益率，对冲基金

Implied returns　隐含的收益

Implied views，in portfolio risk　资产组合风险中隐含的观点

Implied volatilities　隐含的波动性

Incentive fees　激励费用

Income，taxable. *See also* Ordinary income　应征税的所得，参见普通所得

Income tax　所得税

Independent valuation　独立评估

Individual investors，active risk management　积极风险管理的个人投资者

Individual retirement accounts（IRAs）　个人退休账户

Industrial diversification　产业分散化

Industry asset exposures　产业资产暴露

Industry classifications　产业分类

global equity risk factor models　全球股票风险因子模型

Industry contributions　产业贡献

Industry effect，global equity risk factor models　产业效果全球股票风险因子模型

Institutional funds　机构基金

Intermediate-term price momentum anomaly　中期价格动量异常

Internal control　内部控制

Internal rate of return（IRR）　内部收益率

Internal rate of return（IRRATE）　内部收益率

Internal Revenue Service（IRS）　美国国税局

International diversification　国际分散化

Investment Benchmark Reports（Venture Economics/Thomson Financial）　投资基准报告（投机经济学/汤姆森金融）

Investment Company Act of 1940　投资公司法案

Investment decision-making strategies　投资决策制订战略

Investment horizon　投资水平

Investment philosophy　投资哲学

Investment plan　投资计划

Investment plan size　投资计划规模

Investment program implementation　投资计划实施

Investment style contributions，return attribution　投资方式对收益率的贡献

Investment styles：asset exposure　投资方式：资产暴露

Jorion，Philippe　乔瑞，菲利普

J. P. Morgan Global Government Bond Index　摩根全球政府债券指数

Junk bonds　垃圾债券

Labor income　劳动收入

Laddered portfolios　阶梯型资产组合

Large-cap stocks　大盘股

Leaning against the wind　逆风而上

Least squares regression　最小二乘回归

Legal risk　法律风险

U. S. Aggregate Index　美国综合指数

Leptokurtic distribution　尖峰态分布

Leverage/leveraging　杠杆

Liability analysis，in strategic asset allocation　在战略资产配置中的负债分析

Life expectancy　预期寿命

Likelihood functions　似然函数

Limited partners　有限责任合伙人

Limited partnerships　有限责任合伙

Linear cross-sectional factor model　线性截面因子模型

Linear factor model，return attribution　线性因子模型，收益归属

Linearity，in portfolio　线性资产组合

Lintner，John　林特纳，约翰

Liquidation，private equity　私人股票清算

Liquidation mode　清算模型

Local market asset exposure　本地市场资产暴露

Log returns　对数收益

London InterBank Offer Rate（LIBOR）　伦敦银行间拆借利率

Long position　长期头寸

Long Term Capital Management（LTCM）　长

期资本管理公司

Long-short portfolio　长线—短线资产

Long-term investors　长线投资者

Lottery　彩票

Macroeconomic factors　宏观因子

Managed portfolio　被管理的资产组合

Management costs　管理成本

Management fees　管理费用

Management philosophy　管理哲学

Manager selection　经理选用

Manager-selection team　选择管理团队

Managerial styles　管理风格

Marginal contribution, portfolio risk　资产组合风险的边际报酬

Mar-Hedge　Mar-对冲基金

Market capitalization　市场资本化

Market distress　市场混乱

Market factors, equity risk factor models　市场因子，股票风险因子模型

Market inefficiency　市场无效

Market makers　准备买卖未上市股票的经纪人

Market neutral　市场中性

Market-neutral hedge funds　中性市场对冲基金

Market segregation　市场分离

Market shocks　市场震荡

Market size, equity risk factor models　市场规模，股票风险因子模型

Market spread　市场差价

Market timing　市场选择

Market value　市场价值

Markowitz, Harry　马科维茨，哈利

Mark-to-market (MTM)　盯住市场

Matrix algebra, global equilibrium　矩阵代数，全球均衡

Matrix pricing　矩阵定价

Maturity premium　到期溢价

Maximum likelihood estimates　极大似然估计

Mean reversion　均值回复

Mean-variance optimization　均值—方差优化

Merger arbitrage　兼并套期保值

Merrill Lynch　美林

1-3-Year U. S. Treasury Index　1～3 年美国国库券指数

6-Month U. S. T-Bill Index　6 个月美国国债指数

Miller, Hayes　米勒，海耶斯

Mispricing　错误定价

Model risk　模型风险

Modern portfolio theory (MPT)　现代资产组合原理

Modified Bank Administration Institute (modified BAI) method　改进的银行管理研究院方法

Modified Dietz method　改进的迪茨法

Momentum, generally　动量

factor　因素

GTAA forecasts　全球战术上的资产分配预测

Monetary policy　货币政策

Money market securities　货币市场有价证券

Monte Carlo simulation　蒙特卡罗模拟

Monthly data, risk monitoring program　每月数据，风险监管程序

EAFE　卖空偏置

Equity Index Series　股票指数序列

Global Industry Classification Standard (GICS)　全球工业分类标准

Mortality rates　死亡率

Mortgage-backed securities (MBS)　财产抵押证券

Mortgage pools　抵押场地

Mossin, Jon　默森，乔恩

Multimanager portfolios　多元经理人投资组合

Multiperiod return attribution　多期收益归属

Multiple-asset portfolios　多元资产组合

Multivariate analysis　多元分析

Multivariate normal distribution　多元正态分布

Municipal bonds　市政债券

Mutual funds　互助基金

Nasdaq Composite Index　纳斯达克综合指数

Nationally recognized statistical rating organization (NRSRO)　全国公认的统计资信评级机构

Natural resources　自然资源

Negative alpha 负阿尔法

Negative RCTE 对循迹误差的负相对边际贡献

Nelsons Database 尼尔森数据库

Net asset value (NAV) 净资产价值

New York Stock Exchange 纽约股票交易

Nikkei 日经指数

Nominal returns 名义收益

Nonestimation universe 非估计整体

Nonlinear portfolio 非线性资产组合

Normal distribution 正态分布

Normalized returns 标准化收益

North America Free Trade Agreement (NAFTA) 北美自由贸易协定

Notional leverage 概念杠杆

Null hypothesis 原假设

One-period returns 单期收益

Opening price 开盘价

Operational risk 运营风险

Optimal asset allocation, wealth, creation 最优资产配置，财富，创造

Optimal portfolio 最优资产组合

Option pricing 期权定价

Ordinary income 普通收入

Ordinary least squares (OLS) regression 普通最小二乘回归

Oscillation, implications of 震荡的含义

Overconfidence 过分自信

Overlay, *see* Pure overlay 复制，见纯复制

Overreaction, long-term 长期过度反应

Over-the-counter (OTC) securities 柜台交易

Partnerships, private equity 合伙关系，私人股票

Passive index portfolios 积极的指数资产组合

Passive management 积极的管理

Passive portfolios 积极的资产组合

Peer group, in performance measurement 同等组，绩效度量

Pension funds 养老金

Percent returns 百分数收益

Performance attribution 性能属性

Performance contribution 业绩贡献

Performance measurement, calculation of, *See also* Performance measurement tools 绩效度量，计算参见绩效度量工具

Planning, in risk management 风险管理中的计划

Plan Sponsor Network (PSN) 计划支持网络

Plan sponsors 计划支持

Portable alpha 可转换阿尔法

Portfolio analysis 资产组合分析

Portfolio diversification 资产组合分散化

Portfolio management 资产组合管理

Portfolio optimization 资产组合优化

portfolio construction and 资产组合构建

Portfolio risk 资产组合风险

Portfolio valuations, periodic reviews of 资产组合价值评估的周期性评论

Positive RCTE 对循迹误差的正相对边际贡献

Post-earnings-announcement drift 宣告后收入漂移

Practice of Risk Management, *The* (Litterman/Gumerlock) 风险管理实践

Predicted beta 预测的贝塔

Predicted R-squared 预测的R平方

Preferred stock 优先股

Prepayment duration 提前偿还期

Prepayment risk 提前偿还风险

Price comparisons 价格比较

Price/earnings (P/E) ratio 市盈率

Price reversals 价格回复

Price verification 价格验证

Pricing 定价

Pricing in, defined 限定的定价

Principal component analysis (PCA) 主成分分析

Principal package trading 本金委托交易

Private equity, *see* Private equity investments characteristics of 私人股票，参见私人股票投资特性

Private equity funds 私人股票基金

Private equity investments　私人股票投资

Private wealth　私人财富

Probabilities，in risk management　风险管理中的概率

Probability distributions　概率分布

Productivity growth　生产率增长

Profitability，risk-adjusted　风险调整的收益性

Proxy universe　代理范围

Pure overlay，global tactical asset allocation（GTAA）纯复制，全球战术上的资产分配

Quantitative analysis，management selection　管理选择定量分析

Quantitative management，equity portfolio management（EPM）股票资产组合定量管理

Quantitative modeling　定量模型

RACS，*see* Risk-adjusted change in surplus（RACS）盈余风险调整

Raw exposure　初始暴露

Real estate，generally　不动产

Real estate investment trusts（REITs）不动产投资信托投资公司

Real interest rate　实际利率

Reallocation　再配置

Rebalance strategy　再平衡战略

Recession，impact of　经济衰退的冲击

Recruitment，management selection process　退休，管理选择过程

Red zone events　红色区域事件

Reference checks，management selection process　参考核查，管理选择过程

Refinancing　重新募集资金

Regression analysis：characteristics of　回归分析的特性

Relative marginal contribution to tracking error（RCTE）对循迹误差的相对边际贡献

Relative marginal factor contribution to tracking error（RFCTE）对循迹误差的相对边际因子贡献

Relative specific contribution to tracking error（RSCTE）对循迹误差的相对特有贡献

Relative value sector，hedge funds　对冲基金相对价值部分

Remedial planning　补救的计划

Reoptimization　再优化

Repurchase agreements　购回协议

Residual return　残差收益

Residual risk　残差风险

Retirement planning　退休金计划

Return attribution　收益归属

Return-free strategy　无收益战略

Return on equity（ROE）股票收益

Returns，*see specific types of returns* after-tax　收益，参见税后收益的特殊类型

Returns for uncorrelated assets　不相关资产的收益

Returns on risk capital（RORC）风险资本收益

Risk，*see specific types of risk* allocation　风险，参见风险配置的特殊形式

Risk-adjusted change in surplus（RAGS），strategic asset allocation　风险调整的盈余变化，战略上的资产配置

Risk and return assumptions　风险和收益的假设

Risk budget/budgeting　风险预算

GTAA portfolio　全球战术上配置资产的资产组合

Risk diversification standards　风险分散化的标准

Risk estimation　风险估计

Risk exposure　风险暴露

Risk footprint　风险迹象

Risk-free assets　无风险资产

Risk-free rate　无风险利率

Risk-free strategy　无风险战略

Risk-free yield curve　无风险收益曲线

Risk function　风险函数

Riskless asset　安全的资产

Risk management　风险管理

Value at Risk（VaR）在险价值

Risk management unit（RMU）：风险管理单元

Risk measurement　风险度量

Risk minimization strategies　风险最小化战略

Risk monitoring program 风险监管程序

Green Sheet 预算明细比较表

Risk plan 风险计划

Risk premiums 风险溢价

Risk reduction strategies 风险减少战略

Risk/return trade-offs 风险收益交换

Risk tolerance 风险容忍

Roll，Richard 罗尔，理查德

Rolling window technique 滚动窗口技术

R-squared statistics，equity risk factor models 股票风险因子模型的 R 平方统计

Rule-based portfolio 基于规则的资产组合

Salomon Smith Barney（SSB） 索罗门美邦

Satellite portfolio 星型资产组合

Secondary market 二级市场

Sector allocation strategy 部门配置策略

Sector contributions，return attribution 部门贡献，收益归属

Sector risk 部门风险

Securities and Exchange Commission（SEC） 证券交易委员会

Securities selection 证券选择

Security-specific risk 证券特有的风险

Selective perception 可选择的观念

Self-insurance 自我承担

Sell signals，modern portfolio theory（MPT） 卖出信号，现代资产组合理论

Senior leadership，functions of 高级领导的作用

Senior management，functions of 高级管理的作用

Serial correlation，covariance matrix estimation 序列相关，协方差矩阵

Settlement risk 结算风险

Shadow price 影子价格

Sharpe，William E 夏普，威廉 E

Short positions 短期头寸

Short sales 卖空

Short-term price reversal anomaly 短期价格异常回复

Shrinkage，portfolio construction 收缩资产组合构建

Siegel's paradox 西格尔之谜

Single region return attribution 单一区域资产收益的属性

Smquefield，Rex 新奎菲尔德，雷克斯

60/40 plans 60/40 计划

Skill classes 技能等级

Slope coefficients，in performance measurement 风险度量中的斜率系数

Small-cap stocks 小盘股票

Sovereign bonds 外债

Specialty funds 专门基金

Spending policy 开销计划

Spiders 蜘蛛

Spreadsheet applications 电子制表软件应用

Stale pricing exception reports 陈旧定价评价报告

Standard Poor's 标准普尔的

Standard & Poor's Depositary Receipts（SPDRs） 标准普尔的预托证券

Standard deviations 标准衍生工具

Start-up companies 发起公司

Static analysis 静态分析

Stationarity，covariance matrix estimation 平稳性协方差矩阵估计

Statistical factors 统计因子

Step-up in basis 在基础上提高

Stereotyping 制铅版

Sterling 英币

Stewardship 乘务员的职位

Stock positions，concentrated 股票头寸，集中的

Stock recommendation anomaly 反常股票推荐

Stock selection，*see* Securities selection country 股票选择，参见证券选择国家

Stock-specific returns 股票特定的收益

Stock swap 股票互换

Strategic asset allocation 战略上的资产分配

Stratified sampling 分层的样本

Strengths，weaknesses，opportunities，and threats（SWOT）analysis 优势，劣势，机会

与威胁分析

Stress test　压力测试

Structural inefficiency　构造上的无效

Structured active management　结构化积极风险
　　管理

Structured investments　结构化投资

Structured management　结构化管理

Style bias　风格偏见

Style drift　风格偏移

Subsidies　津贴

Supply and demand　供给与需求

Surplus risk　盈余风险

Survivorship bias　生存障碍

Swap contracts　互换合约

Swap yield curve　互换收益曲线

Swing portfolio　摆动组合

Systematic risk　系统风险

Tactical asset allocation (TAA)　战术上的资产
　　配置

Tactical trading, hedge funds　对冲基金策略
　　交易

TASS Research　TASS 研究

Taxation, *see specific types of taxes* equilibrium
　　approach, 6　课税, 参见税收均衡方法的特殊
　　类型

Tax code　税收代码

Tax deferral. *See also* Deferred taxes　税收延缓,
　　参见延期的税收

Tax-exempt entities 参见 Tax-exempt income mar-
　　ket securities　免税实体, 参见免税所得市场
　　证券

Tax loss harvesting　获取税收损失

Technical factors, equity risk factor models　股
　　票风险因子模型技术因子

Tiering income　收入层次

Time horizon. *See also* Investment horizon Time-
　　series modeling, equity risk factor models　时
　　间基准, 参见投资基准时间序列模型, 股票风
　　险因子模型

Time-weighted returns　按时间加权的收益

Top-down asset allocation　全局资产配置

Tracking errors　循迹误差

Trade-cost monitoring　交易成本监测

Trade optimizer　交易优化程序

Trade-offs　交换

Traditional investments　传统投资

Traditional management　传统的管理

Transfer taxes　转移税

Transition managers　转让经理

Treasury bills (T-bills)　国库券

Treasury Inflation-Protected Securities (TIPS)
　　财政部通胀保护证券

Tremont Event Driven peer index　特雷蒙事件驱
　　动的尖峰指数

Trend analysis　趋势分析

Treynor, Jack　特雷诺, 杰克

Triangulation, management selection　三角化,
　　管理选择

Truncated-sample estimation　横截面样本估计

T-statistic　T 统计

Two-manager structured equity program　两经理
　　结构化债券项目

Uncorrelated assets　不相关的资产

Uncorrelated risk　不相关的风险

Underreaction, short-term　短期弱反应

Undervalued stocks　价值被低估的股票

Uniform equity portfolio structure　单一股票资产
　　组合结构

U. S. dollar, currency hedging　美元货币套期
　　保值

U. S. equities, global equilibrium　美国股票全球
　　均衡

U. S. Treasury　美国国库

Univariate analysis　一元分析

Universal hedging　一般的套期保值

Utility function　效用函数

Value investors　价值投资者

Value stocks　价值股票

Van Hedge　Van 对冲基金

Variance analysis　方差分析

Variance-covariance matrix　方差—协方差矩阵

Variance monitoring　方差监控

Vega risk　维伽风险

Venture Economics　投机经济学

View portfolio　观念资产组合

Volatility　波动性

Volatility exposure　波动性暴露

Volatility risk　波动性风险

Volker，Paul　沃克，保罗

Volume-weighted average price（VWAP）　股票加权平均价格

Wealth creation　财富创造

Wealth maximization strategies　财富最大化策略

Weighted least squares（WLS）regression　加权最小二乘回归

Weighting，generally　赋权

Wilshire REIT index　威尔希尔 REIT 指数

Withdrawals，401（k）plan　支取，401（k）计划

Yellow zone events　黄色区域事件

Yen　日元

Yield curve　收益曲线

Zero-mean distribution　零均值分布

Modern Investment Management: An Equilibrium Approach/Bob Litterman; Quantitative Resource Group

ISBN: 0-471-12410-9

Copyright © 2003 by Goldman Sachs, Inc. All rights reserved.

Published by John Wiley & Sons Inc. Hoboken, New Jersey

No part of this publication may be reproduced, stored in a retrieval system, or transmitted in any form or by any means, electronic, mechanical, photocopying, recording, scanning or otherwise, except as permitted under Sections 107 or 108 of the 1976 United States Copyright Act, without either the prior written permission of the Publisher or authorization through payment of the appropriate per-copy fee to the Copyright Clearance Center.

All Rights Reserved. Authorized translation from the English language edition published by John Wiley & Sons, Inc.

图书在版编目（CIP）数据

现代投资管理：一种均衡方法/李特曼和高盛资产管理公司定量资源小组著；刘志东等译.
北京：中国人民大学出版社，2007
（金融学译丛）
ISBN 978-7-300-08339-1

Ⅰ. 现…
Ⅱ. ①李…②刘…
Ⅲ. 投资-经济管理
Ⅳ. F830.59

中国版本图书馆 CIP 数据核字（2007）第 115906 号

金融学译丛
现代投资管理
——一种均衡方法
鲍勃·李特曼和高盛资产管理公司定量资源小组　著
刘志东　宋　斌　李桂君　乔志敏　译
李桂君　刘志东　校

出版发行	中国人民大学出版社			
社　　址	北京中关村大街 31 号		邮政编码	100080
电　　话	010 - 62511242（总编室）		010 - 62511398（质管部）	
	010 - 82501766（邮购部）		010 - 62514148（门市部）	
	010 - 62515195（发行公司）		010 - 62515275（盗版举报）	
网　　址	http://www.crup.com.cn			
	http://www.ttrnet.com（人大教研网）			
经　　销	新华书店			
印　　刷	河北涿州星河印刷有限公司			
规　　格	185 mm×260 mm　16 开本		版　次	2007 年 9 月第 1 版
印　　张	35.75 插页 1		印　次	2007 年 9 月第 1 次印刷
字　　数	734 000		定　价	68.00 元

版权所有　侵权必究　印装差错　负责调换